Zion als Frau

Judaica et Christiana

Herausgegeben von
Simon Lauer und Clemens Thoma

Institut für Jüdisch-Christliche Forschung
der Universität Luzern

Band 23

PETER LANG
Bern · Berlin · Bruxelles · Frankfurt am Main · New York · Oxford · Wien

Meret Gutmann-Grün

Zion als Frau

Das Frauenbild Zions in der Poesie
von al-Andalus auf dem Hintergrund
des klassischen Piyyuts

PETER LANG
Bern · Berlin · Bruxelles · Frankfurt am Main · New York · Oxford · Wien

Bibliografische Information Der Deutschen Bibliothek
Die Deutsche Bibliothek verzeichnet diese Publikation in der Deutschen
Nationalbibliografie; detaillierte bibliografische Daten sind im Internet über
‹http://dnb.ddb.de› abrufbar.

Genehmigt von der Philosophisch-Historischen Fakultät der Universität Basel,
auf Antrag von Herrn Prof. Dr. Alfred Bodenheimer (Referent) und
Herrn Prof. Dr. Jacques Picard (1. Korreferent) und
Frau Prof. Dr. Gabrielle Oberhänsli-Widmer (2. Korreferentin).

Dank an „Achshav" Publishing House, betrieben von Rubin Mass Ltd., für das Copyright des
Gedichtes von Nahum (Shir Nahum) „Hastav arakh" in der Ausgabe Shire Nahum,
ed. Yonah David 1974, S. 7/8.

Dank an Jehuda Ratzhabhy für das Copyright des Liedes „Ahavat Jemei Ne'urim" von Baruch aus
seinem Artikel „Shnei Shirim Sfaradiim me'Otzar haGeniza", Moznajim 66, 1992, S.10–12.

Dank an das Alhambra Museum in Granada für die Erlaubnis, das Gazellensujet auf
dem Umschlag zu verwenden

ISBN 978-3-03911-446-7
ISSN 0171-676X

© Peter Lang AG, Internationaler Verlag der Wissenschaften, Bern 2008
Hochfeldstrasse 32, Postfach 746, CH-3000 Bern 9
info@peterlang.com, www.peterlang.com, www.peterlang.net

Alle Rechte vorbehalten.
Das Werk einschliesslich aller seiner Teile ist urheberrechtlich geschützt.
Jede Verwertung ausserhalb der engen Grenzen des Urheberrechtsgesetzes
ist ohne Zustimmung des Verlages unzulässig und strafbar. Das gilt
insbesondere für Vervielfältigungen, Übersetzungen, Mikroverfilmungen und
die Einspeicherung und Verarbeitung in elektronischen Systemen.

Printed in Germany

Meinem Marc

Dank

Als erstes möchte ich meiner Doktormutter und meinem Doktorvater, Korreferentin und Referenten dieser Dissertation der Universität Basel, meinen Dank aussprechen: Frau Prof. Dr. Gabrielle Oberhänsli-Widmer, Orientalisches Seminar der Albert-Ludwigs-Universität Freiburg i. Br., Abteilung Judaistik, und Herrn Prof. Dr. Alfred Bodenheimer, Institut für Jüdische Studien an der Universität Basel, Professor für Hebräische und Jüdische Literatur an der Hochschule für Jüdische Studien Heidelberg. Dank auch an meinen Korreferenten Herrn Prof. Dr. Jacques Picard für seine angenehme Leitung der mündlichen Prüfung am 14.9.2006.

Auf meinem Weg, den Zugang zur hebräischen Liturgie zu finden, haben mir in Israel Frau Prof. Dr. Shulamit Elizur, Herr Prof. Dr. Josef Yahalom und Herr Dr. Matti Huss nicht nur Starthilfe geleistet, sondern sich immer Zeit genommen, meine Fragen zu beantworten: ich habe von ihnen allen sehr viel gelernt und bin ihnen in Dankbarkeit und Freundschaft verbunden.

Im deutschen Sprachraum hat mir als Spezialistin der ashkenazischen Liturgie Frau PD Dr. Elisabeth Hollender von Anfang an grosszügig geholfen und mir mit ihrem Hinweis auf den Kongress der EAJS (European Association for Jewish Studies) 2002 ermöglicht, wertvolle Kontakte mit israelischen Forschern zu knüpfen: mit Frau Prof. Dr. Tova Rosen und Frau Dr. Haviva Ishay. Ihnen allen danke ich hier von Herzen!

Ebenso danke ich denen, die mir in Basel bei literarkritischen Fragen geholfen haben: Herrn Prof. Dr. Karl Pestalozzi und Herrn Prof. Dr. Hartmut Raguse. Für Fragen, die das Arabische betrafen, konnte ich mich jederzeit an Herrn Prof. Dr. Gregor Schoeler in Basel wenden: ich bedanke mich hier sehr für alle seine freundlichen Erklärungen, die mich die arabische Sprache mehr und mehr lieben lehrten. Zu grossem Dank bin ich auch dem Spezialisten für Judeo-Arabic verpflichtet, Herrn Dr. Arie Schippers, Associate Professor, Amsterdam, der mir noch kurz vor der Drucklegung half, Übersetzungs- und Transkriptionsprobleme dieser Sprache zu lösen.

Mein besonderer Dank geht auch an diejenigen meiner Freunde, mit denen ich die Umsetzung meiner Prosa-Übersetzungen in rhythmische Form diskutieren konnte: die Anregungen von Herrn Frank-Volker Merkel-Bertoldi aus Berlin/Potsdam und Herrn lic. phil. I Hansjörg Roth aus Basel waren sehr interessant und hilfreich.

Weiter danke ich der Israelitischen Gemeinde Basel und ihrem Bibliothekar Herrn Edouard Selig: ohne die Schätze dieser Bibliothek wäre das Studium des vergriffenen Diwans von Moshe Ibn Ezra nicht so ohne weiteres möglich gewesen.

Nicht zuletzt gebührt grosser Dank dem Schweizerischen Nationalfonds, der die Drucklegung der Dissertation grosszügig mitfinanziert hat.

Am meisten freut mich aber, an dieser Stelle einmal schriftlich den mir liebsten Namen zu nennen und demjenigen zu danken, der mir beim Auf und Ab meiner Arbeit immer mit prima Rat und (Rettungs-)tat (z.B. bei unzähligen Computerpannen) zur Seite stand: meinem Mann, Markus Gutmann.

Inhaltsverzeichnis

Vorwort 21
   Zur Abgrenzung der Begriffe «Zion» und «Knesset Jisrael» 26
   Einleitung zur Problemlage: Ist das Frauenbild von Zion
   im andalusischen Piyyut beeinflusst von der weltlichen Poesie? 28
   1. Das Frauenbild in der andalusischen Literatur:
      zwei entgegengesetzte Meinungen. 28
         Shlomo Ibn Gabirol מה לאביגיל 31
         Moshe Ibn Ezra דדי יפת תואר, Brody Nr. 250 (Gürtellied) . . 35
         Moshe Ibn Gikatilla אם תראי מראייך 38
   2. Vorläufer in der Forschung zum Thema «das Frauenbild von Zion/
      Knesset Jisrael im Piyyut» 40
   3.1 Aufbau der Arbeit 41
   3.2 Die übersetzten Gedichte und der Textanhang 42
   4. Transkriptionen und Zitierweise 43

I Frauenbilder Zions im klassischen Piyyut

1. Wie ist das Frauenbild Zions im Piyyut verortet? 45
   1.1 Die Textbasis und meine Beschränkung auf die Aspekte
      «Braut, Geliebte, Mutter» 45
   1.2 Vergleichbare Textgattungen in der Liturgie des klassischen
      Piyyuts und in der Liturgie von al-Andalus 47
      1.2.1 Die liturgischen Stationen: Die beiden Gattungen
           Maʿarekhet haJotzer und Qerovah im Piyyut von
           al-Andalus im Vergleich mit dem klassischen Piyyut 49
          1.2.1.1 Die Maʿarekhet haJotzer:
                Me'orah, Ahavah und Ge'ulah 49
                Kallir, Ge'ulah aus dem Jotzer zum Shabbat
                «Dieser Monat» 50
      1.2.2.2 Die Qedushta 51
   1.3 Vorgeschriebener Bezug auf Bibel:
      Das Thema des Wochenabschnittes oder des Festes 52
   1.4 Wo tritt Zion als Frau auf? 54

2. Zion als Braut und Mutter.. 59
2.1 Die kinderlose Mutter und die Motive Ehre und Schande, Liebe und Hass, Elend und Rettung 59
2.1.1 Zion als unfruchtbare Mutter...................... 60
2.1.1.1 Sarah als Prototyp für Zion: Jannai, Meshalesh zu Gen 16,1: «Und Sarai die Frau Abrams»......... 60
2.1.2 Zion als unfruchtbare Mutter und das Motiv von Schande, Hass und Eifersucht 62
2.1.2.1 Rachel als Prototyp für Zion: Kallir, Meshalesh der Qedushta zu Rosh Hashanah את חיל יום פקודה...... 62
2.1.2.2 Leah als Prototyp für Zion: Jannai, Qerovah zu Gen 29,31: «Und der Ewige sah, dass Leah verhasst war.»......... 65
2.1.2.3 Fazit zu Leah, Rachel, Sarah und Zion 70
2.1.3 Zion als kinderlose Mutter und das Motiv der Rückkehr nach Zion 72
2.1.3.1 Kallir, Magen אם הבנים der Qedushta zu Ronni Aqarah... 74
2.1.3.2 Kallir, Qinah zu Tishʻah beAv אז במלאת ספק 75
2.1.4 Fazit der Darstellung von Zion als Mutter 76
2.2 Zion als Braut und die Metaphorik der Hochzeit zur Darstellung der Geʼulah................................ 77
2.2.1 Das Hohelied (HL) als metaphorischer Bezugstext des Piyyuts 77
2.2.2 Lebendige oder lexikalisierte Metapher (Kinnuj)?........ 82
2.2.2.1 Fazit zu Intertextualität und Metaphorik 86
2.2.3 Bildspender oder Bildempfänger betont? Liebe als Schutz und Harmonie.................... 88
2.2.3.1 Shivʻata zu Pessach von Jannai 88
2.2.4 Gottes Verlangen nach der Knesset Jisrael 96
2.2.4.1 Jannai, 5. Piyyut der Qerovah zu Ex 19,6 96
2.2.4.2 Jannai, Magen der Qerovah zu Ex 19,6 97
2.2.4.3 Jannai, Qerovah zu Ex 14,15: «Was schreist du?».... 99 Jose ben Jose אנוסה לעזרה Anusa leʻezrah 100
2.2.4.4 Kallir, Qedushta zum Shabbat Hachodesh Ex 12,2 101
2.2.5 Die Braut wird von Gott geschmückt.............. 103
2.2.5.1 Der Brautschmuck der Knesset Jisrael an Shavuoth und bei der zukünftigen Geʼulah 103
2.2.5.2 Die Knesset Jisrael in der Hochzeitssänfte und das Zelt der Begegnung als Hochzeitsbaldachin: Jannai, Qedushta zu Parashat Teruma, Ex 26,1....... 112

3. Die Hochzeit aus der Perspektive der Braut: die Braut als Sprecherin . . 117
   3.1 Die stumme Knesset Jisrael in Kallirs Hochzeitsqedushta
      אהבת נעורים 117
      3.1.1 Hochzeitsqedushta: Der Inhalt und die Sprecher
          von Piyyut 1 bis 6. 117
   3.2 Die Knesset Jisrael in der Sprecherrolle im andalusischen
      Hochzeitspiyyut. 120
      3.2.1 Die werbende Braut in Jehuda Halevi Nr. 464 Jarden יבא דודי 121

II Im Schnittpunkt von Gebets- und Hofliteratur: Die Knesset Jisrael/Zion und die Figur der Geliebten, des Liebhabers und der Seele

Aufbau der Arbeit und Textbasis. 127

1. Geliebte in weltlichem Liebeslied oder Knesset Jisrael in Piyyut? 131
   1.1 Das Verhältnis von weltlicher und liturgischer Poesie 131
   1.2 Die Stellung der hebräischen Literatur von al-Andalus
      in der arabo-jüdischen Gesellschaft: Stand der Forschung 135
      1.3.1 Die Genderfrage 144
      1.3.2 Zwischen Tradition und Neuerung:
          Individuelles und nationales Anliegen im Piyyut 146
          Jehuda Halevi Nr. 332 Ahavah מאז מעון אהבה 147

2. Der neue, literarische Zugang zum Hohenlied
   und die Knesset Jisrael als neuartige dramatis persona 151
   2.1 Die oder der fiktive Liebende? Knesset Jisrael
      oder der weltliche Liebhaber?. 151
      Beispiel 1: Shmu'el Hanagid, Nr. 182 ed. Jarden לי הזמן . . . 151
      Beispiel 2: Shlomo Ibn Gabirol, Reshut für Simchat Torah
      Nr. 96 שלום לך דודי. 152
      Beispiel 3: Shlomo Ibn Gabirol דודי אשר לבי. 152
      2.1.1 Vergleich von Gedicht Nr. 1 und Nr. 3 152
      2.1.2 Das Beispiel Nr. 2 Shlomo Ibn Gabirol Nr. 96
          שלום לך דודי 157
      2.1.3 Unterscheidungsmerkmale der Figur der Knesset Jisrael
          gegenüber der/dem Liebenden von Fleisch und Blut 158
   2.2 Die metaphorische Sprache des HL, der neuen Liebeslieder
      und des Piyyuts 160

2.2.1 Yehosef Hanagid und die angebliche Unmöglichkeit,
  das HL im weltlichen Lied zu zitieren 161
2.2.2 Literarkritische Begriffe. 162
2.2.3 Beispiel für metaphorische Interpretation. 170
  Shlomo Ibn Gabirol Nr. 144 Reshut שער אשר נסגר 170
2.3 Stilistische Neuerungen im andalusischen Piyyut. 172
  2.3.1 Die narrative Ausweitung der Metapher
    und die Knesset Jisrael als dramatis persona 172
  2.3.2 Die Antithese und Paronomasie: Einwirkung des Badīʿ-Stils . 174
  2.3.3 Typologie und biblische Anspielungen 174
  2.3.4 Metaphorik und Doppeldeutigkeit 175
    Shlomo Ibn Gabirol Nr. 136 שלחה לבת נדיב 177
    Beispiel 4: Shmuʾel Hanagid, Nr. 180 Jarden אהה שומרים . . 179

A Das Motiv des Beobachters, des Kritikers und des Verleumders 180

3. Das Liebeslied: Formen und Motive. 183
  3.1 Formen 183
  3.2 Themen und Motive der Liebeslieder 186
    Beispiel 5: Shmuʾel Hanagid, Gürtellied Nr. 202
    ed. Jarden אש אהבים. 187

B Das Motiv «Trennung und Weggehen» (Nedod/Firāq فراق)
  und das Weinen über den Trümmern der Liebesstätte
  (Aṭlāl اطلال) im Liebeslied 190

C Das Motiv der Liebeskrankheit 194
  Beispiel 6: Shlomo Ibn Gabirol Nr. 180 Ahavah
  für Pessach יביא לחדרו. 197
  Beispiel 7: Dunash ben Labrat ואומר אל תישן
  Weinlied und Zionsklage mit dem Aṭlālmotiv 200

4. Liebe und Trennung in der Panegyrik: der Freund und Schützling
  als Modell für die Zionsfigur 205
  4.1 Parallelen zwischen Panegyrik und Piyyut 205
    4.1.1 Das Motiv der schönen Sängerin 207
      Beispiel 8: Shlomo Ibn Gabirol, Loblied
      auf Yekutiel את יונה חבצלת השרון. 207
      Beispiel 9: «Baruch» אהבת ימי נעורים
      Ahavath Jemei Neʿurim 209

Beispiel 10: Shlomo Ibn Gabirol מי זאת העולה
Die Herzensdame von Shmu'el. 211
4.1.2 Liebe, Schutz und Verrat: Die Knesset Jisrael und ihr Retter . 214
Beispiel 11: Moshe Hakohen Ibn Gikatilla,
על מה עדי עלמה. 214

B Das Trennungsmotiv (Nedod) und das Aṭlālmotiv im Lob-
und Freundschaftslied. 218
4.2 Der ferne Freund und die ferne Heimat. 218
4.2.1 Liebesklage über oder an den fernen Freund:
Nedod- und Aṭlālmotiv 218
Jehuda Halevi, Brody, II, Nr. 53, S. 273:
Lob- und Freundschaftsgedicht an Moshe Ibn Ezra 222
4.2.2 Weggehen und Hinterherirren (Nedod):
Metaphern der Sehnsucht (1. Teil) 223
4.2.3 Liebesklage und klagende Beschwerde 228
Moshe Ibn Ezra, Nr. 67 Brody עד אן בגלות:
Beispiel eines Shir Telunah 229
4.2.4 Das Aufsuchen der Spuren vergangener Liebe (Aṭlālmotiv):
Metaphern der Sehnsucht (2. Teil) 231
Jehuda Halevi מה לי לרוח Freundschaftslied
an Jehuda Ibn Ghiyyat, Nr. 100 Brody 231
Moshe Ibn Ezra, Nr. 91 Brody מגורי אהבי 233
Moshe Ibn Ezra Nr. 37 Bernstein מהרו נא 235
Shmu'el Hanagid Nr. 9 Jarden לבבי בקרבי 238
Jehuda Halevi Nr. 401 ציון הלא תשאלי 240

5. Die Frau in den Liebes- und Hochzeitsliedern. 247
5.1 Die weltliche Geliebte und das Schönheitsideal 247
Beispiel 12: Jehuda Halevi, Brody, II, Nr. 114,
S. 324 חמה בעד רקיע. 249
5.2 Die Braut, die Knesset Jisrael und das Schönheitsideal 251
Beispiel 13: Jehuda Halevi Nr. 462
Hochzeitslied, Me'orah את עופרה צבית ארמון. 254
5.3 Appellative für die Knesset Jisrael, für die weltliche Geliebte
und für die Braut 257

6. Neue Sprechsituationen: die Gemeinde im Exil ist getrennt
von der Figur der Knesset Jisrael und von Zion 261
1) Jehuda Halevi נפשי לבית אל 265

      2) Jehuda Halevi Nr. 94 יצאה לקדמך
      Reshut für Simchat Torah (Zeile 1–2) 266
    6.1.1 Der Sprecher redet die Knesset Jisrael
      wie seine eigene Seele an 266
6.2 Die Knesset Jisrael verselbständigt sich
    als Idealgestalt der Gemeinde 269
    6.2.1 Die Knesset Jisrael ist zeitlose Idealgemeinde
      und Fürbitterin der aktuellen Gemeinde 269
      Shlomo Ibn Gabirol Nr. 163 Ge'ulah שביה עניה 269
      Shmu'el Hanagid Nr. 207 מלכה רשעה 271
    6.2.2 Der versteckte Sprecher im Piyyut tröstet
      die Knesset Jisrael 271
      Shlomo Ibn Gabirol Nr. 97
      für Simchat Torah בשלומי אין דורש 272
      Jehuda Halevi Nr. 324 Ahavah יונת רחוקים נגני 273
      Jehuda Halevi Nr. 381 יונת רחוקים 274
    6.2.3 Zion wird vom anonymen Sprecher angeredet,
      souverän die Erlösung einzuleiten 274
      Jehuda Halevi Nr. 93 Ge'ulah
      zu Shmini Atseret ירושלים למוגיך 275
      Abraham Ibn Ezra Nr. 23 Reshut für Pessach אכסוף לימים . . 275
      Moshe Ibn Ezra Nr. 2
      für die Ashmoroth יונה זמירך 276
      Jehuda Halevi Nr. 210 Me'orah für Shabbat vor 9. Av
      oder für Shabbat Nachamu יסף יגון 277
6.3 Ergebnisse von Teil II für das Frauenbild von Zion 279
    6.3.1 Die Geliebte und die Braut 279
    6.3.2 Die Doppelrolle Zions 280
    6.3.3 Zion als Identifikationsfigur für das sprechende Ich 280
    6.3.4 Die neuen Motive 281

III Das neue Frauenbild Zions im andalusischen Piyyut

Kapitel 1–3: Die traditionellen Rollen der Knesset Jisrael neu interpretiert 283
      Jehuda Halevi Nr. 150 Ahavah für Pessach ידידות נעורים . . . 285

1. Das Potenzial der Liebessprache zum Ausdruck der Klage
    über das Exil 291
    1.1 Die Macht der Schönheit 291

1.1.1 Die Knesset Jisrael als werbende Geliebte. 293
    Shlomo Ibn Gabirol Nr. 96 שלום לך דודי. 293
    Jehuda Halevi, Brody, II, Nr. 111, S. 320 בוא ידידי. 294
1.1.2 Gott und die Knesset Jisrael sehnen sich nach einander
    wie ein Brautpaar. 295
    Jehuda Halevi Nr. 381 יונת רחוקים. 295
    Jehuda Halevi Nr. 448 (Hochzeitslied) 295
1.1.3 Liebesbund und Liebesverrat 297
    Jehuda Halevi Nr. 137 Reshut ידידי השכחת 298
    Jehuda Halevi, Brody, II, Nr. 53, S. 273: Lob- und
    Freundschaftsgedicht an Moshe Ibn Ezra 298
1.1.4 Die Macht der Schönheit 300
    Jehuda Halevi Nr. 330 Ahavah יעלת חן ממעונה רחקה. 300
    Abraham Ibn Ezra Nr. 107 איומתי עדן שממת. 302
    Moshe Ibn Gikatilla אם תראי מראייך 304
1.2 Die verachtete Schönheit 305
    Shlomo Ibn Gabirol Nr. 100 Reshut
    für Pessach שאלי יפהפיה. 308
    Jehuda Halevi Nr. 94 Reshut für Simchat Torah
    יצאה לקדמך 309
    Moshe Ibn Ezra Nr. 40 מאז כחותם. 311
1.3 Der nostalgische Blick in die Vergangenheit 312
    Jehuda Halevi Nr. 179 Me'orah für Shavuoth כימי הנעורים. . 312
    Abraham Ibn Ezra Nr. 139 Ahavah אז בעלות מקוטרת 315
1.4 Das Potenzial der Frauenmetaphorik für die Darstellung
    von Erlösung: Verbindung von Sakralem und Sinnlichem 317
    1.4.1 Hochzeit aus der Sicht der Knesset Jisrael:
    Erotik und Kult 319
    Jitzchaq Ibn Ghiyyat Nr. 94 אלכה ואשובה. 319
    1.4.2 Der Duft der Knesset Jisrael als Erotikum
    der Frau und als Opferspende 321
    1.4.3 Das Sättigen des Geliebten als Bild für Liebesgenuss
    und Opferkult 323
    Shlomo Ibn Gabirol Nr. 133 Reshut שחר עלה אלי דודי . . . 323
    Shlomo Ibn Gabirol Nr. 131 Reshut שוכב עלי מטות 326
    1.4.3.1 Fazit zur Metaphorik des Liebesgenusses 327
    1.4.4 Er kommt in den Garten: Metapher für Liebesfreude,
    für die Geliebte und für Zion. 329
    1.4.4.1 Zion als Frau und als Paradies 334
    Jehuda Halevi Nr. 182 Ahavah נודע בכול מקום 338

         1.4.4.2 Die Rückkehr in den Garten
                 und das Wiederaufblühen Zions 341
                 Shlomo Ibn Gabirol Nr. 095
                 Reshut für Simchat Torah שוכנת בשדה 341
                 Shlomo Ibn Gabirol Nr. 094
                 Magen der Qerovah für Shmini Atzeret שפעת רביבים 343
                 Shlomo Ibn Gabirol Nr. 165 Ge'ulah שחורה ונאוה 344
                 Shlomo Ibn Gabirol Nr. 105 für Pessach שלחיך כטל 345
         1.4.5 Erotik des Singens: das Lob- und Liebeslied
                 der Knesset Jisrael 346
                 Jehuda Halevi Nr. 163 Ge'ulah zu Pessach יום נפלא 346
                 Jehuda Halevi Nr. 159 Nishmat zu Pessach,
                 נשמת יפת עלמות 349

2. Zion als Magd und Königin 353
         Shlomo Ibn Gabirol Nr. 116 Jotzer für 5. Shabbat
         nach Pessach שזופה נזופה 357
   2.1 Zion als Königin 359
         Jehuda Halevi Nr. 192 יוצאת חופשית
         Qerovah für Shavuoth 359
         Abraham Ibn Ezra Nr. 329 רנני בת הבתולה
         Ahavah (für Shavuoth) 362
         Jehuda Halevi Nr. 93 ירושלים למוגיך Ge'ulah
         zu Shmini Atzeret oder Selichah, 4. Strophe 365
   2.2 Die abgesetzte Königin und der Liebesverrat 366
         2.2.1 Rivalität und Liebesverrat 367
                 Jehuda Halevi Nr. 379 Ahavah יונה בפח מצרים 367

A Das Motiv des Beobachters, des Kritikers und des Verleumders 372
         2.2.2 Zion entgegnet ihren Kritikern und Liebesrivalinnen . . . 372
                 Jehuda Halevi Nr. 194 Qerovah für Shavuoth
                 יוצאת אל החרבה 376

3. Das Potenzial der Mutterfigur zum Ausdruck
   von Trost und Sehnsucht 381
   3.1 Zion bittet um die Rückkehr ihrer Kinder 382
         Jehuda Halevi Nr. 272 ידידות נפשי für Motza'e Shabbat . . 382
         Jehuda Halevi Nr. 181 יעלת חן Ahavah für Shavuoth . . . 385
   3.2 Das Volk, die Tochter/der Sohn sehnt sich nach der Mutter Zion . 388

Jehuda Halevi, 4. Strophe einer Selichah
für die Ashmoroth der Busstage Nr. 241 היכל יי 389
Jehuda Halevi Nr. 251 Selichah
für Rosh Hashanah ירושלים האנחי 390
Jehuda Halevi Nr. 83 יחיד מחדר הורתו für Sukkoth 391
3.3 Zion und ihre Kinder im Bild der Vogelmutter mit ihren Küken . . 393
       Jannai, Meshalesh der Qerovah zu Dtn 22,6 393
3.4 Fazit zu den Kapiteln 1–3 395
   3.4.1 Die klassischen Motive in neuer Interpretation 395
   3.4.1.1 Zion als Braut und ihre Braut- und Königinnenkrone . . . 396
   3.4.1.2 Das klassische Motiv der Rivalinnen
       in neuer Interpretation 397
   3.4.1.3 Zion als Mutter 397

Kapitel 4–6: Neue Deutungen des Exils durch die neuen literarischen Motive 399

4. Die Liebeskrankheit als neue Deutung des Exils: Motiv C 401
   4.1 Die Knesset Jisrael ist krank vor Liebe: das Leiden im Exil
      umgedeutet als Liebesleid 402
      Moshe Ibn Ezra Nr. 38 מה לאהובי 402
      Abraham Ibn Ezra Nr. 161 אמות ולא מת 406

5. (Motiv B) Der erste Aspekt von Nedod: Deutung des Exils
   als unbegründetes Weggehen des Geliebten 409
      Abraham Ibn Ezra Nr. 90 Ahavah אהבת אלי לי ערבה 413
   5.1 Die Knesset Jisrael wird grundlos verlassen 415
      Jehuda Halevi Nr. 331 Ahavah, Gürtellied ימי חרפי 415
   5.2 Das Weggehens des Geliebten kombiniert
      mit dem traditionellen Deutungsmuster 419
      Jitzchaq Ibn Ghiyyat Nr. 118 Ahavah הידעתם ידידי 419
   5.2.1 Das Motiv der helfenden Freundinnen und der Boten 421
   5.2.2 Die Verbindung von klagender Sprache mit Liebessprache . . 423

6. (Motiv B) der zweite Aspekt von Nedod: Das Umherirren im Exil
   als Suche nach dem Geliebten und dem Ort der Liebe 427
      Jehuda Halevi Nr. 75 Pseudogürtellied,
      Ahavah für Sukkoth יונה מה תהגי 429
   6.1 Die Suche nach dem Geliebten: Nedod- und Aṭlālmotiv 432
      Abraham Ibn Ezra Nr. 144 Ge'ulah אחשוק ולא אדע 433

   Jehuda Halevi Nr. 318 Me'orah ים סוף וסיני 437
6.2 Das Umherirren auf der Suche nach dem Geliebten (Nedodmotiv) 442
 6.2.1 Der umherirrende, einsame Vogel 446
 6.2.2 Das Umherirren – die Mischung von Tränen und Liebe . . . 448
   Jehuda Halevi Nr. 326 Ahavah? Selichah? יונתי לילה 448
   Moshe Ibn Ezra Nr. 21 Brody, Zeile 1–8 452
   Jehuda Halevi Nr. 357 Ahavah יונת רחוקים 453
 6.2.3 Exkurs: Der Begriff des Umherirrens:
   semantische Untersuchung 454
 6.2.4 Das Umherirren im Exil – ein Liebesbeweis
   der Knesset Jisrael 459
   Jehuda Halevi Nr. 184 Ahavah, Gürtellied יודעי יגוני 459
   Jehuda Halevi Nr. 386 Ahavah, Gürtellied ימים קדומים . . . 460
   Jehuda Halevi Nr. 168 Ge'ulah יונה נשאתה 464
   Jehuda Halevi Nr. 206 Ahavah für den Shabbat
   vor 9. Av יונה נכאבה 466
 6.2.5 Fazit 470

Glossar 477
 Al-Andalus 477
 Amidah respektive Qerovah: 1) Qedushta 2) Shiv'ata 477
 Ahavah = Piyyut für die 2. Berakhah der Ma'arekhet haJotzer 482
 Ge'ulah = Piyyut für die 3. Berakhah der Ma'arekhet haJotzer 482
 Gürtellied = Muwashshaḥ 482
 Kharja (= umgangssprachliche Schlussverse des Gürtellieds) 482
 Kinnuj (= Appellativ oder Codewort) 484
 Ma'arekhet haJotzer (Anordnung der drei Berakhot des
 Morgengottesdienstes) 484
 Me'orah = Piyyut für die 1. Berakhah der Ma'arekhet haJotzer . . . 486
 Metrum (quantitatives) (= Mishqal kamuti) 486
 Metrum (silbenzählend) (= Mishqal havarati) 489
 Muwashshaḥ (Gürtellied) in der hebräischen Literatur 490
 Pseudo-muwashshaḥ (שיר מעין איזור) 491
 Petichah Miqra'it und Sijomet Miqra'it
 (= Eröffnung und Schluss einer Zeile mit Bibelzitat) 492
 Piyyut: 1) Abgrenzung von der festen Standardliturgie
 2) Abgrenzung vom religiösen und weltlichen Lied
 3) Überlieferung 493
 Qaṣīda 499
 Qedushta 500

Qinah (= Klagelied) 501
Reshut (= Erlaubnis zur Eröffnung eines Piyyuts) 501
Shibbutz שבוץ (eingeflochtenes Zitat) und Remez רמז (Anspielung) . . . 503
Shiv'ata 503
Zulat = Piyyut im 2. Teil der Ma'arekhet haJotzer 503

Abkürzungen und Bibliographie 505
   Wichtigste Abkürzungen 505
   Primärliteratur. 505
   Sekundärliteratur 513

Vorwort

Meine Arbeit betrifft das Grenzgebiet zwischen jüdischer Liturgie und dem Frauenbild in der hebräischen Poesie von al-Andalus[1]. Dies ist ein Forschungsgebiet, das für den Religionshistoriker und den Literaturhistoriker relevant und neu ist; bis jetzt haben sich aber weder Experten der jüdischen Liturgie noch Interpreten von hebräischer Literatur damit beschäftigt. Dem Frauenbild Zions in der Liturgie nachzugehen, bedeutet, die Liturgie unter literarischen Kriterien zu untersuchen. Der Leser muss dabei in Kauf nehmen, dass ich gewisse Stolpersteine, die den heutigen Zugang zur mittelalterlichen Liturgie erschweren, wegräumen muss. Aber die Arbeit, die poetische Liturgie mit literaturwissenschaftlichen Methoden zu interpretieren, lohnt sich allein schon deswegen, weil diese Texte aufgrund ihrer Funktion als Gebete einer aktiv involvierten Gemeinde für uns ein authentisches Zeugnis sind des jeweiligen jüdischen Lebens und Zeitgeistes. Besonders aber ist die Untersuchung lohnend im Blick auf das Frauenbild Zions, das uns in diesen liturgischen poetischen Texten entgegentritt.

Weil die textlichen, literarischen und überlieferungsgeschichtlichen Probleme der liturgischen Poesie relativ gross sind, spezialisieren sich die Liturgieforscher meistens auf *ein* Gebiet und *eine* Periode und behandeln keine periodenübergreifenden Themen;[2] umgekehrt haben die literarisch Interessierten Schwierigkeiten, die liturgische Poesie als Literatur zu interpretieren, primär weil sie als Gebet in die Synagoge gehöre und ihre inhaltlichen Aussagen deshalb gemäss der Liturgie klar seien. Für den modernen Literaturwissenschaftler erschwerend ist auch der Umstand, dass die mittelalterliche liturgische Poesie kaum in Übersetzungen zugänglich ist ausser vereinzelten Dichtungen, die in die ashkenazischen Gebetsbücher und die Pessach-Haggadah Eingang fanden: die mittelalterlichen ashkenazischen Gemeinden nahmen Kallir (6./7. Jahrhundert) zum Vorbild, sodass einige seiner Dichtungen nie verloren gingen, auf die gleiche Weise erhielt sich ein

---

1 Al-Andalus = das islamische Spanien (s. Glossar).
2 Ausnahmen s. Anm. 66, u.a. die einzigartige Monographie zum klassischen Piyyut von Eretz Jisrael von Josef Yahalom 1999 (hebr.): Poetry and Society in Jewish Galilee of late Antiquity, welche die Texte in ihren geistesgeschichtlichen Kontext stellt. Ebenfalls bringt Shulamit Elizur inhaltlich tiefe Einsichten durch ihre Interpretationen zum klassischen Piyyut: Elizur 1999, Shirah shel Parasha, ein Buch, das sich an ein breiteres Publikum wendet, zu jeder Parasha der Torah einen Piyyut aus einem reichen Répertoire von Jose ben Jose bis zur andalusischen Periode ausliest und interpretiert.

Gedicht von Jannai (6. Jahrhundert). Auch von Jehuda Halevi (1075–1141) und Shlomo Ibn Gabirol (1021–evtl. 1058) wurden Dichtungen in die Gebetsbücher aufgenommen.[3] Nun ist, wie bekannt, am Ende des 19. Jahrhunderts die Geniza von Kairo[4] entdeckt worden, und dort kamen neue Piyyutim von Jannai und Kallir ans Licht. Die neuen Textfragmente dieser und anderer Dichter werden durch das israelische Forschungsteam im «Institut zur Erforschung der Geniza-Piyyutim» (המפעל לחקר פיוטי גניזה) laufend ediert.[5]

Von den hebräischen Dichtern des islamischen al-Andalus (rund 950–1150) sind die Ausgaben von Jehuda Halevis und Shlomo Ibn Gabirols liturgischer und weltlicher Poesie inzwischen wieder vergriffen und fast nur noch in den Bibliotheken Israels auffindbar.[6] Deren liturgische Poesie zitiere ich nach der Ausgabe von Jarden. Es gibt Vorarbeiten von Fleischer (1991) zu einer neuen Ausgabe von Jehuda

---

3   Jannais Lied «Uvekhen wajehi bachatzi halailah» für Erev Pessach ist in der ashkenazischen Haggadah überliefert. Kallirs poetische Ausschmückung des Morgengebets des 1. Tages von Rosh Hashanah wird heute noch bei der Wiederholung der Tefillah durch den Vorbeter gebetet. Das bekannteste von Jehuda Halevis Zionsliedern (Zion halo tish'ali) fand als Qinah für den 9. Av Eingang in die Gebetsbücher. Franz Rosenzweig (1933) und Abraham Geiger (1851, ed. 1876) haben einige seiner Gedichte übersetzt. Shlomo Ibn Gabirols Keter Malkhut (kein liturgisches, sondern philosophisches Gedicht) wird in gewissen Synagogen in der Nacht von Jom Kippur gelesen (ist übersetzt). Auch Dunash ben Labrats Lied «Dror Jiqra» fand in den ashkenazischen Gemeinden als Shabbatlied Gefallen. Siehe die Bibliographie zur Primärliteratur mit der Angabe von Übersetzungen, Anthologien und Ausgaben.

4   Yahalom 1999, S. 11: die Geniza der Synagoge «Ezra» diente der aus Eretz Israel ausgewanderten Gemeinde vor allem zwischen dem Ende des 10. bis Mitte des 13. Jahrhunderts. Nach Yahalom ist etwa 40 % des Materials liturgisch und repräsentiert auch Liturgie, die Jahrhunderte vor der Aktivität der Gemeinde in Kairo geschrieben wurde. Der erste Erforscher der Funde aus der Geniza ist Menachem Zulay, Eretz Jisrael ufiuteha. Mechqarim befiute hagenizah, ed. Ephraim Hazan 1996. Zulay (1901 Galizien–1955 Jerusalem) war Forscher am Schocken Institute for the Study of Hebrew Poetry in Israel, das Zalman Schocken (1877–1959) 1929 in Berlin gegründet hatte und das 1934 nach Jerusalem gelangte, ab 1959 unter dem Namen "Schocken Institute for Jewish Research of the Jewish Theological Seminary of America".

5   Das Institut (The Ezra Fleischer Institute for Research of Hebrew Poetry in the Genizah – the National Academy of Sciences: המפעל לחקר פיוטי גניזה) steht heute unter der Leitung von Shulamit Elizur.

6   In Basel findet sich von Jehuda Halevi nur die Ausgabe der weltlichen Lieder (= Diwan) von Chayyim Brody 1894–1930, mit einem 4. unkommentierten Band eines Teils seiner liturgischen Gedichte. Von Moshe Ibn Ezra gibt es den zweibändigen Diwan seiner weltlichen Lieder in der Ausgabe von Brody 1935–1941. Angabe von Mara Meier, Bibliothekarin der UB Basel: In der ganzen Schweiz gibt es keine Bibliothek, die die Ausgaben Jardens besitzt: weder die von Jehuda Halevi noch die von Shlomo Ibn Gabirol. Besitzende Bibliotheken mit Teilbänden: University College London, Bibliotheksverbund Bayern,

Halevis Piyyutim: neben den Papyrusfragmenten aus der Geniza von Kairo wurden von ihm und werden nun von seinen Nachfolgern auch die Teile alter Diwansammlungen untersucht, die unter anderm in der Bibliothek von St. Petersburg liegen.[7] Yahalom arbeitet an einer Neuausgabe des Diwans von Jehuda Halevi.

Ich will mit meiner Arbeit zukünftigen Untersuchungen den Zugang zum Textkorpus erleichtern, indem ich die besprochenen Gedichte nicht nur hier im Text, sondern auch im Textanhang nach Dichtern geordnet und mit Anmerkungen versehen in Übersetzung beifüge; bei einigen gebe ich denselben hebräischen Text hinzu, den Jarden in seiner Ausgabe benützte. Dieser Textanhang befindet sich auf der beigelegten CD-ROM. Der Leser findet auch Gedichte weniger bekannter Dichter der andalusischen Epoche, die erst im Verlauf des 20. Jahrhunderts in der israelischen Forschung veröffentlicht worden sind.

Es gibt noch eine weitere Schwierigkeit, die literarisch Interessierte bis jetzt vielleicht davon abgehalten hat, sich mit den liturgischen Gedichten zu beschäftigen: moderne literarische Interpretationsmethoden müssen mit dem Wissen um das Wesen der Gebetssprache kombiniert werden. Um dem Leser das Verständnis der Terminologie liturgischer Begriffe zu erleichtern, habe ich der Arbeit ein Glossar angefügt; dort erkläre ich auch ausführlich den Begriff «Piyyut», hier gebe ich nur die kürzeste Definition: Piyyut ist die Bezeichnung für die poetische Ausgestaltung der Liturgie. Zum Hauptbegriff «Zion», dem Gegenstand meiner Arbeit, gebe ich gleich unten eine terminologische Erklärung.

Dass mein Forschungsgebiet einem den Zugang nicht so leicht macht, ist natürlich auch ein Pluspunkt für meine Arbeit: der geistesgeschichtliche Beitrag, den die Gebetspoesie bringt, wenn man sie literarisch interpretiert, ist noch wenig beachtet worden, und ich betrete hier Neuland. Das Neue liegt darin, dass ich der weiblichen Metaphorik[8], die für das Volk Israel gebraucht wird, nachgehe; die bekannteste weibliche Metapher, die schon in der Bibel neben männlichen Metaphern für «Israel» auftaucht, ist die Frauengestalt von Zion/Jerusalem. Der Aussagegehalt der Frauenmetaphorik Zions ist für den Religionshistoriker, den das jüdische Selbstverständnis in seiner Beziehung zu Gott, Bibel und Land interessiert, wichtig. Als literarische Figur weist die Metapher «Frau» im Unterschied

---

Niederländische Nationalbibliothek, Staatsbibliothek Berlin. Siehe die Bibliographie zur Primärliteratur mit der Angabe von Übersetzungen und Ausgaben.

7 s. zur Überlieferung das Glossar, Stichwort «Piyyut» 3) «Überlieferung».

8 Zu den männlichen Metaphern für das Volk wie (Ex 4,22 f.) «Israel ist mein erstgeborener Sohn» s. Ilana Pardes 2000, The Biography of Ancient Israel: sie beschreibt und deutet diese Metaphorik, indem sie den Pentateuch als Biographie einer männlichen Figur «Israel» liest. Während die Darstellung des Volkes als Frau den erotischen Aspekt der Beziehung zu Gott betone, sei die "father-son dyad fare more concerned with questions of pedagogy and heroism" (S. 25).

zum «Mann» immer auf ein komplexes Beziehungsgeflecht hin: sie ist Ehefrau, Geliebte, Tochter und Mutter. So lässt auch die Frauengestalt «Zion», die bald die zeitlose Gemeinde Israels, bald die irdische und auch überirdische Stadt Jerusalem verkörpert, verschiedene Beziehungen zu Gott (manchmal auch zum Messias) sichtbar werden: sie ist als Seine Tochter, Seine Braut, Seine Geliebte, Seine Ehefrau und Seine Verstossene charakterisiert; bald stellt die Frauengestalt «Zion» aber auch dar, welche Vorstellungen die aktuelle Gemeinde mit dem zeitlosen Idealbild der Gemeinde Israels verbindet: dann verkörpert «Zion» im Typ der Rachel das Bild einer Mutter der aktuellen Gemeinde.[9]

Es ist vielleicht nicht überflüssig, hier zu betonen, was die Weiblichkeit des Begriffs von Zion *nicht* bedeutet: die Gemeinde Israels definiert sich mit dem weiblichen Geschlecht (gender) gegenüber Gott nicht in dem Sinn als weiblich, dass für die Frauen (als sexus verstanden) kein Platz mehr wäre.[10] Die Frau ist Bildspender, weil die Weiblichkeit zur Metaphorik der Ehe zwischen Gott (männlich) und Israel (weiblich) gehört, genau so wie sie zur Metaphorik der Mutter gehört. Sie hat überhaupt nichts zu tun mit der realen natürlichen Zusammensetzung des Volkes aus Männern und Frauen. Diese, Frauen und Männer, können sich im gleichen Satz in der Liturgie als Kinder Gottes und als «Seine Geliebte» (feminin!) bezeichnen.[11] Ich verstehe das Anliegen feministischer Interpretationen, die das

---

9 Zur Überlappung von Mutterbild mit dem Bild der Geliebten gibt Scholem 1977, S. 140 eine historische Herleitung: in der rabbinischen Literatur sei «die Knesset Jisrael, die zur Person erhobene Ekklesia oder Gemeinde Israel, fast ausschliesslich an die Stelle jenes seltenen Bildes von der ‹Mutter Zion› getreten». Mit «selten» meint Scholem die von ihm zitierte Stelle Jes 66,8 und die LXX zu Ps 87,5. (Neben Jes 66,8 muss man noch Jes 49,18 ff. nennen. Weiteres s. unten im Text den folgenden Abschnitt «zur Abgrenzung von Zion und Knesset Jisrael».) In der Abhandlung Scholems, aus der ich zitiert habe, geht es um die Shekhina als dem weiblichen Aspekt Gottes. Bei der Shekhina, die Peter Schäfer, Mirror of His Beauty 2002, untersucht hat, gibt es eine ähnliche Palette von Frauenbildern (Braut, Tochter, Schwester, Mutter), aber die Shekhina ist nicht mein Thema.

10 Ich wende mich hier gegen Judith R. Baskin, Midrashic Women 2002, S. 99: "In the relationship between God, who is characterized as masculine, and the male covenant community of Israel, characterized as feminine, there is no place for woman." Natürlich ist das Bild der Frau im Schreiben der Männer fiktiv oder wird auch instrumentalisiert, aber nicht notwendigerweise negativ: mit grösster Differenziertheit und ohne Polemik zeigt dies der von Athalya Brenner und Fokkelien Van Dijk-Hemmes 1993 herausgegebene Sammelband "On Gendering Texts" mit Analysen biblischer Texte.

11 Ein Beispiel ist die Liturgie zu Jom Kippur, bei der im Maʻariv (ed. Wolf Heidenheim, S. 62), Shacharit (S. 133), Mincha (S. 315) und Neʻila (S. 354) im ersten von sechs Versen steht «wir sind Dein Volk, und Du bist unser Gott, wir sind Deine Kinder, und Du bist unser Vater», und im letzten Vers «Wir sind Deine Geliebte (ra'jah), und Du bist unser Geliebter (Dod)».

Frauenbild aus der männlichen Bevormundung retten wollen, aber hier wird ein methodisches Prinzip verletzt: man kann nicht Metaphern aus dem Rahmen eines Textes herauslösen und den «Raum des Textes»[12] verlassen; das Frauenbild, das im Text als Bildspender für eine Aussage über das Gottesverhältnis dient, kann man nicht zu einer unausgesprochenen Aussage machen über das Verhältnis der Autoren zur realen damaligen Frau. Ich schreibe keine ideologische Arbeit zum Frauenbild, sondern untersuche, was das Frauenbild über die Rollen aussagt, die das Volk Israel (nach Meinung der literarischen Quellen) in der Welt und in bezug auf Gott spielt. Dabei ist nicht nur das Religionsgeschichtliche interessant, sondern auch das literarische Potential der Frauenmetaphorik.

Zion als Frau ist also eine Personifikation der Stadt Jerusalem und der jüdischen Gemeinde;[13] in ihr spiegelt sich das Selbstverständnis der Gemeinde; in al-Andalus kann sie auch zur Spiegelfigur des Individuums werden. Weil ich in meiner Arbeit die literarische Darstellung dieses Frauenbildes Zions ins Zentrum stelle, gewinnt der Leser neue Einblicke in das Verhältnis der jüdischen Gemeinde zu Gott und in die theologischen Fragen, die das Exil aufwirft, angefangen von der Zeit der klassischen liturgischen Gedichte in Israel (Jannai im 6. und Kallir im 7. Jahrhundert) bis zum «Goldenen Zeitalter» der hebräischen Kultur und Literatur in al-Andalus. Dieses grosse Spektrum ermöglicht mir, die Entwicklung des Frauenbildes Zions, das Ziel meiner Arbeit, aufzuzeigen: die religionsgeschichtlich interessierten Leser sehen an der Zionsgestalt der Liturgie, wie die Gemeinde Israels in al-Andalus ihre Beziehung zu Gott, ihre Stellung in der Geschichte, aufgefasst als Zeit des Exils, und sich selbst immer wieder neu interpretiert. Dieser Palette religionsgeschichtlicher Fragestellungen einzeln auf den Grund zu gehen, übersteigt natürlich den Rahmen meiner Arbeit und ist die Aufgabe von Spezialisten des jeweiligen Forschungsgebietes.

Schliesslich berührt die liturgische Dichtung auch Themen, die den Midrashforscher interessieren, denn genau wie der Midrash bezieht sich auch der Piyyut deutend auf biblische Texte. In al-Andalus hängen die Deutungen mit der damals neu entstehenden arabo-hebräischen Poesie und ihrem Frauenbild einer

---

12 Damit zitiere ich den Titel des Buches, das für mich einen unentbehrlichen Schlüssel für das Verständnis von Texten bedeutet: Hartmut Raguse, Der Raum des Textes. Elemente einer transdisziplinären Hermeneutik. Stuttgart, Berlin, Köln 1994.

13 In der Terminologie der Rhetorik wird diese Personalunion Metonymie genannt: die Stadt steht metonymisch für ihre Bewohner. In der Antike werden die Städte des Mittelmeerraums allgemein weiblich personifiziert (auch Inseln: Sophokles, Philoktet Vers 270 und 1327: Chryse ist Insel und Nymphe zugleich). Das Phänomen ist eventuell vergleichbar mit dem aramäischen Ausdruck «Sein Haus, das ist seine Frau» (Jastrow, Dictionary of the Talmud, S. 168 zu בית = wife). Jerusalem ist auch im NT (Apk 21,2. 9) weiblich personifiziert, und zwar mit einer der jüdischen Tradition ähnlichen Brautmetaphorik.

verführerisch schönen und bewunderten Frau zusammen: dies ist besonders für den Literaturhistoriker interessant, weil ich hier zeigen kann, wie arabische Liebesliedmotive metaphorisch auf die Darstellung der Liebesbeziehung von Gott zu Israel übertragen wurden und so in die liturgische Dichtung Eingang fanden.

Zur Abgrenzung der Begriffe «Zion» und «Knesset Jisrael»

Was die Frauengestalt «Zion» bedeutet, ist Gegenstand dieser Arbeit, und kann nicht in einem Satz definiert werden. Hingegen kann ich kurz die Begriffe «Zion» und «Knesset Jisrael» in ihrem historischen Sprachgebrauch von einander abgrenzen. Wie in der Bibel[14] kann auch im Piyyut die Gestalt von Zion mit dem Bild der Frau dargestellt werden. Wie in der Bibel so auch im Piyyut meint Zion als doppeldeutiger Begriff den Ort und das Volk. Im Unterschied zum biblischen Sprachgebrauch liegt aber im Piyyut die Schwierigkeit darin, dass diese Figur fast nie explizit mit den biblischen Namen «Zion» oder «Tochter Zion» benannt wird, sondern fast immer nur durch Appellative bezeichnet oder umschrieben wird: «Meine Schwester», «Kinderlose», «Königstochter», «Meine Taube», «Meine Gewaltige», «Schön wie Tirtza». Zum Beispiel beginnt ein Piyyut von Jehuda Halevi Nr. 350 יפה כתרצה folgendermassen: «Schön wie Tirtza, angenehm redend, das bist du: deine Gestalt gleicht der Palme (HL 7,8), schüttle deinen Staub ab (Jes 52,2) und wache auf.»

Ich stand deshalb vor der Schwierigkeit, wie ich bei den Textanalysen diese kodierte Person bezeichnen soll. Denn neben dem Begriff Zion ist in der nachbiblischen Zeit noch ein zweiter Begriff aufgekommen: die Knesset Jisrael. Ich verwende diesen Begriff «Knesset Jisrael» nach dem heute in Israel üblichen Sprachgebrauch dann, wenn ich sehe, dass der Paytan (liturgischer Dichter) mit seinen Codewörtern von der Personifikation «Zion im Exil»[15] redet, d.h. wenn er das Volk respektive die Gemeinde Israel im Exil meint. Wenn ich hingegen feststelle, dass er mit Zion die Personifikation der Stadt meint, so verwende ich das Wort «Zion». Aber man muss sich bewusst sein, dass diese Unterscheidung nur den Zweck hat, mir zu ermöglichen, den komplexen Sachverhalt des «Schwebezustandes» zwischen Zion als Ort und Zion als Volk zu analysieren.

---

14 Z.B. Jes 49,14ff., 52,1ff., Ez 16, Mi 4,8–11, Ekh 1,6–8 u.ö.
15 Zum Unterschied zwischen dem Volk Israel zur Zeit der Bibel und der Gemeinde Israel im Exil (Knesset Jisrael) s.u. im Text die Untersuchung von Dinaburg.

Der historische Sachverhalt zeigt, wie Dinaburg[16] ausführt, dass die nachbiblische Bezeichnung «Knesset Jisrael» oder «Knishta deJisrael» nicht etwa deswegen geschaffen wurde, um eine Aufspaltung von Zion in den Aspekt Stadt gegenüber dem Aspekt Volk auszudrücken, sondern Knishta deJisrael ist ein Pendant zu Zion. Allerdings habe der Begriff Zion durch die Gleichsetzung mit Knesset Jisrael an diesen Stellen im Midrash und Targum eine leichte Bedeutungsveränderung erfahren.

Im Midrash zu den Klageliedern (EkhR) wird der im Klagelied gebrauchte Name «Zion» durch den Begriff «Knesset Jisrael» ersetzt.[17] Im Targum zum Hohenlied[18] wird die Geliebte als Knesset Jisrael bezeichnet. Im Midrash zum Hohenlied (ShirR) steht sowohl der Begriff «Israel», als auch der Begriff «Knesset Jisrael»[19]. Kurz, die Stadt und das Volk ist schon im biblischen Sprachgebrauch eine Personalunion unter dem Namen «Zion», «Jerusalem» oder «Israel», und diese Personalunion wird erst in nachbiblischer Zeit als Gemeinde Israel (= Knesset Jisrael) bezeichnet.[20]

---

16 Dinaburg (= Dinur, geboren 1880, änderte seinen Namen nach seiner Einwanderung nach Israel in Dinur), 1951, S. 5/6, führt aus (hebr.), wie der Begriff der «Knishtah deZion» und «Knishtah deJerushalayim» zwar in den Targumim als Synonyme zu «Zion», «Tochter Zion» und «Tochter Jerusalem» gebraucht werde und die Identität von Israel (als Volk) mit Zion und Jerusalem für die Schreiber der Aggadoth eine Selbstverständlichkeit war, die keiner Erklärung bedurfte. Aber der Gebrauch des Wortes Knishtah im Targum zur Torah als Übersetzung von עדה (= Gemeinde im Unterschied zu Versammlung = קהלתה im Targum) zeige, dass das Wort «Gemeinde» die Bedeutung von einer «festen, religiösen und geistigen Einheit» habe. Diese Nuance von «Gemeinde» liegt, so Dinaburg S. 4, auch an gewissen biblischen Stellen vor, z. B. bei Jes 59,20 «Und es wird der Erlöser kommen zu Zion und für die Umkehrer von Sünde in Ja'aqov», weil hier Zion die Gemeinschaft der Exilierten bedeute, die auch im Exil Gott die Treue bewahren.
17 Ein beliebiges Beispiel aus EkhR: EkhR 1,13 «Aus der Höhe hat Er Feuer in meine Gebeine gesandt»: es sagte R. Jehoshua im Namen des R. Levi: «so klagt die Knesset Jisrael Babel an und sagt: wenn Er nicht von oben Feuer gesandt hätte und Böses mir angetan hätte, hättest du nichts gegen mich vermocht ...».
18 The Targum to the five Megillot, Introductory Note, Translations and Indices, by Etan Levine, Jerusalem 1977.
19 «Israel» in der Anrede durch Gott z. B. in ShirR 2,18 zu HL 2,7 (Dunsky, S. 64) und «Knesset Jisrael» z. B. in ShirR 2,21 zu HL 2,9 (Dunsky, S. 67). In ShirR 1,30 zu HL 1,4 (Dunsky, S. 28, Midrash über zehn Ausdrücke von Freude als metaphorische Bezeichnungen für «Israel») wird kein Unterschied gemacht zwischen «Israel», «Bat Zion», «Jerusalem».
20 Dinaburg 1951, S. 4 schreibt, dass über den verbreiteten Gebrauch des Begriffs «Zion» in Bezug auf die Gemeinde Israel in jTaan cp. 4,2 eine Meinung überliefert ist: zu Jes 51,16 «um Zion zu sagen: du bist Mein Volk – das ist Israel.» Als Anwort darauf die Worte von R. Chanina bar Papa: «Wir sind die ganze Bibel durchgegangen und haben nicht gefunden, dass Israel Zion genannt werde, ausser diesem: um Zion zu sagen: du bist Mein Volk.»

Der Begriff «Knesset Jisrael» kann als Kollektivbegriff genau so wie Zion als weibliche Gestalt personifiziert werden. Dinaburg[21] nimmt an, dass gerade die Darstellung von Zion als einer Mutter, die ihre Kinder verloren hat und einsam ist (Jes 49,21), der Ausgangspunkt für die Entstehung des Begriffs der Knesset Jisrael war. Diese Mutter-Metapher habe zu einer interessanten deutenden Übersetzung von Ps 87,5 in der LXX geführt: «Zion wird man Mutter nennen: jeder Mensch ist in ihr geboren.»[22] In dieselbe Richtung gehe die Bezeichnung von Zion als Metropolis bei Philon (ad Flaccum 46).

Die weibliche Darstellung von Zion hat schon in der Bibel viele Facetten. Der Piyyut zieht nun die Linien, die in den Propheten, Psalmen und Klageliedern vorgezeichnet sind, weiter aus.

Einleitung zur Problemlage: Ist das Frauenbild von Zion im andalusischen Piyyut beeinflusst von der weltlichen Poesie?

1. Das Frauenbild in der andalusischen Literatur: zwei entgegengesetzte Meinungen

Meine Arbeit soll ein Beitrag sein zur Frage, wie die Juden im sogenannten Goldenen Zeitalter[23] in al-Andalus literarisch ihre Beziehung zu Zion darstellen, das ja seit biblischer Zeit in ungebrochener Tradition im Midrash und in den Piyyutim als Frau dargestellt wird. Weil ich gesehen habe, dass sogar in einer so traditionellen Literatur wie der Gebetsliteratur die Frauengestalt Zion in den andalusischen Piyyutim anders dargestellt ist als in den klassischen, habe ich mich gefragt, warum.

---

21 Dinaburg 1951, S. 4.
22 Hebräischer Text: Zu Zion wird gesagt werden: Dieser und jener ist in ihr geboren. Der Talmud (bKet 75a) erklärt: «und zu Zion wird gesagt werden: jeder Mensch ist in ihr geboren. – sowohl einer, der in ihr geboren wurde als auch einer, der erwartet, sie zu sehen.»
23 María Rosa Menocal 2003, S. 202: «... goldenes Zeitalter – ein Begriff, den die Herausgeber und Historiker dieser (scil. andalusischen) Dichter, deutsche Juden des 19. Jahrhunderts, prägten.» Genauer: Franz Delitzsch, Zur Geschichte der jüdischen Poesie, Leipzig 1836, S. 44/45, prägte das Wort als literarischen Begriff, er nannte das 10. Jahrhundert (940–1040) der jüdisch-arabischen Koexistenz in al-Andalus «das goldene Zeitalter», das 11. Jahrhundert (1040–1140) «das silberne Zeitalter». Hinweis auf dieses Urteil von Delitzsch und bibliographische Angabe: Ismar Schorsch 1989, S. 61, Anm. 45.

Es gibt zwei Theorien, mit denen ich eine Antwort bekommen kann:
1) Das Zionsbild, das die Beziehung des Volkes zu Gott und zum Land Israel widerspiegelt, ist in al-Andalus verändert, weil die Exilsbedingungen im arabo-jüdischen Zusammenleben anders sind als die Lebensbedingungen im Land Israel des 6. und 7. Jahrhunderts.
2) Das Frauenbild Zions ist durch die neu in al-Andalus entstandene weltliche Liebespoesie verändert.

Ich komme nun mit beiden Theorien in grössere Problemstellungen hinein: Wie steht es mit den Exilsbedingungen und der Akkulturation? Empfand man sich in der arabo-jüdischen Kultur von al-Andalus im Exil oder in der Heimat? Wie soll der heutige Interpret zum Beispiel die Piyyutim von Moshe Ibn Ezra mit ihrer Sehnsucht nach Zion bewerten, wenn Moshe Ibn Ezra gleichzeitig in den Briefgedichten aus dem christlichen Exil Granada als Ziel seiner Sehnsucht darstellt? Auch beim Frauenbild, das wie immer in der von Männern geschriebenen Literatur das Bild ist, das sich der Mann von der Frau macht, stellt sich die Frage, wie wir die Aussagen der Dichter über die Frau werten sollen. Wie aussagekräftig ist die metaphorische Rede von Zion als Frau, wenn wir in Rechnung ziehen, dass das Frauenbild Zions wie im Midrash zu Aussagen über das Verhältnis von Gott und Volk instrumentalisiert ist? Ist es wirklich so, dass dieses neue Frauenbild Zions durch eine neue Wertschätzung der Frau entstanden ist? Oder besteht kein Zusammenhang zwischen den weltlichen Liebesgedichten an die schöne, angehimmelte Geliebte und der Zionsgestalt in den Piyyutim?

Um den Grund für das veränderte Zionsbild herauszufinden, gehe ich in meiner Arbeit, die keine historische, sondern literarische Arbeit ist, den zweiten der beiden möglichen Wege: Ich untersuche nicht die neuen Exilsbedingungen, sondern den möglichen Zusammenhang zwischen dem Frauenbild der weltlichen Liebespoesie und der Zionsgestalt in den Piyyutim. Um das Neue der andalusischen Zionsfigur zu sehen, stelle ich als Hintergrundfolie auch das Zionsbild im klassischen Piyyut vor. Weil meine Untersuchung auch die literarischen Kontakte zwischen arabischer und hebräischer Poesie betrifft, kann die Frage der Akkulturation aber nicht völlig ausgeklammert werden.

Hier soll nun kurz in der Einleitung das Für und Wider meiner These dargelegt werden, wenn ich behaupte, das Frauenbild der hebräischen Liebespoesie habe der Zionsgestalt im Piyyut gewisse neue Charakterzüge verliehen, weil zwischen der weltlichen und synagogalen Literatur eine sprachliche Durchlässigkeit bestand, was Motive und Metaphorik betraf.

Das Bild der Frau wurde erst in al-Andalus Gegenstand der hebräischen Literatur: erst dort schrieb man vom 10. Jahrhundert an im Kontakt[24] mit der arabischen Kultur weltliche Liebeslieder[25], zum Teil an und über Frauen, zum Teil homoerotische an und über junge Männer. Dieselben Dichter, die weltliche Liebesgedichte schrieben, dichteten auch liturgische Lieder für die Synagoge. Es scheint deshalb auf der Hand zu liegen, dass die neue hebräische Liebesliteratur in Form und Inhalt das Frauenbild von Zion beeinflusste, insofern als Zion in der Bibel und im Midrash zum Hohenlied auch als die Geliebte Gottes dargestellt wurde. Gilt diese Annahme aber auch dann, wenn das Frauenbild der Liebesliteratur ein reines Phantasieprodukt und Konstrukt der Gesellschaft ist, geschaffen aus den konventionellen Klischees über die Frau? Zu diesem Urteil, das andalusische Frauenbild sei eine literarische Fiktion, kommt Tova Rosen[26], die das Verhältnis der andalusischen Literatur zur damaligen Gesellschaft hinterfragt hat. Wie sie in ihrer Auseinandersetzung mit der Forschung zeigt, ist sie mit dieser Fragestellung zwar nicht die erste, aber als erste *israelische* Forscherin warnt sie vor unkritischem Lesen: die Fiktion der schönen Frauenfigur in al-Andalus sei als literarisches Mittel von der dominierenden männlichen Elite manipulativ gebraucht worden, um gesellschaftlich die untergeordnete Rolle der Frau festzulegen. Sie appelliert an die modernen Forscher, die gesellschaftlichen Hintergründe der Literatur kritisch aufzudecken.[27] Ich gehe kurz darauf ein, weil ihre Kritik auch meine These zu erschüttern scheint: Kann das Phantasiebild einer schönen «femme fatale» Muster sein für das Zionsbild?

---

24 Neueste Forschung: Rina Drory 2000. Sie bevorzugt den Begriff «Kontakt» und bespricht die meistens ungenaue Rede von «Einfluss» der einen Kultur auf die andere in Kapitel 10, S. 208–221 unter dem Titel: Literary Contacts and Where to Find Them: Arabic Literary Models in Medieval Jewish Literature, auch in Kapitel 8, S. 178–190: "Bilingualism and Cultural Images: The Hebrew and the Arabic Introduction of Saʿadya Gaʾons Sefer haegron". Meine Arbeit steht im Rahmen des Themas «kulturelle Kontakte» und «Akkulturation»; deshalb folgt dazu eine kurze Zusammenfassung des Standes der Forschung im 1. Kapitel des Teils II der Arbeit.

25 Der hebräische Terminus für Liebeslied ist שיר חשק «Lustlied». Siehe Teil II 3.

26 Tova Rosen: zuerst 1988 in "Tongues Being Bound", wo sie das Klischee der stummen Schönen und das misogyne Bild der Geschwätzigen hinterfragt, dann in ציד הצבייה, Mikan 2, 2001, S. 95–124, dort S. 112 f. in Auseinandersetzung mit Raymond P. Scheindlin. Dann ausführlicher in ihrer Studie über mittelalterliche hebräische Literatur: Unveiling Eve. Reading Gender in Medieval Hebrew Literature, University of Pennsylvania Press 2003, dort widmet sie ihrem Anliegen, der Dekonstruktion der androzentrischen Sicht in der Liebeslyrik, speziell das Kapitel 1 ("No-Woman's Land: Medieval Hebrew Literature and Feminist Criticism") und das Kapitel 2 ("Gazing at the Gazelle: Woman in Male Love Lyric").

27 Rosen 1988, S. 83: "Thus, while it is useless to blame a culture for the antifeminist values it had advocated centuries ago, it is imperative that modern scholars cross the line between a purely descriptive method and a critical explication of the literary means used by a culture to carry out its aims."

Shlomo Ibn Gabirol מה לאביגיל[28]

> Was ist bloss mit Avigail, / dass sie mit ihren Augen /
> mich gefangen nahm und liess / gleich darauf mich fallen?[29]
> Die sie begehrten allesamt, / sprachen zu ihr, dass
> ich sie hasse, und mein Hass / daure an endgültig.
> Trotzdem, wenn sie auch vergass / meine Liebe, will ich
> doch den Liebesbund bewahren / und ihn nicht vergessen.[30]
> Jishais Sohn zu ihrem Haus / schicken liess, ich aber
> gehe selbst zu ihrem Haus, / lass nicht Boten schicken.
> Gibt's auch im Exil nicht mehr / Opferdienst für Gott,
> ist's doch so, dass Opfer ich / darbringen will für sie!

Das Gedicht gipfelt in der Aussage, dass die Geliebte, Begehrte und Angebetete gottähnliche Ehren bekommen soll, was Schirmann[31] als «gewagte Idee im Mund eines hebräischen Dichters des Mittelalters» bezeichnet. Gewagt ist aber auch die biblische Typologie, mit der der Dichter sich als Sohn Jishais, also als neuen David sieht und erst noch erklärt, er wolle ihn übertreffen, indem er zu Avigail nicht nur Boten schicke, sondern selbst hingehe. Soll das Publikum dies als witzig goutieren? Oder ist die Liebeserklärung und die Bewunderung des Sprechers dahingehend ernst zu nehmen, dass er mit Zuhörern rechnet, die den fiktiven Liebesdienst für eine fiktive Schönheit als eine Beschäftigung ansehen, die den Sprecher adelt und nicht lächerlich macht? Das hiesse: Liebesgedichte an Schönheiten zu verfassen (ob sie nun existieren oder nicht) wäre eine sublime Form von Liebeskultur, wie sie damals in der andalusischen höfischen Gesellschaft eventuell gepflegt wurde. Ebenso müsste man annehmen, dass Schönheit und Liebe tatsächlich als hohe Werte galten, und Liebesliederschreiben ein gemeinsames kulturelles Vergnügen war.

Was sagt die Forschung dazu? Zuerst ein Blick in die Vergangenheit:

Ein Gelehrter vor fünfzig Jahren, Henri Pérès[32], schrieb über «la femme et l'amour» in al-Andalus von der Evidenz der arabischen Liebeslyrik her folgendes:

---

28 Hebräischer Text: Schirmann 1955/6, Bd. I, Teil 1, S. 213, Nr. 3.
29 Wörtlich: sie liess mich darauf dort liegen. Dies ist das Bild, das auch in den Lob- und Freundschaftsliedern vorkommt (s. Teil II 4.2.1 und 2): das Herz des Liebenden wird vom wegziehenden Freund gefangen weggetragen. Hier lässt Avigail nun ihren Gefangenen unterwegs liegen, was im Deutschen besser mit «fallen lassen» übersetzt werden kann.
30 Zur Situation von «Rivalen, Verleumdung und Treue des Liebenden» s. Teil III 2.2.
31 Schirmann 1956/7 (hebr.) im Kommentar zum Lied. Aus Susanne Enderwitz 1995, S. 16 entnehme ich, dass im 8. Jahrhundert die höfische Ghazaldichtung die «Geliebte zur Angebeteten stilisiere».
32 Henri Pérès, La Poésie Andalouse en Arabe Classique au XI siècle, Paris 1953.

> Au XI siècle, la femme tend à prendre une place de premier plan dans la société; la floraison de la poésie amoureuse qui fait d'elle un être adulé et idéalisé montre assez que, confinée encore dans le gynécée, mais jouissant d'une liberté relative, l'Andalouse se sent presque l'égale de l'homme et revendique comme lui le droit à la vie.

Schlussfolgerungen wie diese, die hinter dem literarischen Frauenbild der Liebeslieder eine gleichsam historisch dokumentierte, dem Mann ebenbürtige Frau sehen wollten, forderten Tova Rosens Kritik heraus:

Die Liebeslieder weckten, so schreibt Tova Rosen[33], besonders im 19. Jahrhundert das Entzücken der Fachgelehrten, weil es ihnen schien, dass nun endlich die mittelalterlichen Poeten und zwar erst noch solche, die rabbinische Gelehrte und ernsthafte Grammatiker waren, gegenüber der Frau die Liebessprache gefunden hätten und sie gebührend darstellten. Die Liebeslieder wurden, so schreibt sie, in der Zeit der jüdischen Aufklärung als Beweisstücke benützt, um das puritanische Image des mittelalterlichen Judentums zu widerlegen und um die modernen Ideen wie «Weltlichkeit», «Rückkehr zur Natur», «Normalität», «Universalität» schon in diesen alten Texten zu verankern, um dann auf sie wie auf Präzedenzfälle hinzuweisen.[34] Als Reaktion auf die angeblich unpassende Bewunderung dieser Liebeslieder, in denen die natürliche Liebe gefeiert werde und die Frau neu einen Platz in der Literatur gefunden habe, entgegnet Tova Rosen, indem sie die Bewunderung mit einem Schlag dämpft: die Frau ist in diesen Liebesliedern nach wie vor ohne Stimme, sie wird nur als Objekt beschrieben. Schlimmer noch: das männliche Frauenbild ist das Phantasiegebilde einer schweigenden, aufreizenden Dame:

> A silent lady, this fantasy created by men, enables gentlemen to talk about sex without endangering the chasteness of their real women. Concealing crude sex with an apparition of "the service of beauty and spiritual love" is but a lip service which on the one hand stirs men's imagination, and on the other leaves their women untouched.[35]

---

33 Rosen 2001, ציד הצבייה, S. 95–124 (= Kapitel 2 "Gazing at the Gazelle: Woman in Male Love Lyric" in 2003, Unveiling Eve). Ich habe hier ihre Aussagen von 2001, S. 96 zusammengefasst. Ihr Anliegen, das sie 2003, Kapitel 2 weiter ausführt, ist es, zu zeigen, wie "the androcentric nature of medieval Hebrew literature was to be reproduced by modern scholarship" (Zitat aus der Einleitung ihres Buches von 2003, S. XIII).

34 Zum kulturellen Paradigma der sefardischen Poesie für das 19. Jahrhundert vgl. Schorsch 1989, S. 47–66, "The Myth of Sephardic Supremacy". Weiter Pagis 1976, S. 13: Er weist darauf hin, dass die Periode der «Techija» mit der Chibbat Zion-Bewegung (am Ende des 19. Jahrhunderts) bewusst an die sefardische Poesie anknüpfte und nennt als Beispiel Chayyim Nachman Bialik.

35 Rosen 1988, S. 73. Mit dem Zitat "the service of beauty and spiritual love" in ihrer Aussage zitiert sie Scheindlin 1986, S. 85, wobei Scheindlin "spiritual life", nicht "spiritual love" schrieb (dazu s. u. die Diskussion von Scheindlins Thesen). Weiter zum männlichen

Deshalb sei diese weltliche Liebessprache nur ein literarisches Spiel mit Klischees und die Liebe darin reines «Sprachereignis».[36] Tova Rosen hat das Verdienst, als erste israelische Forscherin die feministische Lesung von alten Texten gewagt zu haben, und ihre berechtigte Kritik zielt auf das Missverständnis älterer Forscher, Literatur mit realitätsgetreuer Wiedergabe einer gesellschaftlichen Wirklichkeit zu verwechseln. Ihr Protest war offenbar nötig, weil, wie sie sagt, die israelische Forschung in literarkritischen Fragen um Jahrzehnte hinter dem Stand der Forschung im Westen nachhinke.[37]

Es ist überflüssig, mehr über die Freiheit der Poesie zu sagen, die ja nicht die Realität reproduziert, sondern eigene Welten schafft. Auch ist es klar, dass von Männern (im Mittelalter) geschriebene Literatur nicht einfach Information über die wirkliche Frau und deren wirkliche Beziehung zum Mann gibt, sondern vor allem darüber, was für Bilder sich die schreibenden Männer von den Frauen machten. Das Umgekehrte fand nicht statt: Frauen schrieben zwar vereinzelt ein Gedicht, aber brachten keine Literatur hervor, die in einem Publikum Resonanz gefunden hätte.[38] Da ich nun nicht eine gesellschaftskritische Arbeit schreibe, sondern eine literarische, stürzt die Kritik von Tova Rosen meine These, dass das Frauenbild der Liebesliteratur auf das Bild von Zion eingewirkt hat, nicht a priori um:

Phantasiegebilde der Frau: Rosen 2001 ציד הצבייה S. 106 ff. Ausführlicher stellt sie die Liebeslieder in den weiteren literarischen Kontext von misogyner Frauendarstellung im Mittelalter in: 2003, S. 66–73 (Kapitel Veils and Wiles: Die Frau als Widerspruch zwischen aussen schön, innen lügnerisch und falsch), speziell auch 2003 Kapitel 5 (Misogamy in a Jewish Marriage Debate).

36 Rosen 2001, S. 101. So übersetze ich ארוע לשוני. In ihrer englischen Publikation 2003 (Einleitung S. XIII) bezeichnet sie die in der Liebeslyrik dargestellte Liebe als "linguistic affair".
37 Rosen 2001, S. 96.
38 Zum Thema «schreibende» Frauen: s. Rosen 2003, 1. Kapitel ("No-Woman's-Land: Medieval Hebrew Literature and Feminist Criticism"), S. 1: "A single poem attributed to a woman has reached us from the wide literary corpus of medieval Hebrew literature." So beginnt Rosen ihre Studie und zitiert (auf Englisch) das Abschiedsgedicht von Dunash ben Labrats Frau an ihn: «Hajizkor Jaʿalat Chen»; Fleischer 1984b, der das Gedicht ediert und kommentiert hat, nennt sie «die erste bekannte Dichterin unserer Geschichte nach der Prophetin Dvorah». Übersetzung dieses Gedichts: Rosen 2003, S. 1, und Sáenz-Badillos 1985, S. 87f. Auch Goitein 1955, S. 202 ff. schneidet das Thema «schreibende Frauen» an. Walther 2004, S. 61 f. nennt arabische Dichterinnen: Wallāda bint al-Mustakfi (gest. 1091?) in Córdoba und Ḥamda bint Zyād, sie verweist auf das Kompendium andalusischer Dichtung von Maqqari (16. Jahrhundert), der für das 11./12. Jahrhundert noch zwei weitere Dichterinnen aufzählt.

1) Auch das rein fiktive, männliche (Ideal-) Bild, das sich die Dichter von der Frau machen, ist Dokument einer zeitbedingten Mentalität, ist insofern «wahr» und kann deshalb mit der Darstellung von Zion im Piyyut verglichen werden: auch das Zionsbild widerspiegelt ja männliches, zeitbedingtes Denken.
2) Die poetische Darstellung der Liebe zur Frau als reines «Sprachereignis»[39] (wie Tova Rosen 2001 sagt) ist nicht negativ zu werten, auch wenn die Liebe sich nur in der poetischen Fiktion abspielt und nicht in der körperlichen Realität: auch der Piyyut kommuniziert ja die Liebe der Knesset Jisrael zu Gott allein durch die Sprache! Aber es bleibt die Frage, ob ein derartig konventionelles Klischee einer Frau, die schön, aber gefährlich ist wie eine Meduse[40], tatsächlich ein literarisches Vorbild für das Frauenbild von Zion sein kann.

Was die Bewertung von Schönheit und Liebe betrifft, ist die Sicht von Scheindlin[41] derjenigen von Tova Rosen diametral entgegengesetzt und hat schon 1988 Rosens[42] Stellungnahme herausgefordert. R. Scheindlin untersuchte die hebräischen Liebeslieder ebenfalls auf ihre Aufgabe hin, die sie in der männlichen Gesellschaft möglicherweise erfüllten, stellte aber nicht das Frauenbild ins Zentrum, sondern den Stellenwert der Schönheit: "The courtier-rabbis of the Golden Age used poetry to a large extent as a ritual expression of an ideal shared by their social class. Highly self-conscious, fiercely proud of their unique position vis-à-vis the contemporary Jewish masses and past Jewish leadership, they used poetry to articulate their devotion to beauty as a cardinal value of the spiritual life."[43] Die andalusische Liebesliteratur ist demnach Ausdruck einer Kultur der Schönheit.

Worum geht es Scheindlin mit seinem Begriff "spiritual life"? Ich gehe auf seine These hier besonders ausführlich ein, weil er nicht nur die weltliche Literatur,

---

39 Rosen 2001, S. 101: ארוע לשוני. Auf Englisch "linguistic affair": Rosen 2003, Einleitung S. XIII.
40 Tova Rosen 2001, S. 110, 2003, S. 46.
41 Raymond P. Scheindlin 1986, Wine, Women and Death. Medieval Poems on the Good Life.
42 Rosen 1988, S. 72 ff. Sie diskutiert das von Scheindlin 1986, S. 85 ihrer Meinung nach zu Recht bemerkte Paradox des Dichters, der mit seinem Gedicht auch sein Publikum anspricht: als Textperson im Gedicht ist er gegenüber der Angebeteten der leidende Liebende, als Dichter geht es ihm aber um die Anerkennung beim männlichen Publikum. Rosen kritisiert, dass Scheindlin dennoch diese Beschäftigung einer rein männlichen Gesellschaft mit dem Thema Liebe, bei dem die Frauen stummes Objekt bleiben, als "service of beauty and spiritual life" verstehen wolle. In Wahrheit sei diese Dichtung "a means of control" der männlichen Gesellschaft über die Frauen.
43 Scheindlin 1986, S. 85.

sondern auch den Piyyut einbezieht. Seine Meinung lässt sich am besten anhand eines Gedichtes von Moshe Ibn Ezra zeigen, das Scheindlin[44] auch anführt und als Stütze seiner These interpretiert. Es ist dasselbe Gedicht, das Tova Rosen 1988 (S. 97) als erstes Beispiel einer von Männern praktizierten hedonistischen Liebesphantasie zitiert.

Moshe Ibn Ezra דדי יפת תואר, **Brody Nr. 250 (Gürtellied)** [45]

    Kose die Brüste einer Schönen in der Nacht
    und die Lippen einer Schönheit küss' bei Tag![46]
Und schelte jeden Kritiker, der Ratschläge erteilt
nach seiner Art, und nimm die Wahrheit an, die in meinem Munde ist:
Man kann nicht leben, ausser mit den Kindern der Schönheit[47].
    Denn sie wurden aus dem Paradies gestohlen, um das Leben zu quälen (עשק) –
    kein lebendiger Mann kann leben und nicht lustvoll lieben! (חשק)
Tauch dein Herz ein in Freuden und Vergnügen
und trink an Wasserrinnen Becher mit Wein
zum Klang von Lauten mit Tauben und Schwalben
    und tanz und freue dich, klatsch in die Hände,
    lass dich betrinken und klopf an die Tür eines anmutigen Mädchens[48].
Das ist das Angenehme der Welt – nimm deinen Anteil
von ihr; als deine gerechte Portion vom Einweihungsopfer[49]
betrachte es, deine dir zuständige Portion für die Oberhäupter deines Volkes.
    Sei nicht müssig, Lippen und ihren Saft zu saugen,
    und dazu ergreif deinen gerechten Anteil – Brust und Schenkel!

Der Schlüssel zum Verständnis liegt nach Scheindlin in der ersten Strophe: Die Kinder der Schönheit sind aus dem Paradies[50] gestohlen worden. Das Paradies könnte nach Scheindlin nicht nur biblisch verstanden werden, sondern auch

---

44 Scheindlin 1986, S. 90 f.
45 Chayyim Brody, 1934/5–1941/2, Moshe Ibn Ezra, Shire haChol, S. 263.
46 «Tag und Nacht»: entsprechend dem lasziven Ton spielt dieser Ausdruck auf Ps 1,2 an.
47 «Kinder der Schönheit»: gemeint sind die konkreten Vertreter der Schönheit, die schönen Menschen, Männer und Frauen.
48 Im Text steht eines der in Liebesliedern üblichen Appellative für die Geliebte: Spr 5,19 יעלת חן Weibchen des Steinbocks oder Gemse.
49 Dies ist der Widder der Einweihungsfeier, den Aharon und dessen Söhne schlachten mussten und davon ihren Anteil nahmen: Ex 29,22; Lev 8.
50 Das Wort «Paradies» ist hebräisch עדן, diese Wortwurzel, ans Arabische 'dn anklingend, assoziiert «Ursprung», was die neoplatonische Deutung von «Paradies» bestärkt haben muss, wie Scheindlin 1986 (S. 94) erklärt: "The universal, ideal world is called maqor in Hebrew, or 'source', as in Ibn Gabirol's neo-Platonic treatise entitled 'The Source of Life'. In this image, the world of universals is ordinarily thought of as a well, from which flow the particulars; the source is also sometimes thougt of as a mine, designated in Arabic by the word ma'dan ... whose root is 'dn, the same as the Hebrew word for Eden."

platonisch als Ursprung der Schönheit: dann wären alle Kinder der Schönheit die Repräsentanten der Idee der Schönheit. Die damals verbreitete neoplatonische Philosophie beinhaltet die Lehre von der Sehnsucht der Seele nach ihrem Ursprung, und dass die Seele wie die «schönen Kinder» in dieser Welt nicht zu Hause sei, sondern zu ihrem Ursprung zurückkehren wolle, sei ein Allgemeinplatz der neoplatonischen Spiritualität[51]. Also könnten die Menschen nicht anders als sich der Schönheit dieser Paradieskinder hingeben, da diese Anteil am Ursprung, am Paradies, hätten und weitergäben. Der Zustand der Liebenden ist aber eine quälende Sehnsucht: «Quälen, unterdrücken», hebräisch עשק, ist im Gedicht – so zeigt Scheindlin – an der selben betonten Position in der Verszeile wie das Wort «lieben oder Lust haben», חשק. Scheindlin[52] erklärt dazu: "The rhyme implies that our susceptibility to love results from our experiencing in it a superior power." Zudem, darauf weisen Scheindlin und schon Pagis[53] hin, ist das Wortpaar ein Wortspiel, da im Arabischen die Liebe oder die Lust ʿishq heisst, also fast gleich tönt wie עשק.[54] Mit dem Wortspiel sind die zwei Seiten der Liebe gemeint, die Lust und die Qual. Die letzte Zeile spielt auf das Einweihungsopfer der Priester an, den Schenkel und die Brust des Widders geniessen zu dürfen (Ex 29; Lev 8). Scheindlin weist nun darauf hin, dass Moshe Ibn Ezra die Anspielung, welche sexuelles Vergnügen mit einer religiösen Handlung assoziiere, nicht nur als Witz gemeint haben könne, sondern der Assoziation eventuell noch tieferen Sinn beigelegt habe: so wie die Priester damals die religiöse Elite des Volkes waren, so sind die «Vorsteher des Volkes» nun eine ganz andere Elite: "the courtier class, the privileged devotees of beauty, of which Ibn Ezra was a most articulate member."[55]

So weit geht Scheindlin in seiner Interpretation der letzten Zeile, welche die Doppelbödigkeit des ganzen Gedichtes bestätige: unter der witzig-frechen Oberfläche stecke der tiefere Sinn, dass die körperliche Schönheit ein geistiger Wert sei und die Sehnsucht nach der Schönheit eine spirituelle, religiöse Erfahrung. Yahalom[56] hingegen fasst die Schlusszeilen als humoristische Pointe auf nach

---

51 Scheindlin 1986, S. 94.
52 Scheindlin 1986, S. 94.
53 Scheindlin 1986, S. 187, Anm. 6 zur Stelle; Pagis 1976, S. 69.
54 Die Begriffe חשק und עשק hat ebenfalls als korrespondierendes Paar das unten zitierte Gedicht von Moshe Ibn Gikatilla Zeile 8–9. Sie kommen bereits bei Jannai vor, wenn er über die Knesset Jisrael sagt (Qerovah lePessach Zeile 146) «Ich bin meinem Geliebten die Lust des Verlangens und die in Liebe Begehrte חשוקה, die ich in Hass unterdrückt עשוקה war, und die mit seinem Mund Geküsste» (Jannai, ed. Rabinovitz 1987, II, S. 286, Zeilen 146 f.: s. Textanhang).
55 Scheindlin 1986, S. 95.
56 Yahalom 1993a, S. 157. In «Le'Or Boqer Jechidati neduda» 2003b, S. 9 zeigt Yahalom, dass Shlomo Ibn Gabirol in Liebesliedern (wie eben in לאור בוקר) besonders gern die

Art der sonst umgangsprachlichen Kharja (s. Glossar) im Gürtellied. Die literarische Absicht einer Kharja ist die, dass das Publikum auf diese meist bekannten Liedverse das ganze Gedicht hindurch wartet und dann begeistert einstimmt. Hier bei Moshe Ibn Ezra erfülle die «Profanierung von Versen aus den heiligen Büchern» wahrscheinlich denselben Zweck, «eine saftige Pointe» zur Belustigung der Zuhörer an den Schluss zu setzen. An anderer Stelle äussert sich Yahalom[57] aber ähnlich wie Scheindlin zum Thema der hohen Wertschätzung von Schönheit als Grundlage der damaligen höfischen Gesellschaft: alles soziale Leben am Hofe sei nach dem Massstab der Ästhetik beurteilt worden. Die Diskussion, welche Ideale die arabo-jüdische Kultur und die hebräische Poesie bestimmten, führe ich im 1. Kapitel von Teil II weiter.

Wie steht es nun mit dem Frauenbild in der Liebespoesie und seinem eventuellen Einfluss auf die Zionsgestalt? Dient es als literarisches Vorbild für Zion als Frau? Schauen wir nochmals die Gestalt der fiktiven Avigail an, der Shlomo Ibn Gabirol in מה לאביגיל sein Phantasie-Liebesopfer bringt: sie ist wie alle fiktiven Frauen der Liebeslieder die typische Geliebte, die den Mann als Opfer mit ihren Augen bezaubert, ihm untreu ist, aber dennoch von ihm angebetet wird. Dieses Frauenbild, das Tova Rosen zu Recht als einseitiges stereotypes Phantasiebild aus der Sicht des Mannes brandmarkt, scheint nun nicht das Idealbild einer liebenden Frau zu unterstützen, welche die Knesset Jisrael nach traditionellen Vorstellungen verkörpern sollte. Aber es propagiert ein Idealbild des liebenden Mannes, der aus lauter Hingabe an die Schönheit der Frau ihr trotz ihrer Seitensprünge treu bleibt.

Hier zeichnet sich die Lösung ab, wie ich meine These durchführen werde: der Beitrag der andalusischen Liebespoesie für die neue Gestaltung der Knesset Jisrael kann ein doppelter sein, indem das Frauenbild Zions das Idealbild beider Partner vereint, sowohl das der schönen Frau als auch das des liebenden, treuen Mannes.

Auch Scheindlins These der "devotion to beauty" einerseits und seine postulierte Doppelbödigkeit des Lustgedichtes von Moshe Ibn Ezra anderseits unterstützt mein Vorhaben, das Frauenbild Zions mit dem Frauenbild in der weltlichen Poesie zu vergleichen, obwohl die beiden Frauenbilder so ganz unterschiedlichen literarischen Bereichen angehören: die Liebespoesie widerspiegelt die arabische Kultur, der Piyyut ist jüdisch – wo liegt hier das Gemeinsame? Wenn nun Scheindlin die These verficht, dass das Ideal der Schönheit nicht nur

---

Methode der Profanierung des Heiligen braucht in seinen gewagten Vergleichen aus der Bildwelt von Tempel und Gottesdienst, wie z. B. oben Shlomo Ibn Gabirol, מה לאביגיל.
57 Yahalom 2003a, S. 281 (hebr.): Näheres dazu in Teil II 1.

eine weltliche, sondern auch eine spirituelle Dimension hat und er dies als die gemeinsame Weltanschauung der arabo-jüdischen Kultur betrachtet, so muss ich diese spirituelle Dimension der Schönheit nur noch am Piyyut nachweisen, um Scheindlins These gegen Rosen zustimmen zu können. Ich werde zeigen, wie die Wechselbeziehung von Gott und Israel mit den Merkmalen von Liebe und Schönheit charakterisiert wird. Dabei wird das Motiv der Schönheit aus der weltlichen Sphäre auf die spirituelle übertragen und umgedeutet, so wie auch andere weltliche Motive im Piyyut umgedeutet werden.

Der folgende Piyyut von Moshe Ibn Gikatilla (11. Jahrhundert Córdoba/Zaragoza) ist ein extremes Beispiel einer Übertragung des weltlichen Frauenbildes auf die Knesset Jisrael: Wenn der Leser nicht dessen Bestimmung als Piyyut kennt, liest er das doppelbödige Gedicht zunächst als ein Lustlied[58] und merkt erst im 2. Teil ab Zeile 22, dass die Frauengestalt, an die sich der Sprecher wendet, die Knesset Jisrael ist und der Sprecher Gott. Der Piyyut ist ein Beispiel dafür, dass Motive nicht nur übertragen, sondern auch umgedeutet werden: Denn im Unterschied zur «Avigail» im oben zitierten Lied ist die Knesset Jisrael nicht nur schön, sondern sie liebt auch.

Moshe Ibn Gikatilla[59] אם תראי מראייך

(Zeile 8–12; 19–22)
    Schön sind über dich die Worte der Lust (חשק):
    deine Schönheit quält (עשק) jedes Herz.
10 Ein Vergnügen für den, der (dich) einatmet und küsst,
    und (im Blick) deiner Augen ist eine Waffe.
    Wie ein Karmesinband sind deine Lippen. (HL 4,3)

    Fragt alle Leute, die eine Antwort wissen,
    ob es unter euch einen gibt, getroffen und gequält (Jes 53,4)
20 wie Ich, wenn Ich Mich jeweils hinwende,
    um auf deinem Herzen zu sehen wie
    Böckchen deine beiden Brüste. (HL 4,5 und 7,4)

Im Vergleich zum Gedicht von Shlomo Ibn Gabirol an Avigail, das Religiöses in den weltlichen Kontext versetzte, haben wir hier das Phänomen der umgekehrten Grenzüberschreitung: Gott bewundert die Knesset Jisrael zweiundzwanzig Zeilen lang in Bildern, die aus dem Lustlied stammen, und bekennt, dass Er wegen

---

58 Zum Lustlied s. Teil II 3.
59 Ed. von Chayyim Brody, in: Yedioth haMakhon leCheqer haShira ha'Ivrit, Bd. 3, S. 87–89, dort als Nr. 10. Schocken, Berlin 1937. Übersetzung des ganzen Textes mit Anmerkungen s. Textanhang. Interpretation des Gedichtes (zur Macht der Schönheit) in Teil III 1.1.4.

dem Blick ihrer Augen[60] geschlagen und gequält sei. Wie im Lustgedicht von Moshe Ibn Ezra ist das Erleben von Schönheit Lust und Qual. Im zweiten Teil des Piyyuts sehen wir dann, was der Zauber ihrer Schönheit bei Gott auslöst: Er vergibt ihr und nimmt sie wieder zu Sich. Auch dieses Vergeben aufgrund der Schönheit ist ein Motiv aus dem Lustlied.

Ich postuliere deshalb, dass die weltliche und die religiöse Sphäre wechselseitig durchlässig ist, was ich an der Zionsgestalt zeigen werde, zu deren Charakterisierung die Dichter die weltlichen Figuren des Liebhabers und der/des Geliebten benützen. In der arabischen Liebespoesie gibt es das gleiche Phänomen: weltliche Liebesdarstellung wird in die religiöse Sphäre übertragen, ohne dass die Metaphorik der Sprache geändert wird. Zum Teil bekommt derselbe Text einfach eine neue Deutung. Auch Tova Rosen[61] zeigt an hebräischen Gürtelliedern, dass das Nachahmen arabischer Vorlagen ein spielerischer Wettbewerb der andalusischen Dichtergesellschaft war; gerade dies habe zur Entwicklung religiöser Gürtellieder geführt. Sells[62] bringt Beispiele aus der arabischen Literatur und zeigt, dass hedonistische Liebeslieder wie das oben zitierte Gedicht von Moshe Ibn Ezra, die Begehren und Genuss ausdrücken und meistens eine Szene mit Weintrinken im Garten enthalten ("Bacchic Love"[63]), in der literarischen Rezeption im Sinne der Sufi-Mystik umgedeutet werden konnten. Sells sagt, dass diese Umdeutung eine literarische Parallele habe in der Übernahme des Hohenliedes in die jüdische und christliche mystische Literatur. Auch Manzalaoui[64] zeigt das Zusammenspiel zwischen "secular poems"

---

60 Der Blick der Augen als Waffe: dasselbe Motiv auch im obigen Gedicht «Avigail» von Shlomo Ibn Gabirol. Das Motiv aus dem arabo-hebräischen Lustlied ist eine stärkere Variation von HL 4,9.
61 Rosen 2000, S. 172–175. Sie zitiert S. 174 ff. auch Beispiele von religiösen, nämlich Sufiähnlichen, mystisch-erotischen Gürtelliedern arabischer und hebräischer Dichter. S. auch Schippers 1994, S. 22–40 zum Thema der Nachahmung oder besser "literary emulation": muʿāraḍa. Die muʿāraḍa galt nicht als Plagiat.
62 Sells 1989, S. 90.
63 Sells 2000, S. 134. Ein Vertreter der bacchischen Liebesdarstellung ist Abū Nuwās, gestorben 810, von Basra (Angabe von Sells).
64 Manzalaoui 1989, S. 119–136. Der Artikel mit dem bezeichnenden Titel: "I Follow the Religion of Love: The Erotic Surrogate in the Arabic Tradition" hat mich nachträglich bestätigt, weil Manzalaoui in arabischen Liebesliedern feststellt, was ich auch im Piyyut gesehen habe: "metaphors of spiritual love are in fact sometimes indistinguishable from those non-figurative expressions of erotic love." Als Beispiel zitiert er S. 125 einen Vers von Ibn ʿArabī (13. Jahrhundert): "The dew spread from the fragrance of my Beloved. What I sought was manifested in him. And so I cried out: My goal, o my desire." Er erklärt: "Rhetorically, the effect of this carried on through many lines of verse is to produce a literal love-poem, with no sustained metaphor at all; it is only the connotative meaning, derived from the context, and from the cultural and personal circumstances, which makes

und "religious poems" in der arabischen Literatur des 12./13. Jahrhunderts, indem er betont, wie austauschbar die Sprache in ihren erotischen Metaphern tatsächlich ist.[65] Die Metaphorik ist genau das, was ich am andalusischen Piyyut untersuchen werde, und hier setzt dann die Arbeit der Interpretation ein.

2. Vorläufer in der Forschung zum Thema «das Frauenbild von Zion/Knesset Jisrael im Piyyut»

Mein Zugang zur Thematik des Piyyuts von der Gestalt des Frauenbildes Zions her ist grundsätzlich neuartig. Es gibt auch keine thematischen Untersuchungen, welche epochenübergreifend Motive des spanischen Piyyuts mit denen des klassischen Piyyuts vergleichen. Untersuchungen, die zusätzlich zur liturgischen Form und Funktion der Piyyutim von al-Andalus auch nach deren weltanschaulichem Aussagegehalt fragen, finden sich beim klassischen Piyyut jeweils nur wenige in den Einleitungen der Ausgaben, beim andalusischen Piyyut gibt es dazu wenige Monographien.[66] Statt interpretatorischen Fragen hat man im 19. und 20. Jahrhundert, wie Drory[67] es formuliert, der Sammlung und Edition der Texte erste Priorität gegeben. Dabei könnte der klassische Piyyut genau wie der Midrash Einblick in die damaligen religiösen und kulturellen Themen geben.[68]

---

it figurative. *The poem in its entirety is a metaphor ...*" (meine Hervorhebung). Sells 1989, S. 93: "The common distinction between profane and Sufi love is difficult to make on the basis of the respective treatments of love. In each case the love is erotic, less in the popular sense of sexual than in the psychological phenomenology ..."

65   Ebenso Walther 2004 zum Phänomen der Vermischung von religiöser und erotischer Sprache: sie nennt ʿUmar ibn Abī Rabīʿa (644–712 oder 721) und Ibn Zaydūn (1003 Córdoba–1070 Sevilla) und sein Gedicht «Nunijja» an seine Geliebte Wallāda Bint al-Mustakfi.

66   Ausnahmen sind die epochenübergreifenden Arbeiten von Elizur und Yahalom (s. Anm. 2). Weiter haben folgende Forscher inhaltliche Aspekte der andalusischen Piyyutim ins Zentrum gestellt: Scheindlin 1991; Hazan 1986; Mirsky 1977; Breuer 1993; Weinberger 1997; Levin 1967 und 1971; Luria 1971 und 1985.

67   Drory 2000, S. 126 wirft die Frage auf, warum die literarischen Kontakte zwischen der arabischen und der hebräischen Kultur in Spanien nie mehr als im Vergleich einzelner Texte untersucht wurden, statt die Frage des arabischen Einflusses im grösseren Kontext zu sehen. Ihre Antwort ist eben die, dass die Forschung der Edition der Texte erste Priorität gibt.

68   Zur thematischen Verwandtschaft mit dem Midrash sagt Scheindlin 2002, S. 349: "It (Piyyut from pre-Islamic times) belongs to the same cultural and religious matrix as the Talmud and the midrashim and has points of contact with the midrash as to both its themes and its literary techniques."

Das einzige, was ich also aus der Forschung zum epochenübergreifenden Frauenbild der Knesset Jisrael finden konnte, ist folgende Aussage von Fleischer[69] (hebr.): «Auch das Volk redet mit dem Dichter in der Sprache des ‹ich› unter dem Einfluss einer komplexen Vermenschlichungstendenz, die manchmal die Grenzen der Allegorie streift. Die Knesset Jisrael, personifiziert als lebendige Seele, redet von sich selbst als ‹ich› und ist mit Bindungen, die vor Menschlichkeit vibrieren, mit ihrer Geschichte verbunden, mit ihren in die Diaspora verstreuten Kindern, mit ihrem Haus, ihrer Heimat und mit ihrem göttlichen Geliebten.» In diesem grundlegenden Buch über die liturgische Dichtung des Mittelalters geht Fleischer aber überhaupt nicht auf den möglichen Aussagegehalt dieser Gebete ein, sondern ihn interessiert nur das «wie» der Sprache des Betenden respektive des Vorbeters. Fleischer stellt auch nicht die Frage, welche literarische Funktion diese Personifikation der Textfigur «Knesset Jisrael» im Piyyut erfüllt. Dient die Personifikation als Frau nur zur ästhetischen Repräsentation der Gemeinde? Oder dient die Zionsfigur dazu, existenzielle Fragen der Gemeinde über ihr Verhältnis zu Gott durch das metaphorische Reden und durch die Personifizierung Zions als geliebte oder verstossene Ehefrau und Mutter anschaulich ausdrücken zu können? Diese Frage nach dem Potential der Frauenfigur steht im Zentrum des 3. Teils der Arbeit.

3.1 Aufbau der Arbeit

Die Kriterien, mit denen ich die Frauengestalt Zion in der Dichtung von al-Andalus im Vergleich mit der des klassischen Piyyuts untersuche, sind sprachlicher und inhaltlicher Art. Als sprachliche Kriterien nehme ich die Konfigurationen der Sprechrollen (Gott, Knesset Jisrael, anonymer Sprecher) und die Bildersprache, als inhaltliche Kriterien die Motive, die sich im klassischen Piyyut zum Teil aus der biblischen Bildersprache heraus entwickeln, und die in al-Andalus mit solchen aus der arabo-hebräischen Literatur ergänzt werden.

Im 1. Teil der Arbeit gehe ich der Knesset Jisrael/Zion als Mutter und Braut nach, untersuche die Bildersprache und fächere anhand der Motive, auf die diese Bilder hinweisen, die verschiedenen Charakterisierungen der Frauengestalt auf. Die Entwicklung der Sprechrollen zeige ich an je einem Text zum Hochzeitsshabbat aus den Vergleichsperioden «klassischer Piyyut» und «andalusischer Piyyut».

---

69 Fleischer 1975a, S. 403.

Der 2. Teil der Arbeit ist der andalusischen Dichtung gewidmet: Ich zeige, was der literarische Kontakt mit der arabischen Literatur für die Darstellung von Zion bedeutet, welche neuen Motive ihre Gestalt charakterisieren, und welche Rollen sie als Textfigur bekommt.

Im 3. Teil der Arbeit benütze ich die Analyse der im 2. Teil gefundenen neuen Motive und zeige, wie und warum sie die alten Motive des klassischen Piyyuts und damit den Charakter der Zionsgestalt verändern oder verdrängen.

Im 1. und 2. Teil ist die Betrachtungsweise eher synchron je einer Periode gewidmet, wobei der klassische Piyyut möglichst konzis behandelt ist, da er mir als Hintergrund dient, auf dem ich die Neuerungen des andalusischen Piyyuts zeigen kann. Am Schluss des 1. Teils leite ich bereits in die Literatur von al-Andalus über. Der 3. Teil der Arbeit hat mit seinem Rückbezug auf den klassischen Piyyut eine synchrone und diachrone Betrachtungsweise.

3.2 Die übersetzten Gedichte und der Textanhang

Die übersetzten Gedichte finden sich in Auswahl im Buch selbst; das ganze Textkorpus von 145 Gedichten ist im Textanhang auf der CD ROM vorhanden. Die Gedichte sind also zum Teil doppelt aufgeführt. Aber ich habe mir bei fast allen der im Buch abgedruckten Gedichte eine andere Art des Übersetzens zum Ziel gesetzt als bei den Gedichten auf der CD ROM. Gemeinsam ist beiden Methoden, dass die Übersetzung möglichst dem Original getreu ist, jedoch sollten die Gedichte im Buch, was die Wirkung auf den Leser betrifft, dem Original näher kommen.

Wie wirkten die Gedichte auf den zeitgenössischen Hörer? Das damalige ästhetische Empfinden war anders, und das, was der damalige Hörer an der poetischen Sprache mit ihren Reimen, Wortspielen, Paradoxa und Metaphern genoss, hat auf den heutigen Leser nicht dieselbe Wirkung. Deshalb wollte und konnte ich dies im Deutschen nicht nachahmen. Ein einziges Kriterium von Poesie nahm ich mir aber bei meinen im Buch aufgeführten Übersetzungen zum Ziel, nämlich den Rhythmus, mit dem ich den Fluss und die Harmonie des Gedichts in der hebräischen Prosodie zu zeigen versuchte. Meine Rhythmisierung ist natürlich nicht eine Kopie des hebräischen (ursprünglich arabischen) Metrums, weil das Deutsche nur die Abfolge von betonten und unbetonten Silben kennt und nicht die komplizierten quantifizierenden Metren, die der Originaltext aufweist. Aber im Unterschied zur Prosa-Übersetzung im Textanhang auf der CD ROM sollten die rhythmisierten Übersetzungen den poetischen Anspruch der damaligen Dichtung in diesem Aspekt wenigstens erahnen lassen: Das Verfassen eines Gedichtes heisst «Aneinanderreihung» wie die von Perlen.[70] Wie wichtig die «Ordnung», nämlich der Rhythmus und die Balance der Verse, war, sieht man auch an der metaphorischen Bezeichnung eines Gedichtes als Garten[71], was auf die «gezähmte Natur» des Gedichtes als Ideal von gebundener Ordnung und Schönheit hinweist. Mit meiner Rhythmisierung wollte ich diesen Aspekt von Poesie nachahmen, sodass meine Wortwahl und Wortstellung im Deutschen zum Teil ungewohnt tönt, aber auch im hebräischen Piyyut ist dies manchmal der Fall.

4. Transkriptionen und Zitierweise

Arabische Transkription

ا	→	Apostroph	ط	→	ṭ wie in aṭlal
ب	→	b	ظ	→	ẓ
ت	→	t	ع	→	ʿ
ث	→	th	غ	→	gh wie in Ghazal
ج	→	j wie in Kharja	ف	→	f
ح	→	ḥ wie in Ibn Ḥazm	ق	→	q
خ	→	kh wie in Khamriyya	ك	→	k
د	→	d	ل	→	l
ذ	→	dh	م	→	m
ر	→	r	ن	→	n
ز	→	z wie in Ibn Ḥazm	ه	→	h
س	→	s	و	→	w
ش	→	sh	ي	→	y
ص	→	ṣ			
ض	→	ḍ			

---

70 Laut mündlicher Erklärung von Professor Gregor Schoeler zum arabischen Begriff naẓm für Dichtung. Pagis 1976, S. 106 führt die arabische und hebräische Terminologie an: Für Poesie (שירה oder שיר קשור) steht der arabische Begriff «gebunden» (naẓm), was sich auf die Anordnung der Wörter bezieht; entsprechend wird Prosa (מפוזר oder מפורד) als «verstreut» (nathr) bezeichnet. Eine dritte Möglichkeit ist die gereimte Prosa (מליצה חרוזית), arabisch sajʿ. Scheindlin 1986 (Women), S. 9 deutet den Charakter des Begriffs naẓm, den er mit "arranged words" übersetzt, als "the very terminology implying a hierarchy based on formal organization".

71 So z. B. bei Moshe Ibn Ezra, Brody, I,2: «Komm in den Garten meiner Verse und finde Balsam für deinen Kummer.» Weitere Beispiele: Moshe Ibn Ezra nennt sein poetisches «Musterbuch» (Sefer haʿAnaq) Kitāb Zahr al-Riyāḍ = Blühen der Gartenbeete. Zur Gartenmetapher für Dichtung in der arabischen Poesie (des 11. Jahrhunderts vor allem): s. Schippers 1994, S. 291 und 293, zum Bild der Perlenkette: S. 289.

Hebräische Transkription

א alef	→	Apostroph, aber nur im Wortinnern angezeigt wie in Qedushta'oth
ב weiches Beth	→	v wie in Ivrith
ו waw	→	w wie in Esaw
ז zajin	→	z wie in Ashkenaz
ח chet:	→	ch wie in Jitzchaq
י jod:	→	j wie in Jisrael (ausser beim Begriff Piyyut, s. u.)
כ weiches Kaf	→	kh wie in barukh
ע ʿajin	→	wie in Shivʿata
צ tzade	→	tz wie in shibbutz
ק qof	→	q wie in Jitzchaq
ש shin	→	sh wie in shibbutz

Bei den hebräischen Wörtern habe ich die im englischen Sprachraum übliche Transkription verwendet ausser der Transkription von chet durch ch. Für die Transkription von Jod habe ich das englische y gewählt für die in der internationalen Forschung gebrauchten Begriffe wie Piyyut. Was die Eigennamen betrifft, so habe ich mich, wenn die Schreibweise nicht schon vom Namensträger festgelegt ist wie bei Josef Yahalom (einmal J einmal Y), an die Form gehalten, die meiner Meinung nach am ehesten der Konvention entspricht:

Jehuda Halevi, nicht Yehuda Halewi
Shlomo Ibn Gabirol, nicht Shlomo Ibn Gvirol
Moshe Ibn Ezra, nicht Moshe Ivn Ezra
Abraham Ibn Ezra, nicht Avraham Ivn Ezra
Zion (nicht Tzion), Zvi (nicht Tzvi)
Kallir, nicht Qallir
Baruch (nicht Barukh)

Zitierweise
In den Anmerkungen habe ich Quellenzitate nur dann in Anführungszeichen gesetzt, wenn sie sich sonst vom Fliesstext nicht klar abgrenzen liessen.

I Frauenbilder Zions im klassischen Piyyut

1. Wie ist das Frauenbild Zions im Piyyut verortet?

1.1 Die Textbasis und meine Beschränkung auf die Aspekte «Braut, Geliebte, Mutter»

Da meine Arbeit untersucht, wie sich das Frauenbild der Knesset Jisrael/Zions im Piyyut von al-Andalus im Kontakt mit der weltlichen Literatur verändert hat, soll der klassische Piyyut als Folie dienen, auf dem sich die Veränderungen zeigen lassen.[1]

Ich beschränke meine Arbeit auf die Aspekte «Braut, Geliebte und Mutter», die in beiden Zeitperioden für das Frauenbild der Knesset Jisrael zentral sind. Die negativen Aspekte wie «verlassene Geliebte» oder «verlassene Ehefrau», «Witwe», «Mutter ohne Kinder» fasse ich jeweils nur als die dunklen Kontrapunkte derselben Kernmetaphern. Um mich gegen eine mögliche Kritik zu rechtfertigen, dass das, was ich als zentrale Aspekte auffasse, einfach einer subjektiven und willkürlichen Auswahl meinerseits entspreche, will ich den Leser am Prozess der Auswahl der Texte beteiligen: Beim klassischen Piyyut gehe ich so vor, dass ich jeweils die liturgischen Bedingungen erkläre, auf Grund derer die Frauenfigur Zion in einem Piyyut auftreten kann, d. h. welchen Spielraum der Paytan hat, um

---

[1] Man könnte auch den ashkenazischen Piyyut als Folie nehmen. Aber Unterschiede zum sefardischen Piyyut sind dort schwerer aufzuzeigen aus folgendem Grund: Der mit der Blüte von al-Andalus zeitgenössische ashkenazische Piyyut wurde vom sefardischen Piyyut beeinflusst, wenigstens auf dem Gebiet der Maʿarekhet haJotzer: Fleischer 1975 a, S. 459 (hebr.): «Man pflegte in den frühen Gemeinden von Italien und Ashkenaz keine Meʾoroth und Ahavoth zu schreiben. Dennoch wurde dieser Brauch in einigen Gemeinden geändert, offenbar unter dem Einfluss der sefardischen Piyyutdichtung, aber dennoch wurden die Meʾoroth und Ahavoth nie fester Bestandteil in der Piyyutdichtung von Zentraleuropa.» Auch die besondere Form (Dialog Knesset Jisrael und Gott) der Ahavoth wurde unter dem Einfluss Spaniens allem Anschein nach zuerst im 11. Jahrhundert von Meshullam bar Moshe eingeführt.

innerhalb der literarischen Vorschriften der Liturgie die Frauenfigur Zion zu Wort kommen zu lassen. Nachdem die dem Paytan gegebenen Darstellungsmöglichkeiten und der Stellenwert der Frauenfigur Zion in den verschiedenen Textsorten des Piyyuts geklärt sind, bespreche ich die in diesen Textsorten angetroffenen Aspekte der Frauenfigur an Beispielen. Ich gehe so knapp wie möglich auf die literarisch-sprachlichen Bedingungen des Piyyuts ein, weil dies das Fachgebiet der Spezialisten ist und für meine Arbeit nur der Aussagegehalt der Frauenfigur Zion wichtig ist. Dafür wird mein eigener Beitrag darin liegen, dass ich die literarischen Kriterien moderner Metapherntheorien benütze, um die bildhaften Darstellungen daraufhin zu analysieren, ob der Bildspender «Frau», «Mutter» (1. Kapitel) und «Braut» (2. Kapitel) als Bild *wirkt* oder nur im Dienst eines Bildempfängers (z. B. des Themas der Erlösung) steht.

Ein weiterer eigener Beitrag ist meine Untersuchung der Sprechsituation in den Hochzeitspiyyutim, der ich das 3. Kapitel widme und womit ich auf den 2. Teil der Arbeit überleite: auf den Piyyut in der andalusischen Periode. Das Kennzeichen des andalusischen Piyyuts ist die Befreiung von der starren Sprechsituation des klassischen Piyyuts zu Pessach und Shavuoth, in dem die Knesset Jisrael als Braut keine Sprechrolle hat, zu neuen Formen aus der weltlichen Literatur, in denen die Knesset Jisrael als Braut und generell als Liebende eine Stimme bekommt und mit Gott Dialoge führt. Dies hängt, wie ich in Teil II zeigen werde, mit dem neuen literarischen Zugang zum Hohenlied (HL) zusammen.

Als Textbasis sollte der Rahmen, den ich beim klassischen Piyyut benütze, um die Bandbreite von Frauenbildern mit den Aspekten Geliebte, Braut und Mutter zu zeigen, dem Rahmen des Piyyuts von al-Andalus entsprechen. Die Textmenge des andalusischen Piyyuts ist nun aber so gross, dass sie quantitativ den Rahmen des klassischen Piyyuts sprengt, da sich vom klassischen Piyyut weniger erhalten hat. Die andalusischen Texte überwiegen in meiner Arbeit auch deshalb so sehr, weil im Piyyut von al-Andalus neue Textsorten aufkommen, die den Paytan geradezu dazu einladen, in ihnen die Zionsgestalt als Sprecherin auftreten zu lassen (z. B. die Reshut, s. Glossar). Schon allein deswegen ist die Textmasse im Piyyut von al-Andalus, die ich zu meinem Thema brauchen kann, grösser als die des klassischen Piyyuts. Es ist deshalb unmöglich, bei meiner Arbeit über die Frauenaspekte von Zion den klassischen Piyyut quantitativ in gleichem Ausmass zu Wort kommen zu lassen wie den Piyyut von al-Andalus. Ich habe das Problem so gelöst, dass ich den andalusischen Piyyut ins Zentrum stelle. Das ist nicht nur eine praktische Lösung, sondern auch logisch: der andalusische Piyyut nimmt schon deshalb die zentrale Stelle ein, weil er sowohl aus dem klassischen Piyyut schöpft, als auch aus der weltlichen Kultur von al-Andalus.

Was nun die Bandbreite der Frauenaspekte von Zion bei den erhaltenen und edierten klassischen Piyyutim betrifft, so finden sich genug repräsentative Texte, in denen die Gestalt von Zion auftritt und die sich zur Untersuchung eignen. Ich beschränke mich auf Jannai und Kallir, die zwei Dichter der klassischen Periode (6.–8. Jahrhundert), von denen am meisten Piyyutim greifbar sind; Jannai[2] gilt als der erste klassische Paytan; er lebte in der ersten Hälfte des 6. Jahrhunderts. Auf ihn folgte Kallir, der vielleicht noch die Eroberung des Landes Israel durch die Araber in den Jahren 634–638 erlebte.[3]

1.2 Vergleichbare Textgattungen in der Liturgie des klassischen Piyyuts und in der Liturgie von al-Andalus

Wenn ich die Knesset Jisrael als Braut, dargestellt in einer «Ahavah» für Pessach in andalusischer Zeit, mit ihrer Darstellung in einem Piyyut der klassischen Zeit vergleichen will, so sollte, damit Vergleichbares verglichen wird, auch der klassische Piyyut für denselben Anlass, also Pessach, bestimmt sein: ich kann nicht die Darstellung der Knesset Jisrael als Braut in einem andalusischen Pessachpiyyut gegen ihre Darstellung als Witwe in einer Qinah aus klassischer Zeit ausspielen. Zudem hat der klassische Piyyut durch die Liturgie fest vorgegebene Inhalte und Formen, während beim andalusischen Piyyut traditionelle Gebetsformen mit Formen und Inhalten der weltlichen Literatur verschmelzen und der dichterische Ausdruck freier ist. Weil man die liturgischen Bedingungen, denen der klassischen Piyyut unterworfen ist, als Einschränkungen des freien Ausdrucks in Rechnung stellen muss, referiere ich kurz aus der Forschung, aus welchen Faktoren sich diese Einschränkungen zusammensetzen.

---

2   Z. M. Rabinovitz, Herausgeber der Piyyutim von Jannai, 1985/87, S. 45: Es gäbe Forscher, die Jannai ins 3. Jahrhundert und andere, die ihn ins 8. Jahrhundert datieren: die Wahrheit liege dazwischen: «etwa im 6. Jahrhundert». Yahalom 1999, S. 80 nimmt als terminus ante quem das Jahr 553 an: die Verfügung Justinians in der Novelle Nr. 146, im Gottesdienst die Torah mit griechischer Übersetzung zu begleiten: Yahaloms Begründung: Jannai lobt die griechische Kultur (Japhet) in einem seiner Piyyutim, was er nach 553 wahrscheinlich nicht mehr gemacht hätte.
3   Yahalom 1999, S. 10 nimmt an, dass er dies nicht mehr erlebte. Elizur 1999, S. 359 in ihrer nützlichen Auflistung der von ihr interpretierten Paytanim, datiert ihn auf das Ende 6./Anfang 7. Jahrhundert und sagt «offenbar erlebte er noch die moslemische Eroberung am Ende seines Lebens». Shulamit Elizur hat von Kallir herausgegeben: seine Qedushta'oth zu Shavuoth (2000) und zu den Trostschabbathoth (1988) und seine Shivʿatot zu den vier Parashioth (1991).

Der Piyyut ist eine Sequenz von poetischen Stücken, die dem liturgischen Ablauf des Gemeindegebetes folgt und ursprünglich eine Variante des Gemeindegebets war[4], anderseits muss der Piyyut auch auf die Schriftlesung Bezug nehmen: der Piyyut steht auf dem Schnittpunkt zwischen Liturgie und Bibelauslegung. Infolgedessen bestimmen den Piyyut drei Faktoren:

1) Die liturgische Station, d. h. der Ort der Einordnung ins Gebet, definiert die Gattung.
2) Der liturgische Anlass definiert die liturgische Bestimmung.
3) Die Komposition des jeweiligen Piyyuts ist durch feste poetische Vorgaben bestimmt.

1) Der Piyyut ist der liturgischen Station innerhalb des Ablaufs des Gebetes verpflichtet: das bestimmt sein Genre oder seine Gattung, hebräisch סוג, wie z. B. eine «Ge'ulah» oder ein «Jotzer» oder eine «Qedushta».[5] Je nach Gattung ist er belehrend und erzählend (z. B. im «Guf haJotzer») oder hymnisch (z. B. im «Ofan») oder deutend (im «Meshalesh» der Qedushta).
2) Er muss das Thema der Schriftlesung für den Shabbat oder des Festtages behandeln: das ist die liturgische Bestimmung des Piyyuts (יעוד). Je nach liturgischer Bestimmung ist der Piyyut deshalb klagend, z. B. eine Qinah für den 9. Av, sündenbekennend, z. B. für eine Selichah während der Jamim Nora'im oder lobpreisend beim Fest der Torahgabe (Shavuoth).
3) Jedes poetische Stück schreibt dem Paytan ein traditionell festes Muster von Strophenbau und Einleitungs- und Schlussversen vor, mit denen der liturgisch vorgegebene Segensspruch (Berakhah) angeknüpft wird.

---

[4] Der Piyyut entstand als Variation des Gemeindegebets, da dieses nicht von Anfang an feste Formen hatte: das Verhältnis von Piyyut zum «festen» Gebet ist strittig: s. Glossar, Stichwort «Piyyut».

[5] Für alle Begriffe s. Glossar, Stichwort «Amidah respektive Qerovah» und «Ma'arekhet haJotzer».

1.2.1 Die liturgischen Stationen: Die beiden Gattungen Maʿarekhet haJotzer und Qerovah im Piyyut von al-Andalus im Vergleich mit dem klassischen Piyyut

Jeder Piyyut ist einer liturgischen Station zugeordnet: Im Morgengebet unterscheidet man zunächst zwischen den Piyyutim der Maʿarekhet haJotzer und den Piyyutim der Qerovah; die erste ist die poetische Bearbeitung der drei Berakhot, die das «Sh'maʿ» umrahmen, die zweite die poetische Bearbeitung des Amidahgebetes; falls im Amidahgebet eine Qedushah gesprochen wird, heisst ihre poetische Bearbeitung Qedushta. Die Qerovah folgt im liturgischen Ablauf auf die drei Berakhoth. Der klassische Aufbau einer Maʿarekhet haJotzer und einer Qedushta ist im Glossar aufgrund der Darstellung bei Fleischer und Elizur beschrieben.

1.2.1.1 Die Maʿarekhet haJotzer: Meʾorah, Ahavah und Geʾulah

Auf die Maʿarekhet HaJotzer gehe ich nur deswegen ein, weil Stücke daraus in der Periode von al-Andalus noch weiterhin als Piyyut bearbeitet werden, nämlich die Piyyutgattungen Meʾorah, Ahavah, Geʾulah. Die Gattungen «Mi Kamokha» und «Ofan», die in al-Andalus ebenfalls weiter gepflegt und thematisch sehr ausgeweitet werden[6], sind im Stil hymnisch und für das Thema von Zion als Frau nicht von Belang, deshalb lasse ich sie weg.

Die Entwicklung der Maʿarekhet haJotzer vom klassischen zum sefardischen Piyyut wurde von Fleischer in einer Monographie untersucht.[7] Dabei ist für unsere Arbeit folgendes wichtig anzumerken: Die Stücke Meʾorah, Ahavah, Geʾulah wie auch Guf haJotzer und Ofan haben sich in Spanien verselbständigt, weil die Komposition der Maʿarekhet haJotzer als solche aufgegeben wurde, ebenfalls fehlt in al-Andalus oft die Angabe der liturgischen Bestimmung.[8]

---

6   Fleischer 1975 a, S. 390.
7   Fleischer 1984 a, S. 475–604. Kurz dazu auch in Fleischer 1975 a, im Kapitel «Die Piyyutim des Jotzer in Sfarad», S. 385–395, auf S. 385 beginnt er mit dem Satz (hebr.): «Es scheint so, dass die spanischen Paytanim die Komposition des Jotzer als ein festes Gefüge gar nie kannten … sie sahen in den einzelnen Gliedern des Jotzer von Anfang der Periode an unabhängige Piyyutgattungen und pflegten sie individuell nach je ihrer Art …» Ebenso Scheindlin 1991, S. 35/36.
8   Fleischer 1975 a, S. 370 (hebr.): «Die frühe Paytanut-Tradition verpflichtete zwar den Paytan am Schluss einer Komposition auf die liturgische Bestimmung anzuspielen, aber diese Anspielung war in Spanien nur noch ein Brauch, dessen Vernachlässigung nichts schadete. Der Eindruck ist der, dass einige Dichter religiöse Lieder einfach so, ohne definierte Bestimmung, verfassten.»

Während die klassische Gattung der Me'orah und Ahavah die streng vorgeschriebene Form einer vierzeiligen, sich reimenden, durch feste Silbenzahl rhythmisierten Strophe aufweist und die Ge'ulah (auch Adonai Malkenu genannt) oft doppelt so lang ist, ist die Form der neuen Me'orah, Ahavah und Ge'ulah in al-Andalus vielfältig, wie ich gesehen habe: es gibt die kurzen Gedichte im alten, silbenzählenden Metrum[9] und auch im neuen, quantifizierenden Metrum (s. Glossar), manchmal haben sie aber auch die lange Form eines mehrstrophigen Gürtelliedes (Muwashshaḥ und Pseudomuwashshaḥ: s. Glossar). In dieser Form gleicht ein Lied mit der Bezeichnung «Ahavah» einem weltlichen Liebeslied, ein Phänomen, das zum gattungsübergreifenden Dichten der andalusischen Dichter gehört. Wie Fleischer zeigt,[10] fingen die Gemeinden von Ashkenaz und Italien erst im späten 11. Jahrhundert an, Ahavoth und Me'oroth im spanischen Stil in der Form von Liebesdialogen zu schreiben, während vorher diese Gattungen dort nicht bearbeitet worden seien.

Ein Beispiel für eine klassische, zweistrophige Ge'ulah (= Adonai Malkenu):

Kallir[11], Ge'ulah aus dem Jotzer zum Shabbat «Dieser Monat»

> Die Gewaltige (HL 6,4), die Du in diesem Monat erlöst hast,
> erlöse sie wieder in ihm (diesem Monat), Du (von dem gilt:) mein Gott ist dieser,
> zur Zeit da Du das erniedrigte, gedemütigte Volk retten wirst,
> an jenem Tag (Jes 26,1) soll dieses Lied gesungen werden.
>
> Die Zeit unserer Erlösung bringe näher, o Gott, *(El)*
> und beschleunige für Dein Volk das Kommen des Retters und Erlösers, *(Go'el)*
> gib den ersten Boten für Ariel (= Zion), *(Ariel)*
> erinnere Dich an Deine liebevolle Zuwendung und Treue gegenüber dem Haus Israel. *(Jisrael)*.

Seit dem Ende der klassischen Periode verwenden die Strophen mehr und mehr Refrainzeilen: dies stellt Fleischer[12] besonders bei der Entwicklung des Zulats fest. Den Refrain bilden kurze Antworten der Gemeinde oder des Chors (z. B. in den Zulatoth für Jom Kippur). Diese Form des Refrains war es, die nach Fleischer[13]

---

9   s. Glossar «Metrum». Dieses Metrum zählt die Anzahl von Silben. Fleischers Beispiele sind u. a.: Yitzchaq Ibn Ghiyyat Nr. 218 ed. David, Shlomo Ibn Gabirol Nr. 123 Me'orah שמשי עלה נא.
10 Fleischer 1975a, S. 459.
11 Fleischer 1975a, S. 238.
12 Fleischer 1975a, S. 229: (Zusammenfassung) Der Zulat hat dann folgende Form: Strophen zu 4 Zeilen mit einer dazwischengeschobenen zweizeiligen Refrainstrophe für den Chor. Da die Strophen jeweils mit fortlaufenden Zitaten aus der Haftarah enden, führen auch die Zwischenstrophen das Prinzip des fortlaufenden Zitierens weiter.
13 Fleischer 1975a, S. 346/7.

in al-Andalus die Übernahme des hebräischen, weltlichen Gürtelliedes in den Piyyut erleichterte: Das Gürtellied ähnelte in seiner Form so sehr dem Zulat der späteren Piyyutdichtung im Osten[14] mit seinem Strophenbau und Refrain, dass die Zuhörer schon in diese Art der Dichtung eingestimmt gewesen seien. Der Hochzeitspiyyut von Jehuda Halevi Nr. 464 (unten in 3.2) ist solch ein Zulat mit Refrain.

Ein ganz neues Gewicht bekommt im andalusischen Piyyut die Gattung der Reshut (s. Glossar).

1.2.2.2 Die Qedushta[15]

Die spanischen Paytanim schreiben wenig Qedushta'oth, bemerkt Fleischer,[16] im Gegenteil: diese Textsorte ist dort eine bereits zerbröckelte Piyyutform, und ohnehin sind diese Kompositionen für den spanischen Geschmack zu lang. In al-Andalus werden nur noch die Festperikopen der Torah und die speziellen Lesungen für die besonderen Shabbatoth behandelt, da nur noch an den Festen und an den besonderen Shabbatoth (wie z. B. Shabbat haChodesh) Qedushta'oth in vereinfachter Form geschrieben werden (Magen, Mechajeh, Meshalesh, Silluq; der mittlere Teil fällt weg). Sie spielen, so Fleischer[17], kaum mehr auf Auslegungen des Midrash zur Torah an und sind losgelöst von der wöchentlichen Torahperikope. Die Fundgrube von Auslegungen der Torah, die wir in den klassischen Qedushta'oth und Shivʻatoth finden, fällt demnach in al-Andalus weg. Im klassischen Piyyut hingegen sind die Qedushta'oth und Shivʻatoth für die Zionsgestalt besonders interessant, und im nächsten Kapitel werde ich zeigen, in welchem literarischen Zusammenhang die Zionsgestalt auftreten kann, um meine ausgewählten Bilder der Zionsgestalt literarisch zu verorten. Zunächst sollen aber noch die Bedingungen gezeigt werden, die der Paytan bei seinem Bezug auf die Bibel erfüllen muss.

---

14 Fleischer 1975a, S. 282: Die spätere Piyyutdichtung im Osten: ab Pinchas Hakohen Berabbi Jaʻaqov von Kaphra (Tiberias) im späten 8. Jahrhundert (Angabe Elizur 1999, S. 363) bis Shlomo Berabbi Jehuda Ga'on, gestorben 1051.
15 Für die Form des Aufbaus einer klassischen Qedushta s. Glossar: «Amidah respektive Qerovah».
16 Fleischer 1975a, S. 371 s. Glossar.
17 Fleischer 1975a, S. 369–371.

1.3 Vorgeschriebener Bezug auf Bibel: Das Thema des Wochenabschnittes oder des Festes

Die verschiedenen liturgischen Stationen des Gemeindegebets bestehen nicht nur aus inhaltlich und formal verschiedenen Gebetsstücken, sondern sind auch verschieden hinsichtlich der Art, wie der Bezug auf die Lesung der Bibel gemacht wird (z.B. Jotzer oder Qedushta). Den vorgeschriebenen Bezug auf die Bibel realisiert der Paytan in den Qerovoth mit den wörtlichen Zitaten, die er an die ersten drei Piyyutim anhängt; ebenso gibt es Qedushta'oth und Shiv'atoth für Pessach, die die ganze Megillah des HL durchzitieren mittels der sogenannten Petichah Miqra'it oder Sijomet Miqra'it (s. Glossar). Aber die Hauptherausforderung für den Paytan liegt im poetischen Bearbeiten des Inhalts der angesprochenen Bibelabschnitte mitsamt ihrem Midrashhintergrund. Fleischer sieht die Rolle des Paytan in klassischer Zeit als die eines Darshan (Auslegers des Wochenabschnittes) an.[18]

Weil die Darstellungen der Frauengestalt von Zion auf diesen midrashähnlichen Auslegungen beruhen, soll kurz zusammengestellt werden, an welchen liturgischen Stationen des klassischen Piyyuts der Dichter die Möglichkeit hatte, den biblischen Stoff zu erzählen und auszulegen. In welcher literarischen Beziehung der Piyyut zu Midrash und Targum steht, ist Gegenstand spezieller Forschung, auf die ich nicht näher eingehe.[19]

1) Stoff aus der Torah: Auf die Toralesung bezieht sich innerhalb der Ma'arekhet haJotzer der Guf haJotzer, der viel Material aus den Midrashim[20] bringt. Bei der Qedushta muss der Paytan die beiden ersten zwei Piyyutim, den Magen und den Mechajeh, je mit dem Hinweis auf den 1. respektive den 2. Vers

---

18 Fleischer 1975a, S.152. Man hat in der früheren Forschung gemeint, in dieser Funktion der Belehrung den Ursprung der Piyyutdichtung gefunden zu haben, weil Kaiser Justinian die Auslegung (die deuterosis) verboten habe: Novelle CXLVI vom Jahre 553. Hollender 1994, S.31 hingegen sagt: «dieses ‹Verfolgungsmotiv› … lehnt die neuere Forschung jedoch grundsätzlich ab.» Die Sicht der neuen Forschung ganz kurz bei Scheindlin 2002, S.349.
19 Über die Verwendung des Midrash im Piyyut s. Mirsky 1990, Elizur 1986 und Yahalom 1999: dort besonders das 6. Kapitel über Jannais 5. Piyyut und die (hebr.) «Auslegung in Gedichtform» und das 7. Kapitel (hebr.) «Jüdische Mythologie in den Piyyutim von Kallir». Die literaturgeschichtliche Frage betrifft die Abhängigkeit des Piyyuts vom Midrash (dies ist wahrscheinlich das Prinzip gemäss Yahalom 1999, S.216), während die Beziehung des Piyyuts zum Targum ein gegenseitiger Austausch war (Yahalom 1999, S.216).
20 Fleischer 1975a, S.221: Er nennt den Guf haJotzer deshalb «Midrash piyyuti».

des Wochenabschnitts oder der Festlesung abschliessen und sich auf diese Verse auch wenn möglich inhaltlich beziehen[21] – in der jeweils folgenden Verskette werden dann diese zwei Verse aus der Torah als erstes im Wortlaut zitiert. Der 5. Piyyut ist bei Jannai eine eigentliche Auslegung der Torah in poetischer Form.[22]

2) Stoff aus den Propheten (die Haftarah):[23] Der Paytan in Eretz Jisrael ist verpflichtet, im 3. Piyyut der Qedushta, dem Meshalesh, mit dem Zitat des 1. Verses der Haftarah auch auf deren Inhalt einzugehen. Gemäss dem Thema der Haftarah, das immer tröstend sein muss, kommt der Paytan meistens auf die Königsherrschaft Gottes[24] und auf die Erlösung (Ge'ulah)[25] zu sprechen. Für unser Thema bedeutet dies, dass Jannai und Kallir hier oft die Gestalt von Zion auftreten lassen, und wir werden an den jeweiligen Beispielen sehen, inwiefern diese Gestalt die Hoffnung auf Erlösung verkörpert, und welchen Aspekt diese Erlösung hat.

Die Haftaroth zur Zeit des klassischen Piyyuts (Jannai/Kallir) waren nicht dieselben wie die heutigen: entsprechend den circa 150 Wochenabschnitten des damaligen 3-jährigen Zyklus der Torahlesung gab es andere und mehr Haftaroth als heute. Die Rabbinen wählten zudem die Haftarahstellen nach dem Prinzip des wörtlichen Anklangs und nicht nach dem Prinzip «ähnlicher Inhalt».[26] Beim Zitieren der vorgeschriebenen Schriftstellen gingen die Paytanim ähnlich vor wie die Darshanim im Midrash: sie verbanden verschiedene Textstellen der Bibel. Diese Intertextualität ist eine der Methoden, die Schriftstellen zu deuten (dazu ausführlich bei den Interpretationen unten).

---

21 s. Glossar zur «Qedushta» (unter Stichwort «Amidah respektive Qerovah»).
22 s. Glossar zur «Qedushta». Als Beispiel s. den 5. Piyyut von Jannai zu Leah, unten 2.1.2.2.
23 Der Zulat ist ganz der Haftarah verpflichtet; aber ich lasse den klassischen Zulat weg, da er für die Frauengestalt Zions nicht ergiebig ist. Der Zulat von Jehuda Halevi Nr. 464 am Schluss dieses Teils der Arbeit betrifft den Hochzeitsshabbat.
24 Dieses Thema erwähnt besonders Yahalom 1999, S. 187.
25 Elizur 1999, S. 183 und 226.
26 Ganz kurz dazu Elizur 1999, S. 16 (hebr.): «In Eretz Jisrael wählte man die Haftaroth so aus, dass man einen technisch-sprachlichen Zusammenhang zwischen dem ersten (oder dem zweiten) Vers des Seder (= Torahabschnitts) und zwischen dem 1. Vers der Haftarah suchte, wobei man klar die Haftaroth bevorzugte, die sich mit der Erlösung von Israel befassten.»

1.4 Wo tritt Zion als Frau auf?

Ich unterscheide folgende drei Möglichkeiten: Wenn der Dichter in klassischer Zeit das Bild der Frau wählt, um von der Knesset Jisrael/Zion zu reden und sie darzustellen, so liegt ihm (I) manchmal die Zionsfigur als Frau schon in der biblischen Perikope vor, auf die er sich am Shabbat oder Feiertag beziehen muss, oder aber (II) er schafft die Frauengestalt von Zion, indem er die Bibelpassage im Licht eines Midrash liest: Er kann von der ihm vorgeschriebenen biblischen Parashah ausgehen und dazu einen Midrash beiziehen oder eine eigene Auslegung beisteuern, um zusätzliche Aussagen über die Zukunft von Israel und Zion zu machen. Wenn er dabei die Bildersprache verwendet, erscheint in solchen Aussagen meistens Zion als Frauenfigur. (III) Der Dichter benützt bei den Anlässen von Verlobung und Hochzeit diese Feste als Modell, um typologisch die Verlobte/ die Braut mit Zion als der Verlobten/Braut Gottes zu verknüpfen.

Zu (I): Eine bereits biblisch vorgegebene Zionsfigur, auf die der Paytan durch die Zitierverpflichtung eingehen muss, ist die vereinsamte Mutterfigur (und auch Ehefrau) Zion/Knesset Jisrael, die ihre Kinder verloren hat. An folgenden liturgischen Anlässen muss der Paytan diese Gestalt auftreten lassen:

1) Der 9. Av: Der in der Liturgie verwendete Text ist die biblische Schrift «Ekha». Die Piyyutim nennt man Qinoth. (s. Glossar, s. u. 2.1.3.2 eine Qinah von Kallir)
2) Die sieben Trostshabbatoth, die auf den 9. Av folgen: Der Paytan muss sich auf die Haftaroth aus Jesaia 40 ff. beziehen. (Ein Beispiel ist unten 2.1.3.1 eine Qedushta von Kallir)

Zu (II): Metaphorisierung einer Bibelstelle mit Hilfe des Midrash.

Oft benützt der Paytan den Midrash, um die ihm vorgegebene Bibelperikope metaphorisch auf das Thema der Erlösung Zions hin auszulegen. Besonders im 3. Piyyut der Qedushta arbeitet der Paytan mit der Technik der Metaphorisierung, die Elizur[27] als einen der Kunstgriffe von Jannai herausgestellt hat: Jannai nehme «zentrale Wörter», die im Torahabschnitt und ebenfalls in der Haftarah vorkommen, im Meshalesh «aus der wörtlichen Bedeutung heraus und mache sie zu Vergleichen, zu Appellativen (Kinnujim) und zu Metaphern»[28]. Eines der

---

27 Elizur 1987/8, S. 399–417. Elizur nennt dies S. 415: Qishur metaphori «metaphorische Verknüpfung».
28 Elizur 1987/8, S. 413. Sie fügt noch hinzu (hebr.): «Manchmal erscheinen die Inhalte des Seders (= der Parashat haShavua) schon in Form von Vergleichen und Metaphern im Haftarahvers selbst.»

Beispiele, das Elizur[29] anführt, ist die Qerovah Jannais zur Parashah Dtn 22,6: «Wenn du unterwegs ... ein Vogelnest mit Jungen oder Eiern findest ... die Mutter sollst du fortschicken und nur die Jungen nehmen.» Hier macht schon die Haftarah Jes 31,5 («Wie schwebende Vögel, so wird der Ewige der Heerscharen Jerusalem beschirmen ...») eine metaphorische Aussage über Gottes Schutz von Jerusalem mit dem Bild von Vögeln. Jannai greift diesen Vogelvergleich von Jes 31,5 im Meshalesh seiner Qerovah auf, stellt aber noch weitere Bilder hinzu aus der Semantik des Vogels und speziell der Taube, um damit eine unerwartete Aussage über das Schicksal der Knesset Jisrael zu machen: *sie* ist es, die von ihrem Nest (Israel) weggeschickt wurde (nicht in die Freiheit, sondern ins Exil!) und sie wäre gefangen genommen worden von ihren Verfolgern, wenn nicht das Erbarmen Gottes gewesen wäre, der sie geschützt und gerettet hat. Mit dieser Metaphorisierung kann Jannai im Meshalesh das Thema der Erlösung Israels anschneiden. Der Midrash und der Paytan gehen insofern oft die gleichen Wege, als sie Bibelstellen aus dem Literalverständnis herausnehmen und zu Aussagen über Zion umdeuten. Die Psalmstelle «Der die Unfruchtbare des Hauses zur fröhlichen Mutter von Söhnen macht, Hallelujah» (Ps 113,9) wird im Midrash Pesiqta deRav Kahane, so zitiert[30], dass neben weiteren biblischen Müttern auch Zion als Mutter genannt wird. Dasselbe macht Jannai im Meshalesh seiner Qedushta zur Parashah Gen 16,1, sodass für uns unvermutet im Zusammenhang einer Torahstelle die Frauengestalt Zion auftritt.[31] Mit dieser Methode der metaphorischen, im Fall der Vätergeschichten auch typologischen Deutung von Bibelstellen kann der Paytan in folgenden Texten das Bild von «Zion als Frau» verwenden:

1) In den Väter- und Müttergeschichten der Genesis, die der Paytan in den Qedushta'oth zum Shabbat poetisch bearbeitet, benützt der Paytan die typologische Interpretationsmethode gemäss den Midrashtraditionen, die Sarah oder Rachel als Typ der kinderlosen Mutter darstellen und in dieselbe Reihe auch Zion einordnen (2.1). Wir werden das Mutterbild im Meshalesh folgender Qedushta'oth von Jannai und Kallir antreffen: Zion im Bild der Sarah bei Jannai, Meshalesh der Qedushta zu Gen 16,1; Zion im Bild der Leah bei Jannai, Meshalesh und 4. Piyyut der Qedushta zu Gen 29,31; Zion im Bild von Rachel bei Kallir im Meshalesh der Qedushta zu Rosh Hashanah, פקודה את חיל יום.

---

29 Elizur 1987/8, S. 413. Siehe Piyyute Jannai, ed. Rabinovitz 1987, II, S. 168. Auch Yahalom 1999, S. 187/8 führt diesen Meshalesh als Beispiel an für die «figurative Sprache» von Jannai. Interpretation dieses Piyyuts in Teil III 3.3 («Zion als Vogelmutter»).
30 PRK Pisqah «Ronni Aqarah», ed. Samuel Buber 1868, S. 140. Ebenso BerR 38,14 S. 365.
31 s. u. 2.1.1.1: Sarah als Prototyp für Zion.

2) Bei Pessach ist das Lesen des Hohenliedes vorgeschrieben[32], damit übernimmt der Paytan aber auch die Midrashim, in denen das HL auf die Knesset Jisrael ausgelegt wird. Er gestaltet deshalb meistens die Knesset Jisrael als Braut gemäss dem Midrash ShirRabba zum HL und den entsprechenden Auslegungen zum Exodus. Ich werde dies anhand eines Piyyuts (Shivʿata) von Jannai zu Pessach zeigen (2.2).

3) Die Piyyutim zu Shavuoth: Die vorgeschriebene Festlesung[33] und die traditionellen Themen[34] erlauben dem Paytan, Midrashim zu behandeln, welche Mattan Torah, die Torahgabe am Sinai, metaphorisch als Hochzeit darstellen, wobei für die Torah zwei verschiedene Metaphern gebraucht werden: Nach der biblischen Metaphorik der Torah als «Erstling der Schöpfung» (Spr 8,22) ist sie schon von Anfang an bestimmt, an den verheiratet zu werden, der ihrer würdig ist, nämlich schlussendlich an Moshe. So wird die Übergabe der Torah im «Seder Olam»[35] metaphorisch als die Hochzeit der Torah dargestellt. Hier steht also die Torah als weibliche Person im Vordergrund, und Moshe ist der Bräutigam, und deshalb betrifft diese Midrashtradition unser Thema von Zion als Frau nicht. Anderseits kann die Torah aber metaphorisch als Brautgeschenk und als Ketubbah dargestellt werden. Diese Metaphorik stellt die Knesset Jisrael als Braut dar an ihrer Hochzeit mit demjenigen, der sie aus Ägypten geführt hat, nämlich Gott, wobei Moshe ihr Brautführer ist. Dieser Aspekt, der z. B. in Kallirs Qedushta «אפסי חוג» vorkommt, ist für

---

32   Historisch belegt ist diese Vorschrift erst im Traktat Soferim XIV, 3, und diesen Traktat datiert Stemberger 1992⁸, S. 226 auf das 8. Jahrhundert. Siehe Rabinovitz 1987, II, S. 265, seine Anmerkungen zur Shivʿata Shir HaShirim zu Pessach von Jannai.

33   Festlesung: Torah: Ex 19,1–20,23 Ankunft am Sinai und die Torahübergabe (Mattan Torah) mit den 10 Geboten. Nu 28,26–31. Haftarah: Ez 1,1–28.

34   Themen: 1. Thema: Der Seder Olam, d. h. die Geschichte der Welt seit ihrer Erschaffung bis zu Mattan Torah, welches als Ziel der Schöpfung gilt, wobei die Torah im Mittelpunkt steht und sie als «der Erstling Seines Schaffens» (Spr 8,22) dargestellt ist. Elizur 2000, S. 17: es sei eine alte Überlieferung, den Vers aus Spr 8,22 wie eine Überschrift über den Piyyut des «Seder Olam» zu setzen. 2. Thema: der «Seder Dibbrin», das Zehnwort, bringt alle Asseret haDibbrot (die 10 Gebote) in poetischer Form, eingeleitet mit den zwei Versen aus Ex 19,25 und Ex 20,1. Das 1. Thema wird bei Kallir (laut Elizur 2000, S. 15/16) wie auch in ashkenazischen Piyyutim (laut Fränkel, Machzor Shavuoth 2000, S. 23, hebr.) im 6. Piyyut der Qedushta behandelt; das 2. Thema im 7. Piyyut, den Rehitim. So z. B. in der Qedushta von Kallir «Eretz mata» (ארץ מטה), die heute noch gesprochen wird (Fränkel 2000, S. 182–222). In der Qedushta von Kallir אפסי חוג, die sich nur in einer Abschrift erhalten hat (ed. Elizur 2000), ist der Seder Dibbrin aber der 6. Piyyut. Zu den Themen im ashkenazischen Piyyut: s. Hollender 1994, S. 39–42.

35   Speziell zu diesem «Seder Olam» genannten Piyyut zu Shavuoth: Yahalom 1999, S. 226–232.

das Motiv «Hochzeit der Frau» relevant, weil wir hier sehen werden, wie die weibliche Metaphorik die Deutung der Sinaioffenbarung bestimmt.

4) Die Piyyutim zu Rosh Hashanah: Die Haftarah für den 1. Tag von Rosh Hashanah bietet durch die Geschichte von Channah (1. Sam 1–2,10), die nach langer Unfruchtbarkeit den Shmu'el gebar, die Möglichkeit, Channah auf Zion zu beziehen. Diesen Bezug macht z. B. Kallir, Qedushta zu Rosh Hashanah את חיל יום פקודה. Dieser Text zeigt Zion wieder als Mutter; ich werde den Text deshalb bei den Piyyutim zur Muttergestalt interpretieren (2.1.2.1).

5) Daneben kann der Paytan aber auch bei gleichsam «neutralen» Bibelzitaten die Gestalt der Knesset Jisrael/Zion als Frau assoziieren: Ich meine hier Torahverse, die im Kontext der Bibel keinerlei Hinweis auf Zion haben, und zu denen es auch keine Haftarahverse gibt, die auf Zion gedeutet werden könnten. Jannai kann auch solchen Bibelstellen eine metaphorische Bedeutung geben: Seine Qedushta zur Parashat Teruma ist solch ein Beispiel, das ich unten im Zusammenhang mit dem Bild von Zion als Braut anführen werde (2.2.5.2).

Zu (III): Das Modell der konkreten Hochzeit wird benützt zur Darstellung von Zion als Braut:

Die Dichter schrieben zum Hochzeitsshabbat in der Synagoge (Shabbat leChatan) Qedusht'aoth und Zulatoth und spezielle Birkoth haMazon für die Hochzeitsessen im Festprogramm ausserhalb der Synagoge. Anhand einer Qedushta von Kallir und von Jitzchaq Ibn Levi Mar Sha'ul (3.1) und einer Zulat von Jehuda Halevi zum Hochzeitsshabbat (3.2) zeige ich, wie die reale Braut typologisch für die Knesset Jisrael/Zion steht, wie es schon die biblische Metaphorik nahelegt (z. B. Hos 1–3, Jes 61,10–62,5; 54,6, Jer 2,2 und Ezechiel 16). Die Verknüpfung von realer Hochzeit mit der fiktiven Hochzeit der Knesset Jisrael ist auch liturgisch eine alte Tradition, wie es die sieben traditionellen Segenssprüche[36]

---

36 4. Berakhah: «Gesegnet Du, Ewiger unser Gott, König der Welt, der den Menschen nach Seinem Bild geschaffen hat, im Bild nach Seiner Ähnlichkeit. Und Er richtete ihm (scil. dem ersten Menschen) ein ein ewiges ‹Bauen› (Appellativ für Chavah nach Gen 2,22: Gott «baut» Chavah aus der Rippe, der Sinn des Satzes ist: Gott ermöglicht die Fortpflanzung für alle Ewigkeit). Gesegnet Du, Schöpfer des Menschen.» 5. Berakhah: «Es möge sich laut freuen (Sos tasis) und froh sein diejenige, die ohne Kinder ist, da ihre Söhne in ihr versammelt werden in Freude. Gesegnet Du, der Zion mit ihren Kindern erfreut.» Zu den Segenssprüchen s. auch Mayer 1987, S. 6. Er zitiert die Quellen: bKet 7b, 8a. Dass Berakhoth gesagt werden, erwähnt auch mMeg 4,3. Zur alten Tradition der Hochzeitslieder in der hebräischen Literatur äussert sich ganz kurz Hazan 1986, S. 18: Es gibt ausser den sieben Segenssprüchen, die unter der Chuppah gesagt werden, noch Versionen eines Liedes zu Ehren der Braut gemäss bKet 17b.

bei der Hochzeit belegen. Weil die Shavuothpiyyutim den Hochzeitspiyyutim und den Birkoth haMazon für Hochzeitsanlässe in der Metaphorik gleichen und oft dieselben Propheten- und HL-Stellen zitieren, ziehe ich für die Metaphorik der Knesset Jisrael/Zion als Braut auch die Hochzeitspiyyutim bei und behandle sie zusammen mit den Shavuothpiyyutim (in 2.2.5).

Aus der Mischung von intertextuellen Bezügen, Anspielungen auf Midrashim und metaphorischen und typologischen Interpretationen des Dichters entsteht nun ein buntes Bild von Rollen, in denen Zion/die Knesset Jisrael als Frau auftritt und die weibliche Metaphorik der Sprache bestimmt. Die zwei folgenden Kapitel fassen ihre Rollen unter die beiden dramatischen Hauptmotive zusammen: Das Motiv der Mutter (2.1), und das Motiv der Braut (2.2). Als Mutterfigur kommt die unglückliche, kinderlose Mutter vor, die mit Kindern getröstet wird, und ebenso die zurückgesetzte Ehefrau, die dank Kindern ihre Stellung in der Ehe verbessert. Ich spreche von Motiv, weil das Bild der Mutter und das der Braut nicht statisch vorkommen. Das Bild der kinderlosen Mutter ist jeweils in eine Geschichte verpackt, die dramatisch die Befreiung der Frau aus ihrer Kinderlosigkeit zeigt: sie betet und darauf greift Gott rettend ein. Damit entwickelt der Paytan das Mutterbild zu einem Motiv, das er als Analogie für Not und erhoffte Rettung von Zion sichtbar machen will. Ebenfalls gehört das Bild der Braut zum Drama einer Rettungstat Gottes: der Exodus aus Ägypten wird als ihre Rettung als Verlobte beschrieben bis hin zur Hochzeit der Torahgebung am Sinai. In diesem Sinne brauche ich im Folgenden jeweils das Wort Motiv[37] statt Bild.

---

37 Definition des Begriffs bei Kayser 1967[12], S. 60 «Das Motiv ist eine sich wiederholende, typische und das heisst also menschlich bedeutungsvolle Situation. In diesem Charakter als Situation liegt es begründet, dass die Motive auf ein Vorher und Nachher weisen. Die Situation ist entstanden, und ihre Spannung verlangt nach einer Lösung. Sie sind somit von einer bewegenden Kraft, die letztlich ihre Bezeichnung als Motiv (Ableitung von movere) rechtfertigt.» Er nennt als Beispiel das Romeo und Julia-Motiv: «die Liebe zwischen den Kindern verfeindeter Geschlechter».

2. Zion als Braut und Mutter

2.1 Die kinderlose Mutter und die Motive Ehre und Schande, Liebe und Hass, Elend und Rettung

Kinderlosigkeit und Fruchtbarkeit bestimmt schon in der Bibel den gesellschaftlichen Status einer Frau. Leah ist dafür ein Beispiel, wie in biblischer Darstellung und im Midrash das Kinderhaben die Stellung der Frau auch als Ehefrau verbessert: Leah ist die zurückgesetzte, von Jaʿaqov weniger geliebte (Gen 29,30), ja verhasste (Gen 29,31) Ehefrau, die aber gerade wegen dieses Hasses, dem sie ausgesetzt ist, von Gott mit Kindern getröstet wird und hofft, dass sie wegen der Geburt von Kindern mehr geliebt werde (Gen 29,32.34). Die Problematik ist bei Leah nicht dieselbe wie bei Rachel und Sarah, aber das Motiv der Kinderlosigkeit und der Verachtung oder Eifersucht kommt bei allen drei Figuren in der Bibel und im Midrash vor. Der Midrash und der Piyyut verknüpft mit diesen Mutterfiguren die Knesset Jisrael, dabei spielt aber nicht nur die Weiblichkeit oder die Fruchtbarkeit eine Rolle, sondern Midrash und Piyyut betonen einen neuen typischen Charakterzug dieser Mütter: trotz ihres Leidens unter Verachtung, Eifersucht und Hass klammern sie sich beispielhaft an die Hoffnung auf Kinder und beten zu Gott. Um Not, Gebet und Gottes Hilfe anschaulich vorzuführen, eignen sich die kinderlosen Frauen der Bibel am besten, weil Kinder als Träger des Weiterlebens Israels galten, und Kinder haben oder nicht haben ein zentrales Alltagsproblem war. Nur bei den Frauen aber ist die Kinderlosigkeit in der Bibel auch als gesellschaftliches Problem dargestellt. Anders als in der Bibel sind die Mutterfiguren im Piyyut nun nicht nur diejenigen, die in diesem Punkt mehr leiden als die männlichen Protagonisten, sondern sie und fast nie ihre Ehemänner[1] sind es auch, die zu Gott um Hilfe bitten; deswegen eignen sie sich par excellence als Praefiguration der notleidenden Zionsfigur. Die Botschaft der Hilfe Gottes aus der Not ist schon im Hallelpsalm 113 am Bild der Frau veranschaulicht (die «Kinderlose, die zur fröhlichen Mutter von Kindern» wird, Ps 113,9) neben den andern Bildern, die im Psalm vorkommen (den Armen aus dem Staub heben und neben die Fürsten setzen). Dieses an der Frau exemplifizierte Motiv der Hilfe aus

---

[1] Ausnahmen: Jitzchaq betet zu Gott für Rivka: Gen 25,21 (vgl. BerR 63,5). Im Piyyut: Jaʿaqov seufzt zu Gott wegen Rachel: Kallir, Meshalesh der Qedushta zu R. H. 5. Strophe, s. u. 2.1.2.1.

der Not gehört also zum Repertoire der Paytanim, das sie aus den Midrashim zur Darstellung der Rettung Zions aus dem Exil nehmen. Das Leiden an der Kinderlosigkeit hat im Piyyut verschiedene Spektren, die je nach Mutterfigur variieren; anders als in der Bibel wird bei allen das Motiv der Eifersucht angeschnitten, aber im Blick darauf, dass die Figuren auf Zion verweisen, wird bei Leah und Sarah betont, dass sie gerade nicht eifersüchtig waren (s. u.).

2.1.1 Zion als unfruchtbare Mutter

Der Midrash[2] stellt ausdrücklich die Analogie der unfruchtbaren Müttergestalten der Bibel mit dem Schicksal von Zion fest: In BerR 38,14 heisst es in Bezug auf Sarahs Schicksal (Gen 11,30: Und Sarai war kinderlos. Sie hat kein Kind): Rabbi Levi sagte: An jedem Ort, an dem steht «sie hat nicht», da wird sie haben: «Und Gott nahm Sich Sarahs an (Gen 21,1)»; «Und Pninah hatte Kinder, aber Channah hat keine Kinder» (1. Sam 1,2), aber sie wird haben: «Denn der Ewige nahm Sich Channahs an und sie wurde schwanger und gebar drei Söhne und zwei Töchter etc.» (1. Sam 2,21). «Sie (Zion) hat niemanden, der nach ihr fragt.» (Jer 30,17), aber sie wird einen haben: «Und es wird nach Zion ein Retter kommen» (Jes 59,20), «sei fröhlich, du Unfruchtbare, die nicht geboren hat; brich in Jubel aus und jauchze.» (Jes 54,1).

2.1.1.1 Sarah als Prototyp für Zion: Jannai, Meshalesh zu Gen 16,1: «Und Sarai die Frau Abrams»[3]

Im 3. Piyyut seiner Qedushta zu Gen 16,1 «Und Sarai, die Frau Abrams, war kinderlos»[4] nimmt Jannai Bezug auf den erwähnten Midrash. Auch er zieht den Vergleich zwischen Sarah, der kinderlosen Mutter, die fruchtbar wurde, und Zion der kinderlosen Mutter, die zukünftig mit Kindern beschenkt wird (Channah erwähnt er hier nicht). Da im alten Eretz Jisrael die Haftarah zu Gen 16,1 mit

---

2 BerR 38,14, S. 365 und PRK Pisqah 20, Ronni Aqarah, ed. Buber, S. 140/1: hier nimmt der Midrash den Vers Ps 113,9 auseinander und legt ihn auf sieben unfruchtbare Frauen aus: Sarah, Rivkah, Rachel, Leah, Frau des Manoach, Channah und Zion. «Der die Unfruchtbare, Kinderlose im Haus – das ist unsere Mutter Sarah: ‹und Sarai war unfruchtbar› (Gen 11,30) – zu einer frohen Mutter von Söhnen macht: ‹Sarah säugte Söhne› (Gen 21,7).»
3 ed. Rabinovitz 1985, I, S. 145 f.
4 Dieser Piyyut wird als Beispiel der kunstvollen Verbindung des Textes der Seder (Toralesung) und des Textes der Haftarah von Elizur 1987/8, S. 410/411 zitiert. Das Thema

dem Vers «juble du Unfruchtbare, die nicht geboren hat» (Jes 54,1) beginnt, dem Vers, den auch der Midrash zitiert, so entspricht Jannai den Bedingungen des Piyyuts, im Meshalesh den Haftarahvers anzuführen. Er hebt die Analogien zwischen Sarah und Zion auch durch seine Sprache hervor, so wie im Prinzip auch die lapidaren Aufzählungen von Rabbi Levi sprachlich auf der formalen Analogie «hat nicht – wird haben» aufgereiht sind – aber der poetische Stil ist natürlich kunstvoller und die Analogien sind reicher:

26 Mit der Frau des Starken (= Abraham) / stellte der Ewige Zion *gleich*, //
mit Erprobung und Prüfung / hat Er sie beide *gleich* bedacht.

27 Es heisst von Sarah, / sie hat *nicht geboren*, //
und es heisst von Sarati (= Zion nach Ekh 1,1), / sie hat *nicht geboren*.

28 Sie, die *unfruchtbar* zu Hause sass, / wurde zur Haupt*wurzel*[5] des Hausbestandes, //
ebenso mögest Du wieder hinsetzen ins Innerste des Hauses, / die aus ihrem Haus ent*wurzelt* wurde,

29 die Geehrte, schön Hervorragende, / die Dein Mund «Mutter» (laut Ps 113,9) genannt hat: //
«freue dich, Du Unfruchtbare» / wird Er wegen deiner Kinder dir zurufen.
wie geschrieben steht: «Freue dich, du Unfruchtbare, die nicht geboren hat ...» (Jes 54,1),
und es heisst: «Der die Unfruchtbare des Hauses zur fröhlichen Mutter von Söhnen macht, Hallelujah» (Ps 113,9).

Die Analogien hebt Jannai durch die Sprache hervor, was in der Übersetzung nicht ganz zum Ausdruck kommt. Der Paytan wendet gleich wie der Midrash die Methode der Typologie an: Für das Motiv der Kinderlosigkeit ist Sarah eine Praefiguration, d.h. sie wird vom Dichter als Hoffnung für weitere Frauen hingestellt (zusätzlich ist sie auch an anderer Stelle als Praefiguration Zions von Eifersucht reingewaschen[6]). Dass nun auch Zion hier eingereiht wird, bedeutet

---

der Erlösung (Thema der Haftarah) wird mit dem Inhalt der Seder parallelisiert in einer Art von Auslegung (Derashah), dabei nütze der Dichter den poetischen Schmuck «um die Illusion einer breiteren Analogie zwischen den beiden verglichenen Gliedern (des Vergleichs) herzustellen.» Ich habe die sprachlichen Anklänge mit Schrägdruck hervorgehoben.

5 Rabinovitz 1985, I, S. 145: Anmerkung zu den Wortspielen: das Wortspiel zwischen Hauptsache עיקר (vom mir mit «Hauptwurzel» übersetzt, um das Wortspiel mit «entwurzeln» עקר zu imitieren) und unfruchtbar עקרת macht auch BerR 71,2 zu Rachel. Rabinovitz erwähnt nicht, dass das Wortspiel mit «entwurzelt» (aus dem Land Israel) auch bei PRK Pisqah 20 vorkommt.

6 Sie überwindet die Eifersucht, und gibt Abraham Hagar: s. Jannai, Qedushtah zu Gen 16,1, 6. Piyyut (Rabinovitz 1985, I, S. 150, Zeile 67 f.: «die Eifersucht zerfrass ihr Herz ... aber sie überwand ihren Kummer und bezwang ihren Zorn und war nicht eifersüchtig auf ihre Magd.»

für die Gestalt Israel zweierlei: als Mutterfigur verkörpert sie die Gemeinde Israel, aber auch den Ort Zion. Die doppelte Valenz dieser Figur ist in zwei Bildern ausgedrückt: (Zeile 28) Sie ist «entwurzelt aus ihrem Haus», aber sie ist zugleich (Zeile 29) die Stadt Jerusalem die «schön Hervorragende (= Jefe Nof, Ps 48,3)». Auch beim Wortspiel «Sarah-Sarati» erinnert Sarati (Ekh 1,1) daran, dass schon im Klagelied Ekha Zion als Mutterfigur sowohl die Stadt Jerusalem als auch die Gemeinde verkörpert. Die Haftarah «Ronni Aqarah» (Jes 54,1 ff.) handelt davon, dass Zion sich freuen kann, dass die Unfruchtbare und Vereinsamte mehr Kinder haben werde als zuvor: diese biblische Metaphorik, mit der die Befreiung Israels aus der Exilsnot angedeutet wird, entspricht dem Problem der unfruchtbaren Frau in der Not ihrer Kinderlosigkeit u. a. in Gen 16. Die literarische Methode der Typologie, mit der im Midrash und Piyyut Mütter zu Praefigurationen von Zion gemacht werden, ist eine Methode, die schon biblisch im Zusammenhang der Hochzeit vorkommt: Der Segensspruch in der Hochzeitsqedushta von Kallir[7] an die Braut, dass Gott sie «wie Rachel und Leah» mache, ist ein Segensspruch, der schon im Buch Ruth für die Hochzeit Ruths mit Boaz vorkommt (Ru 4,11). Ebenso gilt dann für den Bräutigam der Segensspruch aus Ru 4,12: ihm möge Erfolg beschieden sein wie dem Haus von Peretz. Die Typologie gehört demnach nicht erst zu den literarischen Methoden des Midrash und des Piyyuts, sondern ist bereits Teil des biblischen Denkens.[8]

2.1.2 Zion als unfruchtbare Mutter und das Motiv von Schande, Hass und Eifersucht

2.1.2.1 Rachel als Prototyp für Zion: Kallir, Meshalesh der Qedushta zu Rosh Hashanah[9] את חיל יום פקודה

Bei Rosh Hashanah wird die Torahlesung «Und der Ewige nahm sich Sarahs an» (Gen 21) mit der Haftarah 1. Sam 2 (Lied der Channah) verbunden. Kallir behandelt in dieser Qedushta zu Rosh Hashanah nicht nur Sarah als Frau, die von Gott mit einem Kind gesegnet sein wird, sondern nimmt, wie Elizur erklärt, gleich noch die zwei andern Erzmütter hinzu: Rivka und Rachel. So ist der Magen Sarah

---

7 Qedushta leChatan (abgedruckt bei Fleischer 1975a, S. 154), 1. Piyyut, Zeile 12: «damit sie (die Braut) gesegnet werde mit Nachkommenschaft wie Rachel und Leah». (Text erst ab 3. Piyyut in Übersetzung im Textanhang.)
8 Zur Typologie von Braut und Bräutigam als Zion und Gott s. 2.2.
9 Dieser Piyyut wird bis heute in den ashkenazischen Gemeinden bei der Wiederholung der Amidah durch den Vorbeter am 1. Tag von Rosh Hashanah gebetet. Ich übersetze

gewidmet, der Mechaje Rivkah und der Meshalesh, der 3. Piyyut, Rachel. Dies ist ein erster Schlüssel zum Verständnis der «Geheimsprache» des Piyyuts.[10]

1. Grundstein der Erde, auf dem der Erdkreis ruht,
   und Tiefe der rauschenden Urflut,
   auf dem Eckstein (= Rachel)[11], der Grundlage des Dritten (= Ja'aqov),
   sind sie gegründet; auf sie (Grundlage = Rachel) gestützt geschehe Erhörung (der Bitten).

2. Wurzel der Hügel (= Rachel), von den Bauleuten verworfen,
   ist heute als vierte hinzugefügt den vier Steinen (= vier Müttern).
   Diejenige, die um Kinder weinte,
   vernahm: «lass ab! Mutter von Söhnen!»

3. Als der Rötliche (= Esaw) sah, dass sie nicht gebar,
   wollte er sie sich nehmen, und sie bekam Angst.
   Und sie betete viel für (zur Erfüllung) ihre(r) Hoffnung,
   für ihre Befreiung von dem Bösen (= Esaw), und wurde nicht befleckt.

4. Er (Gott) gedachte ihr die Aufrichtigkeit ihrer Wege,
   um das Ungeborene im Leib ihrer Schwester zu vertauschen.
   Er hielt sie für wert, heute ihr Gedenken dem der Schwestern zuzuordnen,
   und durch Tausch Dinah durch Josef zu ersetzen.

5. Die Natur veränderte Er wie ein Schöpfer seinen Stoff,
   Er verstärkte und vergrösserte die Kraft der Wunder,
   als der Ewige das Gebet des Gebieters (גביר = Ja'aqov nach Gen 27,29) erhörte
   und aus ihr zwei Stämme als Hoffnung entstammen liess.

6. Wie eine Unfruchtbare war sie am Anfang nicht beachtet,
   mit höchsten Ehren war sie am Schluss geachtet.
   Für ihre Kinder möge sie am Tag der Erinnerung einstehen,
   damit ihrer (der Kinder) gedacht werde, so wie an sie gedacht wurde.

---

nur den Meshalesh, der beim Festtag 6 Strophen hat wie auch Magen und Mechaje. Ich übernehme in meine Interpretation dankbar die Erläuterungen von Elizur 1999, S. 61–64; ohne ihren Kommentar ist der Text sehr schwer verständlich. Die Anmerkungen zu meiner Übersetzung und die Übernahme der Erläuterungen von Elizur siehe in der kommentierten Übersetzung im Textanhang.

10 Zur «Geheimsprache» s. u. 2.2.2, Elizur 1994a, S. 15 ff.: Sie bezieht sich auf Fleischer und führt die Frage weiter aus, worin genau die Rätselhaftigkeit des klassischen Piyyuts beruhe: im Grunde seien es drei Faktoren: 1) Anspielungen auf mehrere Midrashim in der speziellen gedrängten Methode der Erwähnung nur eines Details, 2) Kinnujim (Codewörter), 3) Neue Wortschöpfungen.

11 Den Kinnujim wie «Eckstein» gebe ich in Klammern eine der möglichen Auflösungen, ich folge dabei den Erläuterungen von Elizur 1999, S. 61–64.

Der Schlussvers macht die Ausrichtung des Piyyuts auf Rosh Hashanah, den Tag der Erinnerung, deutlich: Wegen des Verdienstes von Rachel möge Gott Sich um die Kinder Rachels, das Volk Israel, kümmern, sodass Israel wie Rachel wieder zu Ehren komme. Die Frau als Kindergebärerin ist die «Grundlage» der Familie Jaʿaqovs (so Zeile 3), und von der Fruchtbarkeit hängt die ehrenhafte Stellung der Frau ab (6. Strophe); Fruchtbarkeit anderseits ist ein Geschenk Gottes, um das sie beten kann. Deshalb ist der Fokus des Piyyuts die wichtige Rolle, die Rachel als betende Frau spielt, und in dieser Rolle ist sie die Praefiguration von Zion/Knesset Jisrael: Die als Publikum des Paytans anwesende Gemeinde Israel kann ihre Hoffnungen auf Rachel im Glauben begründen, dass Gott sich an Rachels Beten erinnern werde und deshalb auch der aktuellen Gemeinde helfe. Gemäss den Erläuterungen von Shulamit Elizur sind die Anspielungen folgendermassen aufzulösen: (Zeile 1) Der Grundstein, die Grundlagen der Erde und die Tiefen des Meeres – (Zeile 2) all dies ist gegründet durch das Verdienst von (wörtlich: auf) Rachel (dem Eckstein Jaʿaqovs), damit durch sie das Schreien erhört werde (Zeile 4). Zweite Strophe: Sie ist heute schwanger geworden als vierte der Erzmütter (= der vier Steine). Alle Erzmütter sollen an RH nach der Überlieferung schwanger geworden sein. Aber Rachel ist die wichtigste. Wie Elizur sagt, hört man zwischen den Zeilen das Wortspiel aus Midrash BerR 71,2: sie ist von einer unfruchtbaren Frau (עקרת הבית) zu einer Grundlage des Hauses Israel (עיקר הבית) geworden. Shulamit Elizur weist noch besonders auf den siebten und achten Vers hin, da dieser auf die Rachelgestalt in Jeremia anspielt, die um ihre verlorenen Kinder weint (Jer 31,14.15): Die Aussage aus Jeremia «Rachel weint über ihre Kinder» biegt Kallir um zu «Rachel bittet weinend *um* Kinder», womit Rachel zur Betenden und Bittenden wird, wie sie auch in der 3. Strophe wegen Esaw betet und bittet, von ihm befreit zu werden. Auch das Zitat aus Jer 31,15 «lass ab» variiert Kallir, indem er gleichzeitig auf Ps 113,9 anspielt: sie solle aufhören zu weinen, weil sie ja höre, dass sie «Mutter von Söhnen» werde (Ps 113,9). Soweit bin ich Shulamit Elizur gefolgt, füge aber noch etwas hinzu: Obwohl Kallir die Verse aus Jeremia auf die Situation der unfruchtbaren Rachel uminterpretiert, zeigt der Text hinter der gegenwärtigen unfruchtbaren Rachel schon die zukünftige Rachel, die als Mutter des Volkes über ihre Kinder weint und getröstet wird, sodass die Qedushta zweifach Positives aussagt: Rachel wird zur Stammutter werden und sie wird als Zionsfigur ihre dereinst exilierten Kinder wieder zurückerhalten.

Das zweite Gebet Rachels in der dritten Strophe, dass Gott die Gefahr einer Heirat mit Esaw abwenden möge, ist ein Motiv, das Rashi im Kommentar zu Gen 30,22 erwähnt, wie Elizur angibt. Wie beim Motiv der Fruchtbarkeit und des Betens ist nun auch in diesem Punkt nach Elizur das Anliegen Rachels mit dem von Zion/Knesset Jisrael verknüpft: Beide fürchten sich vor Esau/Edom und leiden unter seiner Präsenz, aber beide können dank ihrem Beten die Zuversicht haben, dass Gott ihnen helfe. Die Antagonie «Israel – Edom» ist hier in den Gestalten Rachel – Esaw angedeutet; ausführlicher äussert sich Jannai zu diesem Problem in seinen Qerovoth, die von Leah (s. u.) und Rachel (zu Gen 30,22)[12] handeln; bei Leah erscheint Esaw verschlüsselt als der «Verhasste», vor dem sich Leah fürchtet.

2.1.2.2 Leah als Prototyp für Zion: Jannai, Qerovah zu Gen 29,31: «Und der Ewige sah, dass Leah verhasst war.»

1. Magen[13]

1   Du, der Du die Wolken oben befestigst, / schaust herunter auf alle Unterdrückten.
    Offenbar ist Dir die Liebe der Begehrten (mask. Plur.: אהבת חשוקים), /
    es liegt Dir am Herzen aber auch der Hass der Unterdrückten (Plural: שנאת עשוקים).

    Die Verhasste mit den matten Augen –/ im Gebet hob sie ihre Augen zu Dir,
    Du gabst ihr dank ihrem Verdienst Vorrecht vor ihrer leiblichen Schwester /
    und gabst ihr zuerst die Gnade der Leibesfrucht.

5   Gutes statt Böses gabst Du ihr, / Verachtung tauschtest Du in Ehre um.
    Den Riegel ihres Verschlossenseins öffnetest Du, / ihr Verhasstsein machtest Du frei für die Liebe.

    Wie geschrieben steht: Und der Ewige sah, dass Leah verhasst war, da öffnete Er ihren Mutterschoss, aber Rachel war unfruchtbar (Gen 29,31).
    Und es heisst: Überall sind die Augen des Ewigen, sie schauen auf die Guten und Bösen (Spr 15,3).
    Und es heisst: Hass weckt Streit, Liebe deckt alle Vergehen zu (Spr 10,12).
10 Und es heisst: Besser Tadel, der aufdeckt, als verstellte Liebe (Spr 27,5).
    Und es heisst: Lege mich wie ein Siegel an Dein Herz, wie ein Siegel auf Deine Hand, denn stark wie der Tod ist die Liebe, hart wie die Unterwelt die Eifersucht, ihre Gluten sind Feuergluten (HL 8,6).
    Und es heisst: Der Ewige erhört die Armen und Seine Gefangenen verachtet er nicht (Ps 69,34).
    Und es heisst: Der die Unfruchtbare des Hauses zur fröhlichen Mutter von Kindern macht, Hallelujah (Ps 113,9).

---

12 Rabinovitz 1985, I, S. 176, Zeile 10: «Die Frau (Herrin גברת), die der Hirte (Ja'aqov) liebte, der bei seinem Kommen sah, wie sie (Rachel) mit der Herde daherkam, wollte von ihr ‹junge Hirten› auf die Welt bringen, die in der Zukunft das Volk der Spötter wegreissen sollen.» Anspielung auf den Midrash BerR 73,7 (S. 851): Esaw wird erst durch die Hand der Nachkommen Rachels fallen.
13 Rabinovitz 1985, I, S. 171–75. Alle meine Anmerkungen, in denen ich Rabinovitz zitiere, finden sich in meiner im Textanhang kommentierten Übersetzung.

Hallelujah wollen wir sagen demjenigen, der uns Sein Versprechen hält, unserm Beschützer soll gesagt werden:

15 Gesegnet Du, Ewiger, Schild Abrahams.

2. Mechaje (nur Anfang erhalten)

Die Verhasste welche … (?) … durch das Geschenk von Kindern von Jaʿaqov geehrt wurde,
als Verdienst ihrer Leibesfrucht, sobald sie zum erstenmal gebar, wurde sie von den Nachbarn nicht mehr verachtet … (lacuna) …

3. Meshalesh

19 Ewiger, liebe diejenigen, die Dich lieben / und hasse die, die Dich hassen, //
bewahre die, die Dich lieben / und vergelte denjenigen, / die Dich hassen.

20 … (lacuna) … sie, die durch ihre Stimme verhasst war, //
ruf ihr zu mit ihrer Stimme, / und liebe das Angenehme ihrer Stimme.

21 Sie sass auf Steinen / wie eine Unfruchtbare ohne Kinder, //
und nun bist Du Vater von Kindern / und sie ist Mutter der Kinder.

22 Sie soll genannt sein «Vermählte» statt «Verlassene» (Jes 62,4), //
und sie soll geliebt sein, anstatt dass sie gehasst war.

23 wie geschrieben steht «Statt dass du verlassen bist und verhasst, von niemandem besucht, will Ich dich herrlich machen auf ewige Zeiten, zur Wonne für alle Geschlechter» (Jes 60,15).

4. Piyyut

24 Unsere Augen vergehen vor Sehnsucht nach Deiner Liebe, der Du diejenigen liebst, /
die verhasst sind wegen des Hasses der Feinde.

25 Schau auf unser Elend, das wir bei uns zu Hause haben, / und blick auf den Hass, den wir von aussen haben,
wie Leah, bei der Du auf ihr Elend geschaut hast, / und auf den Hass von Seiten ihrer Quäler geblickt hast:

27 Von ihrem Haus (ihrer Familie) her hatte sie Hasser, / und von aussen her waren solche, die den Hass schürten.
Aber nicht jeder Geliebte ist ein Geliebter / und nicht jeder Verhasste ein Verhasster:
es gibt Verhasste auf der Erde, die im Himmel geliebt werden,

30 aber die von Dir gehasst werden, das sind die Verhassten, und die von Dir geliebt werden, das sind die Geliebten.
Wir werden gehasst, weil wir Dich lieben, Heiliger.

5. Piyyut

32 Damals war sie bestimmt für den Namen des Verhassten, // deshalb wurde sie Verhasste genannt.

33 Da sie die guten Taten des Vollkommenen (Jaʿaqovs) sah, // da flehte sie zu Dir, der die Guten und Bösen sieht,
Sie verlangte und hatte Gefallen an dem, der Dich liebt (= Jaʿaqov) // und liebte den, der Dich liebt und von Dir geliebt wird.

35 Du, der Du das Werdende siehst, sahst ihre Niedergeschlagenheit, // und als Ausersehene sah sie Kinder vom Ausersehenen (Jaʿaqov),
wegen ihrer Liebe stand sie voran … (lacuna) … und wegen ihres Gehasstwerdens stellte Er sie voran, um Kinder zu gebären,
37 so nützten ihr ihre Liebe und ihr Verhasstsein, // denn sie war nicht eifersüchtig darauf, dass ihre Schwester geliebt wurde.
Sie liess ihr Gesätes aus der Erstlingsfrucht aufgehen // und es wurden ihr sechs gegeben wie die sechs Tage der Schöpfung.
Eingegraben und eingeritzt wurden die Bezeichnungen ihrer Namen, // auf einem der Steine ihre sechs Namen.
40 Die Bedeutungen ihrer Namen entsprachen den Geschehnissen ihrer Mutter, // die gross waren, denn Gott vollbrachte Grosses mit ihnen.
Weil ihre Augen schwach (weich) waren, brachte sie hervor den Weinstock (Israel), dessen Augen Seen sind.

Hier ist mit der Unfruchtbarkeit das Motiv der gehassten Frau gegenüber der geliebten Frau verbunden, sodass indirekt wie im biblischen Narrativ auch die Eifersucht unter den Frauen ein Thema sein könnte. Tatsächlich spricht Jannai dieses Motiv an, aber er verwendet es zum Lob Leahs, indem er sagt (Zeile 37), dass sie eben nicht eifersüchtig war. Jannai fokussiert die Darstellung auf das Thema der ungeliebten Ehefrau, die wegen ihres Verhasstseins von Gott geliebt wird, um damit die Gestalt der Leah, der verhassten, auf die Knesset Jisrael hin auszulegen.[14] Im 4. Piyyut spricht die Knesset Jisrael mit dem «wir» der aktuellen Gemeinde und vergleicht sich wortwörtlich mit Leah, indem sie erklärt, wir als Gemeinde sind elend «im Haus drinnen», und verhasst «von aussen» (Zeile 25), so wie Leah «von ihrem Haus her» und «von aussen her» verhasst war (Zeile 27). So wie Gott auf Leahs Elend geschaut habe, so möge Er auf unser Elend schauen (Zeile 25). Aus dem Schicksal von Leah, der Gott geholfen hat, leitet Jannai wie auch BerR 71,1 unter Verwendung des Zitats von Ps 69,34 (in der Verskette nach dem Magen) den hoffnungsvollen Grundsatz ab, dass Gott

---

14 Diesen Bezug macht auch BerR 71,1 und verwendet den gleichen Injanvers Ps 69,34, den auch Jannai in der Verskette nach dem Magen zitiert. BerR 71,1: R. Jochanan legt die «Armen» so aus: «An jeder Stelle, an der bedürftig, arm und elend gesagt wird, redet die Schrift von Israel; und ‹seine Gefangenen verachtet Er nicht› – das sind die unfruchtbaren Frauen, die eingesperrt in ihren Häusern und gedemütigt sind, und wenn der Heilige, gesegnet sei Er, sich um sie kümmert und mit Kindern beschenkt (im Hebräischen ausgedrückt mit פקד) so werden sie aufgerichtet. Wie du siehst, dass Leah die Verhasste des Hauses war, und als sich der Heilige, gesegnet sei Er, um sie kümmerte, wurde sie aufgerichtet; das ist es, was geschrieben steht ‹Und der Ewige sah, dass Leah verhasst war›.» Jannai zitiert zusätzlich nach dem Meshalesh den Vers Jes 60,15. Dieser Vers gehört nach Meinung von M. Zulay (laut Rabinovitz, der dessen Anmerkung in seiner Ausgabe zur Stelle zitiert) zur ursprünglichen Haftarah dieser Parashah.

gerade diejenigen liebt, die von den Feinden gehasst werden. Diesen Gegensatz von Liebe auf Erden und Liebe vom Himmel, in antithetischen Parallelismen formuliert, spitzt er auf eine Schlussfolgerung in Zeile 31 zu, die nur noch für die Knesset Jisrael in ihrer Auseinandersetzung mit den «Völkern» gilt, aber nicht mehr für Leah: wir werden gehasst wegen unserer Liebe zu Dir. Abgesehen von diesem einen Punkt findet Jannai aber in der Gestalt von Leah Punkt für Punkt Parallelen zur Knesset Jisrael: Seine Liebe zu Leah zeigt Gott darin, dass Er ihr (Zeile 4–5) die Fruchtbarkeit schenkt als Kompensation für ihre untergeordnete Stellung als ungeliebte Frau (und wegen ihres Verdienstes, dazu unten); hier folgt Jannai der Deutung, die schon Gen 29,31 impliziert. Im Meshalesh zeigt Jannai die Analogie der Liebe Gottes zu Leah und zur Knesset Jisrael mit Hilfe biblischer Anspielungen, die beide Figuren zugleich betreffen: In Zeile 20 spielt der Text auf HL 2,14 an mit der Formulierung, Gott möge das Angenehme ihrer Stimme lieben, die Jaʿaqov verhasst war:[15] Damit ist nicht nur Leah gemeint, sondern auch die Knesset Jisrael, weil die Geliebte, die im HL die angenehme Stimme hat, im Piyyut als Knesset Jisrael gilt. In Zeile 21 benützt der Text die Metapher «auf Steinen sitzen»: dies ist eine Anspielung auf «die Taube in den Felsenspalten» (HL 2,14), die schon bei Sarah als Metapher für Unfruchtbarkeit steht[16] und hier sowohl Leah als auch die Knesset Jisrael meint. Was hier über Leah ausgesagt wird, dass sie Mutter von Kindern und Gott Vater von Kindern sei, gilt ebenfalls von der Knesset Jisrael.

Nun zum Verdienst Leahs: Laut der Bibel schenkt Gott Leah Fruchtbarkeit, weil Er sie aus dem Elend des Ungeliebtseins befreien will, damit wenigstens Kinder ihr zu Liebe und Ehre verhelfen. Jannai führt aber im 1. und im 5. Piyyut noch zusätzlich zum biblischen Narrativ zwei weitere Gründe an, warum sich Gott Leahs annimmt und sich erbarmt: 1) Der eine Grund ist ihr «Verdienst» (1. Piyyut, Zeile 4), das sie sich mit ihrem inständigen Gebet um Kinder erworben hat[17], auch ihr zweites Gebet zu Gott im 5. Piyyut, dass Er die Heirat mit Esaw verhindern möge, könnte ihr als Verdienst angerechnet werden.[18] 2) Der

---

15 Die verhasste Stimme: Zu den Erzählungen im Midrash (TanB Wajetse 11; BerR 70,19, S. 819) über die verstellte Stimme Leahs s. meine kommentierte Übersetzung im Textanhang.
16 Jannai, Qerovah zu Gen 16,1, Rabinovitz 1985, I, S. 142, Zeile 1: «Eine Mutter wie eine Taube in den Felsenspalten, da ihr Mutterleib verschlossen ist wie ein Stein.»
17 Das Gebet wurde auch Rachel als Verdienst angerechnet: s. o. 2.1.2.1 Kallirs Qedushta.
18 Rabinovitz 1985, I, S. 171 zitiert BerR 70,16, wo erklärt wird, warum Leahs Augen schwach sind: Sie sind vor Tränen schwach, weil sie ständig folgendes bete: «Möge es Gottes Wille sein, dass ich nicht in das Schicksal des Bösen falle. Es sagte R. Chuna: Schwer war das Gebet, so dass das Verhängnis aufheben konnte, und nicht nur dies: sie überflügelte sogar ihre Schwester.»

zweite Grund, der im 5. Piyyut genannt ist (Zeile 37), ist ihr Charakter, dass sie nicht eifersüchtig war auf ihre Schwester, die geliebt wurde:[19] Damit korrigiert Jannai die Charakterisierung Leahs in der Bibel, die laut Gen 30,15 Rachel eine höchst eifersüchtige Antwort gibt auf ihre Anfrage, ihr die Liebesäpfel Re'uvens zu geben. Meiner Meinung nach hängt die harmonische Schwesternbeziehung als neue Deutung damit zusammen, dass Jannai Leah als Prototyp der Knesset Jisrael versteht, die rundum positiv und liebenswürdig dastehen soll als die von Gott Geliebte gegenüber ihren Feinden, den von Gott Gehassten, die wie Esaw hässliche Charakterzüge haben. Auf Leahs Charakter färbt im 4./5. Piyyut die Figur der Knesset Jisrael ab, das heisst das Selbstbild, das die Gemeinde sich macht: sie sind die Geliebten, die gerade wegen ihrer Liebe zu Gott von den Feinden gehasst werden (4. Piyyut, Zeile 31).

Wer sind konkret die Geliebten und die Gehassten? Die Geliebten sind die ganze Familie Ja'aqovs, die in der Zeit des Exils auch Knesset Jisrael genannt wird und die sich in diesem Piyyut von Leah praefiguriert sieht, während zu den Hassern Leahs und der Knesset Jisrael die äusseren Feinde gehören und auch die Hasser «vom Hause aus» (Zeile 27). Nun würde ja Ja'aqov laut Gen 29,31 zu den «Hassern vom Hause aus gehören», aber er kommt im 4. Piyyut gar nicht mehr vor, stattdessen tritt im 5. Piyyut Esaw, sein Bruder, als der «Verhasste» auf.[20] Ja'aqov hingegen bekommt im 5. Piyyut Attribute wie «der Vollkommene» und «der, der Dich (Gott) liebt». Wie hat Jannai diesen Austausch zustande gebracht?

Zuerst einmal liegt Jannai wahrscheinlich schon BerR 71,2 vor, wo die «Bedingungen» der Hochzeit erklärt werden: Leah als die Ältere ist dem Esaw bestimmt, Rachel als die Jüngere dem Ja'aqov. Aber weil Jannai im 4. Piyyut auf die Antagonie Israel – Edom zusteuert, gleitet er schon gleich zu Beginn der Qerovah von der Gestalt Ja'aqovs als demjenigen, der Leah nicht mag, weg auf Esaw

---

19 Rabinovitz 1985, I, S. 175 verweist als Parallele auf Tan Wajetse 5. Volles Zitat s. meine kommentierte Übersetzung im Textanhang. Hier nur das Ergebnis des Gebets, das Leah für Rachel an Gott richtet: Da sagte der Heilige, gesegnet sei Er: «du (Leah) bist eine Barmherzige, und auch Ich werde Mich ihrer erbarmen, und sofort: Und der Ewige gedachte der Rachel.»
20 Nach Mal 1,3 und Ovadja (ganzes Kapitel). Zur Typologie von Esau als Edom und seiner Identifizierung mit dem christlichen Rom siehe den Artikel von Cohen 1967. Die Kontrahenten Ja'aqov (Israel) und Esaw (Edom) stellt Jannai, Qerovah zu Gen 25,19 (Rabinovitz 1985, I, S. 162) in zwanzig antithetischen Parallelismen dar (verhasst/verachtet, Schaf/Schwein, Tzaddiq/Rasha etc.). Vgl. ebenso den Ma'ariv zu «Ronni Aqarah» eines «Josef», klassische Periode, bei Fleischer 1975a, S. 245 f. Zu den Piyyutim von Rosh Hashanah, die die Auseinandersetzung mit dem christlichen Byzanz dokumentieren: s. Yahalom 1999, S. 64–80. Kurz dazu Teil III 2.

zu. Er spricht nur andeutungsweise von Jaʿaqov und seinem Widerwillen, indem er in der Verskette die «verstellte Liebe» (Spr 27,5) erwähnt und im Meshalesh die «verhasste Stimme» Leahs. Im 4. Piyyut dann führt er die Unterscheidung ein von «drinnen» und «draussen»: sie habe «von ihrer Familie her» Hasser und auch draussen solche, die den Hass schürten.[21] Hier deute ich «von ihrer Familie her» so, dass wegen der Antagonie Israel – Edom nicht mehr Jaʿaqov als Hasser gemeint sein kann, sondern Esaw, der als Bruder Jaʿaqovs «von ihrem Haus her» zu ihrem Hasser wird.

2.1.2.3 Fazit zu Leah, Rachel, Sarah und Zion

Aus Jannais Bild von Leah, das er als Prototyp für die Knesset Jisrael retouchiert, sehen wir, dass er zunächst die Not Leahs hervorstreicht. Mit seiner These, dass Leah gerade wegen ihres Verhasstseins bei den Menschen von Gott geliebt ist, setzt er Leah der unterdrückten, aber von Gott geliebten Knesset Jisrael gleich. Die weiteren Punkte, in denen Leahs Darstellung Modellcharakter für Zion hat, ist ihre im Piyyut hervorgehobene Kraft des Betens, ihre Barmherzigkeit und ihr Freisein von Eifersucht. Das Beten ist das Verdienst, weswegen Gott Leah Kinder schenkt und sie vor Esaw rettet. Beten ist als spezifisch weibliches Charakteristikum im Piyyut auch bei Rachel und Sarah[22] betont; allerdings nennt Kallir auch einmal ein Gebet um Kinder, das vom Manne kommt: ausgerechnet Jaʿaqov betet für Rachel, vielleicht um dessen negative Darstellung in Gen 30,2 zu korrigieren.[23] Ganz neu im Vergleich zur biblischen Darstellung ist Leahs barmherziger Charakter betont und das Fehlen jeglicher Eifersucht auf Rachel; darin ist sie positiver als Rachel dargestellt. Rachels Eifersucht[24] auf Leah, von

---

21 BerR 71,2: «Alle stichelten sie, die Seefahrer …., und die auf dem Land unterwegs waren … und sprachen: Leahs Gesicht ist nicht ihr wahres Gesicht: sie sieht gerecht/fromm aus, sie ist es aber nicht. Wenn sie gerecht/fromm wäre, hätte sie ihre Schwester nicht betrogen.»

22 Sarah betet: Jannai, Magen der in 2.1.1.1 zitierten Qerovah zu Gen 16,1, Rabinovitz 1985, I, S. 143. Rachel: oben 2.1.2.1. (Den Magen habe ich nicht übersetzt, nur den Meshalesh.)

23 Kallir, Meshalesh der Qedushta zu R. H., s. o. 2.1.2.1, in 5. Strophe.

24 TanB Wajeshev 19 kennt die Eifersucht, aber nicht Hass von Rachel: «denn stark wie der Tod ist die Liebeseifersucht (HL 8,6) – die Liebe, denn er liebte Rachel, wie es heisst «und Jaʿaqov hatte Rachel lieb» (Gen 29,18) – die Eifersucht ist hart wie die Unterwelt (HL 8,6) – die Eifersucht, die Rachel gegen ihre Schwester hegte, wie es heisst: «da wurde sie eifersüchtig. (Gen 30,1)» (Angabe von Rabinovitz). Der Midrash BerR streitet allerdings die Eifersucht ab und erklärt gerade das Gegenteil von Gen 30,1 «Als Rachel sah, dass sie Jaʿaqov keine Kinder gebar, wurde sie eifersüchtig auf ihre Schwester.»: BerR 71,6 «War Rachel etwa eifersüchtig auf ihre Schwester? Nein, sondern (die Stelle) lehrt, dass

der Gen 30,1 redet, streitet Jannai im 6. Piyyut seiner Qerovah (zu Gen 30,22[25]) nicht ab, sondern er erwähnt sie in *einem* Vers und spielt dabei wie TanB Wajeshev 19 auf HL 8,6 an: «Die Schwester, welche Rachel genannt wurde, und deren Herz vor Sehnsucht (scil. nach Kindern) zerrissen wurde, war schwer (beqoshi בקושי) eifersüchtig auf ihre Schwester, denn schwer (qashe קשה) wie der Tod ist die Eifersucht (קנאה).» Mit Eifersucht ist im HL die eifersüchtige Liebe gemeint, bei Rachel wird dieses Wort nun von Jannai als die neidische Eifersucht verstanden: sie ist eifersüchtig auf ihre Schwester, weil diese Kinder hat und sie nicht.

Im andalusischen Piyyut ist die Eifersucht von Sarah als Knesset Jisrael auf Hagar, welche die Jishmaʿeliten, die Araber, verkörpert und mit Israel um die Liebe Gottes rivalisiert, ein wichtiges Thema. Deshalb will ich hier noch auf die Eifersucht Sarahs auf Hagar eingehen: Die Darstellung von Jannai biegt diese biblische Eifersucht zu einem Verdienst Sarahs um, weil er wie Leah so auch Sarah als Prototyp der Knesset Jisrael als durchwegs positive Mutterfigur hinstellen will. Jannai schreibt folgendes über Sarah, als diese Abraham darum bat, zu Hagar, ihrer Magd, zu gehen (Gen 16,2)[26]: «Sie öffnete ihren Mund in ihrer Weisheit, denn sie war voll Sehnsucht, ihre Familie zu gründen; sie überwand ihren Kummer und bezwang ihren Zorn und ihr Auge sah nicht mehr böse auf ihre Magd. Die Eifersucht frass ihr Herz vor Kummer, aber sie hatte bei all ihrer Trauer einen Gewinn (Spr 14,23).» Die Aussagen von Jannai scheinen widersprüchlich zu sein, aber sie machen folgenden Sinn: er muss ihre Eifersucht erwähnen, um die Überwindung zu zeigen, mit der Sarah schliesslich das Ziel, Abraham mittels ihrer Magd Hagar Kinder zu geben, über ihre Eifersucht auf Hagar stellt.

Die drei Mütterfiguren, die ich in bezug auf das Motiv der Unfruchtbarkeit und des Ungeliebtseins als Praefigurationen von Zion/Knesset Jisrael interpretiert habe, zeigen natürlich auch in ihrer Eigenschaft als Stammesmütter, dass sie ganz konkret als Mütter mit dem Volk Israel, das als ihre Kinder gilt, verbunden sind. Für das Mutterbild Zions bedeutet das, dass eine Leah oder Rachel nicht eine weibliche Praefiguration von Zion ist, mit der sich der männliche Teil der Gemeinde nicht identifizieren könnte, oder umgekehrt, eine weibliche Figur, die der männliche Teil der Gemeinde für sich usurpiert[27]: als Mutter ist sie natürlich

---

sie eifrig ihren guten Taten (Leahs) nacheiferte, sie sprach nämlich: wäre sie nicht eine Gerechte, so hätte sie nicht geboren.»
25 Jannai, Qedushta zu Gen 30,22 «Gott aber nahm Sich Rachels an und erhörte ihr Gebet.» im 6. Piyyut (Rabinovitz 1985, I, S. 176, Zeile 8). Die Qedushta ist nur ab Ende des 5. Piyyuts erhalten, enthält keine Anspielungen auf Zion.
26 Jannai, Qedushta zu Gen 16,1, 6. Piyyut (Asirja), Rabinovitz 1985, I, S. 150, Zeile 67 f.
27 s. im Vorwort meine Bemerkung zu Baskin 2002, S. 99.

Mutter von Söhnen und Töchtern, entsprechend muss das hebräische בנים mit «Kindern» übersetzt werden. Im Meshalesh der Qedushta zu Gen 29,31, die von Leah handelt, setzt Jannai sogar neben Zion als Mutter der Kinder Gott als Vater der Kinder und betont damit die Metaphorik der Gemeinde als Familie: (Zeile 21) «Sie sass auf Steinen wie eine Unfruchtbare ohne Kinder, und nun bist Du Vater von Kindern und sie ist Mutter der Kinder».[28] Bei Rachel erschöpft sich die Typologie der Knesset Jisrael als Mutter nicht nur im Fruchtbarsein, sondern sie prägt das Bild der typologischen Knesset Jisrael als einer Mutterfigur, die sich um ihre Kinder, d.h. um die Gemeinde Israel kümmert (s. o. Kallirs Qedushta zu Rosh Hashana letzte Strophe).[29]

2.1.3 Zion als kinderlose Mutter und das Motiv der Rückkehr nach Zion

Das Motiv von Zion als der kinderlosen Mutter, die Kinder haben wird, kommt zwar bei der typologischen Interpretation der Frauengestalten der Genesis vor, aber stammt eigentlich aus den Propheten, und zwar aus den von Jesaia[30] für die Frauengestalt Zions verwendeten Metaphern der Mutter: Zion oder Israel ist die Mutter, die ihre Kinder verloren hat, der aber von Gott verkündet wird, sie werde wieder mit Kindern getröstet werden (besonders Jes 49,21: «Da wirst du bei dir denken: Wer hat mir diese geboren? Ich bin doch der Kinder beraubt und unfruchtbar ... שכולה וגלמודה.»). Die betreffenden Jesaiastellen werden als Haftaroth an den Trostshabbaten gelesen. In Jeremia 31 ist Rachel die Mutterfigur, die über ihre verlorenen Kinder weint und von Gott den Trost bekommt, dass die Kinder zu ihr zurückkehren werden, was Doppeltes bedeutet: das Volk wird weiterleben und wird ins Land Israel zurückkehren. In Jes 49,14–22 und Jer 31,15–17 verkörpert die Zionsgestalt respektive Rachel jeweils als Mutterfigur nicht nur das Volk Israel, sondern unterschwellig auch das Land Israel. Im

---

28 Im andalusischen Piyyut kommt diese Rollenverteilung oft vor: s. Teil III 3. Zur Vater- und Mutterrolle: auch bBer 35b redet von Gott als dem Vater und der Knesset Jisrael als der Mutter.
29 Auch bei Leah nennt Jannai ein Detail, das gleichsam eine innere Beziehung Leahs zum Volk Israel andeutet: Qedushta von Jannai Zeile 38 «Weil ihre *Augen* schwach/weich (רך) waren, brachte sie hervor den Weinstock (Israel), dessen *Augen* Seen (ברכות) sind.»
30 In den Jesaiaperikopen, die heute als Haftaroth für die Trostshabbate gelesen werden, finden sich ab 49,14 bis 63,9 immer wieder Frauenmetaphern für Zion, in den weiteren Kapiteln noch einmal in Jes 66,11 eine Muttermetapher für Jerusalem.

Klagelied Ekha ist Zion als Stadt und als Volk die Mutterfigur[31]; der Midrash zum Klagelied ersetzt den Begriff «Zion» dort mit «Knesset Jisrael».[32]

Das Motiv der um ihre Kinder trauernden Mutter, die in Zukunft mit neuen Kindern getröstet wird, hat als Metapher nicht ganz dieselbe Funktion wie das Motiv der unfruchtbaren Mutter: gemeinsam ist zwar beiden Metaphern die Hoffnung, neues Leben hervorzubringen, was ein Bildspender ist für die Befreiung aus der Unterdrückung des Exils. Aber die Metapher der trauernden Mutter hat einen zusätzlichen, emotionalen Aspekt: die Mutter ist mit den verlorenen Kindern verbunden, während bei den Erzmüttern keine Emotionen zwischen Mutter und Kind beschrieben werden, nur die Freude der Mutter über ihre Fruchtbarkeit wird festgestellt. Anders als beim Motiv der unfruchtbaren Mutter stellt die Metapher der trauernden Mutter die Exilsituation als Trennung der Mutter von den Kindern und als Verlust dar; dabei verkörpert nun Zion sowohl die der Kinder beraubte Knesset Jisrael als auch die verlassene Stadt: beide Figuren sind eine Einheit.

Die Metaphorik von Trauer und Trost kann man demnach bei den liturgischen Anlässen und Gebeten erwarten, die von der Zerstörung und dem Wiederaufbau Zions handeln:

1) in den Klageliedern (Ekha), wo Zion unter anderm als Mutter über ihre Kinder klagt. Dieses Motiv kommt in der Liturgie zum 9. Av, in den Qinot, schon sehr früh vor: das Kerngebet ist das Gebet «Nachem» im Morgengottesdienst.[33]
2) bei den Trostliturgien zu den sieben Trostshabbaten[34] nach dem Tishʿa beAv: Beispiel unten Qedushta von Kallir zu «Watomar Zion».
3) beim 3. Segensspruch der Birkat haMazon: «Und baue Jerusalem, die heilige Stadt, schnell in unserer Zeit wieder auf. Gesegnet Du, Ewiger, der in Seinem

---

31 Explizit als Mutter ist die Stadt Zion erst in der LXX Übersetzung von Ps 87,5 bezeichnet, weil statt des hebräischen Textes «Und zu Zion soll gesagt werden: Mann für Mann ist in ihr geboren» die LXX folgendes übersetzt: «Mutter wird er Zion nennen; Mann für Mann ist in ihr geboren.»
32 Zur Abgrenzung von «Zion»/Knesset Jisrael s. im Vorwort meine Zusammenfassung von Dinaburg 1951.
33 Dies ist die Einschaltung in der 14. Berakhah. Zu den verschiedenen Versionen s. Elbogen 1995, S. 55 und 129 mit dem Abschluss: «Du, der Zion tröstet und Jerusalem aufbaut». Der Text steht jTaʿan II 65c: «Tröste, Ewiger, die Trauernden Zions und die Trauernden Jerusalems, und die trauernde Stadt, die zerstörte, verachtete, verwüstete, die ohne ihre Kinder trauert ... und sie sitzt da und ihr Kopf ist verhüllt wie eine unfruchtbare Frau, die nicht gebar ...».
34 Die sieben Trostshabbate heute sind (alle aus Jesaia): Nachamu 40,1–26; Watomar Zion 49,14–51,3; ʿAnija, Soʿarah 54,11–55,5; Anokhi, anokhi 51,12–52,12; Ronni Aqarah 54,1–10; Qumi, ori 60,1–22; Sos asis 61,10–63,9.

Erbarmen Jerusalem aufbaut. Amen». Die Piyyutim zur Birkat haMazon für Hochzeitsanlässe stellen den Aufbau und die Pracht des neuen Jerusalems mit der Metaphorik der Braut dar, die geschmückt wird.[35]

Die folgende Qedushta spielt auf Rachel in Jeremia 31 an, die über ihre Kinder weint. Der Text betont die Mutterfigur mit Bildern, in denen die Mutter über die Phasen ihrer Mutterschaft redet: schwanger, Kinder geboren, aufgezogen, verloren, im leeren Nest sitzend.

2.1.3.1 Kallir, Magen אם הבנים der Qedushta zu Ronni Aqarah[36]

Die Mutter der Kinder ist unglücklich wegen ihrer Kinder,
auf der Höhe weint eine Stimme (Jer 31,15) und wehklagt laut:
Ich sitze kinderlos (Jes 49,21) mit traurigem Herzen,
verstossen, bedrängt, ein welkes Blatt.

Ich war schwanger, ich habe geboren, ich habe aufgezogen und sie sind nicht mehr,
und ich sitze leer in der Verwüstung ihres Nestes[37].
Gott sprach, sie (fem.) zurückzubringen und zu trösten,
Es nähert sich schnell der Tag, an dem man ihr (Plural) Jubeln hört.

In der auf die 4. Strophe folgenden Verskette zitiert Kallir neben Jes 54,1 auch Ps 113,9: «die Mutter der Kinder ist fröhlich». Die Aussage «die Mutter der Kinder ist unglücklich» im 1. Vers spielt schon auf diesen Psalm an; auch wenn die ersten sechs Verse völlige Hoffnungslosigkeit ausdrücken, drückt ein anonymer Sprecher ab Vers 7 die Hoffnung auf den Trost Gottes aus. In den Strophen 3 und 4 macht Gott als Sprecher diese Hoffnung gewiss. Das Bild des Nestes assoziiert einen weiteren biblischen Bezug: ohne dass Kallir den Vers in der Verskette anführt, kann man bei der «Mutter der Kinder», die im leeren Nest sitzt, an Dtn 22,6 denken, wo von der Vogelmutter die Rede ist: «du sollst die Mutter nicht nehmen (während sie) auf den Kindern (ist), sondern du sollst die Mutter fliegen lassen.» Die Worte «die Mutter auf den Kindern» (אם על בנים) tönt im Hebräischen wegen der gleichen Silbenzahl ähnlich wie «Mutter der Kinder» (אם הבנים) an. Kallir

---

35 Wegen der Metaphorik des Schmuckes behandle ich dies unten 2.2.5.2. Den Zugang zu diesem Textkorpus hat mir Avi Shmidman, Universität Bar-Ilan 2005 ermöglicht (s. Bibliographie).
36 Elizur 1988, S. 74–86: die Qedushta «Ronni Aqarah» für den Trostschabbat mit der Haftara Jes 54,1 ff. Daraus habe ich die ersten zwei Strophen der vier Strophen des Magen übersetzt.
37 Elizur 1988, Anmerkung S. 74: ihr Nest = Eretz Jisrael. «Ihr» bezieht sich auf die Kinder.

führt in der 3. Strophe das Bild von «Nest» und «Vogelmutter» weiter, indem dort Gott verspricht, Er werde ihre «Tauben» sammeln.[38] Ich werde in Teil III zeigen, wie Dtn 22,6 in einem Piyyut von Jannai und Shlomo Ibn Gabirol explizit auf die Knesset Jisrael als Mutterfigur ausgelegt wird.[39]

2.1.3.2 Kallir, Qinah zu Tish'ah beAv אז במלאת ספק

Die Qinah[40] wirft ein neues Licht auf die Funktion des Mutterbildes für die literarische Bewältigung der Trauer des Volkes Israel um den Verlust von Zion: Jeremia begegnet Zion in der Gestalt einer Frau, die alles verloren hat, was ihr einmal gehörte, und die nicht einmal mehr selbst zu Gott beten kann, sondern Jeremia als Fürbitter braucht. Kallir malt ihren Zustand in diesem Punkt, dass sie nicht selbst Gott anreden kann, noch düsterer aus, als es die biblische Megillat Ekha darstellt (dort betet sie direkt zu Gott, z. B. Ekh 1,20). Ich fasse im Überblick die elf Strophen[41] zusammen, die den Ablauf ihrer Klage über den Verlust ihrer Kinder und ihres Mannes zeigen bis zu Jeremias Klagegebet zu Gott: (1) Sie erscheint als «eine Frau von schöner Gestalt in schlechter Kleidung», die (2) auf Jeremia wegen ihrer Schönheit wie eine Frau wirkt, aber ihn so in Furcht versetzt, wie wenn sie ein Dämon oder Engel wäre. Nach dieser Charakterisierung gibt sie sich in allegorischer Rätselrede (3) zu erkennen, die sie gleich selbst deutet (4). Nun folgt die Paränese Jeremias, Busse zu tun mit der tröstenden Aussicht auf die Wiederherstellung ihres Glücks (5). Sie lehnt den Trost ab mit der Klage über ihre verlorenen Kinder (Propheten, Könige, Priester, Edle) (6) und mit der Erkenntnis ihrer Sünden als Grund, warum Gott geflohen und der Tempel zerstört ist (7). Anstatt dass sie zu Gott betet, bittet sie Jeremia eben dies zu tun, «bis dass Gott antworte und meine Kinder aus der Gefangenschaft und dem Schwert rette» (8). Die Strophen 9–11 beschreiben, wie Jeremia Gott anfleht, Sich «wie ein Vater über Seinen Sohn» zu erbarmen (9). Da klagt Gott selbst über Sich, dass Er als Vater Seinen Sohn verbannt habe, und über Seinen Sohn, der vom Tisch des Vaters weggeschickt sei; Er wird zum Trauernden, der Jeremia auffordert (10), alle Patriarchen, Moshe, Aharon und die folgenden Könige zur Klage aufzubieten. Die 11. Strophe beschreibt, wie Jeremia an der Höhle Makhpela die

---

38 3. Strophe (Gott spricht): «Ich sagte ein Versprechen und werde nicht lügen. Deine Tauben zu sammeln werde Ich laut ausrufen lassen.»
39 Teil III 3.3 Vergleich von Jannai, Qerovah zu Dtn 22,6 mit Shlomo Ibn Gabirol Nr. 123.
40 ed. Daniel Goldschmidt, Seder Ha-Qinot le-Tish'ah be Av, 1968, Nr. 28.
41 Die Übersetzung von Strophen 1–3 und 5–7 s. Textanhang. S. auch hebräischen Text und englische Übersetzung bei Carmi 1981, S. 224 ff.

Vorfahren aufruft: «Weint, ihr Väter des Glanzes über eure Kinder, denn sie sind fehlgegangen und sind in der Gefangenschaft.» Die Qinah endet mit dem Fokus auf den Kindern, über die alle Vorväter klagen sollen, während die Mutterfigur verschwunden ist.

Das Motiv der trauernden Mutter hat eine Modellfunktion für die Darstellung des Exils. Die Möglichkeit, die Kallir zeigt, ist die des «Verdienstes der Erzväter», dass die Erzväter des jüdischen Volkes für die Kinder Zions, das heisst für das Volk Israel, Fürbitte einlegen, sodass Gott Sich erbarme. Zion als Mutter ist bei Kallir ohnmächtig, für sich selbst und für ihre Kinder zu handeln, obwohl sie Jeremia als übermenschliches Dämonen- oder Engelwesen erscheint. Der springende Punkt der Qinah sehe ich eben in dieser Diskrepanz zwischen der machtvollen Wirkung der Frauenfigur bei ihrer Erscheinung (Strophe 1–4) und ihrer effektiven Ohnmacht (6–11), was Kallir auch gleich am Anfang kurz mit der Beschreibung «schön, aber schlecht gekleidet» auf den Punkt bringt. Auf diese Frage, ob die Mutterfigur Zion selbst zu Gott reden und Trost finden kann oder ob sie einen Vermittler braucht, der ihr Trost verschafft, seien es ihre Kinder oder ein Prophet, werde ich beim Muttermotiv im andalusischen Piyyut zurückkommen und dort eine Variante aus der nachbiblischen Literatur vorstellen.[42]

2.1.4 Fazit der Darstellung von Zion als Mutter

Die Analogien mit den Müttergestalten der Genesis sind der eine literarische Bereich, aus dem die Dichter typologische Personifikationen der Knesset Jisrael als Frau nehmen; sie stützen sich dabei auf den Midrasch oder beeinflussen ihrerseits den Midrasch. Diese Zionsfigur ist wie im Fall von Leah nicht nur die kinderlose Ehefrau, die von Gott mit Kindern gesegnet wird, sondern sie ist auch die ungeliebte Frau: Ungeliebt und unfruchtbar sind Eigenschaften, die Zions Unterwerfung unter die Völker im Exil charakterisieren. Deshalb ist der Trost Gottes, dass sie Kinder bekomme und von Ihm geliebt werde, das Versprechen, das in begrifflicher Sprache ausgedrückt ihre Rettung aus dem Exil und ihre Rückkehr nach dem Lande Israel meint. Der Prototyp desjenigen, unter dem die Frauengestalt Zions im Exil leidet, ist Esaw. Damit wird die Übermacht «Edoms», d. h. Roms, des christlichen Byzanz, im gegenwärtigen Exil thematisiert, aber die Familie von Hagar respektive Esaw spielen noch nicht die Rolle der Rivalen Israels

---

42 4. Esrabuch, 9,38–10,50. Lateinische Version in der Vulgata überliefert (ed. Robertus Weber 1969), übersetzt von Schreiner 1981, S. 375–383, er datiert die Schrift auf 100 d. Z. (S. 301).

in bezug auf die Liebe Gottes.[43] Neben dem Motiv der Unfruchtbarkeit kommt auch dasjenige der Mutter vor, die über ihre verlorenen Kinder weint: Schon bei der unfruchtbaren Rachel als Prototyp von Zion macht Jannai eine ganz leichte Anspielung auf Rachel, die über ihre verlorenen Kinder weint. Aber diese Seite der Mutterfigur kommt sonst nicht in den Piyyutim zu den Müttergeschichten vor, sondern in den Qinoth und den Qedushta'ot zu den Trostshabbatoth.

Nun wenden wir uns dem Textbereich zu, aus dem die meisten Personifikationen für Israel herstammen: dem Hohenlied. Von hier bekommt die Zionsfigur die Charakterzüge der Geliebten und der Braut. Diese Brautfigur ist nicht als Analogie zu einer biblischen Figur wie Leah oder Rachel geschaffen, sondern ihre Identität ist die im HL agierende Frau – sie, die in ShirR[44] Knesset Jisrael oder Bat Zion genannte Figur, *ist* gemäss den Midrashim eben diese Frau selbst und wird nicht nur verglichen mit ihr. Wie diese Auffassung literarisch zu verstehen ist, zeige ich in der folgenden Einführung:

2.2 Zion als Braut und die Metaphorik der Hochzeit zur Darstellung der Ge'ulah

2.2.1 Das Hohelied (HL) als metaphorischer Bezugstext des Piyyuts

Für die Figur der Braut könnten sich die Dichter mit den zwei Gestalten begnügen, die schon in der Bibel bei der Hochzeit von Ruth als Prototypen der Braut genannt werden: Rachel und Leah (Ru 4,11), aber sie sind im biblischen Kontext nur Prototypen für die Fruchtbarkeit, worauf der Segenswunsch in Ruth 4,11 hinzielt, und sind auch im Piyyut nicht weiter als Brautfiguren entwickelt worden, die typologisch für die Knesset Jisrael stehen könnten. Die typologische Figur hingegen, welche die Paytanim für die Knesset Jisrael als Braut benützen, stammt aus dem Motiv der Hochzeit, bei dem die Wahl der Braut durch den Bräutigam, seine Rolle als ihr Retter aus Not, der Bund und die gegenseitige Liebe im Zentrum stehen. Dieses Motiv ist in rabbinischer Tradition in verschiedenen Midrashim ausgeformt, vor allem zum Hohenlied (HL), beruht aber auf einer Denkstruktur, die man zuerst verstehen muss, um den Zugang zu den Texten

---

43 Eine grosse Rolle hingegen spielt die Eifersucht im andalusischen Piyyut.
44 ShirR 2,21 (S. 67 Dunsky): Knesset Jisrael; und in ShirR 1,30 (S. 28 Dunsky): Bat Zion nebst anderen Bezeichnungen. Siehe in meinem Vorwort den Abschnitt «Abgrenzung der Begriffe».

zu finden. Mit Denkstruktur übernehme ich einen Begriff von Zimmermann[45] und meine hier die übergeordnete Struktur, die im kulturellen Code der damaligen Zeit (das heisst in der rabbinischen Auslegung) entstanden ist und für die Paytanim aller Zeiten Geltung hatte. Zimmermann erklärt die Denkstruktur als ein Phänomen, das dem Text übergeordnet sei: was im konkreten Text jeweils erscheint, ist eine Metapher, die zum Rahmen der Denkstruktur passt.[46] Bei der Darstellung Israels in der Literatur der Rabbinen erkennt man eine Denkstruktur, welche die Geschichte des Volkes als Liebesgeschichte zwischen Gott und Israel auffasst und deshalb für Israel die weibliche Metapher der Geliebten und der Ehefrau wählt; die weibliche Metaphorik für Israel (= Zion) ist schon in den biblischen Prophetenbüchern angebahnt.[47] Der Text, in der sich diese Denkstruktur niederschlägt, ist die rabbinische Auslegung des HL. Die Rabbinen betrachten das HL als metaphorischen Text zur Deutung von Pessach und Shavuoth; in seiner ältesten Form ist diese Deutung beim Midrash Mekhilta des Rabbi Yishmael (MekhY) fassbar.[48] Sobald man das HL in der rabbinischen Interpretation liest,

---

45 Zimmermann 2001, S. 38/39 im Kapitel: «Metapher und Mythos als komplementäre Interpretationsschlüssel». Zur Unterscheidung: «Metapher und Mythos sollen die Bildlichkeit der Sprache aus ganz unterschiedlichen Perspektiven einkreisen. Während die Metapher in dieser Arbeit vorrangig als immanentes Phänomen eines Einzeltextes betrachtet werden soll, ist im Mythos eine ‹Denkstruktur› zu sehen, die sich über den konkreten Einzeltext erhebt, ja erst in der Zusammenschau mehrerer Texte und Kontexte überhaupt erkennbar wird.»

46 Beim andalusischen Piyyut kommen neue Denkstrukturen hinzu wie die der Sehnsucht der Seele nach ihrem Ursprung, die aus der damaligen Populärphilosophie stammt. Dieser Denkstruktur entsprechen dann auf der Textebene neue Metaphern für die Darstellung der Liebe zwischen Israel und Gott. Siehe Teil II 6.

47 Pardes 2000, stellt die männliche Metaphorik (Israel als einziger, geliebter Sohn Gottes) in den Vordergrund, um darauf ihre Darstellung der "Biography" Israels anhand der 5 Bücher Moses zu begründen (ihr Buch ist eine Art narrativer Midrash). Im Pentateuch fehlt die weibliche Gestalt Israels.

48 MekhY Jithro, cp. 3, ed. Horovitz/Rabin, S. 214 «Der Ewige kam vom Sinai (Dtn 33,2) … um das Volk Israel in Empfang zu nehmen, wie ein Bräutigam, der seiner Braut entgegengeht.» Vgl. ShirR 3,21, S. 98 Dunsky zu HL 3,11 «Am Tag seiner Hochzeit: Das ist der Sinai – sie waren wie Brautleute.» Zimmermann 2001, S. 204–211 führt die literarischen Ausformungen der Deutung von Mattan Torah als Hochzeit an: Das älteste Zeugnis ist mTa'an 4,8: Rabban Schim'on ben Gamaliel (um 140 der Zeit) deutet den «Tag der Hochzeit» in HL 3,11 als Tag der Übergabe der Torah. Ebenso alt ist das Gleichnis in PRK 1, 66–72, S. 4f. Buber = ShirR 3,21 zu HL 3,11, S. 97 Dunsky (das ich in 2.2.5.1 zum Motiv der Krone anführe) mit der Deutung der «Krone seiner Mutter» aus HL 3,11 als Zelt der Begegnung: dieses Gleichnis, das erklärt, warum «Meine Mutter» der eigentliche Kosename für «mein Volk» sei, geht auf Rabbi Yose ben Halafta (um 140 d. Z.) zurück. Die bei Zimmermann zitierten Belegstellen, die in der

wird klar, dass das Liebeswerben im HL als Hochzeitswerben zwischen Gott und der Knesset Jisrael verstanden wird, sodass der Midrash zum HL die Linie der Bilder von Knesset Jisrael als Braut und Ehefrau weiterzieht, die schon bei den Propheten wie Jesaia (49,14–18; 54,6; 61,10–62,5), Hosea (1–3), Jeremia (2,2 ff.) und Ezechiel (bes. Kapitel 16) belegt ist. Mit dem Metaphern-Verständnis Zimmermanns lässt sich auch Boyarins These vereinbaren[49]. Nach Boyarins Meinung haben die rabbinischen Ausleger das ganze HL als metaphorische Darstellung des Exodus – und Sinaigeschehens aufgefasst. Das HL sei "a figurative poem interpreting the text of the love between Israel and God at the moment of their nuptials – the Exodus and its sequels"[50]. Er benützt die Terminologie des «mashal» (Gleichnis) und sagt, dass die Rabbinen das HL als mashal[51] oder als Schlüssel für das Pessachnarrativ verstanden haben. Damit meint er, dass die Rabbinen annahmen, dass das Geschehen von Pessach einerseits in den Erzählungen des Exodusbuches dargestellt wird, aber eigentlich erst zusammen mit dem HL als dessen Deutung verstanden wird. Oder anders gesagt: Das HL wurde im Midrash als Schlüssel oder als «mashal» für die Exodus- und Sinaierzählung gesehen. Was Boyarin über den Midrash sagt, gilt nun generell auch für die klassischen und andalusischen Paytanim. Der literarische Zugang zum HL ist bei den Paytanim der beiden Perioden aber in drei Punkten verschieden:

Tradition von Shim'on ben Gamaliel stehen, sind: WaR 20,10 (über den Tod der Söhne Aharons): «Am Tage Seiner Hochzeit (HL 3,11) – das ist der Berg Sinai; am Tag Seiner Herzensfreude (HL 3,11 Fortsetzung) – das ist (der Bau) des Zeltes der Begegnung.» Weiter: EkhR Petichata 33; ShemR 52,5; BamR 2,25 (= WaR 20,10); TanB Pequde 8; TanB Wa'achare 8. Weiter bespricht Zimmermann 2001, S. 206, kurz die «geschichtsmetaphorische Deutung», die der Targum zum HL (TgCant) vornimmt mit seiner «eschatologischen Perspektive».

49 Boyarin 1990, Kapitel 7: The Song of Songs, Lock or Key: The Holy Song as a Mashal; besonders S. 107–109. Als Quintessenz seiner Ablehnung der Bezeichnung des HL als Allegorie im Sinne eines Origenes und seiner Bevorzugung der Bezeichnung "midrashic reading" sagt er: "Aphoristically, we might say that the direction of Origen's reading is from the concrete to the abstract, while the direction of midrash is from abstract to concrete."

50 Boyarin 1990, S. 110.

51 Boyarin 1990, S. 85: Seine Definition von mashal im Zusammenhang seiner Analyse von ShirR 1,8, wo ShirR den König Salomon rühmt, er habe meshalim geschrieben (gemeint: er sei der Verfasser von HL, Sprüchen und Kohelet): "The mashal, on my view, corresponds, then, to what Wittig has called the 'meaning system', the organized stable gestalt of beliefs and values held by the perceiver (Susan Wittig, Meaning and Modes of Signification, in: Daniel Patte, ed. Semiology and parables, Pittsburg 1976, S. 339), except that I would prefer to locate this system not in the individual perceiver but in the cultural code."

1) Sie unterscheiden sich in ihrer Technik, wie sie die Zitate aus dem HL in den eigenen Text einflechten (Montagetechnik). 2) Sie unterscheiden sich in der Art, wie sie die aus dem HL zitierten Worte verwenden. Die klassischen Paytanim übernehmen die Worte immer mit der Midrashdeutung beladen oder geben ihnen eine neue, eigene Deutung, die das wörtliche Verständnis mehr oder weniger überdeckt; die andalusischen Paytanim hingegen lassen dem Leser auch ein wörtliches Verständnis der HL-Zitate offen. 3) Die andalusischen Paytanim deuten mit Hilfe des HL nicht nur Pessach und Shavuoth, sondern auch die Exilsproblematik, indem sie auch die Stellen des HL berücksichtigen, die erzählen, wie der Liebhaber seine Geliebte verlässt und sie nach ihm sucht (HL 5,5–7; 3,1–3, dazu in Teil III). Damit schreiben die andalusischen Paytanim gleichsam die «nationale Biographie» der Knesset Jisrael weiter von der Phase der Verlassenheit der Ehefrau bis zum zukünftigen Punkt ihres Zurückholens durch Gott als Ehemann.

Damit die Neuartigkeit des andalusischen Piyyuts richtig gewichtet werden kann, zeige ich kurz die Montagetechnik und Metaphorik des klassischen Piyyuts:

1) Montagetechnik und Metaphorik: Der Text eines klassischen Piyyuts ist gespickt mit biblischen Anspielungen und Zitaten, die im Piyyut oft metaphorisch zu verstehen sind. Schaffen diese einzelnen Metaphern im neuen Kontext eine metaphorisch kohärente Textebene?

Das folgende Beispiel stammt aus dem 2. Piyyut (mechaje) der Qedushta von Kallir אפסי חוג zu Shavuoth[52] (ab Zeile 31):

31 Ihn, der sie führte, sah sie von der *Höhe der Amanah (des Glaubens) her*,
32 wie Er die Fackel fasst (beim Geleit) um sie (Sing. fem.) *einzupflanzen als Zweig*.
33 Die *Mengen* ihrer Gemeinde vermehrte Er wie eine *Pflanze*, indem Er ihren Stand erhöhte.
34 Sie sind prächtig und umringt vom Begehren der *jungen Frauen*,
35 Er hat sie (Plural) erfreut mit den Gesetzen von *Kraft und Stärke*,
36 mit dem Buch des Hochzeitsvertrags, dem Buch des Lebens beider Welten.
37 Er erfrischte sie (Sing. fem.) mit dem *gemischten Wein*, um sie schön zu machen,
38 sie, die *sich an Ihn schmiegte,* an ihren «*Herausführer wie Hörner des Wildstiers*».
39 Er lehrte sie *«die, welche schwache Hände stark macht»*,
40 um die Braut zu schmücken durch die umherschwebenden Engel.

Die kursiv gedruckten Worte sind Bibelzitate; wie man sieht, ist hier zunächst einmal die Person, die «erfreut» wird, nicht immer die weibliche Person im Singular, sondern auch ein Plural (33–35), dann ab Zeile 37 wieder ein Singular.

---

52 ed. Elizur 2000, S. 143–149, der Mechaje steht auf S. 147. Siehe den Text im Textanhang mit Zitatennachweis.

Auch die Metaphorik ist nicht konsistent, und die Knesset Jisrael ist nicht eine eindeutige Personifikation, sondern Kallir vergleicht sie zuerst mit der Geliebten aus HL 4,8, die von der Höhe des Berges Amanah herabblickt, dann mit einer Pflanze, die Gott einpflanzt, dann wieder ist die Menge des Volkes mit einer Pflanze verglichen. Wieder kommt Kallir (34) auf das HL zurück mit den jungen Frauen, die sie begehren (HL 1,3), aber «sie» ist immer noch im Plural. Von Zeile 35 bis 40 variiert Kallir in verschiedenen Bildern die Freude der Toraübergabe; die Person ist nun im Singular und als Braut kenntlich gemacht, denn hier stammen die Bilder aus dem Bildfeld der Hochzeit: der Hochzeitsvertrag, der Wein, sie schmiegt sich an Ihn, Er stärkt sie und schmückt sie. Das kurze Beispiel zeigt, dass die Metaphern kein gemeinsames semantisches Bildfeld haben; die Pflanzenmetaphorik muss mit der Hochzeitsmetaphorik vereinbart werden. Was ist die Gemeinsamkeit? Der Text macht den Eindruck, dass dem Dichter der Bildempfänger wichtiger war als der Bildspender: Der Bildempfänger hier ist die Toraübergabe und damit die Begründung des Volkes Israel; dies steht im Vordergrund, während der Bildspender «Hochzeit und Braut» eher in den Hintergrund rückt. Damit sind wir bereits am 2. Punkt angelangt, der Frage nach der Hierarchie von Bildspender und Bildempfänger:

2) Bei der Metaphorik unterscheide ich nach Zimmermann[53] das syntaktische Kriterium (2a) und das semantische Kriterium (2b).

2a) Das syntaktische Kriterium: Wirken die Zitate aus dem HL im Piyyuttext eher als Bildspender oder sind sie dem Bildempfänger untergeordnet? Bei Kallir im obigen Beispiel ist der Bildspender untergeordnet. Als weiteres Beispiel nenne ich Kallirs Verwendung des Verses HL 1,13 «mein Geliebter ist mir ein Myrrhenbündel, zwischen meinen Brüsten soll er liegen» im 5. Piyyut seiner Qedushta leChatan: diese im HL realistische Aussage über den Geliebten, der zwischen den Brüsten liegt, wobei der Geliebte metaphorisch als Myrrhenbündel bezeichnet wird, überträgt Kallir als ganzes metaphorisch auf die Beschreibung der Erlösung: (Gott an Israel) «Juble vor Freude am Wohlgeruch deiner Narde und stärke an ihm (dem Wohlgeruch) die erschlafften Hände, wenn Ich zwischen deinen Brüsten liege, so höre Mir zu: wie schön ist deine Liebe.»[54] Ist hier bei Kallir der Bildspender Frau noch lebendig? Der Aspekt erotischer Liebe ist abgeschwächt, weil das Bild der erschlafften Hände dem HL-Zitat die Semantik von Stärke und

---

53 Begriffe aus dem methodologischen «Leitfaden» von Zimmermann 2001, S. 48. Er unterscheidet syntaktische Analyse (dazu gehört die Frage nach der Hierarchie), semantische Analyse und pragmatische Analyse. Ich verdanke seinem Buch methodisch für meine Arbeit viel.

54 Kombination von HL 1,13 und HL 4,10.

Schwäche gibt, nicht von Erotik. Hier hat Kallir mit seinem Bildempfänger der Stärkung der Hände dem Bild in HL 1,13 eine eigene Deutung gegeben.

2b) Das semantische Kriterium: wenn der Paytan aus dem HL zitiert, so benützt er die zitierten Aussagen nie nur in der «einfachen» Bedeutung, die sie im HL haben, sondern zitiert sie beladen mit dem ganzen Gewicht ihrer traditionellen Auslegung. Diese Auslegungstradition beeinflusst die Semantik der Bildersprache: Zimmermann[55] schlägt vor, man solle sich u. a. fragen: «Liegen für die Verbindung dieser oder mehrerer Sinnbezirke Beispiele der Tradition oder Umfeldliteratur vor?» Tatsächlich ist diese Frage für alle Metaphern, die vom Paytan als Bibelzitate in einen Piyyut-Text hineingenommen werden, bereits mit ja zu beantworten: die Metaphern aus dem HL wie «meine Taube in den Felsenklüften» (HL 2,14) stehen bereits in einer reichen, durch den Midrash geschaffenen Bildfeldtradition der Taube als Knesset Jisrael. So ist die Taube in den Felsenklüften gemäss dem Midrash eine klagende Taube respektive eine singende, betende Taube, oder auch «meine unschuldige Taube» (Jonati tamati) oder eine «mit Silber überzogene Taube» (Ps 68,14).[56] Die Metaphern sind im klassischen Piyyut oft lexikalisiert, das heisst zu abgeschliffenen und nicht mehr lebendigen Metaphern geworden.

2.2.2 Lebendige oder lexikalisierte Metapher (Kinnuj)?

Das Hauptproblem bei der Interpretation ist die Abgrenzung von lebendigen Metaphern von denjenigen Metaphern, bei denen die Bildspenderseite nicht mehr wirksam ist und die bereits als Synonyme für begriffliche Ausdrücke verwendet werden. Das bekannteste Beispiel ist «Gazelle» für Geliebter, das im HL noch ein lebendiges Bild ist, das die Liebende in HL 2,9 zum Vergleich heranzieht, um den Geliebten zu beschreiben («mein Geliebter gleicht einer Gazelle oder einem jungen Hirschen»), in den arabo-hebräischen Liebesliedern von al-Andalus aber als ein Synonym für «Geliebter» seine bildhafte Wirkung meistens verloren hat. Besonders im klassischen Piyyut gibt es das Phänomen der erstarrten oder lexikalisierten Metapher. Hier will ich nun keine Liste anführen, sondern das Phänomen literarisch erklären:

Wie wir schon in kleinem Mass am oben zitierten Beispiel aus Kallirs Qedushta zu Shavuoth gesehen haben, ist die Sprache der Paytanim ein Geflecht

---

55 Zimmermann 2001, S. 48/9.
56 Die Aspekte der Taubenmetapher kommen unten bei den Piyyutim zu Pessach oder den Wochenabschnitten zu Exodus vor. In al-Andalus ist die Taubenmetapher noch differenzierter.

von Wortprägungen aus der ganzen Bibel. Das Einflechten (Shibbutz שבוץ) von biblischen Zitaten, die Anspielungen (Remez רמז)[57] auf Bibelstellen und die kodierten Appellative[58] wie «meine Schwester und Braut» oder «die von Gewürz Umduftete» oder «die Sturmgebeugte» haben nach Fleischers Meinung[59] die doppelte Aufgabe, die Sprache schön *und* gelehrt zu machen. Für den damaligen und noch viel mehr für den heutigen Leser bedeutet dieser rhetorische Schmuck eine intellektuelle Herausforderung: er muss den biblischen Kontext kennen, aus dem die Zitate stammen, weil die Nebentöne dieses ursprünglichen Kontextes beim Zitat mitschwingen.[60] Ich will hier nur *ein* Beispiel aus dem klassischen Piyyut anführen, nämlich aus Kallirs schon erwähnter Qedushta zu Shavuoth, Mechaje (Zeile 29): «Die Unschuldige wurde von Pithom (= Ägypten) her in Treue anverlobt.» Kallir spielt hier auf Hos 2,21 an («Ich verlobe dich Mir in Treue») und zugleich ruft er damit den Kontext von Hosea in Erinnerung, der den zukünftigen Bund Gottes mit Israel mit dem Exodus aus Ägypten parallel setzt. Wenn Kallir daher Hos 2,21 zitiert, so denkt der Leser nicht nur an die «Verlobung» Israels beim Exodus und an ihre «Hochzeit» am Sinai, sondern auch an die Zukunftsperspektive bei Hosea. Der Begriff «die Unschuldige» ist im Kontext des HL 5,2 eine zärtliche Anrede an die Geliebte («Mein Unschuldstäubchen»). Hier bei Kallir ist aus der Anrede ein Appellativ für Israel geworden, wobei das Emotive der ursprünglichen Metapher eventuell noch mitschwingt. Vor allem tritt aber der Aspekt der Unschuld hervor, weil dies die verlobte Braut in der Hochzeitsmetaphorik des Auszugs aus Ägypten charakterisiert.

Fleischer behandelt das Thema der Appellative (hebr. Kinnujim כינוים s. Glossar) als Teil der figurativen Sprache und erklärt, dass sie meistens ihre Metaphorik verloren hätten und erstarrte oder tote Metaphern seien; besonders im klassischen Piyyut seien die Kinnujim «gereinigt» von Nebenklängen, die aus der eigentlichen Bedeutung des Begriffs kommen könnten.[61] Was meint er mit der «eigentlichen

---

57 Shibbutz und Remez s. Glossar.
58 Die Codewörter gehören zum umfassenderen Phänomen dessen, was Fleischer «Geheimsprache» des klassischen Piyyuts nennt: Fleischer 1975a, S. 266 (hebr.): «Die ‹Geheimsprache› («leschon hastarim» in Anführungszeichen) der Appellative werde in der klassischen Periode zur Vollendung gebracht.» Ebenfalls zur Geheimsprache: Elizur 1994a, S. 15 ff.
59 Fleischer 1975a, S. 103.
60 So Fleischer 1975a, S. 103 und S. 268: Hier charakterisiert Fleischer den Typ der «feinen Anspielung» (רמיזה דקה), mit der der Paytan auf ein ganzes Geflecht von Bibelstellen hinweise, das man entschlüsseln muss. Weitere Termini s. Glossar zu «Shibbutz und Remez».
61 Fleischer 1975a, S. 266 (hebr.): «Sehr wenig begleitet das Codewort (den Kinnuj) ein metaphorisches Verb, das sich auf die gewöhnliche Bedeutung (gemeint: des Kinnuj) bezöge.» Der Kinnuj sei also ähnlich wie ein Synonym.

Bedeutung des Begriffs»? Er meint offenbar die Bedeutung, die der Begriff im biblischen Text hat, denn nach Fleischers Theorie gibt es drei Möglichkeiten, wie Kinnujim aus biblischem Sprachmaterial und biblischen Anspielungen gebildet werden.[62] Seiner Theorie folgend ordne ich nun die häufigsten Kinnujim, die ich für die Knesset Jisrael im klassischen Piyyut gefunden habe, in drei Gruppen.

a) Für bekannte Begriffe aus dem religiösen Vokabular wie Gott, Israel, Abraham braucht der Paytan eine Paraphrase, die jeweils ein Epitheton der Figuren ist. Für Israel gibt es in Kallirs Qedushta leChatan folgende Kinnujim: «Meine Schwester und Braut» (HL 4,2), «Schönheit, die mit Gewürzstaub umduftet ist» (HL 3,6), «der verriegelte Garten» (HL 4,12), «meine Taube» (HL 2,13), «Quelle lebendigen Wassers» (HL 4,15), «die Auserwählte» (Ex 19,5 u. ö.), «die von Milch Fliessende» (Ex 3,17). In der Qedushta für Shavuoth von Kallir ist Israel z. B. mit den Kinnujim «meine Taube, meine Unschuldige» (HL 5,2), «die Gewaltige wie Heerscharen» (HL 6,4) bezeichnet; diesen Kinnuj braucht auch Jannai. Weitere Kinnujim sind «Lilie der Täler» (HL 2,1) und «entzückende Pflanzung meines Gartenbeetes»[63] (HL 6,2: Balsambeet). Sogar ein Satz wie «Mit mir vom Libanon» (HL 4,8) wird als Kinnuj gebraucht.[64] Die Paraphrasen sind zwar ursprünglich Epitheta, werden nun aber als lexikalisierte Metaphern wie Synonyme gebraucht. Aber Fleischer bemerkt dennoch, dass «ein derartiger Kinnuj abgesehen von seinem Schmuckcharakter die Aufmerksamkeit des Lesers oder des Hörers gerade auf die Eigenschaft des bezeichneten Begriffs fokussiert, die dem Paytan im vorliegenden Kontext am nötigsten oder am passendsten scheint».[65] Das sehe ich in vielen Piyyutim bestätigt, z. B. beim oben erwähnten Kinnuj «die Unschuldige» in Kallirs Qedushta zu Shavuoth, Mechaje (Zeile 29): «Die Unschuldige wurde von Pithom her in Treue anverlobt»: Unschuldig wird hier in seiner eigentlichen Bedeutung und nicht zum Appellativ abgeschwächt aufgefasst, weil dies zur Eigenschaft einer verlobten Braut passt. Ein weiteres Beispiel dafür, dass der Bildspender eines Appellativs zum Tragen kommt, steht im 5. Piyyut von Kallirs Qedushta zum Hochzeitsshabbat: «Meine Taube, die du durch die Falken der Kinder beraubt wurdest, mit allen guten Leckerbissen werde Ich dich füttern»: hier ist der Kinnuj «Taube» durch die Handlung des Fütterns und durch das Danebenstellen vom «Falken» wieder zu einem anschaulichen Bild geworden. «Realisierungen» von Metaphern mittels Bildern aus demselben semantischen Feld sind ein stilistisches Kennzeichen des spanischen Piyyuts.[66]

---

62 Fleischer 1975 a, S. 104–107: über die Herleitung der Kinnujim im vorklassischen Piyyut, was aber im klassischen Piyyut weiterhin gilt.
63 Kallir, Qedushta'oth leShabbatoth haNechamah, ed. Elizur 1988, S. 35, Zeile 18.
64 Kallir, Qedushta'oth leShabbatoth haNechamah, ed. Elizur 1988, S. 13, Zeile 1.
65 Fleischer 1975 a, S. 105.

b) Kinnujim werden gemäss Fleischer auch aus Anspielungen[67] auf ein einmaliges Ereignis abgeleitet, das mit dem zu bezeichnenden Begriff (z. B. einer Person) verbunden bleibt. Als Beispiel dafür nenne ich für die Knesset Jisrael den Kinnuj «die du aus der Wüste aufsteigst (HL 3,6)»[68]: das einmalige Ereignis ist hier der Auszug aus Ägypten, mit dem ShirR 3,21 (zu HL 3,11) die Hochzeitsprozession im HL deutet. Kallir braucht diesen Kinnuj für die Qedushta des Hochzeitsshabbat, in der die Knesset Jisrael als Braut angesprochen wird. In diesem Hochzeitskontext auf dem Hintergrund von Exodus und Sinai wirkt der Kinnuj «die aus der Wüste Aufsteigende» passend und als lebendige Metapher. Die Braut steigt aus Ägypten herauf und macht sich auf den Weg zum Sinai. Gemäss der in der Qedushta dargestellten Deutung der Hochzeit als zukünftige Befreiung aus dem Exil ist mit dem «Hinaufsteigen» sogar realistisch die Einwanderung ins Land Israel veranschaulicht.

c) Aus der biblischen Metapher wird ein Kinnuj: Ich habe gesehen, dass alle im HL[69] wörtlich oder metaphorisch verstandenen Beschreibungen der Geliebten wie Braut, Taube, Garten, Lilie zu Kinnujim werden können, wenn der Paytan sie gemäss ihrer rabbinischen Bibelauslegung versteht und auf die Knesset Jisrael deutet. Hier ist die Frage besonders schwierig, wie es mit der Metaphorik dieser aus dem HL stammenden Begriffe im jeweiligen Kontext eines Piyyuts steht. Fleischer sagt allgemein zu den Kinnujim, die schon in der Bibel Metaphern seien (wie «Lilie des Sharon» für die Frau): «der Ursprung der Kinnujim liegt in biblischen Vergleichen oder Metaphern, und die schmückenden Eigenschaften ihres Ursprungs (des Quellentextes) färben in einem gewissen Mass auch ihre Verwendung als Kinnuj».[70]

Dieses «gewisse Mass der Metaphorik» herauszufinden, ist genau der springende Punkt, den man jeweils am Text untersuchen sollte. Ein Beispiel für eine biblische Metapher ist die Bezeichnung «die Gespielin», mit der in der Bibel (Spr 8,30) metaphorisch die Weisheit gemeint ist, die von den rabbinischen

---

66 Zum Beispiel in Jehuda Halevi Nr. 330 יעלת חן ממעונה. s. Teil III 1.1.4 und s. Teil II 2.3.1.
67 Fleischer 1975a, S. 107 (freie Übersetzung aus Hebr.) «Sehr oft werden Appellative aus biblischen Anspielungen gebildet: Der Vorgang ist so, dass die Paytanim sich auslegenderweise mit einem Wort oder Wortgefüge, das sie verwenden, auf einen Begriff in der Bibel oder dem Midrash beziehen.»
68 Kallir, Qedushta für Hochzeitsshabbat Piyyut 6 und öfters.
69 Natürlich liefert nicht nur das HL Kinnujim für die Knesset Jisrael, sondern viele Kinnujim stammen aus den Propheten, z. B. aus den Jesaiabüchern (bes. Haftaroth zu Trostshabbaten).
70 Fleischer 1975a, S. 107.

Auslegern aber auf die Torah ausgelegt wird: Kallir, Qedushta zu Shavuoth, 2. Piyyut Zeile 30 «Die Unschuldige wurde von Ägypten her in Treue anverlobt, als (gold)gewirkten Schmuck die Gespielin zum Geschenk zu bekommen.» Hier im Zusammenhang der Darstellung von Shavuoth als Hochzeit passt der Kinnuj «Gespielin» und wirkt nicht nur als «tote» Metapher, da das Wort zur Semantik der von Kallir dargestellten Hochzeitsfreude mit den Wörtern für «Entzücken» (עלץ, Zeile 35) und Verlangen (חשק, Zeile 34) passt, und der Leser dabei die Bilder aus Spr 8,30 assoziiert, die auch die Semantik von Entzücken und Vergnügen (שעשועים) haben. Die Metaphorik des Bildspenders ist hier also lebendig. Daneben ist auch der Bildempfänger zu beachten: Der Kinnuj «Gespielin» für die Torah passt zum traditionellen Midrashhintergrund: die Torah ist die erste der Schöpfung, und dies wird an Shavuoth genau mit diesem Zitat aus Spr 8,30 thematisiert.[71] Es gibt auch Kinnujim, bei denen der Paytan den Bildcharakter durch antithetische Bilder hervorhebt: In einem Piyyut zum Trostshabbat «Und es sprach Zion» fokussiert Jannai[72] alle aus der Bibel stammenden Kinnujim auf ihren Bildcharakter, indem er sie jeweils als negative Kinnujim einer positiven Aussage über Zion gegenüberstellt: (Zeilen 10–11, 14–15)

10 Es sprach die in alle vier Ecken Zerstreute: Zion möge vor Ihm Gnade und liebevolle Zuwendung finden.
11 Es sprach die inmitten der Meere Untergegangene: Zions Schönheit möge auf der Erde zunehmen.
14 Es sprach die Verhasste und Vergessene: Zions Gemeinde möge eine fröhliche Festmenge sein.
15 Es sprach die Verängstigte und Geknickte: Zion möge Glück finden in Reinheit und Heiligkeit.

2.2.2.1 Fazit zu Intertextualität und Metaphorik

Die Paytanim verwenden im Gefolge des Midrash den Text des HL als Bildspender, um den Bildempfänger darzustellen; dieser ist das Thema des Exodus-Sinaigeschehens, nämlich die Befreiung aus dem Exil in Vergangenheit und Zukunft sowie der Bundesschluss. Die Hauptgestalt ist die Knesset Jisrael als Braut. Zum Bildfeld «Hochzeit und Braut» gehören folgende traditionellen Bildspender, die aus der metaphorischen Deutung des Exodus- und Sinainarrativs mit dem Schlüssel des HL entstanden sind: Die Verlobung der Knesset Jisrael, ihr Hochzeitsschmuck, ihr Hochzeitsbaldachin (Chuppah), ihr Ehevertrag. Diesen entsprechen auf der Bildempfängerseite die Rettung aus Ägypten (Verlobung),

---

71 s.o. 1.4. das Thema von Mattan Torah: der Seder Olam.
72 Rabinovitz 1987, II, S. 338.

das Geben der Torah (Schmuck und Ehevertrag), der Sinai und das Zelt der Begegnung (ihre Chuppah) und der Bund am Sinai (ihre Hochzeit mit Ehevertrag). Diese Bildspender finden sich so nicht im HL, sondern sind erst durch die rabbinische Auslegung des HL im Blick auf das Exodus- und Sinainarrativ geschaffen worden. Dem Paytan stehen nun aus dieser Auslegungstradition des HL folgende neuen Bilder zur Verfügung: die Geliebte aus dem HL ist nicht nur Geliebte und Braut (z. B. HL 4,8), sondern auch Verlobte und Ehefrau. Der Garten aus dem HL (Gan) ist zur Chuppah (Hochzeitsbaldachin) geworden[73]. Myrrhe (z. B. HL 4,14) und der Schleier (רדיד HL 5,7) sind nun Brautgeschenke.[74] Aber auch das Bett Shlomos (HL 3,7) respektive seine Sänfte (apirjon אפריון) in HL 3,9 wird als Hochzeitssänfte angesehen, weil am Schluss der Prozessionsszene mit der Sänfte in HL 3,11 gesagt wird «am Tag seiner (Shlomos) Hochzeit». Die Knesset Jisrael sitzt deshalb als Braut an ihrer Hochzeit im Garten, im Palast (HL 1,4), im Weinhaus (HL 2,4) oder in der Sänfte.[75] Die «Töchter Jerusalems» (HL 2,7; 5,8) sind manchmal ihr Ehrengefolge, manchmal ihre Rivalinnen.[76] Wenn die Knesset Jisrael in einem Piyyut für den Hochzeitsshabbat (s. u. 3) auftritt, so kann sie zusätzlich zu ihrem Erscheinungsbild als die Geliebte des HL noch als zukünftige fruchtbare Mutter dargestellt werden; dies ist eine Vorstellung, die natürlich der Braut und Geliebten im Kontext des Hohenliedes in der wörtlichen Lesung völlig fremd ist.

Aus den genannten intertextuellen Bezügen komponiert der klassische Piyyut eine neue metaphorische Darstellung der Rettung aus Ägypten und der Torahgabe: im Mittelpunkt des Geschehens steht zwar als Bildempfänger immer noch die Befreiung des Volkes und der Empfang der Torah, aber der Bildspender, die personifizierte Zionsgestalt[77] als Braut mit Zügen aus dem HL, aus Ezechiel

---

73 ShirR 5,1 zu HL 5,1, S. 126: «Ich kam in meinen Garten – es sagte R. Menachem der Schwiegersohn des R. Elazar bar Abuna im Namen von Shim'on Berabbi Josena: ‹ich kam in den Garten› ist hier nicht gesagt, sondern in meinen Garten: leginnuni.» Das Wort Ginnun bedeutet auf aramäisch Chuppah (s. Elizur 2004, S. 179 zur Sprache von Pinchas haCohen).
74 Zum Schmücken der Braut s. u. 2.2.5.1.
75 Zur Hochzeitssänfte (ShirR 3,21 zu HL 3,11) und Hochzeitsbaldachin s. u. 2.2.5.2.
76 s. Teil III 2.2.1: Jehuda Halevi Nr. 379 und III 2.2.2, Nr. 194.
77 Der Begriff Personifikation ist gut definiert bei Killy 1972, S. 102. Er sagt im Kapitel «Allegorie sowie Personifikation» zur Allegorie, die u. a. den Zweck der Repräsentation hat, und deshalb zur Personifikation wird wie «der Frühling» im Gedicht von Claudius: «Die Personifikation ist … Anschaulichkeit einer der Abstraktion abgeneigten Erfahrung» … «Die so verstandene ‹Personifikation› stellt also ein wiederholbares Assoziationsgefüge her; es kann ein durchaus eigenes Leben gewinnen, wenn die Dichte des derart Evozierten so gross ist, dass die überzeugende Anschauung den fiktiven Charakter aufhebt.»

oder Hosea und anderen Bibelstellen hat ein Wirkungspotenzial, das den Faktor Liebe in all seinen Stadien (Brautwahl, Verlobung, Heirat[78]) beim Thema der Befreiung in den Vordergrund stellt. Ist diese Liebe als Zärtlichkeit, Harmonie und Sehnsucht oder anderswie charakterisiert? Welche Perspektive wählt der Dichter, die der Braut oder die des Bräutigams? Welche emotive[79] Wirkung haben die Metaphern? Wirkt die Figur der Knesset Jisrael wie eine Braut bei ihrer Hochzeit oder dient das Brautbild nur für den Bildempfänger «Erlösung und Torahgabe»?

2.2.3 Bildspender oder Bildempfänger betont? Liebe als Schutz und Harmonie

2.2.3.1 Shiv'ata zu Pessach[80] von Jannai

Piyyut 1 Magen

1 *Ein Lied*[81] will ich meinem Freund singen, *er möge mich küssen* in den Weinbergen von Engedi (HL 1,14).

2 *zum Duft* von Henna und Narde *zieh mich* zur Stätte meines Zusammentreffens (מועדי קירית Kinnuj für Jerusalem).

3 *Dunkel bin ich*, Du aber schützest mich, Gesegnet, Du, Ewiger, der Abraham schützt.

Piyyut 2 Mechaje

5 *Schaut mich nicht an* am Tag meiner Verachtung, *sag mir*, «mein Erbe und mein Schicksal» (Ps 16,5),

---

78 Zum lexikalischen und sachlichen Unterschied zwischen einer Verlobten ארוסה/Verlobung ארוסין und der Braut כלה an der Hochzeit נישואין und חופה s. Shmidman 2005, Master Thesis S. 23.

79 Emotiv: dieses Wort wird von Zimmermann 2001, S. 49 verwendet im Sinn von «Emotionen erweckend». Bei der Analyse einer Metapher soll man auch die Frage stellen «Welche Gefühle (Erwartungen, Ängste, Widerstände) des Lesers werden durch das Sprachbild geweckt?»

80 Text: Rabinovitz 1987, II, S. 265.

81 Die schräggestellten Worte sind die Anfangsworte der vorgeschriebenen HL-Sequenz des HL (Magen, Mechaje und Meshalesh zitieren das 1. Kapitel des HL). Jannai hat in seiner Shiv'ata das ganze HL in Form der Petichah miqra'it durchzitiert; dies sei zum Vorbild geworden für viele Paytanim. Für den Kommentar zu meiner Übersetzung der Piyyutim 1–3 der Shiv'ata (inclusive Teile von Piyyut 4 und die Piyyutim 5, 6, 7) s. den Textanhang.

6   *ob* Du vergibst und meinen Kummer auflösen wirst. Mich, (genannt) *«meine Stute»* (סוסתי), erfreue mich (השישי), mein Schöpfer (עושי).
7   *Deine Wangen sind schön*, während Ich sie mit Meinen Tautropfen (HL 5,2) belebe, Gesegnet, Du, Ewiger, der die Toten belebt.

Piyyut 3 Meshalesh

9   *Die Tauben* der Freude hört man in unserem Lande, um bis zum Haus unseres Lebens (= Tempel, Zion) uns schnell hinzubringen.
10 *Das Myrrhenbündel* (= der Geliebte) möge unser Begehren erfüllen, *die Cypertraube* (= der Geliebte) möge uns wohlwollen:
    siehe, wie schön bist du, möge derjenige sagen, der uns heiligt.
    Gesegnet, Du Ewiger, der heilige Gott.

Weil die Pessachliturgie das vorgeschriebene[82] Lesen der Megillah des Hohenliedes kennt, realisiert Jannai den Bezug auf diese Megillah so, dass er seiner Shivʿata zu Pessach die fortlaufenden Versanfänge aus dem HL zu Grunde legt: mit dieser Technik der Petichah Miqraʾit (s. Glossar) deckt er in den drei ersten Piyyutim fast das ganze erste Kapitel des HL ab. Das HL-Zitat verhält sich meiner Meinung nach zur darauf folgenden Deutung wie ein Bildspender zum Bildempfänger. Die Deutung, der Bildempfänger, bezieht sich auf den Exodus, auf die Gabe der Torah (im 4. Piyyut) oder auf die zukünftige Befreiung aus dem Exil (ebenfalls im 4. Piyyut). Da das HL-Zitat aus seinem ursprünglichen Zusammenhang gerissen ist und mit der Deutung des Paytans gekoppelt ist, ist der im HL-Zitat enthaltene Bildspender wie z. B. «schön bist du» fast immer durch den Bildempfänger überlagert: Schönsein bedeutet dann «sie erfüllt ihre Gebote wie es sich gehört».[83] Manchmal lebt der ursprüngliche Bildspender des HL bei einem Zitat wie «schön bist du» neben der rein religiösen Deutung wieder auf, wie ich bei der folgenden Analyse zeige.

1) Magen, Mechaje, Meshalesh
Gebunden durch die Syntax der aus dem HL zitierten Versanfänge ist im Magen und Mechaje das sprechende Ich die Knesset Jisrael, die Geliebte aus dem HL. Ebenfalls durch die Syntax im HL vorgegeben ist im Meshalesh das «Wir»: hier spricht die Gemeinschaft Israels im Plural. In den drei ersten Piyyutim sind alle Deutungen der HL-Zitate auf die Bitte um Erlösung ausgerichtet: Im Magen bittet die Knesset, Gott möge sie nach Jerusalem zurückbringen (Zeile 2) und

---

82 Historisch belegt ist diese Vorschrift erst im Traktat Soferim XIV, 3, von Stemberger 1992[8], S. 226 auf das 8. Jahrhundert datiert.
83 So z. B. Rashi in seinem Kommentar zu HL 1,15: Das zweimalige «schön bist du» erklärt er: «schön wegen der Taten der Väter, schön wegen deiner Taten.»

im Mechaje bittet sie Gott, Er möge ihren Kummer, «den Tag der Verachtung» (die Sünde mit dem goldenen Kalb) vergeben (Zeile 6). Auf das Thema der Sünde kommt Jannai zu sprechen, weil er die Deutung, die ShirR dem Vers «dunkel bin ich, aber lieblich»[84] gibt, übernimmt. Vor der Berakhah des 3. Piyyuts erbittet Jannai von Gott die Zusage, Er habe vergeben, mit dem Zitat aus dem HL 1,15: «‹Siehe, wie schön bist du› möge derjenige sagen, der uns heiligt». Hier hat das Lob der Schönheit im Vergleich mit dem HL eine neue Semantik: sie ist schön im Sinne von «geheiligt durch Gott», weil Er sie von ihrer Sünde befreit, die in Zeile 5 mit der Anspielung auf den «Tag meiner Verachtung» und in Zeile 3 mit dem Zitat «dunkel bin ich» erwähnt wurde. Die Aussage der drei Piyyutim betrifft das Thema der Befreiung, wobei der Paytan jeweils die Vergangenheit, die Befreiung aus Ägypten, mit dem Blick in die Zukunft verbindet: der Bitte nach der Rückkehr nach Jerusalem. Hat der Bildspender «schön und geliebt» im Kontext dieser drei Berakhoth noch eine emotive Wirkung oder ist der Sinn ganz durch die Deutung auf die Befreiung überlagert?

Gleich zu Beginn verstärkt der Text den Bildspender «Lied» mit der Konnotation «Liebeslied», indem auf das Eröffnungszitat «ein Lied» (aus: *Shir* haShirim asher leShlomo) eine ergänzende Deutung durch das Zitat von Jes 5,1 folgt: «(ein Lied) will ich singen meinem Freund». Damit sagt der Text aus, dass das HL nicht nur gemäss der Tradition identisch ist mit dem Lied, das Israel beim Auszug[85]

---

84 ShirR 1,35, S. 29 Dunsky: zu HL 1,5 «Schwarz bin ich, aber schön»: «Schwarz bin ich durch meine Taten, aber schön durch die Taten meiner Väter. Es sagte die Knesset Jisrael: ‹Schwarz bin ich vor mir selbst, aber schön vor meinem Schöpfer›, wie geschrieben steht (Am 9,7). ‹Seid ihr Mir nicht wie die Söhne der Kuschiten, ihr Söhne Israels?› Wie die Söhne der Kuschiten – vor euch selbst, aber ihr seid Mir wie die Söhne Israels.» (Kommentar Dunsky: die Interpretation des Midrash beruht auf doppelter Lesung von «ihr seid mir») ShirR erinnert darauf noch mit zweimal 10 Zitaten aus der Bibel an 10 Stationen aus der Vergangenheit des Volkes, in denen Israel sowohl gut als auch schlecht gehandelt habe.

85 MekhY, Beshallach, Parashah B, ed. Horovitz/Rabin S. 94: Sie sang es beim Auszug vor dem Durchgang durch das Schilfmeer: Dies übernimmt R. Jishmaʿel in ShirR 2,30 zu HL 2,14, S. 72 f. Dunsky: «In der Stunde, da Israel aus Aegypten zog, wem glichen sie? Einer Taube, die vor dem Habicht floh, sie wollte in einen Felsspalt hineinfliegen, und dort fand sie eine Schlange nisten, sie konnte nicht hinein in den Felsspalt wegen der Schlange darin, hinaus aber auch nicht ... da fing sie an zu jammern, lärmte mit den Flügeln, damit der Herr des Taubenschlages sie höre und sie rette ... so ging es auch den Israeliten ... sie schrien zum Ewigen und es ward ihnen geholfen.» Oder (neben vielen andern Meinungen) sang sie das Lied beim Durchzug durch das Schilfmeer: ShirR 2,31, S. 73 Dunsky: «R. Elazar deutete den Vers auf Israel, als sie am Meer standen: ‹Meine Taube in den Felsenklüften›: sie waren verborgen durch die (Wasser-)wände des Meeres. ‹Zeig mir deine Gestalt›: das ist es, was geschrieben steht: (Ex 14,13) ‹Haltet stand und

aus Ägypten oder am Sinai[86] gesungen habe, sondern dass es auch ein Lied «für meinen Freund» sei, also ein Liebeslied.

Auch beim Zitat «schön sind deine Wangen» verstärkt Jannai den Bildspender «schöne Wangen», weil er nicht nur den Übergang zur Berakhah des 2. Piyyuts kunstvoll gestaltet mit der Ergänzung «während Ich dich mit Meinen Tautropfen belebe – gesegnet Du, der die Toten belebt», sondern auch das Bild fast in eine Handlung ausweitet: Der Leser kann kombinieren, dass Seine Tautropfen auf ihre Wangen fallen. Die Tautropfen gehören zwar zur traditionellen Metaphorik des Wiederbelebens[87], aber sie könnten auch mit den Tautropfen in den Haaren des Liebhabers assoziert werden, der in der Nacht an die Türe der Geliebten klopft (HL 5,2).

Anderseits überwiegt das «wir» der Gemeinde auf Kosten der Frauengestalt, und auch dort, wo Jannai die Geliebte reden lassen könnte, setzt er das «wir» ein, so im Piyyut 3: Das Myrrhenbündel (= Gott) möge *unser* Begehren erfüllen, die Cypertraube (= Gott) möge *uns* wohlwollen. «Das Myrrhenbündel» (HL 1,13) braucht Jannai nur noch als lexikalisierte Metapher für Gott ohne jegliche Wirkung als Bild.

---

seht die Hilfe Gottes.› ‹Lass mich deine Stimme hören›: das ist das Lied, wie geschrieben steht: (Ex 15,1) ‹damals sang Moses.› ‹denn deine Stimme ist angenehm›: das ist das Singen. ‹Und dein Anblick ist angenehm›: Weil die Israeliten mit dem Finger zeigten und sagten: (Ex 15,2) ‹dies ist mein Gott, ich will Ihn hocherheben›.» Diese letzte Meinung deutet das «Singen der Taube» auf das Lied, das Moses *nach* dem Durchzug sang.

86 Sie sang es am Sinai: ShirR 1,12, S. 12 Dunsky zu HL 1,2: «Er küsse mich mit den Küssen Seines Mundes: wo wurde dies gesagt? R. Chinnah bar Papa sagte: am Meer wurde es gesagt ...» Die Frage, wo das HL gesungen wurde, wird dabei wieder mit verschiedenen Stellungnahmen beantwortet, darunter die Meinung von R. Juda bar Simon: «Am Sinai wurde es gesagt, wie es heisst: Das Lied der Lieder – das Lied, das die Sänger sangen, wie es heisst: (Ps 68,26) Sänger zogen voran, dann die Saitenspieler.» Dieser Vers Ps 68,7 wird in ShemR 23,4.6 und 7 auf das Lied Israels (Ex 15) nach dem Durchzug durchs Schilfmeer ausgelegt.

87 Wiederbeleben im Sinne von Auferstehung und Aufblühen von Zion: Der Piyyut Mechaje bietet deshalb bei der Tefilat haTal (zusätzliches Gebet im Mussaf zu Jom Rishon von Pessach) dem Paytan die Gelegenheit, von der Ge'ulah zu reden: s. Machzor Pessach, ed. Fränkel 1993, S. 222 ff. aus der Tefilat Tal von Kallir die Verse 12 und 18 ff. (gemäss der Übersetzung v. Selig Bamberger, Machzor ed. Heidenheim, S. 84/85): «... ein Bund des Lebens ist der herabträufelnde, belebende Tau, die Toten befreit die Kraft des Taues. ... Eine frohe Schar wallt herbei, der taugleiche Rest Israels ... schauen vom Amanah herab, vom betauten Hermon ...»: Damit ist die Rückkehr ins Land Israel gemeint.

2) Der mittlere (4.) Piyyut und die drei letzten Piyyutim: Die Liebe als Vertrauen in den Schutz Gottes und als Treue Israels

Das Verhältnis zwischen Bildspender und Bildempfänger ist in den folgenden Piyyutim sehr aufschlussreich für die Darstellung der Knesset Jisrael als Frau: Die HL-Stellen als Bildspender dienen Jannai im 4. Piyyut, der Qedushat haJom, dazu, die Torahgabe am Sinai darzustellen und die Gebotserfüllung Israels und zudem (wie in Piyyut 1–3) die Erlösung und die Rückkehr nach Eretz Jisrael.[88] Beim Thema der Gebotserfüllung nimmt Jannai die konkreten Aussagen des HL über die Schönheit der Geliebten, um sie auf die Schönheit der Handlungen der Knesset Jisrael umzudeuten und auf ihre Bereitschaft, die Gebote zu erfüllen. Umgekehrt deutet Jannai die Bilder, die im HL die Schönheit und die Liebe des Geliebten ausdrücken, zu Handlungen Gottes um, die Sein Heilen und Retten betreffen:

37 *Ich bin gekommen*, (von dem es heisst) «du wirst aus Teman kommen» (Jes 63,1)[89],
   Ich, um zu heilen mit Taten einer geübten Hand.

43 *Seine Wangen* ein Beet des Segens, *Seine* Hände heilen und pflegen.

Die Handlung (HL 5,1) «*Ich bin gekommen* in den Garten meiner Schwester und Braut um Myrrhe und Balsam zu pflücken» bedeutet im neuen Kontext, dass Gott gekommen ist, um Israel zu heilen. Ebenso ist die Beschreibung (HL 5,13) «*seine Wangen* sind wie Balsambeete ... *seine* Lippen sind Lilien gleich» umgedeutet, indem die Metaphern ganz anderes bedeuten: das Beet ist ein Beet des Segens, der Balsam ist so verstanden, dass Seine Hände heilen.

Ihr Vertrauen und ihre Treue in der Gebotserfüllung sind das Thema in Zeile 29 und 46:

29 *siehe, du bist schön*, gleichst der Palme, dein Haar sträubt sich nicht vor Angst.

46 *Ich eilte* (gemeint zum Sinai) und wurde in Liebe mitgezogen. *Du*, schön wie Tirtza und lieblich, *lass ringsum lagern* zur Festmahlzeit, *deine Zähne* sind ohne den Greuel des Brotes.

In Zeile 29 besteht ihre Schönheit darin, dass sie keine Angst hat: damit ist wahrscheinlich ihr unerschrockenes Annehmen der Torah gemeint beim Ma'amad Sinai. In Zeile 46 ist sie schön wegen der Erfüllung des Gebotes des Matzenessens.[90] Statt eines Hohenliedes der Liebe als Sehnsucht und Genuss, wie der

---

88 s. Übersetzung im Textanhang.
89 s. Anmerkung in der Übersetzung im Textanhang: Teman = Edom nach Am 1,12 und Jer 49,7.
90 Die Gleichsetzung von Gebotserfüllung mit Schönheit sehe ich auch in MekhY, Beshallach (deshiratah), cp. 3, S. 127 ed. Horovitz/Rabin: (Deutung von Ex,15,2 ואנוהו «ich will Ihn preisen» als «ich will Ihn schön machen»): «R. Jishma'el sagt: Ist es denn möglich, seinen Schöpfer schön zu machen? Sondern: Ich will mich vor Ihm schön machen mit Geboten, ich will einen schönen Lulaw machen, eine schöne Laubhütte etc. ...»

Literalsinn des HL die Liebe im Allgemeinen versteht, macht Jannai gleichsam ein Hoheslied über ihr getreuliches Erfüllen der Gebote und ihr Vertrauen in Seine Rettung, was sie betrifft, und über Seinen Schutz und Hilfe, was Gott betrifft.

Am folgenden Beispiel aus dem 4. Piyyut mit der Sequenz von HL 5,3–10 kann man Jannais Umsetzung der Liebesszenerie aus dem HL gut erkennen: Die HL-Szene 5,2–7 beschreibt, wie sie schläft, wie er an die Tür klopft, wie sie dem Geliebten zuerst nicht aufmacht, da sie sich schon ausgezogen hat, dann, als sie aufmacht, sieht, dass er verschwunden ist und wie sie deshalb nach ihm sucht, ihn aber nicht findet. Davon bleiben bei Jannai wegen der Zitiertechnik nur die Anfangswörter der Verse[91] HL 5,3–9 übrig: sie hat sich ausgezogen, steht auf und macht auf. Die folgende Szene mit den Wächtern, die sie finden, und die Begegnung mit den Töchtern Jerusalems weicht dann nicht mehr so sehr von der Beschreibung in HL 5,7–10 ab:

38 *Ich zog* meinen Schmuck *aus*, mit dem Er mich bekleidet hatte, *mein Geliebter*, Er, der meinen Kopf hochhebt,
39 *Ich stand auf,* um still flüsternd zu beten, *ich öffnete* die Tür des Tempels.
40 *Es fanden mich* die Feinde und nahmen meinen Mantel, *da schwor ich*, meinen Geliebten zu finden.
41 *Was ist dein Geliebter (anders)*, sprich! *Mein Geliebter ist hell* und hält mich an der Hand.

Den fliehenden Geliebten deutet der neue Kontext bei Jannai zum unterstützenden Gott um, indem Gott das Epitheton aus Ps 3,4 «der den Kopf hoch hält» hinzugefügt wird. Ebenso sagt der Text über Ihn in Zeile 41 aus: «Er hält mich an der Hand». Weiter ist nicht gesagt, dass sie nach ihm suche, sondern viel positiver (Zeile 40): «*da schwor ich*, meinen Geliebten zu finden.» Der Aussagegehalt von Jannais Interpretation der HL-Zitate 5,3–9 ist Israels Vertrauen auf Gott und dessen Hilfe: Trotz der belasteten Vergangenheit, worauf in Zeile 38 das Schmuckausziehen hindeutet (= die Bestrafung in der Wüste in Ex 33,5.6); trotz des Tempelverlustes und des Exils (ausgedrückt in Zeile 40 mit den Feinden, die den Zugang zum Tempel verwehren) ist der Schutz Gottes als unverändert dargestellt, indem der Text für die Handlung Gottes in Zeile 38 ein Gegenwartspartizip benützt: Er ist «der Kopf Hochhebende».

Nicht nur implizit, sondern explizit ist die gegenseitige Liebe (ihr Vertrauen und Treue, Seine Hilfe) in Piyyut 5, 6 und 7 ausgedrückt; am deutlichsten in den folgenden Zeilen des Piyyuts 6, wo Gott in den Zeilen 70 und 71 der Sprecher ist:

---

91 Vers HL 5,2 «*Ich* schlief, doch es wachte mein Herz» hat Jannai schon in Zeile 37 vergeben an das Subjekt Gott: «*Ich*, um zu heilen etc.»

Piyyut 6 (HL 8,10–Schluss)

70 «*Ich bin eine Mauer*» für die, die auf dem freien Feld wohnt und einen nicht wohlgeordneten *Weinberg* bewohnt.
71 *Mein Weinberg gehört mir,* (er ist Mir) nahe in Gedanken, und *die darin wohnt,* hört auf die Wonne (= Torah, Spr 3,17),
72 *eile, mein Geliebter,* gepriesen bei allen Lebewesen!
Gesegnet, Du, Ewiger, der Gute …

Als harmonisch und intim, ja geradezu exklusiv charakterisiert Jannai die Liebe in einer Qedushta zu Pessach[92], die inhaltlich nicht vom Maʿamad Sinai handelt. Dort deutet Jannai die oben zitierte Zitatenreihe aus dem HL 5,8.9 mit einer expliziten Beschreibung der Liebe zwischen der Knesset Jisrael und Gott. Jannai nimmt die Frage der Töchter Jerusalems (HL 5,9) zum Anlass, um folgendes auszusagen:

93 *Ich schwöre euch* bei dem, was meine Gespräche (= Gebete mit Gott) betrifft, dass ich nicht einen Feind dabei beteilige.
94 «*Was ist dein Geliebter* (sc. anders als alle andern)», antworteten sie rings um mich her. Ich aber habe ihnen das Geheimnis meines Gespräches nicht aufgedeckt.

Solch einen Hinweis der Knesset Jisrael auf die Ausschliesslichkeit der Liebe und die Intimität findet man vor allem in den andalusischen Piyyutim im Zusammenhang mit derselben HL-Stelle.[93]

Dieselbe Qedushta zu Pessach[94] schliesst mit vier Versen, die in Form und Inhalt die vollkomme Harmonie der Beziehung ausdrücken:

162 Ich bin eine *Mauer,* und Du bist mir ein Schutz, (ich bin) ein *Weinberg,* und Du mir ein Wächter,
163 *Mein Weinberg* – und Du bist mir ein Zaun; *die in den Gärten wohnt* – und Du bist mein Herr.
164 Flieh, mein Freund, vom Ort der Unreinheit und sei mir die Quelle der Reinheit!
165 Du warst mir, und ich war Dir, noch wirst Du mir sein und ich werde Dir sein.

Die Parallelität der zwei Vershälften widerspiegelt die ausgewogene Beziehung von Gott als Beschützer und ihr als Beschützten, dazu weisen die wiederkehrenden Bilder von Mauer und Garten auf die Ausschliesslichkeit der Beziehung: sie ist intim und nicht zugänglich für Fremdes und Unreines.

---

92 Rabinovitz 1987, II, S. 281 zu Jannai Vers 93 f. (Zitat von Vers HL 5,9) verweist auf MekhY, Beshallach deshiratah, cp. 3, S. 127: «R. Aqiba sagt: Die Völker fragen Israel, ‹was ist dein Geliebter anders …› (HL 5,9), dass ihr so wegen ihm sterbt … Kommt, mischt euch unter uns / verbindet euch mit uns (התערבו) … Israel aber sagt zu ihnen: Ihr habt keinen Anteil an Ihm, sondern ‹ich bin Ihm und Er ist mir›.» (HL 2,16).
93 Siehe Teil III 2.2.2: Jehuda Halevi, Nr. 194.
94 Rabinovitz 1987, II, S. 287.

Fazit: Die Rolle der Knesset Jisrael in diesen Pessachpiyyutim ist nicht sehr vom Bildspender einer speziell weiblichen Liebenden bestimmt, obwohl die Piyutim ganz auf dem HL aufgebaut sind. An den Stellen, an denen der Bildspender «liebende Frau und Geliebte» noch wirksam ist, zeigt Jannai die spezielle Facette der Liebe, dass Er ihr Schutz ist und sie Seine Gebote treu erfüllt, und daraus ergibt sich die Harmonie der Beziehung, die betont werden soll[95]. Die Züge von Liebessehnsucht und Verlangen, die das HL charakterisieren, fehlen hier in diesen Pessachpiyyutim von Jannai, aber wir werden gleich in andern Piyyutim auch das Verlangen antreffen: allerdings nicht ihr Verlangen, sondern Gottes Verlangen.

Bei der Liebesfacette von Harmonie und Schutz ist das Frauenbild nicht notwendig: Die weibliche Figur könnte auch geradesogut durch eine männliche ersetzt werden, da nicht die Person im Mittelpunkt steht, sondern die Art der Beziehung. Deshalb kann der Paytan im 5. Piyyut der obigen Qerovah zu Pessach[96] im Kontext weiblicher Formen, die aus dem HL stammen (der 5. Piyyut beginnt in Zeile 54 mit «meine Taube»), in Zeile 56 folgendes männliche Bild für Israel benützen:

56 *Mein Geliebter ist mir* (HL 2,16) ein Retter und Vater, und ich bin Ihm ein Knecht und Sohn.

Jannai übernimmt hier den Midrash ShirR[97], der ebenfalls die Liebesbeziehung von Gott zu Israel mit einer Vater-Sohn-Beziehung vergleicht, denn es geht ihm offenbar darum, die Art der Liebesbeziehung als die einer Beziehung von Harmonie und Schutz auszudrücken, und dazu braucht er das Frauenbild der Knesset Jisrael nicht.

In den folgenden Abschnitten werden wir aber noch andere Aspekte der Liebesbeziehung antreffen, bei denen das Frauenbild meiner Meinung nach ein wesentlicher und notwendiger Bestandteil der Metaphorik ist und nicht durch eine männliche Figur ersetzt werden kann: 1) bei der Darstellung der Zärtlichkeit Gottes und Seinem Verlangen, Israels Schönheit zu sehen, sie zu hören und zu küssen (2.2.4), und 2) bei der Darstellung, wie Er sie mit Schmuck beschenkt und bekleidet (2.2.5). Bei den folgenden Piyyutim können wir uns fragen, was

---

95 Derselbe Aspekt der Harmonie wird ausgedrückt an verschiedenen Stellen der Liturgie von Jom Kippur, z.B. Ma'ariv, ed. Heidenheim, S.62: «Wir sind Dein Volk und Du bist unser Gott, wir sind Deine Kinder und Du bist unser Vater» etc. Letzter Vers: «Wir sind deine Geliebte (fem.) und Du bist unser Geliebter.» In der Minchah: S.315, in der Ne'ilah: S.354.
96 Rabinovitz 1987, II, S.278.
97 ShirR 2,34, S.78 Dunsky zu HL 2,16: eine Auslegung unter anderen ist: Er ist mir als Vater und ich bin Ihm als Sohn: Er ist mir als Vater, wie es heisst (Jes 63,16): «denn Du bist unser Vater» (ebenso Jer 31,8), und ich bin Ihm als Sohn, wie es heisst (Ex 4,22): «mein Erstgeborener Israel» (vgl. Dtn 14,1).

die Perspektive der Darstellung ist; eine Frage, die bei den bisherigen Pessachqerovoth von Jannai nicht möglich war: Jannai war dort von der Syntax der zitierten HL-Verse abhängig, sodass er immer die im HL vorgegebene handelnde Person übernehmen musste (Die Subjekte wechseln hin und her zwischen sie, wir, er). In den folgenden Qerovoth zum Buch Exodus und zu Shavuoth hingegen benützen die Paytanim keine Petichah miqra'it und können daher freier gestalten.

2.2.4 Gottes Verlangen nach der Knesset Jisrael

2.2.4.1 Jannai, 5. Piyyut der Qerovah zu Ex 19,6[98]

> Meine Schwester, die Braut, die Gott begehrte (חשק)
> und mit Küssen Seines Mundes geküsst hat:
> An zehn Stellen nannte Er sie Braut in Liebe,
> sechs in der Vergangenheit und vier für die Zukunft.
> Er hat sie aus Ägypten gerettet mit der Rede: «und ihr sollt Mir sein» (heilig: Ex 19,6),
> so wie ein Bräutigam zur Braut sagt: «siehe, du bist Mir angeheiligt.»
> Er hat sie geleitet und sie hochgehoben und wie ein Adler schwebte Er über ihr,
> und mit den Wolken der Ehre (Pracht) hat Er sie umgeben und sie bedeckt.

In den Schlussversen ist mit den Metaphern des Leitens und Hochhebens auf das Verhalten Gottes in der Wüste gegenüber Israel angespielt: Mekhilta[99] deutet die Szene, wie die Wolkensäule Israel leitet, mit einem Gleichnis, bei dem der König (Gott = die Wolkensäule) sein Kind so vor den Räubern und Wölfen schützt, dass er es bald hinter sich gehen lässt, bald vor sich, schliesslich in die Arme nimmt, und zusätzlich zudeckt mit einer Wolke. Um die Idee des Schutzes und der Fürsorge auszudrücken, braucht die Mekhilta die Vater-Sohn-Semantik. Hier bei Jannai ist das semantische Bildfeld, was die Handlungen Gottes betrifft, dasselbe wie in der Mekhilta, aber weil er statt des Sohnes die Braut einsetzt, haben dieselben Handlungen noch viel mehr die Pragmatik von Zärtlichkeit.

In den Anfangsversen stellt Jannai das Verlangen Gottes explizit dar: Gott begehrt die Braut, was Jannai hier und im folgenden Magen zur selben Qerovah mit dem Wort חשק ausdrückt. Dieses Wort braucht er auch in seiner Qerovah[100] zu Gen 29,31, wo er bei den menschlichen Liebesbeziehungen zwischen den

---

98 Variante zum 5. Piyyut, abgedruckt bei Rabinovitz 1985, I, S. 320. Siehe im Textanhang meine kommentierte Übersetzung.
99 Eine Interpretation zu MekhY Beshallach, cp. 3, S. 101 bietet Boyarin 1994, S. 81 ff.
100 Rabinovitz 1985, I, S. 171–175. Thema der ungeliebten Leah: oben 2.1.2.2.

«Begehrten» und den «Unterdrückten» unterscheidet. Das Bild des Küssens gehört zur Semantik des Verlangens des Bräutigams, bei der nicht nur Jannai, sondern auch Kallir immer Gott als dem Bräutigam die Initiative geben. Sie stellen Ihn in den Mittelpunkt der Hochzeitsvorbereitungen und nicht die Braut, sodass von Ihm gesagt wird: Er ist in «freudiger Eile, Er verlangt, Er küsst, Er lässt tanzen», während sie als Braut immer passiv bleibt, ausser beim vorklassischen Paytan Jose ben Jose (und beim andalusischen Piyyut[101]). Wir sehen diese aktive Rolle des Bräutigams in den folgenden Piyyutim:

2.2.4.2 Jannai, Magen der Qerovah zu Ex 19,6[102]

1 Meine Schwester, die Braut, die Du begehrtest – mit Küssen des Mundes hast Du sie geküsst.
Hügel und Berge, die Du gewogen hast – Du hast Dich beeilt, sie für sie (Israel) tanzen zu lassen (nach Ps 114,4 und 68,17).
2 Den Berg, den Du für sie begehrtest, hast Du aufgerufen, und mit Worten hast Du sie verführt und bestärkt:
Die «Siebenfache» (die Torah) hast Du für sie eingegraben; in vollkommener Hochzeit hast Du Dich ihrer angenommen:
3 «Hört das Wort und ihr werdet leben, zusammen werdet ihr anhängen eurem Gott».
Alle Völker waren, wie wenn sie nicht gewesen wären. Ihr wart für Mich und werdet für Mich sein.

Wie geschrieben steht: (Ex 19,6) «Ihr sollt Mir ein Königreich von Priestern sein und ein heiliges Volk. Das sind die Worte, die du den Israeliten sagen sollst.» und es heisst: (Ps 82,6): «Ich habe gesagt, Götter seid ihr und alle Söhne des Höchsten.» und es heisst: (HL 1,2): «Er möge mich küssen mit den Küssen Seines Mundes. Denn Liebe ist süsser als Wein.»

Die aus der HL-Tradition hergeleitete Metaphorik:
Zeile 1: Mit den Küssen spielt Jannai auf die Meinung von Rabbi Jochanan im Midrash ShirR 1,12 (S. 12 Dunsky) zu HL 1,2 an: «Er möge mich küssen mit den Küssen seines Mundes – wo wurde sie (scil. die Shirah שירה, gemeint das ganze HL als Lied) gesagt? Rabbi Jochanan sagte: Am Sinai wurde sie gesagt, wie es heisst «Er möge mich küssen etc.»[103] Wie der Zusammenhang zwischen Küssen und Sinai gemeint sei, erklärt Rabbi Jochanan in ShirR 1,13 (S. 13 Dunsky): Ein Engel habe jedes Wort aus dem Munde Gottes genommen und jedem Einzelnen

---

101 Dort ist oft die Knesset Jisrael die Sprecherin, z. B. Shmu'el haNagid, Nr. 182, לי הזמן (Beispiel Nr. 1 in Teil II 2.1).
102 Rabinovitz 1985, I, S. 318–320: erhalten sind der Magen, der 4., 5. und 9. Piyyut.
103 Ebenfalls in MekhY Jithro, cp. 3, S. 214 über Sinai als Hochzeit.

von Israel mit der Frage vorgelegt: Nimmst du es an oder nicht? Worauf jeder gesagt habe: ja, ja. Sofort habe der Engel ihn auf den Mund geküsst. Die andere Meinung (die der Rabbinen) ist die, dass die Worte selbständig jeden einzelnen von Israel aufsuchten und fragten; und die Worte sind es dann, die küssen. Die poetische Darstellung von Jannai hebt sich nun davon ab, weil er als Metaphern nicht den Kuss zwischen Engel und einem (männlichen) Israelit wählt, sondern den zwischen Gott als Bräutigam und der Knesset Jisrael als Braut.

Wer küsst wen? Natürlich ist es bei dieser Deutung des Küssens als das Verleihen der Torahworte am Sinai so, dass Er küsst: dieselbe Situation stellt Jannai auch in einer oben schon erwähnten Qerovah für Pessach[104] folgendermassen dar:

146 *Ich bin* meinem Geliebten die Lust des Verlangens und die in Liebe Begehrte, die ich in Hass unterdrückt war, und die mit Seinem Mund Geküsste.

2. Strophe: Die Aussage «Du hast sie verführt mit Worten» kann man natürlich mit Rabinovitz auf die Worte beziehen, mit denen nachher die Zitatenreihe aus der Parashat haShavua beginnt: «Ihr sollt Mir sein ein Königreich von Priestern.» Aber der Bildspender des Verführens ist hier meiner Meinung nach wichtig, da Jannai damit zeigt, dass Israel wie eine Braut durch Worte verführt wurde, wobei die Metapher lebendig ist: man kann auch an Liebesworte denken. Die Aufgabe der Worte wäre dann dieselbe wie die der Brautgeschenke, nämlich die Braut zu gewinnen.[105]

1. Strophe: Zur Hochzeitsdarstellung gehört auch die Freude und das Tanzen: Gott lässt die Berge mit ihr tanzen. Diese Vorstellung stammt aus Ps 114,4 und, wie Elizur zeigt, aus Ps 68,17[106] «Was tanzt ihr, gewölbte Berge, der Berg, auf dem Gott zu sitzen begehrte?» Jannai spielt auch noch auf den Midrash[107] über den Wettstreit der Berge an, aber nur ganz nebenbei, indem er sagt, Gott habe die Berge

---

104 Rabinovitz 1987, II, S. 286. Daraus habe ich oben in 2.2.3.1 schon Verse 93–94 und 162–165 zitiert.
105 s. u. 2.2.5.1 PRK 12 zu Ex 19,1, ed. Buber S. 104 «Im dritten Monat». «Der König sagte: Nicht anders (nicht auf andere Art) halte ich um ihre Hand an (wörtlich: kann ich etwas von ihr verlangen), als dass ich ihr einiges Gute erweise, und dann halte ich um ihre Hand an.»
106 Das Motiv des Tanzens kommt auch in einer vorklassischen Qedushta (anonym) vor (Text und Erläuterungen Fleischer 1975a, S. 101 f. und Elizur 1999, S. 126 ff.): «Die gewölbten Berge tanzten um sich mit ihr zu freuen am Ort ihres Brautgemaches.» Das Verb ist nicht wie in Ps 114,4 רקד, sondern nach Ps 68,17 מרצדים, was man nach Elizur 1999, S. 126, Anm., als «tanzen» auffassen muss, entgegen der Luther- und Zwingliübersetzung der Bibel!
107 MidrashTehillim 68, S. 318 und BerR 99,1, S. 1271.

«gewogen». Offenbar ist ihm das Tanzen der Berge wichtiger, weil er damit die Mitfreude der Schöpfung ausdrücken kann. Ähnlich ist im 5. Piyyut von Kallirs Qedushta zu Shavuoth die Mitfreude der Flüsse und der Vögel betont.[108]

2.2.4.3 Jannai, Qerovah zu Ex 14,15: «Was schreist du?»[109]

5. Piyyut der Qerovah zu Ex 14,15 (?)

1 Wahrhaftig deswegen, weil die Vorväter zu Dir schreien sollten, hast Du die Feinde (= die Ägypter) gegen sie (Plural) aufgebracht,
2 weil Du Verlangen hattest (Verb: התאווה), ihren (Plural) schönen Anblick zu sehen und ihre (Plural) angenehme Stimme zu hören.
3 Als die Geretteten vom Feinde eingeholt wurden und sie keinen Weg zur Flucht fanden,
4 glichen sie der Taube, die vor einem Habicht floh und eine Schlange fand an dem Ort, in den sie hineinging.
5 War es nicht so, dass sie da ihre Augen und ihr Angesicht zu Dir emporhoben ... (lacuna)

Die Tradition, dass Israel am Schilfmeer weder vorwärts noch rückwärts konnte, und das Gleichnis mit der Taube, die vor dem Habicht flieht und eine Schlange findet, stammt aus der Mekhilta[110] und ShirR 2,30. Weiter legt die Mekhilta Ex 14,10 so aus, dass Israel in dieser Gefahr gebetet habe: «(Ex 14,10) ‹... die Ägypter zogen hinter ihnen her; und die Söhne Israels fürchteten sich sehr und schrien zum Ewigen›. Sofort erhoben sie ihre Augen im Gebet, und über sie wird ausgelegt in der Tradition (der Vers HL 2,14) ‹meine Taube in den Felsspalten ... denn deine Stimme ist angenehm›: im Gebet, ‹und dein Anblick schön›: in der guten Tat.» Jannai geht aber noch weiter als die Mekhilta, da er es so darstellt, dass Gott schon damals, als Israel in Ägypten war, ihre Stimme hören wollte: deshalb habe Er die Israeliten bedrängen lassen, dass sie zu Ihm schrien oder besser mit ihrer schönen Stimme beteten. Diese Version steht ebenfalls in ShirR 2,30. Zuerst bringt R. Jehuda das Gleichnis mit der Königstochter[111]: der

---

108 s.u. 2.2.5.1, dort am Schluss beim Abschnitt B und C.
109 Rabinovitz 1985, I, S.308f. Rabinovitz setzt hinter seine Angabe Ex 14,15 ein Fragezeichen.
110 Zum Fliehen der Taube und sofortigen Beten: Rabinovitz 1985, I, S.308 verweist auf MekhY, Beshallach, Parasha B, S.94. ShirR 2,30, S.72f. Dunsky, übernahm dies von MekhY.
111 In ShemR 21,5 zu Ex 14,10 ist folgende Variante: statt der eigenen Tochter hört der König zuerst eine Königstochter, die von Räubern gefangen zu ihm um Rettung schreit. Später will er diese Frau heiraten und will sie reden hören. Sie weigert sich, sodass er den Überfall inszeniert und dann nimmt die Geschichte denselben Verlauf.

König will die Stimme seiner Tochter hören, die sich aber zu sprechen weigert, und inszeniert deshalb einen Überfall auf sie, so dass sie zu ihm schreit: Vater, Vater, rette mich! Weil nun Gott Israel nach der Befreiung aus Ägypten nochmals schreien hören wollte, tat er folgendes: «Gott war voll Verlangen danach[112], ihre Stimme zu hören, und sie wollten nicht. Was tat der Heilige, gesegnet sei Er? Er verstockte das Herz des Pharao, und dieser setzte ihnen nach … als sie ihn sahen, hoben sie ihre Augen zum Heiligen, gesegnet sei Er, und schrien vor Ihm, wie das Schreien, das sie schon in Ägypten erhoben hatten. Als der Heilige, gesegnet sei Er, dies hörte, sagte Er zu ihnen: Wenn Ich nicht so gehandelt hätte, hätte Ich eure Stimme nicht gehört. In dieser Stunde sagte Er ‹Meine Taube in den Felsenspalten, lass mich deine Stimme hören›: es heisst nicht ‹die Stimme›, sondern ‹deine Stimme›, die Ich schon in Ägypten gehört habe.»

Diese Auslegung von HL 2,14, Gott wolle die Stimme Israels hören, da sie süss sei, hat auch Jose ben Jose.[113] Bei ihm kommt das Motiv in einem Piyyut zu den Shofaroth von Rosh Hashanah vor, und das Thema ist das Erhören der Stimme des Betenden.

Jose ben Jose אנוסה לעזרה Anusa le'ezrah

1   Ich will mich zur Hilfe flüchten – und ich finde mir gegenüber Gott, der mir nahe ist wenn ich laut zu Ihm rufe.
5   Wenn ich mich freue am Reden über Seine Gesetze, ist mein Gaumen angenehm[114],
Er neigte Sein Ohr und sprach: Lass Mich die Stimme hören.
Er wandte Sich und floh von mir wie eine Gazelle (HL 2,17; 8,13.14)[115] auf den Hügeln von Betar,
als Er Torah (דת) und Zeichen[116] verlangte in meinen Wohnungen und keine Stimme da war.

Im Vergleich mit Jannai sehen wir, dass hier bei Jose ben Jose der Kontext von Rosh Hashanah die Deutung der «schönen Stimme» bestimmt: die Stimme motiviert nicht das liebevolle Verlangen Gottes nach ihr, sie aus der Not zu retten und sie zur Gemahlin zu machen, sondern sie hat (bereits in fester Verbindung mit Ihm) die Verpflichtung, mit schöner Stimme zu beten und zu lernen, sonst weicht Er von ihr wie die flüchtige Gazelle.

---

112 Dasselbe Wort, das Jannai Zeile 2 verwendet: היה מתאווה.
113 Aharon Mirsky 1991, S. 110: אנוסה לעזרה.
114 Mirsky 1991 zitiert zur Stelle MekhY, Beshallach, S. 94: «Denn deine Stimme ist angenehm – im Gebet, und dein Anblick schön – beim Talmudlernen.»
115 ShirR 8,16, Dunsky S. 180 zu HL 8,13.14: R. Judan sagte: Wenn Israel die Torah lesen in Gesellschaft – dann «deine Stimme lass mich hören», wenn aber nicht – dann «flieh, mein Geliebter.»
116 Mirsky zur Stelle: Zeichen אות = Gebote. דת hat die Bedeutung von Torah.

2.2.4.4 Kallir, Qedushta zum Shabbat Hachodesh Ex 12,2

1. Piyyut: Magen[117]

1 Als es erreicht war, dass die Zeit der Liebe (Ez 16,8) komme,
da wurde Ägypten mit ein und zehn geschlagen.
Als sie betete, dass sie durch das Verdienst der Väter erlöst werde,
da übersprang Er einen Schritt von 190 Jahren, und sie fand Ruhe.

5 Es schaute der junge Hirsch (עפר HL 2,9) durch die Ritzen des Himmels,
und wickelte einen Verband um, die Heilung, wegen der Blutmischung.
Er übersprang die Zeit, um vieles zu wirken,
Altes und Neues zu vermehren.

9 Er eilte und flog, Er wechselte die Zeit (Dan 2,21),
Er wacht auf wie ein Schlafender und wird wach aus dem Schlaf.
Er sehnt sich und klopft an die Tür der Schlafenden,
um sie zu befreien am ersten der Monate des Jahres.

Der Text ist, wie Elizur zeigt[118], schwierig wegen der Montage von Versen aus dem HL und Ezechiel und den kodierten Anspielungen[119] auf den Midrash: das Verdienst der Väter, das Überspringen der Zeiten, das Vermischen des Blutes. Die Schlüsselworte sind die Verse aus Ezechiel 16: Ez 16,8 «Die Zeit der Liebe»; 16,6 «in ihrem Blute (Plural) zappelte sie».

Den Schlüssel zum Verständnis der Anspielung auf Ez 16,6 (מתבוססת בדמיך) liefert, wie Elizur erklärt[120], die Wortschöpfung תבס תערובות (Verband wegen der Blutmischung): Kallir verwendet den Midrash ShemR 19,5, der das Blut aus Ez 16,6 symbolisch auf das Blut von Pessach und der Beschneidung deutet: «Lebe wegen des Pessachblutes, lebe wegen des Blutes der Beschneidung!». Elizur zeigt, wie kunstvoll Kallir die negative Darstellung in Ez 16,4[121], dass die Knesset Jisrael nicht einmal in Windeln gewickelt und im Blute (16,6) lag, als Er sie

---

117 Abgedruckt und kommentiert bei Elizur 1999, S. 112–118.
118 Elizur 1999, S. 112–118.
119 Fleischer 1975a, S. 268 nennt diese Art der Anspielung רמיזה דקה). Sie macht Kallirs Rätselsprache aus (S. 266: Die «leschon hastarim»).
120 Elizur erklärt zur Stelle, dass das Wort תבס eine Sprachschöpfung Kallirs sei, gestützt auf den Ausdruck in Ez 16,6 מתבוססת בדמיך, der z. B. in ShemR 19,5 so ausgelegt wird, dass das Blut von Pessach sich mit dem Blut der Beschneidung verbinden solle. Damit deutet der Midrash die doppelte Erwähnung des Blutes (דמיך ebenfalls Plural) in Ez 16,6: «In deinem Blute lebe, in deinem Blute lebe!» Dieselbe Auslegung fand ich auch in PRK Wajehi bachatzi halaila (ed. Buber, S. 63), ebenfalls spielt darauf Jannai, ed. Rabinovitz 1987, II, S. 252, an: Er zitiert in der Verskette nach dem Magen seiner Qerovah zum 1. Tag Pessach Ez 16,6: Ich ging an dir vorüber und sah dich zappeln in deinem Blut.
121 Ez 16,4 Du wurdest nicht in Windeln gewickelt (von der Wurzel חתל).

fand, zu einer weiteren positiven Handlung Gottes umformt: Er erhält sie nicht nur am Leben, sondern legt ihr den Verband um (wörtlich «wickelt sie»). Die Technik Kallirs ist das, was man Amplifizieren des Bildspenders nennen kann: Kallir nimmt den Bildspender, wie Gott das Findelkind aufnimmt, aus Ez 16 und amplifiziert diese zärtliche Handlung mit dem Bild in ShemR 19,5 zu Pessach, wie Gott an jedem einzelnen, der sich gemäss Seinem Gebot noch in Ägypten vor dem ersten Pessach, also vor dem Auszug, beschnitten hatte, vorbeiging und ihn küsste und segnete. Der amplifizierte Bildspender verweist mit all seinen Aspekten auf den Bildempfänger der Rettung, weil die Rettung aus Ägypten das Thema des Piyyuts zum Shabbat Hachodesh ist, dem letzten Shabbat vor dem Pessachfest. Der Piyyut schlägt das Thema gleich im ersten Vers mit dem Zitat aus Ez 16,8 an: «Als die Zeit der Liebe kam», denn dieser Ausdruck wird als ein Bild für die Erlösung aufgefasst.

Neben der Zärtlichkeit ist das Verlangen des Bräutigams ausgedrückt durch die Verben, mit denen Kallir das aus HL zitierte Vokabular verstärkt und ergänzt: Neben den Wörtern für springen (מדלג und מקפץ aus HL 2,8) braucht Kallir noch «er eilte» (טוס: biblisch nicht belegt) und «er flog»[122] (דאה aus Ps 18,11), weiter bringt er das eigentliche Wort für das Verlangen: «Er sehnt sich» (נכסף), das im HL nicht vorkommt, da dort das Sehnen anders ausgedrückt ist.[123] In diese Bildabfolge von springen, fliegen, sich sehnen fügt sich das Aufwachen ein und das Klopfen an die Tür. Hier lässt Kallir Gott wie den Liebhaber bildlich an die Tür klopfen. Bei der allegorischen Auslegung von ShirR zu HL 5,2 hingegen dominiert der Bildempfänger der Erlösung: «Er klopft an die Tür: Ich schlafe (scil. ich gebe auf) vor (lauter Berechnen des) Endpunkts – mein Herz ist wach (scil. sehnt sich) nach der Erlösung. Ich schlafe (scil. gebe auf) vor (Berechnen) der Erlösung – aber das Herz des Heiligen, gesegnet sei Er, ist wach, uns zu erlösen.»[124] Wenn man diese Auslegung mit der von Kallir vergleicht, so sieht man,

---

122 «Zur Hochzeit hin fliegen» braucht Kallir auch in seiner Qedushta zu Shavuoth, 5. Piyyut, 1. Zeile, dort mit dem Wort עוף. Vgl. Dtn 33,26 Gott fährt am Himmel einher רוכב.
123 z. B. HL 5,6 «meine Seele ging hinaus, als er sprach». In seinem Kommentar zum HL interpretiert Abraham Ibn Ezra das Hinausgehen nicht als «sterben» sondern als «sich sehnen».
124 ShirR 5,2 zu HL 5,2, S. 127 Dunsky. Auch «Aufwecken» in HL 2,7 wird in ShirR 2,18 auf die Erlösung gedeutet: (S. 65 Dunsky) «weckt nicht die Liebe»: «R. Berechja sagte: die Liebe, mit der Gott Israel liebt, wie es heisst (Mal 1,2) Ich habe euch liebgewonnen, sagt der Ewige. Was bedeutet ‹bis es ihr gefällt›? Der himmlischen Macht. Sobald die strafende Gerechtigkeit (Middat haDin) Gefallen an ihr (der Liebe) findet, bin Ich es, der sie unter lautem Klang herbeiführen werde, und werde Mich nicht aufhalten lassen, deshalb heisst es: bis es ihr gefällt». Parallele zu HL 2,7 ist HL 8,4. Für die Darstellung des Aufweckens der Knesset Jisrael als Bild der Erlösung greifen die Paytanim auch auf

dass er bei seiner poetischen Gestaltung die Perspektive des Klopfenden, also des Erlösers, wählt, damit Gott in Seinem Verlangen nach ihr konstant als handelnder Bräutigam dargestellt wird, und sie passiv die aus dem Schlaf geweckte (= befreite) Braut ist. Wichtig sind ihm Sein Handeln und Seine Gefühle, während er von ihren Gefühlen nichts sagt. Dieselbe Perspektive der Darstellung aus Gottes Sicht werden wir auch bei Kallirs Qedushta zu Shavuoth antreffen. Erst der andalusische Piyyut lässt die Knesset Jisrael aktiv um Gott werben.

2.2.5 Die Braut wird von Gott geschmückt

2.2.5.1 Der Brautschmuck der Knesset Jisrael an Shavuoth und bei der zukünftigen Ge'ulah

Beim Bildspender «Brautschmuck» steht die Handlung des Schmückens, nicht der Schmuck an sich im Vordergrund: der Bildspender des «Schmückens der Braut» zielt im weitesten Sinn auf den Bildempfänger der Befreiung aus dem Exil oder aus Not hin, und diese Befreiung ist in den Piyyutim im Bildspender dadurch charakterisiert, dass Gott als Bräutigam dabei aktiv ist, Zion als Braut hingegen ganz passiv. Er ist derjenige, der schmückt, beschenkt, erfreut. Die Brautmetaphorik mit der Semantik des Schmückens gibt der Darstellung der Befreiung Israels/Zions in den Piyyutim den zusätzlichen Aspekt von Liebe und Zärtlichkeit. Die biblischen allegorischen Darstellungen von Zion/Knesset Jisrael als Braut und Ehefrau hingegen bei Hosea 1–3, Jeremia 2,2 und Jesaia 54,4–6 und 61,10–62,5[125] kehren bei der Metaphorik der Befreiung/Erlösung eher die Gerechtigkeit Gottes und den *legalen* Aspekt eines Eheverhältnisses hervor; so spielt der Aussagegehalt, dass sie Seine Ehefrau war, dann untreu wurde und in Zukunft aber neue Hochzeitsfreude erleben und wieder Seine Frau (und fruchtbare Mutter: z.B. Jes 49,14 ff.) werden wird, die grössere Rolle als die Darstellung, *wie* Er sie als Ehefrau gewinnt. Die Piyyutim zu Shavuoth und zum Shabbat leChatan[126] benützen zwar zum Teil dieselben

---

HL 8,5 zurück, ändern dabei aber Subjekt und Objekt (Er weckt sie, nicht sie Ihn, also anders als in HL 8,5): «Unter dem Apfelbaum weckte Ich dich auf עוררתיך.» Eine Meinung in ShirR 8,2: «Unter dem Apfelbaum – das ist der Sinai.»

125 Jes 62,3 ist anders: Hier ist Israel selbst eine Krone für Gott.

126 Hochzeitsshabbat (= Shabbat Chatan) ist so genannt zu Ehren des Bräutigams, der vor der Hochzeit steht (so heute im ashkenazischen Brauch). Zum Hochzeitsritual in Eretz Jisrael der rabbinischen Zeit (Geld, Vertrag, Geschlechtsverkehr) gibt Shmidman 2005 als Literatur an: N. Rubin, Simchat Chayyim, Tiqse Erusim weNisu'im biMeqoroth Chazal, Tel Aviv 2004 und M. A. Friedman, Jewish Marriage in Palestine I/II, Tel Aviv/ New York 1980.

Prophetenstellen (besonders Jes 61,10 ff.[127]) als Bildmaterial, um die Ge'ulah[128] in Vergangenheit und Zukunft mit dem Bild von Zion als legitimer Ehefrau darzustellen, wobei auch die biblische Metapher der Hochzeitsfreude als ein Bild für Erlösung wichtig ist. Aber sie betonen zusätzlich den Aspekt der zärtlichen Liebe Gottes, indem sie bildlich ausführen, *wie* Gott sie schmückt und kleidet, während die Bibelstellen den Schmuck, nicht die Zärtlichkeit der Handlung ins Zentrum stellen (Jes 49,18; 54,11 f.; 61,10; Ps 68,14). Für den Aspekt der Zärtlichkeit benützen die Piyyutim Ezechiel 16,1–14 als Intertext, auch nehmen sie aus Ezechiel viel Bildmaterial von Schmuck und Kleidung (s. u. die Beispiele aus Kallir).

Die Hochzeitsfreude zwischen Braut und Bräutigam als Bildspender für den Bildempfänger der Befreiung hat also eine lustvolle[129] und zärtliche Semantik, daneben gibt es ganz selten auch bedrohliche Bilder der Darstellung von Befreiung wie zum Beispiel «das Feuer, das die Feinde und deren Kinder frisst».[130] Die Hochzeitsmetaphorik herrscht als Konstante mit einigen Variationen in den Piyyutim zu drei Anlässen vor:

A) beim Segen nach dem Essen am Verlobungs- und Hochzeitsessen
B) bei den Piyyutim für Shavuoth
C) bei den Piyyutim für den Hochzeitsshabbat des Bräutigams

A) Bei der 3. Berakhah des Segens nach dem Essen betet man, dass Jerusalem wieder aufgebaut werde: für die poetische Ausgestaltung dieser Berakhah an den Hochzeits- und Verlobungsanlässen ist die Befreiung von Zion aus dem Exil ebenfalls mit der Hochzeitsmetaphorik ausgemalt, indem Zion analog zur Verlobten respektive zur Braut dargestellt wird.

---

127 Fleischer 1975a, S. 153 sagt, dass die Tradition, am Shabbat leChatan Jes 61,10 zu lesen, «seit alter Zeit» im Lande Israel üblich war und sich lange erhielt.

128 Shavuoth ist als Ereignis der Torahgabe am Sinai bereits metaphorisch in rabbinischer Auslegung (s. o. 2.2) eine Hochzeit, zusätzlich verweist Shavuoth aber auch auf die zukünftige Ge'ulah: Kallir, Qedushta חוג אפסי, 3. Piyyut, Vers 84 «Wenn Gott aus Teman kommen wird» (Elizur 2000, Text S. 152 f. mit ihrer Erklärung: «wenn sich die Prophezeiung von Hab 3,3 erfüllen wird, Habakuk wird als Haftarahvers in der darauffolgenden Verskette zitiert.»). Diesen 3. Piyyut habe ich nicht in den Textanhang aufgenommen.

129 Das Wort «Sich in Liebesfreuden entzücken» wird in der Shavuothqedushta von Kallir wiederholt gebraucht: Gott gibt der Knesset Jisrael die Krone voll Entzücken (בעלוסים) (5. Piyyut), die Gelehrten Israels beschäftigen sich mit der Torah voll Entzücken und erfreuen sich an Liebesfreuden מתעלסים (5. Piyyut). Die Torah ist (2. Piyyut Zeile 30) «die Gespielin» (משחקת) und das Entzücken (שעשועים) Gottes (Spr 8,30), die Israel zum Geschenk bekommt.

130 Kallir, Qedushta für den Hochzeitsshabbat des Bräutigams 5. Piyyut Zeile 13 f.: (Gott spricht) «Diejenigen, die dein (Zions) Unglück im Sinn haben, werde Ich im Zorn der Kinder berauben, ein fressendes Feuer wird sie vernichten.»

B) Für Shavuoth gibt es unter anderen Qedushta'oth[131] eine Qedushta von Kallir[132], in der Gott der Knesset Jisrael die Torah als Schmuck[133], Krone und Wohlgeruch schenkt.

C) Auch bei der Qedushta von Kallir אהבת נעורים[134] für den Hochzeitsshabbat steht der Bildspender des Schmückens und Bekleidens der Braut im Vordergrund; neben der Schönheit der Braut spielen dort (5. Piyyut) aber auch ihre Kinder eine Rolle, denn beim Hochzeitsshabbat sind Kinder als Bild für das Weiterleben ein Aspekt der kommenden Ge'ulah.[135]

Weil nun die Metaphorik des Schmückens der Braut Zion ein konstantes Motiv bei allen drei Anlässen ist, lohnt es sich, je ein Beispiel zu bringen, um vergleichen zu können:

A) *Das Schmücken in der 3. Berakhah einer Birkat haMazon*[136]
zum Verlobungsessen[137]:

> Bitte, erinnere Dich doch an Deine Verstossene und verlobe Dich ihr! (vgl. Hos 2,21)
> Befiehl, ihre Freude zu vermehren,
> Richte ihre Trümmer auf und dort erfreue sie,
> bedecke sie mit einem Schleier von feinem Linnen und Seide (Ez 16,13)!

---

131 Eine vorklassische Qedushta (Elizur 1999, S. 126) deutet den Silberüberzug der Taube in Ps 68,14 als Torah, der ganze Psalm ist auf Shavuoth ausgelegt. s. Teil II 5.2 (am Schluss).

132 Ich benütze die Qedushta אפסי חוג ed. Shulamit Elizur 2000, S. 143 ff. Meine Übersetzung des 1., 2. und 5. Piyyuts mit Anmerkungen s. Textanhang.

133 Die Deutung von Torah als Schmuck ist eine der Meinungen in ShirR 1,54 zu HL 1,11 S. 43 Dunsky: «Goldene Kettchen (תורי זהב) wollen wir dir machen – Das ist die Torah (תורה), die Onkelos (Konjektur von Dunsky) lernte mit dem Wissen von Gott, ‹mit silbernen Punkten› – Rabbi Abbah Bar Kahanah sagte: das sind die Buchstaben.» Shlomo Ibn Gabirol zitiert HL 1,11 in seinem Piyyut zu Shavuoth Nr. 118, Zeile 8.

134 Text abgedruckt in Fleischer 1975a, S. 154–164. Daraus habe ich den 3. bis 6. Piyyut übersetzt; s. meine Übersetzung mit Anmerkungen kommentiert im Textanhang.

135 Qedushta leChatan von Kallir, 5. Piyyut, Zeile 17 f. (und öfters): «Die du nun vermählt bist, wirst nicht Kinderlose genannt werden, und es wird nicht einer sein, der dich der Kinder beraubt.»

136 Fleischer 1975a, S. 252–254 druckte eine Birkat haMazon ab, die schon früher veröffentlicht worden ist. Avi Shmidman hat nun neuerdings (2005) mehrere Piyyutim zur Birkat haMazon aus der Genizah ediert. Den Text, den ich zitiere, ist meine Übersetzung des Piyyuts zur dritten Berakhah «Der Jerusalem baut», dies sind die Zeilen 17–24 auf S. 9/10 von Shmidman's kommentierter Erstedition des Piyyuts, die 2005 neben weiteren Piyyutim in Pirqe Shirah Bd. 4, Bar-Ilan-Universitätsverlag veröffentlicht wurde.

137 Shmidman 2005 Master Thesis (S. 23), entdeckte, dass die Birkoth haMazon sprachlich zwischen ארוסין und קידושין unterscheiden. Auch die Knesset Jisrael hat entsprechend

Lass sie hören «freue dich und juble,
Ich habe dich zurückgebracht zum Hochzeitsbaldachin Meines Allerheiligsten».
Erfreue sie mit dem Freudenfest des Messias (Kinnuj חכלילי aus Gen 49,12).
Sag': «Zu Recht werde Ich dich Mir verloben.» (Hos 2,21)

Wie geschrieben steht: «Ich werde dich Mir anverloben …» (Hos 2,21), und wie es heisst: «Er baut Jerusalem und sammelt die Zerstreuten Israels» (Ps 147,2) Gesegnet … der aufbaut.

Der Wiederaufbau Zions wird bildlich als Bekleiden der Verlobten mit dem Schleier (aus Ez 16,13) dargestellt: Auch als Stadt wirkt das Frauenbild Zions so, dass sogar das Aufrichten der Trümmer den Aspekt der Bekleidung einer Braut bekommt.

B) Das Schmücken in der Qedushta zu Shavuoth: אפסי חוג

Aus dem 2. Piyyut: Der Mechaje beginnt mit «Die Unschuldige wurde in Pithom (Ägypten) in Treue zur Verlobten genommen (הוארשה)», dann folgt die Gabe der Torah am Sinai, die in Zeile 36 «Buch des Hochzeitsvertrags (כתובה) des Lebens beider Welten» genannt wird, dann als Schmuck beschrieben wird:

40 … um die Braut (כלה) zu schmücken durch die umherschwebenden Engel.
Sie wurde schön (יאה), als sie hintrat, um die Worte zu hören,
ihre Rede von «Tun und Hören» sind ihre leuchtenden Ohrringe.
Ihre Rundungen wurden verstärkt und ihr wurde Stand verliehen mit zwei Kränzen (עטרות),
als die Leuchtpfeile und Blitze (die Engel) ihre blühenden Söhne krönten.
45 Mit Buntgewirktem und Tachash als Kleidung (Ez 16,10) wurde sie vollendet schön gemacht (נתכללה),
als die Shekhina auf ihr in Lobgesang lagerte.
Sie (Akk.), die durch das Halsgeschmeide (רביד Ez 16,11) erhöht war, machte die Menge der lautschallenden Engel prächtig (פיארוה).

Aus dem 5. Piyyut der Qedushta zu Shavuoth אפסי חוג zitiere ich auszugsweise:

Str.
3   Als Schmuck (עדי עדיים Ez 16,7) bedeckte Er sie mit Seinem Licht (= Torah),
als ein prächtiges Geschmeide (ענקים Spr 1,9) für den Hals gab Er ihr
Gottesworte, die lautere Worte sind.

---

entweder die Bezeichnung מאורסה/ארוסה oder כלה; gleich sei aber bei beiden Anlässen der Begriff מקודשת (angeheiligt), der in der Verlobungs- und auch in der Hochzeitsformel gebraucht werde. Als dritte Etappe der Hochzeitsfeierlichkeiten folge das Fest beim Aushändigen der Ketubbah (auch zwischen Verlobung und Hochzeit möglich). Kallir, Qedushta zu Shavuoth, bezeichnet, wie ich sah, die Knesset Jisrael ebenfalls zuerst (Mechaje Vers 29) als die in Ägypten Verlobte, dann (Vers 40) nennt er sie bei der Sinaioffenbarung Braut. Siehe unten im Text.

4   Er lud sie ein zum Chorev – sie, die vollendet Schöne wie die Sterne ...
5   Er schrieb ihr eine Mitgift (מוהר) auf und ein Brautgeschenk (nach Gen 34,12) ...
6   Ihre Arme verschönte Er mit prächtigen Spangen (צמידים, Ez 16,11),
    damit sie sich schön mache vor Ihm, «der lauter Wonne ist»,
    ihre Finger schmückte Er mit einer Sammlung von vollendet schönen Ringen –
    den zehn begehrenswerten Worten.
7   Die wegweisenden Wolken band Er voll Entzücken
    für sie zusammen zu einer Krone wie einen Myrtenkranz (כתרי הדסים) ...[138]

In beiden Piyyutim häufen sich die Wörter «verschönern», «schön», «vollendet schön», «prächtig». Im 5. Piyyut bringt Kallir eine Fülle von Schmuckstücken, die alle Gott der Braut schenkt. Die Fülle betont, welch grosses Geschenk die Torah ist und welche Absicht Gott mit dieser Gabe hat. Er gibt sie ihr, um sie damit zu Seiner Ehefrau «anzuheiligen»: die Torah ist an einer Stelle im 2. Piyyut (Zeile 36) als Ehevertrag (כתובה) bezeichnet, und im 5. Piyyut ist mit der «Mitgift» ebenfalls die Torah gemeint; vor allem aber ist sie als Schmuck beschrieben. Die Torah als Schmuck hat im Unterschied zur Metapher des Ehevertrages die Konnotation der persönlichen, zärtlichen Gabe, weil das Geschenk sie verschönt, genau zu ihr passt und Gott ihr die Ringe, Spangen und Halsgeschmeide selbst ansteckt und ihr die Krone eigenhändig aus Myrte bindet (5. Piyyut, 7. Strophe). Auch der Vergleich der Torah mit Düften, die Gott ihr als Duftpflanzen aus dem Garten pflückt (HL 5,1), ist ein Bild, welches das Geben als zärtlichen Akt zeigt: Im 5. Piyyut (8./9. Strophe) der Shavuothqedushta heisst es,

Er verlieh ihr die Torah,
8   indem Er ihr von jedem Duftstoff des Händlers Wohlgeruch mit Weihrauch gab,
9   als Er für sie das Gesetz des Prachtverleihenden (= Gott) «pflückte» (HL 5,1 ארה).

Der Bildspender des Schmückens und Geschmücktwerdens hat aber nicht nur das Deutungspotential, dass Gottes Liebenswürdigkeit betont wird, sondern auch dass sie Ihn erfreuen soll, indem sie sich für Ihn schön macht (6. Strophe): das heisst, ihre Schönheit und Sein Entzücken an ihr sind Metaphern für die gegenseitige ideale Beziehung.

Dies sieht man auch bei der Metapher des Weines (Wein steht wahrscheinlich für die Torah), mit dem Gott sie tränkt:[139] (2. Piyyut, Mechaje)

---

[138] Elizur 2000, Edition von Kallirs Qedushta'oth leYom Mattan Torah zum 5. Piyyut Vers 26, S. 162: «In tSot 15,8 S. 242 werden zwar Kränze für Bräutigame und nicht Brautkränze aus Myrten erwähnt, aber hier ist es klar, dass die Myrtenkränze der Braut gegeben werden.»

[139] Wein: Metapher für Torah (s. Anmerkung im Textanhang) oder hier generell für die Zeit der Ge'ulah wie in Jes 62,8.9. Jesaia spricht vom Korn und Wein, das Jerusalem/Zion in Zukunft selbst essen und trinken wird «in Meinen heiligen Vorhöfen».

37 Er erfrischte sie (Sing. fem.) mit dem gemischten Wein, um sie schön zu machen.

Zum Motiv der Hochzeitsfreude gehört auch die Mitfreude der Schöpfung[140] (5. Piyyut,11. Strophe):

11 Laut erhoben die Flüsse ihre Stimme in jubelndem Lied
zu Ihm, auch diejenigen, die vergnügt mit den Flügel schlagen (= Vögel),
als Er aus allen Völkern die Stämme der Starken (= Israel) begehrte,
um am Sinai Seine Hochzeit klar zu verkünden.

Dieselbe Metaphorik des Schmückens der Braut, des Tränkens mit Wein, der Mitfreude der Schöpfung sehen wir nun auch in der folgenden Qedushta zum Hochzeitsshabbat als Bildspender für den Bildempfänger «Ge'ulah». Die Braut im 5. Piyyut ist die Knesset Jisrael:

C) *Das Schmücken in der Qedushta leChatan* אהבת נעורים *von Kallir*

5. Piyyut, 2. Strophe

5 Weil die prächtige Krone (עטרת תפארת) auf dem Haupt der Braut vollendet schön ist während der Hochzeit der Jugendliebe –
und damit sie gepriesen sei wegen ihrem Kranz (זר) und prächtigen Mantel, mögest Du ihr voll Freude sagen: «du hast Mich verzaubert, Meine Braut, Meine Schwester.» (HL 4,9)

In der Hochzeitsqedushta ist der Inhalt der Freude natürlich nur die Hochzeit selbst und nicht gleichzeitig das Entzücken an der Torah; hier zielt die Darstellung nur darauf hin, mit den Bildern der gegenwärtigen realen Hochzeit die zukünftige Hochzeit, die Ge'ulah, anzuvisieren[141]. In der 5. Strophe des 3. Piyyuts der Hochzeitsqedushta sieht man besonders gut, wie Kallir die zukünftige Freude der Knesset Jisrael von ihrer jetzigen Trauer im Exil abhebt: es ist die «Strophat Sijum», die auf den Vers Jes 62,5 («so wird sich an dir freuen dein Gott») zusteuert und die Knesset Jisrael mit vielen Bildern einer schönen, geliebten Braut darstellt:

Zieh ihr ihren Schmuck an (Ez 16,11), damit sie wie einst vollendet schön wird, (להתכללה)
50 und sie soll nicht mehr heissen «eine, die ihre Kinder verloren hat» (שכולה).

---

140 Bei Jannais Qerovah für Ex 19,6 (die Gabe der Torah) freuen sich die Berge (von denen Gott den Berg Sinai ausgewählt hat) mit: Ps 114,4 wird vom Auszug aus Ägypten auf Shavuoth übertragen: «Du hast dich beeilt, sie (die Berge) für sie (Israel) tanzen zu lassen.» Oben 2.2.4.2. Ähnlich beseelt ist die Natur dargestellt in Euripides, Hippolytos 4. Stasimon: Kypris (die Liebe) berückt den ganzen Kosmos (Tiere, Berge, Meer, Menschen).

141 Die Ge'ulah-Metaphorik in Jes 61,10 «Er kleidet mich mit Gewändern der Rettung» übernimmt Kallir im 3. Piyyut der Hochzeitsqedushta: «Du, der Du sie (die Knesset Jisrael) mit Schmuck bedeckst, bekleide sie mit Rettung und gib ihr wie einer Braut einen Kranz auf ihr Haupt.»

> Geliebter, entzücke sie mit der vollkommenen Liebe (כלולה),
> sie, die Schönheit, die mit Gewürzstaub umduftet ist (מרוכלה) (HL 3,6),
> erfreue sie, wie ein Bräutigam sich erfreut an der Braut (כלה).

Die Strophe hat den Reim auf -kalah (Braut) und endet immer auf etwas Positives. Eines der Reimwörter auf -kalah ist aber ein Kontrastwort, nämlich ihre Bezeichnung als «eine, die ihre Kinder verloren hat» (שכולה). Weil dieses Wort nun von den positiven Reimen umschlossen wird, wirkt es wie aufgehoben im Rahmen der positiven Aussagen.

Um die Freude der zukünftigen Ge'ulah darzustellen, braucht Kallir in der Hochzeitsqedushta die Metaphorik des Weintrinkens und der Mitfreude der Schöpfung wie bei der Shavuothqedushta:

3. Piyyut, 4. Strophe: (der anonyme Sprecher spricht)

> 45 Sie, die von Milch fliesst (Land Israel), wird für sie (= Knesset Jisrael) Wein fliessen lassen,
> und ihr Herz möge sich freuen an der Freude an Dir.
> Sowohl die Kraniche als auch die Schwalben in ihrem Nest werden sich freuen an der Freude (der Erfüllung) von «Freuen, ja freuen werde ich mich» (Jes 61,10).

6. Piyyut, Refrain (der anonyme Sprecher spricht)

> Wie am Weintrinken,
> wie am Lauschen von Kranich- oder Schwalbengesang, so will ich mich freuen am Heiligen.

Ein spezieller Hochzeitsschmuck ist die Krone der Braut (עטרה oder כתר) in der Qedushta leChatan und in der Qedushta für Shavuoth von Kallir. Für die rabbinische Zeit belegen die Quellen, dass es Kränze für den Bräutigam und (Myrten-) Kränze und Kronen als Brautschmuck gab; für die Braut war sogar eine Art goldenes Diadem möglich.[142]

Was bedeutet die Krönung der Braut als Metapher? Was bedeutet die Krone als Geschenk?

Nicht nur Kallir, sondern mehrere Midrashim stellen dar, wie die Knesset Jisrael beschenkt wird und greifen dabei auf Ez 16 als «Sammlung» von Brautgeschenken zurück.[143] Der Midrash zu HL 4,13, ShirR 4,25, nennt dreizehn

---

142 Eine Diskussion, ob Kronen, Kränze und Hochzeitszüge für die Braut nach der Zerstörung des Tempels erlaubt seien oder nicht: mSot 9,14; bSot 49a; bShab 59a; bGit 7a, s. Encyclopedia Judaica, Stichwort "Crowns" S. 1133. Mit dem Wort עטרה wird die Königskrone (2. Sam 12,30) bezeichnet, die Königskrone von Ester (Est 2,17) heisst כתר מלכות.

143 PRK 12 zu Ex 19,1 «Im dritten Monat»: Der Hochzeitsvertrag, den Gott mit Israel schloss, wird so erklärt, dass Gott sich wie ein König verhalten habe, der eine vornehme Frau

Geschenke[144], die sich Israel und Gott *gegenseitig* gaben, anders als die Darstellung in den Shavuothpiyyutim, wo nur Er beschenkt. ShirR 4,25 fasst die Abgaben für das Zelt der Begegnung (Terumah, Ex 25) als Geschenke der Knesset Jisrael an Gott auf. Ebenso auf das Zelt der Begegnung wird die in HL 3,11 erwähnte Krone (כתר) gedeutet, mit der «Seine Mutter» den König, nämlich Gott, krönte.[145] Das gegenseitige Schenken kennzeichnet als Bildspender die Geschichte Israels vom Auszug aus Ägypten bis zum Bau des Wüstenheiligtums und bis in die Zukunft

---

heiraten wollte: zuerst muss er sie beschenken, bevor er «Ansprüche» an sie machen kann. Das Gleichnis ist folgendes: «R. Levi sprach: gleich einem König, welcher eine Frau von edler Geburt und berühmter Herkunft heiraten wollte. Er sprach: auf andere Weise (ed. Buber S.104 mit der Lesart griech. alloka = «sonst anderes» statt des unverständlichen überlieferten «alaha») kann ich nichts von ihr verlangen (scil.: um ihre Hand anhalten), sondern erst wenn ich ihr viel Gutes erwiesen habe, will ich Ansprüche an sie machen. Er sah sie nackt und bekleidete sie: Ez 16,10; er führte sie durchs Meer: Ex 14,29 ...» ShirR 4,25 zu HL 4,13: Deine Schösslinge sind ein Garten von Granatäpfeln. Das Wort «Schössling» (Shelach שלח) wird als Shiluach שלוח gelesen wie in 1. Kg 9,16 mit der Bedeutung von «Mitgift», daraus die Deutung von ShirR 4,25 (S. 122 Dunsky): «Dies ist die übliche Sprache der Menschen: ‹Was schickte XY seiner Braut? Granatäpfel›.» Dann folgt die Aufzählung aller gegenseitigen Geschenke.

144 ShirR 4,25 zu HL 4,13 (S. 122 Dunsky): «Sie gab Ihm dreizehn, und Er gab ihr dreizehn: sie gab Ihm dreizehn, was ausgeführt ist in Shmoth [Ex 25,3–7]: und dies ist die Terumah, ... Gold, Silber, Bronze, Purpur, ..., und Er gab ihr dreizehn, was ausgeführt ist in Ezechiel [16,10–14]: Ich kleidete dich mit Buntgewirktem, Ich gab dir Schuhe aus Tachash-Fell, Ich hüllte dich mit Byssus ein, Ich bedeckte dich mit Seide (R. Jehuda b. R. Simon: Er umgab sie mit Wolken der Herrlichkeit [Ex 13,22]) ... Ich gab dir Armgeschmeide an deine Arme (das sind die zwei Gesetzestafeln, auf denen die zehn Gebote eingegraben sind ...) und eine Halskette um den Hals (das ist die Torah ...), Ich gab dir einen Nasenring (das ist das heilige Salböl ...) und Ohrringe (das ist das Diadem des Hohepriesters ...). ... Und die drei letzten (Gaben), was sind sie? Ich schmückte dich mit Gold und Silber und dein Ruhm ging in die Völker hinaus und hinaus.» ShirR erwähnt noch, dass eine Braut sich mit 24 Schmuckstücken schmückt. Als Prooftext zu dieser Meinung dient Jes 3,16ff. (Die Beschreibung der Töchter Zions).

145 PRK 1, 66 ed. Buber S. 4: «R. Jitzchaq: die Krone – das ist das Zelt der Begegnung.» Zur Frage, was die Krone (כתר) und wer «Seine Mutter» sei, s. die Meinungen in ShirR 3,21 zu HL 3,11 (S. 97 Dunsky) = PRK 1, 66–72 ed. Buber, S. 4/5 (Parallele: TanB Pequde 8, ed. Buber II, S. 133): Die Deutung von R. Elazar (oder R. Jishmaʿel: Anmerkung in PRK 1, Buber S. 4) Berabbi Jose ist: lies statt «Seiner Mutter» לאמו «Seinem Volk» לאומו; dies basiert auf dem Prooftext Jes 51,4, und will erstens beweisen, dass «meine Mutter» die höchste Steigerung aller Liebesanreden ist, mehr als «meine Schwester» und «meine Geliebte», und zweitens, dass eben diese Mutter das Volk Israel sei. Andere Deutungen in ShirR 3,15 zu HL 3,9 (S. 93 f. Dunsky), z. B. die Meinung von R. Jehuda Berabbi Shimʿon «die Sänfte – das ist der Mishkan (die Wohnung: Ex 26)» oder «die Sänfte – das ist der Tempel».

der Befreiung (Ge'ulah) verlängert als die Geschichte eines Hochzeitspaares, das sich weiter mit Hochzeitsgeschenken beschenkt. Die Befreiung schliesslich wird im Midrash als Krönung dargestellt mit Prophetentexten als prooftext: ShirR 4,25 (S. 122 Dunsky): «‹Und eine prächtige Krone (עטרת תפארת) auf dein Haupt› (Ez 16,12) das ist die Shekhina, wie es heisst Jes 62,3 ‹Und du wirst eine prächtige Krone עטרת תפארת sein in der Hand des Ewigen›, und es steht geschrieben: (Mi 2,13) ‹Ihr König wird vor ihnen herschreiten, der Ewige wird auf ihrem Haupt (respektive an ihrer Spitze) sein›.»

Die Metapher der Krone wird hier in ShirR 4,25 doppelt gebraucht: Er ist für sie eine Krone, die «auf ihrem Haupt» liegt (neben Mi 2,13 vgl. Jes 28,5), und sie ist für Ihn eine Krone «in Seiner Hand». Die Krönung ist hier als Bild für die Ge'ulah mit der Königsmetaphorik Gottes verbunden, indem Er König sein wird und sie metaphorisch die Königin. In der Shavuothqedushta von Kallir hingegen hat die Krone nicht die Konnotation einer Königs- respektive Königinnenkrone[146], sondern die Krönung meint die Krönung durch die «Krone» der Torah, die als Schmuck und Ehre der Knesset Jisrael verstanden wird[147], zusätzlich ist dies aber auch die Brautkrone: Wenn Shavuoth wie bei Kallir als Hochzeit am Sinai gedeutet wird, ist es die Braut, die die Krone der Torah als Brautkrone bekommt.

Bei dieser Metaphorik der Krone wird uns im andalusischen Piyyut die neue Facette auffallen, dass das Bild der Brautkrone mit dem der Königskrone verbunden wird: die Knesset Jisrael wird dort zum Teil nicht nur als Braut, sondern auch als Königin gekrönt, die über die Rivalen triumphiert (Teil III 2). Wenn Shavuoth nicht mit der Hochzeitsmetaphorik dargestellt wird, wird die Ehrung Israels mit einem andern Bild dargestellt: Als Auszeichnung, so heisst es, wurden Waffen und die «Krone des unaussprechlichen Namens» an «die 60'000 Helden» Israels verliehen.[148]

Fazit: Die Metaphorik des Beschenkens umfasst das liebevolle Schmücken der Braut; der Bildempfänger ist die neue Ehrenstellung und das Geliebtwerden

---

146 Entsprechend ist nur das «Königtum von Priestern» (Ex 19,6) in der Qedushta (5. Piyyut, 2. Strophe) erwähnt. Zu den vier Kronen, die der Torah, des Priestertums, des Königtums, des «guten Namens»: mAv 4,17.
147 So z. B. auch bei Jehuda Halevi Nr. 186, Zeile 6: «Er hat mich mit Gesetzen bekränzt העניד.»
148 PRE Kapitel 47: «R. Eliezer Ben Arakh sagt: Als der Heilige, Gesegnet sei Er, herunterkam, um Israel die Torah zu geben, da kamen mit Ihm 60'000 Dienstengel entsprechend der 60'000 Helden Israels, und Waffen und Kränze עטרות sind in ihren Händen, sie kränzten Israel mit der Krone כתר des unaussprechlichen Namens.» Parallele (kürzere Version): PesR 33 S. 154 (ed. Ish Shalom, 1880); In bShabb 88a sind es statt Kränze zwei Kronen, כתר genannt.

der Knesset Jisrael als Ehefrau. Die Ehefrau-Metaphorik deutet «Shavuoth» als Hochzeit und die Torah als Hochzeitsgeschenk, als ehrenden Brautschmuck. Die Hochzeitsfreude ist in allen drei Textbereichen (Piyyutim zu Shavuoth, zum Shabbat des Bräutigams und zu den Birkoth haMazon) eine Metapher für die zukünftige Befreiung der Knesset Jisrael aus dem Exil. In der Birkat haMazon zum Verlobungsfest dient das Einkleiden der Braut als Bild für den Wiederaufbau Zions. Alle Hochzeitsmetaphern werden wir auch im andalusischen Piyyut wieder antreffen.

2.2.5.2 Die Knesset Jisrael in der Hochzeitssänfte und das Zelt der Begegnung als Hochzeitsbaldachin: Jannai, Qedushta zu Parashat Teruma, Ex 26,1[149]

Weil Hochzeitssänfte und -baldachin im andalusischen Piyyut viel als Metaphern für den Ort der Liebesbegegnung vorkommen, will ich nun an zwei Beispielen von Jannai zeigen, wie er diese Bildspender aus dem Text des HL herleitet, um metaphorisch eine neue Aussage über die Knesset Jisrael auf ihrem Weg von Ägypten zum Sinai zu machen. Bei der Petichah miqra'it in seiner Qedushta zu Pessach[150] kommt als Zitat der schwierige Vers HL 6,12 vor, und Jannai deutet ihn originell mit der Assoziation eines realen Wagens, und zwar eines Hochzeitswagens, in dem die Braut Knesset Jisrael sitzt:

124 *Und ich erkannte nicht, dass meine Seele mich gesetzt hat* (HL 6,12)
wie eine Braut, geschmückt mit Schmuck im Wagen sitzend, eingehüllt und parfümiert.

Jannai verbindet die Darstellung eines Hochzeitszugs aus HL 3,6–11 mit HL 6,12, wo die Rede von einem Wagen ist: dazu verwendet er das Material eines Gleichnisses,[151] das ShirR 6,18 zur Deutung des Wagens benützt, und gestaltet daraus die neue Situation, dass die Königstochter aus dem Gleichnis eben gerade die Geliebte aus dem HL sei, also die Knesset Jisrael, die als Braut in diesem Wagen

---

149 Rabinovitz 1985, I, S. 329/330.
150 Rabinovitz 1987, II, S. 282 ff. Ich habe aus dieser Qedushta oben 2.2.3.1 (S. 94, am Schluss des Abschnitts über die Shiv'ata zu Pessach) schon einige Verse zitiert.
151 ShirR 6,18 zu HL 6,12 (S. 150 Dunsky). Dieser Vers wird in der Zwinglibibel als «völlig unverständlich» erklärt. Im Hebräischen steht: «Ich wusste/kannte nicht, dass meine Seele mich auf die Wagen meines edlen Volkes gesetzt hat.» Das wird in ShirR 6,18 mit einem Gleichnis erklärt: die Königstochter, die eben noch unerkannt Ähren eingesammelt hat auf dem Feld, wird vom vorbeifahrenden König, ihrem Vater, auf den Wagen gesetzt. Dabei wundert sie sich (ich wusste nicht) über das, was ihr geschah, ebenso sehr, wie ihre Gefährtinnen sich wunderten.

sitzt. Den Hochzeitszug der Braut in HL 3,6–11 deutet ShirR 3,21[152] als Prozession der Knesset Jisrael in der Sänfte des Königs. Die Person, nach der HL 3,6 mit dem Vers «wer ist diese, die da hinaufsteigt?» fragt, erklärt ShirR also zur Braut Knesset Jisrael, die in der Prozession zur Hochzeit mit dem König getragen wird. Deswegen ist sie selbst wahrscheinlich auch zur Königstochter geworden; eine naheliegende Assoziation, besonders wenn man auf sie auch die Bezeichnung «Tochter des Edlen» (בת נדיב) aus HL 7,2 bezieht.[153]

Der folgende Text ist, was die Assoziation betrifft, sehr interessant: es handelt sich nicht um einen Pessach- oder Shavuothpiyyut, und dennoch assoziert Jannai die Hochzeit der Knesset Jisrael. Es ist der 4. Piyyut der Qedushta zur Parashat Teruma, Ex 26,1 «Und eine Wohnung sollst du machen»: Jannai schafft einen intertextuellen Bezug zwischen der Parashah, die vom Bau des Zeltes der Begegnung handelt, und dem HL, ohne dass ihm die liturgische Bestimmung diesen Bezug vorgegeben hätte; das bedeutet, dass er mit den Zitaten aus dem HL und ihrer rabbinischen Auslegung über diese Wohnung etwas Neues, nicht traditionell Vorgegebenes sagen will. Ich interpretiere nicht den ganzen Piyyut[154], sondern will die Assoziationen zeigen, die das Zelt der Begegnung zu einem Ort der Liebesbegegnung machen:

Qedushta zur Parashat Teruma, Ex 26,1, 4. Piyyut

27 Nicht übermächtig in Deiner Kraft haben wir Dich gefunden, Shaddai,
der Du alles füllst und doch zwischen meinen Brüsten ruhst (shaddai).
28 Du hast mir mein Händewerk gelingen lassen (jadai),
die Wohnung, die ich gemacht habe (mifʿalai) als Zeichen der Freundschaft zwischen Freunden (jedidai),
29 die Sänfte meiner Erfüllung (killulai) und meiner Hochzeitsliebe (kelulai),
die Tat und Erfüllung meiner Zeugnisse (Gesetze) (edotai), mein Schutzzelt (jeriʿotai),
30 das Zimmer meiner Mutter (horati) und Schatten meiner Bedachung (qorati),
überzogen (ratzuf) mit meiner Liebe (ahavati), zur Befriedigung (ritzuj) meiner Zuneigung (chibbati),
der Ort, wo mir Frieden bestimmt ist (pequddati):
31 das hast Du mir getan (li), Furchtbarer und Heiliger (Nora weQadosh).

---

152 ShirR 3,21 (S. 98 Dunsky), am Schluss zu Vers 3,11 an: «Am Tag seiner (Shlomos) Hochzeit: Das ist der Sinai – sie waren wie Brautleute ... Andere Deutung: Am Tag seiner (Shlomos) Hochzeit: das ist das Zelt der Begegnung.»
153 Bei Shlomo Ibn Gabirol Nr. 118 für Shavuoth כבודת בת מלך (Zeile 6) beruht das Appellativ für die Knesset Jisrael auf dieser Vorstellung der Königstochter: sie ist die «geehrte Tochter des Königs, der von alters her regiert».
154 Elizur 1999, analysiert den Piyyut S. 137–141. Die Verszählung ist gemäss der Edition Rabinovitz 1985, I, S. 329 f.

Die Parashah (Ex 25,1–27,19) handelt davon, wie Moshe eine Lade für die Gesetzestafeln und die Wohnung für Gott machen soll: Wie kommt Jannai im 4. Piyyut vom Thema des Baus des Wüstenheiligtums auf die Hochzeitsliebe (אהבת כלולי)[155] der Knesset Jisrael zu sprechen? Er benützt den Midrash: Für die «Wohnung», das Zelt der Begegnung, kann Jannai die Auslegungen des HL beiziehen, welche die Stelle in HL 3,6–11, die von «Shlomos Sänfte» handelt, als Hochzeitssänfte ansehen und auf die Wohnung in der Wüste deuten.[156]

Auch auf den Torahschrein mit dem Torahvorhang beziehen Midrash und Talmud die Aussage der Geliebten in HL 1,13[157]: «Ein Myrrhenbündel ist mir mein Geliebter; zwischen meinen Brüsten liegt er.» Weil das Myrrhenbündel das Zusammendrücken der Myrrhe assoziiert, und diese ein Bestandteil des Weihrauchs ist, so denkt der Ausleger in ShirR 1,61, R. Jochanan, an die zwei Stangen des Torahschrankes, zwischen denen der Weihrauch gebündelt lag. Der Talmud bYom 54a gibt dazu die Erklärung, dass diese Stangen sich hinter dem Vorhang wie zwei Brüste[158] hervorwölbten: der Midrash ShemR 34,1 verzichtet auf diese Erklärung.[159]

---

155 Das Wort כלולי ist im maskulin, entspricht aber dem כלולות von Jer 2, 2 in der Bedeutung von Hochzeit.
156 ShirR 3,21 (S. 98 Dunsky), s. o. in Anm. zitiert: «Am Tag seiner Hochzeit – das ist das Zelt der Begegnung.» Dieselbe Meinung in ShirR 3, 15 (S. 93 Dunsky). Daneben die Meinung von R. Jehuda Berabbi Simon «die Sänfte – das ist der Mishkan (die Wohnung: Ex 26). ShirR 3,21 (S. 97/98 Dunsky) zu HL 3,11 die Krone, mit der Batsheva Shlomo krönte, «bestand aus Edelsteinen und Perlen: so war das Zelt der Begegnung, auserlesen mit Blau und rotem Purpur (ארגמן HL 3,10), Karmesin und Byssus». Die Sänfte ist der Hochzeitsbaldachin auch bei Jannai, Shiv'ata zu Pessach, Rabinovitz 1987, II, S. 268, Zeile 27.
157 ShirR 1,61 zu HL 1,13 (S. 47 Dunsky) «Ein Myrrhenbündel ist mir mein Geliebter»: «R. Jochanan legte den Vers aus auf den Weihrauch: das Myrrhenbündel (צרור המור) ist nur eines jener 11 Bestandteile (des Weihrauchs). Zwischen den Brüsten: weil es (das Bündel) zusammengedrängt (gebündelt) war zwischen den Stangen der Torahlade.»
158 1. Kg 8,7: «Die Keruvim breiten die Flügel über den Ort, wo die Lade steht und bedecken so die Lade und die Stangen von oben. Die Stangen sind so lang, dass man ihre Enden vom Heiligen aus, gerade vor dem Allerheiligsten, sehen kann; aber draussen sind sie nicht sichtbar. Und dort sind sie bis zum heutigen Tag.» bYom 54a «die Stangen ... sie stiessen, wölbten sich und traten beim Vorhang hinaus und sahen aus wie die zwei Brüste einer Frau, wie es heisst: (HL 1,13) Mein Geliebter ist mir wie ein Bündlein Myrrhen, das zwischen meinen Brüsten liegt. Es sagte R. Qatina: Wenn Israel jeweils die Wallfahrt unternahm, rollte man vor ihnen den Vorhang zurück und zeigte ihnen die Keruvim, die mit sich gegenseitig verbunden waren. und sagte ihnen: Seht hier, eure Liebe vor dem Ewigen ist wie die Liebe des Männlichen zum Weiblichen.»
159 Eine andere Überlieferung, die unter den «Brüsten» die zwei Keruvim versteht: Shir Hashirim Zutta 1,13 S. 14 ed. Buber: «Zwischen meinen Brüsten wird er ruhen (HL 1,13):

Jannai geht von den Realien des Kultes aus und setzt sie mit Hilfe des Midrash in Analogie zu den konkreten Gegenständen, von denen die Frau im HL spricht (Zeile 27 Brüste, Zeile 29 Hochzeitssänfte, Zeile 30 Zimmer meiner Mutter). Mit diesen zwei Bildspendern, dem Bildfeld des Kultes und dem Bildfeld der Braut, erreicht Jannai, dass sein Piyyut über das Zelt der Begegnung zu einer metaphorischen Darstellung der Hochzeitsliebe wird, dargestellt in der Sicht der Frau wie die Aussagen im HL. Hinter dem Ich des Sprechers steht natürlich die Gemeinde der Betenden. Aber das Entscheidende ist, dass der Dichter eben gerade nicht den Plural wählt, sondern den Singular: damit kann von der Metaphorik her nicht etwa Moshe gemeint sein, sondern die weibliche Gestalt der Knesset Jisrael: das sprechende Ich identifiziert sich so mit der Geliebten und Braut aus dem HL. Nur auf diese Weise, dass er die Gemeinde als Knesset Jisrael sprechen lässt, kann er die HL-Semantik der Hochzeitsliebe in den Bildern ausdrücken. Er verdeutlicht ab Zeile 29 mit Genetivmetaphern, wie er die Realien des Zeltes metaphorisch versteht: sie ist die «Sänfte meiner Erfüllung (killulai) und meiner Hochzeitsliebe (kelulai)», zur Liebe gehört der Schutz, deshalb sagt er, sie ist «mein Schutzzelt», «das Zimmer meiner Mutter» (HL 3,4; auch die Mutter ist hier ein Bild für Geborgenheit), und ebenfalls hat die Genetivmetapher «Schatten meiner Bedachung» die Semantik von Schutz. Bei all diesen Metaphern ist die Intimität[160] ausgedrückt, was Jannai dadurch verstärkt, dass er jedem der Begriffe das Suffix «mein» hinzufügt, auch wenn es im HL-Zitat nicht steht, z. B. «Die Sänfte ist überzogen mit ‹meiner› Liebe» (HL 3,11 ohne ‹mein›). Diese Suffixe sind wegen ihrer Verwendung im Reimwort (Reime auf -aj oder auf -i) hervorgehoben. Die Wirkung der Reihung von syntaktisch gleichgebauten Versen, der Paronomasie und des Reimes[161] ist die, dass das Zelt der Begegnung als ein Ort der ausgewogenen Harmonie, der Liebe und der statischen Zeitlosigkeit dargestellt wird. Dieser Piyyut ist deshalb ein weiteres Beispiel für die Charakterisierung der Liebe zwischen der Knesset Jisrael und Gott als Harmonie, wie wir es schon bei Jannais Qerovah zu Pessach gesehen haben.[162]

Das ist die Shekhina, die sich zwischen den Keruvim befindet.» Elizur 1999, S. 141 zitiert BamR 12,4: «So wurde auch das Zelt der Begegnung mit dem Glanz der Shekhina gefüllt, und trotzdem entstand dadurch für die Welt keinen Mangel (an der Shekhina), wie es heisst: ‹Sein Inneres war mit Liebe überzogen von den Töchtern Jerusalems›, das ist die Shekhina.»

160 «Das Ruhen zwischen den Brüsten» ist in Kallirs Hochzeitsqedushta, 5. Piyyut ein Bildspender für die Erlösung. Es ist auch in den Liedern von al-Andalus ein häufiges Motiv.
161 Darauf weist auch Elizur 1999, S. 141 hin. Sie sagt zur Wirkung: «um das Gefühl der Unmittelbarkeit der Liebesverbindung zwischen Gott und dem Volk zu geben.»
162 Ganz anders ist die Liebe im andalusischen Piyyut vor allem als Sehnsucht dargestellt: z. B. Shlomo Ibn Gabirol Nr. 180, Ahavah zu Pessach יביא לחדרו, Teil II 3.2.

3. Die Hochzeit aus der Perspektive der Braut: die Braut als Sprecherin

In diesem Kapitel untersuche ich zwei Hochzeitspiyyutim, einen von Kallir und einen aus der andalusischen Epoche, mit der Fragestellung, wie die Piyyutim den Übergang der Rede von der realen Braut zur Braut Knesset Jisrael in der Textstruktur klar machen respektive verschleiern. Damit hängt die Frage nach der Stimme der Braut zusammen: Ist die Knesset Jisrael als Braut immer stumm und passiv, so wie wir es bisher bei Jannais und Kallirs Piyyutim gesehen haben, oder bekommt sie unter Umständen eine Stimme?

3.1 Die stumme Knesset Jisrael in Kallirs Hochzeitsqedushta אהבת נעורים[1]

3.1.1 Hochzeitsqedushta: Der Inhalt und die Sprecher von Piyyut 1 bis 6

Bei der Qedushta für einen Hochzeitsshabbat[2] hat der Paytan seit der klassischen Zeit freie Hand bei der Wahl des Inhalts. Nur im Meshalesh, dem 3. Piyyut der Qedushta, war es alte Tradition – aber keine Verpflichtung –, Verse aus der Haftarah Jes 61,10 ff. (Sos Asis) zu zitieren, da dies seit jeher die traditionelle Haftarah für Hochzeitsshabbatoth war; auch sie handelt von der Erlösung gemäss der traditionellen Auflage für Haftaroth.

Die Metaphorik «Hochzeit der Braut» in der Qedushta von Kallir wird auf der Strukturebene der sechs Piyyutim in grossem Rahmen durchgeführt: Ausgehend von der realen Braut (Piyyut 1–2 und 1. Teil von 6. Piyyut) geht Kallir über zur Ebene der Knesset Jisrael (Piyyut 3–5, 2. Teil von 6. Piyyut). Die beiden

---

1 Text: Fleischer 1975a, S. 154–162. Meine Übersetzung (nur 3. Piyyut, Meshalesh, bis und mit 6. Piyyut, Qiqlar) mit Anmerkungen s. im Textanhang.
2 Neben den Qedushta'oth gibt es auch andere liturgische Stationen für einen Hochzeitspiyyut: z. B. Jehuda Halevis Zulat. Seit talmudischer Zeit gibt es auch Hochzeitslieder für die Braut, die keine Piyyutim sind und nicht in der Synagoge gesungen wurden (bKet 17b).

Ebenen stehen im Verhältnis von Bildspender und Bildempfänger zueinander: die Hochzeit der realen Braut wird als Bild aufgefasst für die Hochzeit der Knesset Jisrael. Im kleineren Rahmen der einzelnen Piyyutim laufen zwei andere Sinnebenen nebeneinander: die Hochzeit der Knesset Jisrael dient wie in Jes 61,10 ff. als Bildspender für den Bildempfänger «Erlösung». Der Vers Jes 61,10 «Er (Gott) kleidet mich mit Gewändern der Rettung, mit dem Mantel der Gerechtigkeit hat Er mich bedeckt, wie ein Bräutigam, der sich wie ein Priester schmückt, und wie eine Braut, die sich ihren Schmuck anlegt» wird bei Kallir im 3. Piyyut zum Vers: «Ein buntgesticktes Kleid und Kraft mögest Du ihr wie einen Mantel anziehen.» Das Hochzeitskleid ist auch bei Kallir ein Bild für Erneuerung und Kraft, die von Gott kommt.

Uns interessiert hier, wie die Knesset Jisrael ab dem 3. Piyyut auftritt. Der 3., 4. und 5. Piyyut handeln von der Liebe Gottes zu Israel und von der Erlösung, wie folgt:

3. Piyyut: Der Dichter signalisiert die Wende zum Thema «Israel und Gott» mit dem Codewort «Meine Schwester, Meine Braut» für die Knesset Jisrael. Er kombiniert Wortgruppen aus Jesaia mit solchen aus Ezechiel 16 und Sacharja. Die Knesset Jisrael bleibt im 3. Piyyut durchwegs in der 3. Person, wird also nicht angeredet. Denn «Meine Schwester, Meine Braut» ist keine Anrede, sondern ein Appellativ für die Gemeinde Israel. Im Zentrum des 3. Piyyuts steht die Braut: entweder als Subjekt der Handlung (Sie soll sich freuen) oder als Objekt der Handlung (Gott möge sie bekleiden etc.). Der anonyme Sprecher redet sie in 3. Person an und seine Bitten formuliert er als Anrede an Gott. Das einzige Mal, bei dem die Knesset Jisrael vom anonymen Sprecher angeredet wird, ist der Aufruf in der letzten Strophe: «Deinem Gott spiele und singe Seine Lieder.» Diese Anrede ist aber rein technisch bedingt durch den vorangehenden Vers in der Zitatenreihe (Jes 62,5 «so wird Sich an dir freuen *dein Gott*»), welche mit dem Wort «dein Gott» endet. Der Dichter musste gemäss dem Gesetz des שרשור, der Anknüpfung der Zitatenreihe an den Piyyut, weiterfahren mit «deinem Gott».

4. Piyyut: Die Knesset Jisrael wirkt nicht als Bildspender, da die Metaphorik ganz auf den Bildempfänger der Erlösung ausgerichtet ist. Die weibliche Personifikation von Land und Volk fallen im Bild der Hochzeit gemäss der Vorlage bei Jes 62,4.5 zusammen: beide werden vermählt. Das Land Israel und der Tempel werden «gereinigt» werden und der Tempel, in der Hochzeitsmetaphorik als Hochzeitsbaldachin bezeichnet, wird zum Gebetshaus für alle Völker (Jes 56,7).

5. Piyyut: Am Anfang ist Gott angeredet, und die Knesset Jisrael erscheint in der 3. Person. Dann folgen 5 Strophen, in denen der Sprecher Gott ist, der sich zum 1. Mal direkt an die Knesset Jisrael wendet. Der Piyyut ist mit der Sijomet Miqra'it strukturiert, indem die sieben Strophen durch die fortlaufenden Zitate aus HL 4,8–4,12.15 und 5,1 abgeschlossen werden.

6. Piyyut (Qiqlar): der erste Block der dreizeiligen Strophen ist an das Brautpaar gerichtet, der zweite Block spielt wieder auf der Ebene der Liebe Gottes zu Israel. Hier bringt der Text zum 2. Mal eine direkte Anrede Gottes an die Knesset Jisrael. In der Schlussstrophe wird sie von Gott aufgefordert (immer mit dem Reimwort einer femininen Imperativform), aufzustehen, sich heiraten zu lassen und Ihm ein Lied zu singen und zu spielen (solche Aufforderungen finden sich viel im andalusischen Piyyut, dort kann es auch der anonyme Sprecher sein, der sie auffordert). Der allerletzte Satz, das Schriftzitat, ist bezeichnend für die Rollenverteilung «Gott (aktiv, sprechend) – Knesset Jisrael (passiv, stumm)»: Kallir adaptiert das aus dem HL stammende Zitat «unter dem Apfelbaum habe ich dich (mask.) geweckt» (HL 8,5) und nimmt es syntaktisch als Ergänzung zum Imperativ des Singens: sie soll singen «unter dem Apfelbaum hast Du (maskulin, Gott) mich geweckt». Dabei verändert der Piyyuttext die Perspektive im Vergleich mit dem HL, weil nun Er, Gott, sie weckt und nicht mehr sie Ihn. Der klassische Piyyut verwendet bei diesem Vers aus dem HL das «Wecken»[3] als Metapher für die Sinaioffenbarung respektive für die Erlösung und zitiert die Stelle immer so, dass Er sie geweckt habe, entsprechend wie wir es schon bei der Metapher «an die Türe klopfen» (HL 5,2) gesehen haben. Nur im spanischen Piyyut kommt sie auch als die aktive Frau vor, die Seine Liebe weckt! Zum Beispiel bei Shlomo Ibn Gabirol Nr. 96 «Was hast du, du Schöne, dass du die Liebe erregst?» (תעוררי erregen: nach HL 2,7).

Fazit: Wir sehen, dass Zion bei Kallir hier nur als die von Gott Angesprochene auftritt, obwohl sie in den Qinoth und den Piyyutim für die Trostshabbatoth bei Kallir auch Sprecherin sein kann[4]: der Grund, warum sie dort spricht, ist wahrscheinlich darin zu sehen, dass bereits im biblischen Klagelied Ekha Zion oft die Sprechrolle hat. Umgekehrt liegt der Grund, warum in den Shavuoth- und Hochzeitsqedushta'oth die Knesset Jisrael nicht spricht, darin, dass sie als Braut passiv ist, während Gott als ihr Retter und Bräutigam die aktive Rolle hat.

---

[3] Auch das Wachsein ist im Unterschied zum «Schlaf des Exils» ein Bild für die Erlösung respektive für Gott, der wach ist, Israel zu erlösen: ShirR 5,2 zu HL 5,2 (S. 127 f. Dunsky). Entsprechend dieser Deutung von Wachsein als die Erlösung, die Gott bringen wird, ist auch das Wecken in HL 8,5 im Piyyut zum Wecken Gottes zur Erlösung umgedeutet worden.

[4] Die Knesset Jisrael kann eine Sprechrolle haben in den Qinoth (s. 2.1.3.2 Kallirs Qinah) und in den Qedushta'oth für die sieben Trostschabbate (s. 2.1.3.1 Kallirs Qedushtah אם הבנים).

3.2 Die Knesset Jisrael in der Sprecherrolle im andalusischen Hochzeitspiyyut

Im andalusischen Piyyut erscheint die Textfigur der Knesset Jisrael im Hochzeitspiyyut in der 3. Person oder als Ich-Sprecherin, manchmal im Wechselgesang, manchmal als Monolog. Der Wechselgesang ist eine Form, die in Ansätzen, aber noch nicht als Kompositionsform eines ganzen Piyyuts, schon im klassischen Piyyut vorkommt wie in den oben erwähnten Qedushta'oth zu den Trostshabbatoth von Kallir. Ein frühes Beispiel der kunstvollen Verwendung eines dialogischen Wechselgesangs aus al-Andalus im 10./11. Jahrhundert ist eine Hochzeitsqedushta von Rabbi Jitzchaq Bar Levi Ibn Mar Sha'ul.[5] Ich zitiere daraus zwei Strophen, um zu zeigen, wie Ibn Mar Sha'ul anders als Kallir den Piyyut durch die strophenmässig verteilten Sprechrollen strukturiert und den Wechselgesang als Kunstmittel verwendet.

31 (Er)Ich habe mich deiner von deiner Jugend auf mit Erbarmen und Gnade angenommen,
Ich habe dich weggebracht, als du an den Sklaven Ägypten ausgeliefert warst,
Ich habe dich unterstützt, als Ich dir, dich verschonend und schützend (Jes 31,5), zurief:
«Mit Mir vom Libanon, Braut, mit Mir vom Libanon!» (HL 4,8)

35 (sie) Ich habe Dich erkannt, o Gott, unter Königen und Unterdrückern,
Feinde hast Du vernichtet, die Dein Gesetz verändern.
Deine liebevolle Gnade (חסד) habe ich besungen zum Harfensaitenspiel (Ps 45,9):
«Mein Geliebter ist mir und ich bin Ihm, dem der in den Lilien weidet.» (HL 6,3)

Ein zweiter Unterschied zum klassischen Piyyut liegt darin, dass bei Kallir die Knesset Jisrael in den Qedushta'oth zu den Trostshabbatoth manchmal als Individuum und Frau redet, manchmal im Plural der Gemeinde. Bei Jitzchaq Ibn Mar Sha'ul hingegen ist sie durchgehend die personifizierte Knesset Jisrael; auch wenn sie immer noch die Gemeinde vertritt, wirkt sie doch ganz als individuelle und reale Braut, die ihre Geschichte des Exodus aus Ägypten als ihre Rettung durch den Bräutigam erzählt.

Während es bei Jitzchaq Ibn Mar Sha'ul klar ist, dass die Knesset Jisrael spricht, ist der Leser/Hörer des folgenden Hochzeitspiyyuts Nr. 464 von Jehuda Halevi im ersten Teil unsicher, ob es sich um die Stimme der Knesset Jisrael oder

---

5   Die drei ersten Piyyutim s. Übersetzung im Textanhang. Die Qedushta wurde herausgegeben und identifiziert von Fleischer 1970, Hapayytan Rabbi Jitzchaq bar Lewi ufiutaw, S. 308–314.

der realen Braut handelt. Dieses Phänomen der Doppeldeutigkeit werde ich im 2. und 3. Teil der Arbeit weiter verfolgen.

3.2.1 Die werbende Braut in Jehuda Halevi Nr. 464 Jarden יבא דודי[6]

1 Es möge mein Geliebter in seinen Garten kommen (HL 4,16) /
und seine Tafelrunde (מסבו HL 1,12) und seinen Sitz einrichten,
2 um zu weiden in den Gärten (HL 6,2).
3 Die Pracht der Blumen seines Gartens sind seine Wonne (עדן), / an ihnen ergötzt er sich,
4 um die Lilien zu pflücken. (HL 6,2)
5 Und er wird verborgene Köstlichkeiten pflücken, / alte und auch neue (HL 7,14).

Refrain: So mögen sich diejenigen, die die Treue bewahren (Jes 26,2),
noch freuen an ihren Bräutigamen, in Frische und Stärke (Ps 92,15).
כן בני שומרי אמונים ישישון עוד בחתנים דשנים ורעננים

6 Mein Geliebter, kehr bei mir ein / zu meiner Halle (אולמי) und meinen Palasträumen (היכלי),
um zu weiden in den Gärten.
Erscheine in meinen Zelten / zwischen den Beeten (HL 6,2) von Aloebäumen (Num 24,6),
um die Lilien zu pflücken.
10 Sieh, die Granatapfelbrüste / sind dir zum Geschenk gegeben.

Refrain: So mögen ... etc.

11 Mir ist mein Geliebter und ich bin ihm, (HL 6,3)/
wenn ich an die Wohnstatt seines Palastes (oder: Tempels היכל) klopfe, (nach HL 5,2)
um zu weiden in den Gärten.
13 Über mir ist die Liebe als sein Zeichen / und unter meinem Kopf seine Linke, (HL 2,6)
um die Lilien zu pflücken.
15 Er möge sich satt trinken (HL 5,1) an der Quelle der Gärten (HL 4,15), /
deren Wasser treu fliessen (nach Jes 33,16).

Refrain: So mögen ... etc.

Die auserlesenen Schönen haben sich getroffen /
und im Garten der Liebe werden sie sich vergnügen (ישתעשעו),
um zu weiden in den Gärten.
Rebstöcke werden sie pflanzen / und heiligen Samen säen,
um die Lilien zu pflücken.
20 Prächtige Schösslinge blühen, / Pflanzungen der Wonne.

---

6 Bei Brody 1894/1930 als «Zulat leShabbat Chatunah» Lied Nr. 52, II, S. 51 eingereiht.

Refrain: So mögen ... etc.

Wie schön sind die Zelte (Num 24,5 f.), / wo die Edlen sich treffen,
um zu weiden in den Gärten.
Sie sitzen unter dem Schatten[7] / wie in Gärten entlang der Aloebäume,
um die Lilien zu pflücken.
25 Gott möge ihnen Köstliches verleihen: / eine Gabe des Ewigen sind Söhne.

Refrain: So mögen ... etc.

Im ersten Teil (1–15) redet die Braut über ihren Bräutigam. Im zweiten Teil redet ein anonymer Sprecher. Er vertritt die Gesellschaft, die der Hochzeit mit dem Wunsch, Gott möge ihnen Kinder geben, gleichsam den Segen gibt. Durch diesen Schluss, die Erwähnung der Kinder, ist das Lied als Hochzeitspiyyut gekennzeichnet.[8] Brody sagt in seinem Kommentar[9] zum Gedicht vorsichtig: «Es kann sein, das das Lied ein Piyyut ist für den Shabbat leChatan obwohl es darin Worte gibt, die nicht in ein liturgisches Lied passen.» Mit diesen unpassenden Worten könnte er Zeile 10 meinen: die Granatapfelbrüste. Aber es ist für ihn keine Frage, dass der Piyyut für die Synagoge bestimmt war, wie auch eine Handschrift in der Überschrift das Lied als Zulat bezeichnet. Die Frage nach der Sprecherin im Piyyuts bleibt aber, auch nachdem die Zuordnung zur Gattung Piyyut geklärt ist, bestehen. Wer ist die Braut, die die Verse 1–15 spricht? Ist es die reale Braut, entsprechend dem 2. Teil des Piyyuts, der klar vom realen Brautpaar handelt? Die beiden Teile hängen durch die Refrainstruktur zusammen: aber wer sind die im Refrain[10] erwähnten Treuen, deren zukünftige Hochzeit der Sprecher erhofft? Wegen der Anspielung auf Jes 26,2 ist wahrscheinlich das «gerechte Volk» gemeint, das Gott die Treue bewahrt, d.h. das Volk Israel. In dem Fall ist im Refrain von realen Brautpaaren die Rede. Als Personifikation des Volkes Israel kann aber hier auch die Knesset Jisrael verstanden werden, die sich dereinst an ihrem Bräutigam (Gott) freuen soll. Offen bleibt aber immer noch, wer die vorhergehenden Verse 1–15 spricht. Ist es die reale Braut, die sich an den Geliebten wendet, oder die Knesset Jisrael, die zu Gott spricht? Kallir hat in seiner Hochzeitsqedushta die beiden Ebenen klar von einander abgehoben mit

---

7   Der Genuss des Schattens einer Person als Bild für Schutz: s. Gruendler 2000, S. 222.
8   Ein anderes (nicht immer sicheres) Merkmal eines Piyyuts ist das Akrostichon des Zulats: Jehudah Halevi ben Shmu'el.
9   Brody 1894/1930 druckt das Lied ab in Bd. II, S. 51 als Lied Nr. 52, den (hebräischen) Kommentar in Bd. III, S. 57.
10 Weil das Lied ein Piyyut ist, anerkennt Brody auch den Refrain, der nicht in allen Mss überliefert ist, als ursprünglich an: s. die Details in der kommentierten Übersetzung im Textanhang.

seiner Einleitung (reales Paar), dem mittlerem Teil (Knesset Jisrael und Gott) und dem Schluss (reales Paar). Ist es möglich, dass Jehuda Halevi die beiden Ebenen deckungsgleich macht und die Sprache doppeldeutig ist?

Eine Analyse der Metaphern kann eventuell die Sprecherin im 1. Teil identifizieren:

Wenn man das Verhältnis von Bildspender zu Bildempfänger untersucht, sieht man gleich, dass im Unterschied zu Kallir kein expliziter Bildempfänger genannt ist, sondern auf der Textoberfläche nur Bilder vorkommen ohne Deutungen. Die Bilder stammen alle aus dem HL, wo sie bereits als Metaphern für den Liebesgenuss stehen (ausser HL 2,6 in Zeile 13 «seine Linke unter meinem Kopf», was im HL kaum eine metaphorische Bedeutung hat). Die Bilder sind aus zwei schon im HL nebeneinander bestehenden Bildbereichen ausgewählt: Garten, Blumenpflücken und «weiden»[11] einerseits und Palast, Halle, Tafelrunde (HL 1,12) und Zelt[12] andererseits. Beides sind Bildfelder, die Metaphern liefern für den Ort und den Genuss der Liebe: Das ganze Lied hindurch wird in diesen beiden Bildfeldern nur das eine Motiv «des Kommens in den Garten/den Palast» durchgeführt. Jehuda Halevi schreibt deshalb gleichsam eine Variation des HL. Wer ist nun die Sprecherin, die sagt, der Geliebte solle in ihren Palast/Garten kommen? Wie im HL, so ist es auch in diesem Text so, dass der Leser Verse wie «Mein Geliebter ist in seinen Garten gegangen ... um zu weiden in den Gärten» (HL 6,2) als Aussage einer realen Frau versteht oder aber in dieser Frau, wie es der Midrash tut, die Verkörperung der Knesset Jisrael sieht. Dieselben zwei Sinnstufen liegen auf den ersten Blick auch hier vor. Bezweckt der Text in dem Fall nicht nur eine typologische Analogie von Braut – Knesset Jisrael (wie im klassischen Piyyut), sondern sogar eine Identifikation der Stimme der Braut an ihrer realen Hochzeit mit der Stimme der Knesset Jisrael an ihrer heiligen Hochzeit mit Gott? Bei genauerer Betrachtung scheint aber die Gleichung an zwei Stellen doch nicht aufzugehen:

1) Die erste Stelle ist die Szene in Zeile 11–12: «wenn ich (Braut) an die Wohnstatt seines Palastes/Tempels klopfe». Da im HL 5,2 *er* derjenige ist, der bei ihr klopft, muss diese Änderung zum Weiblichen hier einen Sinn haben. Als einzige

---

11 Zum «Weiden» gehört auch das Trinken (Zeile 15) und das Pflücken/Essen von «Köstlichkeiten» (Zeile 5): Zu diesem Bildfeld und zum Bildfeld des Gartens s. Teil III 1.4.3 und 1.4.4.

12 Das Zelt mit der Konnotation einer intimen Wohnung stammt nicht aus dem HL (die Zelte von Qedar in HL 1,5 haben nicht diese Konnotation), sondern aus Num 24,5 und aus dem Wüstenkontext der arabo-hebräischen Qaṣida: zu diesem Requisit in der hebräischen Liebespoesie. s. Teil II 2.1, Beispiele 1 und 3. «Zelt» kann auch den Ohel haMoʿed bedeuten.

Lösung kommt hier nun aber die Knesset Jisrael in Frage, denn versteht man die Klopfende als eine reale Braut, so ist die Szene unmöglich: die Braut von Fleisch und Blut klopft in der andalusischen Kultur nicht an die Tür des Bräutigams. Hingegen macht es sehr viel Sinn, wenn man die Braut als Knesset Jisrael versteht, die anklopft: das Wort Hekhal (היכל) in seiner Doppelbedeutung von Tempel und Palast assoziiert hier den Tempel, und als Braut bittet sie um Eingang, d. h. um die Rückkehr nach Zion und um Erlösung in der Metaphorik der Hochzeit (wie bei Kallir). Aber sobald man sich auf diese Deutung festlegt und meint, der ganze erste Teil handle von der Knesset Jisrael, die vor dem Tempel steht, ist man wieder in Verlegenheit, wenn man die zweite problematische Stelle, Vers 10, liest:

2) «Die Granatapfelbrüste sind dir zum Geschenk gegeben»: dies ist ein Bild, das nicht aus dem HL stammt (dort sind die Brüste mit den Trauben verglichen HL 7,8), sondern den Einfluss der arabischen Poesie auf die hebräische Poesie von al-Andalus verrät: die Brüste sind wie Granatäpfel im Baum.[13] Am nächsten zu diesem Bild der Brüste als Granatäpfel im Baum kommt HL 4,13 «Dein bewässerter Garten[14] ist ein Paradies (פרדס) von Granatäpfeln». Das Schenken von Granatäpfeln, respektive des Saftes davon, wird in HL 8,2 als Bild für das Schenken der Liebe gebraucht, sowie überhaupt Liebeschenken mit Bildern des Tränkens (und Fütterns) ausgedrückt werden: HL 8,2 «Ich werde dich tränken mit gewürztem Wein, mit dem Saft meines Granatapfels.»[15] Offenbar hat Jehuda Halevi das «Granatapfelbild» aus dem HL unter dem Einfluss des arabischen Liebesliedes abgewandelt zum Bild des Schenkens von Granatapfelbrüsten. Aber passt dieses Bild zur Knesset Jisrael als Sprecherin?[16] Ins nicht-liturgische Hochzeitslied passt diese Erotik und die "daringly erotic" Rede der Braut[17], wie wir es

---

13 Das Bild der Granatäpfel in der arabischen Poesie: Zusammenfassend für das Vorkommen im 9./10. Jahrhundert: s. Bauer 1998, S. 305 und speziell bei al-ʿAbbas ibn al-Aḥnaf, S. 65. Ebenso s. Schoeler 1974, S. 57 Brüste als Granatäpfel beim Dichter Muslim (Dichterschule von Bagdad); Gründler 2000, S. 221 zum Bild des Einsammelns von Granatäpfeln, die am Baum hängen, in der Qaṣīda von Ibn Shuhayd (992–1035, Córdoba): dies sei eine lexikalisierte Metapher für die Brüste der Frau. Manzalaoui 1989, S. 124 zitiert aus Ibn ʿArabi: "Pomegranates are tasty for those who pluck them", und erklärt: "Sexuality and the loved one's body are spoken of in terms of the eating of fruit." Weiter s. Jehuda Halevi Hochzeitslied Nr. 462 (Teil II Beispiel 13) Zeile 5.

14 «Dein bewässerter Garten שלחיך». Übersetzung nach mShviit 2,2 (ein bewässertes Feld).

15 Auch ShirR assoziiert interessanterweise den Vers HL 8,2 mit dem Schenken von Granatäpfeln als Liebesgabe: (ShirR 4, 25, S. 122 Dunsky) «Das ist die Sprache der Menschen: was schickte NN seiner Verlobten? Granatäpfel.»

16 Matti Huss, Jerusalem, findet es zu erotisch (mündlich, auf meine Anfrage hin).

17 Rosen 1988, S. 77.

beim (weltlichen) Hochzeitslied הלא עלה von Jehuda Halevi für Josef Ibn Migash[18] sehen. Der Paytan lobt zuerst den Bräutigam, dann die Braut, dann führt er die Rede der Braut selbst an. Sie sagt:

> Ich bin die Sonne, mein Kleid ist Purpur und Seide,
> und ich habe noch einen Vorzug: meinen Balsamduft, meine Wabe und meinen Honig (HL 5,1).
> Mein Geliebter, es spriessen im Garten meiner Lust Lustbarkeiten[19]:
> Zwei Brüste sind dir geschenkt, ja geschenkt,
> und heute sind sie als dein Anteil bereit für deine Hand.
> Und wenn du im Gartenbeet meiner Wangen meine Schlange siehst,
> so komm näher, fürchte dich nicht, habe ich sie doch hingetan, um dich zu verführen.[20]

Zusammengefasst haben wir folgende Erkenntnisse und Fragen gewonnen: Was die Metaphorik betrifft, so liefert der Bildbereich «Garten» und der Bildbereich «Palast/Haus/Zelt» Metaphern für den Liebesort, die als Bildspender auch gegenseitig auf einander verweisen, wobei der Garten zudem als erotisches Bild für die reale Braut selbst[21] aufgefasst werden kann, und der «Palast» auch als Bild für den realen Tempel stehen kann. Die Frage ist nur, ob die reale Braut als typologische Figur für die Knesset Jisrael dient und sie die Sprecherin ist, oder umgekehrt, ob die Knesset Jisrael die Sprecherin ist. Ist es möglich, dass der weltliche Bereich so mit dem religiösen verwoben ist, dass der Text eine Unterscheidung verhüllen will? Ist das eine gewollte Doppeldeutigkeit? Verweist in Vers 1 die Metaphorik des Gartens und der Einrichtung des «Sitzes für den Geliebten am Bankett» auf Erotisches, Profanes *und* Religiöses, Heiliges als zwei Aspekte derselben Sache? Ist es so, dass die Liebesvereinigung im Garten und die kommende Herrschaft Gottes in Zion (das meint die Einrichtung des Sitzes in Zeile 1) sich gegenseitig deuten? Ist das Profane ein Abbild des Heiligen? Dies sind die Fragen betreffend Metaphorik und Sprechsituation der Frau als Textfigur, die ich im nächsten Teil der Arbeit angehen werde.

---

18 Ed. Brody 1894/1930, II, S. 22/23. Yahalom 1993, S. 165 sagt über Josef Ibn Migash, er sei Nachfolger des Jitzchaq Alfasi auf dem Vorsitz der Jeshivah von Lucena gewesen.
19 Anspielung auf das Paradies (Gan Eden = hier Gan Edni). Ich habe «im Garten meiner Lust spriessen Lustbarkeiten» übersetzt gemäss der Punktierung durch Brody עדני גנת. Er erwähnt die andere Lesart von Shadal in dessen Edition des Liedes, nämlich עדני als Smikhuth zu lesen, sodass die Übersetzung wäre: es spriessen im Garten der Lüste aller Lüste zwei Granatäpfel.
20 Die Schlange im Paradies (Gan Eden) nach Gen 3,13: gleiche Wortwahl. Zum Motiv: Teil II 5.2, Beispiel 13.
21 Schippers 1994, S. 187 ff.: Kapitel "Nature Poetry, The Garden Compared with a Woman". Weiter zu diesem Motiv: Teil III 1.4.4.

II Im Schnittpunkt von Gebets- und Hofliteratur: Die Knesset Jisrael/Zion und die Figur der Geliebten, des Liebhabers und der Seele

Aufbau der Arbeit und Textbasis

In diesem Teil der Arbeit zeige ich, welche Motive der neuen weltlichen Poesie von al-Andalus am meisten das weibliche Zionsbild des klassischen Piyyuts beeinflusst haben. Den Charakter dieser arabo-jüdischen Literatur beschreibe ich anhand einer kleinen Forschungsübersicht im 1. Kapitel; ich ergänze damit meinen Forschungsbericht im Einleitungskapitel.[1]

Das 2. Kapitel dient als methodischer Einstieg: ich stelle meinen Interpretationsansatz vor und erkläre, was ich unter metaphorischem Text verstehe. Dabei knüpfe ich an die Terminologie an, die ich für die Beurteilung des Hohenliedes (HL) als Intertext des Piyyuts im ersten Teil der Arbeit gebraucht habe (Teil I 2.2).

In den Kapiteln 3–5 stelle ich exemplarisch diejenigen Textsorten der arabojüdischen Literatur vor, denen der Piyyut die meisten neuen Motive entnommen hat: das Lustlied, die Panegyrik, das weltliche Hochzeitslied. Dieselben hebräischen Dichter schrieben Lieder für das gesellschaftliche Leben am Hof[2] wie auch für die Synagoge, sodass sie auch ihre Piyyutim in den neuen poetischen Formen (Metrik, Strophenbau, Reim) dichteten. Es ist mein Anliegen zu zeigen, dass sowohl Formen als auch gewisse Motive gattungsübergreifend sind. Um die Übertragung (und zum Teil Umdeutung) der Motive von einer Textsorte in die andere sichtbar zu machen, stelle ich jeweils neben das «weltliche» Gedichtbeispiel inhaltlich und/oder formal parallele Texte aus dem Piyyut. Anhand des roten Fadens, den ich bei dieser Zusammenstellung von Motiven[3] aufdecken werde,

---

1 Dort bereits vorgestellt: Ezra Fleischer, Tova Rosen, Raymond Scheindlin, Mahmoud Manzalaoui.
2 Fleischer 1975a, S. 335: Das ästhetische Ideal des Hofes sei zur Norm geworden für den poeta doctus. Ebenso zur höfischen Ästhetik Yahalom 2003a, S. 281: s.u. 1.2.
3 Die drei Hauptmotive, die sowohl in der «weltlichen» Literatur in Teil II als auch in den Piyyutim in Teil III vorkommen, habe ich mit A, B, C hervorgehoben: A Die Figur des Liebesgegners (Rivale, Kritiker, Verleumder), B Das Motiv des Weggehens und Umherirrens (= hebräisch Nedod) zu dem auch das Aṭlālmotiv, das Weinen auf den Trümmern der verlassenen Liebesstätte, gehört, C Die Liebeskrankheit.

will ich im Teil III der Arbeit auf der Folie des klassischen Piyyuts zeigen, wie sich das Frauenbild von Zion/Knesset Jisrael verändert hat.

Ursprünglich ging ich davon aus, dass das Liebeslied (hebr.: Lustlied שיר חשק) mit seinen Motiven und Bildern auf die Darstellung des Frauenbilds von Zion eingewirkt hat, besonders in ihrer Charakterisierung als Braut, als Liebende und Geliebte; das hat sich nur in gewissen Punkten bestätigt, wie ich in Kapitel 5 zeige. Meine These, die ich bei der Besprechung der hebräischen Panegyrik in Kapitel 4 bringen werde, ist die, dass die Knesset Jisrael in Wirklichkeit öfter den weltlichen Liebhaber widerspiegelt, und zwar weniger in seiner Liebesbeziehung zu einem/einer Geliebten (Kapitel 3) als in seiner Freundschaftsbeziehung zu seinem Patron. Das 6. Kapitel behandelt die Frage, wie die im Piyyut neuartige Sprechsituation entstehen konnte, dass der anonyme Sprecher und nicht die Stimme Gottes im Text die Knesset Jisrael als weibliche Person anredet, und inwiefern die Knesset Jisrael für das Individuum Spiegelfunktion hat. Auch dieses Phänomen trägt zur neuen Charakterisierung der Frauengestalt Zion bei.

In diesem Teil II stammen die Beispiele weltlicher Lieder von denselben Dichtern, die auch liturgische Lieder geschrieben haben und deshalb auch im Teil III mit Beispielen vertreten sind, ausser Shmu'el Hanagid, von dem keine Piyyutim überliefert sind. Die Dichter sind:

– Shmu'el Hanagid (= Abū Ibrāhīm Ismāʿil Ibn Naghrīlah 993 in Córdoba geboren, dann Granada bis zum Tod 1056),
– Shlomo Ibn Gabirol (Abū Ayyūb Sulaymān Ibn Yaḥyā Ibn Jebirul 1021 in Malaga geboren, aufgewachsen in Zaragoza, 1045 nach Granada, gestorben wahrscheinlich 1058[4]),
– Moshe Ibn Gikatilla (11. Jahrhundert in Córdoba geboren, dann in Zaragoza),
– Moshe Ibn Ezra (= Abū Hārūn Ibn Ezra 1055 in Granada geboren, dort bis 1090[5], dann Flucht ins christliche Kastilien, gestorben nach 1139),
– Jehuda Halevi (= Abū'l-Ḥasan Ibn Allawi 1075 in Tudela geboren, dann in Granada bis 1090, dann Flucht ins christliche Kastilien, gestorben 1141 im Land Israel[6]).

---

4 1058 oder 1070: zur Diskussion s. die Literatur bei Schippers 1994, S. 56. Schippers stellt auf S. 52–64 die wichtigsten Daten (Leben, Werk, Ausgaben) der vier Dichter Shmu'el Hanagid, Shlomo Ibn Gabirol, Moshe Ibn Ezra, Jehuda Halevi zusammen.

5 1090: Die Almoraviden erobern Granada, dann Sevilla, Ende der Dynastie der Muʿtamiden von Sevilla. Die Herrschaft der Almoraviden beginnt allmählich ab 1086, bricht 1145 zusammen und wird nach einer Zeit der Wirren von der Herrschaft der Almohaden abgelöst.

6 Die Belege für Jehuda Halevis wahrscheinliche Ankunft im Land Israel etwa zwei Monate vor seinem Tod s. Yahalom 2002, S. 333–342.

– Von Abraham Ibn Ezra (1089 Tudela/1140 Exil–1164) und Jitzchaq Ibn Ghiyyat (Lehrer von Moshe Ibn Ezra, Lucena 1038–1089) habe ich nur Piyyutbeispiele gewählt.

Die Gedichtbeispiele, die ich als exemplarisch hervorheben will, habe ich von 1–13 durchnummeriert. Diese und alle weiteren im Text angeführten Gedichte finden sich vollständig und kommentiert, zum Teil auch im hebräischen Wortlaut, im Textanhang auf der CD ROM.

1. Geliebte in weltlichem Liebeslied oder Knesset Jisrael in Piyyut?

1.1 Das Verhältnis von weltlicher und liturgischer Poesie

Im liturgischen Hochzeitslied von Jehuda Halevi Nr. 464 יבוא דודי haben wir vermutet, dass die metaphorische Sprache (z. B. «Der Geliebte möge sich satt trinken an der Quelle der Gärten») sowohl die körperliche Liebe des realen Brautpaares als auch die spirituelle[1] Liebe Gottes und der Knesset Jisrael beschreiben kann. Jetzt wollen wir die Frage, ob die andalusische Dichtung eventuell die Grenzen verwischen will, unter einem literarkritischen Gesichtspunkt angehen. Eine klare Unterscheidung von «spiritueller Liebe» und «körperlicher Liebe» ist wegen subjektiven und kulturellen Vorurteilen nicht möglich und ist ohnehin kein literarkritisches Kriterium; aber möglich ist es, die Körperlichkeit respektive Sinnlichkeit der *Bildspender* in der metaphorischen Sprache zu untersuchen. Meine These, die ich in Kapitel 2 ausführe, ist die, dass der Bildspender mit seiner sinnlichen Konnotation in den Piyyutim ebenso wichtig und lebendig ist wie in der sogenannten «weltlichen» Literatur. Was die Metaphorik anbetrifft, so ist ihr Vorkommen kein spezifisches Merkmal, um zwischen Piyyut und weltlichem Lied zu unterscheiden, denn auch wenn im Piyyut die anschauliche, oft aus dem HL stammende Bildersprache immer metaphorisch gemeint ist, so kann auch das weltliche Lied sinnliche, erotische Bilder metaphorisch statt wörtlich brauchen. Überdies ist auch die Gattungszugehörigkeit (Piyyut oder weltliches Lied) nicht in jedem Fall ein sicheres Kriterium, das uns ermöglichen kann, zwischen einer Textfigur von Fleisch und Blut und der Figur der Knesset Jisrael zu unterscheiden, wie wir im *liturgischen* Hochzeitslied von Jehuda Halevi Nr. 464 gesehen haben: die Frage, wer eigentlich redet, blieb dort offen. Die Fälle sind zwar selten, aber immerhin werden wir unten an vier Beispielen (Beispiel Nr. 1, Nr. 9, Nr. 11 und Moshe Ibn Ezra Nr. 37[2]) sehen, dass die Knesset Jisrael auch in einem nichtliturgischen Lied auftreten kann.[3]

---

[1] Spirituelle oder geistige Liebe ist der Begriff, den Pagis 1970, S. 78 und 1976, S. 145 verwendet: ich zitiere unten zu Beginn von 3.2 im Zusammenhang mit den Themen des Lust-/Liebesliedes seine Meinung, was das Fehlen der «geistigen Liebe» im Lustlied betrifft.
[2] Nach Schirmann ist dies kein Piyyut, Bernstein ordnet es unter die Piyyutim ein: s. u. 4.2.4.
[3] Zu den inhaltlichen Unterscheidungsmerkmalen der Figuren s. 2.1.3.

Wie grenzt man also die Gattung «Piyyut» vom weltlichen[4] Lied ab? Der Gattungsbegriff ist in der mittelalterlichen arabischen und hebräischen Poesie ein spezielles Problem[5], da weder Form allein noch Thema allein bestimmend ist. Ein Lied in der Form des Gürtelliedes mit dem Thema Liebe kann theoretisch sowohl ein Piyyut als auch ein weltliches Lied sein. Entscheidend ist nur die Funktion: Nur wenn das Lied für die Synagoge bestimmt ist, ist es ein Piyyut. Diese Definition durch Flusser und Pagis[6] will ich durch eine Aussage von Moshe Ibn Ezra[7] unterstreichen und hervorheben: er kommt in seiner Poetik der weltlichen Lieder kurz auf die Dichtung für die Gottesdienste zu sprechen und sagt zuerst, dass diese Dichtung keine Gesetze der Poetik benütze und er sie deshalb nicht behandeln werde; dann erklärt er:

> Unter den Dichtern[8], die ich oben erwähnt habe und denen, die ich noch erwähne, waren solche, die die besten ihrer Worte in Liedern ohne quantifizierendes Metrum (al-ghair mawzūn: שירים בלתי שקולים) verwendeten, welche von der Gemeinde (fi al-jamāʿa: בצבור) an Jom Kippur und den andern Fasttagen, Festzeiten und Festtagen gelesen werden. Sie benützten das reine (al-maḥḍa) und einfache (as-sādija) Hebräische – mit dem Wort «einfach» meine ich einen Stil, der frei ist von allen rhetorischen Figuren (al-badīʿ), die in dieser Abhandlung mit Hilfe Gottes erklärt werden sollen, und sie hielten sich zurück und die meisten gingen nicht auf dem Weg der Grammatiker[9] (an-naḥwiyyīn: מדקדקים). Und es gab solche Dichter, die ein wenig davon übernahmen und einige der Metren (al-aʿārīḍ) einhielten und das Reimwort beachteten, und ihre Worte waren wie die der arabischen Dichter in der Zeit der Jāhiliyya. Von denen, die nachher kamen, ist die Mehrzahl tief

---

4 Ich brauche diesen Begriff der Einfachheit halber, um damit jede nicht-liturgische Dichtung zu bezeichnen. Aber der Begriff darf nicht falsch verstanden werden: weltliche Lieder können auch ganz religiöse Lieder sein (Scheindlin 2002, S. 384, Anm. 44, plädiert ebenfalls dafür, den Begriff "secular" so sehr wie möglich einzuschränken.).
5 Literatur dazu s. u. 3.1.
6 Pagis 1976, S. 3; Fleischer 1975a, S. 336. Zu weiteren Charakteristika, die den Piyyut kennzeichnen, s. Glossar: Stichwort Piyyut, 2) Abgrenzung vom religiösen und weltlichen Lied und 3) Überlieferung. Zur Frage, ob liturgische Lieder zusammen mit weltlichen Lieder überliefert wurden: ja, zum Teil, generell aber ist Liturgie in einem Machzor, weltliches Lied in einem Diwan überliefert. Religiöse Lieder, aber nicht liturgische, hat z. B. Shmu'el Hanagid: s. u. Nr. 182.
7 Moshe Ibn Ezra, Kitāb al-muḥāḍara wa'l-mudhākara, ed. Halkin 1975, S. 60 = Halper, S. 65/66. Ich danke Herrn Prof. Schoeler und Herrn Dr. Schippers sehr für ihre Hilfe bei der Entzifferung!
8 Anmerkung von Halkin (hebr.): In diesem Paragraphen bezieht sich der Verfasser auf die Dichter, welche die Tradition von Eretz Israel und Babel weiterführten.
9 Anmerkung von Halkin (hebr.): «Grammatiker: Schwer zu entscheiden, ob sich dieser Satz auf die Dichter von Eretz Israel, Babel und der europäischen christlichen Länder bezieht oder nur auf die Dichter dieses Typs in Sfarad.»

eingedrungen in die Übernahme der meisten exakten Wissenschaften (al-ʿilm ar-riyāḍiy: הלמודים המדויקים) – besonders die der himmlischen Sphären (al-hayʾa al-ʿuluwiyya) – in die Gebete und haben so die hebräische Sprache mit dem beladen, was sie nicht erträgt, bis wir in diesem Punkt vom Gebet zu Diskussionen und Erörterungen übergingen. Aber wer wenig von diesen Sachen übernahm und damit die Gebete schmückte und sie schön machte, ist der richtigen (as-ṣawāb) Sache nahe; ‹richtig› ist nach der Definition der dialektischen Theologie (al-kalām) das, was der Wahrheit entspricht.

Moshe Ibn Ezra braucht den Begriff Piyyut nicht, sondern umschreibt ihn mit «Lieder, welche von der Gemeinde an Jom Kippur ... gelesen werden»; dies beweist uns, dass das Hauptkriterium für ihn in der Funktion liegt, für die das Lied bestimmt ist. Er beschreibt nun diese gottesdienstlichen Gesänge als Lieder, die charakteristischerweise einfach und ohne quantifizierende Metrik (בלתי שקולים) sind. Gerade dieses Charakteristikum ist nun aber etwas, das seiner Meinung nach nicht alle seiner Dichterkollegen beachten, denn er kritisiert, dass viele Dichter die quantitative Metrik, den Redeschmuck und wissenschaftliche Begriffe[10] im Übermass sogar ins Gebet übernommen haben. Nur wer dies massvoll tue, schreibe die Gebete «richtig», nur dieser schreibe im philosophisch-theologischen Sinne «wahre» Gebete.

Wie charakterisieren heutige Forscher die weltliche und liturgische Dichtung und worin sehen sie deren Gemeinsamkeiten? Zur gleichen Zeit, nämlich 1975/1976, erschienen die grundlegenden Arbeiten von zwei Forschern zur mittelalterlichen Poesie: von Fleischer und Pagis; Fleischer (1975 a) schrieb über den Piyyut, Pagis (1976) über die weltliche Poesie. Beide Forscher beginnen ihr spezielles Thema, wie Stern[11] in seiner Rezension betont, gerade mit dem Hinweis auf die Bedeutung der jeweils komplementären Kategorie für ihr Thema, da die Grenzen zwischen «heilig» und «säkular» nur Grenzen der Bestimmung, nicht der Form gewesen seien, wie Fleischer sagt[12]. Fleischer begründet diese Grenzüberschreitung mit der Tatsache, dass das neue weltliche Lied wegen seiner poetischen Form so

---

10 Redeschmuck: damit meint er den sich in der Abbasidenzeit entwickelnde Badīʿstil = der neue Stil: s. Schippers 1994, S. 76–79, unten 2.3.2. Shlomo Ibn Gabirol wird von Moshe Ibn Ezra (Kitāb al-muḥāḍara, Halkin, S. 69–71) gerühmt, als erster den Badīʿstil eingeführt zu haben. Mit den wissenschaftlichen Begriffen der himmlischen Sphären im Gebet spielt er nach Schippers Vermutung (so auch Halkin) vielleicht auf den Keter Malkhut von Shlomo Ibn Gabirol an.
11 David Stern, Prooftexts 1, 1981, S. 104–115, dort S. 105.
12 Zitat aus Fleischer 1975 a, S. 336 f. (hebr.): «Es war unmöglich, dass das weltliche Lied, das in Spanien entstand, *nicht* auf das zeitgenössische liturgische Lied einwirkte, waren doch die Grenzen zwischen ‹heilig› und ‹säkular› nie Grenzen der Form, sondern nur der Tendenz und Bestimmung.» Siehe ausführlicher im Glossar, «Piyyut», «Abgrenzung vom weltlichen Lied».

prestigeträchtig war und so verehrt, dass es als eine Schande betrachtet worden sei, mit solchen «formschönen Liedern nicht auch den Schöpfer anzusprechen»[13]. Was also den Dichter zur Übernahme des neuen poetischen Stils in den Piyyut motiviert hat, ist nach Fleischer das Kriterium der Schönheit. Pagis anderseits erklärt weniger das Ziel, als die Bedingung dieses Phänomens, indem er davon ausgeht, dass ein und dieselbe Person sowohl als Paytan für die Synagoge schrieb als auch als Dichter für ein weltliches Publikum: «Bei dem poetischen Schaffen eines Dichters und Paytans entstanden stilistische Verbindungen zwischen den beiden Bereichen».[14]

Es ist in der Forschung anerkannt, dass der Piyyut in al-Andalus einerseits die spätere Eretz Jisrael-Piyyuttradition weiterführt, anderseits beginnt, sich der Poetik der säkularen Poesie zu unterwerfen: Er führt also quasi ein Doppelleben.[15] Die Grenze zwischen «weltlich» und «liturgisch» oder «religiös» ist also nicht so leicht zu definieren, wie man aufgrund dieser modernen[16] Begriffe meinen könnte, die in der zeitgenössischen Poetik von al-Andalus ja nicht verwendet wurden, wie das obige Zitat aus Moshe Ibn Ezra gezeigt hat.

---

13 Fleischer 1975a, S. 336. Volles Zitat (hebr.): «Für ein Publikum, welches das nach dieser Art (scil. nach der neuen Dichtform) entwickelte Lied kannte und schätzte, war es eine Schande, vor Gott zu kommen mit einer Dichtung, die nicht ebenso schön zum Vortragen war wie solche, die sogar für die Weinparties eines der geringsten der Adligen verfasst wurden.»

14 Pagis 1976, S. 4: Er betont aber, dass die Nähe der Gattungen untereinander grösser war und meint damit, dass die Lieder derselben Gattung *verschiedener* Dichter, z. B. Shire Hagut von Shmu'el Hanagid und von Shlomo Ibn Gabirol, sich ähnlicher sind als die Ähnlichkeit, die die weltlichen Lieder und die liturgischen Liedern *desselben* Dichters aufweisen.

15 Carmi 1981, S. 29. Ebenso Fleischer 1970, S. 286 (hebr.): «Im Gebiet des liturgischen Liedes hinkt das jüdische Andalusien in der Epoche des Anfangs des literarischen Aufstiegs auf zwei Füssen und produziert auf zwei Hoheitsgebieten, zwischen denen fast kein Kontakt besteht: Ein Teil des Schaffens liegt in der alten Welt der östlichen Paytanim: Prosa, was die Metrik betrifft; vielschichtig im Wortschatz; gesättigt mit den Aggadoth der Chazal, was den Inhalt betrifft, und gedichtet in den Gattungen des klassischen Piyyuts. Umgekehrt folgt der andere Teil den formalen Neuerungen des weltlichen Liedes, folgt in der Metrik der arabischen Vorschrift, achtet streng auf reines Bibelhebräisch, befreit sich von den Aggadoth und von den Anspielungen auf solche und kreiert neue Piyyut-Gattungen, die das östliche liturgische Lied überhaupt nicht gekannt hatte. Der Stempel dieser Zweigesichtigkeit ist dem Werk von Dunash aufgedrückt und charakterisiert auch das Dichten auf dem Gebiet der liturgischen Dichtung seiner Nachfolger bis Shlomo Ibn Gabirol. Wir werden sehen, dass erst das Schaffen von Jitzchaq Ibn Ghiyyat und Moshe Ibn Ezra diese zwei Welten zur vollendeten Verschmelzung bringen.»

16 Stern 1981, in seiner Rezension von Fleischer und Pagis (Prooftexts 1, 1981, S. 105), bezeichnet diese Übersetzungen der Begriffe von shirat haqodesh und shirat hachol mit "religious and secular poetry" "as an anachronism of the nineteenth century".

1.2 Die Stellung der hebräischen Literatur von al-Andalus in der arabo-jüdischen Gesellschaft: Stand der Forschung

> Sie vermischten sich unter die Völker (= arabisierten sich התערבו) und lernten deren Wege (Ps 106,35)[17]

Um die Grundbedingungen der arabo-jüdischen Kultur zu verstehen und um daraus schliessen zu können, warum überhaupt Prosodie, Inhalt und Stil weltlicher Lieder in liturgische Lieder eindringen konnten, kann man als Konsens in der Forschung zwei Gründe anführen: 1) einen sprachlich-stilistischen und 2) einen kulturellen. Die zwei Gründe bedingen sich gegenseitig, werden in der Forschung aber nicht mit dem gleichen Gewicht behandelt. Beim ersten Grund sind die Forschungsergebnisse unumstritten, und der sprachlich-stilistische Aspekt wurde[18] und wird in den Literaturgeschichten der Liturgie ausführlich behandelt:[19] es ist die Annäherung des hebräischen Liedes an das arabische Lied durch die Neuerung in der Metrik, die Dunash ben Labrat, Schüler von Saʿadja Gaʾon, in der Mitte des 10. Jahrhunderts eingeführt hat, und die neuen Strophen- und Reimformen, die, beeinflusst vom arabischen weltlichen Lied, zum ersten Mal im östlichen Piyyut schon bei Saʿadja Gaʾon und bei Joseph Albardani vorkommen.[20] Erst nach den sprachlichen Detailfragen hat man in der Forschung den zweiten Grund ins Zentrum gestellt, als man anfing, die literarischen Phänomene als Teil der umfassenden Frage zu untersuchen, wie die Akkulturation der Juden

---

17 Brann 1991, S. 37 zitiert dies und erklärt, dass Moshe Ibn Ezra (Kitāb al-muḥāḍara wa-l-mudhākara, ed. Halkin, S. 48), Jehuda Halevi (Kuzari 2,78) und Jehuda al-Ḥarizi (Tachkemoni, S. 182) diese Stelle gleicherweise als Prooftext für und als Kritik gegen die Akkulturation der Klasse der Hofjuden verwendet haben. Besonders Jehuda Halevi lässt im Kuzari 2,73 ff. den «Chaver» die Übernahme des arabischen Metrums ins Hebräische beklagen; s. dazu am Schluss dieses Kapitels den Forschungsbeitrag von Brann 1991. Das Wort התערבו ist zweideutig «sie vermischten sich» und «sie arabisierten sich».
18 Erste Untersuchungen von David Yellin, Torat haShirah haSfaradit, 1939 (Introduction to the Hebrew Poetry of the Spanish Period), Neuauflage 1972. Pagis 1976, S. 80 kommt kurz auf ihn zu sprechen (hebr.): «Lange haben die Forscher sich nicht methodisch mit Problemen des Stils befasst. Der erste, der methodisch die Details der Rhetorik der spanischen Periode klärte, war David Yellin ... er folgte im Aufbau seines Buches den Fussstapfen von Moshe Ibn Ezra und den arabischen Theoretikern der Poetik.»
19 z. B. Leon J. Weinberger, Jewish Hymnography. A Literary History, London 1998; Dan Pagis 1976; Ezra Fleischer 1975a; auch Schirmann/Fleischer 1996 in den Einführungskapiteln.
20 Fleischer 1975a, S. 286.

an die arabische Kultur zu beurteilen sei: Rina Drory[21] vermeidet den nichtssagenden Begriff «literarischer Einfluss» und behandelt die Übernahme und den Austausch von literarischen Modellen im Kontext von kultureller Adaptation, indem sie betont, dass diese mehr umfasse als nur das Ausleihen einzelner Literaturelemente. So bespricht sie u. a. Saʿadja Gaʾons[22] und Dunash ben Labrats Beiträge an die arabo-jüdische Literatur, die sie als das Produkt eines kulturellen Kontakts darstellt. Wenn Forscher wie Scheindlin (1976) und Brann (1991) das Problem der Akkulturation ins Blickfeld rücken, so gehen sie die Frage an, wie das jüdische religiöse Denken die heterogenen Weltanschauungen der andalusischen Kultur aufnahm. Scheindlin[23] und vor allem Brann[24] versuchen das Dilemma, in welchem sich die Dichter befanden, anhand von deren Poesie und literaturtheoretischen Äusserungen über die Dichtung von al-Andalus herauszulesen. Brann unternimmt es, das Dickicht widersprüchlicher und konventioneller Selbstzeugnisse der Dichter zu sichten, um daraus deren literarische Identität zu rekonstruieren. Seine Frage ist, ob und in welchem Mass sich Shmu'el Hanagid, Moshe Ibn Ezra, Jehuda Halevi und Epigonen wie Todros Abulafia in der heterogenen andalusischen Kultur zuhause fühlten und sich als Individuum damit identifizierten. Er stellt das Problem des möglichen kulturellen Dilemmas in den Kontext der literarischen Identitätssuche jedes einzelnen Dichters. Denn die Frage, ob man sich zwischen den arabischen Werten der höfischen Kultur mit ihrem Schönheitsideal in der Liebespoesie und ihrer Philosophie einerseits und den jüdischen Werten anderseits hin und her gerissen fühlte, wurde von jedem Dichter anders gesehen. Es gab nur Lösungsversuche einzelner, wie mit dem allfälligen Zwiespalt umzugehen sei. Ein Beispiel aus den Anfängen der Akkulturation ist das Gedicht von Dunash ben Labrat mit seiner Ablehnung einer Weinparty (unten Beispiel 7).[25] Die Frage nach dem Dilemma der Dichter betrifft also nicht histo-

---

21 Rina Drory 2000, Models and Contacts. Arabic Literature and its Impact on Medieval Jewish Culture, Leiden 2000, S. 208 ff. bespricht den Unterschied zwischen "Cultural contacts" and "Literary contacts". Siehe auch die prinzipiellen Fragen zur kulturellen Bedingtheit gerade der arabischen Liebespoesie des 9./10. Jahrhunderts im Einleitungskapitel von Thomas Bauer 1998, S. 5–17.

22 Die Rückkehr zum Bibelhebräischen («Reinheit der Sprache» צחות) geht auf Saʿadja Gaʾon (882–942) zurück. Zur צחות u. a. Brann 1991, S. 27. Das Wort ist von Shlomo Ibn Gabirol als Selbstlob verwendet in seinem Lobgedicht an Shmu'el Hanagid, Beispiel 10, drittletzte Zeile.

23 Raymond Scheindlin 1976, Rabbi Moshe Ibn Ezra on the Legitimacy of Poetry.

24 Ross Brann 1991, The Compunctious Poet. Cultural Ambiguity and Hebrew Poetry in Muslim Spain, John Hopkins University Press, Baltimore and London.

25 Dunash ben Labrat studierte bei Saʿadja Gaʾon in der 1. Hälfte des 10. Jahrhunderts. Rund 200 Jahre später schrieb Moshe Ibn Ezra als 80jähriger seine Poetik: an ihr lässt

risch greifbare Fakten, sondern nur die subjektive Befindlichkeit jedes einzelnen. Sucht man nach einem historischen Niederschlag, wie die Akkulturation Ende 10. und im 11. Jahrhundert von den Beteiligten selbst beurteilt wurde, so sieht man, dass «Akkulturation ja oder nein» gar nie zur Debatte stand, sondern was diskutiert wurde, waren deren Konsequenzen: auf dem Gebiet der Literatur wurde diskutiert, wie das Hebräische die arabische Metrik verkraften könne und ob die Grammatikformen des Mishna-Hebräischen noch erlaubt seien.[26] Dass diese für uns unwichtigen Fragen damals so im Zentrum standen, lässt uns allerdings auf ein wichtiges Charakteristikum der damaligen arabo-jüdischen Kultur schliessen: das von Juden und Arabern hochgehaltene Primat war die vom arabischen Hofstil geprägte kultivierte Ausdrucksform (adab), und das «Eintrittsbillet» ins tägliche Leben war die Eloquenz.[27] Wie Scheindlin (1976) und vor allem Brann (1991)[28] aber zeigen, verraten auch die literarischen Fragen, wie Form und Inhalt der Poesie sein sollte, das prinzipielle Dilemma der Dichter, in zwei Welten zu leben, in der andalusischen, arabisch geprägten Welt und in der Welt der jüdischen Tradition, die je ihre eigene attraktive Poesie haben. Ist al-Andalus für diese Dichter Heimat oder Exil oder beides, ist ihr Herz im Westen oder im Osten[29] oder an beiden Orten? In welcher Welt ist die Figur von Zion zu Hause? Dies ist die Kernfrage meiner Untersuchung. Zur spezifischen Frage, ob und wie sich die jüdischen Dichter an der arabischen Literatur orientierten, sollen nun noch die

---

sich nach Scheindlins Untersuchung (1976) das Dilemma von Moshe Ibn Ezra ablesen, indem die Poetik nicht nur als Anleitung für Dichter, sondern auch als eine Verteidigung der andalusischen Poesie zu lesen sei. Ich gehe auf einige der Argumente von Moshe Ibn Ezra unten in 2.2 ein.

26 Dies entnehme ich aus Yahalom 2003a, S.280/1: Über den Paradigmenwechsel in der Literatur, der sich im Streit zwischen Dunash ben Labrat und Menachem Ibn Saruq auf rein grammatikalische Fragen einschiesst, sodass sogar die folgenden Zeilen von Dunash ben Labrat nicht inhaltlich, sondern rein grammatikalisch (Form des Suffixes der 2. Person: Mishnahebräisch statt Bibelhebräisch) diskutiert werden: «Der Garten deiner Lust ('ednakh) seien die heiligen Bücher, und deine Pflanzung (pardesakh) die Bücher der Araber.» Yahalom führt dies an als Hinweis, dass damals die Fragen der Ästhetik und nicht der Weltanschauung im Vordergrund standen.

27 Adab: "The knowledge by which one becomes urbane and refined, hence courtly culture" (Brann 1991, Glossar S. 161, auch S. 88). Vgl. Yahalom 2003a, S. 281 (hebr.): «Auf dem Programm stehen Fragen von höfischem Lebensstil (חצרנות höfisches Benehmen, courtoisie, Anm. von mir) und Ästhetik, höflicher Formen und Literatur. Die Poesie in der Sprache der (scil. neuen) Grammatiker symbolisiert und reflektiert Werte des klassizistischen höfischen Lebensstils.»

28 Brann 1991: s. gleich anschliessend im selben Kapitel 1.2 über Jehuda Halevis Kuzari und die Frage des arabischen Metrums.

29 Ich spiele auf Jehuda Halevi Nr. 402 Jarden an: «Mein Herz ist im Osten und ich im äussersten Westen – wie kann mir schmecken, was ich esse, und wie mir gefallen?»

wichtigsten Forschungsthesen zusammengefasst werden; für eine ausführliche Forschungsgeschichte verweise ich auf Brann[30]:

Früher, in der zweiten Hälfte des 20. Jahrhunderts, waren die Forscher eher von persönlichen, ideologischen Einstellungen geprägt und stellten das Thema des kulturellen Dilemmas unter die Frage «Hebraismus (al-ʿibrāniyya) versus Arabismus (al-ʿarabiyya)» als Zeichen des jüdischen nationalen Widerstandes (al-shuʿūbiyya).[31] Pagis[32] betont nicht den Widerstand, sondern den Wettstreit mit den Arabern: man strebte die gleichen Werte an und wollte in der neuen hebräischen Poesie mit ihrer Rückkehr zur Bibelsprache dieselben Meisterwerke vollbringen wie die Araber in ihrer Sprache. Auch Scheindlin (1976 und 1986) spricht von «Ehrenrettung der hebräischen Sprache»,[33] aber er betont vor allem die von der geistigen Elite der Juden und Arabern gemeinsam angestrebten Werte wie Schönheit, Ästhetik und Liebe.[34] Davon grenzt sich Brann[35] in seiner Studie

---

30 Brann 1991, allgemeiner Blick auf die Forschung in Kapitel 1, S. 14–18 und Kapitel 2, S. 23 f., dann jeweils speziell zu jedem der Dichter, die er in je einem Kapitel charakterisiert: Shmuʼel Hanagid, Moshe Ibn Ezra, Jehuda Halevi, Todros Abulafia.

31 Die Forschung von Nechemja Allony tendiert in diese Richtung, speziell bei seiner Untersuchung von Jehuda Halevis Kuzari (s. Brann 1991, S. 88 und S. 200, Anm. 25). Brann (Anm. 44, S. 189) gibt eine Liste mit einem Auszug der Forschung Allonys zum Thema mit der Bemerkung: "A partial listing of Allony's writings on the subject shows, I believe, that he was unduly guided by polemical considerations." Siehe z. B. Allony 1979, Hagar weSarah beShirat Sfarad, Sefer Ben-Zion Luria 1979, S. 168–185. Dort redet er vom literarischen Programm der Poeten, zum biblischen Hebräischen zurückzukehren, als shuʿūbiyya (nationaler Widerstand) gegen die al-ʿarabiyya (arabische kulturelle und politische Dominanz).

32 So Pagis 1976, S. 8. Pagis fasst S. 105 die neuen literarischen Kunstregeln so zusammen: Erst die neue hebräische Poesie qualifizierte sich vor dem strengen Richtstuhl der hebräischen Dichter überhaupt als «Poesie» im eigentlichen Sinn gemäss der neuen, von den Arabern aufgestellten Poetik. Was das bedeutet, zeigt Pagis an einem Zitat von Al-Ḥarizi (1170–1230), das ich hier zusammenfasse: Was in der Bibel an Liedern zu finden sei – poesieähnliche Verse gäbe es in den Psalmen, Sprüchen und dem Buch Hiob –, so würden diesen Versen die neuen literarischen Kennzeichen eines Liedes fehlen, nämlich Metrum und Reim. Wichtig ist an Al-Ḥarizis Bemerkung: das HL kann nach diesen Kriterien von al-Andalus nicht als Poesie gelten.

33 Raymond Scheindlin 1976, Rabbi Moshe Ibn Ezra on the Legitimacy of Poetry, S. 105: das 5. Kapitel von Moshe Ibn Ezras Kitāb al-muḥāḍara sei "an attempt to show that the Hebrew revelation is no less eloquent than the Quran or Arabic poetry and as further evidence that the Hebrew language is capable of the kind of rhetorical elaboration which in eleventh century Andalus was considered the mark of cultivated taste".

34 Scheindlin 1986, S. 85: "The courtier-rabbis of the Golden Age used poetry to a large extent as a ritual expression of an ideal shared by their social class." Siehe die Diskussion seiner These in meinem Einleitungskapitel.

35 Brann 1991, S. 24.

mit dem bezeichnenden Untertitel "Cultural Ambiguity" ab, indem er sagt, dass die Situation der jüdischen Kultur damals "an adaptive subculture under stress" gewesen sei, entsprechend sei die andalusische Poesie nicht einfach als "apologetic and competitive reaction to ʿarabiyya" anzusehen, sondern als "literary discourse designed to mediate cultural ambiguity".

Was auch immer das Ziel der jüdischen Dichter war, man kann nicht mehr als konstatieren, dass Dichter und Publikum bis auf wenige Ausnahmen in der Poesie scheinbar Unvereinbares vereinigten: das Ideal der schönen Form verlangte zum Teil auch für den Piyyut die neue arabische Metrik und Stilistik (s. u. 2.3), umgekehrt erhoben die Dichter die Wiederbelebung der biblischen Sprache zum Programm, sahen sich ausersehen als die wahren Hüter des Bibelhebräischen[36] und nahmen biblische Figuren zu literarischen Vorbildern (Shmuʾel, David).[37] Die Problematik aber und den Konflikt mit jüdischer Philosophie und Tradition, die die Akkulturation mit sich brachte, kann man beispielhaft am Dilemma zeigen, das Brann[38] vor allem bei Jehuda Halevi[39] feststellt: In dessen Schrift Hakuzari[40] 2,65 erklärt der rabbinische Lehrer, wie Musik und Poesie nur dank dem heiligen Nährboden des Tempelkultes mit seinem Levitengesang habe wachsen und die Seele beschwingen können, worauf der Khazarenkönig genau hier einhakt, dass die Musik jetzt nicht mehr diese Würde habe, «da sich die Mägde mit ihr beschäftigten und sie gesunken ist, wie ihr (Juden) von eurer Höhe gesunken seid». Worauf zielt diese Kritik? Brann (1991)[41] und

---

36 Brann 2000, S. 448 verweist auf Moshe Ibn Ezra (Kitāb al-muḥāḍara wa-'l-mudhākara, ed. Halkin, S. 54): die Juden Sefarads seien Abkömmlinge Jerusalems (Ovadja 20), die von allen Bewohnern Israels am meisten Wissen in rhetorischer Eloquenz und rabbinischer Tradition gehabt hätten.

37 Shmuʾel Hanagid stellt sich selbst als David hin (Shmuʾel Hanagid, ed. Jarden Nr. 7, Z. 38: Angabe von Scheindlin, Judaica 2004, 3, S. 195) oder wird mit Shmuʾel verglichen (unten Beispiel 10). Weitere Stellen, in denen er sich mit David identifiziert, s. bei Brann 1991, S. 53.

38 Brann 1991, Kapitel 4 (über Jehuda Halevi: "A Way with Words or Away with Words?") S. 107: er bespricht die Kritik, die ironischerweise vom «Aussenstehenden», dem König der Khazaren, in 2,65 geäussert werde: "With this remark, the Kuzari captures the spirit of Maimonides' concern that music and poetry had become the preserve of 'immoral' types ..."

39 Als weiteres Beispiel bespreche ich unten 3.2 Dunash Ben Labrats Weinlied (Beispiel Nr. 7).

40 Kuzari = Kitāb ar-radd wa-'d-dalīl fī 'd-dīn adh-dhalīl = The Book of Refutation and Proof on the Despised Faith. Brann 1991, S. 87 charakterisiert den Kuzari als eine "antiphilosophical" (in Anführungszeichen) Verteidigung des traditionellen Judentums.

41 Brann 1991, S. 192, Anm. 84, zitiert Maimonides, Hilkhot taʿanit 5, 14: «Und so hat man entschieden (bGit 7a): Nicht Musik zu spielen mit Instrumenten und jeder Art von

Rosen (2003)[42] nennen in diesem Zusammenhang verschiedene Stellungnahmen von Maimonides (1138–1204), aus denen man auf das ethische und halachische Dilemma der arabo-jüdischen Kultur schliessen könne; es sind Punkte, die an der andalusischen Poesie offenbar schon vor Maimonides kritisiert wurden. Nach Maimonides' Meinung verstösst nicht nur das Singen generell gegen das halachische Verbot, im Exil Lieder zu singen und anzuhören, sondern speziell ist es verboten, Liebeslieder zu singen, da in ihnen zum Teil Verse aus dem HL vorkommen, und das entweihe die heilige Sprache[43]. Zur Debatte standen aber nicht nur die weltlichen Lieder: es gab auch Anfragen, was an Musik für religiöse Zwecke erlaubt und verboten sei.[44] Im «Kuzari» nun kritisiert der Khazarenkönig nur kurz die Entweihung der Musik durch ihren weltlichen Gebrauch (2,65), dann aber kritisiert die Figur des Gelehrten ausführlich (2,66–78) den «Wahn und die Abtrünnigkeit», durch die arabische Prosodie das Lautsystem des Hebräischen zu verderben. Nach Brann formuliert Jehuda Halevi im «Kuzari» sein eigenes Problem als ein Dichter, der das Dichten in der als schön geltenden arabischen, aber dem Hebräischen fremden Prosodie liebt und zugleich der jüdischen

---

Singen. Und was alle Liedersinger betrifft – es ist verboten, sich an ihnen zu freuen und verboten, sie anzuhören wegen der Zerstörung (des Tempels). Und sogar der Gesang beim Weintrinken ist verboten.» (Meine Übersetzung. Der letzte Punkt stützt sich auf Jes 24,9, bSot 48a).

42 Tova Rosen (2003, S. 77–79) widmet ein Unterkapitel ("Maimonides against Poetry") mit ausführlichen Zitaten und Belegen den prinzipiellen Ansichten von Maimonides über die Poesie sowie seinen praktischen Anweisungen gegenüber Anfragen (z. B. aus Aleppo) wie (S. 78) "Is it permitted to listen to the singing of the Ishmaelites?". Seine Antwort hier ist noch strenger als die in der folgenden Anmerkung zitierte Meinung von Maimonides in Moreh Nevukhim, Teil 3, Kapitel 8: er stellt neben vier Verbote solcher Lieder ein 5. Verbot auf für den Fall, dass eine Frau singe.

43 Brann 1991, S. 77 zitiert More Nevukhim, Teil 3, Kapitel 8. Gestützt auf bSanh 101a verbietet Maimonides vor allem die Liebeslieder: "We must not imitate the songs and tales of ignorant and lascivious people ... those who think more than necessary of drink and love, or even sing of these things, they employ and use the divine gift in acts of rebellion against the Giver, and in the transgression of His commandments." (Nach der Übersetzung von M. Friedländer, S. 264.)

44 Maimonides' Responsum der erlaubten Musik (für religiöse Zwecke) erwähnt Brann 1991, Anm. 93. Ausführlicher dazu: Norman Roth 1989, S. 97: Er referiert das Responsum der Ge'onim von Babylon auf eine Anfrage aus Tunis, warum man an Hochzeiten und anderen Festen Lieder singen dürfe und warum überhaupt Piyyutim erlaubt seien: Antwort: diese Dinge seien nicht verboten, hingegen "melodies of the love of a man for his friend or the praise of a beautiful one for his beauty ... these (songs) of the Ishmaelites (= Muslims) that are called *ashʿar al-ghazal*, such things are prohibited even if sung unaccompanied". Zitat aus (Angabe von Roth, Anm. Nr. 5): Abraham Harkavy, Teshuvot hageonim (New York 1959, S. 27 f., Nr. 60).

geheiligten Tradition der Levitensänger (und seinem Namen «Halevi») treu sein will.[45] Anders als Brann, der das persönliche Dilemma des Dichters hervorhebt, erledigt Roth[46] das Problem kurz so, dass er erklärt, die Fragen Jehuda Halevis seien in dessen Leben rein theoretisch geblieben.

Neben der arabischen Prosodie gab auch der erotische Inhalt der neuen Liebeslieder zum Teil Anlass zu Kritik.[47] Denn im Unterschied zur längst anerkannten erotischen Sprache des Piyyuts bei der Beschreibung des Liebesverhältnisses der Knesset Jisrael zu Gott war die Erotik des erst neu aufkommenden weltlichen Liebesliedes in der Zeit von Shmu'el Hanagid noch gewöhnungsbedürftig. Noch Moshe Ibn Ezra bemühte sich in seiner Poetik, die Liebeslieder mit dem Hinweis auf die Metaphorik der Sprache zu verteidigen: Auf dieses Thema von Erotik und Metaphorik gehe ich im 2. Kapitel ein.

Als Fazit dieses Kapitels und auch des ersten Einleitungskapitels meiner Arbeit sind folgende Phänomene im Blick auf den Piyyut wichtig:

1. Das literarische Unternehmen der andalusischen Dichter umfasste nicht nur die Wiederbelebung der Bibelsprache[48]: besonders wichtig war, dass dank des neuen Sprachbewusstseins, zu dem grammatikalische und literarische Bibelstudien gehörten, ein neuer Zugang zur Bibel als Literatur[49] gefunden wurde; dazu gehört die Wiederentdeckung des HL in seiner *metaphorischen* erotischen Sprache, stimuliert durch die weltliche Poesie.[50]

---

45 Brann 1991, S. 84–118, analysiert den Text Kuzari 2,66–78 (geschrieben vor 1138), der auf Halevis ambivalente Haltung gegenüber den «schönen» arabischen Metren schliessen lasse: er habe keinen Weg gefunden, sowohl der Ästhetik dieser Prosodie als auch der jüdischen Tradition (Berücksichtigung der Wortakzente und der Ta'ame hamiqrah) gerecht zu werden.
46 Roth 1989, S. 98. Brann distanziert sich auf S. 103 von Roths Bemerkung, man solle Jehuda Halevis Aussagen im Kuzari über die Prosodie und Poetik nicht zu ernst nehmen.
47 Jehuda Halevi, Kuzari 2,60: «Liebes- und Scherzlieder schaden der Seele.» (Vgl. die oben zitierte ähnliche Kritik von Maimonides, More Nevukhim Teil 3, Kapitel 8). Dazu Brann 1991, S. 95: dies sei eine isolierte Bemerkung Jehuda Halevis, da seine Hauptkritik die Prosodie betreffe.
48 Pagis 1976, S. 13. verweist auf die geschichtliche Parallele zu dieser Erneuerung der Sprache: die Periode der Techijah und der Chibbat Zion.
49 Moshe Ibn Gikatilla widmete sich z. B. historisch-kritischen Jesaia-Studien (Schirmann/Fleischer 1996, S. 351).
50 Dazu besonders Pagis 1976, Scheindlin 1986 und 1991, S. 20: "Most of them (scil. the poets) also incorporated themes from Arabic love poetry into their religious verse, treating them as an extension of the traditional love imagery of the Song of Songs."

2. Die hebräische Imitation arabischer Gürtellieder mitsamt ihrer Melodie war allgemeine Praxis,[51] sogar die Kontrafaktur arabischer Lieder als hebräische religiöse Lieder[52]. Die Melodien beschwingten sozusagen die Aufnahme der in den Liedern besungenen *Motive* in die Piyyutim.[53] Innerhalb der arabischen[54] oder hebräischen[55] Poesie gab es auch das Phänomen, dass ein weltliches Lied mystisch-religiös uminterpretiert wurde.

Meiner Meinung nach hängen die beiden genannten Phänomene der Metaphorik und der Motive zusammen und bestimmen deshalb meinen Interpretationsansatz: der literarische Prozess der Übernahme von Motiven aus der weltlichen Literatur in den Piyyut ist darin begründet, dass die andalusischen Dichter einen neuen, literarischen Zugang zum HL hatten, indem sie die Metaphorik der HL-Sprache entdeckten. Wenn die Dichter der Knesset Jisrael/Zion Worte aus dem HL in den Mund legen, so sind ihre Aussagen auf der metaphorischen Sinnebene ebenso erotisch zu verstehen wie die Aussagen des Freundes in den Lob- und Freundschaftsliedern (s. u. Kapitel 4). Die im Midrash ShirR vernachlässigte Metaphorik des HL kam nun wieder zu ihrem Recht, indem die Dichter

---

51 Brann 1991, S. 85: über die Kontrafaktur eines arabischen Gürtelliedes durch Jehuda Halevi: "This common practice of formal imitation was called *muʿāraḍa* (contrafaction) of the prosodic pattern of a popular Arabic strophic song." Ausführlicher Rosen 2000, S. 172 f.

52 Rosen 2000, S. 174 ff.: Sie zeigt an Beispielen von Ibn Zaddiq, Jehuda Halevi und Abraham Ibn Ezra, wie das Gürtellied mitsamt den musikalischen Angaben aus der weltlichen in die religiöse Sphäre übertragen wurde. Siehe unten 1.3.2 das Beispiel eines vierzeiligen Gedichtes von Abū ash-Shīṣ, das Jehuda Halevi zum Piyyut מאת מעון אהבה (Nr. 332) umgearbeitet hat.

53 Josef Yahalom/Andreas Tietze 1995: der gleiche Prozess findet auch nach der Vertreibung aus Spanien zwischen türkischen weltlichen und hebräischen religiösen Liedern statt. Die beiden Forscher zeigen, wie türkische Volks-Liebeslieder in Melodie und Diktion von Paytanim gebraucht wurden, um eigene religiöse Kompositionen (paraliturgische Lieder) zu schreiben.

54 Zum Gedicht von Abū ash-Shīṣ, das Jehuda Halevi als Piyyut מאת מעון אהבה umgearbeitet hat, entdeckte Scheindlin 1991, S. 248, Anm. 10 folgendes: das Gedicht habe schon in der arabischen Literatur eine mystische (Sufi) Interpretation erfahren und sei so vom andalusischen Dichter der Sufi-poesie Ibn al-ʿArif (Zeitgenosse von Jehuda Halevi) zitiert worden. Weiter Scheindlin 1991, S. 40: "The ambiguity is not unique to Jewish poetry. Ibn al-ʿArabī, the thirteenth-century Muslim mystic, composed a large body of poems that can be seen to be sacred only with the help of a commentary ... It is important to be aware that the sacred and the secular themes do not cancel each other out."

55 Zur mystischen Interpretation erotischer hebräischer Gürtellieder: Rosen 2000, S. 175: "Sufi-like muwashshaḥs in which erotic motifs fuse with mystical ideas were written in Hebrew at least a century before Ibn ʿArabī (d. 1240)."

bei Bildern wie «Es möge der Geliebte in seinen Garten kommen» (Hochzeitslied von Jehuda Halevi Nr. 464) den Bildspender «Garten» ebenso beachteten wie den Bildempfänger «Liebe». Damit öffneten sie dem Eindringen der *Motive* arabischer Liebeslieder in den Piyyut Tür und Tor, denn diese Liebeslieder haben zum Teil dieselbe Metaphorik wie das HL. Aus dem Lustlied stammende metaphorische Ausdrücke wie «vom Liebesfeuer entbrannt» können nun ebenso wie Zitate aus dem HL der Knesset Jisrael in den Mund gelegt werden. Zur Durchlässigkeit der Metaphorik und der Motive trug bei, dass nicht nur der Piyyut, sondern auch die weltlichen Lieder Zitate aus dem HL brauchten. Die Grenzen sind zum Teil derart verwischt, dass der damalige und heutige Leser versucht ist, sich an den Textpersonen zu orientieren, um bei der Liebesthematik zwischen weltlichem und religiösem Lied zu unterscheiden[56]: das weltliche Lied legt die Deutung der fiktiven Textpersonen auf Liebende von Fleisch und Blut nahe, das religiöse Lied und der Piyyut auf die Textpersonen Gott und Israel. Dennoch bleiben einige Gedichte, besonders wenn sie in der Überlieferung nicht als Piyyut definiert sind, stellenweise doppeldeutig. Dies muss der Leser/Hörer als bewusstes literarisches Spiel goutieren, das besonders den Hochzeitsliedern eine Pointe gibt.[57]

Meine erste These, die ich auch im Teil III weiter verfolge, betrifft die Verwischung der Grenzen zwischen Weltlichem und Religiösem. Wenn in den Piyyutim den Zitaten aus dem HL oder den Motiven aus den arabischen Liebesliedern zusätzlich ein religiös-spiritueller Sinn gegeben wird, so zerstört dies die erotische Metaphorik der Sprache nicht.[58] Gemäss *andalusischem* Verständnis von Schönheit und Liebe sollte ich mich allerdings anders ausdrücken: der religiöse Sinn wird nicht *gegeben*, sondern ist *immanent*. Die Schönheit von Orten, Handlungen und Personen (speziell der Braut) wird als ein Kennzeichen von Heiligem augenfällig.[59]

---

56 s. 2.2.1. Yehosef Nagid versuchte im Vorwort des Diwans, dem Leser diese Lesehilfe zu geben.
57 s. Teil I 3.2.1 Hochzeitslied Nr. 464 von Jehuda Halevi und im Einleitungskapitel Moshe Ibn Gikatilla אם תראי מראיך; unten 2.3.4 Shlomo Ibn Gabirol Nr. 136 und die Beispiele Nr. 1, 2 und 4.
58 Der schon in der Einleitung der Arbeit zitierte Artikel von Manzalaoui über die arabische Poesie hat meine Ansichten punkto Metaphorik der Piyyutim nachträglich bestätigt: Manzalaoui 1989, sagt S. 125, "metaphors of spiritual love are in fact sometimes indistinguishable from those non-figurative expressions of erotic love". Ebenso Sells 1989, S. 93: "The common distinction between profane and Sufi love is difficult to make on the basis of the respective treatments of love. In each case the love is erotic, less in the popular sense of sexual than in the psychological phenomenology …"
59 Ich werde in Teil III zeigen, dass mit dieser Interpretation ein genuiner Charakterzug des andalusischen Zionsbildes transparent wird.

Meine zweite These hängt ebenfalls mit dem neuen Zugang zum HL zusammen: die Knesset Jisrael wird wie die Liebende des HL eine Textperson, die auch im Liebeskontext mit eigener Stimme spricht. Im klassischen Piyyut spricht sie nur im Kontext der Klage.[60] Wie speziell diese Sprechsituation zu bewerten ist und inwiefern die Forschung darauf schon eingegangen ist, sage ich kurz im folgenden Absatz zur Genderfrage; ausführlicher dann im 6. Kapitel.

Die dritte These, die ich im Teil III der Arbeit ausführe, betrifft die Umdeutung der aus dem weltlichen Lied übernommenen Motive im Piyyut. Zur Forschungslage dazu bringe ich kurz unten im Abschnitt 1.3.2 ein Beispiel.

1.3.1 Die Genderfrage

Wie ist es zu verstehen, dass Zion im andalusischen Piyyut als weibliche Textfigur, die das jüdische Kollektiv repräsentiert, zu einer Figur wird, mit der sich auch der *einzelne* (meist) männliche Beter identifizieren soll und kann? Meine Interpretation der Piyyutim im Verlauf dieser Arbeit wird eben dies zeigen, dass die Piyyutim dem Leser/Betenden ein bedeutsames Angebot geben, als Mann die weibliche Stimme und Rolle Zions zu übernehmen.[61] Für diese literarische Überschreitung der Geschlechterrollen nenne ich vor allem drei Gründe:

1. Die weibliche Stimme schien am geeignetsten, einen männlich vorgestellten Gott anzusprechen, weil damit auch die Metaphorik des HL für den Dialog mit Gott verwendet werden konnte. Es gab offenbar für die Dichter keine entsprechende männliche literarische Textfigur mit derselben Gefühlsintensität wie die Geliebte im HL.[62] Ein weiterer Vorzug der weiblichen Figur ist die Beziehungsvielfalt der Frau, die wir schon im klassischen Piyyut gesehen haben: sie ist sowohl Mutter und Geliebte als auch Ehefrau und Witwe und eignet sich deshalb gleichnishaft zur Darstellung von Gottesbeziehungen nach dem Muster menschlicher Beziehungen.

---

60 s. Teil I 3: Ihre Sprechrolle ist möglich in Qinoth und in den Piyyutim für Trostshabbatoth.

61 Tritt Zion im Piyyut auf, so ist ihre weibliche Stimme meistens konstant beibehalten. Selten gibt es innerhalb des Piyyuts einen Genderwechsel, wie z. B. Shlomo Ibn Gabirol Nr. 116: zuerst wird Zion weiblich angeredet, dann tritt sie als eine männliche Textfigur auf, die unerwarteterweise den umherirrenden Kain typisiert. Oder bei Abraham Ibn Ezra Nr. 161 אמות ולא מת wird dem männlichen Sprecher am Schluss von Gott, Jer 2,2 zitierend, die Hochzeitsliebe versprochen.

62 So z. B. die Zärtlichkeit des Appellativs «Deine Tochter» für Zion im Piyyut von Abraham Ibn Ezra Nr. 142, unten 2.1.3.

2. In den Liedern an und über die Seele sieht der Sprecher sich ebenfalls weiblich, indem er seine Seele als weibliches Spiegelbild anredet. Die vielen Piyyutim mit dem Thema «Seele» sind ebenfalls ein Produkt der andalusischen Kultur, weil die Beschäftigung mit der neoplatonischen Philosophie die Seele ins Zentrum der Gottesbeziehung stellt (s. u. 6).

3. Der Liebhaber als (konventionell alleiniger) Sprecher in den weltlichen Liedern hat in der Liebesliteratur die als weiblich empfundene Rolle[63] des bittenden, dienenden und sich unterwerfenden Liebenden, während der/die angesprochene Geliebte unzugänglich ist und dem männlichen Gender entspricht. Diese in al-Andalus auch im Piyyut sich auswirkende Sprechweise, welche die soziale Hierarchie der Gender umstösst, ist kulturell bedingt, denn im 16. Jahrhundert identifiziert sich der Betende nicht mehr mit der weiblichen Knesset Jisrael, sondern beginnt, sie als Gegenüber anzureden wie z.B. im Shabbatlied «Lekha Dodi» («Geh, mein Freund, der Braut entgegen») von Shlomo Alkabetz (Zfat, 1535). Ich entnehme dies aus Yahaloms und Tietzes Forschung[64] über mystische, paraliturgische hebräische Poesie im türkischen Kulturraum: dort kennt der Sprecher im Gebet die weibliche Textperson nur noch als Angesprochene, weil er selbst seine Hingabe an Gott nicht mehr in der weiblichen Rolle ausdrücken will[65]; dadurch wird die traditionelle Rollenzuteilung der Sprechpartien des HL auf den männlichen Gott und die weibliche Knesset Jisrael umgestürzt. Aus einem der Lieder von Najara[66], die die Forscher anführen, zitiere ich folgende Zeilen:

---

63 Vergleiche ShirR 1,44, S. 36 Dunsky: «Warum werden die Propheten mit Frauen verglichen?» Antwort: beide schämen sich nicht, von Gott/vom Ehemann das zu verlangen, was sie im Haus brauchen.

64 Yahalom/Tietze 1995.

65 Yahalom 2003a, S. 284 (hebr.): «Die Männer, die beim Ausüben von Nachtwachen (Ashmoroth) mittels Lieder die Nähe Gottes suchten, konnten sich nicht mehr mit der weiblichen Stimme (der Knesset Jisrael), die das Lied eröffnet, identifizieren. Nach der Vertreibung aus Spanien waren die alten Texte der allegorischen Liturgie nicht mehr den mystischen Bedürfnissen, die im Osten entstanden, angemessen. Es wurden verschiedene Versuche der Anpassung gemacht.» Der Artikel von Yahalom behandelt diese Fragen im Kontext des literarischen Konflikts zwischen Najara und Menachem de Lonzano: ein Dichterstreit, der den Paradigmenwechsel nach der Vertreibung aus Spanien widerspiegelt.

66 Yahalom/Tietze 1995, S. 25, auch Yahalom 2003a, S. 286, wo er die erste Zeile des Liedes nochmals zitiert. Dort S. 286 auch die Literaturangabe: Najara, Zemirot Jisrael, ed. Venedig 1559, Teil 1, Lied 100, S. 39b.

Meine Schöne, warum spannen deine Augen so klar leuchtend den Pfeilbogen?[67]
So, dass alle, die sie sehen, wie Fische im Netz umherschiessen
und deine (weiblich) Nähe suchen, aber sie fürchten, sich deinem Licht zu nähern,
Du, Venus, der gegenüber alle Lichter sich mit Scham bedecken.

Hier ist es, wie Yahalom zeigt, nicht so, dass Gott die Knesset Jisrael anredet, wie es in al-Andalus meistens der Fall ist, sondern der Mystiker redet «die Shekhinah an oder eine der andern weiblichen Aspekte der Gottheit»[68]. Einen ersten Schritt zu diesem Paradigmenwechsel sehe ich bei der neuen Art, wie der Sprecher im Piyyut die Knesset Jisrael als selbständige Person dazu auffordern kann, souverän die Erlösung einzuleiten (s. u. 6.2.3).

1.3.2 Zwischen Tradition und Neuerung: Individuelles und nationales Anliegen im Piyyut

Wenn die Knesset Jisrael zu Gott mit Worten der weltlichen Poesie und des HL in der intimen, zwischenmenschlichen Liebessprache redet, so mündet der Text oft am Schluss in traditionelle religiöse Aussagen über das Exil und die Erlösung, manchmal durchzieht die Doppelschichtigkeit von individueller Liebessprache und nationalen, religiösen Themen auch den ganzen Piyyut. Diese Doppeldeutigkeit[69] wird aber oft durch Codewörter aus der traditionellen jüdischen Literatur im Verlauf des Textes geklärt[70], welche die Textperson als Knesset Jisrael und nicht als Individuum von Fleisch und Blut markieren: Ein Codewort ist z. B. «die Vollendung der Trauertage» aus Jes 60,20, s. u. Beispiel 1. Am folgenden Piyyut zeige ich, wie Jehuda Halevi den individuellen Liebeston der Sprecherin mit dem religiösen Anliegen des Volkes verbindet:

---

67 Augen, die wie Pfeile verletzen: Moshe Ibn Gikatilla braucht dieses Motiv sogar in seinem Piyyut מראייך תראי אם (s. Einleitungskapitel). Solche Erotik ist aber eine Ausnahme.
68 Yahalom 2003a, S. 286. Yahalom erklärt, Menachem de Lonzano habe diese Möglichkeit einer Anrede des Mystikers an die Shekhinah in seiner Kritik am Gedicht wegen dessen «unpassenden Worten über Gott» überhaupt nicht in Erwägung gezogen.
69 Hazan 1988, S. 239–247, dort S. 243 ff. hat die Doppeldeutigkeit am Begriffspaar «Wachen/Schlafen» gezeigt: beides kann auf der privaten und der nationalen Ebene verstanden werden.
70 Zu den Unterscheidungsmerkmalen s. u. 2.1.3. Weitere Codewörter: «das Ende» (מועד oder קץ Dan 12,6: s. die Beispiele von Piyyutim beim Thema Endzeitberechnung in Teil III Anfang des Kapitels 2), «die Morgenröte» (Shlomo Ibn Gabirol Nr. 133). Scheinbar religiöse Begriffe wie «erlösen», «Bund», «Sühne», oder eine Anrede an Gott sind keine Codewörter für ein religiöses Lied: sie kommen in weltlichen und religiösen Texten vor.

Jehuda Halevi Nr. 332 Ahavah אהבה מעון מאז

1 Seitdem meiner Liebe Wohnort Du warst, / lagert dort meine Liebe, wo immer Du lagerst.
2 Meiner Tadler Schimpf wegen Dir ist mir süss, / lass sie –, lass quälen sie die, die Du quälst.
3 Meine Feinde den Zorn von Dir lernten – sie lieb ich: / verfolgen ein Opfer sie doch, das *Du* schlugst.
4 Seit Du mich missachtest, missacht' ich mich selbst, / denn wen Du verachtest, den kann ich nicht achten.
5 Bis vorüber der Zorn und Befreiung Du schickst / zu ihm, Deinem Eigentum, das Du befreit'.[71]

Dieser Piyyut ist ein Paradebeispiel, um darzustellen, was die Forschung primär interessiert hat. Die Aussage des Textes wurde zuerst von Shmu'el David Luzzato, dem ersten Erforscher Jehuda Halevis, 1864 als persönliche Meinung des Dichters kritisiert, weil sie zu extrem den Worten in Ps 69, 25–28 widersprächen; Schirmann fasste den Text 1955 ebenfalls als persönliches Anliegen Jehuda Halevis auf: es sei ein zeitgeschichtlich zu verstehender Appell zur Demut; der Dichter wende sich an die Gemeinde, nicht in der Geduld des Ausharrens nachzulassen, eine Mahnung, die er auch im Buch Kuzari ausdrücke.[72] Die literargeschichtlichen Untersuchungen des arabo-hebräischen Kulturkontaktes brachten 1971 eine neue

---

71 «Bis vorüber der Zorn»: Jes 26,20. «Dein Eigentum, das Du befreit hast (פדית)»: aus Dtn 9,26.
72 Israel Levin 1971, S. 117 zitiert die Meinung von Schirmann 1955/6, S. 467 aus dessen Kommentar zu diesem Gedicht. Weiter zitiert er folgende Bemerkung aus Shmu'el David Luzzattos (= Shadal) kommentierter Ausgabe von Jehuda Halevis Diwan von 1864 (Shadal kaufte 1839 ein Ms, das auf die Ausgabe des Diwans von Jehuda Halevi zurückgeht, die Rabbi Jeshua Ben Eliahu Halevi im Spanien des 13. Jahrhunderts gemacht hatte. Eine erste Auswahl von Liedern erschien im Verlag Meqitze Nirdamim 1840 unter dem Titel «Betulat bat Jehuda»; eine erste kommentierte Teilausgabe erschien 1864): Shadal sagt 1864, dieser Piyyut enthalte «nichtige Worte» (divre hevel), denn sie stünden im Widerspruch zu dem, was David in den Psalmen über die Feinde sage (Ps 69,25–28 «schütte aus über sie Deinen Grimm ... denn sie verfolgen, die Du geschlagen etc.»). Shadal sagt weiter (nach Levin 1971, S. 117), Jehuda Halevi habe sich dieses Mal vom Geist des Liedes ins eine Extrem tragen lassen, während er sich in andern Liedern ins Extrem der Liebe zur Rache hinreissen lasse. Beides sei nicht gut, aber das «Liederhandwerk» liebe eben Extreme. Der Appell zur Demut im Kuzari I, S. 113–115 (s. auch Schirmann/Fleischer 1996, S. 456): Der König fragt, ob die *unfreiwillige* Unterwerfung der Juden unter ihr Schicksal einen moralischen Wert habe. Der Chaver gibt zu, die Frage sei berechtigt, und fügt hinzu: «Wenn wir umgekehrt dieses Exil um des Namens Gottes willen gebührend erlitten, würden wir zum Glanz der Generation, die wir mit dem Kommen des Messias erwarten, und wir würden die zukünftige Rettung, auf die wir hoffen, beschleunigen.»

Interpretation des Piyyuts auf dem Hintergrund der arabischen Sufimystik: In einer motivvergleichenden Studie hat Levin[73] die arabische Vorlage des Piyyuts veröffentlicht und gezeigt, dass die ersten vier Zeilen die Übersetzung eines arabischen Gedichtes von Abū-ash-Shīṣ (im 8./9. Jahrhundert[74]) sind und nur die letzte Zeile ein neuer Zusatz von Jehuda Halevi ist. Bei der Frage, warum Jehuda Halevi noch die 5. Zeile hinzugesetzt hat, begnügt Levin sich mit dem Hinweis, dass Jehuda Halevi damit signalisiere, dass die vier ersten Zeilen symbolisch gelesen werden müssten. Dabei fügt er aber selbst noch die Beobachtung hinzu (hebr.): «Allerdings bestünde solch eine Möglichkeit (der symbolischen Lesung) auch ohne den Zusatzvers: der Leser hätte die kleine Miniatur von vier Zeilen sowohl in einfacher Lesung (pshat) als weltliches Liebeslied lesen können, oder in ihrer Symbolhaftigkeit, als national-religiöses Liebeslied. In diesem Fall wäre die sprachlich-literarische Grenze zwischen den beiden Gattungen vollständig verwischt gewesen.»

Warum hat Jehuda Halevi die 5. Zeile hinzugefügt? Sicher gibt er dem Leser damit den Schlüssel zu einem zweiten, metaphorischen oder in den Worten Levins symbolischen Verständnis des Gedichtes. Es stimmt auch, was Hazan[75] sagt, dass die nationale und die individuelle Sphäre in Analogie ineinander verschlungen sind und dadurch ein «metaphorischer Effekt» entsteht. Aber meiner Meinung nach gilt die Analogie nur bis zur 4. Zeile, und die 5. Zeile bringt etwas Neues, nämlich den Ausblick auf die zukünftige Erlösung der Nation. Es scheint so, wie wenn Jehuda Halevi die sufigemässe Umdeutung des Leidens als lustvolle Hingabe nicht genüge und er dieses damals in der andalusischen Literatur vorhandene Motiv überhöhen will mit einer der traditionellen jüdischen Deutungen des Exils: er stellt dem geduldigen Leiden, wie wenn es Sühne bewirke, die Befreiung in Aussicht.[76] Die Schlusszeile mit den Zitaten aus Jesaia wirkt wie der Prooftext in der Midrashliteratur: das geduldige, leidende Ausharren, von

---

73 Levin 1971, S. 119.
74 Siehe oben 1.2 (Anm. 54, zum Thema der Kontrafaktur) die erwähnte zweite Entdeckung von Scheindlin 1991, S. 248, Anm. 10: das Gedicht habe schon in der arabischen Literatur eine mystische (Sufi-) Interpretation erfahren.
75 Hazan 1986, S. 225. Bei der Struktur sieht er (S. 111) eine Abfolge von positiven Aussagen am Anfang, negativen in der Mitte, und wieder positiven am Schluss.
76 Auch Scheindlin 1991, S. 83 bemerkt, wie ich nachträglich sah, in Vers 5 einen Umschwung: Nach den vier Versen, in denen die Unbestimmtheit vorherrsche, komme hier die Gewissheit, nämlich "a concrete, historical reason for the speaker's confidence: the fact that God has already come to Israel's rescue in past". Zum Leiden als «Reinigung»: z. B. Dan 11,35 «sichten לברר und reinigen ללבן bis zur Endzeit», zitiert von Moshe Ibn Ezra Nr. 11 Bernstein, letzte Strophe.

dem das Sufimotiv redet, wird durch das Bibelzitat in der jüdischen Tradition verankert und zugleich adaptiert.

Die Adaptation der neuen Motive ist ein Thema des 3. Teils der Arbeit. Dort zeige ich im Anschluss an Scheindlin und Hazan, wie die Piyyutim die neuen Liebesmotive mit der religiösen Tradition verbinden: auf dialektische Weise wird das Traditionelle zum Teil umgedeutet, zum Teil werden aber auch die neuen Motive umgebogen. Ebenso lavieren die Piyyutim zwischen der nationalen Sehnsucht nach Befreiung aus dem Exil und der individuellen Erlösung der einzelnen Seele, wie sie in der damals populären neoplatonischen Philosophie im Sinne einer Universalreligion propagiert wurde.

2. Der neue, literarische Zugang zum Hohenlied und die Knesset Jisrael als neuartige dramatis persona

An drei ersten Beispielen soll der neuartige literarische Zugang der Dichter zum HL gezeigt werden, der es ihnen ermöglichte, das HL als metaphorischen Intertext im Piyyut zu brauchen. Ich muss noch einen Faktor erwähnen, der ebenfalls dazu beiträgt, dass die HL-Zitate ihren metaphorischen Sinn im Piyyut behalten und nicht, wie meistens im klassischen Piyyut, ihre Bildspenderseite verloren haben: Das intertextuelle Zitieren des HL steht anders als im klassischen Piyyut nicht mehr im Dienste der Auslegung eines Bibeltextes, auf den der Paytan Bezug nehmen muss (z. B. Wochenabschnitt, Festtagsperikope), sondern der Dichter ist frei, das Anliegen der Gemeinde (manchmal auch sein eigenes) mit einem Text auszudrücken, der mit beliebigen Zitaten aus der Bibel patchworkartig durchzogen ist. Wie schon gesagt, verweben die Dichter auch ihre weltliche Liebespoesie mit Zitaten aus dem HL. Die folgenden über die Kapitel 2–5 verteilten dreizehn Beispiele zeigen die Übernahme der arabischen Prosodie, des fortlaufenden Reims und der arabischen Motive auf der ganzen Bandbreite der Poesie, weltlich, religiös und liturgisch. Wir werden auch sehen, dass die Knesset Jisrael nicht nur in der Liturgie auftritt.

2.1 Die oder der fiktive Liebende? Knesset Jisrael oder der weltliche Liebhaber?

Beispiel 1: Shmu'el Hanagid, Nr. 182 ed. Jarden לי הזמן

Metrum: hamahir - - v - /- - v - /- - // - - v - /- - v - /- -
1 Auf meiner Seite ist die Zeit[1] /– wie freu' ich mich in meinem Zelt!
  Mein Löser kommt, es sind erfüllt / die Tage meiner Trauerzeit.
2 Mein Löser kommt, er schaut und späht
  durch Ritzen hinter meiner Wand. (HL 2,9)
3 Auch wenn du mich versuchen willst / und gegen mich auch hetzest auf
  den Liebsten (דודי) mir, so bin ich doch / meinem Geliebten, und er ist mir. (HL 6,3)

---

1 Wörtlich «mir ist die Zeit». Zum Begriff «Zeit» als meist böses Schicksal s. u. die Interpretation.

4   Ihn liebt meine Seele: ihn küsse ich! (HL 8,1)
    Was kannst du mir antun? / Mir ist Adonai! (Ps 118,6)

Beispiel 2: Shlomo Ibn Gabirol, Reshut für Simchat Torah Nr. 96
שלום לך דודי

Metrum: hamitpashet - - v - / - - / - - v - /- - // - - v - / - - / - - v - / - -
1   Sei gegrüsst, mein Geliebter (דודי), / hell und rotblond, (HL 5,10)
    Gruss von ihr mit der Schläfe / granatapfelgleich. (HL 4,3).
2   Deine Schwester (HL 4,9) zu retten, / eil, zieh aus zu ihr,
    durchdring Rabbat Ammon / gleich Jishais Sohn! (2. Sam 12,29)
3   Was hast du, du Schönste, / dass Liebe Du weckst? (HL 2,7)
    Was klingt deine Stimme / wie Glocken am Kleid? (Ex 28,35)
4   Schnell bring Ich die Zeit, / die der Liebe gefällt, (HL 2,7)
    herab auf dich komm Ich / wie Tau des Hermon.

Beispiel 3: Shlomo Ibn Gabirol דודי אשר לבי[2]

Metrum: (hashalem) - - v - / - - v - / - - v - // - - v - / - - v - / - - v - /
1   Mein Liebling (דודי), der mein Herz / krank macht mit seinem Blick,
    wie machtest du mich hörig –, / bist mein Erlöser (גואלי) doch!
3   Und hast du kein Erbarmen / im Herzen über mich,
    ins Land dann der Gazelle / geh ich, trink dessen Wein!
5   Und siehst du die Gazellen, / wirst du sie wohl beneiden,
    wie sie dann alle lagern / wie Tauben um mein Zelt!

Allen drei Liedern gemeinsam ist die Form: das quantifizierende Metrum und der fortlaufende Reim von der ersten Zeile bis zur letzten. Jeder Vers besteht aus zwei metrisch äquivalenten Teilen: Die «Tür» (Deleth) und das «Schloss» (Soger). Gedicht Nr. 2 ist durch die Überlieferung als liturgisches Gedicht definiert, so dass hier die zwei Sprecher Gott und die Knesset Jisrael sind; ich interpretiere es unten 2.1.2. Zuerst zu Gedicht 1 und 3:

2.1.1 Vergleich von Gedicht Nr. 1 und Nr. 3

Wer ist der Sprecher in den beiden Gedichten? Ist es die Knesset Jisrael? In beiden Texten fällt die Montage aus Bibelzitaten auf, aber im Unterschied zur Intertextualität im klassischen Piyyut kann man den Text verstehen, auch wenn man die Anspielungen auf die Bibel nicht kennt. Nimmt man an, die Bibelzitate enthielten den literarischen Code zu einer religiösen Deutung, so kommt man mit

---

[2] Schirmann, Hashira Ha'ivrit Bisfarad uviProvence, 1955/6, Bd. 1, Teil 1, S. 215 (Lied Nr. 8). Hebr. Text aller Beispiele im Textanhang.

der Interpretation von Gedicht Nr. 3 spätestens beim 4. Vers in Schwierigkeiten. Denn fasst man die Gazelle in Vers 4 als Appellativ für Gott gemäss Shir Rabba zu HL 2,9 und das «Land der Gazelle» als Eretz haZvi, nämlich als Land Israel[3], so sieht man, dass dies die falsche Spur ist: was sollen dann die Gazellen im Plural in Vers 5? Der Text spielt mit dem Leser, weil dieser erst am Schluss merkt, dass der Geliebte, der «Erlöser», nicht Gott ist, der Sprecher nicht die Knesset Jisrael und auch nicht eine weibliche Figur, sondern ein männlicher Liebhaber (denn eine weltliche Liebhaberin/Geliebte redet im Liebesgedicht nicht ausser in der allfälligen Kharja[4]). Auch das Bild «Land der Gazelle» ist ein raffiniertes Spiel mit dem Leser: die wörtliche Bedeutung «Land, wo die Gazelle wohnt» und die allegorische Deutung auf Israel fallen weg und übrig bleibt die metaphorische Bedeutung des «Landes, wo der Liebhaber wohnt», mit welchem der Sprecher den gegenwärtigen Liebhaber betrügen möchte. Das literarische Vergnügen der andalusischen Kultur liegt, so Brann[5], darin «die Schranken zwischen dem Heiligen und dem Profanen herunterzureissen».

Auch das Gedicht Nr. 1 spielt mit der Doppeldeutigkeit. In Nr. 1 ist die Häufung der biblischen Anklänge noch grösser. Die Textperson wartete im Zelt, und jetzt kommt endlich ihre Stunde: «Die Tage der Trauer sind erfüllt» (Jes 60,20). Der Geliebte steht schon «hinter der Wand» des Zeltes (HL 2,9) und «schaut durch die Ritzen» (HL 2,9). Die Person sagt, dass sie ihm gehöre und er ihr (HL 6,3). Sie will ihn küssen (HL 8,1), denn sie scheut die Reaktion der Menschen nicht (Ps 118,6). Mit dem Zitat von Jes 60,20 enthält das Lied einen Code, der für die Deutung des Gedichts auf die Knesset Jisrael und Gott geltend gemacht werden kann, wie ich zeigen werde. Anderseits ist das Bild der personifizierten Zeit, die sich den Liebenden entgegenstellt, ein Code, der auf die weltlichen Liebeslieder verweist. Wer ist also der Sprecher im Gedicht, ein männlicher Liebhaber oder die Knesset Jisrael?

Wenn wir nicht vorschnell das Gedicht als «religiös» oder «weltlich» etikettieren, sondern die Metaphorik berücksichtigen, dann sehen wir, dass die Bildspender «Zelt», «Geliebter (Dod)», «durch die Ritzen spähen» sowohl in einfachem Sinn als auch metaphorisch verstanden werden können. Das Zelt kann

---

3   Land der Pracht (Eretz haZvi) (ארץ הצבי) aus Dan 11,16.41 ist Codewort für Israel. Hier aber Spiel mit dem Wort Zvi, das wegen des Zusammenfallens zweier etymologisch verschiedener Wurzeln nicht nur «Pracht», sondern auch «Gazelle» bedeutet und hier metaphorisch «Liebhaber».
4   Zur Kharja s. Glossar und unten 3.2.
5   Dies sagt Brann 1991, S. 42 über Gedichte von Moshe Ibn Ezra: "another sort of literary pleasure involved precisely the breaking down of distinctions between the sacred and the profane …".

ein konkretes Zelt sein, in dem eine/ein Liebende/r wartet; im metaphorischen Verständnis kommen die «Zelte» schon in Jer 30,18 vor (die Zelte Jaʿaqovs), das Zelt der Liebenden aber ist ein Requisit aus der Wüstenszenerie, das sich in vielen andalusischen Liebesliedern als poetisches Bild für den intimen Ort der Liebe erhalten hatte, obwohl es natürlich nicht mehr der Realität von al-Andalus entsprach.[6] Dass der Geliebte durch die Ritzen schaut, während sie drinnen auf ihn wartet, ist konkret möglich, metaphorisch ist es ein Bild für gespannte Erwartung. Wie in den Liebesliedern ist der Auftritt der personifizierten Zeit eine metaphorische Darstellung, um die Gefährdung des Liebespaares zu dramatisieren: die Zeit ist das böse Schicksal,[7] das die Liebenden zu trennen versucht, sei es durch plötzliche widrige Umstände (Abreise des Partners, Tod) oder wie hier durch Hetzreden, die den/die Liebende(n) gegen den Geliebten aufwiegeln und sie zum Abbruch der Liebe verführen. In diesem Gedicht nun triumphiert die/der Liebende über das Schicksal: ihre/seine Chancen stehen gut, der Geliebte kommt zu ihr/ihm. Deshalb sagt sie/er in der letzten Zeile herausfordernd zum Schicksal: «Was kannst du mir noch antun, wenn Gott (Adonai) für mich ist?»

Diese so gewonnene Aussage des Gedichtes bleibt auch dann erhalten, wenn man den Text in einem zweiten Schritt auf die Knesset Jisrael und Gott deutet; wegen des Zitats aus Jes 60,20 ist meiner Meinung nach die Sprecherin tatsächlich die Knesset Jisrael: der Ausdruck entspricht der Erwähnung des «Endes»[8] nach

---

[6] Zum Beispiel: Hochzeitspiyyut von Jehuda Halevi Nr. 464, Zeile 8 (sie sagt zu ihm): «Erscheine in meinen Zelten zwischen den Beeten von Aloebäumen.» Jehuda Halevis Freundschaftslied Nr. 100 Brody (Zeile 5): «Die verlassenen Zelte eines Geliebten will ich umarmen und bitter weinen über ihre Verlassenheit.» Ähnlich Moshe Ibn Ezra, Freundschaftslied Nr. 109 Brody, Zeile 6–8: «Sie haben mich verlassen und gingen auf ihre Reise, aber die Erinnerung an sie soll die (vor Sehnsucht) erkrankte Seele stärken, und … der Geruch ihrer Zelte, der wie Aloe-Duft ist.»

[7] Nach arabischer Terminologie ist die Zeit (dahr) die oft personifizierte böse Schicksalsmacht, die Liebende trennt und Liebesorte zerstört s. u. 4.2.4: Moshe Ibn Ezra Nr. 37 und ed. Brody Nr. 91 מגורי אהבי Zeile 9: «die Zeit fegt die Bewohner weg mit starker Hand und ausgestrecktem Arm» und Zeile 12: «Mein Zorn gilt der Zeit, die mein Herz aufgestört hat und deren gewalttätige Hände auf mir lasten.» Siehe Sells 2000, S. 130; Hazan 1986, S. 203. Zum Schicksalsglauben s. u. 3.2 beim Motiv des Nedod. Zur Frage, wie Schicksalsglaube mit jüdischem traditionellen Denken verbunden wurde: s. Shulamit Elizur 1994c, S. 27–43.

[8] Zum Wort «Ende» erwähnt Scheindlin 1991, S. 118 kurz im Zusammenhang mit Bussgedichten von Shlomo Ibn Gabirol, es sei ein Codewort für die messianische Zeit und die Erlösung Israels. Das stimmt, es gibt daneben auch das Wort מועד (s. Teil III 2). Das Zitat aus Jes 60,20 «Erfüllt sind die Tage meiner Trauer» im Kontext der Erlösung findet sich auch im klassischen Piyyut: Jannai, Qedushta Nachemu, nachemu, ed. Elizur 1988, S. 14.

Art des 12. Kapitels des Danielbuches und ist als Codewort ernst zu nehmen. Jarden hingegen legt die Interpretation des Liedes als weltliches Gedicht nahe, da er es unter seine Rubrik «Liebeslieder» einordnet.[9]

Interessant ist nun aber Haviva Ishays[10] Meinung, die das Miniaturgedicht innerhalb ihrer Dissertation über die weltlichen Liebeslieder bespricht und zwar als ein Beispiel der Darstellung eines Liebesdramas, bei dem der Typ des Verleumders (רכילאי) auftritt. Der Verleumder gehöre so sehr zur Konvention der dramatischen Personen eines Liebesliedes[11], dass sein plötzliches Erscheinen nicht motiviert werden müsse. Sie interpretiert daher die Anrede «Was versuchst du mich und hetzest meinen Liebsten gegen mich auf» als eine Anrede, die ein männlicher Liebhaber an eine Textfigur richtet, die entsprechend dem Rollenspiel des Liebesdramas den Liebhaber dazu verführen will, den Geliebten zu verlassen und ebenso dem Geliebten Lügengeschichten über den Liebhaber zuträgt. Der Liebhaber wehrt sich aber in den folgenden Zeilen damit, dass er an seine Liebe glaube und lässt nicht zu, dass die Intrigen des Verleumders zum Ziel kommen. Warum der Liebhaber siegt, erkläre der Text, so Haviva Ishay, mit dem Hinweis auf Gottes Hilfe: (4. Zeile) «Was kannst du mir antun, wenn der Ewige (Adonai) für mich ist?» Aber sie findet es doch «ziemlich merkwürdig, dass der Name Gottes in dieser Liebessituation erwähnt wird». Ebenso fragt sie sich, warum die Stunde für den Liebenden plötzlich günstig ist (1. Zeile), nachdem er so viel gelitten habe. Der Text gebe als Grund an, dass der Erlöser komme, damit die Liebe sich erfüllen lasse, so sagt Jishai, aber sie fragt sich, wer denn dieser Erlöser sei.[12]

Die Fragen, die Ishay aufwirft, stellen sich nur bei der Interpretation des Liedes als weltliches Liebeslied; wenn man hingegen die Knesset Jisrael als Sprecherin annimmt, gewinnt der Text durch die Doppelbödigkeit und die Metaphorik der Bildspender: die Erlösung ist als Liebeserfüllung dargestellt, welche die «böse» Zeit besiegen wird.[13] Im Vergleich mit dem klassischen Piyyut ist die Darstellung der Knesset Jisrael in drei Punkten ganz neu:

---

9 Dies ist Jardens Etikett. Zum Problem, warum der Diwan «Ben Tehillim» von Shmu'el Hanagid weltliche und religiöse Lieder enthält, s. Glossar, Stichwort «Piyyut», Abschnitt 3) «Überlieferung».
10 Ishay 2001, S. 128.
11 Zu den Figuren, die z. B. von Ibn Ḥazm beschrieben werden, s. u. 2.3.4 Motiv A.
12 Ishay 2001, S. 128 (hebr.): «Ist es der Geliebte selbst, der sich nun gefügig zeigt? Ist es der erwähnte Gott, der den Verleumder überwältigt? Auf alle Fälle, die Liebe, die die Fallstricke des Verleumders überwunden hat, zeigt sich als die stärkere und kann der Gestalt, die die Liebe beeinträchtigen wollte, trotzen.»
13 So interpretiert auch Yahalom 1995, S. 31. Er sagt sogar, dass gerade diese Auseinandersetzung mit der «Zeit», mit den «grausamen Mächten des Schicksals», dem Gedicht den messianischen Charakter verleihe.

1. Die Motive: das Zelt assoziiert ein typisches Requisit des arabo-hebräischen Liebesliedes; es gibt dem Wort, das hier als Metapher für den Tempel aufgefasst werden kann, die Konnotation eines Liebesortes.[14] Die «Zeit», die als böses Schicksal gegen die Liebenden wirkt, ist ein weit verbreitetes Motiv im Liebeslied. An den Piyyutim, die wir im 3. Teil der Arbeit besprechen, sehen wir, dass dieses Motiv des Schicksals, das die Liebenden trennt, dem Exil eine neue Deutung gibt: Neben der traditionellen Deutung als Strafe für die Sünde Israels kommt auch die neue Anschauung vor, dass Trennungen wie im weltlichen Liebesdrama schicksalshaft passieren, ohne weitere Begründung durch Schuldzuweisungen.
2. Die Metaphorik: Der klassische Piyyut benützt Zitate aus dem HL, um einzelne, meistens disparate Bildspender zu gewinnen, deren Deutung manchmal schwer ist. Im andalusischen Piyyut muss der Leser nicht hin- und herpendeln zwischen dem Bild und dessen Auslegung. Der ganze Handlungsablauf ist metaphorisch konsistent und als Bildspender autonom: Man braucht keine Deutung, um die Handlung zu verstehen. Es steht dem Leser sogar frei, die ganze Darstellung als weltliches Liebesdrama aufzufassen. Ich benütze hier die Terminologie Zimmermanns[15], von einem metaphorisierten Text oder Gleichnis zu reden.
3. Der dritte Unterschied liegt in der Perspektive der Darstellung: in keinem klassischen Piyyut ist die Knesset Jisrael als weibliche Textperson die Sprecherin im Kontext von Liebe und Sehnsucht. Wenn sie als Sprecherin einen längeren Part hat, dann nur als Klagende in den Qinoth und den Qedushta'oth deNechamata. Dieselbe Situation aus dem HL 2,9, die Shmu'el Hanagid hier aus der weiblichen Perspektive darstellt, brachte Kallirs Qedushta zu Ex 12,2[16] in der männlichen Sicht: Gott schaut durch die Ritzen und klopft an die Türe der schlafenden Knesset Jisrael, und was *sie* dabei empfindet, wird überhaupt nicht gesagt, stattdessen wird *Sein* Sehnen betont.

---

14 Zelt ist Metapher für den Tempel in Ekh 2,4. Als Wohnung von Gott und der Knesset Jisrael gilt der «Ohel haMo'ed» (Ex 33,7) oder die Hochzeitssänfte (HL 3,9): s. Teil I 2.2.5.2 Jannai, Qedushta zu Parashat Teruma, Ex 26,1 «Und die Wohnung sollst du machen.» Die Erwähnung des Liebeszeltes der Knesset Jisrael und Gottes bei Jehuda Halevi Nr. 381 יונת רחוקים: «Taube der Ferne, flieg zu deinem Liebhaber zurück, bis du Sein Zelt findest, und dort lass dich nieder.» Eine Rolle spielt auch das abgebrochene Zelt beim Aṭlālmotiv (s. u.). Auf die Zelte in der Wüste (Num 24,5) spielt Jehuda Halevi an in Nr. 194 יוצאת אל החרבה mit dem Satz «Ich sitze in den Zelten.»
15 Zimmermann 2001, S. 46: «Die Metaphorisierung eines ganzen Textes oder die narrative Durchführung einer Metapher soll hier Gleichnis bzw. Parabel genannt werden …».
16 Kallir, Qedushta zu «Dieser Monat soll für euch sein …» In Teil I 2.2.4.4 zitiert.

Die beiden Gedichte zeigen, dass man mit Zimmermanns[17] Terminologie die Begriffe «metaphorisierter Text» und «Allegorie» gut auseinanderhalten kann. Ich charakterisiere die Lieder als metaphorisierte Texte, weil ich nicht der Meinung bin, sie müssten nur mit der Methode der Allegorie (nach Zimmermanns Definition von Allegorie) entschlüsselt werden. Zwischen der im Zelt wartenden Liebenden und der wartenden Knesset Jisrael gibt es nicht nach Art der Allegorie einen Bedeutungssprung, sondern die beiden Sinnebenen, Bildspenderebene und Bildempfängerebene, sind durchlässig und verweisen wechselseitig aufeinander.[18]

2.1.2 Das Beispiel Nr. 2 Shlomo Ibn Gabirol Nr. 96 שלום לך דודי

Dieser Piyyut mit der Funktion einer Reshut (s. Glossar) ist ein Dialog mit Bitte und Antwort, bei dem die beiden Partner «frei» reden, d. h. nicht von einem versteckten Sprecher eingeführt werden, wie es beim Hochzeitsdialog von Jitzchaq Ibn Mar Sha'ul[19] der Fall war.

Der Geliebte wird mit David verglichen, was eine Anspielung auf den Messias ist, aber wichtiger ist seine Beschreibung auf der wörtlichen Ebene als rettender Kriegsheld und als schöner Geliebter aus dem HL. Die Bezeichnung «Du blendend weisser und rötlicher» ist im klassischen Piyyut als Appellativ für den Messias ein bereits abgegriffenes Bild. Hier aber korrespondiert der Hinweis auf *seine* Schönheit mit der bildlichen Beschreibung *ihrer* Schönheit: ihre Schläfe

---

17 In der modernen Forschung in Israel werden die Begriffe «Allegorie» und «Metapher» nicht so klar geschieden. Shulamit Elizur bezeichnet z. B. mit Allegorie eine «einheitliche Abfolge von Metaphern». Ruben Zimmermann 2001, S. 46 hingegen unterscheidet prinzipiell zwischen Allegorie und Metapher/Gleichnis: «Während die Allegorie gelegentlich als ein synonymer Begriff für die neutestamentlichen Erzählmetaphern verwendet wird, möchte ich unter Allegorie und Allegorese keine Formbezeichnung, sondern eher eine hermeneutische Methode verstehen. Metapher und Gleichnis bewahren einen sachlichen bzw. semantischen Zusammenhang zwischen primärer und bildlicher Sinnebene; der in allegoretischer Auslegung eines Textes gefundene Sinn steht dagegen in keinem evidenten Zusammenhang mit den Bedeutungspotenzialen der beteiligten Zeichen. Die Bildlichkeit wird erst durch Auslegung erzeugt, die jedoch selbst bereits Teil des Textes (geworden) ist.»
18 Ich benütze die Ausdrücke von Gerhard Kurz 1993, S. 33: «Bei der Metapher liegt eine Bedeutungsverschmelzung vor, bei der Allegorie eher ein Bedeutungssprung.» Mehr über den Unterschied s. u. 2.2.1 und 2.2.2.
19 s. Teil I der Arbeit: 3.2 die Hochzeitsqedushta von Jitzchaq bar Levi Ibn Mar Sha'ul.

schimmert wie der Granatapfel-Anschnitt. Damit entsteht ein Liebesdialog, der die Zitate aus dem HL von einer midrashähnlichen Auslegung befreit, indem die biblischen Anspielungen als Bildspender für Schönheit und Liebe gelesen werden, ohne dass die Anwendung auf einen Bildempfänger notwendig ist, um den Text auf der Oberfläche verständlich zu machen. Ihre Schönheit wird als liebeserregend beschrieben, wobei der Vergleich ihrer Stimme mit dem «Klang der Glöcklein am Mantel» des Hohenpriesters (Ex 28,35) die Schönheit der Frau mit der Schönheit des Kultes verbindet, wie oft bei Shlomo Ibn Gabirol.[20] Wie in Beispiel Nr. 1 kann die Beschreibung der Liebe, metaphorisch gelesen, auf einer zweiten Ebene verstanden werden: die Aufforderung an den Geliebten, die Liebe zu verwirklichen, bedeutet auf der Ebene des Bildempfängers die Aufforderung, die Knesset Jisrael zu erlösen. Das Thema der Metaphorik soll unten 2.2 in der Theorie weiter erörtert werden. Nun kehren wir abschliessend zurück zur Ausgangsfrage, mit der wir begonnen haben: Wie merkt man, ob der fiktive Sprecher ein Liebender von Fleisch und Blut oder die Knesset Jisrael ist?

2.1.3 Unterscheidungsmerkmale der Figur der Knesset Jisrael gegenüber der/dem Liebenden von Fleisch und Blut

Huss[21] eröffnet in seinem hebräischen Artikel über «Literalsinn (Pshat) oder Allegorie» neue, bis dahin vernachlässigte interpretatorische Horizonte und, was unser Thema speziell betrifft, legt er dort neun Kriterien vor, nach denen man die Darstellung weltlicher Liebespartner von der Darstellung der Liebe der Knesset Jisrael zu Gott unterscheiden und entsprechend die Textsorte «weltliches Lied» oder «Piyyut» bestimmen könne.[22] Auf einen der Hauptunterschiede, die er aufführt, habe ich bereits hingewiesen, nämlich die Frage des Sprechers. An diesem Punkt, so haben wir bereits gesehen, trennen sich die Wege der Liebenden von Fleisch und Blut und der Knesset Jisrael. Sobald die weibliche Person in einem Gedicht redet, das kein Hochzeitslied ist, scheidet die weltliche Liebende als Sprecherin aus. Die weibliche Stimme kommt nur bei der Knesset Jisrael und

---

20 s. Teil III 1.4 und unten 2.2.3 Shlomo Ibn Gabirol Nr. 144 שער אשר נסגר.
21 Matti Huss 1995b, S. 49–57. Im selben Jahr auch sein Artikel «Alegoria uVidjion» in: Sefer Israel Levin, Tel Aviv 1995, S. 95–126 (Über den Modus der Allegorie in der gereimten hebräischen Prosa der spanischen Periode).
22 Klar sind die Fälle, in denen die unbestimmte Textperson im Lauf der Darstellung plötzlich durch ein religiöses Appellativ wie «Macht Jaʿaqovs» bezeichnet und eindeutig wird (unten Beispiel 6).

der Braut in den Hochzeitsliedern vor. So fallen alle Gedichte, in denen eine «sie» *redet*, in die Kategorie Piyyut oder Hochzeitslied.[23]

Die von Huss verglichenen Kriterien[24] sind ausser der schon erwähnten Stimme: Erotik, Werben und Zurückgestossenwerden, feste oder zufällige Partnerschaft, Hierarchie, Möglichkeit einer harmonischen Beziehung. Ich bin mit Huss einig, dass die Erotik die Darstellung der Liebe in beiden Textsorten charakterisiert. Aber bei den andern Punkten finde ich nicht den von Huss bemerkten Unterschied zwischen der Knesset Jisrael zur weltlichen Geliebten das eigentlich Interessante, sondern dass ihr Verhalten dem männlichen Liebhaber, speziell der Person des Freundes und Schützlings in den Lob- und Freundschaftsliedern entspricht:[25] 1) Sie wirbt wie der Freund um die Liebe, dabei können beide auch vom Partner zurückgestossen und verlassen werden. Umgekehrt ist die weltliche Geliebte im Lustlied nur die Umworbene und *sie* ist es, die die Liebe zurückweist, aber nicht zurückgewiesen wird. 2) Die Knesset Jisrael hat den Status einer Verheirateten oder Verlobten und steht somit in einem Loyalitätsverhältnis zu Gott wie der Klient gegenüber dem Patron. 3) Die Knesset Jisrael steht in der Hierarchie unterhalb von Gott, und dieses Verhältnis entspricht dem des Schützlings zu seinem Patron. Im weltlichen Liebeslied hingegen dominiert die Geliebte. 4) Die Beziehung der Knesset Jisrael zu Gott strebt die Harmonie an, genau wie der Freund/Klient eine harmonische, unerschütterte Beziehung zu seinem Patron/Freund sucht. Die weltlichen Liebeslieder hingegen würden, so sagt Huss, eine harmonische Beziehung zwischen Männern und ihren männlichen oder weiblichen Geliebten nicht kennen.[26]

---

23 Die Frage, wie sich die Sprecherin im Hochzeitslied als Braut oder als Knesset Jisrael verrät, behandelt Huss nicht. Die Lösung liegt meiner Meinung nach nicht darin, den Unterschied herauszufinden, sondern zu zeigen, warum der Dichter die beiden Personen fast gleich darstellt. Dazu s. u. 2.3.3 und 2.3.4 «Typologie» und «Metaphorik und Doppeldeutigkeit».
24 Ich lasse deshalb seine die Sprache betreffenden Kriterien weg, mit denen er das weltliche Lied vom allegorischen Lied (dies ist sein Begriff) abgrenzt. Es sind folgende drei: das Metrum (nur im Piyyut kommt neben dem quantitativen auch das silbenzählende Metrum vor); die Semantik (eine Semantik, die auf eine verborgenen Textschicht hinweist, gibt es nur im allegorischen Lied); die Logik (die Handlung im allegorischen Lied kann unlogisch sein).
25 Siehe Kapitel 4. Den Punkt, in dem sie der weltlichen Geliebten gleicht, bringe ich im Kapitel 5.
26 Huss 1995 b, S. 52. Er fährt fort (hebr.): «Sie (die Beziehung) beruht auf der Disharmonie, deren Antriebskraft darauf hinarbeitet, die Erfüllung der Liebe zu verhindern.» Zu einer anderen Ansicht, die eine positive Perspektive auch in gewissen Liebesliedern aufdeckt, s. u. das Liebeslied von Shmu'el Hanagid (= Beispiel 5) in 3.2.

In all diesen vier Punkten entspricht die Knesset Jisrael also dem männlichen Sprecher in den Freundschaftsliedern: sie drückt mit ihren Wünschen die Anliegen des Mannes gegenüber einem Höhergestellten (Patron oder Gott) aus, wobei die Hierarchie dem Bittsteller den weiblichen Gender gibt, weil er sich dem Patron unterordnet. Entsprechend leicht identifiziert sich die Figur des Sprechers im Piyyut mit der Frauengestalt der Knesset Jisrael. In den zwei ersten Strophen des folgenden Piyyuts von Abraham Ibn Ezra Nr. 142[27] אחלי אני חלקך macht erst das Appellativ «Deine Tochter» in der 2. Strophe dem Leser klar, was das Geschlecht des lyrischen Ichs ist. Gerade die Metaphorik «Deine Tochter» zeigt aber auch, wieviel zärtlicher die Gottesbeziehung mit der weiblichen Stimme ausgedrückt werden kann.

> O möge ich doch Dein Teil sein,
> O möge ich doch Dein Gesetz bewahren!
> Ich will sterben in meinem Verlangen nach Dir,
> ich will mich in Deinen Schoss legen!
> Ich werde Durst haben – und «das Wasser Deiner Gerechtigkeit schöpfen».
> (nach Jes 12,3)
> Wahrhaftig, gibt es ausser Dir einen
> zu dem ich hoffe? Und Du weisst, dass
> das Herzensverlangen Deiner Tochter
> sich sehnt nach dem Haus Deines Wohnens.
> Bring sie zurück (Jes 50,19), bring Deine Herrlichkeit zurück.

2.2 Die metaphorische Sprache des HL, der neuen Liebeslieder und des Piyyuts

In den folgenden zwei Kapiteln zeige ich von der Metapherntheorie her, dass die weltliche und synagogale Dichtung bewusst an den Stil des HL anknüpfte: Literarkritische zeitgenössische Äusserungen suchen die neuen andalusischen Liebesgedichte mit dem Hinweis auf die metaphorische Sprache des HL und gewisser Prophetenstellen zu legitimieren. In der Auseinandersetzung mit dieser Metapherntheorie begründe ich meine Methode, die Piyyutim, in denen die Knesset Jisrael auftritt, als metaphorische Texte zu interpretieren.

---

27 Alle fünf Strophen des Piyyuts (Ahavah in Form von Gürtellied): s. Textanhang.

2.2.1 Yehosef Hanagid und die angebliche Unmöglichkeit, das HL im weltlichen Lied zu zitieren

Zuerst soll zurückgeblendet werden in die Zeit, da der Sohn von Shmu'el Hanagid, Yehosef, die Gedichte seines Vaters in einem Diwan sammelte.[28] Die Leseranweisung des jungen Herausgebers Yehosef warnt künftige Ausleger davor, die Gedichte wörtlich zu verstehen, als ob sie von weltlicher Liebe handelten. Er und seine Zeitgenossen fanden es offenbar problematisch, Liebeslieder zu lesen, die nicht religiös waren. Huss[29] ist der Meinung, dass der Leser in der Zeit von Shmu'el Hanagid nicht nur vor den Kopf gestossen war, wenn er hebräische weltliche Lieder mit erotischem Thema las (wie z. B. Lied Nr. 5 unten in Kapitel 3), sondern er habe diese als literarisches Novum überhaupt kaum einordnen können.

Yehosef schreibt also in der arabischen Einleitung zum Diwan seines Vaters[30]:

> Und dieser Diwan umfasst, was ich hineintat von seinen Gedichten im quantifizierenden Metrum und von kurzen Gedichten in verschiedenen Metren, die noch in seiner Gegenwart gesungen wurden. Auch wenn einige dieser Gedichte erotische Worte nach Art des Nasīb enthalten, so glaubte er (Shmu'el Hanagid), dass dies Bezeichnungen (kināyah) für die Knesset Jisrael und ähnliches sei, gerade wie es sich in einigen Prophetenschriften findet. Gott wird ihm diese Absicht belohnen. Jeder, der sie in einer andern Weise, als er es beabsichtigt hat, interpretiert, wird seine eigene Schuld tragen.[31]

---

28 D. S. Sassoon, Diwan of Shemuel Hannaghid, London 1934, hat ihn mit dem Diwan «Ben Tehillim» identifiziert, den Moshe Ibn Ezra in seiner Poetik erwähnt (Kitāb al-muḥāḍara wa'l-mudhākara = Sefer haIyyunim, ed. Halkin, S. 60). S. Glossar «Piyyut, 3) Überlieferung».

29 Huss 1995b, S. 63, Anm. 103 (ich paraphrasiere das Hebräische): Man müsse sich klar sein, dass der damalige Leser nicht denselben Überblick hatte wie der heutige, der die Genre von Lustliedern und Freundschaftsliedern kennt: Jener habe die weltliche Literatur ja erst aus den arabischen Liedern kennengelernt, und das auch nur, wenn er der dünnen Schicht der Hofjuden angehörte. Erst im Verlauf der 150 Jahre von Shmu'el Hanagid bis Moshe Ibn Ezra habe dem Leser ein grösseres Vergleichsmaterial zur Verfügung gestanden. Das zeitgenössische Publikum der Lieder von Shmu'el Hanagid konnte also Mühe haben, ein weltliches Liebeslied als solches einzuordnen.

30 David Yellin veröffentlichte 1923 den Anfang des arabischen Vorwortes zum Diwan von Shmu'el Hanagid aufgrund der Genizafunde (Bibliotheca Bodleiana). Nechemja Allony veröffentlichte 1960 die Fortsetzung durch Genizafragmente, die sich in der Nationalbibliothek von Wien befinden. Ein 3. Genizafund im Jahre 1978 erlaubte es Allony, das Vorwort zum Diwan vollständig zu rekonstruieren (Allony 1978, S. 106–108, laut Angabe von Huss 1995b). Meine Übersetzung beruht auf dieser Rekonstruktion. Zum Begriff «kurze Lieder», der auch in der 2. Überschrift auftaucht, die Yehosef mitten im Diwan anbringt, s. Glossar: «Piyyut 3) Überlieferung».

Er versucht die weltlichen Lieder seines Vaters damit zu entschuldigen, dass er sagt, die Sprache im Diwan sei uneigentliche Ausdrucksweise, weil sie wie die Sprache der Propheten sei, und damit erklärt er die Lieder zu religiösen Liedern, die von der Knesset Jisrael handeln. Mit dem arabischen Ausdruck, die Bezeichnungen seien kināya[32] für die Knesset Jisrael, meint er wahrscheinlich Appellative wie «Meine Taube» (יונתי) oder «Hindin» (אילה). Die Ansicht von Yehosef ist als Teil der Rezeptionsgeschichte interessant, und für die Geschichte der Hermeneutik zeigt sie, dass Yehosef für die Dichtung seines Vaters die gleiche Interpretationsmethode verlangte, die der Leser bei den Prophetenbüchern damals bereits anwandte. Das Anknüpfen an dieses Vorbild sollte die erotische Sprache entschuldigen.

2.2.2 Literarkritische Begriffe

150 Jahre nach Shmu'el Hanagid ist das weltliche Lied im Publikum rezipiert, wie Huss[33] schreibt, und «Moshe Ibn Ezra, im Unterschied zu Shmu'el Hanagid und zu Yehosef Hanagid kann am Schluss der dreissiger Jahre des 12. Jahrhunderts seinen Lesern das weltliche Lied nicht mehr als allegorisches Lied vorstellen». Moshe Ibn Ezra[34] bewertet die weltlichen Lieder im Blick auf die Bibel so:

> Die hebräischen Dichter schrieben Liebes- und Lustlieder[35]. Daran ist nichts Schlechtes, wie könnte es auch sein. Denn solche Lieder finden sich ja auch in den Heiligen Büchern[36],

---

31 Zitiert in arabischer phonetischer Umschrift mit englischer Übersetzung bei Schippers 1994, S. 151: "Though some of them (i.e. these poems) included erotic themes ('alā 'anna ba'ḍa-hā qad ishtamala 'alā nasīb), he believed these to be metaphors (kān mu'taqadu-hu fī-hi-l-kināyah 'an kneset Israel) for the community of Israel and the like, just as it is found in some of the writings of the prophets. God will reward him for his intention. Anyone who interprets them in a way contrary to his intention will bear his own guilt." «Kināyah» wird hier von Schippers mit "metaphors" übersetzt. Das Äquivalent für Metapher ist sonst «isti'āra» (Schippers 1994, S. 77).
32 «kināyah»: "periphrastic expression" (Encyclopedia of Arabic Literature 1998, unter Stichwort "rhetoric and poetics").
33 Huss 1995 b, S. 70.
34 Den Hinweis auf diese Stelle bei Moshe Ibn Ezra, Kitāb al-muḥāḍara wa'l-mudhākara ed. Halkin S. 276 f. = Shirat Jisrael, Halper S. 192/3, verdanke ich Huss 1995 b, S. 70 und Pagis 1970, S. 273.
35 Al-Ghazal und al-Ta'shaq: Shire Ahava Ute'awah. Zur Terminologie s. 3.1.
36 Obwohl Moshe Ibn Ezra nicht explizit das Hohelied als ein biblisches Beispiel nennt, das neben dem offen daliegenden Sinn noch eine tiefere Absicht habe, so ist doch höchstwahrscheinlich dieses hier gemeint, wie Pagis 1970, S. 273 es auch annimmt.

obwohl ihre *innere Absicht* (maʿanā bāṭin[37] כוונה פנימית) nicht klar erkennbar ist (ghair ẓāhira אינה גלויה) im Wortausdruck (fī-l-lafẓ: בפשוטן של המלים).

Wie also die Liebes- und Lustlieder aufzufassen seien, sagt Moshe Ibn Ezra nicht explizit, hingegen weist er auf ihre Verwandtschaft mit den Liedern in der Bibel hin, um sie offenbar gegen die damalige Kritik (s. o. 1.2) zu verteidigen. Seine Argumentation mit der Bibel zeigt, dass sich die andalusische Dichtung in den Fussstapfen biblischer Literatur sah, besonders was die Liebeslieder betrifft, weil auch die Bibel Liebeslieder im einfachen Wortsinn enthalte. Ihr tieferer Sinn oder ihre «innere Absicht» sei zwar vorhanden, aber nicht klar erkennbar. Die Ansicht von Moshe Ibn Ezra ist nach Huss deswegen extrem, weil er als einzigen Unterschied zwischen weltlichen Liebesliedern (שירי חשק) und denen der Bibel das Fehlen des tieferen Sinnes in den weltlichen Liedern sehe, aber anderseits behaupte, auch in den biblischen Texten würden die *Kennzeichen* fehlen, die dem Leser ein allegorisches Verstehen signalisieren könnten.[38] Ich stimme Huss zu in seiner prägnanten Interpretation von «nicht klar erkennbar sein»: Moshe Ibn Ezra behauptet hier, die Signale für allegorisches Lesen würden in gewissen biblischen Texten fehlen. Mich erstaunt aber vor allem Ibn Ezras Meinung über die weltlichen Lustlieder: denn sagt er überhaupt, dass in den Lustliedern der tiefere Sinn (bāṭin) fehle? Meiner Meinung nach sagt er weder ja noch nein, sondern unterscheidet in der Fortsetzung des Zitats[39] zwei Kategorien von Liebesliedern, solche mit Beschreibung körperlicher Lust und solche ohne: Sind eventuell die von ihm gelobten Liebeslieder, bei denen «keine Lust vorkomme», diejenigen,

---

37 Der Begriff «bāṭin» wird bei der Koraninterpretation gebraucht und entspricht dem Terminus allegorisch. Er gehört zur Ishmaʾili-Theologie, welche die Theorie einer inneren und äusseren Bedeutung des Korans entwickelt hat: Encyclopedia of Arabic Literature 1998, Bd. I, S. 400: "… it relies on an esoteric interpretation of the Koran (taʿwīl) which adds to the exoteric dimension of scripture (the ẓāhir) an equally important esoteric one (the bāṭin), revealed through the teachings of the Imam." Diese Theologie sei vom Neoplatonismus stark beeinflusst. Mehr dazu s. u.

38 Huss 1995 b, S. 70 f. Damit stelle sich Moshe Ibn Ezra laut Huss auch gegen die jahrhundertelange Auslegetradition der Kommentatoren, die bei der biblischen Allegorie auf der offenen Textebene Signale für den verborgenen Sinn suchten und fanden. In Wahrheit habe aber Moshe Ibn Ezra selbst die Methode des allegorischen Lesens von Bibelstellen benützt. Pagis 1970, S. 273 schliesst aus den Worten von Moshe Ibn Ezra, er meine kurz folgendes (hebr.): «Das Hohelied, z. B., hat eine allegorische Absicht, aber man kann auch eine Stütze darin finden für Liebeslieder im einfachen Wortsinn.»

39 Kitāb al-muḥāḍara, ed. Halkin, S. 276 f. Ohne Verwendung dieser Terminologie unterscheidet Moshe Ibn Ezra körperliche und spirituelle Liebe: «Bei den Schriftstellern ist die Liebe zweiseitig: Wenn sie ohne Lust vorkommt, ist sie zu loben, wenn sie umgekehrt vorkommt, ist sie zu beanstanden.»

denen er auch einen möglichen «tieferen Sinn» zuschreibt? Weiter frage ich mich, welches andere Kriterium denn Moshe Ibn Ezra sonst benützt, um einen tieferen Sinn in einem Liebeslied zu entdecken oder abzulehnen.

Ich trete nun nicht in die Diskussion über den literarisch-theologischen Begriff des «tieferen Sinnes»[40] in der mittelalterlichen Bibel- und Koraninterpretation ein (das ist ein Forschungsgebiet für sich), sondern stelle den literarischen Begriff der «verborgenen Metapher» vor, den Moshe Ibn Ezra an einer andern Stelle der Poetik benützt und der meiner Meinung nach erklären kann, was Moshe Ibn Ezra mit dem «tieferen Sinn» der Liebeslieder meint. Moshe Ibn Ezra gibt in seiner Metapherntheorie (s. u.) mit dem Begriff der «verborgenen Metapher» eine Antwort darauf, wie man in einem biblischen Text einen tieferen Sinn findet.

Moshe Ibn Ezras Metapherntheorie, auf die er in seiner Poetik[41] zu sprechen kommt, reiht sich unter anderm in die mittelalterliche Diskussion darüber ein, wie wörtlich oder wie metaphorisch die Bibel auszulegen sei, was nicht eine literarische, sondern eine theologisch brisante Frage war.[42] Ich ziehe den Text nicht

---

40 Unter «bāṭin» versteht man in der heutigen Terminologie die allegorische Deutung eines Textes. Siehe Huss 1995b, S. 70; Pagis 1970, S. 273; Zu den vier Bedeutungsebenen, die normalerweise im Koran unterschieden werden, nämlich wörtlich (ẓāhir), allegorisch (bāṭin), paränetisch (ḥadd), spirituell/mystisch (maṭlaʿ), s. A. L. Ivry 2000, S. 157. In der Bibel: Abraham Ibn Ezra schickt seinem Genesiskommentar voraus, dieser sei «mit den Banden der Grammatik gebunden und deshalb in den Augen des Verstandes in Ordnung (kasher)», damit meint er wohl, er halte sich an den Pshat. Das HL hingegen interpretiert er in drei Schritten: 1. grammatikalisch «Ich werde jedes verborgene Wort klären» 2. פשט: «die Aussage des Satzes wird nach seinem einfachen Sinn angegeben» 3. «die Deutung wird gemäss den Wegen des Midrash sein», dabei bringt Abraham Ibn Ezra oft eine Auslegung auf die Knesset Jisrael und Gott (z. B. zu HL 1,15–2,4 ein Mashal משל über die Shekhina). Auch Joseph Ibn ʿAqnin (2. Hälfte des 12. Jahrhunderts, auf den Huss 1995b, S. 61, Anm. 93 verweist) interpretiert in drei Schritten, aber seine drei Methoden sind (nach Scholem 1989, S. 76) 1. wörtlich, 2. aggadisch, 3. philosophisch-allegorisch.

41 Moshe Ibn Ezra, Kitāb al-muḥāḍara waʾl-mudhākara Kapitel 8, 1. Teil (Halper, S. 160–164 = ed. Halkin S. 224–229). Die Metapher nimmt den ersten Rang ein, deshalb behandelt er sie als erstes der 20 arabischen Stilfiguren. Zu diesen 20 Stilfiguren gehören Tropen (wie Metaphern) und Figuren (wie Klangfiguren). Als Begriff für Metapher braucht er bald «istiʿāra», bald «majāz». Halper übersetzt (S. 160): השאלה. Das ist einer der hebräischen Termini, die heute gebraucht werden: eine einzelne Metapher wird heute משל (Bildspender im Unterschied zu Bildempfänger נמשל), מושאל (Entliehenes) oder מוביל (vehicle) oder metaforah genannt. Zu «istiʿāra» und «majāz»: s. Encyclopedia of Arabic Literature 1998, Bd. II, S. 523 ff. Weitere Literatur zur Metapher in der arabischen Literatur: Brann 1991, in seinen Anmerkungen S. 194 ff.

42 Für die Diskussion über das Lesen gewisser Bibelstellen als Pshat oder Mashal verweise ich z. B. auf die Abhandlung von A. S. Halkin 1967, "Yedaia Bedershi's Apology", S. 165–184.

wegen den theologischen Implikationen heran, sondern weil er darin auch das Wesen der Metapher darstellt, und zwar verstehe ich den Text so, dass Moshe Ibn Ezra zwei Arten von Metaphern unterscheidet: er bespricht einerseits die Wortmetapher in ihrer Verwendung als wichtigsten rhetorischen Schmuck des Badīʿ-Stils. Dabei verlangt er, der Bildspender müsse gezielt auf den Bildempfänger treffen: dies nennt er die klare (jali: גלוי) Metapher. Anderseits vertritt er bei der Interpretation biblischer Texte die mittelalterliche Theorie, dass gewisse Texte als *ganzes* Metaphern seien, die sowohl wörtlich (ẓāhir) als auch mit einem tieferen Sinn (bāṭin) zu lesen seien:[43] hier braucht er den Begriff der verborgenen (arabisch: khafi) Metapher. Für die beiden Arten von Metaphern beruft er sich, wie in seiner ganzen Poetik, auf die Bibelsprache und den Koran. Ich hebe beim folgenden Zitat aus Kitāb al-muḥāḍara wa'l-mudhākara[44] die mir wichtigsten drei Punkte mit (1), (2), (3) hervor:

(1) Nach dem Lob der Metapher als «schöne Bekleidung einer Aussage» und seiner ersten Kritik, dass es arabische und hebräische Dichter gäbe, die im Gebrauch der Metapher übertrieben, fährt Moshe Ibn Ezra so weiter:

> Aber jene Gelehrten unserer Zeit, welche Metaphern ablehnen, handeln gegen das, was sie mit eigenen Augen sehen können und nachweisen können, und weichen vom rechten Weg ab. Denn es findet sich doch die Metapher in grosser Zahl in den Büchern der Prophetie, und es ist unmöglich, in Kürze alles aufzuzählen. Es gibt nichts Schlechtes daran, und es ist tatsächlich unmöglich, sie zu vermeiden.

Darauf bringt Moshe Ibn Ezra viele Beispiele aus der Bibel und drei aus dem Koran.

Es geht um den Streit über die in den Augen von Rabbi Shlomo Ibn Adret übertriebene allegorische Auslegung der Bibel, die in der Provence aufkam und die er verbot (1305). Der damalige Entscheid (S. 176): "... when the literal meaning would outrage our faith or our sense, it must be treated as a metaphor ... but the allegoristic method, which the Aggada pursues very liberally, is not intended to replace the simple sense."

43 Damit entspricht er z. B. der Theorie von Maimonides. Zusätzlich unterscheidet Maimonides bei den metaphorisierten Texten (Meshalim) zwei Arten: More Nevukhim, Einleitung 1 & 10 (in der Übersetzung von Friedländer, S. 5 ff.): Beispiel für die 1. Art ist Gen 28,12 ff.: jedes Wort des Mashal meint eine bestimmte Idee. Beispiel für die 2. Art ist Spr 7,6–26 (meine Zusammenfassung): Viele Punkte des Mashal haben kein Nimshal, sondern der Text als ganzes meint eine bestimmte Idee, wobei es viele Einzelpunkte gibt, die nichts zur Idee beitragen, sondern nur die wörtliche Seite des Mashal ausführen.

44 Kitāb al-muḥāḍara, ed. Halkin, S. 224–229. Ich danke Herrn Dr. Arie Schippers, Amsterdam, für seine entscheidende Hilfe beim Lesen des judeo-arabischen Textes.

(2) Abschliessend sagt er:

> Und auch weitere Beispiele, deren Zahl ich nicht erfassen kann, habe ich dir hier (scil. im Buch) angeführt. Und unter dem, was gesagt wurde, und nachdem ich die Heilige Schrift der Araber erwähnt habe, empfand ich nicht mehr den weitverbreiteten Widerstand, den die Heuchler unter den Rechtsgelehrten unserer Religion vertreten. Denn ich habe gesehen, wie die wichtigsten Juristen und die grössten Kommentatoren wie Rav Saʿadja Gaʾon und Rav Chai (Gaʾon) und andere, die zu den dialektischen Theologen (al-mutakallimūna)[45] gehören, häufig die figurative Rede erwähnen und sich damit halfen, um schwierige Stellen (mutaʿāṣ: סתום) bei den Propheten zu erklären. Tatsächlich geschieht dies auch in den Kommentaren der Christen trotz ihrer Schwäche.

(3) Darauf definiert er die Metapher so:[46]

> Die Idee (al-maʿanā: הענין) der Metapher (istiʿāra: השאלה) ist die, dass du eine unbekannte Sache mit einer bekannten Sache beschreibst.

Weiter erklärt er:

> Die Metapher kann manchmal als klare/offene (jali: גלוי) Aussage vorkommen oder als verborgene (khafi: טמיר). Die offene Aussage ist wie das, was ich oben anführte (scil. Flügel der Morgenröte, Mantel der Morgenröte und weitere rund vierzig Beispiele aus der Bibel); die verborgene ist wie «Die Himmel erzählen die Ehre Gottes» und was darauf folgt (Ps 19,4). Der Satz danach nämlich beweist, dass der Dichter diese Worte als Übertragung (al-qawl al-majāzi: על דרך ההעברה) und nicht im exakten Wortsinn (al-muḥkam: כפשוטן) brauchte, denn es steht ja geschrieben: «ohne Sprache, ohne Worte …».

Der Text richtet sich apologetisch gegen Kritiker, die den metaphernreichen neuen Badīʿ-Stil der weltlichen Lieder als Profanierung der heiligen Sprache kritisierten[47], weil vor allem biblische Metaphern in weltliche Lieder transportiert wurden. Moshe Ibn Ezra verwahrte sich selbst gegen die übertriebene Verwendung des neuen Stils im Piyyut, weil die Gebetssprache einfach sein sollte[48], aber er

---

45 Al-mutakallimūna (hebräisch: hamedabbrim). Dazu Sarah Stroumsa 2003, S. 71: sie erklärt die Terminologie im Zusammenhang mit Abraham Ibn Ezras Charakterisierung von Saʿadya als den grössten «Sprecher» (medabber), womit er (als Wortspiel) zweierlei meine: er sei der grösste Linguist und der grösste Vertreter der dialektischen Theologie (Medabbrim = wörtliche Übersetzung von mutakallimūna). Auch Jehuda Halevi, Kuzari 5,15 nimmt zu den «Medabbrim» Stellung, sie seien v. a. Karäer gewesen.
46 Kitāb al-muḥāḍara, ed. Halkin. S. 228/9.
47 Brann 2001, S. 78 ff. bespricht Kritik und Rechtfertigung Moshe Ibn Ezras.
48 Moshe Ibn Ezra, Kitāb al-muḥāḍara, ed. Halkin, S. 60: «Wer wenig Schmuck übernahm … ist der richtigen Sache nahe …» (s. Zitat oben in 1.1). Hazan 1986, S. 200 zitiert die Meinung von Abraham Ibn Ezra, welche Sprache der Piyyut haben soll, der ja ein Gebet ist: «Und warum lernen wir nicht aus dem festgelegten Gebet, das sprachlich vollkommen klar ist in seiner Bibelsprache?» Und als Regel verlange Abraham Ibn Ezra «Es ist nicht angebracht zu beten ausser in der Sprache des Pshat (= sensus litteralis)». Aber

verteidigt die Metapher als Schmuck, der das Thema schön bekleide, und deshalb erst die Schönheit der Poesie ausmache.[49] Weiter verteidigt er sie in Punkt 1 mit der Begründung, sie sei ja schon in der Bibel vorhanden. Zu ihrer Funktion sagt er in Punkt 2, schwierige Bibelstellen würden nur metaphorisch gelesen ihren Sinn enthüllen, weil es das Wesen der Metaphern sei (Punkt 3), unbekannte Sachen mit bekannten zu beschreiben. Als Beweis führt er Ps 19,1–5 an, dessen Metaphorik man erkennen müsse, auch wenn sie «verborgen» (khafi/טמיר)[50] sei. Mit der Forderung, den Sinn schwieriger Aussagen in der Bibel aufzudecken, indem man sie nicht (nur) wörtlich, sondern auch metaphorisch versteht, schliesst er sich explizit der Meinung von Saʿadja Gaʾon und Chai Gaʾon an.[51]

Fazit: das metaphorische Lesen eines Textes, auch wenn die Metaphern «verborgen» sind, ist der Schlüssel, mit dem Moshe Ibn Ezra in einem Text den tieferen Sinn entdeckt. Diese verborgene Metaphorik meint er wahrscheinlich, wenn er in seiner oben zitierten Meinung über die weltlichen Liebeslieder sagt, man könne ihnen wie dem HL einen tieferen Sinn geben. Sein Beispiel, «die Himmel erzählen», ist zwar nach heutigem Verständnis eine Metapher, die zwar kühn, aber nicht «verborgen» ist, wie Moshe Ibn Ezra sagt. Für ihn sind aber nur

---

diese Aussage steht innerhalb der Kritik von Abraham Ibn Ezra an Kallirs Verwendung von Metaphern, die er in seinem Kommentar zu Kohelet 5,1 bringt. Der erste seiner vier negativen Punkte, die er an Kallirs Spache aussetzt, ist: «Die meisten seiner Piyyutim sind Rätsel und Gleichnisse (משלים).» In der Praxis hielt sich Abraham Ibn Ezra nicht an seine Forderung der «einfachen Gebetssprache», denn seine Piyyutim sind voll mit Metaphern.

49 Zum Verhältnis von «Schmuck – Thema» oder «Kleid/Schale – Kern»: Pagis 1976, S. 83–87 erklärt kurz den philosophischen Hintergrund, auf den Moshe Ibn Ezra in seiner Schrift «al-Maqālah bi-l-ḥadiqah fi maʿana al-majāz wa-l-ḥaqiqah» eingehe; Pagis zeigt, dass die Maxime «Das Beste des Liedes ist seine Lüge» in al-Andalus als Lob und Vorrecht der Poesie galt. Dazu auch Drory 2000, S. 5: sie übersetzt "falsehood makes for the best poetry" (sie zitiert «aḥsanu al-shiʿri akdhabuhu») und erklärt: "That classical Arabic poetry did not convey 'reality' was granted by both poets and critics throughout the classical period." Brann 1991, S. 72 gibt die aristotelische Quelle der Maxime und die Zitate in der judeo-arabischen Poetik. Rosen 2003, S. 71–73 interpretiert im Kapitel "Veils and Wiles" die Auffassung von Poesie als Lüge im Zusammenhang ähnlich wertender Analogien wie die Metaphorik von Frau, Schmuck, Verschleierung für Poesie. Zur Funktion der Metaphern in arabischer Lyrik s. auch die Analysen bei Miriam Schneider 2005.

50 Zu טמיר (verborgen oder verdeckt), s. Elizur 1993, S. 69 (hebr.): «Die Verwendung eines Satzes, den man scheinbar wörtlich verstehen könnte, der aber effektiv metaphorisch ausgelegt werden muss, nennt man אמירה טמירה oder מאמר טמיר.»

51 Diese Meinung hat auch Rabbi Ibn Adret 350 Jahre später: s. o. die Anmerkung zu «bāṭin».

die Metaphern «klar» (jāli/גלוי), die deutlich auf *eine* Idee (עניין) zielen[52]: all seine Beispiele sind Genetivmetaphern wie «die Flügel der Morgenröte». So variiert er selbst den Vers HL 2,5 im Gedicht Nr. 37 ed. Bernstein מהרו נא folgendermassen (die Knesset Jisrael spricht zu Gott): «Erquicke mich mit Kuchen *der Freundschaft* und labe mich mit Köstlichkeiten *der Liebeswonnen*.» (Smikhut shel Hamchashah = Genetivverbindung der Veranschaulichung).[53]

Es ist zwar überhaupt nicht so, dass alte Interpretationsmethoden für den modernen Interpreten verpflichtend sind, nur weil sie mit den Texten, die man interpretieren will, zeitgenössisch sind. Ich übernehme aus Moshe Ibn Ezras Theorie der Metapher auch nicht mehr als eine Bestätigung für meine Methode, Liebeslieder (wie das HL) und die Piyyutim (die ja den Stil des HL imitieren) metaphorisch und nicht allegorisch zu lesen, d. h. Bildspender und Bildempfänger gleichermassen wichtig zu nehmen. Eine direkte Bestätigung, dass die Sprache des Piyyuts metaphorisch zu verstehen sei, finde ich leider nicht in irgend einer mittelalterlichen Theorie[54], aber statt der Theorie gibt es die Evidenz, dass die Dichter die Bildspenderseite der Metaphern im Piyyut hervorhoben entsprechend ihrem neuen literarischen Zugang zum HL, dieses als wörtliches Liebeslied und als Aussagen über die Knesset Jisrael zu verstehen: ich meine das sogenannte Phänomen der «Realisierung der Metapher» (unten 2.3.1), bei dem die Bildspenderseite plötzlich konkret aufgefasst wird. Auch oben in den Beispielen 1 und 3 sahen wir, dass in der Metaphorik auf der Textebene[55] der Bildspender bei beiden Texten als konkretes Bild lebendig ist, denn sowohl das Lustlied Nr. 3 als auch das religiöse Lied Nr. 1 kann man auch im «einfachen Sinn» verstehen. Deshalb ist nicht die Metaphorik allein das Kriterium, ob eine Aussage die Knesset Jisrael oder eine(n) Liebende(n) von Fleisch und Blut meint; aber einen gegebenen Text

---

52 Zur mittelalterlichen Forderung, dass jeder signifier (Mashal) auf ein signified (Nimshal) zielen soll, s. Pagis 1970, S. 56 ff.
53 Weitere Beispiele aus den weltlichen Liedern wie «Bande der Freundschaft» bringt Pagis 1970, S. 64–70. Beim Smikhut shel Hamchasha ist der Nismakh (1. Teil der Genetivverbindung) ein Wort in konkreter Bedeutung, der Somekh (2. Teil) ein Abstraktum. «Die semantische Proportion ist immer Bild-Thema.» (Pagis 1970, S. 67). Danah 1999, S. 432 zitiert hier Pagis, ohne dessen Terminologie und deren Analyse zu erwähnen. Die Metaphertheorie von Pagis führt Elizur 1993, S. 69–79 weiter. Folgendes weitere Beispiel zitiere ich aus den Piyyutim: Jehuda Halevi verdeutlicht den «Mantel» in Ez 16,8 als Metapher durch das Hinzufügen von «Seiner Liebe»: Nr. 179 כימי הנעורים Mein Freund breitete den Mantel «Seiner Liebe» über mich.
54 Die Poetik von Moshe Ibn Ezra befasst sich nicht mit dem Piyyut.
55 Zimmermann 2001, S. 46 spricht von Metaphorisierung eines Textes, wenn die Metaphorik auf der Textebene liegt. Er nennt solch einen Text auch Gleichnis: s. o. 2.1.1.

metaphorisch lesen zu können, ist die nötige Bedingung, damit der Text *auch* auf die Knesset Jisrael und Gott ausgelegt werden kann: «das Liegen im Schoss» bei der Rede über Gott im Piyyut von Abraham Ibn Ezra[56] muss als Metapher verstanden werden. Texte, in denen die Knesset Jisrael auftritt, werden nun aber in der israelischen Literatur generell «allegorische» Texte genannt im Unterschied zu den «weltlichen» Liebesliedern (obwohl es auch Allegorie in diesen Liedern gibt wie Beispiel Nr. 3 zeigt[57]). Wegen dieser fatalen Festnagelung auf den Begriff der Allegorie gibt es wenige israelische Forscher[58], die die Piyyutim metaphorisch interpretieren; das heisst, die älteren Herausgeber der Piyyutim gehen in ihren Kurzkommentaren nicht auf das vielschichtige Bedeutungspotenzial von Metaphern ein, weder auf die Semantik des Bildes noch auf seine Interaktion mit dem Bildempfänger, sondern springen sofort zu einer allegorischen Deutung. So nimmt Jarden z. B. im folgenden Gedicht von Shlomo Ibn Gabirol Nr. 144 das Bild «das Tor, das geschlossen wurde, öffne es» als allegorische Aussage mit dem Sinn: «öffne die Tore der Vergebung». Dem gegenüber will ich zeigen, dass die Dichter in al-Andalus dank ihrem neuen Verständnis des HL als metaphorischen Text auch ihre eigenen Texte metaphorisch verstehen. Das erwähnte Lied von Shlomo Ibn Gabirol gibt viel mehr her, wenn man es als Ganzes als metaphorischen Text liest, ohne es allegorisch Bild für Bild zu entschlüsseln:

---

56 Abraham Ibn Ezra Nr. 142 אחלי אני חלקך: «Ich will sterben in meinem Verlangen nach Dir, ich will mich in Deinen Schoss legen.» Diese Sprache kann genau so gut auch in einem weltlichen Lied vorkommen, hier muss sie aber metaphorisch verstanden werden.

57 Huss 1995 a untersuchte in «Alegoria uVidjion» Allegorien in nicht-religiösen Texten.

58 Hazan 1986, S. 225. Er spricht beim Piyyut Nr. 332 von Jehuda Halevi vom «metaphorischen Effekt», der durch die Kombination der zwei Sinnebenen entsteht. Er geht auf einzelne Metaphern ein: S. 218–221 über das «Symbol des Schlafens/Erwachens», S. 226–228 über «die Metapher ‹Licht›», S. 229–234 über «das Bild der Taube», jeweils ohne Klärung der Terminologie. (Fast dasselbe, aber mit der Terminologie von «Realisieren von Metaphern» im Unterschied zu «Metaphorisieren von Realem» 1990, S. 44–46.) Danah 1999, S. 126 behandelt in *einem* Satz die Metaphorik auf der Textebene, indem er bei einem Piyyut von Shlomo Ibn Gabirol (Nr. 237) die metaphorischen Effekte erwähnt, die durch das Verknüpfen zweier Bedeutungsebenen entstehen und die Dürftigkeit an Wortmetaphern wettmachen. Von Shalom Luria bringe ich gleich unten 2.2.3 eine Interpretation zu Shlomo Ibn Gabirol Nr. 144.

2.2.3 Beispiel für metaphorische Interpretation

Shlomo Ibn Gabirol Nr. 144 Reshut שער אשר נסגר

1 Das Tor, das geschlossen – / steh' auf, mach es auf!
  Die entfloh, die Gazelle, / schick wieder zu mir.
2 Wenn Du kommst und zwischen / den Brüsten mir liegst, (HL 1,13)
  wirst den Duft, Deinen guten, / legen auf mich.
3 – Dein Liebling, wie sieht er denn aus, schöne Braut,
  dass du so zu mir sagst: / ‹hol, schick ihn zu mir?› (1 Sam 16,11)
4 – Der ist es, schönblickend, / rötlich und schön, (1. Sam 16,12)
  mein Freund, mein Geliebter / ist's (HL 5,16): auf, salbe ihn!

Die Kombination der verschiedenen biblischen Anspielungen kann man in einem ersten Interpretationsschritt als Ausdruck der dringenden Bitte nach Erlösung erklären: «öffne das Tor, schick die Gazelle, hole den Geliebten, salbe ihn!», aber was tragen die vielen zum Teil widersprüchlichen Metaphern zum Aussagegehalt bei? Mit Hilfe der Interpretation von Luria[59] zeige ich, dass gerade diese Widersprüche der Bildersprache den Schlüssel zum Verständnis geben. Im Zentrum steht die weibliche Person, auf deren Not schon die erste Zeile verweist, wie Luria es ausdrückt (hebr.):[60] «Allein schon ihr Rufen und ihre Anrede an das Du weisen auf ihre Bedrängnis hin, die dargestellt ist als Aufspaltung zwischen dem «Du», das gegenwärtig ist, und der Gazelle, die geflohen ist». Wie kommt Luria zu dieser Idee einer Aufspaltung, die offensichtlich die Frau in Verwirrung stürzt und unglücklich macht? Ist es denn nicht ganz einfach so, wie Jarden in seiner kommentierten Ausgabe zu Lied 144 angibt, dass es sich hier in Zeile 1 um «das Tor der Erlösung» handelt, und dass «Gott, der sich versteckt hat, wieder zurückkommen solle und Sein Angesicht über mich leuchten lassen soll»? In Zeile 2 sei mit dem Ruhen zwischen den Brüsten die Rückkehr in den Tempel gemeint, und das ganze sei «ein Gespräch zwischen der Knesset Jisrael und Gott». Wenn diese allegorische Auslegung, bei der jede Person definiert ist durch ihre vorgegebene Rolle, hier anwendbar sein soll, dann fragt man sich, wieso Shlomo Ibn Gabirol diese störenden Wechsel eingebaut hat zwischen dem «Du», der kommen soll, um zwischen ihren Brüsten zu liegen, und anderseits dem «Er» der Gazelle, die entflohen ist (nach HL 5,6 8,14) und die vom Du als (zweiten?) Liebhaber geschickt werden soll. Luria zeigt, dass die Widersprüche in der syntaktischen Struktur metaphorisch ausgelegt einen Sinn machen: die Struktur sei darauf angelegt «die Kontinuität, die durch den Sprachfluss der Rednerin geschaffen wird, zu stören

---

59 Luria 1985, S. 113–126.
60 Luria 1985, S. 124.

und durch die syntaktischen Sprünge bestimmte Gedanken hervorzuheben, auf die das Gedicht hinzielt». Welche Gedanken sind das? Luria sagt, die Situation der Sprecherin sei deswegen kompliziert, weil sich für sie die Gestalt, von der sie redet, in zwei Gestalten gespalten hat. Weil es für den Leser keine eindeutige Aufschlüsselung gäbe, wen die Sprechende herbeiwünscht, müsse man die Doppelung der Figur als «figurative Aufspaltung» verstehen (hebr.):

> die eine Figur ist diejenige, die Autorität und Macht hat, die andere ist die, die sie begehrt und herbeiwünscht. Die Aufspaltung liegt im Bewusstsein der Liebenden: sie wendet sich an ihren Geliebten, der die Macht besitzt, und ruft ihm zu, zurückzukehren in der Gestalt der Gazelle, ihres Freundes, um sich an den Liebesvergnügen zu erfreuen.[61]

Dies ist die Bedrängnis, aus der heraus die Sprecherin den Geliebten anruft. Ich füge Lurias Interpretation noch folgendes hinzu: Das Liebesverlangen der Frau drückt sich überhaupt nur in einer metaphorischen Sprache aus, indem sie von ihrem Geliebten mindestens vier Eigenschaften wünscht, die alle durch Metaphern ausgedrückt werden: er ist ein «Tür-und Toröffner» und kann geflohene Gazellen zurückbeordern, um die Liebe zu ermöglichen, er liegt zwischen ihren Brüsten und bedeckt sie mit seinem guten Duft, er hat schöne Augen, ist von guter Gestalt und jung mit roten Wangen, wie der Sohn Jishais. Der Paytan braucht vier Metaphern, um das Wesen dieses Geliebten nur annähernd auszudrücken. Im Unterschied zum klassischen Piyyut sind die Bilder nicht lexikalisierte Metaphern (Kinnujim), die als Synonyme für nur einen bestimmten Begriff gebraucht werden.

Was die erotische Metapher aus HL 1,13 in der 2. Zeile dieses Gedichtes betrifft («wenn Du kommst, um zwischen meinen Brüsten zu liegen»), so fragt sich Luria, welche spirituelle Befrachtung diese Zeile durch die Tradition mit sich bringe. Dabei kommt er auf die Deutung zu sprechen, die die Wölbungen am Vorhang vor dem Aron Haqodesh mit den Rundungen von Brüsten assoziiert, und auf die Geschichte, die der Talmud über das spirituelle Erleben der Wallfahrer erzählt.[62] Die gleiche Mischung von erotischem und religiösem Ausdruck sieht

---

61 Luria 1985, zu Beginn seiner Interpretation. Auf S. 120 hat Luria die 1. Zeile so ausgelegt, dass, so doppeldeutig das geschlossene Tor auch ist – ist sie z. B. drinnen oder draussen? – auf alle Fälle der Angesprochene die Macht hat, dieses zu öffnen.
62 bYom 54a, s. Teil I 2.2.5.2, ebenfalls Abraham Ibn Ezra, 3. Perush zu HL 1,13: «Zwischen meinen Brüsten möge Er liegen: zwischen den Keruvim.» Im 2. Perush: «Sie sprach: auch wenn ich dufte und sogar der König beim Mahle Lust hat auf den Duft meiner Narde, so ist der Duft, der von meinem Geliebten ausgeht, besser, der nämlich ein Myrrhenbündel ist, und ich wollte immer, dass Er zwischen meinen Brüsten liege und würde dann immer denken, dass ich eine Cypertraube umarme.» Rashi zu HL 1,13: Zwischen meinen Brüsten: zwischen den zwei Stangen des Aron Haqodesh.

Luria nun auch in der Verwendung des HL Zitats in der 2. Zeile des Gedichts: er sieht den Ausdruck als Metapher und, entsprechend der Wirkung einer Metapher, als Wechselspiel zwischen signifier und signified. Er meint damit, dass das Heilige des Kultgegenstandes auf die Frauengestalt hinweise und umgekehrt auch das Erotische der Frauengestalt auf den Kultgegenstand. Die spirituelle Erotik, die Luria bei den Metaphern herausgestellt hat, ist wichtig und charakterisiert nicht nur diesen Piyyut, sondern gehört zum Wesen des andalusischen Piyyuts, sobald die Gestalt der Knesset Jisrael auftritt.[63]

2.3 Stilistische Neuerungen im andalusischen Piyyut

2.3.1 Die narrative Ausweitung der Metapher und die Knesset Jisrael als dramatis persona

1) Narrative Erweiterung der Metapher
Ein grundsätzlicher Unterschied[64] zwischen Moshe Ibn Ezras Beurteilung der Metaphern und unseren literarischen Methoden liegt darin, dass er die Metaphern nie im Kontext, sondern nur einzeln untersucht. Wenn wir sie nun im Kontext betrachten, so haben wir bereits oben bei Shmu'el Hanagid (Beispiel Nr. 1) und bei Shlomo Ibn Gabirols Piyyut Nr. 144 festgestellt, dass der andalusische Dichter im Unterschied zum klassischen ganze Bildsequenzen baut. Auf die narrative Ausweitung der Metapher im Piyyut von al-Andalus hat schon Fleischer[65] hingewiesen (hebr.): «Oft benützten sie (die sefardischen Paytanim) an den Stellen, wo die östlichen Paytanim Appellative benützt haben, kleine Metaphern – auf derartigen Metaphern bauten sie manchmal ziemlich komplexe metaphorische Handlungen auf nach Art einer kleinen Allegorie, wie z. B. in der ersten Strophe von Jehuda Halevi Nr. 168 יונה נשאתה ‹Die Taube, die Du auf Adlersflügeln getragen hast (Ex 19,4) und die sich in Deinem Schoss eingenistet hat, im Innersten der Zimmer›.» Dass die andalusischen Dichter das semantische Potential eines

---

63 Zur Interdependenz zwischen der Schönheit der Frau und des Tempelkultes s. Teil III 1.4.
64 Darauf weist auch Pagis 1970, S. 33 hin.
65 Fleischer 1975a, S. 420. Das Zitat beginnt mit der Feststellung (hebr.): «Die sefardischen Paytanim ‹entdeckten› die Metapher und machten ihr Eindringen in die Piyyutdichtung möglich und legitim. Nicht nur die Metapher aus der Bibel, sondern auch die ‹neue›, die speziell für den aktuellen lyrischen Text geschaffen wurde, aber sie übertrieben nicht in ihrem Gebrauch.»

Appellativs der Knesset Jisrael wie «Taube» neu entdecken, gehört zu ihrem neuen Lesen des HL als metaphorischen Text:

Sie verstehen den Begriff «Taube» als Metapher und beleben ihn neu[66], denn durch die Kombination «Taube auf Adlerflügeln» horcht der Leser auf und stellt sich das erstarrte Appellativ «Taube», neu kombiniert mit dem «Adler», einem entgegengesetzten Bild aus demselben semantischen Feld, plötzlich konkret vor. Nach der Terminologie von Zimmermann[67] kann man dies als «Kühnheit des Sprachbildes» bezeichnen, welche bekannte lexikalische Verfestigungen wieder aufbricht. Die Taube, als reale Taube aufgefasst, leitet dann zu einer anschaulichen fiktiven Handlung über: sie nistet im Schoss Gottes. Eine weitere Möglichkeit, Appellative wieder zu lebendigen Metaphern zu machen, ist die Konterdetermination: Die Knesset Jisrael wird bei Jehuda Halevi Nr. 206 als «die Taube mit den geknickten Flügeln» dargestellt, womit die Taube aus dem HL ein neues metaphorisches Bildsegment bekommt. Ein weiteres Beispiel ist Shlomo Ibn Gabirol Nr. 100 פיה שאלי יפה. Gott sagt zu ihr: «Erbitte dir, du Schöne, was du immer erbitten willst von Mir, denn die Stimme deines Flehens ist an Mein Ohr gedrungen.» Und sie antwortet: «Ein Löwe hat mich angegriffen, hinter ihm stand ein Panther auf, so bin ich geflohen vor ihnen und habe meinen Garten verlassen.» Der Garten als Idealort der Knesset Jisrael wird plötzlich zu einem realen Garten, der aber der Vorstellung eines Gartens widerspricht, da er nicht mehr Schutz bietet, sondern wilde Tiere in ihn eindringen. Die Tiere lösen darauf eine Sequenz von weiteren metaphorischen Handlungen der Knesset Jisrael aus: sie flieht und verlässt den Garten. Die Liebeskonnotation des «Gartens», der im HL wie die Taube auch eine Metapher für die Geliebte selbst ist, wird im andalusischen Piyyut noch verstärkt durch die Liebespoesie (s. Teil III 1.4.4).

2) Die Knesset Jisrael als dramatis persona

Der Paytan dramatisiert den Piyyut, indem er biblische Zitate der Knesset Jisrael und auch ihren Gesprächspartnern in den Mund legt und sie in eine neue Sprechsituation hineinstellt. Ein Beispiel[68] ist Jehuda Halevi Nr. 194 יוצאת אל החרבה: hier verlegt der Dichter die Szene aus HL 5,9 in die Situation der Wüstenwanderung der Knesset Jisrael nach ihrem Auszug aus Ägypten. In dieser neuen Szene wird sie

---

66 Ich beziehe mich auf die Ausführungen von Hazan 1986, S. 229–234, zur Taubenmetapher.
67 Zimmermann 2001, S. 49.
68 Ein weiteres Beispiel für verteilte Rollen ist Jehuda Halevi Nr. 150 ידידות נעורים. Die Knesset Jisrael dramatisiert die Situation des Exils mit Szenen und Zitaten aus dem HL: Jehuda Halevi Nr. 379 יונה בפח. Interpretation von Nr. 194 in III 2.2.2, von Nr. 379 in III 2.2.1.

von den kritisierenden «Töchtern Jerusalems» angesprochen, warum sie denn vom Geliebten verlassen wurde. Sie benützt darauf HL 5,10 und weitere Bibelzitate, um das ganze Exodus- und Sinaigeschehen als Liebestaten Gottes zu erzählen, und am Schluss schaltet sich die Stimme Gottes ein mit einer Liebesbestätigung, die HL 5,10 und 6,3 variiert. Derartige Szenen, in denen die Knesset Jisrael mit andern Gesprächspartnern ausser Gott auftritt, kommen im klassischen Piyyut nicht vor.[69]

2.3.2 Die Antithese und Paronomasie: Einwirkung des Badīʿ-Stils

Zum geschmückten Stil der arabischen Poesie (Badīʿ-Stil[70]) gehört neben der Metapher auch die Antithese (muṭābaqah) und die Paronomasie (tajnīs, hebräisch tzimmud).[71] Die hebräischen Dichter benützen die Antithese und unterstreichen sie durch Anklang oder Gleichklang der Wörter, sie verwenden dieses Stilmittel besonders zum Ausdruck des Exils als Paradox (s. Teil III 1.2).

2.3.3 Typologie und biblische Anspielungen

Wie die Metaphern gelten auch die biblischen Anspielungen (רמז) als Redeschmuck in der arabischen[72]/hebräischen Poetik. Im Piyyut wird die biblische Anspielung schon in klassischer Zeit gepflegt. Die Anspielungen fordern vom

---

69 Eine Ausnahme ist die Qinah von Kallir אז במלא ספק, in der Zion mit Jeremia spricht. Dramatisierung von Szenen zwischen biblischen Personen gibt es aber: z. B. der Auftritt Jehudas vor Josef im Zulat zur Paraschat Wajigasch von Pinchas Hacohen Berabbi Jaʿaqov von Kaphra (abgedruckt bei Elizur 1999, S. 84–87. Datierung Elizur, S. 363: Israel, 8. Jahrhundert). Inzwischen ist 2004 ihre Edition der Piyyutim von Pinchas Hacohen herausgekommen.
70 Dies ist der "ornate, original or new style" (Schippers 1994, S. 77).
71 Schippers 1994, S. 77 zählt als fünf in der Zeit der Abbasiden bewusst verwendete Stilmittel des Badīʿ-Stils folgende auf: Paronomasie, Antithese, Metapher, Repetition am Ende der Zeile von vorangegangenen Wörtern, Verwendung von philosophischen und dogmatischen Begriffen. Die Paronomasie (tajnīs) hat Moshe Ibn Ezra exemplarisch gleichsam als Studie dieser Stilfigur im «Sefer haAnaq» (= die Halskette), arabisch: Kitāb Zahr al-Riyāḍ = Blühen des Gartens, durchgehend verwendet. Zu den verschiedenen Sub-Kategorien des tajnīs: Encyclopedia of Arabic Literature 1998, unter "rhetorical figures". Ebenfalls zur Paronomasie: Pagis 1976, S. 95 f.; Scheindlin 2000, S. 253.
72 Brann 1991, S. 40 erklärt, dass der arabische Terminus für die Stilfigur der Anspielung «iqtibās» ist und seiner Wortwurzel entsprechend ("to seek knowlegde" q-b-s) vom Leser spezielle Kenntnisse des Korans respektive der Bibel verlange.

Leser die Kenntnis des biblischen Kontextes, und zwar nicht nur einzelner Wörter, sondern manchmal muss der Leser die entsprechende biblische Erzählsituation vor Augen haben.[73] Das ist besonders dann der Fall, wenn der Text eine gegenwärtige Situation oder Person typologisch mit einer biblischen Person verknüpft, und diese Person zu einer literarischen Textfigur wird. Shlomo Ibn Gabirol spielt z. B. in einem Liebesgedicht[74] auf die Geschichte mit Amnon und Tamar an, indem er den Sprecher als Amnon seine Geliebte rufen lässt, die er Tamar nennt. Hier ist die Typologie als anzügliches Spiel zu verstehen.[75] Mit dem Ziel zu loben hingegen stellt Shlomo Ibn Gabirol in seinem Lobgedicht (unten Beispiel Nr. 10) Shmu'el Hanagid als Wiederverkörperung des Propheten Shmu'el dar und baut sein Lob auf dieser Typologie auf. Die typologischen Anspielungen dienen dazu, eine Person lobend oder witzig zu charakterisieren. Auch im Piyyut wird die Knesset Jisrael manchmal mit der Anspielung auf eine Bibelfigur typologisiert, meistens implizit und ohne Nennung des Namens (s. Teil III, Einleitung).

2.3.4 Metaphorik und Doppeldeutigkeit

Im Unterschied zum klassischen Piyyut liegt der besondere Effekt der biblischen Anspielung im Piyyut von al-Andalus darin, dass die Bibelzitate nicht punktuell zur Deutung einzelner Versstellen im Piyyut zitiert werden, sondern aus ihnen ein Text von metaphorischer Konsistenz geschaffen wird (s. o. Beispiel 1); die Bedeutung von Ausdrücken wie «Ich weckte dich» (HL 8,5) oszilliert im Piyyut zwischen der wörtlichen Bedeutung, die sie im biblischen Kontext haben, und derjenigen, mit denen die traditionelle Deutung sie befrachtet, und den neuen Konnotationen, die ihnen die weltliche Liebespoesie verleiht.[76] Der

---

73 Shmu'el Hanagid Nr. 172 אלי הפך spielt auf Ex 32,32 an im Zusammenhang mit einem untreuen Geliebten: «Mein Gott wende doch das Herz jenes Küken, …, der mich verraten hat; aber nun, wenn Du nur seine Sünden vergeben könntest! Wenn nicht, so lösche mich aus.»
74 Schirmann 1955/6, Bd. 1, Teil I, S. 214, Nr. 5. Vergleiche das Gedicht von Shlomo Ibn Gabirol mit der Anspielung auf David und Avigail (Schirmann 1955/6, Bd. I, Teil I S. 213, Nr. 3) im Einleitungskapitel zu Teil I.
75 Weitere freche Anspielungen: s. in Einleitungskapitel zu Teil I das Gedicht von Moshe Ibn Ezra דדי יפת תואר (Brody Nr. 250): hier eher blasphemische Anspielung auf Ps 1,2.
76 s. in Teil III 1.3 die Uminterpretation der Metapher des Weckens (HL 2,7 8,5) in Jehuda Halevi Nr. 179, 3. Gürtel, und in Abraham Ibn Ezra Nr. 139. Am häufigsten ist die neue Konnotation des «Landes der Herrlichkeit/der Pracht» (Erets haZvi ארץ הצבי), Appellativ für das Land Israel aus Dan 11,16: es bekommt die zweite Bedeutung «Land der Gazelle», weil Zvi auch Gazelle bedeutet (etymologisch andere Wurzel), metaphorisch als Land

Piyyut verbindet, wie oben an Beispiel 1 gezeigt, alle Sinnebenen. Das Kapitel über die Metaphorik soll nun noch mit Beispielen zur Doppeldeutigkeit ergänzt werden, die meiner Meinung nach zeigen, dass die andalusischen Dichter die metaphorischen Möglichkeiten der Sprache bewusst und effektvoll einsetzen. Die Metaphorik wird bei den Hochzeits- und Freundschaftsliedern als Kunstgriff verwendet, um den Hörer spielerisch mit den zwei Sinnebenen von einfachem Sinn und übertragenem Sinn zu konfrontieren. In einer autopoetischen Aussage und quasi Rechtfertigung einer solchen Kombination beruft sich Shmu'el Hanagid im Freundschaftslied Nr. 75[77] Jarden צבי נעים auf das HL: er erklärt, dass die in der Liebessprache gehaltenen Aussagen im Lobteil des Gedichtes nicht wörtlich zu verstehen seien, sondern nach der «Deutung des HL». Das Gedicht beginnt mit «Liebenswerter Geliebter, den Gott als Segen Seinem Land gab, heb mich aus meiner Verstrickung heraus und tränke mich mit Gerechtigkeit von deiner Zunge wie Wein, gegossen in ein Glas», fährt fort mit der Klage im Stil der Lustlieder, wie grausam der Freund ihm gegenüber sei, und macht dann plötzlich eine Kehrtwende zu einem ernsten Ton mit dem Neueinsatz: «Meine Freunde, hört mein Lied – und wie ihr wisst, ist meine Seele fest der Gottesfurcht ergeben – es (mein Lied) hat eine Deutung (pesher) wie die Deutung des Liedes Shlomos in ‹mein Geliebter ist blendendweiss› und ‹Augen wie Teiche›.»

Diese metasprachliche Äusserung von Shmu'el Hanagid in Nr. 75 über seinen eigenen Text ist in der israelischen Forschung ausführlich behandelt worden.[78] Ich führe hier nur den Punkt an, den ich als Stütze für meine bisherigen Ausführungen über den neuen literarischen Zugang zum HL brauchen kann: Dies ist Shmu'el Hanagids Aussage, sein Lied sei gemäss dem «pesher» (Auslegung) des HL zu interpretieren, worauf er als "prooftext" zwei Versteile aus dem HL zitiert. Der zweite, ernste Teil des Freundschaftsliedes (Verse 13–27) handelt darauf von den Diskriminierungen von Seiten anderer Schützlinge des Freundes, denen sich der Sprecher ausgesetzt fühlt, und er wünscht vom Freund eine Intervention. Dieser zweite Teil ist nun eben die vom Sprecher geforderte Deutung der Liebesworte des ersten Teils: die Aussage, dass die Zunge des Geliebten ihn tränken soll, müsse nach Art des HL gedeutet werden, denn dies heisst offenbar, der erste Teil des Liedes sei nicht wörtlich, sondern metaphorisch zu lesen. Die Zunge des Geliebten, die mit Gerechtigkeit tränkt, soll nicht nach Art des Lustliedes als Tränken

---

des Geliebten verstanden, s. Beispiel 3 (dort ist der Geliebte im Lustlied gemeint) und Jehuda Halevi Nr. 328 (hier ist Gott gemeint).
77 Ganzes Lied s. Textanhang. Den Hinweis auf den Text verdanke ich der israelischen Forschung.
78 Huss 1995b, S. 34–72; Yahalom 1995, S. 1–34.

mit der Saliva, sondern als Gerechtigkeit der Sprache[79] verstanden werden, die der Patron zum Schlichten einsetzen soll. Shmu'el Hanagids Gedicht zeigt, dass die zwei Sinnebenen des HL, die einfache und die übertragene, dem Publikum klar waren, sonst hätte er nicht auf das HL anspielen können. Weiter zeigt das Gedicht, wie der Dichter mittels der zwei Sinnebenen in seinem eigenen Text witzige Pointen schaffen kann.

Dieselbe Methode des Spiels mit der Doppeldeutigkeit gibt es auch manchmal in Hochzeitsliedern. Im folgenden Hochzeitspiyyut von Shlomo Ibn Gabirol Nr. 136 Jarden שלחה לבת נדיב meint man zunächst, der Dichter rede vom Messias und der Knesset Jisrael:

Shlomo Ibn Gabirol Nr. 136 שלחה לבת נדיב

1 Schick der edlen Tochter (HL 7,2) den Rötlichen, den mit den schönen Augen;
   er möge blühen wie ein Zweig an der Quelle.
2 Um die Torah in Erinnerung zu behalten, eilt er vor dir her
   immer wie ein Held (nach Ps 19,10), der die Waffen trägt.
3 Von Tag zu Tag hoffe ich auf Deine Rettung, indem ich sage:
   «woher kommt, ja kommt meine Hilfe?» (Ps 121,2)
4 Bring die Unterdrückte zurück zum Höchsten ihrer Jugend,
   bring sie beide zusammen zum Weinhaus!

Ist die «edle Tochter» (wörtlich: Tochter eines Edlen) als die Knesset Jisrael anzusehen wie es im Piyyut der Fall ist (s. u. 5.3 die Appellative), und ist der «Rötliche, der mit den schönen Augen», der Messias (David, Sohn Jishais, 1. Sam 16,12)? Diese Ausdrücke sind doppeldeutige Anspielungen, weil der Leser «den Rötlichen» zuerst tatsächlich als den Messias auffassen soll, um nachher beim Bibelzitat aus Gen 49,22 «er möge blühen wie ein Zweig an der Quelle» verunsichert zu sein. Denn dieses Bibelzitat spielt auf Josef an und nicht auf David. Mit Josef könnte zwar auch der Messias ben Josef gemeint sein, der als der kriegsführende Messias bekannt ist, der unterliegt. Aber höchstwahrscheinlich sind all diese Anspielungen als Reverenz an den Bräutigam zu verstehen, nämlich an den Jehosef, den Sohn

---

79 «Zunge» bedeutet im Hebräischen auch Sprache. Yahalom 1995, S. 30 (hebr.): der Sprecher verlange «auf humoristische Weise eine allegorische Auslegung der Gestalt des Liebhabers, der sich gemäss den Liebeskonventionen überheblich benimmt, wobei er von ihm aber eindringlich fordert, dass er sein Verhalten ändere und sich nach anderen Regeln, nämlich dem ethischen Kodex des Hofdienstes verhalte». Yahalom verwendet den Begriff allegorisch, aber er interpretiert die Aussage über die Zunge genau wie ich metaphorisch. David Segal 1972 hingegen versucht nach Yahaloms Ansicht (Yahalom 1995, S. 29, Anm. 17) eine «gezwungene allegorische Deutung» der von Shmu'el Hanagid zitierten Beispielverse aus dem HL (HL 5,10 und 7,5).

von Shmu'el Hanagid[80]: ihm, auf dessen Äusseres vielleicht die Beschreibung im 1. Samuelbuch passte, soll der Segen gelten «er blühe wie ein Zweig an der Quelle». Weiter soll er ein Held sein im Feld (mit seinen Waffen) und die Torah (als Gelehrter) in Erinnerung behalten: dies kann als Paränese an den Bräutigam gerichtet sein oder auf den Messias als Friedensfürsten anspielen, der gemäss Midrash Tehillim (110,4) die Torah lernt (Deutung von Jes 16,5). Die biblischen Anspielungen hier sind ein gutes Beispiel einer spielerisch doppeldeutigen Rhetorik der Verschleierung, um elegante Komplimente ans Hochzeitspaar zu machen. Die Verschleierung wird erst am Schluss gelüftet, wenn die Knesset Jisrael eindeutig mit dem Appellativ «die Unterdrückte» auftritt, ebenso der Messias das Appellativ «der Geliebte ihrer Jugend» bekommt und das Weinhaus, das Bild des Hochzeitszimmer, gemäss einer rabbinischen Auslegung des HL (ShirR 2,13) als Anspielung auf die Offenbarung Gottes am Sinai verstanden werden kann.

Nachdem wir nun mögliche Doppeldeutigkeiten als rhetorisches Spiel im Freundschaftslied und im weltlichen Hochzeitslied entdeckt haben, können wir mit dieser neuen Einsicht den Hochzeitspiyyut von Jehuda Halevi Nr. 464 Jarden יבוא דודי anschauen, der im letzten Kapitel des 1. Teils offene Fragen aufgeworfen hat: Auch hier wird insofern mit dem Publikum gespielt, als der Zuhörer merkt, wie der Dichter in jedem Vers des Hochzeitspiyyuts auf die typologische Hochzeit der Knesset Jisrael mit Gott anspielt. Aber er ist verwirrt, weil er nur die Stimme *einer* Sprechfigur hört, die bald wie eine reale Braut redet (z. B. beim Vers 10 «Sieh, die Granatapfelbrüste sind für dich zum Geschenk gegeben»), bald so, dass es nur die Stimme der Knesset Jisrael sein kann (z. B. Vers 1 und 11). Vom Zuhörer wird deshalb verlangt, dass er das Rätsel selbst löst und merkt, dass in der Textfigur der Sprecherin der Typ der realen Braut mit der Knesset Jisrael zusammenfällt und sie tatsächlich in zwei Stimmen redet. So ist dieser Piyyut ein Beispiel für Doppeldeutigkeit, wie wir es bei Jehuda Halevi Nr. 332 מעון אהבה מאז (oben 1.3.2) und Shlomo Ibn Gabirol Nr. 144 שער אשר נסגר gesehen haben, wobei die Doppeldeutigkeit in den Hochzeitspiyyutim (Jehuda Halevi Nr. 464, Shlomo Ibn Gabirol Nr. 136) eher spielerisch wirkt.

In den Piyyutim hingegen, die nicht für den Anlass einer Hochzeit geschrieben sind, hat die Doppeldeutigkeit nicht die Funktion des Spieles, sondern weist auf das wichtige Prinzip hin, dass spirituelle und körperliche Liebe als zwei Seiten

---

80 Dies ist die Meinung von Shne'ur Sachs, der das Gedicht als Reshut für die Hochzeit des Yehosef ben Shmu'el Hanagid mit der Tochter des Rabbenu Nissim identifiziert hat (s. kommentierte Übersetzung im Textanhang). Meiner Meinung nach passt das zum messianischen Anspruch von Shmu'el Hanagid. Bialik/Ravnitzki, Shire Shlomo Ibn Gabirol, Shire Qodesh 1925, 2. Bd., S. 18, Nr. 28, übernehmen im Unterschied zu Jarden diese doppelte Lesung.

derselben Münze[81] angesehen wurden, sodass mit der erotischen Sprache des HL sowohl die Liebe zwischen Menschen als auch die der Knesset Jisrael zu Gott (Jehuda Halevi Nr. 332) oder die Beziehung zu den heiligen Kultgegenständen im Tempel (Shlomo Ibn Gabirol Nr. 144) ausgedrückt wird, um damit zu zeigen, dass signifier und signified sich gegenseitig deuten (s. Teil III 1.4).

Verschleierungstechnik und Doppeldeutigkeit sehe ich auch im folgenden in der Literatur umstrittenen Gedicht אהה שומרים von Shmu'el Hanagid Nr. 180 Jarden:

Beispiel 4: Shmu'el Hanagid, Nr. 180 Jarden אהה שומרים

> Weh, Wächter haben mich gefunden, sie schlugen mich, verwundeten mich. (HL 5,7)
> Weh, Fürsten haben mich geliebt und liessen mich in der Hand von Bedrängern im Stich.
> Sie hatten mich gehätschelt und grossgezogen und achteten nicht auf meine (jetzige) Kränkung.
> Sie hatten mich getränkt und zugedeckt – und schliesslich mich verschmäht.

Der Herausgeber Dov Jarden reiht das Gedicht unter eine selbstgeschaffene Rubrik «Liebeslieder» ein[82], Yahalom sieht es als ein allegorisches Lied[83] an. Wer ist das sprechende Ich? Ist es die personifizierte Frauenfigur Zion? Huss[84] bemerkt, dass die Aussage «sie haben mich geliebt» für keine geschichtliche Periode Israels stimme und bezweifelt, dass das Gedicht eine Allegorie sei. Ich meine, die Stossrichtung des Gedichtes sei folgende: Jede Zeile beginnt mit einer positiven Behandlung, die der Sprecher erfahren hat, und endet damit, dass diese Behandlung schliesslich ins Gegenteil umschlägt. Der Sprecher, dem so mitgespielt wird, ist passiv und reagiert nicht, sondern klagt nur mit dem «weh». Diese Verhaltensweise repetiert sich viermal, d.h. der Text typisiert das Verhaltensmuster einer (gestörten) Beziehung respektive einer Enttäuschung, bei der es immer einen Täter und ein Opfer gibt. Ich verstehe die Aussage des Gedichts deshalb so, dass das sprechende Ich offen bleibt als eine Identifikations- oder Spiegelfigur für jeden individuellen Leser. Die Figur kann dabei als Zion

---

81 Manzalaoui 1989, S. 123 bespricht die beiden Bewegungen: zuerst gab es im arabischen Lied das Verwenden von "divine for the erotic" und im späten 12., frühen 13. Jahrhundert sei eine umgekehrte Bewegung festzustellen: "erotic for the divine" oder «contrafactum ad divinum».
82 Der Diwan hat keine solchen Einteilungen in der Überlieferung.
83 So Yahalom 1995, S. 32, Anm. 23. Huss 1995b, S. 68 ist vorsichtiger, aber er tendiert doch eher zu «nicht-allegorisch». A. M. Habermann, Diwan des Shmu'el Hanagid, Tel Aviv 1956, S. 201 sieht darin etwas «wie ein Rätsel über Trauben und Wein»: Angabe von Huss 1995b, S. 69.
84 Huss 1995b, S. 68/69.

gedeutet werden, muss aber nicht.[85] Die Aussage «sie haben mich geliebt» wäre im Munde der Knesset Jisrael nicht so unmöglich, wie Huss meint. Ich würde die Aussage nicht an geschichtlichen Fakten messen, sondern nur an ähnlich gelagerten literarischen Äusserungen der Textfigur Zions wie z. B. in Ekh 1,19 «Ich rief meinen Liebhabern, doch sie betrogen mich».[86]

Das Gedicht kann aber geradesogut eine weltliche Liebesszene darstellen, so wie es Ishay[87] zu lesen versucht. Sie sieht in der ersten Zeile eine Anspielung auf das bekannte Motiv des «Aufpassers». Die Figur der Aufpasser/Wächter spielt ihrer Meinung nach auf eine konkrete Situation in einem Liebesdrama an, wobei man aber nicht wisse, warum die Wächter den Sprechenden schlagen und wen sie bewachen und «die offene Textebene des Liedes überhaupt keine Antworten auf die Fragen liefert». Sie zieht zwar die Szene aus HL 5,6–8 zur Erklärung bei, aber gesteht, dass die Verknüpfung zwischen den «metaphorischen Mauerwächtern im Bibeltext und den Wächtern im literarischen Text» nicht klar sei.

Meine Schlussfolgerung aus diesen Interpretationsangeboten ist die, dass der Text fiktive Szenen von enttäuschter Liebe hintereinanderreiht und die Sprecherin sowohl die Knesset Jisrael wie auch eine reale Frau sein kann. Der Text ist daher ein weiteres Beispiel dafür, dass die Analogie zwischen den beiden Gestalten so gross ist, dass sie in eine einzige Textfigur zusammenfallen können.

A Das Motiv des Beobachters, des Kritikers und des Verleumders

Im Beispiel Nr. 1 oben von Shmu'el Hanagid Nr. 182 לי הזמן hat Ishay die angeredete Person mit der im Liebeslied stereotypen Figur des Verleumders (רכילאי) oder Kritikers (מריב) identifiziert und in Shmu'el Hanagid Nr. 180 die שומרים, die Wächter aus HL 5,7, mit der Figur des Aufpassers (מרגל, שומר, צופה). Die Szene aus HL 5,6–8 kommt auch in den Piyyutim beim Motiv der Liebesrivalität

---

85 Zur Knesset Jisrael/Zion als Spiegelfigur für den Dichter (Shmu'el Hanagid, Moshe Ibn Ezra, Jehuda Halevi) s. 4.2.1, 4.2.3 und 4.2.4 unten.

86 Die Idee, dass Israel von den Völkern geliebt wird, habe ich in Midrash Zutta zum HL (1,3 ed. S. Buber, S. 5) gefunden; zur «Liebe der jungen Frauen» in HL 1,3: «Feines Salböl ist dein Name. Wenn du (Israel) die Torah erfüllst, die mit gutem Öl verglichen wird, dann geht dein Name bis ans Ende der Welt und die Völker lieben dich: ‹Deshalb lieben dich die jungen Frauen›.»

87 Ishay 2001, S. 124f.

vor.[88] Abgesehen davon, dass der Kritiker vom moralischen Standpunkt her die Liebe an sich verurteilt, ist auch die Rivalität einer der Gründe im Liebeslied, weswegen Verleumder, Aufpasser und Kritiker ein Liebesverhältnis stören. Ibn Ḥazm (993 Córdoba–1064 Niebla) widmet diesen Figuren in seinem mittelalterlichen Handbuch über die Liebe «Das Halsband der Taube»[89], geschrieben in al-Andalus im Jahre 1027, je ein Kapitel.[90] Dieselben Figuren treten auch in den Piyyutim auf, wo sie vor allem der Knesset Jisrael die Gelegenheit geben, ihre Liebesbeziehung zu Gott zu verteidigen oder im Bild der abgesetzten Königin über die Usurpatorin Hagar und ihre übrigen Feinde zu klagen.[91]

---

88 Teil III 2.2.1 und 2.2.2.
89 Ibn Ḥazm al-Andalusi, Ṭawk al-Ḥamāma = Anaq Hajonah, 1949 ed. Léon Bercher: s. Bibliographie der Primärliteratur.
90 Kritiker ('ādhil): Kapitel 16, Spion (raqīb): Kapitel 18, Verleumder (washi): Kapitel 19.
91 Dazu in Teil III 2.2.1.

3. Das Liebeslied: Formen und Motive

3.1 Formen

Wir haben oben drei Lieder mit dem Thema «Liebe» besprochen: zwei von Shmu'el Hanagid, wovon eines religiös (aber kein Piyyut) ist, das andere weltlich, und einen Piyyut von Shlomo Ibn Gabirol (Nr. 96). Dies waren kurze Lieder mit den klassischen arabischen quantifizierenden Metren, durchgehendem Reim (מבריח חרוז) und ohne strophische Gliederung. Der Piyyut von Shlomo Ibn Gabirol Nr. 96 שלום לך דודי gehört nicht zur Piyyutgattung «Ahavah», wie man vom Thema her denken könnte, sondern ist eine Reshut.[1] Dass die drei Lieder die eben beschriebene Kurzform (arabisches Metrum, durchgehenden Reim) haben, hat nichts mit dem Thema «Liebe»[2] oder der Zugehörigkeit zu einer bestimmten Gattung zu tun; die Lieder, die diese arabische Form aufweisen, gehören vielmehr ganz verschiedenen Gattungen an.

Das Problem des Gattungsbegriffs in der weltlichen Literatur ist schwierig, weil Themen, Gattungen und deren Formen sich nicht decken, und ich gehe hier nicht weiter auf die weltliche Literatur ein.[3] Bei den Piyyutim gibt es gewisse

---

1 Hazan 1986, S. 38: Seitdem Shlomo Ibn Gabirol die Form des fortlaufenden Reims und quantifizierenden Metrums für die Reshut gewählt habe, seien ihm alle Paytanim darin gefolgt. Er stellt diese Gesetzmässigkeit fest bei seiner Untersuchung der Piyyutim von Jehuda Halevi, der Shlomo Ibn Gabirol offenbar als Vorbild nahm.

2 Allerdings überwiegen abgesehen von den Reshuyoth, für die Shlomo Ibn Gabirol diese Form quasi obligatorisch machte, bei Jehuda Halevi die Ahavoth: Aus der Zahl von 8 Piyyutim, die nicht Reshuyoth sind, sind es 5 Ahavoth, die die klassische quantifizierende Form haben laut der Statistik von Hazan 1986, S. 38. Ebenso überwiegen die Ahavoth bei Moshe Ibn Ezra laut Danah 1999, S. 623: er zählt 5 Ahavoth aus der Gesamtzahl von 6, die die klassische Form haben.

3 Ich komme auf den Zusammenhang von Form und Thema nochmals zurück beim Lob- und Freundschaftslied: unten 4.2.3. Der Gattungsbegriff in der arabischen weltlichen Literatur des Mittelalters ist von Schoeler 1973 untersucht. Das Problem ist kurz dies, dass Gattung und Thema sich nicht decken, indem es polythematische, aber fest definierte Liedformen gibt. Schippers 1994 bespricht die gattungs-/themenmässige Einteilung der Diwane der vier grossen andalusischen Dichter S. 84–91 unter dem Titel "Genres and Themes in Hebrew Andalusian Poetry". Ebenfalls Pagis 1970, S. 145 ff.: Moshe Ibn Ezra mache in seiner Poetik verstreute Bemerkungen über «Gattungen» (z. B. über «Freundschaftslieder»), aber er setzte die Kenntnis der Gattungen offenbar als bekannt voraus. Weiter sagt Pagis 1970, S. 147, dass im Mittelalter Gattungen nicht theoretisch beschrieben wurden.

Gesetzmässigkeiten: wenn z. B. die erwähnte nichtstrophische Kurzform vorkommt, so handelt es sich fast immer um eine Reshut, während nur eine sehr geringe Anzahl von Piyyutim anderer liturgischer Gattungen (besonders Ahavoth) diese nichtstrophische Form hat.[4]

Auch bei den strophischen Liedern sehen wir, wie die Form die Gattung übergreift: Die Strophenform des Piyyuts steht einerseits in alter liturgischer Tradition, anderseits übernimmt sie in al-Andalus die spezielle Form des weltlichen Gürtelliedes (Muwashshaḥ, s. Glossar) mit der neuen, quantifizierenden Prosodie.[5] Das Gürtellied kommt im 10. Jahrhundert in al-Andalus neu auf; in dieser populären Form mit dem Charakter hedonistischer Unterhaltungspoesie schreiben nun arabische und hebräische Hofpoeten Lustlieder (שירי חשק: ghazal und tashabbub[6]), Weinlieder (khamriyyāt)[7], panegyrische Lieder (madīḥ)[8] und

---

4   Hazan 1986, S. 38: hier seine Statistik: weniger als ein Sechstel der über 300 Piyyutim von Jehuda Halevi sind in quantitativem Metrum und mit fortlaufendem Reim geschrieben. Von diesen ca. 50 Piyyutim sind 30 als Reshuyoth überliefert, weitere 10 ohne Bestimmung. Lasse man diese 40 Fälle beiseite, so blieben acht, in denen Jehuda Halevi aus freier Wahl quantifizierendes Metrum und fortlaufenden Reim gewählt habe. Er referiert auch für Shlomo Ibn Gabirol die folgende Statistik: von 44 seiner in der klassischen Form geschriebenen Piyyutim gehören 35 zur Gattung der Reshuyoth. Als Beispiel der Verwendung dieser Form für die Gattung der Me'orah nenne ich Shlomo Ibn Gabirol Nr. 123. Bei Moshe Ibn Ezra ist das Verhältnis nach Danah 1999, S. 622 so: Von seinen 237 Piyyutim haben 6 die genannte Form, alle ausser einer Ausnahme sind Ahavoth.
5   Zur Strophenform im späteren Piyyut (ab 8. Jahrhundert) im Osten s. Teil I 1.2.1.1: Fleischer 1975a, S. 282 und 346f. weist darauf hin, dass schon der Zulat mit seinen Refrainzeilen die Übernahme des Gürtelliedes in den Piyyut erleichtert habe. Ebenso Hazan 1986, S. 41. Zum Gürtellied: Rosen 2000, S. 165–189.
6   Die arabische Terminologie für Liebeslieder ist nach Huss 1995b, S. 36, Anm. 4 nicht einheitlich: ghazal, tashabbub und nasīb würden nebeneinander verwendet, und so auch von den hebräischen Dichtern ohne Unterschied zur Bezeichnung der erotischen Einleitung einer Qaṣīda oder für die Kategorie der selbständigen Lustlieder gebraucht. Ein vom ihm angeführtes Beispiel: Moshe Ibn Ezra, Nr. 11, Brody: dort wird das Lied in der arabischen Überschrift als «ghazal» bezeichnet. Eine ausführliche Übersicht über die arabischen Lustlieder als Vorbilder für die hebräische Literatur gibt Levin 1995, Bd. II, S. 287–434 im Kapitel «Liebeslieder (al-ghazal)». Zum Nebeneinander von ghazal und tashabbub s. auch Schippers 1994, S. 144. Zur Terminologie s. auch Schoeler 1973, speziell S. 16 zu ghazal und nasīb, das in der europäischen Arabistik unterschieden werde (nasīb: unselbständig im Unterschied zu ghazal): «Eine solche Unterscheidung kennt die arabische Literaturtheorie jedoch nicht. Meistens werden dort die beiden Begriffe einfach als Synonyme gebraucht; wenn Unterscheidungen gemacht werden, so betreffen sie nie die selbständige oder unselbständige Behandlung des Themas.» Zur Herleitung des Begriffs und zum Inhalt des ghazal s. auch ganz kurz Walther 2004, S. 56.
7   Das Thema «Weingelage» kommt (wie das Thema der Liebe) auch im Nasīb der moderneren Qaṣīda vor: s. Gruendler 2000, S. 218/9 und das Glossar, Stichwort Qaṣīda.

eben auch Piyyutim. Statt des Terminus «Lustlieder» (שירי חשק) nehme ich mir die Freiheit, sie auch Liebeslieder zu nennen, weil neben der «Lust» oft auch die Liebe vorkommt wie beim Beispiel, das ich unten als Nr. 5 bespreche: es ist אהבים אש von Shmu'el Hanagid, eines der ältesten[9] hebräischen Liebes-/Lustlieder in der Form des Gürtelliedes. Shlomo Ibn Gabirol (Beispiel Nr. 6) hat als erster das Gürtellied in den Piyyut übernommen.[10]

Aus dem gesamten Forschungsgebiet zum Gürtellied[11] ist für unser Thema vor allem die Frage wichtig, welche Ausdrucksmöglichkeiten das Strophenlied dem Paytan im Unterschied zum nichtstrophischen Lied bietet; ich folge hier den Charakterisierungen von Hazan:[12]

Das nichtstrophische Lied reiht in der Syntax einheitliche Verse hintereinander.[13] Das strophische Lied in der Form des Gürtelliedes hingegen gibt dem Dichter die Möglichkeit, Dialoge einzubauen, indem er Strophen und Gürtel verschiedenen Sprechern zuweist. Hazan bemerkt, dass die Strophen manchmal den Sprecher ankündigen, dessen Rede dann gleichsam im Gürtel zitiert wird, und das macht den Piyyut zusätzlich zu den Enjambements dynamisch bewegt.[14] Anderseits geben die Gürtel, die sich untereinander reimen, dem Lied eine Einheit. Unter den strophischen Liedern unterscheidet man anhand von Metrik und der Form des Gürtels die echten Gürtellieder (שיר אזור)[15] von den Liedern, die «wie Gürtellieder» (שיר מעין אזור) sind[16]. Diese nur für die Liturgie geschaffene Strophenform der Pseudo-Gürtellieder hat den Vorteil, dass der Dichter das einfachere

---

8   Beispiele für das hebräische Loblied: s. unter andern unten Beispiele Nr. 8, 9, 10, 11.
9   Yahalom 1993, S. 159. Zur sehr kleinen Zahl weltlicher Gürtellieder in der andalusischen hebräischen Poesie s. Schirmann/Fleischer 1996, S. 482, Anm. 4.
10 Fleischer 1975 a, S. 347. Rosen 2000, S. 171: "Despite the secular origins of the form and its overwhelmingly secular functions and themes, the form, surprisingly, came to be used for religious purposes in both Islamic and Jewish communities."
11 Forschungsübersicht bei Rosen 2000, S. 165–189.
12 Hazan 1986, S. 41 ff.; Für eine Kurzdarstellung des Gürtelliedes und Pseudogürtelliedes s. Weinberger 1988, S. 91–94.
13 Hazan 1986, S. 40 bringt als Beispiel Jehuda Halevi Nr. 137 ידידי השכחת (Reshut für nishmat von Pessach): «Mein Geliebter, hast du vergessen, wie Du zwischen meinen Brüsten ruhtest.» Der ganze Piyyut ist von rhetorischen Fragen dominiert. Interpretation s. Teil III 1.1.3.
14 Hazan 1986, S. 53 und S. 68: Er betont, dass Dialoge zwar auch, aber weniger in den nichtstrophischen Liedern vorkommen. Shlomo Ibn Gabirol Nr. 96 (Beispiel 2) ist z. B. dialogisch. Die Dynamik in den echten Gürtelliedern stellt auch Breuer 1993, S. 299 fest.
15 Sáenz-Badillos 1994, S. 186: Das echte Gürtellied komme im Piyyut oft vor. Meine Textbeispiele bei Jehuda Halevi sind: Nr. 179, 180, 184, 206, 208, 326, 386.
16 s. im Glossar unter dem Begriff Muwashshaḥ, Stichwort Pseudo-Gürtellied.

silbenzählende Metrum anwenden und einen Refrain an den (einzeiligen) Gürtel anhängen kann, aber nicht muss. Der Refrain, oft ein Bibelzitat, wiederholt die zweite Zeile des Einleitungsgürtels (des Madrikh) und durchzieht als Motto[17] auch inhaltlich den ganzen Piyyut.

3.2 Themen und Motive der Liebeslieder

Ein Piyyut, der die neue Form des Gürtelliedes übernahm, evozierte beim andalusischen Publikum schon allein durch die säkulare Form die Vorstellung von Liebe, Wein und Vergnügungen des Hoflebens: denn es war der luxuriöse andalusische Hof, an dem die arabischen und hebräischen hedonistischen Gürtellieder mit Musikbegleitung nach Volksmelodien gesungen wurden. Die Melodien konnten von einem Gürtellied zum andern wandern, d. h. auf eine bereits bekannte Melodie schrieb ein Dichter einen neuen Text als Kontrafaktur.[18] Das Volkstümliche zeigt sich darin, dass sie gesungen wurden und dass sie einen Schluss in der arabischen oder altspanischen Umgangssprache haben: die Kharja (s. Glossar). Sie konnte dem Hörer bereits aus andern Gürtelliedern bekannt sein (s. Beispiel Nr. 5). In der Kharja hören wir die Stimme der Frau, die sonst in den Liebesgedichten stumm ist. Sie verspricht die Verwirklichung der Liebe, und insofern ist die Kharja die Pointe, auf die der Hörer durch die fünf Strophen hindurch gespannt wartet. Im liturgischen Lied gibt es die Kharja in dem Sinn nicht, weil die Sprache ja gleichbleibend hebräisch ist, aber auch der Piyyut als Gürtellied kulminiert manchmal in eben dieser Schlusszeile.[19] Die Zeile ist z. B. ein Bibelzitat, das Gott oder der Knesset Jisrael in den Mund gelegt wird und ihre Liebe

---

17 Hazan 1986, S. 50. Sein Beispiel aus den Piyyutim ist Jehuda Halevi Nr. 194. Fleischer hat oft die Refrainzeile bei Jehuda Halevi nicht abgedruckt, worauf mich Josef Yahalom aufmerksam machte; Hazan (S. 48) nennt als Beispiele für im Druck fehlende Refrainzeile Nr. 138, 139; Fleischer 1975a, S. 353, zitiert als Beispiel Nr. 301. Neben 138, 139, 301, 194 ist eine Refrainzeile im Druck der Jarden-Ausgabe vermutlich zu ergänzen bei Jehuda Halevi Nr. 75, 93, 168.

18 Zum mündlichen Ursprung und erst späterer schriftlichen Fixierung von Text mit Verweis auf Melodien: Rosen 2000, S. 170 f. Zur Übernahme der Melodien: Rosen 2000, S. 172.

19 Zur bestätigenden Meinung von Sáenz-Badillos 1994, S. 191, s. Glossar, Stichwort Kharja. Beispiel: Jehuda Halevi Nr. 330 Jarden: «Nein, ihr meine Hasser, ihr löscht die Liebe nicht aus, denn wenn ihr sie zu löschen versucht, ist sie wie ein Feuer, das sich entzündet.» (Hier in nicht-strophischem Lied). Weitere Beispiele s. Glossar.

oder Hoffnung beteuert, und es ist sicher so, dass dieses Phänomen nicht nur klassische Wurzeln hat (Psalmen, die als Klage beginnen und mit Hoffnungsversen enden), sondern dass hier ein Einfluss der weltlichen Gürtellieder vorliegt. Da wir schon ein Lustlied des Typs der hedonistischen Liebe (Moshe Ibn Ezra תואר דדי יפת, Brody Nr. 250) im Einleitungskapitel angetroffen haben, bringe ich nun ein Lustlied, das sich nicht so leicht einordnen lässt, sondern die Frage aufwirft, ob auch im hebräischen sogenannten Lustlied die spirituelle Liebe[20] vorkommt, eine Komponente, die im Prinzip den Unterschied von Lustliedern einerseits und Lob- und Freundschaftsliedern sowie Piyyut anderseits markiert.

Beispiel 5: Shmu'el Hanagid, Gürtellied 202 ed. Jarden אש אהבים

Metrum: - v - - / - v - // - v - - / - v -

    Liebesfeuer entbrannt' in mir – wie enthalten soll ich mich?
1)   Liebe – sie hat mich vernichtet,
    denn sie lauerte auf mich,
    überfiel mich wie ein Räuber.
    Glühendheiss entbrennt die Liebe, auch durchstiess mein Herz sie mir.
2)   Meine Tränen, wenn sie fliessen,
    decken auf mein Herzgeheimnis.
    Meinem Liebsten – was sagt ihr ihm?
    Ist kein Recht in meinen Tränen – wie bekomme ich sonst Recht?
3)   Sprecht zu ihm in meinem Namen
    diesen Ausdruck meiner Rede:
    «Schweige nicht, o schweig doch nicht! (nach Ps 83,2)
    Lass doch abgebrochne Liebe[21] fern sein vom gequälten Herzen!»
4)   Tröstet mich, o tröstet mich! (vgl. Jes 40,1)
    Aufgewühlt ist sehr mein Innres,
    denn die Schmerzen werden stärker.
    Und mein Schlaf, er ist gefesselt, ja er flieht mich und ist fort.
5)   Doch die Herzen, wenn zerrissen,
    schreien, wollen sich umarmen,
    drängen zur Umarmung
    auch mein Herz: Lasst uns umarmen, lasst uns küssen, uns umfangen!

---

20 Zur Frage der «geistigen Liebe»: Pagis 1970, S. 278f. sagt (hebr.), dass die Darstellung von «geistiger» Liebe im hebräischen Liebeslied erst bei seiner Weiterentwicklung im christlichen Spanien des 13. Jahrhunderts üblich geworden sei (die neue Tendenz hätten besonders in Italien die Liebeslieder von Petrarca und Dante); anderseits sagt Pagis 1976, S. 145 im Zusammenhang mit dem Typ des grausamen Geliebten: (hebr.) «In der andalusischen Periode gibt es einige Lustlieder, die auch Liebeslieder sind, und in ihnen verschwinden diese typischen Figuren.»
21 Liebe: hier אחוה nach Sach 11,14.

6) Liebster, sing mir eine Antwort!
... (Lücke in der Überlieferung) ...
Liebeslied[22] – das gib zur Antwort!

Kharja[23]: Liebende, die sich umarmt haben – wolle Gott, dass sie nicht mehr getrennt werden.

Das Gedicht benützt zwei Bibelzitate: einmal wird der Geliebte mit «Schweig doch nicht!» angeredet, was in Ps 83,2 zu Gott gesagt wird, und einmal wendet sich der Sprecher an Helferfiguren, die beim Geliebten intervenieren sollen und an die er den an Jes 40,1 anklingenden Aufruf zum Trost richtet. Diese biblischen Anspielungen haben aber kein Gewicht, da das Lied vollständig dem weltlichen Stil entspricht. Zur Palette der konventionellen Topoi gehört das, was Ibn Ḥazm[24] als Symptome der Liebe aufzählt: das Liebesfeuer, die Tränen, die den Zustand des Liebhabers verraten, die Schlaflosigkeit. Ibn Ḥazm gab der Beschreibung der Verliebtheit viel mehr Raum als der Erfüllung der Liebe, sodass Liebe von der Liebeskrankheit nicht zu unterscheiden ist, sondern wie diese fast immer durch die Trennung von der Geliebten charakterisiert ist. Wie ist nun in Gedicht Nr. 202 die Liebeskrankheit aufzufassen? Warum ist der Liebende vom (hier männlichen) Geliebten getrennt?

Yahalom[25] erklärt, dass es Konvention sei, in den ersten vier Strophen des normalerweise fünfstrophigen Gürtelliedes die Liebe als Liebesqual und die Trennung vom Geliebten zu beschreiben, dann aber die Wende in der letzten Strophe zu bringen; hier aber geschehe die Wende bereits in der zweitletzten Strophe (hier in der fünften, da das Lied sechs Strophen hat): plötzlich sei auch der Geliebte von der Liebessehnsucht erfasst, ohne dass der Umschwung zur Kharja motiviert werde. Den heutigen Leser überrasche es, dass plötzlich beide Figuren des Gedichtes unter der Trennung leiden. Hier ist nun ein Punkt diskutabel: Entspricht die Liebesdarstellung in den ersten fünf Strophen, so wie Yahalom es erklärt, dem Stereotyp der höfischen Minne, bei der die/der Geliebte abweisend

---

22 Begriff aus Ps 45,1: שיר ידידות. Die als ידידות bezeichnete Liebe hat die Konnotation von Freundschaft. Shlomo Ibn Gabirol braucht denselben Ausdruck in Piyyut Nr. 180 Jarden יביא לחדרו Zeile 20: «das Lied meiner Liebe». Auch die als אחוה bezeichnete Liebe in Strophe 3 hat die Konnotation von Freundschaftsbund, so auch im Piyyut Jehuda Halevi Nr. 379, 4. Strophe.
23 Übersetzung gemäss der Emendation von Ishay 2001, S. 29 (s. meinen Textanhang).
24 Ibn Ḥazm al-Andalusi, Ṭawk al-Ḥamāma = Anaq Hajonah (s. Primärliteratur), Kapitel 2. Weitere Symptome: Der Blick der Augen, der immer in Richtung der Geliebten geht, dass der Liebende jedes Wort der Geliebten aufsaugt, dass er konstant von ihr redet, dass er abmagert etc.
25 Yahalom 1993, S. 155–168.

und grausam sein muss, oder ist hier der Geliebte (hier männlich) schon vor der Kharja ein Liebender mit Gefühl? Handelt es sich eventuell um eine gemeinsame Liebe, sodass die Trennung, wie es die 5. Strophe andeutet, ein «Zerreissen der Herzen» war, und die Kharja darauf die Rückkehr zur Vereinigung der Herzen bringt? In diesem Fall wäre das Gedicht ein Beispiel einer Liebe, die die Trennung überdauert hat bis zum Triumph am Schluss und würde in diesem Punkt einer Liebesdarstellung der Knesset Jisrael und Gott im Piyyut entsprechen.

Das Verständnis des Liedes hängt davon ab, warum die beiden Figuren getrennt sind. Den Schlüssel zum Verständnis bringt uns die Kenntnis der arabojüdischen Liebesliteratur und ihrer konventionellen Motive. Die im Gedicht vorkommenden Motive der Trennung und der Liebeskrankheit lassen sich sowohl aus dem HL als auch aus der arabischen narrativen Liebesliteratur herleiten; für beide Motive hat Haviva Ishay in ihrer vergleichenden Studie über die weltliche arabische und hebräische Poesie durch den Einbezug von arabischen Prosatexten neue Einblicke gegeben.[26] Sie geht davon aus, dass die hebräische Liebespoesie wegen der arabo-hebräischen kulturellen Konfluenz dieselben literarischen Codes benützt wie die arabische Liebesliteratur. Ich habe ihre Resultate auch für die Interpretation der Piyyutim benützen können, da dieselben Motive auch dort vorkommen. Was ist nun der Inhalt der beiden Motive und was tragen sie zum Verständnis des Gedichtes bei? Ich stelle zuerst kurz das Motiv der Trennung vor, um dann Ishay zu Wort kommen zu lassen mit ihrer Entdeckung einer möglichen intertextuellen Anspielung der Kharja im Lied von Shmu'el Hanagid auf ein arabisches Narrativ, was das Verständnis des Liedes klären kann.

---

26 Haviva Ishay, Patterns in the Secular Literature of Love (Ghazl) in the Cultural Sphere of Medieval Spain. How Arabic Narrative Tales Can Help Us Understand Hebrew Love Poetry in spite of the Difference between the two Forms of Discourse? Ph.D. Thesis, Tel Aviv 2001. S. auch speziell zur Liebeskrankheit: Ishay 2006. Ishays Vergleich der zwei Textkorpora, arabische Prosa und weltliche hebräische Dichtung, beruht auf ihrem methodischen Ansatz, dass die hebräische Dichtung mit ihren stilisierten formelhaften Wendungen (טקסט נמלץ) «verlorene Codes» enthalte, die im Text enthalten sind oder auch extratextuell im Hintergrundwissen seiner damaligen Leser vorhanden waren, und zu denen uns die weltliche arabische Prosaliteratur den Schlüssel bieten könnte.

B Das Motiv «Trennung und Weggehen» (Nedod/Firāq فراق) und das Weinen über den Trümmern der Liebesstätte (Aṭlāl اطلال) im Liebeslied

Die Trennung, ursprünglich vom Schicksal herbeigeführt, ist ein konventionelles Motiv im arabischen Liebeslied. Das hebräische Lustlied übernimmt das Motiv auch in der paradoxen Darstellung eines Liebhabers, der die Trennung von der/dem Geliebten und also die Liebesqual geradezu sucht, um die Liebe zu steigern.[27] Ibn Ḥazm widmet in seinem Handbuch der Liebe[28] eines der dreissig Kapitel dem Thema der Trennung. Kapitel 24, das mit der Frage beginnt, ob der Tod der Bruder der Trennung sei oder die Trennung die Schwester des Todes, zeigt, dass an Qual nichts die Trennung übertreffe. Trennung und Weggehen kann arabisch mit פראק[29] ausgedrückt werden; Levin[30] übersetzt פראק, das «Trennung *und* Verlassenheit» bedeutet, hebräisch mit נדוד (nedod), wobei «nedod» hebräisch auch Umherirren bedeutet[31]; Haviva Ishay braucht für פראק sowohl נדוד als auch פרידה oder פרוד[32] = Trennung. Moshe Ibn Ezra behandelt das Motiv der Trennung unter dem arabischen Stichwort פראק zusammen mit dem Thema der «langen Nächte des Liebenden» im 7. Kapitel seines «Musterbuches» Sefer Ha‘anaq[33]; es ist eines der dort behandelten zehn Themen:

---

27 So z. B. im Piyyut von Jehuda Halevi Nr. 332 אהבה מאז מעון und im Gedicht von Jehuda Halevi לקראת חלל חשקך Zeile 2 (s. Textanhang).
28 Ibn Ḥazm al-Andalusi, Ṭawk al-Ḥamāma = Anaq Hajonah.
29 Arabisch فراق, פראק: "separation, disunion, or abandonment" (Arabic-English Lexicon, I, part 6, S. 2385). So steht das Wort z. B. auch in der arabischen Überschrift des Freundschaftsliedes von Moshe Ibn Ezra Nr. 20 Brody («über firāq und Einsamkeit») und Nr. 91 Brody. Vgl. Pagis 1976, S. 68 zum Begriff firāq: auch er gibt es hebräisch mit nedod wieder.
30 Levin 1971, S. 141; Pagis 1976, S. 68 übersetzt mit נדוד und פרוד.
31 Diese Semantik ist entscheidend zur Interpretation in den Piyyutim: s. Teil III 6.
32 Ishay 2001, S. 36.
33 Moshe Ibn Ezra, Sefer ha-‘Anaq = Kitāb Zahr al-Riyāḍ, in: Shire haChol, ed. Brody, I, S. 297–404. Der arabische Titel heisst übersetzt nach Schippers 1994, S. 87 "Book of the Flowers of the Flower-Beds". Der Sefer ha-‘Anaq ist ein Musterbuch für alle möglichen Themen mit dem Stilmittel der Paronomasie. Pagis 1970, S. 145: Die Überschriften und die Kapiteleinteilung des Buches habe Moshe Ibn Ezra selbst gemacht nach einem Prinzip, das Gattung und Thema vermische. Im Unterschied dazu stammen die (arabischen) Überschriften (wie auch die Anordnung der Lieder) im Diwan nicht immer vom Dichter selbst, sondern von den ersten Herausgebern.

Aus Kapitel 7: Überschrift[34]: «Die Trennung (firāq) und die langen Nächte des Liebhabers.»

Nr. 9

> Was fragt ihr nach einem Mann, dessen geliebte Freunde fern sind wie der Schlaf von seinen Augen und seinen Wimpern?
> Sehr lang dauert seine Nacht, bis er daran verzweifelt, noch das Licht der Morgenröte und deren Strahlen[35] zu sehen.

Zum selben Motivkreis gehört das Weinen über den Trümmern der vergangenen Liebe. Aus Kapitel 4: Überschrift: «Liebespoesie (Nasīb und Ghazal) und das Weinen auf den Überresten der Lagerstätten (aṭ-ṭulul).»

Nr. 7

> Das Schwert der Trennung hat die böse Zeit (= Schicksal) allein gegen die Reizenden und Anmutigen gezückt,
> ihre Wohnstätten sind zerstört durch das Wasser meiner Tränen und durch das Wasser einer Wolke, die sich entleerte[36].

Im Liebesdrama folgt das Weinen über der verlassenen Stätte auf die Trennung vom Geliebten, aber was geht der Trennung voraus? Explizit werden in den hebräischen Lustliedern keine Gründe genannt; es kommt zwar vor, dass der Liebende vom betrügerischen Geliebten redet,[37] aber dann wird es nicht klar gemacht, worin der Betrug besteht: eben sein Weggehen kann schon als Betrug bezeichnet werden. Im Text von Moshe Ibn Ezra ist es das Schicksal, das als personifizierte Macht blind und grundlos zuschlägt und die Liebenden «mit dem Schwert» trennt; wie das Schicksal ist auch die Trennung personifiziert.[38] Diese Metaphorik und der Begriff des Weggehens (נדוד Nedod oder נידודים Niddudim) als altes Codewort aus der Nomadentradition reichen aus, dass der Leser im Bild war und nicht nach dem Warum der Trennung fragte: Das Weggehen wurde in der Beduinenliteratur deswegen als schicksalshaft empfunden und dargestellt, weil die Karawanen immer wieder weiterwandern und die Liebenden sich

---

34 Ich übersetze diese und die folgende (im Original arabische) Überschrift aus der englischen Übersetzung von Schippers 1994, S. 89. Siehe dort auch den Inhalt der 10 Kapitel des Zahr al-Riyāḍ.
35 Ein Wortspiel mit «Wimpern», weil die Sonnenstrahlen als Wimpern bezeichnet werden.
36 Wortspiel mit der Doppeldeutigkeit von הריק sich entleeren und (Schwert) zücken.
37 Shmu'el Hanagid Nr. 172 «Jeder Geliebte betrügt.»: s. Teil III 2.2.2 das Motiv A (Beobachter, Kritiker, Verleumder).
38 Siehe Teil III 6.2.3 Die Semantik von «Nedod».

trennen *mussten*. Das einzige, was übrig blieb, waren die abgebrochenen Lager, an denen der Liebende später wieder einmal vorbeikommen mochte, stehen blieb und weinte. Deshalb ist das Motiv der Trennung mit dem des Weinens auf dem verlassenen Liebeslager, dem sogenannten Aṭlāl-Motiv, verbunden, wie Moshe Ibn Ezra es in seinem Zweizeiler ausdrückt.[39] In al-Andalus kann das Motiv des Nedod auch modernisiert auftreten, indem statt des Aufbruchs der Karawane das Abreisen in eine andere Stadt gemeint ist, aber auch dieser Aufbruch wird wie jede Art der Trennung von Liebenden mit den alten Bildern aus der Wüstenszenerie gezeichnet.[40] Das Motiv hat seinen ursprünglichen Platz in der Liebeseinleitung[41] des vorislamischen Lobliedes, der Qaṣīda[42], später hat sich diese Einleitung zu einem selbständigen Liebes-/Lustlied entwickelt, besteht aber immer noch fort in der Einleitung der hebräischen Lob- und Freundschaftslieder. Im hebräischen Liebes-/Lustlied ist das Motiv des Nedod ein manieriertes Klischee, weil die/der stereotype Geliebte sich nach den Konventionen der Liebe entziehen und deshalb weggehen *muss*, damit der Motor der Liebe in Schwung kommt. Sie/er quält dabei grausam den Liebenden, oder besser gesagt: das Weggehen und die Unnahbarkeit des/der Geliebten und gleichzeitig seine/ihre Attraktivität wird vom Liebenden als Grausamkeit ausgelegt. Der/die typische Geliebte[43] ist durch Grausamkeit respektive durch sein/ihr Weggehen definiert; die Liebe ist deshalb im Lustlied meistens das Leiden, die Liebeskrankheit.

Ein Beispiel für den Topos des grausamen Weggehens, das vom Standpunkt des Sprechenden her als unbegründet erscheint, findet sich im Lustlied von Shmu'el Hanagid Nr. 188: hier wird ebenfalls die Metaphorik des Feuers der Trennung gebraucht wie in unserem Beispiel Nr. 5: «Wenn du weggehst, so brennt in mir das Feuer, und mein Körper ist mitten im Fluss überspült – wer aber kann aushalten Feuer und Wasser!»[44]

Zurück zu Shmu'el Hanagids Gedicht אש אהבים: Yahalom[45] sieht in diesem Gedicht nun die Trennung durch dieses konventionelle Klischee des Geliebten begründet, der sich entzieht. Entsprechend deuten auch Schirmann und Jarden[46]

---

39 Weiter zum Aṭlālmotiv s. u. 4.2.4.
40 So besonders bei Moshe Ibn Ezra: z. B. Nr. 20 Brody. Zur Modernisierung: s. Glossar (Qaṣīda). Zu firāq/nedod siehe auch speziell den Artikel von Levin, Tarbitz 1967, S. 278 ff.
41 Nasīb: s. Glossar, Stichwort Qaṣīda.
42 s. Glossar, mehr zur Qaṣīda unten in Kapitel 4: Liebe und Trennung in der Panegyrik.
43 s. o. 3.2. Pagis' Aussage 1976, S. 145 über den typischen, grausamen Geliebten.
44 Ausführlicher ist Shmu'el Hanagid Nr. 75, oben 2.3.4 zum Teil zitiert, ganzer Text s. Textanhang.
45 Yahalom 1993, S. 164.
46 Laut Ishays Angabe: Ishay 2001, S. 31.

die Zeile 12 «Schweige nicht, o schweige nicht!» als «sei nicht gleichgültig meiner Liebe gegenüber!»

Ishay[47] zeigt nun, dass der Geliebte wahrscheinlich gerade nicht gleichgültig ist, sondern wie der Liebende unter der Trennung leidet. Sie begründet dies damit, dass der damalige Leser, eingeweiht in die arabische Kultur und mit extratextuellem Wissen ausgerüstet, in der Kharja eine Anspielung auf das bekannte Liebespaar ʿUrwa und ʿAfrāʾ sehen konnte: Die Kharja bringt das Bild der sich umarmenden Liebenden, die nie mehr getrennt werden. Mit solch einer ewigen Umarmung endet nun ein damals bekanntes Gedicht des Dichters ʿUrwa[48]: zwei abgetrennte Äste verwurzeln sich wieder in der Erde, streben zu einander hin und wachsen wieder zu einem Baum in der Erde zusammen. Dieses Gedicht wurde auf dem Hintergrund der Liebesgeschichte von ʿUrwa und ʿAfrāʾ rezipiert: Die beiden waren im Leben durch die Machenschaften der Familie getrennt, fanden sich aber im Tod und wurden zu einem sich umarmenden Baum. Ishay nimmt deshalb an, dass der damalige Leser auch das Gedicht von Shmuʾel Hanagid mit dem Wissen um diese Liebesgeschichte verband und die darin beschriebene Trennung so verstand: nicht Indifferenz des Geliebten sei der Grund dafür, sondern im Gegenteil, die Trennung war *für beide* unfreiwillig und keiner der Partner daran schuld. Die Möglichkeit, die Trennung als unverschuldet zu interpretieren, werden wir auch in den Piyyutim finden bei den Versuchen, die Frage, inwiefern das Exil, als Weggehen Gottes gedeutet, durch die Knesset Jisrael verschuldet sei, als offene Frage stehen zu lassen.[49]

---

47 Ishay 2001, zu den arabischen Narrativen mit dem Motiv der Trennung S. 55–58.
48 Zur Person dieses Dichters der ʿUdhrīpoesie, von dem nur einige Verse erhalten sind, s. Thomas Bauer in Encyclopaedia of Islam 2000, Bd. X, S. 908 f.: Sein Name ist ʿUrwa ibn Ḥizām auch ʿUrwa al-ʿUdhrī genannt, gestorben ca. 650 oder 661. Zur Geschichte von ʿUrwa und ʿAfrāʾ und anderen Liebesgeschichten, die in der arabischen Poesie und Prosa dargestellt wurden, s. ebenfalls Encyclopaedia of Islam 2000, Stichwort «ʿUdhrī», und Encyclopedia of Arabic Literature 1998 zu den einzelnen Figuren.
49 s. Teil III 5.1. Das unbegründete Weggehen des Geliebten.

C Das Motiv der Liebeskrankheit

Ishay hat durch ihre Untersuchung arabischer Narrative einleuchtende Hintergrundinformationen beigesteuert, die die Leerstellen in den hebräischen Liebesgedichten auffüllen und dem Leser damals und heute einen Hinweis auf den Grund der Trennung geben können. In den arabischen Liebesgeschichten findet sie, dass das blind zuschlagende Schicksal durch eine Palette verschiedener Trennungsmotive[50] ausgefüllt wird, die alle in der Umwelt des Liebespaares begründet sind: gesellschaftlicher Druck, Umweltbedingungen, soziale Unterschiede, Geldgier, Unterwerfung unter den Willen des Vaters oder der Mutter. Bei solchen von aussen diktierten Trennungen, in denen beide Partner fortfahren, sich zu lieben, erzählen die arabischen Geschichten, wie der Liebhaber jeweils nicht passiv leidet, sondern unermüdlich wandert, bis er seine Geliebte wiederfindet.[51] Die Partner, die getrennt werden, können sogar schon ein Ehepaar sein wie z.B. Qays ibn Dharīḥ und Lubnā. Bei Shmu'el Hanagid passt nun dieser Hinweis auf die Liebessituation eines getrennten Liebespaares, wie sie in den arabischen Narrativen vorkommt. Shmu'el Hanagids Gedicht könnte demnach ein seltenes Beispiel sein in der hebräischen Liebesliteratur, in welcher sonst meistens die/der Geliebte aus «Grausamkeit» den Liebenden von sich stösst.[52] Das Liebespaar in Shmu'el Hanagids Gürtellied entspräche dann dem Freundespaar in den Lob- und Freundschaftsgedichten, wo die Trennung ebenfalls unfreiwillig geschieht, weil dort der Freund nicht der typisierte grausame Geliebte ist, sondern der Grund der Trennung entweder offenbleibt oder dem Schicksal angelastet wird oder der Freund beschuldigt wird, die «Gesetze der Liebe»[53] zu verletzen. Ich werde bei den

---

50 Ishay 2001, bei der Darstellung der Trennung, S. 36–62, dort auf S. 37.

51 Ishay 2001, S. 58 (hebr.): «Der Kontext seiner Leiden ist nicht passiv wie in den Liedern; er interessiert sich, er fragt, er reist in grosse Fernen um Information über seine Geliebte zu finden, manchmal gelingt es ihm sogar, zu ihr zu gelangen, aber wie gesagt, die ‹Hand des Schicksals›, die zwischen ihnen trennte, ist stärker als ihre Liebe.» Aber manchmal siegt das Liebespaar doch, wie Ishay (S. 63–70) an den Geschichten einiger Liebespaare zeigt. Siehe unten im Text.

52 Die Trennung zweier Liebenden, bei der beide an der Trennung leiden, ist nach Meinung von Pagis 1976, S. 166 ein Durchbrechen der Konvention, für das er als Beispiel Jehuda Halevi bringt (Lied Nr. 4, Brody, II, S. 7: מה לך צביה): s. «Wegziehen hinter dem Geliebten her» in 4.2.2. Dem halte ich nun aber auch das eben besprochene Lied von Shmu'el Hanagid Nr. 202 als weiteres Beispiel eines «unkonventionellen» Liebespaares gegenüber.

53 Dies die Aussage von Jehuda Halevi in Brody Nr. 100 מה לי לרוות (s. Teil III 5 Anfang). Im Liebeslied ist es laut Ishay 2001, S. 46, nicht klar, ob der Liebesbetrug vorangehe oder ob das Weggehen selbst als Betrug angesehen werde.

Lob- und Freundschaftsliedern zeigen, dass die Klage des Verlassenen über den weggehenden geliebten Freund mit seinem in dieser Gattung typischen Hinweis auf einen persönlich bestehenden Liebesbund[54] der rote Faden ist, der zur Liebesklage der Knesset Jisrael im Piyyut weiterführt. Das Motiv der Trennung kehrt so bei Moshe Ibn Ezra und Jehuda Halevi in den Lob- und Freundschaftsliedern (unten 4.2.) wieder an seinen ursprünglichen Platz im Nasīb (Einleitung) einer Qaṣīda zurück, und das Weggehen des Freundes wird wieder als echte Trennung dargestellt, während in den meisten Lustliedern das Motiv des Nedod nur eine Chiffre ist für das grausame Sichabwenden des Geliebten.

Wichtig für unser Thema ist weiter folgendes Forschungsergebnis von Ishay: Ausdrücke von Hoffnung auf ein Wiedersehen hat Ishay[55], wie sie betont, in den arabischen Liebesgedichten nicht gefunden. Sie hebt hervor, dass dies ein Zug sei, den nur gewisse arabische Narrative wie eben die Geschichte von Qays ibn Dharīḥ und Lubnā, ʿUrwa und ʿAfrāʾ[56] aufweisen und in Anlehnung daran einige hebräische Liebeslieder wie Shmuʾel Hanagid Nr. 202. Ishays Forschung weiterführend werde ich zeigen, dass die Perspektive der Hoffnung auf eine Wiedervereinigung wie im arabischen Narrativ nicht nur in den (eher spärlichen) hebräischen Liebesliedern vorkommt, wie Ishay bemerkt hat, sondern, wie ich

---

54 Die folgenden Beispielverse, die Ishay 2001, S. 46 für das Liebeslied zitiert, stammen effektiv aus der Einleitung zu einem Freundschaftslied: Moshe Ibn Ezra, Brody Nr. 21, S. 27, Zeilen 1–9 «Unsere Geliebten, ihr habt den Bund gebrochen und ihr suchet nach betrügerischem Hintergehen der Liebe und berietet euch, das Feuer des Weggehens zu entzünden.» s. Interpretation III 6.2.2.

55 Ishay 2001, S. 38 (hebr.): «Da die Verse eines hebräischen Dichters noch die Hoffnung offenlassen, dass die Verliebten sich irgendwann einmal wiedersehen, sind sie nicht notwendigerweise der tragischen Auffassung von Fatalismus unterworfen, der sich in vielen der arabischen Liebesgeschichten und Liebesliedern breit macht.»

56 Ishay 2001, S. 68 und 2006, S. 30 f., nennt einige Liebespaare wie ʿUrwa und ʿAfrāʾ, Qays ibn Dharīḥ und Lubnā, und nachdem sie Beispiele aus der hebräischen Liebespoesie zum Modell der erhofften Aussicht auf ein Wiedersehen zwischen den Liebenden auf dem Hintergrund arabischer Liebesgeschichten (wovon drei mit Happy End) gezeigt hat, fasst sie zusammen (2001, S. 68, hebr.): «In den arabischen Geschichten gibt es die Möglichkeit einer neuen Begegnung, wie wir gesehen haben; ʿUrwa gelang es, ʿAfrāʾ zu finden, ʿAmr ibn ʿAwn hat Bayāʾ getroffen, Ghaʾnm gelang es, Lubnā zu treffen.» Zu Qays ibn Dharīḥ s. den Eintrag in Encyclopedia of Arabic Literature 1998: Er lebte ca. 626–689, heiratete Lubnā, wurde von seinen Eltern zur Scheidung gezwungen, heiratete sie aber wieder nach der einen Version dieser Liebeslegende. Enderwitz 1995, in der Einleitung zu ihrer Darstellung von al-ʿAbbas ibn al Aḥnaf, gibt S. 7 eine Liste von literarischen Liebespaaren, bei denen der Dichter sich selbst jeweils (wie der von ihr untersuchte al-ʿAbbas) als Liebhaber einer Geliebten stilisiert.

feststellte, vor allem im hebräischen Freundschaftslied[57]: ich werde zeigen, dass es von *dort* in den Piyyut übernommen worden ist. Umgekehrt handeln die meisten arabischen Lust- und Liebeslieder von der pessimistischen, frustrierten Liebe, was aber nicht der Grundstimmung der Piyyutim entspricht. Scheindlin[58] hat zwar in der Einleitung zu seiner Anthologie der synagogalen Poesie gerade das Motiv der Frustration als den eigentlichen Charakterzug herausgestellt, der den Dichtern zur Sinngebung des Exils gedient habe:

> Conventional Arabic love poetry does not merely celebrate a love; its true theme is the celebration of the personality of the lover, a personality defined by its passion for an unfulfilled love ... It was the frustration typically described by Arabic love poetry that made it such a fruitful source for the Jewish liturgical poets.

Wenn ich nun aber Scheindlins These an der Figur der Knesset Jisrael als Liebende überprüfe, so muss ich sie in einer Hinsicht korrigieren: Es kann nicht die Leidenschaft "for an unfulfilled love" sein, welche die Knesset Jisrael charakterisiert, weil sie im Unterschied zum frustrierten Liebhaber der Liebesdichtung die «Leidenschaft der unerfüllten Liebe» gar nicht zum Ideal erheben kann: sie gehört ja gemäss der literarischen Tradition (Bibel, Midrash, Piyyut) in die Kategorie der Liebenden, die schon einmal die Liebeserfüllung erlebten und auf eine Erneuerung hoffen. Gemäss der Evidenz aus den Piyyutim ist die Basis ihrer Leidenschaft, mit der sie die Liebe Gottes sucht, ihre Treue, also die Liebe, die trotz Frustration hofft. Die Knesset Jisrael wird entsprechend dem treuen Liebhaber[59] in den arabischen Liebesgeschichten gezeichnet. Sie entspricht auch, wie ich zeigen werde, dem Freund in der Panegyrik, der auf ein Wiedersehen mit dem weggegangenen Partner hofft. Was das Motiv der Frustration betrifft, so hat Scheindlin aber doch auf einen wichtigen Punkt hingewiesen: dank der arabo-hebräischen Liebespoesie haben die Dichter der Piyyutim die sprachlichen Mittel, die Knesset Jisrael nicht nur als Hoffende, sondern auch als Frustrierte zu charakterisieren. Wieviel Mass an Frustration und Hoffnung und welche Art von Hoffnung in den Piyyutim zur Darstellung kommt, werde ich im 3. Teil der Arbeit untersuchen.[60]

---

57 Ein erstes Beispiel ist das oben in meiner Anmerkung zum «Liebesbund» zitierte Freundschaftsgedicht von Moshe Ibn Ezra, Brody, Nr. 21, S. 27: ab Zeile 9 fährt es fort mit der Hoffnung, dass die Freunde zu ihm zurückkehren und Frieden stiften zwischen Vater und Söhnen. Weitere Beispiele von Freundschaftsliedern und zur «Hoffnung im Freundschaftslied» s. u. 4.2.1/2.
58 Scheindlin 1991, S. 38f.
59 Sells 2000, S. 127: Er charakterisiert den Liebenden in der arabischen ʿUdhrī-Literatur als "incessant wanderer (hāʾim) in the wake of a beloved who is nowhere yet everywhere".
60 In III 4.1 komme ich beim Motiv der «Liebeskrankheit» nochmals auf Scheindlin zurück. Teil III 6 ist ganz dem Motiv des Umherirrens auf der Suche nach dem Geliebten gewidmet.

Beispiel 6: Shlomo Ibn Gabirol Nr. 180 Ahavah für Pessach יביא לחדרו

Dieser Piyyut soll mit dem Liebesliedbeispiel Nr. 5 von Shmu'el Hanagid verglichen werden. Die poetische Sprache stellt hier das Thema «Erlösung und Sünde» mit dem Bild der Liebeskrankheit dar. Wie Nr. 5 hat das Gedicht die bewegte Form des Gürtelliedes, passend für die Darstellung einer dramatischen Liebe.

Madrikh
    Es bring in Sein Zimmer / der Liebling, der höher als alle Geliebten, (HL 1,4; 5,9)
    die Freundin, die krank ist / vor Liebe zu Ihm, und an Ihn denkt sie immer.
In Seinem Schutz sitzen / begehr ich (HL 2,3) und möchte vergessen es nimmer,
nach Seinem Zeichen / der Liebe verlangt mich, den liebt meine Seele (HL 1,7).
5   In Seinem Licht ging ich / durchs Dunkle, und Er hat nur mich einst beachtet,
    um Seinetwillen / hab alles ich ausser Ihm immer verachtet.
Nun red ich verwirrt, / da Er mich verlassen,
der Freund meiner Jugend, / der seit jeher mich liebte,
10 denn mein Wandel in Sünde / will ganz mich umfassen.
    Weh, als Er wich, / wie kam über mich das Gewässer des Wildbachs,
    und als Er entwich, / entschwand all mein Gutes, mein Schlag ist nicht heilbar.
Doch Turm und Feste / dem Schwachen bist Du, / verachte ihn nicht,
verwehre ihm nicht, / dem Schwachen, zu reden, und schaue nicht zu,
15 wie schwach vor dem Feind / des Ja'aqovs Stärke. Denn er streitet trotz allem
    nicht gegen den Schöpfer, / zu brechen den Bund noch den Eid zu verschmähen.
    Er lenkt seine Schritte / nicht ab, und nicht spricht er, was Anstoss erregt.
Erweck und errege / die Liebe der Brautzeit, (HL 2,7)
zu reinigen, sichten / bis kommt meine Rettung.
20 Wie einst will ich singen / das Lied meiner Liebe, שיר ידידותי
    da Sein Wort sich erfüllt, / das gute, fürs Volk, das Er nahm aus Ägypten,
    für Ja'aqovssamen, / den Er Sich erwählte und den Er liebt. Selah.

Ein anonymer Sprecher gibt im Madrikh die Exposition, danach spricht die Knesset Jisrael, in der 3. Strophe schaltet sich der Sprecher wieder ein als Fürbitter für die Knesset Jisrael, die er hier mit dem Appellativ «Macht Ja'aqovs» bezeichnet. Das Gedicht endet mit der Ankündigung der Knesset Jisrael, dass sie wie einst das Lied ihrer Liebe singen wird. Im Beispiel Nr. 5 von Shmu'el Hanagid hofft der Liebhaber, dass sein Geliebter ebenfalls mit einem Lied der Liebe (שיר ידידות) auf seine Liebe antworte. Inwiefern ist die Ahavah von Shlomo Ibn Gabirol ein Liebeslied an Gott? Ist der Begriff hier mehr als nur eine Anspielung auf die spezielle Bestimmung des Liedes für Pessach und dessen Tradition, das «Lied der Lieder»[61] zu singen?

Scheindlin[62] nennt dieses Gedicht "a poem evoking the ecstatic submission of the beloved to the mastery of a powerful lover" und man könne das Lied bis

---
61 Zur Tradition: s. Teil I 2.2.3.1 die Shiv'ata von Jannai zu Pessach.
62 Scheindlin 1991, S. 39.

Zeile 15 als reines Liebeslied lesen. Erst die Erwähnung der nationalen Begriffe (wie Macht Jaʿaqovs) gäben dem Leser bekannt, dass es als Piyyut von der Liebe der Knesset Jisrael zu Gott handle. Das stimmt vereinfacht gesagt, wobei der Übergang (in Zeile 13, nicht 15) vom gleichsam privaten Liebeslied zum nationalen Anliegen auch mit dem Sprecherwechsel markiert wird: statt des weiblichen Ichs redet ein anonymer Fürsprecher. Interessant ist aber, dass der Umbruch zu den nationalen Tönen nicht mit dem erzählten Abbruch Seiner Liebe in Zeile 8 zusammenfällt, sondern ab Zeile 8–9 klagt sie über Sein Weggehen, aber immer noch in der Liebessprache, indem sie Ihn als «Höchsten ihrer Jugend» bezeichnet, der sie seit jeher geliebt habe.

Gerade der Beginn des Piyyuts, die Zeilen 1–8, lassen sich nicht mit Shmuʾel Hanagids Liebeslied vergleichen, weil Shmuʾel Hanagid keinen Rückblick auf das Glück vergangener Liebe bringt: bei ihm stellt der Sprecher die Liebe als Feuer dar, das ihn überfiel und gleich von Anfang an in Tränen ausbrechen liess.[63] Bei Shmuʾel Hanagid ist die Liebe als Liebesschmerz dargestellt, den der Liebende wegen der Trennung vom Geliebten leidet, und etwas anderes als Schmerz brachte ihm die Liebe nicht. Er braucht dafür eine Metaphorik, die mit derjenigen in Zeilen 8–13 des Piyyuts von Shlomo Ibn Gabirol vergleichbar ist, in denen die Knesset Jisrael ihre Trennung vom Geliebten beschreibt: In beiden Texten drückt die Metaphorik einen heftigen Ansturm von Gefühlen aus. Die Bilder in Shmuʾel Hanagids erster Strophe wie «das Feuer, das entbrennt», «die Liebe, die lauert und ihn überfällt», das «aufgewühlte Innere und die Schmerzen» (Zeile 15) sind ähnlich dem Bild des Wildbaches, der über die Knesset Jisrael gekommen ist und sie geschlagen hat (Zeile 11). Vom Wasser weggespült oder vom Feuer entzündet zu werden, sind Metaphern, die im Liebeslied jeweils die Gefühle des Liebenden beschreiben, wenn der/die Geliebte sich von ihm trennt.[64]

Aber im Piyyut von Shlomo Ibn Gabirol meinen die Metaphern nicht eindeutig und ausschliesslich den Liebesschmerz, weil die Knesset Jisrael in Zeile 10 ihre Sünde erwähnt, womit sie plötzlich einen Grund angibt für die Trennung und ihre Verlassenheit. Im Lustlied und Freundschaftslied hingegen sucht der Verlassene nie eine Schuld bei sich, da dort die Trennung entweder dem bösen Schicksal

---

63 Tränen als Symptom, die die Liebe verraten, nennt Ibn Ḥazm, Ṭawk al-Ḥamama, Kapitel 2.
64 Shmuʾel Hanagid Nr. 188: «Wenn du weggehst, so brennt in mir das Feuer, und mein Körper ist mitten im Fluss überspült – wer aber kann aushalten Feuer und Wasser.» Zum Topos des «Feuers des Weggehens» (אש נדודים) s. die Liste der Stellen bei Brody, II, Kommentar zu Moshe Ibn Ezra Nr. 21, Zeile 2. Oft (z. B. Moshe Ibn Ezra Nr. 21, Zeile 5) ist Feuer und Wasser (= die Tränen) kombiniert. Die Metapher des Weggespültwerdens im Piyyut von Shlomo Ibn Gabirol ist ein angepasstes Zitat aus Ps 124,4 (hier Singular, dort Plural). Der Psalm redet vom Verschlungenwerden durch Feinde.

oder, so im Lustlied, auch der sogenannten «Grausamkeit» des/der Weggehenden angelastet wird.[65] Der Begriff der Sünde gehört zwar auch zum Vokabular der Liebeslieder: der Liebende kann dem/der Geliebten nachträglich sein/ihr Weggehen als «Sünde» vorwerfen oder ihm/ihr diese «Sünde» verzeihen.[66] Aber hier im Piyyut ist es umgekehrt die Liebende, die ihre eigene, vergangene Sünde als Grund der Trennung nennt. Demnach handelt es sich um ein Schuldbekenntnis; dies macht aber der Liebende in den Lustliedern und Freundschaftsliedern nie. Schauen wir nun das Bild des Wildbaches und des Schlages nochmals an, so ist die Metapher und das Motiv der Liebeskrankheit unter dem Gesichtspunkt «Schuld» zweideutig: es kann neben dem Liebesschmerz auch die Strafe gemeint sein, die sie im Exil leidet. Meiner Meinung nach laviert der Piyyut hier zwischen der Sicht eines unverschuldeten Liebesschmerzes nach Art der weltlichen Literatur und der traditionellen Sicht des Leidens als Strafe. Dieses Lavieren ist der Aussagegehalt vieler Piyyutim, die ich in Teil III interpretieren werde.[67]

Es kommen in dieser Ahavah Nr. 180 noch zwei Komponenten der Liebe hinzu, die ein sicheres Kennzeichen der Liebesbeziehung der Knesset Jisrael zu Gott sind: 1) der Blick in die harmonische Vergangenheit und 2) die Liebesbegegnung an einem bestimmten, intimen Ort.[68] 1) Die Knesset Jisrael beschreibt auf fünf Zeilen (3–7) das vergangene Glück ihrer idyllischen Liebe, etwas, das in allen Liebesliedern fehlt, da in diesen die Liebe keine Vergangenheit hat.[69] 2) Die Liebesbegegnung ist bei den liturgischen Gedichten im Unterschied zu den weltlichen nicht in der vagen Darstellung einer Umarmung ausgedrückt, die irgendwo im luftleeren Raum stattfindet, wie es im Liebeslied von Shmu'el Hanagid der Fall ist. Sondern im Piyyut vollzieht sich die Wiedervereinigung der Liebenden, wenn sie vorkommt, an einem bestimmten Ort: Bei Shlomo Ibn Gabirol ist der Ort in Piyyut Nr. 180 das Zimmer (Zeile 1), oft ist der Ort «der Garten» oder «das Zelt». Dieser Ort ist das Ziel ihrer gemeinsamen Sehnsucht, der locus amoenus, wobei die Dichter die Metaphern manchmal (wie hier) ganz

---

65 s. Teil II 4.2.1 und III 5.
66 Shmu'el Hanagid Nr. 172 Jarden: «Mein Gott … er (der Geliebte) hat mich betrogen, und ebenso ist jeder Geliebte (Gazelle) ein Betrüger, und jetzt, trag doch seine Sünde (= vergib ihm), wenn nicht, wisch mich aus!» (Anspielung auf Moshes Diskussion mit Gott in Ex 32,32).
67 Teil III 5 und 6. Zum Beispiel 5.1: Jehuda Halevi Nr. 331 zum Begriff «Tag meines Unglücks».
68 s. Teil III 1.3: zum Blick in die Vergangenheit; III 1.4: zum «Ort» der Liebe.
69 Anders im Lob- und Freundschaftslied, das immer die Perspektive der Vergangenheit einbezieht: s. u. 4.2.2: Z. B. Moshe Ibn Ezra Nr. 66: der sich ihm verweigernde Freund war früher für ihn eine Brust, an der er Honig und Myrrhe fand, und er gab seinen Füssen festen Stand.

offen lassen. Manchmal verweisen sie mit dem Ort auf Jerusalem oder den Tempel in zukünftiger Zeit. Auch im Freundschaftslied (unten 4.2) ist die Sehnsucht des Verlassenen auf ein Wiedersehen mit dem Freund manchmal mit der Rückkehr an einen bestimmten Ort (bei Moshe Ibn Ezra ist es Granada) verbunden.

Beispiel 7: Dunash ben Labrat[70] ואומר אל תישן **Weinlied und Zionsklage mit dem Aṭlālmotiv**

Ich stelle das Gedicht als ein Beispiel dafür vor, welche Rolle Zion bei der Akkulturation der jüdischen Hofpoeten in al-Andalus spielen kann. Es ist eines der wenigen Lieder, die sich von Dunash ben Labrat, dem Erneuerer der Metrik in al-Andalus, erhalten haben.[71] Er hat nicht nur die quantitative Metrik von den Arabern übernommen, sondern hier auch die poetische Form eines fingierten Gesprächs mit einem Freund.[72] Ausgerechnet in arabischer Prosodie und in der arabischen Gattung eines Weinliedes wird eine arabisch-jüdische Festlichkeit aus Gründen verworfen, die aus der Loyalität zur jüdischen Tradition und aus der Treue zu Zion stammen: Das Lied beginnt mit der Aufforderung des fiktiven Freundes, zum Weingelage zu kommen, und beschreibt ausführlich den schönen Garten; am Schluss aber wird dieses Idyll durch das Bild des verödeten Zions verdrängt.

1 Und er sagt: Schlaf nicht! / Trink alten Wein,
nahe bei Myrrhen mit Lilien / Hennasträuchern und Aloebäumen,
in einem Garten von Granatäpfeln, / Datteln und Weinreben …

Es folgt die Gartenbeschreibung mit dem Vogelgesang und den Flöten, den Süssigkeiten zum Essen und dem Trinken. Dann stoppt der Sprecher den fiktiven Freund, der ihn anredet, mit «Schweig» und geht von der Hochstimmung über zu einer Vergegenwärtigung des zerstörten Zions. Nur einer, der die Torah verlassen hat, könne angesichts des Elends von Zion Weingelage feiern.

19 Ich schalt ihn: Schweig! Schweig! / Wie kannst du das vorziehen, während
der Tempel und der Schemel Gottes / den Unbeschnittenen gehören!
21 Du hast Dummes gesprochen / und Leichtfertiges gewählt,
Leeres hast du gesagt / wie Spötter und Dumme.

---

70 Text: Schirmann 1955/6, I, 34, Nr. 4 (auf Schirmanns Text beruht der hebräische Text in meinem Textanhang). Ebenfalls ed. von Nechemja Allony 1947, S. 64 ff. Ebenfalls abgedruckt (mit einer kleinen Textvariante in der 2. Zeile) und auf Englisch übersetzt bei Scheindlin 1986, S. 40. Das Lied hat Strophen zu je 4 Versen mit dem Reim aaax bbbx cccx etc., s. Übersetzung des ganzen Liedes im Textanhang.
71 Schirmann/Fleischer 1996, S. 124: Es sind etwa 12 Lieder erhalten, z. B. das bekannte «Dror Yiqra». Dunash stammte von Fes, lernte in Baghdad bei Saʿadja Gaʾon und zog dann nach al-Andalus an den Hof von Chasdai Ibn Shaprut, des Wesirs Abd ar-Rachmans III.
72 So Schirmann/Fleischer 1996, S. 124.

23 Du hast das Nachdenken / über des höchsten Gottes Torah verlassen,
und hast dich gefreut, – während / in Zion die Füchse umherstreunen.
25 Wie können wir Wein trinken, / wie können wir die Augen heben,
wenn wir doch nichts sind, / verworfen und verachtet.

Die Einladung zur Weinparty wird abgelehnt mit dem Hinweis auf das zerstörte Zion; aber mit der verlockenden Beschreibung der Festfreude, die der Ich-Sprecher dann doch nicht geniessen will, thematisiert der Dichter die Ambivalenz von Dazugehören und Nicht-Dazugehören. Interessanterweise wurde diese Ambivalenz vom Hörerpublikum, die das Lied tradierte, nicht (mehr?) empfunden, denn das Lied hat vom Abschreiber der überlieferten Handschrift den arabischen Titel bekommen[73]:

> Ein Lied des Ibn Labrat, sein Andenken zum Segen, über die Trinkweisen am Abend und die Beständigkeit darin. In leichtem Metrum, mit Begleitung von Instrumenten, zum Klang von plätscherndem Wasser und Vogelgezwitscher in den Ästen, und dem Duft aller möglicher Parfums. All dies beschrieb er bei der Einladung des Chasdai, des Sefaradi.

Die in der Überschrift reflektierte Rezeption des Gedichtes zeigt also, dass das Publikum, aus dem der Abschreiber kam, das Lied als Trinklied für die Weinparty am Hof von Chasdai Ibn Shaprut (905–975) in Córdoba verstand und die Ablehnung am Schluss des Liedes und den Hinweis auf das zerstörte Zion ignorierte. Die Forschung interpretiert die Ablehnung unterschiedlich: Fleischer[74] meint, der Grund sei in Dunash selbst zu suchen, dass er sich nicht ganz auf die Freizügigkeit der andern, in Spanien geborenen Hofjuden habe einstellen können und deshalb im Lied seine Befremdung gegenüber Weingelagen ausgedrückt habe. Auch Brann[75] erwähnt das moralische Dilemma, in das die andalusischen

---

[73] Nur das Fragment, das in der Geniza von Kairo gefunden wurde, trägt den Titel. Damit konnte man das vorher fälschlich dem Shlomo Ibn Gabirol zugeschriebene Lied als Lied von Dunash identifizieren: s. Schirmann/Fleischer 1996, S. 122. Hinweis auf diesen Titel bei Pagis 1976, S. 38. Schirmann 1955/6, I, 1, S. 34 bringt den Titel in seinen Anmerkungen zum Text in hebräischer Übersetzung.
[74] Fleischer in Anm. 128 in Schirmann/Fleischer 1996, S. 125. Dieselbe Einstellung von Dunash finde sich auch im Loblied an Chasdai דעה לבי חכמה.
[75] Brann 1991, Anm. 84, S. 192: Dunash scheine die Halakha im Kopf gehabt zu haben, von der Maimonides, Hilkhot ta'anit 5,14 spricht. Vgl. Brann 1991 zu Jehuda Halevis ambivalenter Haltung im «Kuzari» gegenüber der neuen Musik (oben 1.2). Brann zitiert 1991, S. 33 ablehnend die Meinungen von Y. Ratzhabhy und N. Allony zu Dunash's Lied; der Meinung von R. Scheindlin 1986 hingegen, die literarische Form drücke Ambivalenz aus, stimmt er zu. Ich zitiere Scheindlin 1986, S. 43 im Wortlaut: "Dunash has in mind the national dilemma: It is immoral to indulge in pleasure when the Jewish people is in exile." Scheindlin (S. 44 f.) über die Zeit, die auf Dunash folgte:

Dichter sich brachten, wenn sie zur arabo-jüdischen Convivencia gehörten und an Festen teilnahmen, wo Gürtellieder gesungen wurden, schlimmer noch, wenn sie selbst solche Lieder dichteten. Brann sieht ja, wie schon erwähnt, die andalusische hebräische Poesie als Ausdruck einer "adaptive subculture under stress"[76] an. Tatsächlich geht es beim kulturellen Dilemma nicht nur um eine persönliche moralische Frage, sondern darum, ob man mit der Teilnahme an der arabischen Kultur die jüdische Kultur und das jüdisch-nationale Bewusstsein vereinen könne. Aus der Sicht dieses Liedes versuche ich das Dilemma nochmals[77] zu skizzieren. Man fühlte sich in der arabischen Kultur bis zu einem bestimmten Grad heimisch: die jüdische Elite identifizierte sich mit den Idealen der arabischen Elite und versuchte damit, den Verlust der eigenen Heimat und Unabhängigkeit zu kompensieren. Anderseits verstärkte gerade diese Anpassung an die al-ʿarabiyya das Bewusstsein des Exils, weil der politische und soziale Status der Juden trotz der kulturellen Adaptation untergeordnet blieb. Die Wiederbelebung der hebräischen Dichtung war sicher eine Strategie, um das Exilsbewusstsein als Gefühl eines Defizits mit Hilfe einer kulturellen Leistung, die der arabischen ebenbürtig sei, zu kompensieren. In diesem Sinn habe ich bereits auf das literarische Selbstbewusstsein der Dichter hingewiesen, die sich in den Fussstapfen *biblischer* Dichter betrachten.[78] Die kulturelle Kompensation des Exildefizits durch eine hebräische Dichtung bedeutete, wie Dunash ben Labrats Gedicht zeigt, dass die hebräische Poesie arabische Motive verwendete und zugleich den jüdischen Standpunkt gegenüber der adaptierten arabischen Kultur auszudrücken versuchte. Die Standortbestimmung betraf speziell das Verhältnis zu «Zion»: «Zion» steht als zeitlose Chiffre für den Inbegriff der Geschichte des jüdischen Volkes, die schon biblisch als Geschichte der Beziehung zwischen Volk, Land und Gott aufgefasst wurde. Für diese Geschichte muss, da sie gedeutete Geschichte ist, je nach Umständen neu ein Sinn und ein Ziel gesucht werden. So wurde die jüdische Gemeinde in al-Andalus durch die Begegnung mit der arabischen Kultur neu herausgefordert, sich ihren Platz als jüdisches Volk in der Geschichte zu definieren, d. h. das Exil und den Stellenwert Zions zu hinterfragen. Anders als in der Zeit des klassischen Piyyuts, wo der Ausdruck von Trauer über Zerstörung und Exil in die Bitte an Gott mündete, Er möge Rettung und Wiederaufbau schicken, traten nun in

---

"The next 200 years were spent trying to find the balance between the prestige, glamour and attractiveness of Hispano-Arabic culture and the demands of Jewish loyalty."

76 Brann 1991, S. 24, er ist oben 1.2 in der Forschungsübersicht ausführlicher zitiert.
77 Zum Dilemma gemäss der Darstellung in der Forschung s. o. 1.2.
78 s. o. 1.2, Brann 2000, S. 448: zur Aussage Moshe Ibn Ezras (Kitāb al-muḥāḍara, ed. Halkin, S. 54), die Juden Sefarads seien literarisch überlegen, weil sie Abkömmlinge Jerusalems (Ovadja 20) und deshalb sprachlich besonders begabt seien. Vgl. Scheindlin 1976, S. 104/5.

al-Andalus neben die Gebete auch nicht-liturgische Texte, die das Exil reflektieren und den Gefühlen über das zerstörte Zion Ausdruck geben. Das Weinlied von Dunash ben Labrat zeigt exemplarisch eine Möglichkeit, durch das Schreiben von Literatur die jüdische Identität im Exil zu bewahren: Die Verlockung, das Exil (und damit die nationale Hoffnung!) zu vergessen, wird im Gedicht durch das «Schweig!» aufgehalten. Das Weinlied negiert sich selbst oder wird doppelbödig, indem es zu einem Lied der Trauer über Zion wird. Dieser innere Widerspruch, das genussvolle Beschreiben von Partyfreuden und der Aufruf zur Zionsklage, ist der Ambivalenz des Psalmes 137 vergleichbar: Der Psalm 137 ist ein Schwur, Zions immer «mit der Zunge» (in Worten, Liedern) zu gedenken; dieser Schwur und das Lied selbst wird aber gerade durch die Verweigerung ausgelöst, der Aufforderung der Herrscherschicht Babels nachzukommen, ein Zionslied zu singen. Hier wie dort verweigert sich der Sänger der Aufforderung der «andern» zur Fröhlichkeit, beide treten aber durch eine Ersatzhandlung in einem gewissen Sinn auf die Aufforderung ein: der Psalmdichter schreibt sein Zionslied, Dunash ben Labrat beginnt mit einem genüsslichen Weinlied. Im Unterschied zu Psalm 137 zeigt das Verweigerungsgedicht von Dunash ben Labrat aber die Exilsproblematik fast noch herber, weil der Sprecher ja nicht eine Aufforderung der feindlichen Oberschicht ablehnt wie in Psalm 137, sondern dem fröhlichen Beisammensein von Juden und Arabern bei einer Weinparty am andalusischen Hof eine Abfuhr erteilt: al-Andalus wird so zum Exil erklärt um des zerstörten Zions willen.

Das Trauerlied über Zion ist natürlich in der Form der Qinah schon biblisch; ebenso ist die Verherrlichung Zions in gewissen Psalmen eine literarisch traditionelle Möglichkeit, nicht in Schweigen zu verharren, sondern über Zion Lieder zu verfassen, um die verlorene Heimat zu vergegenwärtigen. In al-Andalus kommen nun aber noch neue literarische Muster hinzu: Unten 4.2.4 werde ich zeigen, welch unterschiedliche, neue Zugänge Shmu'el Hanagid, Moshe Ibn Ezra und Jehuda Halevi zum Thema der Zerstörung Zions gefunden haben. Wir werden sehen, wie die Trauer über das verlorene Zion gerade dank den adaptierten arabischen literarischen Motiven einen neuen Platz im jüdischen Denken und in der Literatur findet. Eines dieser Motive ist das Aṭlālmotiv[79], das den arabischen und hebräischen Dichtern dazu dient, den Ausdruck von Trauer und Liebe zu vereinen, da es in sich schon mit seinem Inhalt «Weinen über verödeten Stätten als Orten vergangener Liebe» Ambivalenz und Sehnsucht ausdrückt.

---

79 Schippers 1994, S. 97 meint, das Aṭlālmotiv sei von Dunash b. Labrat in die hebräische Literatur gerade in diesem Weinlied eingeführt worden. Zum Aṭlālmotiv: Levin 1967, S. 278–290.

4. Liebe und Trennung in der Panegyrik: der Freund und Schützling als Modell für die Zionsfigur

4.1 Parallelen zwischen Panegyrik und Piyyut

Die Panegyrik ist *das* Mittel der sozialen Kommunikation der höhergestellten Juden wie Araber; als Form wählte man die Korrespondenz in Gedichten und ihren Vortrag am Hof.[1] Die literarische Form dieser panegyrischen Gattung ist die Qaṣīda (s. Glossar). Das Kernstück des Liedes, das Lob (arabisch madīḥ), wird durch den sogenannten Nasīb eingeleitet. Dieser handelt von Liebe und Schönheit in verschiedenen Varianten: die typischen Motive waren ursprünglich das Weggehen der Geliebten (Nedodmotiv), das Weinen über den Trümmern vergangener Liebe (Aṭlālmotiv)[2], die Traumerscheinung einer Frau (ṭayf al-khayāl-Motiv)[3], später kam die Beschreibung eines Gartens, manchmal als Szene einer Weinparty hinzu. Der Adressat des Lobliedes ist zwar der Patron des Schreibenden, aber dieser wird im Idealfall auch als Freund angesehen; entsprechend nennt Pagis die hebräischen panegyrischen Lieder «Lob- und Freundschaftslieder»[4]. Aus Moshe Ibn Ezras Worten über sein eigenes Schreiben (Pagis zählt unter anderm mehr als 220 Loblieder) entnehmen wir, dass er nicht unterscheidet, ob er einen Freund oder einen Patron lobt: sie fallen beide unter die Kategorie «meine Brüder und meine Freunde»[5]. Auch Shlomo Ibn Gabirol lobt seinen Patron Yekutiel und

---

1 Das Enkomion trug man während des Gelages des Freundes- und Dichterkreises im Garten / am Hof des Patron vor; die «Party» wird מסיבה, ישיבה oder מושב genannt (Pagis 1976, S. 38).
2 Nedodmotiv und Aṭlālmotiv kommen auch im Lustlied vor: s. o. 3.2. Zu seinem Vorkommen im Lob-und Freundschaftslied: s. u. 4.2.
3 Das Motiv des ṭayf al-khayāl verwendet Shlomo Ibn Gabirol unten in Beispiel 10.
4 Pagis 1970, S. 151: Das Kapitel trägt die Überschrift «Loblieder» (Shire hashevach), der erste Satz beginnt aber mit «Die Lob- und Freundschaftslieder (שירי השבח והידידות), eine der wichtigsten Gattungen im weltlichen Lied Spaniens etc.».
5 Moshe Ibn Ezra, Kitāb al-muḥāḍara, Halkin, S. 102: «Von meinen Liedern in quantifizierendem Metrum finden sich in den Händen des Publikums mehr als 6 000 Zeilen zu verschiedenen Themen ... Viele von denen sind Loblieder, die ich für meine Brüder und Freunde verfasste, und Qinot, die ich über Verwandte und Freunde schrieb.»

bezeichnet ihn gleichzeitig als Freund (Beispiel Nr. 8).[6] Es gibt allerdings auch reine Freundschaftslieder zwischen Gleichgestellten, wie z. B. die Korrespondenz zwischen Moshe Ibn Ezra und Jehuda Halevi (s. 4.2).

Die Beziehung des einleitenden Nasīb zum eigentlichen Kernstück, dem Lob, wird in der Forschung verschieden beurteilt (s. Glossar). Die uns interessierende Frage ist vor allem, ob das Liebesmotiv im Nasīb rein konventionell ist oder persönlich auf den Patron/Freund, der gelobt werden soll, ausgerichtet ist. Beispiele, in denen die erotische Rhetorik persönlich gemeint ist, bringe ich unten (4.2), um zu zeigen, dass in solchen Fällen das Lob- und Freundschaftslied im Unterschied zum Lustlied an oder über eine(n) stereotypen Geliebte(n) eine mit dem Piyyut vergleichbare Perspektive hat. Meine These ist, dass dieselbe Verbindung von Lob und erotischer Rhetorik[7] in metaphorischer Sprache auch den Piyyut charakterisiert, sofern im Piyyut die weibliche Gestalt der Knesset Jisrael auftaucht. Der Grund für die gemeinsame Perspektive liegt darin, dass panegyrische Lieder und Piyyutim einen bestimmten Adressaten haben (den Patron/Freund oder Gott), zu dem der Sprecher eine persönliche Bindung hat und den er verehrt. Mein Ziel ist es nachzuweisen, dass speziell das Nedod- und Aṭlālmotiv der Qaṣīda von den hebräischen Dichtern gebraucht werden konnte, um nicht nur die Sehnsucht des verlassenen Schützlings zu seinem Patron und Freund zu charakterisieren (4.2.2), sondern auch die Sehnsucht der Knesset Jisrael zu Gott, der sie nach ihrer Meinung verlassen hat, oder auch die Sehnsucht des Sprechers nach dem fernen Zion (4.2.4). Um zu zeigen, dass die gemeinsame Basis der beiden Gattungen aber noch mehr umfasst als die beiden Motive, will ich zuerst auf drei weitere gemeinsame Charakteristika hinweisen, die in der Forschung meines Wissens noch nie in diesem gattungsübergreifenden Zusammenhang gesehen wurden:

1) Die Dichter stellen den Lobgesang und ihre Sehnsucht nach dem Gepriesenen in der Verkörperung einer *schönen Frau* dar (Beispiele 8, 9, 10), wobei sie dadurch zugleich eine autopoetische Aussage über ihre Panegyrik machen,

---

6 Schirmann/Fleischer 1996, S. 276 zum Verhältnis von Shlomo Ibn Gabirol zu Yekutiel (hebr.): «In seiner Beziehung zu seinem Gönner zeigen sich Anzeichen von Demut und Unterwürfigkeit, und nur selten spricht er zu ihm von gleich zu gleich nach der Art eines Freundes.» Daher: Die Stellung des Schützlings zum Patron ist je nach Situation verschieden.

7 Zur Verbindung von Lob und Liebe in der Panegyrik s. Manzalaoui 1989, S. 123: Er vertritt die Meinung einer vielleicht allmählichen Entwicklung der Qaṣīda: "… in the course of history of the genre they merged with each other to form the composite feature of patron/beloved, alternately described with epithets of eroticism and those of lordship." Volles Zitat s. Glossar, s. dort auch die Gegenmeinung von Bauer 1998.

und auch im Piyyut lassen die Dichter die Knesset Jisrael als Verkörperung von Schönheit, Lob und Sehnsucht auftreten (unten 4.1.1).[8]
2) In beiden Textsorten ist das Lob als ein Geschenk dargestellt, mit dem der Patron/Gott geschmückt wird (unten 4.1.1).
3) Die Beziehung des Schützlings zum Freund ist wie die der Knesset Jisrael zu Gott von Liebe, Schutz[9], Liebesverrat (4.1.2), nostalgischer Erinnerung und Hoffnung (4.2.) geprägt.

4.1.1 Das Motiv der schönen Sängerin

Beispiel 8: Shlomo Ibn Gabirol, Loblied auf Yekutiel[10] את יונה חבצלת השרון

> Du bist die Taube (HL 2,14), Narzisse der Täler (HL 2,1), und deine Mantelsäume sind voll mit Glöckchen (Ex 28,33.4).
> Und die Granatäpfel an deinem Mantel sind golden: sie gleichen den Mänteln der Söhne Aharons.
> Und wenn du ausgehst, mir entgegen, scheinst du mir wie die Sonne am Himmelsgefilde zu gehen.
> Setz dich hin, mir gegenüber, liebliche Gemse (Spr 5,19), und wecke deinem Geliebten die Freuden.
> Nimm die Trommel und die Harfe und sing bei deinem Spielen auf der zehnsaitigen Laute und andern Saiteninstrumenten.
> Steh auf und preise deinen auserwählten Geliebten …

Die Sängerin soll mit ihrem Lied Yekutiel, den Patron und Freund von Shlomo Ibn Gabirol[11], preisen und ihn zugleich mit ihrer Schönheit erfreuen entsprechend den

---

8 Die Vorstellung, Schönheit und Poesie seien «weiblich», kann in der damaligen, nichtliturgischen Poesie und in der Prosa auch abwertend und frauenfeindlich verwendet werden, wie Rosen 2003, im Kapitel "Veils and Wiles: Poetry as Woman" zeigt. Dies gilt aber nicht für den Piyyut.
9 Das Schutzverhältnis ist unter anderm durch die Terminologie «Knecht und Herr» belegt: Moshe Ibn Ezra Piyyut Nr. 38 in Teil III 4.1. Jehuda Halevi Nr. 318 (in Teil III 6.1): Gott wird zuerst «mein Herr» genannt, dann «mein Bruder, mein Freund». In metaphorischer Übertragung wird auch im Lustlied der Geliebte als Herr betrachtet, der seinen Liebhaber knechtet/hörig macht (Shlomo Ibn Gabirol דודי אשר לבי, Beispiel 2 oben), aber im Lustlied ist der Liebesdienst ganz anders, da der Liebhaber natürlich keinen Schutz oder Loyalität vom Gebieter/der Gebieterin erwartet.
10 Text: Schirmann 1955/6, I, 1, S. 195, ebenso in Brody/Albrecht 1905, S. 37.
11 Pagis 1970, S. 154 zitiert Moshe Ibn Ezra, Kitāb al-muḥāḍara, Halper, S. 192: «An jeder Stelle, in der dieser Mann (Shlomo Ibn Gabirol) den Ibn Ḥasan (= Yekutiel) lobte, glückten ihm seine Worte sehr gut und er erhob sich zu einer hohen Qualität. Der Grund dafür ist einfach: Denn er fand eine Fülle von Schönem und Angenehmem für sein Lied und Lohn für seine Mühe.» Halkin, S. 281 übersetzt anders.

Konventionen eines Nasībs. Sie ist die weibliche Idealfigur, nach deren Muster auch die Knesset Jisrael im Piyyut auftritt: sie ist die Taube, Narzisse der Täler, leuchtet wie die Sonne (HL 6,10), hat einen glöckchenbesetzten Mantel wie die Knesset Jisrael im Piyyut ידידי הידעתם von Jitzchaq Ibn Ghiyyat: «es kam der Geliebte in Seinen Raum, zum lieblichen Klang meiner Glöckchen und dem Duft meines Zimts»[12], dazu wird sie aufgefordert, für ihren Geliebten (Dod) zu singen wie die Knesset Jisrael[13]. Hier (wie auch in Beispiel Nr. 10) braucht Shlomo Ibn Gabirol die Figur als Verkörperung von Liebe und Schönheit im Nasīb gleichsam als schöne Verpackung seines Loblieds. Im folgenden Madīḥ wird der Gepriesene in gottgleiche Höhen erhoben, denn die fiktive Frauenfigur soll Yekutiel besingen:

6   Yekutiel, den Fürsten über Minister und Würdenträger,
7   das Licht der Welt, Grundlage für den Sockel ihrer (der Welt) Pfeiler,
    und auf dem die Säulen des Himmels aufgerichtet sind …

Der Rest des Gedichtes ist in demselben Stil des Lobpreises gehalten, bei dem weniger der Inhalt, als das Zelebrieren von Schönheit das wichtigste ist.[14] Der Dichter stellt seinen Lobpreis fiktiv als ein Lied aus dem Mund einer schönen Sängerin dar[15] und erklärt damit in metasprachlicher Aussage sein Loben als eine Liebeserklärung an den Freund. Die Rolle einer fiktiven Lobsängerin ist eine der typischen Rollen der Knesset Jisrael im Piyyut; speziell bei den Pessachpiyyutim[16] folgen die Dichter Auslegungen[17] zum Exodus, die die Knesset Jisrael als Sängerin auffassen.

Im folgenden singulären Lobgedicht eines weiter unbekannten Baruch tanzt und spielt die Knesset Jisrael für Amram, eine rettende Messiasfigur: Tänzerin wird sie im Piyyut selten[18] genannt; ihre Rolle entspricht aber derjenigen Mirjams, die nach der Rettung am Meer (Ex 15,20 f.) singt und tanzt. Im Lobgedicht ist

---

12 Jitzchaq Ibn Ghiyyat Nr. 118, 5. Gürtel: s. III 5.2. Auch Shlomo Ibn Gabirol Nr. 96 דודי שלום לך: «Was hast du, du Schöne, dass du die Liebe erregst und deine Stimme wie der Mantel im Klang der Glocken klingt?»
13 Z.B. Kallir, Hochzeitsqedushta 3. Piyyut, Zeile 54: «Deinem Gott spiele und singe Seine Lieder».
14 Siehe oben 1.2 die Meinungen von Yahalom 2003a sowie Scheindlin 1976 und 1986. Bezeichnenderweise warnt Moshe Ibn Ezra, Kitāb al-muḥāḍara, Halper 1924, S. 185 (Halkin 1975, S. 265) im Kapitel «Tor der Übertreibungen» vor übertriebenem Lob.
15 Pagis 1976, S. 21 sagt, dass der Lobdichter die Auflage hatte, sein Lob so auszusprechen, «als ob es aus dem Munde eines objektiven Beobachters käme».
16 s. Teil III 1.4.5. Speziell zu Pessach: z.B. Shlomo Ibn Gabirol Nr. 180, Jehuda Halevi Nr. 163.
17 ShirR 2,31 S. 73 ed. Dunsky. Siehe Teil I 2.2.3.1: Shiv'ata zu Pessach von Jannai.
18 Tänzerin: z.B. in Abraham Ibn Ezra Nr. 107, 3. Strophe (und 134, Schlusszeilen: dieses Gedicht habe ich nicht übersetzt) und Jehuda Halevi Nr. 179, 1. Strophe.

nun Amram nicht nur der Retter der Knesset Jisrael, sondern er macht sie auch
«vollendet schön» (מכלל): genau so sagt auch Kallir im Piyyut zu Shavuoth[19], dass
Gott die Knesset Jisrael vollendet schön macht.

Beispiel 9: «Baruch» אהבת ימי נעורים Ahavath Jemei Neʿurim[20]

Die Liebe der Tage der Jugend / ist süss und angenehm –
schliess neu den Bund: fern war er, / nun ist er wieder nah!
Bescheidene Tochter, geehrte, / die Quäler sind nun fort,
des Gerichtstags Strafe kam, / die Lästerer zu zerstörn,
Arabien werde zum Waschtrog, / geknechtet werd' Edom.
Die Höhe der Berge der Panther / ward niedrig, und zerstört
die Herrscherin ist, und die Tochter / der Drei[21] zur Rechten steht.
Stampf auf mit dem Fusse der Freude, / mit deiner Flöte spiel
vor dem obersten Fürsten der Weisheit, / Amram, der Pracht dir gibt:
er vertreibt das Gedröhne des Krieges, / er leitet dich mit Kraft.

Generell wird im andalusischen Piyyut die Schönheit Zions, ihr schöner Gesang und Duft[22], gleich hoch gepriesen wie die der Geliebten im weltlichen Lied; der Lobpreis Gottes oder des Patrons aber muss insbesondere schön sein, weil das Lobgedicht wie der Piyyut gleichsam als Geschenk des Schreibers (des Bittstellers) an den Adressaten (an Gott) fungiert.

Die Vorstellung, ein Gedicht sei wie ein Geschenk, ist an sich nicht neu: In rabbinischer Tradition werden die Gebete in Form von Liedern als Geschenk an Gott angesehen, das sogar das Singen der Engel übertreffe.[23] Das Flehen und Schreien von Israel in Ex 14,15 («Was schreist du zu Mir») wird in ShemR 21, 4 als

---

19 s. Teil I 2.2.5.1: sie wurde von Ihm schön gemacht נתכללה: Kallir, אפסי חוג Zeile 45.
20 Ahavat Jemei Neʿurim ed. Ratzhabhy 1992. Hier nur Strophe 1 und 2 zitiert. Ganzer Text s. Textanhang. Das Akrostichon zeigt den Namen Baruch, dennoch ist es laut Huss kein Piyyut: Huss 1995 b, S. 58 f. betont, dass ein Akrostichon nicht alleiniges Kennzeichen eines Piyyuts sei; es deute aber auf die Frühzeit der andalusischen Dichtung hin: Dichter, die in der Periode nahe zu Shmu'el Hanagid schrieben, hätten aufgehört, das Akrostichon in weltlichen Liedern zu verwenden.
21 Mit den «Drei» sind die drei Erzväter gemeint. Siehe den kommentierten Text im Textanhang.
22 s. Teil II 5 und Teil III 1.4 und 1.5 speziell zum Duft und zum Gesang.
23 Yahalom 1999, S. 233 ff. zum Wettstreit der Engel mit Israel und dem Vorzug Israels, als erste den Gesang anstimmen zu können (S. 235: darauf begründet sich die Qedushah, thematisiert bei Kallir): Quelle ist TosSota 6,5. Yahalom bringt unter vielen andern Zeugnissen auch solche aus der Hekhalot Literatur. Eine Weiterführung des Themas, dass Israels Lob Gott krönt, ist die Vorstellung, dass Gott mit Seinem Namen Israel preist/lobt, Gott aber Seinerseits von Israel gelobt und gepriesen wird. Dazu Yahalom 1999, S. 186. Seine Verweise: Piyyutim von Jannai, ed. Rabinovitz 1985, I, S. 216; TanB Qedoshim § 2, als prooftext in TanB: Jes 49,3.

Gebet ausgelegt, das wie eine Krone für Gott sei.[24] Shlomo Ibn Gabirol schreibt in seiner Einleitung zum philosophischen Gedicht «Keter Malkhut» (Krone des Königtums, scil. Gottes) als Erklärung des Begriffs «Krone», das Werk sei «das Haupt seiner Lobpreisungen» (ראש מהללים).[25]

Auch in der Panegyrik gibt es oft am Schluss eine autopoetische Aussage, die das Loblied als Schmuck bezeichnet, so im Lied von Moshe Ibn Ezra an einen Höhergestellten, von dem er Hilfe erwartet hatte und der ihn enttäuschte: (Nr. 66 Brody, Zeile 34 f.) «Siehe, hier das Lied – aber es ist gar kein Lied, sondern Balsamöl; möge es dem Menschen, der sich damit salbt, ein Schmuckstück sein, dessen Goldfaden die Rede ist, und eine Pracht, dessen Stickerei die Sprache ist.»

Im folgenden Beispiel ist die Frau ebenso geheimnisvoll namenlos wie die Sängerin im Lied an Yekutiel (Beispiel 8), aber es handelt sich nicht um den Topos der anonymen Sängerin, sondern um das sogenannte Traumerscheinungsmotiv (ṭayf al-khayāl[26]) der arabo-hebräischen Literatur[27]. Auch dieses Motiv dient dazu, ein Loblied erotisch einzuleiten. Hier aber gibt Shlomo Ibn Gabirol dem Topos eine persönliche Note, indem er zwischen der schönen Frau und dem Gepriesenen, Shmu'el Hanagid, eine Liebesverbindung konstruiert.

---

24 Schirmann/Fleischer 1996, S. 334 zitiert zur Vorstellung des Krönens PRE 23, wo es von den Tzadiqim unter Verweis auf Ps 142,8 heisst, dass sie Gott mit ihrem Lob krönen. «Die Gebete Israels krönen Gott» ist auch ausgesagt in bHag 13b. Ebenso: ShemR 21,4 zu Ex 14,15 «Was schreist du zu Mir?» ed. Mirqin 1985, S. 247: «Wenn Israel betet, findest du, dass nicht alle wie einer beten, sondern jede Gemeinde betet für sich ... und wenn alle Gemeinden ihre Gebete vollendet haben, nimmt der Engel, der über die Gebete gesetzt ist, alle Gebete, die in allen Gemeinden gebetet wurden, und macht sie zu Kränzen und setzt sie auf den Kopf des Heiligen, gesegnet sei Er, wie es heisst (Jes 49,18): ‹Du wirst sie alle wie einen Schmuck (עדיך) anlegen›.» ShemR setzt hier עדיך gleich mit dem Wort עדיך in Ps 65,3 und erklärt dieses עדיך als Krone: עטרה.

25 Beispiele aus dem Piyyut: Die Standard-Schlusszeile des Meshalesh der klassischen Qedushta zitiert Ps 22,4: «Und Du bist der Heilige, thronend über den Lobgesängen Israels». Weiter: Jannai, Shiv'ata für RH, 4. Piyyut Zeile 14, Rabinovitz 1987, II, S. 199. Ebenso Jehuda Halevi Nr. 175: (Schlusszeile) «Sie sagen dreimal ‹Heilig, heilig, heilig› und geben ihrem Schöpfer eine Krone»; Jehuda Halevi יחיד מחדר Nr. 83, Zeile 10: «Und gib Ehre dem, der dich prächtig macht, und winde Ihm deine Kränze.»

26 Schippers 1994, S. 162: Zum Motiv des «ṭayf al-khayāl (phantasm, apparition)»: «Already as early as pre-Islamic times the vision of the beloved during sleep is a frequently occuring motif, mainly as a part of the so-called nasīb or introductory passage of the qaṣīdah.» s. auch Bauer 1998, S. 28 u. 520.

27 Zum Beispiel das Gedicht von Joseph Ibn Chasdai auf Shmu'el Hanagid הלצבי חן, ed Jarden, Diwan des Shmu'el Hanagid, S. 161 f. Er druckt das Lied im Diwan ab, weil es an Shmu'el Hanagid gerichtet ist.

Beispiel 10: Shlomo Ibn Gabirol מי זאת העולה Die Herzensdame von Shmu'el[28]

1. Wer ist denn diese, die da aufsteigt (HL 3,6) wie die Morgenröte und herabschaut, leuchtend wie das lautere Sonnenlicht? (HL 6,9f.) Sehr schön ist sie,
2. geehrt wie eine Königstochter (כבודה כבת מלך), fein und zart, ihr Duft ist wie der Duft beim Verbrennen von Weihrauch.
3. Ihre Wangen glühen wie Rosen, rot wie Blut, sie bezaubert mich, und doch ist sie keine Zauberin.
4. Schmuck und Gold trägt sie und alle Sorten von Perlen, mit allen Edelsteinen und mit Saphir ist sie bedeckt.
5. Wie der Mond, wenn er geboren wird, so ist ihr Kranz auf ihrem Haupt. Sie glänzt von Onyx und Jaspis.
6. Als sie mir von ferne erschien, hielt ich sie für eine Taube, die leichtfüssig über das Feld hüpft – sie aber schwebte geradezu.
7. Ich eilte in ihre Nähe, als ich sie sah – sie aber, als sie mich sah, verschleierte ihr Gesicht.
8. «Du, wohin wendest du dich? Der Tag neigt sich schon sehr, und der Erdkreis, siehst du, ist schon dunkel, wenn nicht dein Licht wäre.»
9. Da bewegt sie ihre Lippen, um mir zu antworten, wie wenn sie Honig träufeln liesse:
10. «Um Shmu'el den Seher zu sehen bin ich erschienen (heraufgestiegen), um sein Haus zu umringen und zu umkreisen.»
11. Da antwortete ich ihr: «Nein, geh nicht! Denn du wirst ihn in deinem Leben nicht mehr sehen,
12. er ist gestorben, in die Unterwelt hinabgestiegen, aus lauter Verlangen verzehrte er sich in seiner Liebe nach dir und ist verschieden,
13. geh du zu Shmu'el, der in unserem Land erschienen (emporgestiegen) ist, so wie Shmu'el in Rama und Mitzpa emporgestiegen ist.
14. Er erforscht Weisheit, er versteht ihre verborgenen Geheimnisse, er hat sie (die Weisheit) wieder gesammelt, da sie in der Verbannung verstreut war.
15. Er hat ihren Reichtum erbeutet und bei seinen Schätzen gehortet und vertraut auf die Kostbarkeit ihres Silbers und Goldes.»
16. Mein Geliebter, mein Herzensfreund, du bist der Balsam für den Schmerz, und für jede Krankheit bist du wie ein Heilmittel.
17. Gar sehr liebe ich dich, es gibt keine Grenze der Liebe zu dir. Hier bin ich – prüfe mich und erprobe mein Herz (Ps 26,2).
18. Wegen meiner Liebe zu dir wird mein Lied dich preisen. Es (das Lied) wird das klare Wort (דבר צחות) vermehren und nicht die Stammelsprache.
19. Alle Liedermacher sollen ihm (dem Lied) gegenüber erschauern, ja Schimpf und Schande sollen sie alle auf sich nehmen.

---

28 Schirmann 1955/6, I, 1, S. 205. Sein Text ist die Vorlage für meinen hebräischen Text im Textanhang. Ebenso abgedruckt bei Brody/Albrecht 1905, S. 38 und bei Mirsky 1977, S. 103ff.

Das arabische Traumerscheinungsmotiv spielt einerseits auf die biblische Erscheinung des toten Shmu'el in Endor an[29], andererseits wird es in jüdischer Uminterpretation auf die Knesset Jisrael übertragen. Denn raffinierterweise handelt das Gedicht von einem «wiederauferstandenen» Shmu'el, der allerdings alles andere als eine Totenerscheinung ist, und kombiniert dies mit der Figur der schönen Frau, die dem Dichter im Traum erscheint.

Da es in der Forschung umstritten ist, ob diese schöne Frau die Knesset Jisrael darstellt, wie ich meine[30], will ich zunächst meine Meinung begründen: Die Formulierung «wer ist die, die da heraufsteigt» assoziiert die Geliebte aus dem HL 3,6 und diese wird traditionell mit der Knesset Jisrael identifiziert[31], aber diese HL-Reminiszenz ist nicht ausschlaggebend. Entscheidend ist hingegen die Darstellung, dass die Frau Shmu'el, den Seher, schon lange kennt und schätzt: Das kann sie aber nur deswegen, weil sie keine anonyme Frau ist, sondern die Knesset Jisrael. Dank ihrem Auftritt wird das Ziel des Gedichtes, Shmu'el Hanagid zu loben, elegant erfüllt. Das Lob beruht auf dem Kompliment, dass die Frau, die nach Shmu'el, dem Propheten, sucht und offenbar immer noch zeitlos in der Bibel lebt, vom Sprecher an Shmu'el Hanagid verwiesen wird, der gleichsam der wiedergeborene Prophet Shmu'el ist: die Pointe der Schmeichelei liegt in dieser Typologie. Aber worin ausser dem Namen gleicht er ihm, sodass die unbekannte Frau an ihn weiterverwiesen wird? Shmu'el Hanagid gibt sich der Sammlung von Weisheit hin, während Shmu'el, der Seher, aus Liebe zu einer Frauengestalt gestorben ist – was ist der gemeinsame Punkt? Nach konventionellem Massstab muss der Tod aus Liebessehnsucht nicht erklärt werden.[32] Hier hat aber der Liebestod die besondere Pointe, dass der biblische Shmu'el sich in Liebe nach

---

29   1. Sam 28,11–20: Mit dem Verb «heraufsteigen» (עלה), das im Gedicht in Vers 10 von der Traumerscheinung der Frau und in Vers 13 von Shmu'el Hanagid gebraucht wird, spielt Shlomo Ibn Gabirol wörtlich auf 1. Sam 28,14 an: «Ein alter Mann steigt herauf: עולה ...» Sowohl in der biblischen Erzählung wie hier im Gedicht gibt es drei Textpersonen, zwei Männer und eine Frau, die aber ihre Funktion ausgewechselt haben: In der Bibel befragt Sha'ul den Shmu'el, und die Beschwörerin (בעלת אוב) von Endor hilft ihm; hier will die zauberhafte Frau, die aber keine Zauberin (מכשפת) ist (Z. 3), Shmu'el befragen, und die Textfigur Shlomo Ibn Gabirol hilft ihr.

30   Schirmann 1955/6, S. 205 sagt (ohne Begründung), dass ihre Identität ab Zeile 12 klar sei. Matti Huss (mündlich) interpretiert die Frau nicht als Knesset Jisrael: s. seine Begründung unten.

31   s. Teil I 2.2.2 Kallir, Qedushta zum Hochzeitsshabbat 6. Piyyut Z. 19: Kallir macht aus der Idee des Heraufsteigens einen Kinnuj für die Knesset Jisrael.

32   Das ist ein Argument, warum Matti Huss (mündlich) die Dame nicht mit der Knesset Jisrael identifiziert.

Zion verzehrte.³³ Und eben diese Zionsliebe ist das, was Shmu'el Hanagid mit dem Propheten Shmu'el gemeinsam hat. Das erotische Motiv, das ja im Loblied nicht fehlen darf, ist hier also mehr als die elegante Verpackung. Ich interpretiere so: Der Prophet Shmu'el liebte Zion/die Knesset Jisrael und sie ihn (sonst würde sie nicht nach ihm suchen), und nun spielt der Dichter mit der Polyvalenz der unbekannten Schönen: sie ist die Verkörperung des Volkes, der Stadt und zugleich Inbegriff aller jüdischen Werte. Wie Shmu'el, der Prophet, aus Liebe zu Zion als Volk und als Personifikation jüdischer Werte starb, so beschäftigt sich umgekehrt Shmu'el Hanagid ebenfalls (Zeile 14–15) mit Zion, nämlich mit der «Sammlung» ihrer «verstreuten goldenen und silbernen Schätze» von «Weisheit und Geheimnissen» und vertraut auf ihre «Kostbarkeit». Dies interpretiere ich so: literarisch macht er die biblische Weisheit und Prophetie in seinen Liedern neu zugänglich und, auf die Wahrheit der Geheimnisse vertrauend, engagiert er sich für die Zukunft der Knesset Jisrael als Volk. Aber er verzehrt sich nicht aus Sehnsucht, sondern hat dabei Erfolg und ist mehr als würdig, der Nachfolger Shmu'els des Propheten zu sein, sodass er nun von der Knesset Jisrael besucht werden soll. Diese Gestalt, die nicht nur Liebe und Schönheit, sondern auch die Ideale eines jüdischen Dichters verkörpert und diesen als Frau besucht, hat im Vergleich zum Lied an Yekutiel (Beispiel 8) den zusätzlichen Aspekt der verkörperten Inspiration, einer Muse: sie beflügelte schon Shmu'el, den Propheten, und nun auch Shmu'el Hanagid und primär Shlomo Ibn Gabirol, weil sie ihn zu diesem Loblied inspirierte. Äusserlich gleicht die Erscheinung der Muse einer typischen Hofdame der andalusischen Gesellschaft³⁴: ihr Gang ist schwebend und sie verhüllt das Gesicht mit dem Schleier (Zeile 7).

Fazit: Das Lob- und Freundschaftslied und der Piyyut haben als gemeinsame Basis die persönliche Beziehung des Sprechers zum Angesprochenen. Die Beziehung ist geprägt von Verehrung und Liebe, wobei die Sprache von Lob und Liebe vor allem schön sein muss wie ein schönes Geschenk oder eine Krone für den Gepriesenen. Die Liebe zum Patron/Freund respektive zu Gott hat zusätzlich zu derjenigen in den meisten Lustliedern die Komponente der geistigen Verbundenheit mit dem Partner, aber die Ausdrücke von körperlicher Liebe behalten auch bei der Darstellung von Freundschafts- und Gottesliebe als Metaphern ihre Erotik. Wenn Pagis die Liebe in den Freundschaftsliedern als geistige Liebe³⁵ im

---

33 So drückt sich Jehuda Halevi aus in Piyyut Nr. 93: «die schwachen Juden, die wegen der Liebe zu dir (Jerusalem) krank sind.»
34 Siehe unten 5.1 und Beispiel Nr. 13 את עופרה צבית ארמון zur «Gazelle des Palastes».
35 Pagis' Meinung über «geistige Liebe», die es erst im christlichen Spanien des 13. Jahrhunderts gäbe, s. zu Beginn des Kapitels 3.2. Zur Panegyrik: Pagis 1970, S. 279 (hebr.): Er nennt Wortprägungen wie «Bande der Freundschaft», «Saiten der Liebe», «Stricke

Unterschied zu «körperlicher Liebe» bezeichnet, so benützt er meiner Meinung nach falsche Massstäbe, denn bei Texten kann man nur den sprachlichen Ausdruck beurteilen; Körperlichkeit oder Geistigkeit aber sind keine sprachlichen Kategorien, sondern Kategorien, die ausserhalb des Textes stehen.

4.1.2 Liebe, Schutz und Verrat: Die Knesset Jisrael und ihr Retter

Beispiel 11: Moshe Hakohen Ibn Gikatilla[36], על מה עדי עלמה

Von Moshe Ibn Gikatilla, der im 11. Jahrhundert in Zaragoza lebte, sind nur etwa zehn Gedichte, weltliche und liturgische erhalten, die Brody 1937 herausgegeben hat. Er wird von Moshe Ibn Ezra[37] als erstrangiger Dichter gelobt, der arabisch und hebräisch gedichtet habe. Er richtete folgendes Freundschaftsgedicht an Shmu'el Hanagid, seinen älteren Zeitgenossen.[38]

Worüber, ewig junge Frau, klagst du,
und murrst in deinem Zelt über den Geliebten
1) und sagst, es ist zum Verzweifeln? – «Nein, (es ist wirklich zum Verzweifeln), dass
 der Geliebte voller Charme, der Liebe zu mir gefasst hatte, mir meines
 Schmuckes Pracht (צבי) wegnahm (ניצל) und mir sagte: sitz still!
Wie ist mir zum Feind geworden mein Geliebter,
der Grösste meiner Jugendzeit! Früher glitt ich
im Meer Seiner Liebe dahin wie ein Schiff.»
2) Und doch tat Er dir alles, was deine Seele
 wünschte, und Seine Seele setzte er aufs Spiel,
 Sich zum Sterben wappnend, mit Todesverachtung,
 bis Er dich mit Stärke befreite aus der Hand
 des Bedrängers – auch graute Er Sich nicht vor dessen Angesicht.

---

der Liebe», «Liebesbund» und sagt, dass sie auf «geistige Liebe» respektive auf Freundschaft hinweisen. Dasselbe gilt für die 30mal von Moshe Ibn Ezra verwendete Wendung «Die Wohnstätte meines Geliebten ist in meinem Herzen».
36 Erstausgabe von Brody in Yedi'oth haMakhon leCheqer haShira ha'Ivrit, 3 (1937) als Lied Nr. 6. Abgedruckt und kommentiert auch von Levin 1971, S. 125–129 und von Luria 1971 «Wie ist mir zum Feind geworden mein Liebhaber» (hebr.), aus dessen Kommentar ich unten zitiere. Ein weiteres Lied von Moshe Ibn Gikatilla ist Brody Nr. 10 תראי מראייך אם: s. Teil III 1.1.4. Der hebräische Text von Beispiel 11 befindet sich im Textanhang.
37 Moshe Ibn Ezra, Kitāb al-muḥāḍara, Halper, S. 60 (Angabe von Luria 1971, S. 153, Anm. 1). (Halper, S. 60 = ed. Halkin, S. 69.)
38 So Schirmann/Fleischer 1996, S. 353, wobei neben Shmu'el Hanagid auch Yehosef, sein Sohn, gemeint sein könne. Dort S. 351–354 über das Leben und Werk von Moshe Ibn Gikatilla. Zu Moshe Ibn Gikatilla als Übersetzer vom Arabischen ins Hebräische s. Drory 2000, S. 227 f.

Deshalb küsse nochmals, du mit den roten Lippen eines Karmesinbandes, nochmals den Mund deines Geliebten.
3) Was soll dein Geliebter tun, Freundin, was Er nicht
schon getan? Er vernichtete den Feind und zerstörte ihn,
und von deiner Schulter weg nahm Er das Joch,
und setzte einen Fürsten (Nagid) ein und machte ihn gross,
und legte dessen Hasser unter seinen Schuh.
Und wenn dieser zu Gott rief: «Vater, sieh, wie bin ich gebeugt!»,
so antwortete Er: «Was hast du? Fürchte dich nicht, Mein Sohn!»
4) Fürst (Nagid), seine Rechte lernte, mir Gutes zu tun,
bis dass die Linke Verlangen bekam auf die Rechte.
Wie konnte ein Mann ihn heute abbringen
von mir, der doch gestern schwur beim Leben Gottes,
«dass ich liebe, die mich lieben» (Spr 8,17), und er sprach aus Liebe:
Kharja: «Bei Gott, wenn ich einen Menschen liebte ausser den, der mich liebte!
Lass das Wort der Menschen – es schadet mir nicht!»

Das Gürtellied hat vier Strophen, der einleitende Gürtel (Madrikh) ist mit Enjambement inhaltlich mit der ersten Strophe verbunden; das Stilmittel des enjambement (פסיחה) bewirkt auch in den folgenden Strophen ein schnelles Springen von Zeile zu Zeile mit öfterem Sprecherwechsel, was unruhig wirkt.[39] Der Reim der Gürtel und der ersten Strophe lautet auf «i» – d.h. manchmal ist es das Suffix der sprechenden 1. Person, manchmal die angeredete weibliche Person oder manchmal das Pronomen «ich» (neben anderen Endungen auf i): Es dominieren also «ich», «mein» und eine angeredete weibliche Person. Aber wer ist das «Ich»? Die Sprecher sind im Verlauf des Gedichtes drei verschiedene Personen:

Das Lied hat die allgemein übliche Zweiteilung eines Lobliedes. Im ersten Teil redet ein anonymer Sprecher die Knesset Jisrael an, zärtlich («ewig junge Frau»), aber doch verwurfsvoll im Ton, warum sie denn klage. Der anonyme Sprecher benützt das Bibelzitat des «Murrens in den Zelten» (Dtn 1,27) und spielt dabei auf das Exodusgeschehen an. Die angesprochene Knesset Jisrael will schnell ihren Unmut loswerden und fasst sich kurz mit dem Wort «Nein». Ihre Klage, verlassen worden zu sein, fasst sie in kurze entschiedene Aussagen und steigert sich zum Zitat des Befehls ihres Geliebten «schweig!». Bei der Erinnerung an die vergangene Liebe dehnt sie die Beschreibung aus: sie verweilt beim Gedanken an das Meer der Liebe, auf dem sie dahinglitt. Hier in der 2. Strophe übernimmt der Sprecher das Stichwort «vergangene Liebe» und zählt ihr all die guten Taten auf, die der Geliebte ihr unter Todesgefahr getan habe. In der Schilderung der Vergangenheit spielt der Sprecher auf das Exodusgeschehen an («Er befreite dich aus der Hand des Bedrängers» scil. der Ägypter), und zugleich schafft er damit

---

39 Ich übernehme hierin die Interpretation von Luria 1971, S. 148.

den kunstvollen Übergang zum Lob des gegenwärtigen Wohltäters, Shmu'el Hanagid. Denn die Ernennung von Shmu'el Hanagid durch Gott ist eine Fortsetzung der Wohltaten Gottes: Gott hat den Feind Israels vernichtet durch den heldenhaften Shmu'el Hanagid, was auf einen nicht näher genannten Sieg des Nagid anspielen muss. Hier bleibt der Sprecher aber, anders als im Lied Baruchs über Amram, nicht bei der Verherrlichung des Helden stehen. Der Angelpunkt des Gedichtes ist im Gegenteil die Klage aus verletzter Liebe: so wie das Gedicht mit der Knesset Jisrael als Klagende angefangen hat – dabei vom anonymen Sprecher kritisiert wurde – so endet nun das Gedicht als Klage eben dieses anonymen Sprechers über seinen Patron, den eben gelobten Shmu'el Hanagid. Anonymer Sprecher und Knesset Jisrael sind sich plötzlich ähnlich, indem beide über ihren Gönner/Geliebten/Freund den Vorwurf erheben, sie seien verlassen worden. Die Parallelität[40] ist hervorgehoben durch den gleichen Ausruf «wie!?» – einmal sagt sie über Ihn (1. Strophe): «Wie ist mir zum Feind geworden mein Geliebter!», und das andere Mal sagt er (4. Strophe): «Wie konnte einer ihn heute abbringen von mir!» Offenbar benützt der Sprecher die Knesset Jisrael als Spiegelfigur, um die zwiespältigen Gefühle von Klage und Liebe gegenüber seinem Wohltäter auszudrücken.

Ist dies ein Lied der klagenden Beschwerde? Luria sagt in seiner Interpretation, das Lied beginne und ende als שיר תלונה. Meiner Meinung nach zeigt die Sprache, dass die Aussagen der Knesset Jisrael und die des anonymen Sprechers genau die Schnittstelle zwischen Klage und Liebe treffen: beide beklagen sich über eine verletzte Liebesbeziehung und wollen, dass der Geliebte/Freund sich ihnen wieder zuwende. Der Imperativ des Sprechers an die Knesset Jisrael im Gürtel nach der 2. Strophe lautet deshalb: «Küsse Ihn!», und entsprechend wünscht der Sprecher mit der Liebesbeteuerung seines Patrons, die er in der Kharja anführt, dass sein Patron ihn wieder annehme. Die Ambivalenz einer Liebesklage, die eben eine Klage aus Liebe ist, sehe ich auch bei folgenden doppeldeutigen Wörtern, auf die Luria[41] hinweist: Luria sagt richtig, dass אהבני «der Geliebte meiner Jugendzeit, der mich geliebt hat» auch als andauerndes Perfekt verstanden werden kann: «der mich liebt». Weiter macht er auf die doppelte Bedeutung von ניצל als «sich retten» und «wegnehmen» aufmerksam, je nachdem wie man vokalisiert.[42] Daraus folgt, dass der Ausdruck ניצל צבי, in der 1. Strophe zwar kombiniert mit «meinem Schmuck» עדיי vorkommt und deshalb «Er nahm meinen Schmuck weg» bedeutet, aber dennoch unterschwellig ein ganz anderer Sinn herausgehört werden

---

40 Auf die Kennzeichnung der Parallelität verweist auch Luria 1971, S. 152.
41 s. die Anmerkungen im Textanhang.
42 Nitzal נצל im nifʿal: «sich retten», und nitzel נצל im piʿel: «wegnehmen».

kann, nämlich «Gott, die Gazelle, flüchtete»: ניצל צבי. Der Vers kann deshalb einerseits als Anspielung auf die flüchtige Gazelle im HL verstanden werden (z. B. HL 5,6), andererseits spielt das Wegnehmen des Schmucks auf Ex 33,6 und die Strafe für das Goldene Kalb an (ויתנצלו עדיים). Die Doppeldeutigkeit entspricht der klagenden und zugleich liebenden Knesset Jisrael, die sich von ihrem Liebhaber verletzt fühlt und nicht versteht, warum Er wegging. Die versteckte Anspielung auf Ex 33,6 zeigt, dass sie das Verlassenwerden als Strafe auffasst, aber den Grund, ihre Untreue, gibt sie nicht bekannt, sondern stellt es so hin, als ob sie nicht wisse, warum Er sich wie ein Feind verhalte. Das ist die Haltung der verlassenen Liebhaber im Lustlied und auch im Freundschaftslied gegenüber dem Verhalten ihrer Geliebten.[43] Zur Haltung der Knesset Jisrael passt, dass die Antwort des anonymen Sprechers auf den Punkt ihrer eventuellen Untreue in der Wüste nicht eingeht, sondern ihr nur rät, Ihn wieder zu küssen: Seine Argumentation ist die, dass Er sie liebt und sie sogar mit Einsatz des eigenen Lebens gerettet habe.[44] Die weiteren Stellen im Text, an denen die Schnittpunkte von Klage und Liebe deutlich werden, sind die Bibelzitate und ihre Neuverwendung im Kontext des Liedes: gleich am Anfang hat die Klage nicht dieselbe Perspektive wie das «Murren in den Zelten» des Volkes Israel in der Wüste. Die Bibelstelle, auf die das Wort «was klagst du und murrst in deinem Zelt» anspielt (Dtn 1,27; Ps 106,25), meint hier nicht das Aufbegehren aus Unwillen, sondern wird in der Fortsetzung der Zeile durch den entscheidenden Zusatz «über deinen Geliebten» als Liebesklage dargestellt. Das zweite Bibelzitat, das andere Vorzeichen bekommt, ist das Wort «verzweifelt»: Im Kontext von Jeremia 2,25 ist sie diejenige, der von Gott vorgeworfen wird, sie sei davongelaufen zu andern Liebhabern, und sie sagt darauf, «verzweifelt, ich kann nicht anders»; dies kehrt der Dichter nun um, indem sie verzweifelt ist wegen Seines Verhaltens, das sie als feindlich interpretiert. Gerade diese angebliche Feindschaft versucht der anonyme Sprecher aber ausdrücklich zu widerlegen, indem er ihr die Liebestaten des Liebhabers (Gottes) hervorhebt, die seiner Meinung nach noch andauern dank dem von Gott erwählten Shmu'el Hanagid. Klage und Liebe halten sich also bis zur Antwort des anonymen Sprechers die Waage; die Antwort gibt dem Aspekt der Liebe den Ausschlag.

---

43 In Shmu'el Hanagid Nr. 176 redet der Sprecher über den «Mond», d. h. seinen Geliebten, der ihn verlassen hatte: «Womit richtest du einen Stern, den ich als meinen Bruder betrachtete, und er verkehrte sich unvermutet, ohne (meine) Schuld, zu einem Grausamen mir gegenüber?»

44 Huss 1995 b, S. 58, Anm. 83 erklärt, dass die Funktion des Sterbens für die Geliebte im Lustlied anders ist: dort «biete der Liebende der Geliebten sein Leben an dafür, dass sie ihm willig sei und seiner Werbung nachgebe», hier hingegen sei das Ziel ihre Rettung.

In den folgenden Kapiteln untersuche ich, wie die Liebesklage über das Weggehen des Freundes (Nedodmotiv) und die nostalgische Erinnerung an vergangene Liebe (Aṭlālmotiv) in die Einleitung (Nasīb) der Lob- und Freundschaftslieder eingebaut wird und was sie dort bedeutet. Meine These ist, dass das Trennungsmotiv und das Aṭlālmotiv nicht nur in der Panegyrik, sondern auch im Piyyut oft die Funktion einer Liebesklage hat und zugleich die Perspektive der Hoffnung eröffnet. Denn in beiden Gattungen ist die Basis der Beziehung die gemeinsame Freundschaft, die der Freund/die Knesset Jisrael dem Patron/ Gott in Erinnerung ruft.

B Das Trennungsmotiv (Nedod) und das Aṭlālmotiv im Lob- und Freundschaftslied

4.2 Der ferne Freund und die ferne Heimat

4.2.1 Liebesklage über oder an den fernen Freund: Nedod- und Aṭlālmotiv

Während im ganz augenblicksverhafteten hebräischen Lustlied[45] das Motiv der Trennung (Nedod) dazu dient, die typische Unzugänglichkeit der/des Geliebten zu zeigen, und der Leser nichts von einer Vorgeschichte der Liebe erfährt, hat dieses Motiv im Lob- und Freundschaftslied einen andern Stellenwert, weil die Basis der Beziehung ganz anders ist: Wie wir in 4.1 gesehen haben, wendet sich der Sprecher in einem Lob- und Freundschaftslied an einen persönlichen Patron und Freund. Der Lobteil (Madīḫ) erscheint uns meist formell und unpersönlich formuliert, aber in den Teilen vorher und nachher redet der Sprecher oft vom Thema «Freundschaft» respektive «Trennung» in sehnsüchtiger, erotischer und klagender Rhetorik. Darin liegt das Problem für die Interpretation: Es hängt alles davon ab, ob der Sprecher diese Themen auf den Adressaten des Lobes ausrichtet oder ob er das Motiv der Trennung von Freunden als allgemeinen Topos verwendet. Jenachdem hat das Motiv der Trennung im Lob- und Freundschaftslied eine andere Funktion:

Wenn das Freundschaftslied monothematisch ist und nur von Liebe und Freundschaft respektive vom Weggehen des Freundes handelt, hat das Trennungs-

---

45 s. o. 3.2 «Das Motiv ‹Trennung und Weggehen› im Liebeslied».

und Aṭlālmotiv die Funktion einer Liebesklage; die Nähe des Freundschaftsliedes zum Lustlied ist dabei gross, sodass es oft schwer von diesem abzugrenzen ist.[46] Die erotische Sprache ist aber im Freundschaftslied immer metaphorisch, und in der Metaphorik decken sich Freundschaftslied und Piyyut.

Anderseits dienen beide Motive, wie wir uns erinnern (oben 4.1), zur Variation der erotischen Einleitung eines Lob- und Freundschaftsliedes, das in der Form der Qaṣīda geschrieben und inhaltlich polythematisch ist. In der Einleitung (dem Nasīb) eines solchen Lob- und Freundschaftsliedes können verschiedene Motive vorkommen, zwischen denen oft keine innere Verbindung hergestellt wird und die inhaltlich mit der im Lobteil (Madīḥ) angeredeten Person nichts zu tun haben. So können sich hintereinander folgende Motive folgen, die alle nichts Persönliches über die Beziehung des Sprechers zum Adressaten aussagen: Genuss einer Weinparty und Beschreibung des Gartens, Trennung von Freunden, Weinen über den Trümmern des Liebesortes, vergangene Jugend.[47] Moshe Ibn Ezras Panegyrik stellt nun in der Mehrheit der Fälle[48] das Trennungs- und Aṭlālmotiv in seiner Panegyrik in engen Zusammenhang mit dem Lob an den jeweiligen Adressaten und Freund, um damit seine Beziehung zum Freund zu charakterisieren: er klagt in der Einleitung oder auch erst nach dem Lobteil über Trennung und Einsamkeit; diese Klage ist auf den geliebten Patron/Freund gemünzt, dem das Lob und die Liebe gilt, der aber fern ist und sich dem Sprecher entzieht. Auch das konventionelle Motiv der abgebrochenen Liebeszelte (= Aṭlāl) kann bei Moshe Ibn Ezra im Loblied eine persönliche Funktion bekommen: es wird zur Seelenlandschaft

---

46 Ishay 2001, S. 43: bei Shlomo Ibn Gabirol sei es schwer zu entscheiden, ob er bei der Darstellung der Trennung jeweils von einem Liebespaar oder von einem Freundespaar spreche. Als Beispiel, das Pagis 1970, S. 278 anführt, um zu zeigen, dass Lustliedmotive im Freundschaftslied eine seelische Komponente bekommen, zitiere ich Moshe Ibn Ezra Nr. 259, Zeile 1–2 und 13 f.: «Vor Liebe sind meine Hände schwach geworden und wegen der Trennung weinen meine Augen» … «Seit dem Tag, da er wegging (נדד), gingen meine Freuden in die Verbannung, ich winde mich in Schmerzen und Todesängste fallen auf mich … meine Knochen werden wie Spreu aufgerieben und im Feuer der Liebe verbrennen sie. Geliebter (Ofer), sein Gaumen ist süsser als Honigseim.» Pagis 1976, S. 161: Über Wechsel und Neuerungen der literarischen Konventionen: die gattungstypischen Merkmale verändern sich, Loblieder werden z. B. im Stil von Lustliedern gedichtet.
47 Pagis 1970, S. 136. Weiter zum Aufbau S. 157–162. Ebenso Pagis 1976, S. 154. Zu den Themen/Motiven des altarabischen Nasīb: Bauer 1998, S. 22–38. S. Glossar, Stichwort Qaṣīda.
48 Resultat meiner Untersuchung von 30 panegyrischen Liedern: In 16 Liedern kommt das Trennungsmotiv vor, dabei meint der Sprecher in 11 Fällen den angeredeten Freund und klagt über dessen Wegsein; in 5 Fällen ist die Trennungsklage nicht an den Adressaten gerichtet.

des verlassenen Freundes, der sich nach dem im Madīḥ genannten Freund sehnt (unten 4.2.4). Wie schwer es ist, die Funktion des Trennungs- und Aṭlālmotivs zu erfassen, sieht man an folgenden Beispielen:

Moshe Ibn Ezras Freundschafts-/Loblied Nr. 195 Brody mit der Überschrift[49] «Er gab dem Abraham Ibn Abu Alfarj in Barcelona Antwort» beginnt in einem ersten Teil (Verse 1–26) mit der allgemeinen Klage eines Sprechers zuerst in 3. Person, dann in 1. Person über die Trennung von Freunden und über das Schicksal. Er beschreibt seine Tränen und sagt über die Widersacher, die offenbar an dem bösen Schicksal schuld sind (Zeile 9): «Wie können sie Seelen, die verbunden sind, trennen?!» Vers 12 fasst zusammen: «es verflogen die Tage der Geselligkeit, und die Jahre des Zornes (gemeint ist die Trennung) dauern lange.» Dann folgt das Aṭlālmotiv in Zeile 13–16: Die Kinder der Zeit (= Schicksalsschläge) verwüsten die Wohnungen (der Freunde). Niemand antwortet demjenigen, der vorbeigeht und ruft. Vers 19 bringt das Motiv der Klage über vergangene Jugend, dass sein Haar grau geworden sei, sein Herz aber schwarz (vor Kummer); Vers 20 fasst zusammen: «Ich wohne im Land des Umherirrens (Eretz-Nod).»[50] In Vers 27 schafft er den Übergang zum Adressaten namens Abraham, dessen Schicksal wegen bösen Anschlägen noch schlimmer sei als seines. Von hier bis Vers 47 lobt er den Freund als königlich und weise und versichert ihm in Vers 48 seine Liebe: «Aber du hast (scil. als Trost) die Worte eines Freundes, gegen den sich ebenfalls die Menschen zusammenrotteten.» Gegen Schluss drückt er in 3. Person, aber sich selbst meinend, die Liebe dieses Freundes bildlich und mit einem Wortspiel aus (Verse 52–54): «Die Feuerschlangen der Trennung besetzen sein Herz, aber die Zelte der Freundschaft sind für seinen Geliebten weit offen (Ohale Dodaw leDodaw rachavu, der Plural steht für Singular dodo).»

Das Trennungsmotiv schlägt den Klageton an, der den Sprecher in die nötige wehmütige Stimmung versetzt, um auf das schwere Schicksal des Freundes mitfühlend einzugehen. Mit der Trennung ist nicht etwa die Trennung vom Freund gemeint, die ihn mit Sehnsucht nach ihm erfüllen würde. Es handelt sich nicht um Sehnsucht, sondern um Mitgefühl mit dem verlassenen und von andern Leuten verratenen Freund. Das Mitgefühl weckt beim Sprecher gegen Schluss auch Liebesgefühle: das Lied mündet in Trostworte und in ein Bekenntnis seiner Freundschaft ihm gegenüber.

Anders sind die Lieder Nr. 57 und 87: es sind typische Beispiele für eine Klage aus Liebe, die der Sprecher an den sich abwendenden Freund richtet mit der Hoffnung auf neue Liebe:

---

49 Die arabischen Überschriften stammen jeweils von den Herausgebern des Diwans: Pagis 1970, S. 145, nur im Sefer Ha'anaq schrieb Moshe Ibn Ezra die Überschriften selbst.
50 Den gleichen Begriff verwendet Moshe Ibn Ezra nochmals in Lied Nr. 40, Zeile 42.

Lied Nr. 57 (Brody) beginnt ebenfalls mit der Klage über Trennung und Verrat durch Freunde; dann lobt der Sprecher den Adressaten wegen dessen Weisheit, klagt aber, dass ihn dessen Weggehen desto mehr verletze. Er möge seinen Brief als Zeichen seiner Liebe und Geheimnis seiner Freundschaft entgegennehmen: «Hoffentlich kann die Regenwolke meiner Freundschaft den Baum deiner Liebe wieder zum Blühen bringen.» (Zeile 16–18).

Lied Nr. 87 (Brody) richtet Moshe Ibn Ezra an seinen älteren Bruder (Jitzchaq). Er beginnt mit dem Weinen über die Zeit (das Schicksal), über die zunehmenden Schicksalsschläge und die zunehmenden weissen Haare (Variationen des Aṭlālmotivs). Mit dem Ausdruck «von der Trennung Getötete» (Zeile 3) meint er sich selbst. Mit der Klage über die lügnerischen Freunde geht er (Zeile 10) auf den eigentlichen Adressaten Jitzchaq über, der sein Versprechen, er komme zu ihm, nicht halte. Man habe vom Reden nichts, bis man nicht das grösste Kleinod unter seinen Liebenden (hier ist der Bruder gemeint) selbst sehe. Er, nach dem alle, die ihn sehen, Verlangen haben, möge doch das Verlangen seiner (des Sprechers) Liebe erfüllen. Denn der Tau seiner Briefe lösche nicht den Brand in seinem Herzen, bis er nicht vom Regen seines Anblicks gesättigt werde. Der Schlusssatz (Zeile 15) ist ein Liebesbekenntnis: «Liebende, die vereint sind, wie können sie sterben?[51] Und Liebende, die getrennt sind, wie können sie leben?»

Lied Nr. 74 (Brody): Das Lied bringt zuerst das häufige Bild vom Wind, der den Duft von Myrten aus der Ferne zuweht – der Sprecher fragt sich darauf, ob es ein Gruss von seinen beiden Freunden, Abun und Josef, sei, die weggegangen sind. Er habe Verlangen nach ihrem Anblick, aber sie seien eigentlich nicht fern, sondern sie wohnten in seinem Herzen (Zeile 4). Das einzige, womit ihn die Zeit (das Schicksal) quälen könne, sei dies, dass er sie nicht sehe (Zeile 11). Aber er wisse ja, dass sie für ihn eine feste Stütze sind wegen ihrer Weisheit: mit dem Stichwort «Weisheit» folgt der Lobteil, dann die Hoffnung auf eine neue Freundschaft.

Wie in Lied Nr. 74, so ist auch in Nr. 110 die Trennung vom Freund nicht nur ein Motiv innerhalb des Liedes, sondern das eigentliche Thema, in das sich auch der Lobteil einfügt:

In Lied Nr. 110 (Brody) redet die 1. Person als Sprecher. Er beginnt mit dem Bild des Herzens, das sich beeilt, hinter den Freunden (einem Brüderpaar) herzuziehen. Dann sagt er (Verse 1–9 zusammenfassende Paraphrase):

---

[51] So auch in Ibn Ezra Nr. 62, Zeile 15–16: Die in Liebe Verbundenen (der Sprecher meint sich selbst) überwinden den Kummer der Trennung und hoffen, dass das Schicksal sie wieder vereine. Das Lied beginnt mit dem Lobteil.

Ich versuche mit Tränen das Feuer meines Herzens, das seit ihrem Weggehen brennt, zu löschen, aber es brennt nur noch mehr; die Freunde haben mein Herz mit sich genommen. Ich bejammere den Staub ihrer Füsse und küsse den Weg, auf dem sie gingen. Meine Freunde sitzen in meinem Herzen: Wie verlange ich denn nach ihnen? Sie haben ja ihre Zelte in meinem Innern aufgeschlagen! Ich sauge den Wind ein, der von ihnen kommt; die Erinnerung ist wie Duft von Aloe. Sie sind die Leuchten, die Bäume des Paradieses …

Hier in Zeile 10 geht der Sprecher zum Lobteil über. Am Schluss sagt er mit einem Wortspiel, dass seine Tränen (dme einai) nicht Ruhe (domi) geben, bis die Freunde als «Erlöser des Blutes (dami)» (Num 35,19) ihm die Augen trocknen.

Diese Lieder sind nur eine Auswahl von weiteren Beispielen[52] bei Moshe Ibn Ezra, in denen er das Motiv der Trennung und das Aṭlālmotiv in der doppelten Funktion von Klage und Liebeserklärung an den Freund verwendet: ich nenne diese Doppelfunktion daher «Liebesklage». Er braucht den Motivkomplex viel und stilisiert sich in seinen Liedern als umherirrenden poeta exul, der sich nach Granada und den Freunden sehnt. Nicht immer ist sein Klagen eine Liebesklage; er kann auch über das Schicksal des Umherirrens klagen, ohne dies als Klage und Vorwurf an einen fernen Freund zu richten.[53]

Auch Jehuda Halevi kennt das Motiv der Liebesklage:

Jehuda Halevi, Brody, II, Nr. 53, S. 273: Lob- und Freundschaftsgedicht an Moshe Ibn Ezra

1 Bleib stehen[54], mein Bruder, bleib noch ein wenig stehen,
dass ich dich und meinen Geist[55] noch (zum Abschied) segne.

3 Denkst du, es sei zu wenig, dass du am Tag, wo du das Feuer des Weggehens (נדוד) geschickt hast, mich auch noch als Gefangenen mitnimmst?

5 Gibt es für Liebende bei dir keine Strafgerichtsbarkeit,
sodass du zur Strafuntersuchung aufgeboten werden könntest?

7 Wie hast du das Weggehen (נדוד) über dich gebracht,
das meinen Glanz dahingehen liess?[56]

---

52 Neben den erwähnten Nr. 57, 74, 87, 110 könnte man noch nennen: Nr. 7, 13, 20, 52 Zeile 13–24, 62, 66 (s. u. 4.2.2 in Anm. 59 zu «Tränen und Trost»), 91 (s. u. 4.2.4), 95, 99, 104.
53 Zum Unterschied von Liebesklage und klagender Beschwerde s. u. 4.2.3.
54 Nah 2,9. Wörtlich sind alle Formen im Plural; von sich selbst und vom Angeredeten im Plural zu sprechen, ist Konvention: so erklärt Brody in seinem Kommentarband (= Bd. III), S. 249.
55 Sinn nach Brody, III, S. 249: der Geist des Schreibenden begibt sich auch auf die Reise.
56 Brody, III, S. 249 erklärt die Zeilen 7 und 8 als schwer verständlich. Ich folge seiner Paraphrase.

9   Ich lag vor dir als offenes Geheimnis, und wozu soll ich es verbergen,
    hast du doch mich und meine Gedanken erkannt.
11 In der Nacht vor der Trennung (פרידה) habe ich nicht herbeigewünscht das
    Morgenlicht, und es kam wahrhaftig gegen meinen Willen.
13 Es wäre nachher in mir keine Seele mehr übriggeblieben,
    wenn ich nicht hoffte auf den Tag, da die «Verstreuten wieder eingesammelt werden»
    (Jes 11,12).
55 (Schluss) Der Faden der guten Erinnerung an dich zieht mich hinan, und bis
    ich dich treffe, will ich meine Kraft nicht aufhören lassen!
57 f. Könnte ich doch ein Vogel sein: kein Vogel könnte meiner Spur nachjagen,
59 f. Bis die Blitze hinter mir her schreien:
    Bleib stehen, bleib noch ein wenig stehen, mein Bruder!

Im Gedicht an Moshe Ibn Ezra drückt der Sprecher auf sechzig Zeilen aus, wie sehr er ihn verehre und vermisse. Der in den Lustliedern bekannte Topos, dass der Liebende seine Gefühle zu verbergen sucht und die Tränen ihn doch verraten, ist hier ins Persönliche gewendet (Zeile 9–10): Sein Freund kennt ihn so gut, dass er ein offenes Geheimnis vor ihm ist. Auch dass die Trennung am Morgen kommt (nicht abends), ist ein Motiv der Liebesliteratur. Wie bei den oben zitierten Stellen aus Moshe Ibn Ezra, so haben wir auch hier die Hoffnung auf ein Wiedersehen (Zeilen 13/14): Er braucht das Bild der hinter dem Geliebten herziehenden Seele (wie Moshe Ibn Ezra Nr. 110), aber er bringt es doppeldeutig: die Seele sei fast aus ihm ausgezogen, d. h. er sei fast vor Sehnsucht gestorben. Dies ist zwar der Topos des Liebestodes aus dem Lustlied, aber der Sprecher gibt mit dem Zitat aus Jesaia seiner Freundschaft gleichsam den messianischen Horizont der Sammlung der Verstreuten, um mit dieser Pointe seinem Freund zu verstehen zu geben, wie wichtig er ihm sei und wie treu er ihm bleibe.

Im folgenden Abschnitt will ich auf dieses «Ausziehen der Seele» und auf weitere Bilder eingehen, die der Piyyut und das Lob- und Freundschaftslied gemeinsam haben.

4.2.2 Weggehen und Hinterherirren (Nedod): Metaphern der Sehnsucht (1. Teil)

Das Lob- und Freundschaftslied und der Piyyut stellen Trennung, Sehnsucht und die Hoffnung auf ein Wiedersehen mit ähnlichen Bildern dar. Worauf gründet sich die Hoffnung[57] des Freundes in der Panegyrik und wie wird sie ausgedrückt?

---

57 Im Lustlied hat der verlassene Liebhaber kaum Hoffnung: s. Ishay zum Motiv B in 3.2.

Erinnerung an die Vergangenheit (das Aṭlālmotiv), Schmerz über die Trennung und Trost sind miteinander verbunden im Bild des «Zimtduftes der Freundschaft», der vom fernen Freund herkommt und den Verlassenen umweht.[58] Dieses Bild der Sehnsucht steht in der Panegyrik meistens im Nasīb, oft kombiniert mit der allgemeinen Klage über das Alter und die Einsamkeit. Die Erinnerung an die vergangenen ‹Tage des Lebens, die satt vom Honig der Liebe und vom Wein der Jugend› waren, ist zwiespältig: sie bringt dem Sprecher Tränen, sein Herz zerfliesst, aber oft (nicht immer) ist sie ihm zugleich süss und sein einziger Trost.[59]

---

58 Das Bild beruht auf der konkreten Vorstellung vom Geruch einer Person oder Sache wie in Gen 27,27 (Hinweis von Brody, Kommentar zu Moshe Ibn Ezra Nr. 20, Zeile 11, wo es heisst: «sie sind mir fern bis auf den Balsamduft der Wohnstätte, die sie verlassen haben»). Dieses Bild wird zur Metapher des «Freundschaftsduftes»: Moshe Ibn Ezra Nr. 109 Brody, Zeile 8; Nr. 74, Zeile 8; Nr. 110, Zeile 8: «Die Erinnerung an ihren (der Freunde) Namen ist für mich Duft von Aloe.» Nr. 64, Zeile 27: «Der Geliebte ging weit weg, aber die Düfte seiner Liebe werden mir, dem Fernen, den Duft seiner Bande der Freundschaft ... geben.»

59 Tränen und Trost: Erinnerung als süsser Schmerz im selben Lied: z. B. in Nr. 20 Brody שבתי ותלתלי, Zeile 52: «Ich weine über die Herrlichkeit der Nächte, die ich mit meinen Freunden verbrachte», und Zeile 59–61: «So wahr meine Liebe noch lebt – das Wasser meiner Liebesquelle fliesst langsam und täuscht sich nicht – wie teuer ist mir sogar mein Aufenthalt im äussersten Osten, wenn ich mich an ihre Taten erinnere, und wie gut sind mir ihre Lieder, die mir süss waren wegen ihrer Honigzungen ...». Auch in Nr. 66 Brody ist die Stimmung schwankend: zuerst (in 3. Person von sich redend) klagt er über sein früheres Umherirren im Exil in Kastilien, verlassen von den Freunden, umso herrlicher preist er dann die Hilfe des Patrons, seines Retters (Zeilen 12–16): «Da kam er (der Patron) in der Nacht seines (des Sprechers) Elends herauf wie die Morgenröte, das Licht der Freundschaft leuchtete auf in der Dunkelheit des Fernseins.» «Er (der Sprecher) beruhigte seine Seele an den Brüsten der Ruhe mit dem Honigseim seiner (des Patrons) Rede. Honig ist er für den Geschmack des Mundes, Sonnenlicht für die Sicht des Auges und tropfende Myrrhe (HL 5,5) für den Geruch der Nase etc.» Dann folgt die Enttäuschung über denselben Patron, wie «stürmisch das Meer des Fernseins (נדוד)» zwischen ihnen plötzlich geworden sei, obwohl es in des Patrons Macht stünde, das Schicksal zu bezwingen (Zeilen 28–31). Mit dieser Kritik, der impliziten Erwartung erneuter Hilfe, und dem Hinweis, welch Schmuckstück sein Gedicht sei (Zeilen 34–35) schliesst der Brief, in dem sich hintereinander Klage über die Verlassenheit, Lob des Adressaten gemischt mit Verklärung vergangener Freundschaft, Liebesbekenntnis und Dank, Anklage und Bitte an den Adressaten und schliesslich Selbstpreis folgen. Tränen und Verklärung sind auch gemischt im Siegeslied Nr. 9 von Shmu'el Hanagid (II 4.2.4). Im Lob-und Freundschaftslied an Freunde in Zaragoza (Moshe Ibn Ezra Nr. 99 Brody) ist die Erinnerung nur schmerzlich: Zeilen 39 f.: «Die Wunden meiner Trennung sind nicht geheilt, ... mein Herz löst sich auf, wenn ich mich an sie erinnere.» Im Piyyut ist die Erinnerung an die vergangene Liebe ebenfalls zwiespältig, Tränen und Trost sind gemischt (s. Jehuda Halevi Nr. 326 in Teil III 6.2.2), aber die Erinnerung weckt nie nur negative Gefühle, im Gegenteil ist sie immer Grund zur Hoffnung (s. III 1.3).

Oft weckt die Erinnerung auch die Hoffnung auf Erneuerung der Freundschaft: Die früheren «Taten und süssen Lieder» der fernen Freunde, die sich der Sprecher in Moshe Ibn Ezra Nr. 20 vergegenwärtigt, lassen ihn bei seiner Liebe zu ihnen schwören, dass diese Liebe für ihn ewig bestehe und sie ihm Gesetz sei, «bis die Sterne ihrer Lichter, die untergegangen sind, wieder aufgehen».[60] Der Glaube an die Macht der eigenen Treue und Liebe, genährt durch die Erinnerung an das Glück der vergangenen Liebe, ist auch für die Knesset Jisrael im Piyyut, falls er positiv ausgerichtet ist, der wesentliche Grund ihrer Hoffnung: Wenn sie hofft, so deshalb, weil sie glaubt, dass ihre Liebe die Trennung überdaure. Aber sie ringt sich meistens mit Tränen zur Hoffnung durch wie der verlassene Freund im Lob- und Freundschaftslied.[61]

Folgende zwei Bilder für das Weiterdauern der Liebe haben der Piyyut und die Panegyrik gemeinsam: das Herz zieht aus Liebe und Treue hinter dem Geliebten her. Dieses Bild wird oft wörtlich so verstanden, dass die Treue dem Liebenden geradezu den Tod bringe. Positiver ist das Bild, dass der weggezogene Geliebte weiter im Herzen des Verlassenen wohne.

1) Das Motiv des Wegziehens hinter dem Freund her (Nedodmotiv)
Moshe Ibn Ezra[62] braucht das Bild sehr viel für die Darstellung der Sehnsucht. Was Jehuda Halevi betrifft, so zitiere ich noch folgendes aus seinem Freundschaftsgedicht[63] an das Brüderpaar Jitzchaq und Moshe Ibn Ezra. Der Sprecher redet über sich in 3. Person und sagt, er könne seine Tränen nicht zurückhalten, bis sie sich sogar mit Blut vermischten, dann fährt er fort: «Wenn ich mich an seine Freundschaft erinnere, so werden die Pflöcke meines Herzens ausgerissen[64] und

---

60 Hoffnung auch in Nr. 64,28–30: «Wenn ich die Bande der Freundschaft vergesse und den Bund der Liebe, soll meine Rechte verdorren. So wahr ihr lebt, meine Brüder und Söhne, ich werde nicht schweigen noch ruhen, bis ich euch wieder sehe.» Weiter zur Hoffnung s. die oben 4.2.1 angeführten Liedern (Nr. 57, 87, 74, 110). Ausführliche Verklärung der vergangenen schönen Zeit, Vergegenwärtigung der Stadt Granada und Hoffnung, dass Gott ihn dorthin zurückbringe: in Nr. 64 Brody und Nr. 67 Brody (עד אן בגלות) s. Teil II 4.2.3.
61 Beispiele s. Teil III 1.3 und III 5 und 6. Besonders in Jehuda Halevi Nr. 326, 357 und 206.
62 Moshe Ibn Ezra braucht das Bild des Ausziehens des Herzens z. B. in Nr. 110,4 (Paraphrase oben S. 222) und an vielen weiteren Stellen gemäss Angaben in Brodys Kommentar zu Lied 79,23: Es sind die Stellen Nr. 91, 10; Nr. 109, 6; Nr. 120,2; Nr. 143,1; Nr. 195,2; Nr. 201,8; und in Moshe Ibn Ezra Sefer Haʿanaq cp. 7,33 und 39.
63 Jehuda Halevi, Brody, II, Nr. 24, S. 243, Zeile 39 f.
64 Brody verweist im Kommentarband zu Jehuda Halevi Nr. 24 (= Bd. III, S. 214) auf Jes 33,20: Jerusalem als Zelt, dessen Pflöcke nicht mehr ausgerissen werden und das nicht mehr wandert.

sie schlagen das Zelt auf den Flügeln des Umherirrens/Weggehens (נדוד) auf.»[65] Das Motiv kommt auch im Piyyut vor.[66] Auch HL 5,6 braucht den Ausdruck «meine Seele ging hinaus, als er sprach», und Abraham Ibn Ezra deutet in seinem Kommentar zu HL 5,6 diesen Ausdruck als Beschreibung von Sehnsucht.[67]

Die figurative Sprache des Wegziehens der Seele wird in al-Andalus manchmal in ihrer Doppeldeutigkeit als «sich sehnen» und «sterben» verwendet, so z. B. in Jehuda Halevis Lustlied מה לך צביה: dieses Lied ist ein seltenes Beispiel[68] innerhalb der Gattung der Lustlieder, weil Jehuda Halevi das Weggehen der Geliebten wie die Trennung eines Freundespaares beschreibt (Zeile 5–13):

> Wenn die Trennung über uns beide beschlossen ist, / dann bleib doch noch ein wenig stehen, damit ich dein Angesicht sehe. / Ich weiss nicht, ob mein Herz sich in meiner Brust zurückhalten lässt, / *oder ob es sich (auch) auf deine Wanderung begibt* (ילך למסעיך). / Erinnere dich an die Liebe und die Tage deiner Lust, / sowie ich mich an die Nächte deines Verlangens erinnere. / Sowie deine Gestalt in meinem Traum hindurchzieht, / so möchte ich in deinen Träumen hindurchziehen. / Zwischen dir und mir wogt ein Meer von Tränen …

Die Trennung scheint für beide unfreiwillig zu sein. Gegen Schluss des langen Gedichtes, nachdem der Liebende von seinem Liebestod gesprochen hat, bittet er die Geliebte an dem Tag, da sie ihre Opfer wieder zum Leben erwecken sollte, auch seine Seele wieder in den Körper zurückzubringen (Zeilen 71–Schluss):

> die Seele, die am Tag deines Weggehens hinter dir her hinausging (יום נסע בצאתך יצאה) – / schau doch, dass du sie wieder in meinen Körper zurückbringst. / Frag doch nach dem Wohlergehen deines Freundes, Hindin der Anmut. / Wenn die Zeit es deinen Wünschen

---

65 Auch der arabische Dichter Ibn Zaydūn (1003–1071) braucht das Bild «Flügel der Sehnsucht», auf denen sein Herz zur Geliebten fliegt, die sich von ihm getrennt hat: s. Nykl 1946, S. 118.
66 Hinterherirren heisst wie das Weggehen נדוד (nedod): Diese Erweiterung des Nedodmotivs ist Thema des 6. Kapitels in Teil III. Siehe z. B. III 6.2.4 Piyyut 184 Jehuda Halevi יגוני יודעי «Bitte, tröstet mich, redet meinem Herzen zu, das (hinter Ihm her) weggehen will, oder bemitleidet mich: wie werde ich aushalten Liebe und Weggehen?»
67 Er sagt: «Das ist der Sinn von ‹Meine Seele ging hinaus›: meine Seele wird hinaustreten, wenn ich Sein Wort in Erinnerung rufe, als Er mit mir sprach in den früheren Tagen.» Dies im Unterschied zu anderen Deutungen, die den Vers auf das beinahe Sterben Israels beim Anhören der Stimme Gottes am Sinai deuten (Ex 20,2) wie in ShirR 5,4 (S. 130 Dunsky); ShemR 29,4 zu Ex 20,2.
68 Brody, II, Nr. 4, S. 7 f. und Ishay 2001, S. 52 zum Motiv der Trennung in diesem Lied: Ishay sagt (hebr.): «Es scheint, als ob die Trennung über beide in gleichem Masse verhängt worden sei, aber bei tieferem Interpretieren sieht es so aus, dass die Geliebte es immer noch in der Macht habe, das Verdikt der Trennung zu ändern.» Pagis 1976, S. 166 meint, Jehuda Halevi durchbreche hier die Konventionen, weil beide Liebenden unfreiwillig durch das Schicksal getrennt werden.

erlaubt, / so komm zurück, und unser Fels (Gott) möge dich zurückbringen zum Gestade / deines Verlangens (Ps 107,30) und zum Lande deines Ursprungs (Ez 21,35).

Das Nachfolgen auf den Spuren der Geliebten ist zuerst ein figurativer Ausdruck für die Sehnsucht. Dann aber stellt der Sprecher die Metapher quasi realistisch so dar, dass die Geliebte die wörtlich herausgetretene Seele wieder in den Körper zurückbringen solle. Mit dieser Realisierung der Metapher suggeriert er, dass der Liebende nicht nur bildlich, sondern effektiv den Liebestod stirbt und sie ihn wieder beleben solle.[69] Ein ähnliches Bild ist dies, dass der Geliebte das Herz des Liebenden gefangen mit sich nimmt (Moshe Ibn Ezra Nr. 21 Brody): «... und es war euch nicht genug damit, dass ihr weggingt, sondern ihr habt eine traurige Seele gefangengenommen ohne Schwert.»[70]

2) Das Motiv des Wohnens im Herzen des Geliebten
Wir haben das Motiv (oben 4.2.1) in Moshe Ibn Ezra Nr. 74, Zeile 4 angetroffen. Das Motiv ist im Lob- und Freundschaftslied weit verbreitet[71] (viel weniger im Lustlied[72]) und ist von dort in den Piyyut gekommen: auch die Knesset Jisrael kann sagen, dass sie im Herzen Gottes gewohnt habe (Moshe Ibn Ezra Nr. 40 מאז כחותם, Zeile 3): «in den Gemächern Seines Herzens hat Er mich geborgen» oder umgekehrt, dass Gott in ihrem Herzen wohne (Jehuda Halevi Nr. 318 וסיני ים סוף, s. Teil III 6.1): sie sucht Gott in der Wüste Sinai, findet Ihn aber nicht, darauf sagt sie: «Vielleicht in meinem Gefängnis, in meiner Haftzelle, vielleicht in meinem Innern lagert Er sich! – Bis ich Ihn fand mitten in meiner Wohnstatt lagern: Er ist mir wie ein Freund, wie ein Bruder.»

---

69 Das ist die genre-übliche übertriebene Sprache des Lustliedes – eine Sprache, die in der Übertreibung auch die witzige, hier makaber-witzige Pointe sucht: Das «Sterben vor Liebe» wird wörtlich verstanden und konsequent als Bild weitergeführt mit «Wiederhineinbringen» der Seele.
70 Weitere Beispiele zum Weggehen oder Wegführen der Seele oben 4.2.1: Moshe Ibn Ezra Nr. 110 Brody Zeile 4; Jehuda Halevi Nr. 53 Brody, II, S. 273.
71 Brody, Moshe Ibn Ezra, Bd. II, Anmerkungen zu Gedicht Nr. 7, Zeile 4 und Nr. 11, Zeile 12 bringt 27 Belege für das Wohnen des Geliebten im Herzen. Davon stammen alle aus den Lob- und Freundschaftsliedern, ausser vier Belegen aus den Lustliedern. Das Bild ist also ein Hinweis auf die enge Liebesbindung zwischen zwei Freunden.
72 s. Beispiel 12: Lustlied von Jehuda Halevi, Brody, II, S. 324 חמה בעד רקיע «Wenn die Zeit auch beabsichtigte, dich mir zu verweigern, so hast du doch in meinem Herzen einen Sitz gewonnen.»

4.2.3 Liebesklage und klagende Beschwerde

In der Forschungsliteratur wird manchmal der Begriff des «Liedes der klagenden Beschwerde» (שיר תלונה) gebraucht zur Charakterisierung der Einleitung des Loblieds, des Nasīb, wenn darin der Sprecher über die Trennung von seinen Freunden klagt. Die Terminologie kann in dem Sinn missverstanden werden, als ob das Trennungs- und das Aṭlālmotiv nur die Funktion der Klage hätten. Wir haben aber bereits gesehen, dass das Trennungsmotiv dem Sprecher auch dazu dient, dem Adressaten seine Liebe auszudrücken. Die Terminologie ist verwirrend, wenn man nicht zwischen Motiv/Thema und Gattung unterscheidet. Um das Verhältnis von Thema zu Gattung klarzumachen, stellt Pagis[73] die verschiedenen Motive zusammen, die im Nasīb auftreten können, und zeigt, dass dieselben Motive auch jeweils als Themen in selbständigen Gattungen vorkommen. Pagis will mit dem Hinweis auf die unabhängigen Gattungen die thematische Selbständigkeit der Einleitungsteile der panegyrischen Gedichte betonen. So kann z. B. das Weinen über den Trümmern der Liebe (das Aṭlālmotiv) auch das Thema eines selbständigen Liedes sein und gehört in diesem Fall thematisch zu einer Gattung, die Pagis[74] «die Lieder der klagenden Beschwerde» nennt. Aber das heisst nun nicht, dass das Aṭlāl- und das Trennungsmotiv nur die Funktion der Klage haben. Obwohl Pagis nicht explizit sagt, dass der Ausdruck von Liebe oder Sehnsucht auch eine der Funktionen des Trennungs- und Aṭlālmotives[75] in der Panegyrik ist, so ist meiner Meinung nach der Befund, den ich aus den Primärquellen (oben 4.2.1) erbracht habe, klar. Der Aspekt der Liebesklage ist bei beiden Motiven nicht nur im Lustlied vorhanden[76], sondern schwingt auch beim Lob- und Freundschaftslied

---

[73] Pagis 1970, S. 158. Ich gehe hier speziell auf Pagis ein wegen seines Begriffs des שיר תלונה. Zum Problem der gattungsübergreifenden Themen und Motive s. vor allem Schoeler 1973, Bauer 1998 im 2. Kapitel und die weitere im Glossar zur Qaṣīda genannte Literatur. Pagis benützt durchwegs den Begriff «Thema» statt Motiv. Die von ihm genannten Themen sind: Weingelage, philosophische Fragen, Gartenbeschreibung, Trennung von Freunden. Zu diesem letzten Thema sagt er (hebr.): «Beschreibung der verödeten Wohnstätte der Freunde, das Feuer der Trauer und die heissen Tränen, die Traumgestalten von Freunden, die den Dichter im Schlaf aufsuchen, die Beschreibung der einsamen, schlaflosen Nacht, in der die Sterne an ihrem Ort stehen bleiben: all dies gehört zu den Konventionen der shire telunah (שירי תלונה).»

[74] Pagis 1970, S. 158 und 1976, S. 154.

[75] Zur Funktion des Aṭlālmotivs zum Ausdruck von Liebe: s. u. 4.2.4 Moshe Ibn Ezra Nr. 91.

[76] Zum Vorkommen im Lustlied: s. o. 3.2 Moshe Ibn Ezra, Sefer Haʿanaq, und seine Überschrift zu Kapitel 4: «Liebespoesie (Nasīb und Ghazal), das Weinen auf den Überresten der Lager (aṭ-ṭulul)». Dieses Zitat bespricht Pagis im Zusammenhang mit dem Lustlied: 1970, S. 270.

mit, wenn der Sprecher nicht *irgendeine* Trennung beklagt, sondern spezifisch die Trennung vom Patron/Freund, an den das Loblied adressiert ist.

Fazit: meiner Meinung nach sind zwei Arten von Klage zu unterscheiden: Bei einer Klage, die keine Liebesklage ist, klagt der Sprecher allgemein über die Trennung und das Fernsein von Freunden in einem selbständigen Gedicht und richtet sich nicht an Freunde (wie unten Nr. 67 Brody); solch eine Klage ohne die Liebeskonnotation gibt es auch manchmal in einem Lob- und Freundschaftsgedicht, wenn die Klage in keinem inneren Zusammenhang mit dem dort genannten und gelobten Freund steht: dies war das Beispiel Moshe Ibn Ezra Nr. 195 Brody (oben 4.2.1, S. 220). Steht die Klage aber innerhalb eines Freundschaftsgedichtes *und* zielt sie auf die Trennung von eben diesem Freund ab, so ist dies meiner Meinung nach eine Liebesklage.[77]

Moshe Ibn Ezra, עד אן בגלות
Nr. 67 Brody: Beispiel eines Shir Telunah

Das Lied trägt die (arabische) Überschrift «Aus der Thematik des Sichbeklagens über Bedrängnis und der Klagen über das Schicksal». Hier steht die Klage also nicht im Rahmen eines Freundschaftsgedichtes. Der Sprecher im Lied klagt aus Sehnsucht nach Granada:[78]

Zeilen 1–3:

> Wie lange noch sollen meine Füsse ins Exil geschickt sein, und noch nicht Ruhe gefunden haben! / Die Zeit hat ihr Schwert der Trennung (חרב פרידה) gezückt, um mich zu verfolgen, und das Beil des Weggehens (גרזן נודד), um mich zu verstossen. / Sie hat die Schicksalsschläge so auf mich gestürzt, dass ich unter ihnen nicht mehr standhalten kann, dass ich wie ein Schatten von Tag zu Tag fliehen (ברח) muss.

In diesem Stil fährt der Sprecher fort: Wer wisse, ob seine Freunde sich noch an ihn erinnern – er jedenfalls werde sie nie vergessen. Dann schildert er (Zeilen 31–34) seine Sehnsucht nach Granada:

---

[77] Ishay 2001, S. 38 bestätigt mich in meiner Meinung mit dem, was sie über den speziellen klagenden Zug sagt, der in gewissen hebräischen Liebesliedern vorkommt, in denen der Liebhaber hofft, er könne den Geliebten zurückgewinnen: sie nennt den Typ der Klage eine «sich einschmeichelnde Klage (תלונה מתחננת), deren Absicht es sei, das Herz des/ der Geliebten zur Rückkehr zu bewegen, weil immer noch Hoffnung zur Versöhnung und zur Rückeroberung der Geliebten bestünde, dadurch dass der Liebende seine Leiden offenbart». Schirmann/Fleischer 1996, S. 399, Anm. 111 braucht ebenfalls eine Terminologie, der ich mich anschliessen würde: Moshe Ibn Ezras Gedichte aus dem Exil nennt Fleischer (der Herausgeber des Nachlasses von Schirmann) in seiner Anmerkung S. 399 «שירי תלונה וגעגועים» (Lieder der Klage und der Sehnsucht).

[78] Die Sehnsuchtslieder nach der Heimat heissen arabisch «al-ḥanīn ilā l-waṭan»: s. u. 4.2.4.

Zeile 31:

> Wenn Gott mich noch nach Hadar Rimon (= Granada) zurückkehren lässt, dann wird mein Weg glücken.

Granada ist der Ort «wo mein Leben angenehm war». Er schliesst mit der Hoffnung auf Gott, Er möge ihm als Gefangenem «Befreiung ausrufen und Öffnen des Kerkers» (Jes 61,1).

Hier klagt der Sprecher als Einzelperson über sein Schicksal und stellt es so dar, dass es das Schicksal (= die Zeit) ist, die ihn zur Ruhelosigkeit verdammt. Er stilisiert sich hier und öfters als poeta exul nach der Figur der ins Exil verbannten Knesset Jisrael.[79] Die Sehnsucht ist neben der Klage zwar thematisiert, aber an niemanden gerichtet, da der Sprecher weder die Stadt Granada noch einen Freund zum Ansprechpartner nimmt. Deshalb ist die sehnsüchtige Klage hier keine Liebesklage an die vermissten Freunde oder an die Stadt, sich ihm wieder zuzuwenden. Weil ein Adressat für die Liebesklage fehlt, ruft der Sprecher ja auch Gott an, ihn zu befreien. Genau umgekehrt ist die Pragmatik des Klagens z. B. in Jehuda Halevis Zionslied Nr. 401. Dort richtet sich die sehnsüchtig klagende Rede an Zion selbst, warum sie nicht nach dem Wohl ihrer Gefangenen frage: bei Jehuda Halevi zeigt schon allein die direkte Anrede, dass die Klage als Liebesbekenntnis zur Angeredeten aufzufassen ist (unten 4.2.4).

Fazit: Die Streitfrage, wie die Klage gemeint ist, ist deshalb wichtig, weil die Mischung von Klage, klagender Beschwerde und Liebesschmerz auch in den Aussagen der Knesset Jisrael im Piyyut vorkommt. Explizit nennt Jehuda Halevi im Piyyut 67 יה למתי בבית den Schmerz der Trennung einen Schmerz des Verlangens: (Zeilen 1–4)

> Ewiger, wie lange soll ich noch im Kerker leiden unter dem Joch Deines Fernseins? / Wirst Du in Ewigkeit der Feind Deines einzigen Sohnes sein? / Wie lange sollen meine Feinde den Namen Deiner Ehre entheiligen? / Schon genug ist es meinem Herzen, den *Schmerz des Verlangens* wegen Deines Weggehens (לנודך) zu tragen.

Das Verlangen (תשוקה) ist ein Wort, das aus HL 7,11 (und Gen 3,16) stammt: «Nach mir ist sein Verlangen תשוקתו»; durch die Kombination «Schmerz des Verlangens» stellt Jehuda Halevi das Leiden im Exil als ein Drama dar, das jeder Liebende leidet, wenn er vom Geliebten getrennt ist; das heisst, der Grund der Klage ist das Fernsein des Geliebten. Vom «Feuer des Verlangens», das mit Tränen

---

79 Siehe die sprachlichen Parallelen: Im Lied Nr. 66 Brody, Zeile 1 nennt er sich «der Gefangene», was mit seiner Bezeichnung der Knesset Jisrael als Gefangene אסירת שבי in Piyyut Nr. 186 (Bernstein) אילת אהבים, Zeile 15, korrespondiert. Weiter zum Thema «poeta exul» Teil III 6.

gemischt ist, redet Moshe Ibn Ezra im Freundschaftsgedicht Nr. 64, Zeile 13: «Die Meere (von Tränen) tosen übermächtig (Jes 17,12) in meiner Brust, denn wirklich brennt in mir das Feuer des Verlangens.»[80] Im Unterschied zum modernen Sprachgebrauch verraten Tränen übermässige Liebe.[81]

4.2.4 Das Aufsuchen der Spuren vergangener Liebe (Aṭlālmotiv): Metaphern der Sehnsucht (2. Teil)

Jehuda Halevi מה לי לרות **Freundschaftslied an Jehuda Ibn Ghiyyat, Nr. 100 Brody**

1   Was geschieht mit mir, dass ich die Erde mit meinen Tränen tränke,
    dass ich die Erde, die ich nicht besät habe, begiesse?
3   Ich gehe durch die Grundsteine des Hauses meines Geliebten (Dod) und frage,
    wo er ist, frage aber nicht, wo meine Seele ist.
5   Den Hügel der Zelte meines Geliebten umarme ich und
    weine bitter über ihre Verlassenheit und Zerstörung (שממותי). (...)
13 Seitdem die Gazelle (Ofer) eurer Höfe[82] wegging, ist euer Staub (Afar) mein Brot und
    dort, wo seine Fussspuren verlaufen, werde ich meine Ruhe suchen (אתור Num 10,33).
15 Ich will gehen und den Ort meiner Liebesumarmung suchen, welche zerstört hat
    meine Seele: dort werde ich vielleicht meinen Verlust (= meine Seele) wieder finden.[83]

---

80 Ebenso Abraham Ibn Ezra Nr. 144 אחשוק ולא אדע «In mir drin brennen die Gluten des Verlangens nach Ihm, wie ein entbrannter Ofen, um meine Wangen mit Tränenströmen zu überfluten sind die Bäche meiner Augen aufgewühlt wie Meere.» Einen ähnlichen Ausdruck bringt Jehuda Halevi im Liebeslied Brody, II, Lied Nr. 4 מה לך צביה (Zeile 13): «Zwischen dir und mir wogt ein Meer von Tränen ...» Die Tränen sind die Folge des Liebesschmerzes, und können das Feuer der Liebe doch nicht löschen. Zum Topos der Feuerqual s. o. Beispiel 5.
81 Ibn Ḥazm al-Andalusi, Ṭawk al-Ḥamāma Kapitel 2. Siehe 3.2 zum Lied Beispiel Nr. 5.
82 In Zeile 13 werden die in Zeilen 11–12 beschriebenen Höfe (חצרות) angeredet (Zeilen 7–12 ausgelassen). Wörtlich: «eure Gazelle» (עפרכם mit cholem punktiert). Mit dem Wort Gazelle macht der Dichter ein Wortspiel mit dem folgenden Wort «euer Staub» (עפרכם). Schippers 1994, S. 161 übersieht dies und übersetzt beidemale mit «Staub»: (8 Schippers = Zeile 13 Brody) "from the day that your dust (i.e. of the walls) will be scattered, my flesh will be your dust".
83 Schippers 1994, S. 161 trifft meiner Meinung nach den Sinn des Wortes עבדתי (meinen Verlust) nicht, wenn er interpretiert «and would that my loss (= my death) might be there». Meine Interpretation von «Verlust» als «Seele» ist bestätigt durch die Paraphrase, die Brody (Kommentar I, S. 246) gibt (hebr.): «Vielleicht finde ich dort, wenn ich suche, meinen Lebensgeist (רוחי), den ich verloren habe.»

Jehuda Halevi wie auch Moshe Ibn Ezra brauchen das Aṭlālmotiv in den Freundschaftsliedern, anders als im Lustlied[84], mit der persönlichen Perspektive der ruhelosen Suche nach einem bestimmten Freund. Um die Bildwelt zu zeigen, mit der das Aṭlālmotiv die Sehnsucht ausdrückt, ist Jehuda Halevi Nr. 100 ein gutes Beispiel[85]: der verlassene Freund weint, geht durch die Trümmer der vergangenen Liebe, um nach den Fussspuren des Geliebten zu forschen (תור) und seine an den Freund verlorene Seele zu suchen. Die Verlassenheit wird oft verstärkt mit dem Bild von stummen Steinen. Die Metapher der Suche nach den Spuren des Geliebten ergänzt die bereits in 4.2.2 besprochene Metaphorik der Sehnsucht: das Bild der Seele, die hinter dem Weggehenden herzieht. Das Aṭlālmotiv mit den verlassenen Trümmern der Liebe bringt aber noch etwas Neues, weil der Ort des Suchens ins Blickfeld rückt: die zerstörten Zelte oder Wohnorte werden nicht nur als Bild für den Seelenzustand des Verlassenen gebraucht, sie sind nicht nur Seelenlandschaft, sondern im jüdischen Kontext wird diese Seelenlandschaft manchmal zur Realität des zerstörten Zion umgedeutet. Ich werde zeigen, wie die Dichter in unterschiedlicher Weise das Aṭlālmotiv im jüdischen Kontext uminterpretieren und die Trümmer des Liebesortes auf Zion als verwüstete Stadt und vereinsamte Frauengestalt übertragen. Die Sprache ist jeweils eine Mischung von Klage und Liebe.

Für die Auseinandersetzung mit dem Problem des zerstörten Jerusalem gibt es prinzipiell zwei Strategien: entweder schreiben die Dichter die traditionelle Klage (Qinah) oder sie benützen das Aṭlālmotiv und stellen die Zerstörung Zions in den Rahmen des Liebeskontextes. Diese Möglichkeiten und ihre Mischformen werden beim Vergleich von Dunash ben Labrats Weinlied mit Shmu'el Hanagids Siegesliedern und Jehuda Halevis Zionsoden deutlich:

Beim Weinlied Dunash Ben Labrats (oben Beispiel 7) sahen wir, wie der Sprecher das Wissen um die Zerstörung Zions für unvereinbar mit andalusischen Wein- und Liebesfreuden hält. In Dunashs Gedicht kommt bei der Erinnerung an das zerstörte Zion beim Sprecher nur Trauer auf. Im Unterschied dazu verbinden Shmu'el Hanagid in einem Siegeslied (Diwan Nr. 9), Moshe Ibn Ezra im religiösen Gedicht Nr. 37 und Jehuda Halevi in einem Zionslied die Beschreibung des zerstörten Zion mit dem Aṭlālmotiv des verlassenen Liebesortes. Obwohl Moshe Ibn Ezra und Jehuda Halevi das Aṭlālmotiv in verschiedener Weise auf Zion

---

84 Als Topos steht es z. B. im Liebesgedicht von Shmu'el Hanagid Nr. 167 «Ich streife umher wie ein Wanderer auf dem Weihrauchhügel und drücke die Wange auf deine Fussspur, wo du gingst.»

85 Ebenso: Jehuda Halevi Nr. 94 Brody עין נדיבה: der Sprecher irrt weinend durch die Trümmer, beobachtet den Himmel, ob es endlich Morgen werde.

übertragen, sind sie darin ähnlich, dass der konventionelle Topos des weinenden Umherirrens durch die stereotypen, verlassenen Liebeslager vom Ich-Sprecher gebraucht wird, um Sehnsucht nach einem *spezifischen* Ort, eben Zion, auszudrücken. Die spezielle Ausrichtung des Aṭlālmotivs auf die Sehnsucht nach der Heimat hat in der arabischen Poesie eine Parallele, die den Stellenwert des jüdischen Themas «Sehnsucht nach Zion» eventuell verstärkt hat: nicht nur jüdische Dichter wie Moshe Ibn Ezra und Jehuda Halevi sehen sich als «poeta exul» und als Spiegelbild der Knesset Jisrael im Exil, auch arabische Dichter im Exil beklagen nach dem Ende des Omajaden-Kalifats von Córdoba 1031 ihre eigene Situation mit dem Motiv der Sehnsucht nach der Heimat.[86] Wie naheliegend es war, das Aṭlālmotiv des Weinens über den zerstörten Liebesort auf Zion zu übertragen, sehen wir an den Bildern des Freundschaftslieds von Moshe Ibn Ezra Nr. 91:[87]

Moshe Ibn Ezra, Brody Nr. 91 מגורי אהבי

1   Die Wohnplätze meiner Liebenden blieben verlassen in Ruinen, /
    und ihre Paläste sind wie Wüsten geworden.
2   Sie waren bestimmt als Weidegrund für Hindinnen (בנות עופרים) /
    und als ein Aufenthaltsort für junge Gazellen, (בני צביות)
3   nun lagern sich heute darin stattdessen Leoparde /
    und Löwen brüllen darin.
4   In Gärten, wo einst die Schwalben und Kraniche ihre Nester bauten, /
    versammeln sich Adler und Habichte, um zu klagen (nach Jes 34,14f.).
5   Ich wandere Mauern entlang, die zusammengestürzt sind,
    ich gehe umher in den heruntergerissenen Zäunen,
6   ich bejammere mit Hingabe ihren Staub und wünsche, /
    die Steine aus ihren Haufen wieder zu beleben …
    …[88]
9   Mit starker Hand und ausgestrecktem Arm (Dtn 4,34) / hat die Zeit ihre Bewohner weggefegt, …
11 Wie kann ich leben ohne sie, während sie / wie meine Seele sind und ich der Körper?

---

86 Walther 2004, S. 62 zum «al-ḥanīn ilā l-waṭan»: «Sehnsucht nach der Heimat» spiele seit der Zeit von Abū Firās al-Ḥamdānī (932–968) in der arabischen Poesie eine Rolle. Brann 2000, S. 271: er nennt zum «al-ḥanīn ilā l-waṭan» als Beispiel ein Gedicht von Muʿtamid von Sevilla (1069–1091), der von den Almoraviden nach Marokko verschleppt dort seinen Wunsch, in Sevilla zu sterben, lyrisch ausdrückt (Ausgabe: al-Maqqari 4,275). Ebenso sehnt sich Moshe Ibn Ezra nach Granada (s. o. in 4.2.3 Gedicht Nr. 67 Brody).
87 Besonders Moshe Ibn Ezra hat das Aṭlālmotiv wieder belebt; dies im Unterschied zu den arabischen andalusischen Dichter, wie Scheindlin 2000, S. 254f. zu Moshe Ibn Ezra Nr. 91 Brody bemerkt: «By beginning this and several other Qaṣīdas with the ruined-campside motif – one that derives from pre-Islamic Arabic poetry and was not common among Andalusi-Arabic poets – Ibn Ezra might appear to be somewhat more conservativ than his Andalusi-Arabic contemporaries.»

12 Weine ich wegen meiner weggezogenen Freunde oder wegen / des Weggehens (נדוד) meiner Brüder oder der Trennung von meinen Schwestern?
13 Derentwegen, wenn sie weggehen (בנודם), zerfliesst meine Leber und das Fett auf meinen Nieren.
14 Oder schwanke ich hin und her (אנוד) wegen der Trennung von Shlomo? / Dessen Liebe wie süsser Honig ist für meinen Mund,
15 der mein mir Bestimmter unter allen Männern ist, / so dass all meine Liebe ihm gilt.
…
21 Mein Zorn gilt der Zeit, die mein Herz aufgestört hat / und deren gewalttätige Hände auf mir lasten,
22 und deren Schicksalsschläge mir die Falle des Umherirrens (נדודים) gestellt haben. / Aber wie kann ein Löwe Raub von Lämmern werden?
23 Und seit dem Tag, da die Regenwolken seiner Briefe verschlossen wurden, / haben sich in mir Brände entzündet.
24 Um sie zu sehen, schauen meine Augen nach ihnen aus, wie die Augen / der Blumenbeete nach der Regenwolke.

Was hat der Jammer über die «verlassenen Weideplätze der Gazellen», d.h. der Liebenden,[89] hier im Lob- und Freundschaftslied auf Shlomo zu tun? Das Motiv hat wie in Jehuda Halevi Nr. 100 die Funktion, im Nasīb den Ton der Sehnsucht anzustimmen, die dann in Zeile 14 explizit als Sehnsucht nach dem Freund Shlomo ausgesprochen wird und zum Lobteil überleitet. Der Nasīb ist dadurch nicht unpersönlich gestaltet (anders als oben in Beispiel 8), sondern die im Nasīb ausgedrückte Sehnsucht gilt dem persönlichen Freund, und ebenso ist auch der Sprecher eine persönlich wirkende Figur, die sich selbst darstellt.[90] Das Aṭlālmotiv nun bringt nicht nur die zerstörten Wohnplätze der Liebenden, sondern Bilder von Weiden und Gärten, die am Schluss mit den durstenden Blumenbeeten wieder aufgenommen werden. Das Gegenbild zum Garten mit den Vögeln und der Gazellenweide ist die Wüste mit den wilden Tieren und den Ruinen. Während das Gartenidyll an den Garten im HL erinnert, assoziieren die Gegenbilder der Wüste Darstellungen des zerstörten Jerusalems wie in Jer 9,9. Man sieht, dass bei den verlassenen Weidegründen der Gazellen, beim Bild vergangener Liebe, nur noch die Person der Knesset Jisrael fehlt, um die im Aṭlālmotiv ausgedrückte Sehnsucht nach der vergangenen Liebe auf Zion als Ort vergangener Liebe zu

---

88 Zwischenzeilen s. Textanhang.
89 Die arabische Überschrift nennt mit dem Wort «Klage über den firāq» das Thema «Weggehen».
90 So auch Scheindlin 2000, S. 254f.: "In panegyrics addressed by an inferior to a superior, especially in hope of payment, the poet naturally effaces himself … But Ibn Ezra ordinarily writes as an equal to equals and tends to feature himself quite prominently in the second part of many of his Qaṣīdas, especially those composed during his exile period."

übertragen, eine Übertragung, die im folgenden Lied durchgeführt wird. Dort zeige ich auch, welche Rolle dabei die böse Schicksalsmacht (Zeile 9) bekommt, die den Liebesort zerstört hat.

Moshe Ibn Ezra [91] Nr. 37 Bernstein מהרו נא

1 Eilet doch zu den Wohnstätten hin der Geliebten –
  zerstreut hat die Zeit sie, zerstört sind sie übrig geblieben.
2 Wohnung einst waren sie für die Gazellen, die jungen,
  für Wölfe jetzt Wohnung sie sind und die Jungen der Löwen.
3 Einer Gazelle Stöhnen vernehm ich, die klaget
  aus Edoms Gefängnis und auch aus der Araber Zwingburg.
4 Über ihren Geliebten, der Jugendzeit Höchsten, sie weinet,
  mit lieblich klingenden Worten (HL 2,14) zu ihm sie auch betet:
5 «Mit Traubenkuchen (HL 2,5) der Freundschaft mögst du mich erquicken
  und labe mich doch mit den köstlichen Wonnen der Liebe (אהבים).»

Die Wohnstätten (מעונים) der Geliebten sind hier nicht näher bezeichnet, sodass man zuerst an irgendeinen Liebesort denkt, im Verlauf des Gedichtes aber, da der Ort mit dem Gefängnis von Edom und der Zwingburg der Araber kontrastiert ist, assoziiert man mit dem Ort Jerusalem oder den Tempel: beide Bedeutungen liegen im Wort מעון.[92] Sieht man in den «Wohnstätten» Jerusalem oder den Tempel, so erscheinen auch die «Geliebten» in einem andern Licht, und es wird zugleich klar, warum hier die passive Form «Geliebte» und nicht «Liebende» steht, was beim Aṭlālmotiv passender wäre (s. o. Moshe Ibn Ezra Nr. 91): «die Geliebten» verweisen nicht nur auf den weltlichen Liebeskontext, sondern sind hier auch spezifisch ein Appellativ für Israel, «die Geliebten Gottes».[93]

Der Sprecher sucht den verlassenen Ort auf und ruft andere Leute herbei, sich den Ort ebenfalls anzusehen. Die Angesprochenen bleiben anonym, wie

---

91 Bernstein edierte 1956/7 dieses Gedicht in den «Shire Qodesh» von Moshe Ibn Ezra, obwohl es (nach Schirmann/Fleischer 1996, S. 408, Anm. 162) nie eine liturgische Bestimmung gehabt habe und nicht in einem Machzor, sondern im Diwan überliefert sei, s. Anmerkung zum Gedicht im Textanhang.
92 Scheindlin 1991, S. 245, Anm. 1 bemerkt zum Wort מעון, das oft als Bezeichnung des Liebesortes vorkommt (z. B. in Jehuda Halevi Nr. 330, worauf Scheindlin sich bezieht), dass es "the Hebrew equivalent of the aṭlāl and diyār of the erotic prelude to the Arabic desert ode" sei. Zur Doppelbedeutung von מעון als Liebesort und als Bezeichnung der «Wohnung» Gottes (wie in Ps 76,3: Gottes מעון ist in Zion) s. Teil III 1.4.4.
93 Das Appellativ «Deine Geliebten» für Israel: z. B. bei Rabbi Shim'on Bar Jitzchaq (Mainz 10./11. Jahrhundert), Shacharit leShabbat Chol haMo'ed, Machzor Pessach (ed. Fränkel 1993), S. 291. Als eines der Appellative für Israel aufgeführt von Hollender 1994, S. 79. Scheindlin 1991, S. 65 übersetzt zu frei mit "the lover's camp", sodass das Spezielle des Ausdrucks nicht klar wird.

auch der Sprecher sich nicht zu erkennen gibt: diese Unbestimmtheit passt zum Schwebezustand des Textes zwischen realer Ortsbeschreibung und unwirklicher Handlung. Literarisch entspricht der Aufruf «eilt» dem fiktiven Rahmen, in den die arabische Qaṣīda zu stellen ist: der Sprecher fordert seinen Reisegefährten auf, am Ort des verlassenen Lagers stehenzubleiben[94], das Klagelied anzuhören und mitzuweinen. Wie ein Reisegefährte des Sprechers soll nun der Leser / Hörer Zeuge der Zerstörung sein und die Liebesklage anhören.

Gibt es bei dieser Klage einen Angeklagten? Gemäss dem Aṭlālmotiv ist es die Zeit (= das Schicksal), welche die Liebesstätte zerstört hat. Sie zerstreut die Bewohner, so wie es Moshe Ibn Ezra oben in Nr. 91 mit dem Zitat aus Dtn 4,34 formuliert:[95] Sie fegt sie weg «mit starker Hand und ausgestrecktem Arm». Im Freundschaftslied Nr. 91 wird der «Zeit» die gleiche Macht zugeschrieben wie Gott beim Exodus in der biblischen Darstellung. Weil auch das Lied Nr. 37 das Aṭlālmotiv des von der «Zeit» zerstörten Liebesortes benützt, ist keine Rede von einem mächtigen, strafenden Gott: niemand ausser der Zeit scheint an der Zerstörung des Ortes schuld zu sein. Gott, «der Geliebte, der Höchste ihrer Jugendzeit» (Zeile 4) ist genauso passiv von der Zerstörung betroffen wie Seine (ebenso unschuldige) Partnerin. In den Piyyutim mit dem Motiv des Weggehens des Geliebten werden wir sehen, dass die Schuld an Exil und Zerstörung nicht so eindeutig dem Schicksal zugeschoben wird (Teil III 5.1).

Die Wohnstätte der Geliebten ist hier nicht nur zerstört, sondern statt der Gazellen (= der Liebenden עופרים) wohnen die wilden Tiere darin.[96] Der Text führt die Bildspenderebene weiter aus und beschreibt, was mit der vertriebenen Gazelle, der Geliebten (צביה), geschehen ist. Sie stöhnt und ist im Exil bei den Arabern und Edom (Christen) gefangen: Dies sind die Codenamen, die dem Leser signalisieren, dass es sich um ein religiöses Gedicht handelt. Mit den wilden Tieren in Zeile 2 sind metaphorisch die Feinde Israels gemeint und mit dem zerstörten Ort Zion. Der Sprecher sagt als lyrisches Ich, dass er die Gazelle als

---

94 Schippers 1994, S. 155 zitiert als eines seiner Beispiele 2 Stellen aus dem Diwan von ʿUmar ibn Abī Rabīʿah (Diwan S. 116–118 und S. 103), die ich hier auszugsweise anführe: "Whose are these remnants …? … The winds have played with them after the departure of their inhabitants … Halt at the abode which is effaced from the traces of its inhabitants … In the evening gazelles and cows walk through it …" Zum Dichter: nach Nicholson 1993, S. 237, ist er gestorben 719 A. D.
95 Moshe Ibn Ezra Nr. 91 מגורי אהבי Brody: ebenfalls wird in Zeile 21 die Zeit angeklagt: «Mein Zorn gilt der Zeit, die mein Herz aufgestört hat und deren gewaltgättige Hände auf mir lasten.»
96 Vgl. oben Moshe Ibn Ezra Nr. 91, Zeile 2f. Siehe auch Schoeler 1974, S. 23f. zu den wilden Tiere, die (Zitat) «anstatt der Menschen von ehemals … das Grün abweiden» und seine weiteren Beispiele aus der «älteren arabischen Dichtung».

ein weit entferntes Stöhnen wahrnimmt. Die Frage stellt sich hier nochmals, wer der Sprecher ist, der hier sagen kann «Ich höre». Wahrscheinlich ist es hier nicht plötzlich Gott, der als Sprecher auftritt, schon deswegen nicht, weil Gott in der 4. Zeile in 3. Person vorkommt. Eher ist es immer noch derselbe anonyme Sprecher, der nun das Anliegen der Knesset Jisrael an den Leser / Hörer weiterleitet; wenn das Gedicht ein Piyyut ist, so ist auch Gott der unangesprochene Adressat der Klage der Gazelle. Es ist wichtig, dass der Sprecher, der die Klage der Gazelle hört, anonym bleibt, damit sich jeder Leser mit diesem «Ich» identifizieren kann. Zum Vergleich kann man Jer 31,15 heranziehen, wo die Frage, wer die Klage Rachels[97] hört, ebenfalls offen bleibt: «So spricht der Ewige: eine Stimme wird auf der Höhe gehört, eine Klage bitteren Weinens (נהי בכי תמרורים)[98], Rachel weint um ihre Kinder». Hier bei Moshe Ibn Ezra wird die Stimme der klagenden, einsamen Gazelle jedenfalls vom lyrischen Ich gehört, mit dem sich die in der ersten Zeile angeredeten Personen identifizieren können. Damit korrigiert Moshe Ibn Ezra den Topos der stummen Trümmer, der sonst im Aṭlālmotiv die Einsamkeit des Liebenden verstärkt.[99] In diesem Punkt der Stimme, die in den Trümmern gehört wird, unterscheidet sich das Lied auch von Bibelstellen wie Jer 9,9: «Über die Berge will ich weinen und klagen und über die Auen der Wüste die Totenklage (Qinah) anheben, denn verwüstet sind sie, ohne dass einer vorübergeht, und man hört nicht einen Laut einer Herde.»[100] In der Schlusszeile

---

97 Rachel ist im Piyyut mit der Knesset Jisrael identifiziert: s. Teil I 2.1.2.1 Kallirs Qedushta zu Rosh Hashanah. Jehuda Halevi in der Schlusszeile des Piyyuts Nr. 228 für 9. Av und Abraham Ibn Ezra Nr. 19 (Schlusszeile) spielen beide auf Rachel an mit dem Zitat aus Jer 31,15.
98 Auch Jer 9,17 f.: «... ruft die Klagefrauen, ... dass sie klagen und weinen ... dass man eine Stimme von Klage (קול נהי) in Zion höre.»
99 Ein Beispiel aus Jehuda Halevis Freundschaftsliedern (Nr. 100 an Jehuda Ibn Ghiyyat: Zeile 22 f.): «Die Wände meines Herzens wallen auf (vor Sehnsucht) zu den Wänden seines Zeltes hin, seitdem ich sie anfrage; aber sie verweigern sich einer Antwort.» Das Verstummen der Stätte früherer Liebe auch im Piyyut von Jehuda Halevi Nr. 272 נפשי ידידות (die Knesset Jisrael spricht): «Die Freundschaft meiner Seele ist zerstört, ich hoffte, die Verwüstung des HarEl (Gottesberges) zu verstehen ... Ich rufe Ariel, Ariel (= Jerusalem), und es gibt niemanden, der antwortet oder zuhört auf das Schreien der Fragenden.» Ebenso in Jehuda Halevi Nr. 318 (III 6.1).
100 Siehe auch Levin 1967, S. 289 zum möglichen Bezug auf die Bibel. Er zitiert Ekh 1,4. Zur Interpretation des Dramas, das in Moshe Ibn Ezras Gedicht abläuft, bemerkt Levin vor allem, dass positive Begriffe ständig abwechseln mit negativen, wobei der Schluss aber positiv sei. Als Gegenbeispiel zu Moshe Ibn Ezra Nr. 37 nenne ich eine Qinah von Jehuda Halevi Nr. 494 בת ציון שמעתי: Die Tochter Zion höre ich bitter reden: «Wehe über den Becher, den ich getrunken habe, und Hefe habe ich gefunden. Wehklage, Zarte, über die Shekhina, deren Lichter dunkel geworden sind, wie eine junge Frau im Trauerkleid über den Mann ihrer Jugend.» Weiter: Jehuda Halevi Nr. 207 ימס לבבי «Mein

von Nr. 37 kommt die Knesset Jisrael nicht mehr nur indirekt, sondern selbst zu Wort, eine literarische Pointe, die der Kharja in den Liebesliedern entspricht: dort gibt die weltliche Geliebte in der Volkssprache, manchmal in Liedzitaten, ihre plötzliche Bereitschaft zur Liebe bekannt. Hier drückt die Knesset Jisrael statt der Klage plötzlich ihr Liebesverlangen aus mit Zitaten aus dem HL. Der Schluss gibt dem Gedicht einen positiven Ausblick.

Wo stehen nun die folgenden Gedichte von Shmu'el Hanagid und Jehuda Halevi auf der Skala von Liebe und Leid bei der Darstellung von Zion? Ist Zion eher als verlassener, zerstörter Ort beschrieben wie in einer Qinah oder eher als Stätte vergangener Liebe oder gibt es noch weitere Nuancen der Sehnsucht? Die beiden Lieder zeigen ganz verschiedene Aspekte:

Shmu'el Hanagid Nr. 9 Jarden לבבי בקרבי

Siegeslied und Lob Gottes nach dem Sieg von Shmu'el Hanagid im Jahre 1041 als Feldherr von König Badis von Granada über die vom revoltierenden Berberfürsten Yaddayir, des Königs Cousin, angeführte Armee.[101] 1. Teil: Klage über die Zerstörung Zions (Zeile 1–15), dann Übergang zum Lob Gottes.

1 Mein Herz in meinem Innern ist heiss und mein Auge weint,
  da ich mich sehne nach Chamat und Mepha'at (Levitenstädte),
  um die Karawane zu sehen, die mit Liedern Bündel von Narde nach Moria bringt, wie sie lagert und wieder aufbricht.

3 Und wie der Wallfahrtszug vom Libanon über Ariel[102] Myrrhenstaub und Zimt ausstreut unter lautem Singen, wie Säer,

4 wie in den Tagen, da die Jünglinge Zions in Zion ihre Blicke zu den Damen Jeshuruns hin schickten, charmant, wie die Sonne, die über den Balsambeeten aufscheint und leuchtet:

5 sie blicken auf Augen, die schwarz geschminkt sind durch Gottes Zutun,

6 und die Töchter entehren nicht mit Schimpf ihre Väter,
  und die Söhne handeln nicht dumm und gottlos.

7 (Mein Herz in meinem Innern ist heiss und mein Auge weint), weil ich nach der edlen Tochter im Nussgarten[103] Verlangen habe, welche die Jungtiere der Gazelle über die Lilien setzt, damit sie diese pflücken und pflanzen[104].

Herz betrübt sich, die Stimme der Verwüsteten (respektive Einsamen) zu hören, die ihr Jubeln vergessen hat.»

101 Zusammenfassung der Überschrift. Volle Überschrift und Text bis Zeile 16 s. Textanhang.
102 Jes 29,1: Ariel als Codewort für Jerusalem. Hier ist nach Jarden der Altar in Jerusalem gemeint.
103 Wörtlich: Tochter des Edlen aus HL 7,2, s. Liste der Appellative unten 5.3. Der «Nussgarten» ist eine Anspielung auf HL 6,11.
104 Sehr schwierig: s. kommentierten Text im Textanhang.

8   Und siehe, Löwen brüllen nun dort, und sie verhindern ihr
    den Zugang zu ihm (dem Nussgarten), dass man nicht kommen und hingelangen kann.
9   Die Gartenanlage[105] ist von fremden Händen zusammengerissen, die sie von Wand zu Wand eingerissen haben, die Schönragende[106],
    und ihr Schnitzwerk und die Skulpturen von Blumengewinde entfernt haben.
10 Wenn ich mein Heiligtum mit meinem inneren Auge als einen Trümmerhaufen sehe,
    und wie der Stein der Grundlage zwischen den Steinblöcken verschwunden ist,
11 dann weine ich bitter, zitternd, und seufze mit zornigem Herzen,
    wie wenn die Lanze eines Feindes mein Herz durchbohrte.

Die Kombination von Siegeslied und Zionslied scheint merkwürdig, hat aber seinen Grund darin, dass die Siegeslieder als Loblieder an Gott[107] gemeint sind; weil Loblieder mit dem Nasīb eingeleitet werden, entspricht das Zionslied mit dem Aṭlālmotiv dem Nasīb.[108]

Im Unterschied zum Lied Nr. 37 von Moshe Ibn Ezra ist hier der ferne Ort der Sehnsucht ganz detailliert angegeben (Chamat und Mephaʿat), eine stilistische Möglichkeit der Vergegenwärtigung.[109] Die Sehnsucht richtet sich in die Vergangenheit (vielleicht auch mit Zukunftshoffnung), weil der Sprecher diese Orte mit einer Vision aus biblischen Zeiten verklärt und zugleich beweint: er malt sich die Wallfahrten und die Feste Zions aus. Anschliessend (Zeile 7) redet er gleichsam als Erklärung, warum er weint, vom Verlangen nach der «Tochter im Nussgarten», deren Garten aber zerstört ist. Der Nussgarten aus dem HL

---

105 Für die Metaphorik ist es wichtig, dass das Wort feminin ist wie im Hebräischen גינה, deshalb übersetze ich Garten גינה mit Gartenanlage.
106 Die «Schönragende» (יפה נוף) aus Ps 48,3 ist zum Appellativ für Jerusalem geworden.
107 Er kämpfte als Kommandant und Wesir des moslemischen Berberkönigs, war aber stolz auf sein Judentum, fühlte sich besonders als Levit: um diesen Widerspruch auszuhalten, schrieb er seine Siegeslieder als Loblieder an Gott. Siehe Allony 1991 (ganzer Artikel); Scheindlin 1996, S. 122.
108 Schippers 1994, S. 312 fasst die Veränderungen der Qaṣīda und des Nasīb seit der frühen Abbasidenzeit zusammen und sagt dann, dass die hebräische andalusische Poesie die neuen Motive übernommen habe: "In Hebrew Andalusian poetry this trend was adopted, and wine and nature descriptions and even elegiac passages concerning the loss of Mount Zion served as introductions to the Qaṣīda." Was Shmuʾel Hanagid Nr. 9 ed. Jarden betrifft, so sagt er (S. 97), dass das Klagen über Zion eventuell das gewöhnliche Nasīb-Motiv ersetze.
109 Vergleichbar mit dem, was Schoeler 1974, S. 176 über ein Lied von Ibn ar-Rūmī und dessen Landschaftsschilderung sagt: sie sei «erinnernde Landschaft», ein Begriff der Literaturwissenschaft. Ähnlich ist die Landschaft Israels vergegenwärtigt in Bialiks Gedicht, El Hatzippor, Strophen 5–11, indem ein Ort nach dem andern angerufen und nach seinem Befinden gefragt wird, z. B. «Wie geht es dem Jordan und seinem klaren Wasser?» (ed. Holtzman 2004, S. 15 ff.)

(6,11) ist ein nostalgisches Bild für Zion und weckt die Sehnsucht; der schöne Garten wird aber mit den Bildern der wilden Tiere und dem Zerstörungswerk der «fremden Hände» konterdeterminiert. Im zusammengerissenen Garten ist von der edlen Tochter Zion nichts mehr zu sehen. Somit endet das Lied über Zion mit Trauer und Zorn (Zeile 11). Er braucht das Bild des Lanzenstosses, das seine Tränen fliessen lässt. Die widerstreitenden Gefühle von Sehnsucht, Trauer und Zorn zeigen, dass die Verklärung von Zion mit der Erinnerung, wie Zion früher war oder in Zukunft sein könnte, zwar die Sehnsucht des Sprechers auslöst, dass aber der Gedanke an die Trümmer nur Zorn und Trauer wecken. Im darauffolgenden Gebet an Gott (Fortsetzung von Lied 9 s. Textanhang) bittet der Dichter deshalb um Gerechtigkeit für das «im Meer untergehende» Zion. Dieselbe Grundstimmung von Trauer liegt auch in der Einleitung zum Siegeslied (Nr. 25) בלבי חום vor: «In meinem Herzen brennt es heiss, weil die Jugendzeit (Israels) verschwunden ist, und wegen des Exils Judas brennt das Feuer der Feuer.» Dann folgt in Zeile 15 wieder wie in Nr. 9 eine Bitte an Gott, «die Jugendzeit der Jugendgeliebten» zu erneuern.

Wie ist nun in Jehuda Halevis Zionslied Nr. 401 das Verhältnis von Klage und Liebe? Wie verwendet er das Aṭlālmotiv mit seinem Topos des weinenden Umhergehens auf den Trümmern der Liebe? Ich will kurz den Inhalt[110] von Nr. 401 vorstellen und zeigen, dass der Sprecher des Liedes an den verschiedenen Orten des Landes Israel die Gegenwart des Göttlichen hervorhebt und ebensosehr die Anwesenheit Zions als weiblicher Person, nach der er sich sehnt.

Jehuda Halevi Nr. 401 ציון הלא תשאלי

Zeile 1–5: der Sprecher klagt Zion seine Liebe und fragt, warum sie sich nicht um ihn kümmere. Die Anrede an Zion ist ähnlich wie die an die stumme Geliebte im Liebeslied von Jehuda Halevi (Brody, II, Lied Nr. 4) מה לך צביה: «Was hast du, Gazelle, dass du meine Gesandten verweigerst, die von einem Geliebten kommen, dessen Inneres voller Qualen nach dir ist?» In 401,3 bezeichnet sich der Sprecher als «ein Gefangener des Verlangens (תאוה)». Mit dieser Anspielung auf den Vers Sach 9,12, der die Heimkehrer als «Gefangene der Hoffnung» beschreibt, zeigt der Sprecher, dass seine Beziehung zu Zion vor allem aus Verlangen besteht: er ist «ein Gefangener des Verlangens, der sich danach sehnt, die Tränen wie Tau auf deine Berge herabfallen zu lassen». Im Unterschied zu Shmu'el Hanagids Darstellung des Weinens ist hier das Weinen geradezu ein erotischer Akt. Ich komme darauf unten zurück.

---

110 Text s. im Textanhang.

In Zeilen 5–20 geht der Sprecher alle Orte durch, die er im Lied fiktiv durchstreift. Die Bedeutung der Orte geben folgendes Bild: (5–10) Er besucht die von Gottes Geist oder der Shekhina erfüllten Orte, an denen Engel dem Ja'aqov erschienen sind, den Thron des Ewigen, die Tore Jerusalems, die dem Himmel gegenüberliegen (s. Kuzari 4,10). Nach dem Neueinsatz in Zeile 11 («o hätte ich doch Flügel, so dass ich weit weg flöge und mein Herz zwischen deinen zerfurchten Hügeln – den Hügeln von Betar – zerspringen liesse») sind es die Orte, die den Sprecher mit der Geschichte des Landes verbinden (Zeile 11–18): von der Anspielung auf Abrahams Opfer «bejin habetarim» in Zeile 11 über die andern Erzväter und Moshe und Aharon bis zum Allerheiligsten im Tempel. Die Darstellung ist aber alles andere als gelehrte Aufzählung[111], sondern die Begegnung mit dem Göttlichen ist verbunden mit einer Liebesbegegnung zwischen Ich und Du, zwischen dem Sprecher als Liebhaber und dem Du des Landes, der personifizierten Zionsgestalt. Nicht nur die explizite Aussage in Zeile 12 «ich würde deine Steine sehr lieb haben und deinen Staub voll Erbarmen liebkosen», sondern auch die Wiederholung von «deinen Wald – deine Weinberge – dein Gilead – dein Berg Avarim» ist eine Art Liebesansprache. In Zeile 16, «Myrrhe ist dein Staub und deine Flüsse sind Honigseim», ist die Liebessprache wegen der Metaphorik von Myrrhe (HL 5,1) und Honig (HL 4,11) noch deutlicher. Das Verlangen «nackt und barfuss auf den verlassenen Trümmern zu gehen» (Zeile 17) ist meiner Meinung nach nicht die Einstellung eines Asketen, der sich kasteien und auf jeden Genuss verzichten will[112], sondern darin drückt der Sprecher zweierlei aus: die Ehrfurcht vor dem Göttlichen[113] und den Genuss der vollständigen Hingabe an «sie», die im Land verkörperte Zionsgestalt. Die Genüsse Spaniens hingegen behagen ihm nicht, weil Spanien unrein ist (Zeile 19, 20 und 21) und ihm das Elend Jerusalems vor Augen steht (22 und 23). Die Zeilen 19–23 sind nur ein kurzer Übergang zur nächst höheren Ebene der Hymne (24–28): Kaum hat er das

---

111 Gelehrte Aufzählungen macht z. B. Shmu'el Hanagid in Nr. 31 האעצור נחלי עיני.
112 Schirmann/Fleischer 1996, S. 460 (hebr.): «Sein Streben geht dahin, im Heiligen Land ein Leben von Trauer und Askese zu leben, nackt und barfuss zwischen den heiligen Orten umherzugehen, sich jeglichen weltlichen Genusses entsagend, denn ‹wie kann mir das Essen und Trinken behagen, solange ich sehe, wie die Hunde deine Junglöwen fortschleppen ...› (Nr. 401, Zeile 20). Abgesehen von der geistigen Verbundenheit mit dem Land Israel wurde mit den Jahren die Erkenntnis bei Jehuda Halevi immer stärker, dass er durch die Einwanderung ins Heilige Land für seine Sünden büssen könnte.» Das Sündenbewusstsein erklärt Schirmann daraufals ein im Mittelalter übliches Verhalten eines Menschen, der sich dem Alter und dem Tod nähert.
113 So interpretiere ich aufgrund von Ex 3,5, Gottes Befehl an Moshe, die Schuhe auszuziehen.

Elend Zions angesprochen, kommt in Zeile 24 die Kehrtwende zur hymnischen Liebeserklärung an Zion: Das Verlangen der Exilierten ist das von Freunden und Liebenden: sie hängen sich an die Kleidersäume von Zion und wollen an der Palme hinaufsteigen, um ihre Dattelrispen zu greifen. Dies ist das höchst erotische Bild aus HL 7,9. Der Schluss ist hymnische Gebetssprache (28–34) mit den vielen rhetorischen Fragen «wem bist du zu vergleichen?!» und den vielen Wiederholungen «wer dich wählt und sich nähert und wohnt und wartet und hingelangt und sieht»; es ist auch die Sprache der Seligpreisung desjenigen, der zu Zion hochsteigt und von ihr erwählt wird und die andern Erwählten sieht. Das letzte Wort führt wieder zur Vorstellung von Zion als Frau zurück: «wenn du (Zion) zurückkehrst an den Anfang deiner Jugend …».

Jehuda Halevi unterscheidet sich in folgendem Hauptpunkt von Shmu'el Hanagids Siegesliedern mit dem Thema Zion[114] und speziell von seinem Siegeslied Nr. 9 לבבי בקרבי: Shmu'el Hanagid redet über die «edle Tochter im Nussgarten» in der 3. Person, Jehuda Halevi hingegen braucht in Nr. 401 (und 403) die gefühlsbetonte direkte Anrede, um die Sehnsucht des Sprechers auszudrücken. Die angeredete weibliche Person ist in jeder Zeile anwesend, und in Nr. 401 bildet die Anredeform des weiblichen Suffixes den durchgehenden Reim auf -aikh; Nr. 401 und Nr. 403 sind vom lyrischen Ich und dem Du des Partners bestimmt.

Jehuda Halevi benützt zwar das Aṭlālmotiv der Trümmer des geliebten Ortes, aber er korrigiert das Weinen über die abwesende Geliebte und stellt es als erfüllte Liebe dar, indem der Sprecher Zions Staub und Steine ins Positive umwertet und den Ort nicht als Wüste darstellt, aus der die «edle Tochter im Nussgarten» (Shmu'el Hanagid Nr. 9) verschwunden ist, sondern als Ort, an dem sie in ihrer ganzen Schönheit noch anwesend sei: (Zeile 24) «Zion, du vollendete Schönheit (Ps 3,2), binde dir Liebe und Anmut um, sowie seit jeher dir verbunden sind die Seelen deiner Freunde.» Aus dem Aṭlālmotiv ist nun eine Hymne auf die Geliebte geworden, als ob die Steine und der Staub Verkörperungen der Geliebten selbst wären. Die Tränen sind deshalb nicht Tränen der Trauer wie bei Shmu'el Hanagid, sondern der Liebe. Die Utopie einer erfüllten Sehnsucht realisiert sich in der Fiktion, im Akt des Dichtens:

Nr. 401, 12: Ich wollte auf mein Gesicht fallen auf deinem Land und deine Steine lieb haben und werde voll zärtlichen Mitgefühls sein (אחונן) für deinen Staub.[115]

---

114 Weiteres Siegeslied mit Zionslied-Einleitung ist Shmu'el Hanagid Nr. 31 האעצור נחלי עיני.
115 Liebhaben ארצה; Mitgefühl haben: אחונן (von der Wurzel חנן): dieser 2. Teil des Verses ist adaptiertes Zitat von Ps 102,15. Auf denselben Vers spielt der «Chaver» am Schluss des Kuzari an, und verknüpft ihn kausal mit Vers 14, dass Gott dann «aufstehen und sich Zions erbarmen werde».

Nr. 401,3: (Gruss von einem Gefangenen des Verlangens,) der Tränen vergiesst wie der Tau des Hermon, und sich danach sehnt, sie auf deine Berge herabfallen zu lassen.

In den Piyyutim ist es Gott, der den Tau des Hermon (nach Ps 133,3 und Hos 14,6) als Liebes- und Erlösungsakt auf die Erde fallen lässt z. B. in Shlomo Ibn Gabirol Nr. 96: «Die Zeit, da es der Liebe gefällt, will Ich schnell herbeibringen, und Ich will auf dich herunterkommen wie der Tau des Hermon.» Wenn man diese Konnotation von Tau als erlösendem Tau[116] auch in Jehuda Halevis Zionslied 401,3 annimmt, so hat das Weinen sogar noch die Bedeutung, dass der Sprecher mit seinen Tränen Zion gleichsam zum Leben erwecken kann.

Zum Motiv des Weinens aus Liebe kann man die Verse Nr. 403,3–5 (יפה נוף) vergleichen:

3 Könnte ich mich doch auf Adlerflügel setzen (Ex 19,4)[117],
  damit ich mit meinen Tränen deinen Staub tränken könnte, so dass er sich vermischte!
4 Ich hab dich gesucht, und wenn auch dein König nicht in dir ist (Jer 8,19) und auch wenn
  es statt Balsam von Gilead Schlangen gibt und Feuerschlangen und Skorpione,
5 so würde ich doch voll zärtlichen Mitgefühls sein (אחונן) für deine Steine und sie küssen,
  und, der Geschmack deiner Schollen wäre süsser als Honig meinem Mund.

In beiden Gedichten sind es gerade der Staub und die Steine, die ihn zum Mitgefühl und deshalb zur Liebe bewegen. Die Liebe hat neben Mitgefühl auch den erotischen Aspekt des Verlangens, besonders in Zeile 401,28, wo von den exilierten Juden die Rede ist, welche «nach den Dattelrispen» Zions fassen, die im Bild der Frau und Palme beschrieben ist. Aber allein das Küssen der Steine (403,5) und der Honiggeschmack der Erde (gemäss dem Honig der Geliebten in HL 4,11) ist ein erotischer Topos, der dem Küssen der Fussspuren der Geliebten in den Liebesliedern entspricht: Am Schluss des langen Gedichts von Jehuda Halevi (Brody, II, Lied Nr. 4 מה לך צביה) sagt der Sprecher: «Könnte ich es doch erleben, noch Balsam und Myrrhe zwischen deinen Fussspuren suchen zu dürfen. Ich höre deine Stimme nicht, aber ich höre im Versteck meines Herzens den Klang deiner Schritte.»

---

116 Erlösen und Wiedererwecken aus dem Tod: Das Gebet um den Tau, das am Mussaf des 1. Pessachtages in die 2. Berakha des Amidah-Gebets eingeschoben wird, hat diese Konnotation, s. z. B. Jannai, Shivʿata zu Pessach (Teil I 2.2.3.1).
117 Vgl. Nr. 401, Zeile 11 und 405, Zeile 7. Jehuda Halevi lässt auch im Piyyut die Knesset Jisrael so reden Nr. 75 (יונה מה תהגי): «Möge Er mir doch Flügel geben wie einem Sperling, um zu meinem Hügel zu fliegen und mir Freiheit auszurufen.» Das Motiv des nach Israel (heim-)fliegenden Vogels wird von Bialik ebenfalls gebraucht: El haTzippor, Strophe 11 (ed. Holtzman 2004, S. 16).

Ein wichtiger Punkt zum Verständnis der Erotik ist der, dass im Zionslied Nr. 401 die Gestalt der Geliebten und das Land Israel / Jerusalem in Bezug auf erotische Anziehungskraft *und* Heiligkeit miteinander verbunden sind, was ein Charakteristikum der Piyyutim ist.[118] Denn Zion ist im Lied Nr. 401 nicht nur deshalb erotisch anziehend, weil ihre Erde und Steine für den Sprecher die Geliebte verkörpern, sondern auch weil für ihn in Zion die Shekhina anwesend ist (Zeile 6), die für ihn der Thron Gottes (9) ist, an dem er seine Seele ausgiessen kann (Zeile 8) und in Richtung deren Tore sich der Betende niederwirft (Zeile 26).[119] Das Ausgiessen der Seele (Zeile 8) ist kein eindeutiges Bild: es kann den Tod meinen wie in Ekh 2,12 oder eher das Beten wie das Beten Channahs in 1. Sam 1,15, am ehesten ist hier aber das Verschmelzen des Ichs mit dem Objekt der Liebe, nämlich Gott und dem heiligen Ort, gemeint als Liebestod nach Art der Sufimystik[120]. Dass der gleiche Ort heilig und erotisch wirkend gedacht werden kann, ist nicht nur eine Spezialität der hebräischen Poesie. Auch in der mystischen arabischen Poesie ist die Liebesstätte in der Wüste, an dem der Liebhaber sich nach der fernen Geliebten sehnt, zugleich auch ein heiliger Ort, z. B. ein Pilgerort auf der Pilgerfahrt nach Mekka.[121]

Im Zionslied Nr. 401 ist im Unterschied zum Liebeslied (z. B. Jehuda Halevi מה לך צביה Brody, II, Nr. 4, s. o.) die Sehnsucht beim Aufsuchen der Spuren der Geliebten zusätzlich mit dem Mitgefühl kombiniert. Dies ist ein Zug, mit dem Jehuda Halevi auch in den Piyyutim die Beziehung des Volkes zu Zion charakterisiert. Die folgenden Verse aus Piyyut Nr. 93, dessen Gürtelreim wie Nr. 401 das weibliche Du mit der femininen Suffixform -aikh hervorhebt, entsprechen punkto Mitgefühl des Volkes den Zeilen des Zionslied 401,12 und 403,3–5:

Jehuda Halevi Nr. 93, 2. Strophe, ein anonymer Sprecher redet Jerusalem an:

---

118 s. o. 2.2.3 Shlomo Ibn Gabirol Nr. 144 שער אשר נסגר und Teil III 1.4.

119 Es handelt sich um eine «spirituelle Topographie»: Den Begriff braucht Pestalozzi bei der Interpretation von Petrarcas Bericht über die Besteigung des Mont Ventoux. Pestalozzi 1970, S. 28.

120 s. Teil III 4. Der Vers in Nr. 401,26 (ebenso Nr. 210, Strophe 4), wo der Betende im Exil sich in Richtung der Tore Zions niederwirft, kommt variiert in Nr. 241, Zeile 4 vor, wo der Betende sich vor Gott niederwirft. «Ausgiessen der Seele» als Ausdruck für Beten: ein eindeutigeres Bild für Beten ist «Ausgiessen des Herzens» wie in Ekh 2,19 und Ps 62,9.

121 Sells 2000, S. 148: Er zitiert aus Ibn ʿArabī (Murcia 1165–Damaskus 1240) und zeigt, wie dieser die Pilgerstationen auf dem Weg nach Mekka (Najd, Kathīb and Laʿlaʿ) mit dem Aṭlāl-Motiv, dem Besuchen der «Ruinen vergangener Liebe», verschmilzt.

Gib Vertrauen denen, die erschreckt sind, und stärke die Knie derer, die straucheln!
Denn noch werden die vier Lager (nach Num 2,20–27) an den drei Wallfahrtsfesten zu dir kommen,
die schwachen (Nech 3,34) Juden, die wegen der Liebe zu dir krank sind,
die über dich trauern, und deine Betrübten (Ekh 1,4) sind voll zärtlichen Mitgefühls (חוננים) für deinen Staub. (Ps 102,15)

Die «schwachen Juden» sind explizit als Liebeskranke bezeichnet, sie klagen aus Liebe und aus Mitgefühl. Auch hier ist die personifizierte Zionsgestalt (Jerusalem genannt) eine Person, die dem «schwachen» Volk im Exil nicht als zerstört, sondern als stark erscheint. Während in Nr. 401 der Sprecher nur erwartet, dass die Zionsgestalt sich wenigstens nach ihm erkundige, bekommt Zion hier die Aufgabe, das «strauchelnde» Volk zu ermutigen und zu stärken.[122]

Im Teil III der Arbeit[123] werde ich an Piyyut Nr. 75 zeigen, dass Jehuda Halevi das Ich der Knesset Jisrael analog zum lyrischen Ich in den Zionsliedern Nr. 401 und 403 gestaltet, oder anders gesagt: die Knesset Jisrael mit ihrer Sehnsucht nach Zion dient ihm als Spiegelbild, auf das der Sprecher seine Gefühle projiziert. Weitere Neuinterpretationen des Aṭlālmotivs sind die, dass die Dichter nicht beim Bild des zerstörten Gartens stehen bleiben, sondern meistens damit die schon biblisch formulierte Hoffnung verbinden, dass der Garten wieder aufblühen wird.[124]

---

[122] Zur souveränen Zionsfigur: unten 6.2.3. Zur tröstenden Zionsfigur: Teil III 3, «Mutterbild».
[123] Dort Kapitel 6, Einleitung. Das lyrische Ich drückt seine Sehnsucht nach der Heimat aus: bei Moshe Ibn Ezras weltlichen Liedern ist diese Heimat Granada.
[124] Dazu Teil III 1.4.4.2.

5. Die Frau in den Liebes- und Hochzeitsliedern

Die Interpretation der Lob- und Freundschaftslieder hat gezeigt, dass die Beziehung zum Freund/Patron durch die Sehnsucht nach dem Abwesenden charakterisiert ist. An einigen in Kapitel 4 zitierten Piyyutzitaten sahen wir bereits, dass das Bild der im Exil lebenden Knesset Jisrael oft in Analogie zum verlassenen, sehnsüchtigen Freund gestaltet ist.

Nun stellt sich die Frage, ob es überhaupt Bilder der *Frau* gibt, die auf die Darstellung der Knesset Jisrael eingewirkt haben. Die Antwort ist ein eingeschränktes ja: auch das Bild der Frau hat für die Knesset Jisrael Modell gestanden, aber nur für folgende zwei Züge, die aus zwei verschiedenen Bereichen der weltlichen Frauendarstellung stammen:

1) ihre verlockende Schönheit wird betont, worin sie der realen Geliebten gleicht. Aber während diese Geliebte im Lustlied schweigend und abweisend ist, hat die Knesset Jisrael als Textperson eine Stimme und ist nie abweisend, worin sie dem 2. Frauenmodell entspricht:
2) Sie wirbt, liebt und spricht wie die Braut im weltlichen und liturgischen Hochzeitslied. Beide sich widersprechenden Charakterzüge verdankt die Knesset Jisrael also der neuen andalusischen Poesie.

5.1 Die weltliche Geliebte und das Schönheitsideal

Wenn das andalusische Lustlied[1] an eine Frau gerichtet ist, so malt es das stereotype Bild einer fernen, schönen, unerreichbar hohen Frau oder einer schönen Sängerin und Tänzerin aus sozial niedrigem Stand[2]: meistens waren dies Dienerinnen

---

[1] Lustlieder gelten in der arabischen Poetik als Loblieder an die Frau: Pagis 1970, S. 152. Dabei ist ihre Schönheit ihre einzige Qualität, die gelobt wird: Rosen 1988, S. 70/71 und speziell Rosen 2001 = 2003, 2. Kapitel «Gazing at the Gazelle: Woman in Male Love Lyric» (S. 30–63).

[2] Rosen 2001, S. 99. Sie hat sich auf das Frauenbild spezialisiert, indem sie auch das Material, das die Kharjas bieten, ausgewertet hat. Sie sagt, man könne trotz der Stereotypisierung der Geliebten, die die Identifikation jeweils erschwere, wenigstens zwei Standard-Portraits ausmachen (hebr.): «Die zwei Standardportraits, die eine als

oder christliche Sklavinnen[3] am Hof des Kalifen oder der Taifakönige; sie sangen hinter einem holzgeschnitzten Paravent, dem arabischen Sitr, der wie das Geäst eines Baumes aussah; sie wurden deshalb unter anderm mit Tauben verglichen.[4] Shlomo Ibn Gabirol[5] bezeichnet zum Beispiel im Nasīb eines Freundschaftsgedichtes eine Sängerin wegen ihres überwältigenden Charmes als Zauberin (בעלת כשפים). Obwohl dies zwei unvereinbare Standardporträts sind, vereint die Knesset Jisrael Züge von beiden: Wie oben in Beispiel 9 und in vielen weiteren Piyyutbeispielen[6] tritt sie zwar als Sängerin auf, weil sie gemäss der jüdischen Midrash- und Liturgietradition Lob- und Liebeslieder für Gott singt, und sie und ihre Stimme werden ebenfalls als schön bezeichnet, aber ihre Erscheinung entspricht der einer hochgestellten Geliebten im hebräischen Liebeslied, die sich *nicht* öffentlich zur Schau stellt. Über solch eine vornehme Geliebte erfahren wir aus dem Gedicht von Shmu'el Hanagid Nr. 174[7] Jarden דברו נא folgendes: Sie wird als «geehrte Königstochter» betitelt wie die Knesset Jisrael in Jehuda Halevis Piyyut Nr. 390, sie lebt hinter verschlossenen Mauern, ist nie der Sonne ausgesetzt, muss nicht arbeiten, sondern wird von Dienerinnen umsorgt. Auch Shlomo Ibn Gabirol gibt in Piyyut Nr. 157 der Knesset Jisrael als Herrin (הגבירה) und als «geehrter Tochter» Dienerinnen als Ehrenbegleitung[8]. Solch eine Dame heisst deshalb auch die «Gazelle des Palastes»[9] im Unterschied zur Gazelle des

---

    Prinzessin, die andere als Dienerin/Sängerin, sind aber in der hebräischen Poesie arm an spezifischen Charakterisierungen ihres Standes.» Zu den verschiedenen Porträts der Geliebten in der Umajjaden- und Abbasidenzeit am Hof von Bagdad s. Enderwitz 1995, S. 133–156 im Kapitel «Geliebte und Göttin».

3 Laut Ashtor 1984, S. 163. Sie waren meistens hochgebildet, so Pérès 1953, S. 383 f.

4 Schippers 1994, S. 127. Er zitiert aus einem Gedicht von Al Mu'taḍid (Schippers Angabe: Dhakhīra II: I, S. 30): «For them (scil. die Tauben, verglichen mit Sängerinnen) the leaves serve as a curtain, when they sing in the branches.» Al-Mu'taḍid war von 1042–1069 Abbadidenkalif von Sevilla. Zum historischen Hintergrund der Abbadiden von Sevilla: Nicholson 1993, S. 420 f.

5 Freundschaftslied בעלת כשפים abgedruckt bei Schirmann 1955/6, Bd. II, S. 457.

6 s. Teil III 1.4.5.

7 Nr. 174, S. 302. Zitiert bei Rosen 2001, S. 100, Rosen 2003, S. 33.

8 Zu den Freundinnen als Begleiterinnen der Knesset Jisrael s. Teil III 5.2.1.

9 Gazelle des Palastes עופרת הארמון/צבית הארמון: Scheindlin 1986 (Prooftexts 6) schildert in seinem Artikel "Fawns of the Palace and Fawns of the Field" die «Gazellen des Palastes» folgendermassen (S. 196): "Aristocratic ladies do not appear in public. They inhabit a secluded world of their own in the women's quarter of the palace, a mysterious world of beauty, song and dreams of love." Die «Gazellen des Feldes» hingegen sind die Frauen, die für die effektiven Liebesakte zugänglich sind, aber natürlich ausserhalb der noblen Gesellschaft stehen. In der Literatur bezeichnen die beiden Begriffe je nach Textsorte folgende Unterschiede gemäss Scheindlin 1986 (Prooftexts 6), S. 198: "In epithalamia,

Feldes. An eine «Gazelle des Palastes» werden in al-Andalus die Liebeslieder der «höfischen Minne» (courtly love) geschrieben, die die Liebe idealisieren. Zum Thema «höfischer Liebe» gibt es auch eine hebräische Maqāma[10], Asher im Harem, die das Schicksal eines unbedarften, noch unkultivierten Mannes namens Asher beschreibt, der auszieht, die Liebe kennenzulernen. Er kennt nur die als vulgär angesehene Liebe zur Gazelle des Feldes und wird durch die Begegnung mit einer Gazelle des Palastes unter Liebesschmerzen gezähmt, bis er nach frustriertem Leiden an ihrer Unzugänglichkeit schliesslich gereift, doch als verheirateter Mann endet. In dieser Geschichte ist die erhabene Dame von einschüchternder Schönheit nicht nur versteckt hinter den Wänden des Palastes und umgeben von einer Schar von Dienerinnen, sondern auch ihr Gesicht ist verschleiert wie bei der Gestalt, die wir oben in Beispiel Nr. 10 als Knesset Jisrael identifiziert haben, sie wiegt sich beim Gehen «wie ein Myrtenzweig»[11] und singt ein Lied: zu ihrer Beschreibung zitiert der Autor Solomon Ibn Ṣaqbel die ersten Zeilen des damals allgemein bekannten Hochzeitsliedes von Jehuda Halevi צבית ארמון את עופרה (Nr. 462 Jarden «Du bist die junge Gazelle, die Gazelle des Palastes», s. u. Beispiel Nr. 13).

Die Geschichte von Asher und das Hochzeitslied Nr. 462 zeigen, dass die ehrbare Frau vor ihrer Heirat die vornehme Unzugänglichkeit der Palastdame hat. Bis zu diesem Punkt kann das Bild der Gazelle auf die Knesset Jisrael übertragen werden, mit zwei Einschränkungen, die ich anhand des Beispiels Nr. 12, eines Gürtellieds, bespreche.

Beispiel 12: Jehuda Halevi, Brody, II, Nr. 114, S. 324[12] חמה בעד רקיע

> Du, Sonne, hinter dem Rand deines Haars / enthülle das Licht deiner Wange!
> Denn durch die Sicht deiner Pracht du erlöst /
> den Knecht, den Gefangnen, der krank ist vor Liebe.

---

    they represent married as opposed to unmarried love. In secular poetry, they represent courtly as opposed to uncourtly love." Scheindlin 1986 (Wine, Women), S. 88: "But the aristocratic character of medieval Hebrew poetry virtually precludes the possibility of our learning from it about Jewish Bohemian life."

10 Maqāma: fiktive Kurzgeschichte in stilisierter, gereimter Prosa. "Asher in the Harem" (übersetzt u. a. von Scheindlin 1990, S. 253–268) hat Solomon Ibn Ṣaqbel (so Scheindlin 1986 Prooftexts 6, S. 190) vor al-Ḥarizi, vor der Almohadeninvasion (1147), geschrieben.

11 Der kokett «schaukelnde Gang» einer Gazelle, «die sich wie der Zweig des Ban-Baumes wiegte wegen der Zartheit ihrer Hüfte»: so lautet eine Zeile von Abu Nuwās, zitiert und übersetzt von Schoeler 1974, S. 67. Im Beispiel Nr. 10 oben (an Shmu'el Hanagid) ist ihr Gang schwebend-hüpfend wie der einer Taube.

12 Kommentar dazu Brody, III, S. 306. Auch ediert und kommentiert bei Schirmann 1955/6, I, 2, S. 434. Auf Englisch die ersten drei Strophen übersetzt von Rosen 2003, S. 39 f. als eines ihrer Beispiele im Kapitel "Gazing at the Gazelle".

1 Wenn auch die Zeit[13] dich verweigern mir wollte / und dich wie das Manna versteckte,
so hast doch im Herzen bei mir du gewonnen / einen Sitz, der ist ewig und treu.
Wenn ich dich fange mit meinen Gedanken, / was könnte dann machen die Zeit?
Vergesse ich aber, o Sonne, dein Bild, / mög' ich meinen Schöpfer vergessen!
Du bist meine Sehnsucht, bist meine Lust: / was kümmert mich dann noch die Zeit!
2 Was tadelst du denn ein Herz, ein gequältes, / das Stätte doch ist deines Lagers?
Wie soll ich als Engel dich sehen, der lagert / in mir, doch entflammt er den Busch?
(Ex 3,2)
Und wünschst du den Tod mir, so rufe und / ich werd' deinem Wunsche entsprechen.
Denn sag ich «ich löse dich aus», ist's kein Trug: / so sei nur hart und verlange /
meine wenigen Tage, ist *dir* doch mein Leben, /
wenn nur deinen Zorn du zurückhältst!
3 Was sorg ich mich, ist deines Angesichts Licht / mir Sonne und auch mein Mond?!
Fast konnte ich zwischen den Zähnen bei dir / mir Honig und Balsam gewinnen,
wenn deiner Augen Waffen nicht wär, / dein Zornesfunkeln, gewesen.
Warum durch die Lust nach dir, Mädchen, soll / ohne Waffe ermordet ich werden?
Wenn doch deine Wange, wo glüht meine Rose, / so Lust hat, mich zu erlösen?
4 In deiner Schönheit ist Dunkel und Licht / vermischt, gibt süssen Genuss mir,
denn Gott, als Er schuf dich, verband / den Osten zugleich und den Westen,
Skorpionen hat um deinen Glanz Er gesetzt: / sie liegen dort auf der Lauer.
Ob Buntgesticktes wie Frauen du / anziehest oder auch ablegst –
es reicht, dass du schmückst dich mit deiner Gestalt, / sie ist dir an Stelle des Schmuckes.
5 Schönheit ist jede in dir – welch Gewinn / wär Kette oder Halbmöndchen?
Sie hinderten nur deinen Nacken zu küssen / und deinen Hals zu umarmen!
Da antwortete sie, die Myrte Scharons, / mit einem Lied voller Jubel.
Kharja[14]: Löse die Halskette von deinem Nacken, warum hast du zusätzlich Schmuck angelegt?
Du bist mein Schmuck, und das ist bei mir die Hauptsache meines Interesses.

1) Hier wie in allen Lustliedern gibt es den Widerspruch zwischen der Schönheit der Frau und ihrer Unzugänglichkeit, vom Liebenden als «Fernsein» oder «Weggehen» (= נדוד) bezeichnet und als Grausamkeit ausgelegt. Der Liebhaber bewundert und begehrt sie[15], sie aber erscheint kalt und abweisend; sie scheint sich gegen die Wirkung, die ihre Schönheit auf den Liebhaber hat, zu sträuben

---

13 Die Zeit (Schicksal) ist der Feind des Liebespaares: s. o. Beispiel 1 Shmu'el Hanagid Nr. 182.
14 Diese Kharja zeigt, dass in ihr nicht ausschliesslich die Frau spricht, sondern auch die Stimme des Mannes vorkommt, was schon Ibn Sanā' al-Mulk, "a thirteenth century authority on the muwashshaḥ" bemerkt habe: Rosen 1988, S. 81.
15 Scheindlin 1986, S. 86 zum Erleben der Schönheit: "Examining … the character of that experience, we find that it is not primarily an experience of love, the consciousness of a passionate union between two souls, but a deeply felt admiration for an object which may itself remain unmoved; it is an esthetic rather than a loving experience."

(Strophen 2 und 3). Dieser Punkt ist wichtig, denn die Braut und auch die Knesset Jisrael weist als Liebende, wenn sie den Sprechpart hat, selbst auf ihre Schönheit hin und wirbt damit, um die Liebe des Bräutigams zu gewinnen.[16] Der Topos der Gazelle, die in den Lustliedern (Ghazalliedern) nicht nur unerreichbar und fliehend ist, sondern auch grausam den Liebhaber verwundet (Strophe 2 und 3), ist natürlich der Knesset Jisrael (und der Braut) völlig fern; Verwundungen der Liebe fügt nicht *sie* zu[17], sondern sie ist umgekehrt das Opfer der Verwundungen durch Gott. Denn in der Liebe ist sie als Liebende verwundbar wie der Liebhaber im Lustlied und wie der Freund in der Panegyrik.

2) Wenn der Liebhaber sich selbst als Knecht und Sklave (2. Zeile) der Geliebten als Herrin unterwirft, so ist das Liebesverhältnis der Knesset Jisrael zu Gott gerade umgekehrt: Er ist der Herr und sie Ihm unterworfen.[18]

5.2 Die Braut, die Knesset Jisrael und das Schönheitsideal

Das Aussehen der weltlichen Geliebten, der realen Braut und der Knesset Jisrael wird in einigen Punkten signifikant anders beschrieben:

All die Schönheitsideale im obigen Beispiel Nr. 12, das Gesicht, das wie die Sonne leuchtet[19], die Helle des Gesichtes neben dem Dunkel der Haare, die sich ringelnden Haare, die wie Schlangen die Wangen bewachen, kann auch die Braut im Hochzeitslied haben.[20] Aber weil die Braut den Bräutigam von der Liebesqual erlösen soll, wird bei ihr im Unterschied zur unerreichbaren Geliebten betont, dass ihre verlockende Schönheit für ihren Bräutigam vom Moment der Hochzeit

---

16 s. o. Beispiel Nr. 2 (Shlomo Ibn Gabirol Nr. 96) in 2.1; Jehuda Halevi Nr. 464, Teil I 3.2.
17 Die einzige Ausnahme, wo sie Ihn verwundet, ist in Moshe Ibn Gikatilla אם תראי: s. Teil III 1.1.4
18 s. z. B. Teil III 4.1: Moshe Ibn Ezra Nr. 38 מה לאהובי. Im Piyyut von Shlomo Ibn Gabirol Nr. 157 wird die Knesset Jisrael zwar Herrin (Gevirah und Sarah) genannt, aber nur wegen ihrer Vornehmheit, um sie von der «Magd Hagar» (Araber) abzuheben: s. Teil III 2.
19 Auch Ibn Ḥazm beschreibt in Kapitel 24, eine Frau auf diese Weise (meine Übersetzung aus Ibn Ḥazm, ed. Bercher): «sie ist vollendet, strahlend wie die Sonne, wenn sie aufgeht, alle andern Frauen sind neben ihr nur Sterne.»
20 s. Beispiel 13 unten: Sie ist die Sonne (Beispiel 13, Zeile 14 wie Beispiel 12, Zeile 1), sie verbindet Dunkles und Helles (Beispiel 13, Zeile 19 wie Beispiel 12, Strophe 4), die Haare sind Schlangen (Beispiel 13, Zeile 7–9 wie Beispiel 12, Strophe 4).

an nicht mehr gefährlich sei. Eben diese genannten Schönheitstopoi hat nun die Knesset Jisrael im Piyyut prinzipiell nicht, weil ihr Gesicht, besonders ihre Haare, im Unterschied zur Geliebten kein Thema sind: sie zeigt sich ja als Ehrendame nur verschleiert.[21] Es gibt Ausnahmen, aber ich will zuerst ihre üblichen Schönheitstopoi nennen, die alle aus dem HL stammen: Wie im klassischen Piyyut ist sie schön wegen ihrer schönen Stimme, ihres guten Dufts und ihres Schmucks, dazu nennt der andalusische Piyyut noch ihren Wuchs als körperlichen Vorzug, den sie mit der weltlichen Geliebten und der Braut[22] gemeinsam hat; die Beschreibung stammt aus HL 7,8.9, z. B. Jehuda Halevi, Nr. 194 יוצאת אל החרבה: «Du, die du ins Trockene hinausziehst, weg vom Schilfmeer und von der Hand der Peiniger, du standest da wie eine Palme, schön mit ihren Traubenrispen.» Das Bild der Brüste als Granatäpfel, mit dem die weltliche Braut unten in Beispiel 13 Zeile 5 beschrieben wird, kommt hingegen nicht aus dem HL, sondern aus der neuen weltlichen Literatur und ist an der Grenze dessen, was für die Beschreibung der Knesset Jisrael möglich ist (s. Teil I 3.2: Interpretation des Hochzeitslieds von Jehuda Halevi Nr. 464).

Als Ausnahmen werte ich zwei uns überlieferte[23] Piyyutim, in denen ihr Gesicht und der Blick ihrer Augen dieselbe Rolle spielen wie bei der weltlichen Geliebten: die Schönheit, besonders der Augen, ist wörtlich bei Abraham Ibn Ezra Nr. 107 איומתי עדן שממת und bei Moshe Ibn Gikatilla אם תראי מראייך[24] als ihre Waffe bezeichnet. Auch im HL bezaubert die Geliebte durch ihren Blick (HL 4,9 und 6,5), aber das spezifische Vokabular «Waffe» (נשק/אזן) übernehmen

---

21 Scheindlin 1986 (Prooftexts), S. 263: "The veil of nobility covered her brow; she swayed as she walked, like a myrtle bough." Bei den Geliebten, die offenbar keine Edeldamen sind, wird das Haar beschrieben: Jehuda Halevi Nr. 18, Brody, II, S. 20: «In der Nacht enthüllte mir eine junge Gazelle die Sonne ihrer Wange und den Schleier ihres Haares.» Im Piyyut gilt der Verlust des Schleiers als Schande: s. Teil III Anfang 2.2 Moshe Ibn Ezra Nr. 186 אילת אהבים: «Meinen Kopfschleier (צניף) haben sie emporgehoben und ich wurde als Nackte hingestellt.» Ebenso Jehuda Halevi Nr. 168, 2. Strophe: «Soll sie (Zion) ewig unbedeckten Haares sein?»

22 An eine Geliebte: z. B. Shlomo Ibn Gabirol, ed. Schirmann 1955/6, I, 1, S. 213: «Wie Tamar (eine Palme) bist du in deiner Schlankheit, wie die Sonne in deiner Schönheit.» An eine Braut: s. Beispiel 13, Zeile 2: «Du, Palme, du wiegst dich wie ein Rohr ...»

23 Eventuell gab es noch mehr solch «freizügige» Piyyutim, nur wurden sie vielleicht nicht rezipiert. Die Macht der Augen der Knesset Jisrael resp. der Shekhinah taucht als Motiv auch in der Periode nach der Vertreibung aus Spanien auf, wie ich aus Yahalom/Tietze 1995, S. 25 entnehme (s. o. 1.3.2): Najarah dichtet «Meine Schöne, warum spannen deine Augen so klar leuchtend den Pfeilbogen?» Najarah wendet sich an die Shekhinah (weiblicher Aspekt Gottes).

24 Moshe Ibn Gikatilla, Brody 1937, Lied Nr. 3. Zu diesem und zu Abraham Ibn Ezra Nr. 107 s. Interpretation in Teil III 1.1.4.

die Dichter aus dem Lustlied. Bei Moshe Ibn Gikatilla sagt Gott (Zeile 6 und 9–11): «Gazelle, von Mir weg wende deine Augen ... denn deine Schönheit quält jedes Herz. Ein Vergnügen für den, der (dich) einatmet und küsst, und deine Augen sind eine Waffe (נשק).» Ausserdem bewundert die Stimme Gottes ihre Lippen, rot wie einen Karmesinfaden (HL 4,3), und ihre Brüste wie zwei Böcklein (HL 7,4). Bei Abraham Ibn Ezra Nr. 107 lobt Gott ihr leuchtendes Gesicht[25] genauso, wie der Liebende die Frau im HL 6,10 beschreibt (Zeile 10): «Wie die Morgenröte schaust du herab.» Er lobt auch ihre schönen Augen nach Art des Liebhabers im Lustlied: (Zeile 4 f.) «Schönheit und Anmut sind deine Waffen (אזן, Dtn 23,14) ... und deine Augen hast du geschminkt.»[26] Wie dieses Motiv der Schönheit als Waffe die Beziehung der Knesset Jisrael zu Gott charakterisiert und warum die Waffe als «Zaubermittel» gilt, werde ich im Teil III (1.1.4) der Arbeit zeigen.

Ein weiterer gemeinsamer Punkt in allen Liebesdarstellungen ist das Trinken von Honig und Balsam bei dem/der Geliebten. Dies ist ein Topos, der durchwegs in den Lustliedern, in der Panegyrik und im Piyyut zwischen Gott und Israel vorkommt (Teil III 1.4.3).

Im Unterschied zur weltlichen Geliebten hat die Knesset Jisrael genau wie die Braut eine Stimme, mit der sie um den Geliebten werben kann, aber nur, solange sie Braut ist.[27] Die Sprechsituationen sind die gleichen: entweder ist sie selbst es, die spricht und zur Liebe einlädt (jenachdem antwortet ihr der Bräutigam), oder der anonyme Sprecher respektive Gott redet über sie in 3. Person; sie kann auch von beiden angesprochen werden.[28] Ein Beispiel für die sprechende, werbende Braut haben wir schon in Teil I angetroffen (Jehuda Halevi Nr. 464

---

25 «Gesicht strahlend wie die Sonne» oder wie die Morgenröte ist ein Topos im Lustlied (Moshe Ibn Ezra, ed. Brody, Nr. 185,17). Ebenfalls für die Knesset Jisrael gebraucht bei Jitzchaq Levi Ibn Mar Sha'ul לבבתיני אחותי (Schirmann 1955/6, I, S. 170: dieses Lied habe ich nicht in meinem Textanhang); ebenso bei Shlomo Ibn Gabirol (oben Bsp. 10) העולה מי זאת.

26 «Geschminkte Augen» auch bei Jitzchaq Levi Ibn Mar Sha'ul לבבתיני אחותי, aber negativ und ohne Erotik: im Zusammenhang mit Seinem Weggehen sagt sie (Zeile 5): «meine Augen sind dunkelblau ohne Schminke». Das meint wahrscheinlich, ihre Augen seien vor Trauer verdunkelt.

27 Rosen 1988, S. 77, sagt im Zusammenhang mit der Unnahbarkeit und Abgeschlossenheit der Frau einerseits und der "Bride's Speech in Wedding Poems" anderseits: "Upon entering the marriage state, the mute beauty of the love lyric is suddenly granted the faculty of speech ... the moment of the wedding ceremony is then the only instance when her speech is daringly erotic, and at the same time socially accepted and respected."

28 Zum eher seltenen Fall, dass der Dichter im Piyyut die Knesset Jisrael durch den anonymen Sprecher anreden lässt, und dieser gleichsam die Stimme Gottes vertritt, s. Kapitel 6 unten.

יבוא דודי). Nun soll noch ein Beispiel dafür folgen, wie sie in einer literarisch gestalteten Hochzeitszeremonie im Piyyut von Jehuda Halevi Nr. 462 bald von einem anonymen Sprecher, bald vom Bräutigam angesprochen und gepriesen wird. In der realen Hochzeitsszene hat der Vorsänger diese Rolle des anonymen Sprechers und fungiert als «Zeremonienmeister»[29], der zuerst die Braut anredet, dann den Bräutigam (Zeile 9). Ab Zeile 13 redet der Bräutigam und fordert die Braut auf, ins Hochzeitszimmer zu kommen. Eine andere Rollenverteilung[30] gibt dem Bräutigam von Anfang an die Stimme, womit die Szene noch mehr übereinstimmen würde mit den Piyyutim, in denen Gott als Bräutigam die Knesset Jisrael anredet.

**Beispiel 13: Jehuda Halevi Nr. 462 Hochzeitslied,
Me'orah** את עופרה צבית ארמון

> Du bist die Gazelle (עופרה), / des Palastes Gazelle (צביה),
> und trunken bist du / vom Granatapfelwein,
> Palme, du wiegst / dich ja wie ein Rohr,
> kommt dies, sag, weil so zart ist dein Leib,
> oder bist trunken du von deinem Wein?
> 5 Im Gezweige / Granatäpfel zwei –
> dass sie nicht schaue / der Fremden Aug' –;
> durch den Schleier / den Schlangen gleich,
> schlängelt dein Haar sich hin bis zur Wange.
> Von weitem beisst sie die Herzen,
> Schlange, ja, – / aber friedlich zu dir[31].
> 10 Augapfel mein, / ganz Entzückende du,
> nach meinem Wunsch / schreit langsam einher!
> Der Duft des Zimts deiner Kleidung soll rufen
> zum Bräutigam hin den Gruss «Abrek» (Gen 41,43).

---

29 Rosen 1988, S. 78, sagt, der Sprecher diene hier "as a kind of master of ceremonies". In Hochzeitsliedern habe der Sprecher oft "the role of the community spokesman".
30 Huss (in mündlicher Erklärung) meint, von Anfang an rede der Bräutigam zur Braut.
31 «Zu dir» – Dov Jarden erklärt «zu dir, dem Bräutigam», so dass diese Zeile als einzige eine Anrede an den Bräutigam enthielte. Der Bräutigam wird erwähnt drei Zeilen weiter unten, in 3. Person. Ebenso wie Jarden fasst auch Elizur (mündlich) die Zeile 9 als Anrede des Paytans an den Bräutigam an. Laut Rosen 1988, S. 78, wendet sich der Paytan am Anfang an die Braut, dann aber rede in Zeile 7–9 der Bräutigam, der seiner Braut sage, ihre Haare seien nicht mehr gefährlich. Die ungefährliche Schlange: Nach dieser Vorstellung sind die Haare der Braut für alle unberührbar ausser für den Bräutigam, denn mit ihm hat «die Schlange Frieden geschlossen», d.h. der Bräutigam darf seinen Garten Eden, worauf die Schlange anspielt, betreten. Vgl. Jehuda Halevi: חמה בעד רקיע oben Beispiel Nr. 12, Strophe 4: der Skorpion als Wächter der Haare dient zur Abwehr. Zum Motiv: Schippers 1994, S. 178.

> Komme doch / zum Palast und zum Lager,
> Tochter des Mondes, / nein, Tochter der Sonne,
15 in Treue / seist du verlobt mir.
> Denn ich bin durstig nach Tau deines Regens,
> deiner vor Honig fliessenden Wabe.
> Schön bist du / lieb deine Stimme.
> An dir seh ich / eine Schönheit, die
> verbindet den Aufgang / von Morgen und Abend[32].
> Ob deiner Wange und Haar will ich preisen
> «den, der Licht bildet und Finsternis schafft»[33].
21 Kommen möge / die Zeit, Tochter Zion,
> dass du ruhest / inmitten der Sänfte.
> Ausrufen möge / Gott über sie:
>> Steh auf, du, die du wohnst in der Fremde,
>> dein Licht kommt, sieh, deine Sonne erstrahlt.

Dieses Gürtellied diente wahrscheinlich[34] als Me'orah an einem Hochzeitsshabbat, wie der Schluss «siehe dein Licht kommt» zeigt.[35] Tova Rosen sagt zum religiösen Horizont, mit dem das Lied endet, er verleihe den Hochzeitsgedichten eine zusätzliche Aura von Feierlichkeit.[36] Das Lied folgt der Tradition des klassischen Hochzeitsliedes, weil hier wie dort die Hochzeit der Braut auf die zukünftige Hochzeit der Knesset Jisrael, ihre Ruhe in der Hochzeitssänfte[37], verweist. Auch in der äusseren Erscheinung tritt die Braut wie die Knesset Jisrael auf: sie hat einen Schleier (Zeile 7), ist wie eine Palme (Zeile 3), sie schreitet langsam (Zeile 11), sie duftet nach Zimt (Zeile 12), ihre Stimme ist lieblich (Zeile 17).[38] Welche Aussagekraft die entsprechend der Braut dargestellte Schönheit der Knesset Jisrael

---

32 Zum Schönheitsideal des Kontrastes von hell (Gesicht) und dunkel (Haar) s. Schippers 1994, S. 176. Ebenso s. die 4. Strophe in Jehuda Halevi חמה בעד רקיע, oben Beispiel Nr. 12.
33 Jes 45,7. Das Zitat bei Jehuda Halevi spielt auf die Verwendung dieses Jesaia Verses im Morgengebet an: «gesegnet Du, der das Licht bildet und die Finsternis schafft».
34 Jarden reiht es unter die Hochzeitslieder ein, Brody, II, S. 49, Nr. 50 unter die Liebeslieder, da er keine Rubrik Hochzeitslieder hat. Als Me'orah habe es schon Zunz verstanden laut dem Kommentar von Brody, III, S. 56.
35 Solch einen Schluss, der ein Hochzeitsgedicht mit dem Segen für das Volk Israel abschliesse, verwende Jehuda Halevi noch in folgenden fünf Hochzeitsliedern, sagt Brody (III, S. 56): Nr. 38, 43, 53, 56, 50 in der Ausgabe von Brody.
36 Rosen 1988, S. 79.
37 Jehuda Halevi Nr. 192 für Shavuoth, s. Teil III 2.1. Jitzchaq Ibn Mar Sha'ul, Qedushta für den Hochzeitsshabbat, im Magen Zeile 12 (Teil I 3.2 und s. Textanhang).
38 Langsames Schreiten: Jehuda Halevi Nr. 192; Palme: Nr. 194; Duft/Stimme: Belege in III 1.4.

im Piyyut hat, werden wir im Teil III sehen (III 1.4). Für die Darstellung hier braucht der Dichter Zitate aus dem HL; nur die Granatäpfelbrüste, die (bei der Braut betont ungefährlichen) Schlangenhaare und das Schönheitsideal von heller Haut und dunklem Haar sind Ideale, die aus dem Lustlied stammen; sie werden auch für die Braut, aber nicht für die Knesset Jisrael gebraucht. Die Schönheit der Braut motiviert den Sprecher (Zeile 20) zum Lobpreis Gottes: Ich sehe in dieser Anspielung an die religiöse Literatur keinen frivolen Nebenton.[39] Diese Zeile kann im Gegenteil die These von Scheindlin[40] bestätigen, dass das Erleben der Schönheit in al-Andalus wie die Erfahrung einer göttlichen Macht beschrieben wird.

Die weltliche Braut und die Knesset Jisrael berühren sich im Punkt der Schönheit so sehr, dass Jehuda Halevi in einem weltlichen Hochzeitslied auf diese Gemeinsamkeit abzielt und aus Psalm 68 den Vers 14 «Flügel der Taube, überzogen mit Silber» zitiert, eine Stelle, die in einem vorklassischen Piyyut auf die Knesset Jisrael an ihrer Hochzeit am Sinai ausgelegt wird. Zuerst zitiere ich diesen vorklassischen Piyyut, dann Jehuda Halevis Bezug darauf:

Magen einer vorklassischen Qedushta zu Shavuoth[41]
Die Glieder (= Flügel) der «Gewaltigen» (HL 6,10) / wurden mit Silber überzogen, //
als die Zeit kam, ihr zu verleihen / das, was kostbarer als Silber ist (= Torah).
Im Monat ihres Auszugs / ging sie in die Wüste hinaus, //
denn das Geschenk aus der Wüste (= Torah nach Num 21,18) wurde ihr gegeben.
Die gewölbten Berge / tanzten[42], // um sich mit ihr zu freuen /
am Ort ihres Brautgemaches[43],
mit der Freude der «Dritten» (Jes 19,24), / der Enkelin des dreifachen Fadens (Koh 4,12 = der drei Väter), // denn die Schrift der Drei (שלישים = Torah, Spr 22,20) bekommt sie
im dritten Monat.

In der Qedushta ist die «Taube mit silbernen Flügeln» eine Metapher für die Knesset Jisrael, die durch das Geschenk der Torah[44] ausgezeichnet wurde; Jehuda

---

39 Pagis 1976, S. 73 findet die Verwendung eines Liturgiezitats im weltlichen Lied gewagt.
40 Scheindlin 1986, S. 94: s. die Kontroverse mit Tova Rosen im Einleitungskapitel «Zur Problemlage».
41 Text und Erläuterungen dazu: Fleischer 1975a, S. 101f., Elizur 1999, S. 126.
42 Ps 68,17: מרצדים bedeutet nach Elizur 1999, S. 126 «tanzen».
43 Brautgemach = Sinai, gemäss ShirR 3,21 zu HL 3,11 (S. 98 Dunsky): «Am Tag seiner Hochzeit – das ist der Sinai.»
44 Zu den Taubenflügeln aus Ps 68,14: bBer 53b: «wie die Taube sich durch die Flügel rettet, so rettet sich auch Israel durch die Gebote.» Vgl. Rashis Kommentar zu HL 1,15: Zum zweimaligen «schön bist du»: «schön wegen der Taten der Väter, schön wegen deiner Taten.»

Halevi aber setzt die Metapher im Hochzeitslied מה לצבי חן Brody, II, Nr. 32, S. 33 (ed. Jarden, Nr. 448) wieder zu einem realen Bild um, mit dem er die körperliche Schönheit der Braut beschreibt:

> Was hat die liebliche Gazelle (männlich), dass er Ausschau hält nach der Schöngestalteten, die sich für ihn schön gemacht hat? / Um den Klang der Flügel der Taube zu hören, die mit Anmut, nicht mit Silber, überzogen ist.

Jehuda Halevi spielt auf die traditionelle Auslegung der «silberüberzogenen Taube» an, betont aber mit seiner «Korrektur» «mit *Anmut*, nicht mit Silber überzogen» den Unterschied, dass die Braut körperlich anmutig sei und nicht im Halten der Gebote vollkommen.

5.3 Appellative für die Knesset Jisrael, für die weltliche Geliebte und für die Braut

Die Appellative für die Knesset Jisrael zeigen, dass sie oft gleich bezeichnet wird wie die Braut im Hochzeitslied. Die Geliebte im Liebeslied anderseits wird mit Appellativen bezeichnet, die nicht, respektive nur ganz selten für die Knesset Jisrael gebraucht werden.

Meine Taube (Jonati יונתי): Die Braut und die Knesset Jisrael werden häufig mit «meine Taube» aus dem HL bezeichnet, auch für die Geliebte im weltlichen Lied kann «meine Taube» stehen (Jehuda Halevi, Brody, II, Nr. 45), daneben auch «weibliche Gazelle» (Zvijah צביה) respektive «Gazellenjunges» (Ofrah עופרה), die weibliche Form von «Ofer» עופר (aus HL 4,5 7,4 8,14).

Taube der Ferne aus der Überschrift von Ps 56,1 ist ein Appellativ für die Knesset Jisrael gemäss dem Targum Tehillim 56,1: «Zum Lob der Knesset Jisrael, die verglichen wird mit einer stummen Taube in der Zeit, da sie sich entfernen von ihren Städten, aber wenn sie zurückkehren, werden sie den Herrn der Welt preisen.» Es kommt häufig vor bei Jehuda Halevi: Nr. 324, Nr. 381, Nr. 357. Es ist auch ein Appellativ für die Braut in Jehuda Halevis Hochzeitslied Brody, II, Nr. 54: «Wach auf, mein Bräutigam und erfreue dein Herz, sieh die Taube der Ferne in deiner Tafelrunde (מסיבה nach HL 1,12).»

Gazelle (צביה): Dies ist die häufigste Bezeichnung der weltlichen Geliebten. Die Braut im Hochzeitslied (auch im liturgischen) kann ebenfalls so bezeichnet werden (Jehuda Halevi Nr. 462, oben Beispiel 13). Im Piyyut habe ich Zvijah (צביה) für die Knesset Jisrael kaum gefunden, nur an drei Stellen: Moshe Ibn

Gikatilla in seinem im Stil eines Liebesliedes geschriebenen Piyyut תראי מראייך אם[45]: «Bitte, junge Gazelle, setze dich neben Mich», und «Wie bist du schön, Gazelle der Zelte»; dann Moshe Ibn Ezra, Nr. 12 Bernstein, Zeile 11: «Bring die Gazelle zurück zum Haus des (männlichen) Gazellenjungen (Ofer)»; dann in der Kombination «Aue der Gazelle» (Jehuda Halevi, Nr. 367 עניה סערה, Zeile 26). Ein vierter Beleg wäre Moshe Ibn Ezra Nr. 37, «ich höre das Stöhnen einer Gazelle», falls man dieses Lied als Piyyut einstuft.

Gazellenjunges (עופרה): Diese weibliche Form des biblischen «Ofer» aus dem HL[46] ist ein Kinnuj für die weltliche Geliebte und für die Braut (Jehuda Halevi Nr. 462, oben Beispiel Nr. 13). Auch עופרה wird wie צביה kaum für die Knesset Jisrael gebraucht. Ein einziger Beleg[47] ist Shmu'el Hanagid מלכה רשעה (an die Knesset Jisrael) «Junge Gazelle, schüttle dich und wach auf.» עופר (männlich) für das Volk Israel braucht Shmu'el Hanagid Nr. 209.

Die Evidenz der Belege lässt sich so erklären, dass nur die beiden männlichen Bezeichnungen für Gazelle (עופר und צבי) schon im HL als feste Metapher für den Geliebten gebräuchlich sind, wovon צבי neben Dod (דוד) als Appellativ für Gott oder den Messias in den Piyyut Eingang fand; die weibliche Gazelle (עופרה und צביה) hingegen stammt aus dem Lustlied und ist fast nicht auf die Knesset Jisrael übertragen worden.

Die aus Spr 5,19 stammenden Metaphern *«Hindin der Liebeswonnen»*[48] אהבים איילת) und *«anmutige Gemse»* (יעלת חן)[49] sind hingegen gemeinsame Appellative für die Knesset Jisrael, die weltliche Braut und die Geliebte im Lustlied. יעלת חן kommt z. B. in Jehuda Halevi Nr. 330 יעלת חן ממעונה רחקה vor.

Folgende Appellative aus dem HL hat die Knesset Jisrael nur mit der Braut in den Hochzeitsliedern gemeinsam: בת נדיב HL 7,2, *Tochter eines Edelgeborenen* oder edle Tochter. Der Ausdruck kann auch als «Tochter Abrahams» verstanden werden, da «der Edelgeborene» auch als Appellativ für Abraham gilt.[50] Shmu'el

---

45 Moshe Ibn Gikatilla in Teil I Einleitung und in Teil III 1.1.4.
46 Ofer (עופר): HL 2,9.17; 4,5; 7,4; 8,14.
47 Jehuda Halevi hat Nr. 185 אלוהים קודש den Plural עופרים, Zeile 68: «Sie (Moshe und Aharon) wurden zum Pharao geschickt, um zu sagen: Schick die jungen Gazellen (עופרים) auf den Berg der Myrrhe!» Aber dies kann nicht als Appellativ für die Knesset Jisrael geltend gemacht werden.
48 z. B. Jehuda Halevi Hochzeitslied Nr. 470. Elizur 1999, S. 15: In einer alten, anonymen Amidah, die sie zitiert, kommt im Magen schon das Appellativ איילת אהבים vor.
49 Gemse יעלה: z. B. Abraham Ibn Ezra Nr. 139, Zeile 2 ed. Levin. Levin zitiert dazu die Erklärung von Rashi und Abraham Ibn Ezra zu Spr 5,19: «Wie eine Gemse, wie eine liebende junge Frau.»
50 Das Appellativ beruht auf der Interpretation von ShirR 7,5 zu HL 7,2. (Angabe Levins im Kommentar zu Abraham Ibn Ezra, Piyyut Nr. 135, Zeile 6.)

Hanagid verwendet בת נדיב für die Knesset Jisrael in Nr. 9 Jarden, לבבי בקרבי, Zeile 7: «Ich habe Verlangen nach der edlen Tochter im Nussgarten». Bei Abraham Ibn Ezra kommt es in Nr. 135 Zeile 5 vor. Die Braut kann sich auch selbst so bezeichnen: Jehuda Halevi, Nr. 111 Brody, II, S. 320 בוא ידידי: «Komm mein Geliebter, komm ins Haus der edelgeborenen Tochter, wir wollen uns an den Liebesvergnügen erfreuen.» Shlomo Ibn Gabirol (Nr. 136 שלחה לבת נדיב) beginnt das Hochzeitslied mit der Anrede an die Braut als «Tochter eines Edlen». Aus dem Appellativ «Tochter eines Edlen» lässt sich wahrscheinlich auch das Appellativ *«Königstochter»* für die Knesset Jisrael ableiten: Shlomo Ibn Gabirol Nr. 118 שולמית שחרחורת[51] (Zeile 6): «Geehrte Tochter des Königs כבודת בת מלך, der von alters her regiert.» Jehuda Halevi braucht den Ausdruck in Nr. 390 (Zeile 6): «die schöne Königstochter ist zur Magd der Molekhtochter geworden», ebenso in seinem Pessachpiyyut Nr. 163, Zeile 27: «am Meeresufer singe, geehrte Königstochter!»

Folgende Appellative, die aus dem HL oder den Propheten stammen, sind für die Knesset Jisrael reserviert: סוערה Stürmische (Jes 54,11), אימתי «Meine Gewaltige»[51] (HL 6,4.10) שזופה «Sonnenversengte» (HL 1,6: Shlomo Ibn Gabirol Nr. 116 שזופה נזופה), שכורה «Trunkene» (Jes 51,21: Shlomo Ibn Gabirol Nr. 166 שכורה עכורה). Auch «Meine Tochter» (vgl. Jes 22,4: «Tochter Meines Volkes») kommt vor: Abraham Ibn Ezra Nr. 142 Levin אחלי אני חלקך: «Und Du weisst, dass das Herzensverlangen Deiner Tochter sich sehnt nach dem Haus Deines Wohnens, bring sie zurück!» Oder «Tochter Meiner Getreuen» respektive «Tochter Meines Sohnes» (bei Jehuda Halevi Nr. 181 יעלת חן קולך Zeile 2 und 13).

---

51 Die Zwinglibibel übersetzt mit «furchtbar»: HL 6,4 Schön bist du meine Freundin, lieblich wie Tirza, wie Jerusalem, furchtbar wie Heerscharen. Abraham Ibn Ezra in Kommentar zu HL: «so dass Schrecken von ihr ausgeht für alle, die sie sehen … wie vor Heerlagern mit Fahnen.»

6. Neue Sprechsituationen: die Gemeinde im Exil ist getrennt von der Figur der Knesset Jisrael und von Zion

Die arabo-jüdische Convivencia zeigt eine ambivalente Auffassung des Exils: Wegen der langen Dauer des Exils[1] konnte man sich zwar darin kulturell bereits heimisch einrichten, soweit der Status als Jude dies in der jeweiligen Gesellschaft zuliess. Aber jede Verschlechterung der Exilsbedingungen weckte erneut die Hoffnung, dass gerade wegen der langen Dauer des Exils «die Tage der Trauer» (Jes 60,20, s. Shmu'el Hanagid Nr. 182, oben Beispiel 1) nun endlich erfüllt sein müssen. Während nun die «weltliche» Poesie, auf der arabo-jüdischen Kultur gewachsen, diese prinzipiell bejaht[2], sind die Piyyutim zwar ebenfalls literarischer Ausdruck derselben arabo-jüdischen Kultur, aber inhaltlich stellen sie mit den neuen sprachlichen Mitteln dieser andalusischen Kultur gerade dieses al-Andalus als Gefangenschaft und Exil dar. Das Hauptthema in den Piyyutim ist die traditionelle Hoffnung, aus dem Exil befreit zu werden. Für Befreiung gibt es verschiedene Szenarien wie die Rückkehr zu Gott[3] oder nach Zion. In al-Andalus kommt nun ein neues Szenarium hinzu, weil das Exil als Trennung von Zion einen neuen Aspekt bekommen hat: die aktuelle Gemeinde sieht sich nicht nur getrennt vom fernen *Ort* Zion, sondern auch von der idealisierten, zeitlosen Gestalt der Knesset Jisrael. Beim andalusischen Szenarium der Befreiung erscheint deshalb die Knesset Jisrael manchmal als Idealfigur, die über der aktuellen Gemeinde steht, eigenmächtig nach Zion als ihrer Heimat zurückkehrt und mit diesem Akt die Erlösung auslöst, indem sie (und nicht der Messias) die Gemeinde hinter sich her oder besser mit ihr wieder vereint in die Befreiung

---

1 In Nr. 326 und 357 sagt Jehuda Halevi, das Exil daure jetzt, im Jahre 1068, einem Jahr voll messianischer Erwartung, schon 1 000 Jahre. Siehe Teil III Einleitung zu Kapitel 2.
2 Siehe oben 1.2 zur Akkulturation und zum Dilemma der Dichter. Ein Beispiel: Moshe Ibn Ezras Lied Nr. 67 Brody aus dem Exil (womit das christliche Spanien gemeint ist) über seine Heimat Granada und ebenso seine Poetik, Kitāb al-muḥāḍara, zeigt seine Identifikation mit der andalusischen Kultur, während er in seinen Piyyutim die Zionssehnsucht ausdrückt.
3 Darunter fällt auch die Suche einer mystischen Annäherung an Gott bei Jehuda Halevi und Abraham Ibn Ezra: s. III 4.1 und 6.1 die Dialektik von individueller und nationaler Erlösung.

führt.⁴ Im nicht-liturgischen Zionslied von Jehuda Halevi Nr. 401 sahen wir, wie der Sprecher voll Sehnsucht Zion als Stadt und als zeitlose Verkörperung der Geschichte⁵ als Geliebte anredet, die sich nicht um ihre Liebhaber, das Volk und den Sprecher, kümmere: damit ist indirekt ausgesagt, dass Zion das Potential hätte, sich für den Sprecher und das ganze Volk einzusetzen. Analog dazu gibt es nun auch in einigen Piyyutim die neuartige Sprechsituation, dass ein anonymer Sprecher die Knesset Jisrael anredet⁶ und von ihr erwartet, dass sie sofort für die Erlösung handle. Der Sprecher gibt ihr folgende Rollen, die sie im klassischen Piyyut nicht hat: die Knesset Jisrael soll sich als Fürbitterin für ihr Volk an Gott wenden (6.2.1), sie wird vom anonymen Sprecher getröstet (6.2.2) und sie soll souverän sogleich die Erlösung einleiten (6.2.3).

Diese neuen Sprechsituationen kommen zwar nur in wenigen Piyyutim vor⁷, und häufiger redet Gott Worte des Trostes an Zion und verkündet ihr die Erlösung nach der traditionellen Sprechsituation. Eventuell aber bahnt die neue Anrede an die Knesset Jisrael formal, nicht inhaltlich, schon die erotische Anrede des Mystikers (Kabbalisten) an die Shekhina an, die das paraliturgische Lied von Najarah im Zfat des 16. Jahrhunderts kennzeichnet.⁸ Die Forschung zur Sprechsituation und Rollenverteilung im Piyyut ist dürftig, denn nur zwei Forscher, Mirsky⁹ (1977) und in seinem Gefolge Hazan (1986), haben sich mit den Sprechrollen

---

4 Unten 6.2.3. Sie erscheint hier wie eine literarische Vorgängerin eines verkörperten Zionismus.

5 Ähnlich verkörpert sie die Idealgestalt Zions im Loblied Shlomo Ibn Gabirols זאת העולה מי (oben Beispiel 10).

6 Im klassischen Piyyut kann nur Gott die Knesset Jisrael als weibliche Person anreden und kein anonymer Sprecher, denn die Situation des Paytan als Fürsprecher der Gemeinde lässt es nicht zu, dass er sich als individuelles Ich aus der Gemeinde herausnimmt und sie anredet, anstatt dass er Gott anredet. Es gilt die Regel: אל תוציא עצמך מן הציבור. Ausnahmen sind Anreden an die Gemeinde (im Plural) in den predigtartigen Piyyutim der Qedushta (s. Yahalom 1999, S. 210 zum 5. Piyyut der Qedushta).

7 Beispiele folgen unten: es sind 7 Piyyutim von Jehuda Halevi: 324 יונה רחוקים נגני, 381 האנחי 251, (eine Qinah), 494 בת ציון שמעתי, 93 ירושלים למוגיך, 322 מה אתנה בכופר יונת רחוקים, 210 יסף יגון ירושלים; weiter zwei Piyyutim von Moshe Ibn Ezra: Nr. 2 Bernstein זמיריך יונה, Nr. 11 Bernstein קומי בת; ein Piyyut von Abraham Ibn Ezra Nr. 23 Levin אכסוף לימים und Nr. 134, 11–19; und zwei Piyyutim von Shlomo Ibn Gabirol Nr. 97 בשלומי אין דורש, Nr. 116 שזופה נזופה.

8 In den paraliturgischen Gedichten von Najarah im Zfat des 16. Jahrhunderts (s. Yahalom/Tietze 1995, S. 22/23, dort Kapitel: "The Kabbalistic Perspective") setzt sich diese Anrede als Liebesanrede an die Shekhina fort. Siehe oben II 1.3.1 zur Genderfrage.

9 Aharon Mirsky 1977: Er analysiert in seinem Aufsatz «Mashmaʿut heCharuz beShire Ezor» den Beitrag, den die Reime der Gürtellieder für das Verständnis des Piyyuts liefern: die Reime sind oft Suffixformen, die den Sprecher oder Angesprochenen markieren.

befasst. Erst Hazan[10] fragt sich, was die neuartige Anrede an die Knesset Jisrael durch den anonymen Sprecher bedeuten könnte und charakterisiert die direkte Anrede des versteckten Sprechers an die Knesset Jisrael am Beispiel von Jehuda Halevi Nr. 324 יונת רחוקים נגני[11] so (hebr.): «Diese Worte müssten eigentlich aus dem Munde Gottes selbst kommen; die Verkündigung der Erlösung ist dann aus erster Quelle. Aber es kommt vor, dass der Dichter die Worte in den Mund des versteckten Sprechers legt, dann erscheint die Erlösung sehr nahe, weil alle sie sehen und spüren: sie ist schon in Reichweite.»

Aber Hazan geht nicht der Frage nach, woher diese Anredeform herzuleiten wäre. Meine These ist, dass das Phänomen in den Kontext einer neuen, exilsbedingten Sicht der Knesset Jisrael als Idealfigur zu stellen ist, wie ich anfangs erklärte. Meine zweite These ist die, dass die neue Anredeform aus dem Sprechmuster der Lieder an die Seele abzuleiten ist:

Die Anrede an die eigene Seele in den Reshuyoth ist charakteristisch für den andalusischen Piyyut im Unterschied zum klassischen Piyyut. Die Beliebtheit der Reshuyoth (s. Glossar) zeigt die neue Stellung des Vorbeters, der nun öfters als Individuum ein Gebet formuliert. Auf dieses neue Rollenverständnis des Vorbeters will ich hier nicht weiter eingehen, da Fleischer das schon in bezug auf das private Gebet[12] und im Zusammenhang mit den Selichoth[13] herausgestellt hat. Mich interessiert hier nur die Anrede an die Seele, die meiner Meinung nach dem versteckten Sprecher in den Piyyutim als Muster diente, auf dieselbe Weise auch die Knesset Jisrael anzureden. Wie kommt der Sprecher in den Reshuyoth

---

10 Ephraim Hazan 1986 führt die Forschung von Mirsky mit Analysen von Form und Sprache von Jehuda Halevi weiter und macht sich die modernen literarkritischen Begriffe wie «versteckter Sprecher» und «Adressat» zunutze, um die Piyyutim von Jehuda Halevi von einem literarischen Standpunkt aus zu analysieren. Das Zitat steht dort S. 294.
11 Interpretation des Piyyuts s. u. 6.2.2.
12 Fleischer 1975a, S. 316ff.: Fleischer führt als Hauptvertreter Saʿadja Ga'on an, der explizit erklärt habe, Lieder wie Schuldbekenntnisse, Bitten um Verzeihung, Scheltgedichte, seien nicht für die Synagoge bestimmt, sondern würden geschrieben, um dem Privatmann zu dienen.
13 Fleischer 1975a, S. 403 (hebr.): «Die Freiheit, die dem Einzelnen gegeben wurde, sein eigenes Gebet im Rahmen des öffentlichen Gottesdienstes zu sagen, füllte plötzlich die Selichah mit neuen, sehr differenzierten Inhalten, deren Ausdrucksweise den Paytanim mehr oder weniger schon bereit standen aus den weltlichen Liedern … und zwar was die Auseinandersetzung mit der inneren Welt des Menschen betrifft – eine Auseinandersetzung, welche sich in bezug auf ihre Absichten in beiden (literarischen) Bereichen als identisch herausstellte.» Diese Absichten der Gedichtaussagen seien «nicht mehr vage Verallgemeinerungen, die zu breit waren, als dass sie etwas veranschaulichen konnten, sondern der Versuch, die Gefühle des Menschen zu erfassen in ihrem echten, einzigartigen Wesen, und sie ehrlich auszudrücken».

dazu, sich einerseits mit seiner Seele zu identifizieren und sie anderseits als Spiegelbild anzureden?

Die neu aufkommende Beschäftigung des Individuums mit seiner eigenen Seele[14] hängt mit der damaligen neoplatonischen Populärphilosophie[15] zusammen. Wir sehen dabei, dass die Seele und die Knesset Jisrael als weibliche Idealfiguren inhaltlich viel gemeinsam haben. Unter dem Einfluss des Neoplatonismus wird die Seele des Einzelnen mit einer Sprache charakterisiert, deren weibliche[16] Metaphorik mit derjenigen der Knesset Jisrael austauschbar ist: Die Sehnsucht der Seele nach ihrem Ursprung/nach Gott ist analog der Sehnsucht der Knesset Jisrael nach Gott. Die weibliche Figur der Liebenden im HL wird deshalb von Interpreten wie Ibn ʿAqnin (1150–1220)[17] nicht nur als Metapher für die Knesset Jisrael, sondern auch für die Seele verstanden. Diese Interpretation ist im 12./13. Jahrhundert offenbar schon so bekannt, dass Abraham Ibn Ezra sich in der Einleitung zu seinem HL-Kommentar davon distanziert.[18] Die Austauschbarkeit der Metaphern sieht man

---

14 Auch im klassischen Piyyut kommt das Thema der Reinheit und Einzigartigkeit der Seele vor, aber viel weniger oft: z. B. Jannai, Parashat Wajiqrah 4,1 «Wenn eine Seele unwissentlich sündigt»: s. Elizur 1999, S. 161–165. Sie erklärt, wie lange dies bei den Paytanim als Thema bearbeitet wurde und zitiert als Beispiel noch Shlomo Ibn Gabirol Nr. 25 Jarden.
15 z. B. bei Shlomo Ibn Gabirols Fons Vitae fassbar: s. Sarah Pessin 2003, S. 91–110. Siehe auch Shlomo Ibn Gabirol, Keter Malkhut: kurze, gute Darstellung, wie dieses lange Gedicht Piyyut und Philosophie verbindet, bei Scheindlin 2002, S. 355.
16 Auch in der Mystik des Islams: s. Annemarie Schimmel 1994, S. 106 ff. zu Ibn al-ʿArabī (gest. 1240 in Damaskus) und Mawlāna Jalalūddīn Rumī (gest. 1273 in Konya) (Daten angegeben von Schimmel). Auch Tova Rosen geht in ihrer Genderstudie von 2003 in Kapitel 4 ("Poor Soul, Pure Soul: The Soul as Woman") der Frage nach, was Weiblichkeit der Seele im Piyyut (u. a. bei Jehuda Halevi, Moshe Ibn Ezra, Shlomo Ibn Gabirol) bedeutet, spezifisch unter dem Aspekt ihrer Reinheit und ihrer Versklavung im unreinen Körper, der in der männlichen Sicht als Materie, d. h. als «weiblich», galt: diese philosophischen Aspekte (Opposition von Körper und Geist) weist sie im Piyyut nach, aber auch bei Maimonides und in der allegorischen Maqāma von Jacob ben Eleazar (Toledo 1233), und verfolgt die geistesgeschichtlichen Zusammenhänge bis zurück zu Prudentius' Psychomachia (mit ausführlichen Literaturangaben).
17 Auf Ibn ʿAqnin (ed. Halkin, S. 396–398) verweist Isadore Twersky 1967, S. 95–118, wobei Ibn ʿAqnin seine Interpretation des HL als "allegory of the soul's relation to or communion with God" von Maimonides übernommen habe. Twersky zitiert als ersten Beleg Moreh Nevukhim III,51 (wahrscheinlich meint er Maimonides' Deutung von HL 5,2, S. 387 ed. Friedländer); zweiter, deutlicher Beleg: Mishne Torah, Hilchot Teshuvah, X, 3,10.
18 Abraham Ibn Ezra in der Einleitung zu seinem HL-Kommentar (meine Übersetzung): «Die wissenschaftlich orientierten Leute wollten das Buch auf das Weltgeheimnis hin erklären und nach der Art, wie die obere Seele sich mit dem Körper verbindet, der auf der untersten Stufe steht. Und andere deuten es (das Buch) auf diese Weise, aber alle soll der Wind wegtragen, denn leeres Geschwätz ist dies und nicht die Wahrheit, sondern das (ist die

z. B. an folgenden Bildern, die alle auch für die Knesset Jisrael verwendet werden können: die Seele hängt sich an Gott an (דבקות)[19], sie sucht nach dem, der sie aus der Gefangenschaft befreit[20], klopft an die Tore der Umkehr und betet[21] und sie verlangt nach ihrem Ort der Ruhe[22]: Gott möge sie zum Land der Herrlichkeit/der Gazelle (Zvi) zurückbringen[23], und vor allem sehnt sie sich nach Gott. Dies exemplifiziere ich an zwei Beispielen, 1) über die Seele, 2) über die Knesset Jisrael:

1) Jehuda Halevi נפשי לבית אל[24]

1 Meine Seele sehnt sich nach dem Hause Gottes, auch verschmachtete sie,
2 um auch in den Träumen Ihn zu sehen, stieg sie hinauf;
3 sie stieg hinauf und fand keine Heilung, denn ein Traum
4 heilt nicht eine Seele, die beim Wachen krank ist.
5 Sie wird krank am Tag, an dem sie nicht das Antlitz (Gottes) anfleht,
6 denn ohne Seine Herrlichkeit und Pracht reibt sie sich auf.
7 Sie reibt sich auf, um sich zu erneuern und bemüht sich, wieder aufzusteigen.
8 Denn nicht ins Leere (tohu תהו) ist sie in die Verbannung gegangen am Tag, als sie verbannt wurde:
9 sie wurde verbannt, aber sie öffnete die Tore der Quelle (der Weisheit).

Wahrheit), was unsere Vorfahren, gesegnet ihr Andenken, gesagt haben, dass nämlich das Buch über die Knesset Jisrael sei, und so werde ich es auch im 3. Schritt auslegen ...»

19 Jehuda Halevi Nr. 384 יחידה שובי: «Einzige ... in den Zelten des Ewigen wohne immer! Von Diesem, meine Seele, geh ja nicht weg! Hange deinem lebendigen Erlöser an Tag und Nacht, denn mein Leben besteht wegen dir (Seele).» Über דבקות s. Moshe Idel 1989, partim.

20 Jehuda Halevi Nr. 384, (an die Seele) Strophe 2: «Dein König und dein Heiliger möge dich finden lassen deine Freiheit.» Auch in Nr. 290, Zeile 9–10, ist die Seele «umherirrend, gefangen im Jammertal».

21 Die Seele ist Sprecherin in Shlomo Ibn Gabirol Nr. 146 שעריך בדופקי: «Deine Tore, wenn ich klopfe, öffne, und am Tag, da ich wie ein Bettler flehe, streck Deine Hand aus. Zu Dir möge mein Gebet kommen ...» Zur Knesset Jisrael sagt Shlomo Ibn Gabirol Nr. 147: «Giesse deinem Gott dein Herz aus.»

22 Ps 116,7 «Meine Seele, kehre zurück zu deiner Ruhe.» Anrede an die Seele in Shlomo Ibn Gabirol Nr. 102, Reshut zu Barekhu שאי עין: (Z. 4) «Hat dir nicht Gott die Ruhe vor Seinem Angesicht bereitet und unter Seinen Thron dein Heiligtum gesetzt?» Zur Knesset Jisrael sagt Shlomo Ibn Gabirol Nr. 147 שפכי לצור: «Er (Gott) wird dich neben Sich setzen und dich nahe bringen.»

23 Land der Herrlichkeit (Zvi): ein Kinnuj für das Land Israel aus Dan 11,16. Shlomo Ibn Gabirol bittet in Nr. 203, Reshut, für die Seele zu Gott: «Bring die Kinderlose zur Aue des Landes der Herrlichkeit, zum Erbbesitz.» Zur Doppeldeutigkeit von Zvi (Herrlichkeit und Gazelle) s. o. 2.3.4.

24 Brody, II, S. 306, Nr. 89 Übersetzung des ganzen Gedichts (12 Zeilen) s. im Textanhang.

Zu diesem Lied von Jehuda Halevi fügt Shadal[25] den Untertitel hinzu «das Verlangen der Seele nach dem Ort ihrer Herkunft». Er erklärt zur Sprache der ersten sieben Verse dieses Liedes «das Bild ist aus den Liebesliedern genommen»; damit meint er das Bild der Liebeskrankheit. Auch im folgenden Piyyut ist die Knesset Jisrael liebeskrank nach Gott:

2) **Jehuda Halevi Nr. 94** יצאה לקדמך **Reshut für Simchat Torah (Zeile 1–2)**[26]

> Es ging die Braut hinaus zu Dir, zu dem sie sich in Sehnsucht verzehrt, –
> sie ist krank geworden, seitdem sie Dein Heiligtum nicht mehr flehend besucht.

Die Sehnsucht der Seele nach ihrem göttlichen Ursprung, solange sie im Körper gefangen ist, diente den Dichtern als Modell, die Gefangenschaft der Knesset Jisrael im Exil zu deuten. Die Interdependenz von Seele und Knesset Jisrael entspricht der in al-Andalus neuen Art des Betens: das Individuum spricht über sein intimes Verhältnis zu Gott, wobei das nationale Anliegen der Gemeinde hinzukommen, aber auch vollständig fehlen kann.[27]

6.1.1 Der Sprecher redet die Knesset Jisrael wie seine eigene Seele an

Auf diese Analogie der Anredeformen ist in der Forschung noch niemand eingegangen: Nur was die Metaphorik betrifft, so haben Scheindlin und Hazan[28] auf Analogien zwischen den Liedern des Einzelnen und den sogenannten nationalen Liedern hingewiesen. Gerade beim Thema der Erlösung kann ich nun aber zeigen, dass der Sprecher die Knesset Jisrael wie seine (erlösungsbedürftige) Seele als

---

25 Zitiert bei Brody, III, S. 288.
26 Interpretation des Piyyuts und ganzer Text in Teil III 1.2.
27 In den Piyyutim, in denen die Seele spricht oder die Seele angeredet ist, herrscht durchwegs die individuelle Sicht vor. Das nationale Anliegen kommt im Unterschied zu den Piyyutim mit der Knesset Jisrael als Sprecherin nicht vor. Zu diesem Unterschied: Hazan 1988, S. 239–247.
28 Scheindlin 1991, S. 41–49; Hazan 1986, S. 221–226 im Kapitel (hebr.): «Die Verflechtung der privaten Sphäre mit der nationalen Sphäre». Die Analogie liegt in der Metaphorik der Erlösungssprache, bei der Hazan folgende Metaphern anführt: Aufwachen aus dem Schlaf, die Beschleunigung des Endes (קץ) der Gefangenschaft der Knesset Jisrael im Exil resp. des Endes der Gefangenschaft der Seele in Sünde, Sehnsucht der Knesset Jisrael/ der Seele nach Rückkehr zu ihrer Heimat. Neben den Liedern, in denen ein persönliches Ich des Einzelnen sich an seine eigene Seele wende, gibt es das «Ich», das Hazan den versteckten Sprecher nennt: Hazan S. 291–294 und besonders S. 296–303 im Kapitel (hebr.) «Das sprechende Ich im Lied – eine eigene Figur». In den Liedern über oder an die Knesset Jisrael (wie Jehuda Halevi Nr. 324) würde dieser versteckte Sprecher als

weibliche Figur mit dem direkten Du anredet. Die Analogie der Anrede führe ich an zwei Parallelbeispielen vor: bei beiden Beispielen fungiert der versteckte Sprecher bei der Anrede an seine Seele genau wie die Sprechstimme Gottes bei der Anrede an die Knesset Jisrael. Zuerst zum Thema Trost:

1a) Der Sprecher, der die Knesset Jisrael tröstet, ist Gott
Shlomo Ibn Gabirol Nr. 101, Reshut für Pessach שכחי ענותך: (Gott spricht) «Vergiss dein Elend, du, die du die Hände erhebst, erinnere dich an deinen Aufstieg (עלותך) aus dem Elend von Ägypten.» Am Schluss verspricht Gott die Erlösung: «Dein König ist vor dir, wenn deine Zeit kommt, und auf deinem Haupt ist die Herrlichkeit dessen, der in Jerusalem wohnt.»

1b) Der versteckte Sprecher tröstet seine Seele
Shlomo Ibn Gabirol Nr. 87 für Jom Kippur שכחי יגונך «Vergiss deine Trauer, aufgewühlte Seele ... hoffe auf Gott, zittere wie die Taube (Hos 11,11) elend und arm, erinnere dich die ganze Zeit an die höchste Ruhe, rufe die Wohnstatt (= Gott) an.» Am Schluss (Ende 5. Strophe): «Die Engel Seiner Wohnung werden dich in deinen Garten führen.»

Beidemale wird eine weibliche Person angeredet, beide sind elend, beide sind sie im flehentlichen Gebet im Bewusstsein der ablaufenden Zeit unterwegs zum Ort der Erlösung, der für beide auch der Ort ihrer Herkunft ist: Für die Knesset Jisrael ist dies Zion als Stadt, für die Seele der ihr zugehörige Garten, der Wohnort Gottes, aus dem sie herstammt. Die weiblichen Bilder sind bis zu dem Grad austauschbar, dass sogar Gott die Knesset Jisrael als «meine Seele» anreden kann: Shlomo Ibn Gabirol Nr. 166 שכורה עכורה 3. Strophe (Gott spricht): «Was hast du, Meine Seele, dass du über Mich seufzest?»

Im 2. Beispiel geht es um die Aufmunterung, umzukehren respektive Busse zu tun:[29]

---

gleichsam objektiver Beobachter, der sich oft durch Gott autorisiert gäbe, prophetische Worte gleichsam als Worte Gottes an die Knesset Jisrael richten. Hazan beschreibt den versteckten Sprecher so (S. 294): «Der versteckte Sprecher, und hinter ihm der Dichter, ist der Bote, um sie (die Worte) an die Gemeinde seiner Hörer zu überbringen.» Hazan verweist S. 292 auf den klassischen Piyyut (besonders von Jannai), bei dem ebenfalls ein versteckter Sprecher meistens lobend über die Knesset Jisrael redet, um nachher seine Bitte an Gott zu richten. Dass aber die *Anrede* des versteckten Sprechers an die Knesset Jisrael im klassischen Piyyut nicht vorkommt, sagt er nicht, noch fragt er nach der Herkunft dieser neuen Sprechform im andalusischen Piyyut. Mehr dazu s. u. 6.2.2 und 6.2.3.

29 Hazan 1986, S. 225: Beim Thema der Umkehr weist er auf den wichtigen Unterschied hin, dass die suchende Seele bei Gott immer Gehör findet, während die Knesset Jisrael

2a) Gott in einem Wechselgesang mit der Knesset Jisrael
Jehuda Halevi Nr. 380 יונת אלם: «Stumme Taube von schöner Gestalt, *wende* dich *um* zur Grenze (deines Gebietes), denn auf deinem Hügel (= Jerusalem) verläuft deine Gebietsgrenze.»

2b) der versteckte Sprecher wendet sich an seine Seele, «Einzige» genannt
Jehuda Halevi Nr. 384 יחידה שובי (1. Zeile): «Einzige, *kehre um* ...», (Strophe 2) «*geh* mit Jubel *hinauf* auf den Berg Moria», (Strophe 3) «Und *wende* dich zu deinem Felsen (= Gott), du Mächtige und Ausgezeichnete (אױמה נדגלה).» Das Attribut אױמה נדגלה aus HL 6,4 ist normalerweise ein Appellativ für die Knesset Jisrael, hier aber für die Seele gebraucht (wie auch in Shlomo Ibn Gabirols Schlussvers seines Piyyuts Nr. 158).

Es ist bemerkenswert, dass beide Figuren, die Knesset Jisrael und die Seele, aufgefordert werden, nach Jerusalem respektive dem Berg Moria zurückzukehren: was für die Knesset Jisrael konkret gemeint ist, gilt für die Seele im metaphorischen Sinn.

Obwohl Hazan also an den Texten, sogar innerhalb eines einzigen Textes, die fliessenden Grenzen zwischen privater und nationaler Sicht und Darstellung der Erlösung zeigt, zieht er daraus keine Schlüsse auf die Darstellung von Zion/Knesset Jisrael. Ich hingegen meine, dass ich gerade an diesem formalen Punkt der Anredeformen meine These festmachen kann: Die Knesset Jisrael ist im Piyyut von al-Andalus zu einem Spiegelbild und Idealbild der Gemeinde geworden, das sich von eben dieser Gemeinde ansprechen lässt, genau so wie der Beter seine Seele, sein zweites Ich, als literarische Figur anspricht. Auch inhaltlich werden beide, die Seele und die Knesset Jisrael, getröstet oder aufgemuntert, um- oder heimzukehren. Bevor ich auf die tröstenden und aufmunternden Piyyutim eingehe, will ich noch zeigen, wie die Knesset Jisrael als Idealbild der realen Gemeinde gegenübersteht.

---

manchmal nach einem Gott sucht, der als unzugänglich dargestellt ist. Er zeigt dies am Piyyut Jehuda Halevi Nr. 323 יטב בעיניך, den man nicht als Lied des Einzelnen über seine Seele auffassen könne, da der Sprecher über Gott aussagt, Er habe sich weit entfernt (2. Zeile).

6.2 Die Knesset Jisrael verselbständigt sich als Idealgestalt der Gemeinde

Die Knesset Jisrael hat in denjenigen Piyyutim, in denen sie vom versteckten Sprecher im Piyyut (statt von Gott) prophetisch angeredet wird, eine andere Rolle als im klassischen Piyyut: innerhalb des Textes wird die Knesset Jisrael zu einer Textfigur, die der anwesenden Gemeinde übergeordnet ist und ihr als Idealbild gegenübersteht. Natürlich hat die Knesset Jisrael, weil sie das Schicksal der Gemeinde Israel in Vergangenheit und Zukunft verkörpert, schon im klassischen Piyyut diesen Charakter des Zeitlosen gehabt. Aber in einigen Piyyutim in al-Andalus tritt sie nun manchmal geradezu als eine neue Textperson *neben* der aktuellen Gemeinde auf, und diese identifiziert sich nicht immer mit dieser Idealgestalt:[30]

6.2.1 Die Knesset Jisrael ist zeitlose Idealgemeinde und Fürbitterin der aktuellen Gemeinde

Shlomo Ibn Gabirol Nr. 163 Ge'ulah[31] שביה עניה

1 Gefangene (Jes 52,2), Elende (Jes 54,11), im fremden Land (nokhrijah),
zur Magd genommen für die ägyptische Magd (mitzrijah),
seit dem Tag, da Du sie verlassen hast, schaut sie nach Dir aus (tzofijah) –
bring sie wieder aus dem Exil zurück, Du mächtiger an Taten (alilijah),
und das Volk, das jetzt ein Zehntel darstellt, wird die Dritte (Jes 19,24) sein (shlishijah),
und schnell, eilends verkünde ihr durch Elijah:
«Juble, Tochter Zion, sieh da, unser Messias!» (nach Sach 9,9) (meshichenu)
«Warum willst Du uns ewig vergessen?» (Ekh 5,20) (tishkachenu)

Der versteckte Sprecher, der anfangs Gott anredet, lässt im Gürtelvers Elijah[32] die Botschaft an die Knesset Jisrael richten: «Juble, Tochter Zion, siehe, unser

---

30 Auf diese Beobachtung angesprochen, erklärt mir Yahalom mündlich (30.6.02): Der Paytan, Sprecher im Piyyut und Vorbeter, vertritt die Knesset Jisrael, die über Vergangenheit und Zukunft redet; die aktuelle, je nach Piyyut auch respondierende Gemeinde ist die Knesset Jisrael, die von der Gegenwart redet.
31 Pseudo-Gürtellied in vier Strophen s. Textanhang.
32 Der Ich-Sprecher zitiert hier Sach 9,9, woraus man schliessen könnte, dass der Text die Stimme Gottes bringt; Mirsky 1977, S. 180 f. sagt, «der Dichter» wende sich an die Knesset Jisrael, ohne dies weiter zu begründen. Richtig ist, dass das Zitat Sach 9,9 abgewandelt ist, statt «dein Messias» steht «unser Messias»: der anonyme Sprecher legt diese Botschaft Elijah in den Mund, aber er schliesst sich ihm an, deshalb «unser Messias».

Messias», worauf die Gemeinde im Plural als Refrainzeile die Antwort gibt: «Warum willst Du uns ewig vergessen?» Die Verteilung der Sprechrollen dramatisiert den Piyyut. Interessanterweise entspricht die Stimme der Gemeinde nicht der Rolle, die ihr der versteckte Sprecher in der Rolle des Vorbeters als der «Knesset Jisrael»[33] zuweist. Denn die Gemeinde reagiert im Chor auf die Verheissung an die Knesset Jisrael zweifelnd und verzweifelt: «Warum willst Du uns ewig vergessen?» Auch in den folgenden Strophen, in denen die Knesset Jisrael die Sprecherin ist, hat die Gemeinde im Refrain die Pluralstimme «wir». Dieses Nebeneinander der Knesset Jisrael und der Gemeinde macht der Text durch die Personalsuffixe deutlich. Die ganze 2. Strophe spricht die Knesset Jisrael: «Für jedes Mass gibt es ein Ende – und für meine Katastrophe gibt es kein Ende? Meine Jahre gehen zu Ende, und es gibt nichts Unversehrtes mehr bei meiner Wunde. Ich wohne in der Verbannung, versunken im Sumpf»; den Refrain hingegen übernimmt die Gemeinde im Plural und spricht zu Gott: «Mit Deinem Namen werden wir doch genannt – verlass uns nicht! (Jer 14,9) Warum willst Du uns ewig vergessen?» Die 3. Strophe beginnt mit der Rede einer 1. Person im Singular über das Elend einer Gruppe von «Bedrückten und Bedrängten». Die Sprecherin muss wieder die Knesset Jisrael[34] sein wie in der 2. Strophe, aber diesmal redet sie nicht nur über ihr eigenes Schicksal, sondern stellt das elende Schicksal der Gemeinde dar, wie wenn sie neben der Gemeinde der Betenden stünde und sie für diese Gott um Hilfe bitten müsste: «Bedrückte (Plural) und Bedrängte, unter der Last Leidende ... wie lange schon, Ewiger, rufe ich ‹Gewalt›, und mein Herz betrübt sich in meinem Innern. Wie lange Jahre schon sind sie Sklaven im Frondienst!»

Das nächste Beispiel stammt von Shmu'el Hanagid und zeigt, wie der Sprecher die Knesset Jisrael mit dem Wissen eines Propheten anredet. Bei Shmu'el Hanagid gibt es drei Siegeslieder[35], in denen er seine Sehnsucht nach Zion ausdrückt, daneben noch folgendes «Gebet»:

---

33 Die Inszenierung des Piyyuts mit Vorbeter und Chor der Gemeinde zeigt Mirsky 1977, S. 180 f. an den ersten zwei Strophen. Der Vorbeter habe die Stimme der Knesset Jisrael, die Gemeinde im Plural rede als die aktuelle Gemeinde im Chor.

34 Dieser meiner Deutung entspricht auch die 4. und letzte Strophe, in der die Klagende Antwort bekommt und so definiert wird als Knesset Jisrael: An sie (und nicht etwa an den Vorbeter) wendet sich die Stimme Gottes mit «Ist dies deine Stimme ... freue dich, Jungfrau Israel».

35 Nr. 9 (schon bei den Lobliedern besprochen, oben 4.2.4) und Nr. 25 und 31 Jarden.

Shmu'el Hanagid Nr. 207 מלכה רשעה

Metrum: hashalem - - v - / - - v - / - - v - // - - v - / - - v - / - - v - /
Frevlerische Königin, steh ab von deiner Herrschaft! //
Verhasste Sarah (שרה), über deine Hasser herrsche (שרי)!
Junge Gazelle (עופרה) vom Berg Senir (HL 4,8), dein Schlaf auf //
dem Krankenlager hat lange genug gedauert, schüttle dich, wache auf! (Jes 52,2; 51,17)
Lass dich heilen, denn es gibt ein Heilmittel für deinen Schlag! //
Erheb dich, denn deine Gerechtigkeit trägt Frucht!

In der ersten Zeile ist der Gegensatz «Sarah – frevlerische Königin» durch Wortspiele verstärkt: Dass Sarah zum Herrschen bestimmt sei, soll durch die Wiederholung desselben Wortstammes einleuchten: «Sarah» (Herrscherin) und «seri» (herrsche). Der Text spielt mit dem Anruf an «Sarah» (Herrscherin שרה) auch auf den Beginn des Klageliedes an «Wie sitzt so einsam die Stadt ... sie, die Herrscherin (שרה) war unter den Städten, leistet Frondienst», um gleichzeitig die Klage abzulehnen, da die Zeit der Erlösung nun nahe sei. Die prophetischen Worte «schüttle den Staub ab, wache auf» kombiniert der Text mit der Szenerie aus dem HL: die junge Gazelle, עופרה, die auf dem Berg Senir schläft, soll aus ihrem Schlaf erwachen. Im Reim überwiegt das Suffix der weiblich angeredeten Person. Der Sprecher ist anonym und nicht die Stimme Gottes, weil das Gedicht kein Piyyut ist.[36]

6.2.2 Der versteckte Sprecher im Piyyut tröstet die Knesset Jisrael

Wenn der versteckte Sprecher des Piyyuts die Knesset Jisrael direkt anredet, um ihr tröstend die Erlösung zu verkünden, so redet er wie ein von Gott autorisierter Prophet der Bibel, eine Sprache, die auch in gewissen Qumrantexten[37] und den Psalmen Salomonis[38] vorkommt. Es scheint so, als hätte er ein Wissen von Gottes Plänen[39] und müsse die Botschaft Gottes sofort weiterleiten. Die Verkündigung

---

[36] Es ist wahrscheinlich eines der 58 sogenannten «kurzen Lieder» im Diwan gemäss der Bezeichnung, die Yehosef, der Sohn Shmu'el Hanagids, in seiner Unterteilung des Diwans braucht (s. Glossar: «Piyyut» und seine Abgrenzung vom weltlichen Lied: unter 3. Überlieferung).

[37] Beispiele: die PsRolle Qumran (11QPs an Zion, ed. J. A. Sanders 1965, S. 86).

[38] Sparks 1984 (ed.), in Kapitel "The Psalms of Solomon", Psalm XI, Zeile 8, S. 670: "Put on, O Jerusalem, the garments of your glory: Make ready the robe of your consecration; For God has spoken good concerning Israel, for ever and ever." Ähnliche Aufforderung Gottes an sie, ebenfalls mit dem Motiv des Anziehens schöner Kleider, in der 1. Strophe von Jehuda Halevi Nr. 322 מה אתנה בכופר.

[39] Siehe unten: Nr. 324 יונת רחוקים נגני und Nr. 381 יונת רחוקים.

durch den anonymen Sprecher kann nach Hazan[40] auch bedeuten, dass die Erlösung schon so nahe und offensichtlich sei, dass «alle sie sehen und merken». Manchmal tröstet er sie nicht nur, sondern fordert sie sogar auf, selbständig die Erlösung einzuleiten, wie wenn sie eine souveräne Gestalt neben Gott wäre.[41] In beiden Fällen ist die Knesset Jisrael eine Person, die der Sprecher im Piyyut als ideales Spiegelbild der Gemeinde und als Figur, die eigenständig neben der Gemeinde steht, anredet.

Manchmal ist es allerdings schwierig festzustellen, wer spricht, Gott oder der versteckte Sprecher des Piyyuts. Die Fälle, in denen diese Schwierigkeit besteht, sind besonders deswegen interessant, weil sie zeigen, dass die Funktion des anonymen Sprechers als Verkünder von Botschaften an die Knesset Jisrael sich in der Art der Formulierung von einer Gottesstimme nicht unterscheidet. Ein Beispiel sind die Zeilen 7–10 im Piyyut von Shlomo Ibn Gabirol 97 אין דורש בשלומי, der mit Zion als Sprecherin beginnt.

Shlomo Ibn Gabirol Nr. 97 für Simchat Torah בשלומי אין דורש

1 Nach meinem Wohlergehen fragt keiner, und mein Feind sinnt Böses,
wie die taube Otter, die ihr Ohr verschliesst.
Meine Leber hat der Feind gespalten, und siehe, jetzt bin ich zerstört,
einen Mann der Gewalttat hat mein Geliebter in Seinen Garten geschickt:
5 Möge Er doch die Wurzel Jishais schicken und meinen Tempel neu bauen,
sodass Völker Geschenke zu Seinem Haus bringen werden.
Zion, warum weinst du? Siehe, es kommt mein König.
Schnell wird Gott meine Dunkelheit erhellen, um Seinetwillen.
Und Er wird Israel erlösen von Edom und Jishmaʿel,
weil sie auf den wahren Erlöser warten.

Zunächst fasst man die auf die Klage Zions antwortende Stimme in Vers 7 als Stimme Gottes auf, weil die üblichen Trostreden Gottes im klassischen Piyyut so formuliert werden.[42] Dann sieht man, dass Gott nicht der Sprecher sein kann, weil Er ja nicht von Sich sagen kann, mein König kommt und er wird meine Dunkelheit erleuchten (Zeile 8). Also muss man schliessen, dass ein anonymer Sprecher in Zeile 7 die Knesset Jisrael anredet. Den einzigen Ausweg, Gott als Sprecher anzusehen, gäbe die Interpretation von «König» als «Messias», aber es

---

40 Hazan 1986, S. 294.
41 Unten 6.2.3 Jehuda Halevi Nr. 93 ירושלים למוגיך, Moshe Ibn Ezra Nr. 2 Bernstein זמיריך יונה. Der Sprecher und die Gemeinde reden Zion an als «wir» in Jehuda Halevi Nr. 210 יסף יגון.
42 Beispiele bei Kallir, Qedushta'ot de Nechamatah, ed. Elizur 1988. Z. B. S. 27: «Frohlocke, sei vergnügt und freue dich, vertreibe das Stöhnen aus deinem Herzen … Zion sammle dich in dein Nest … Ich bin in Erbarmen nach Jerusalem zurückgekehrt.»

tönte merkwürdig, wenn Gott ihn als «meinen König» bezeichnete; akzeptabel wäre meiner Ansicht nach nur «dein König» wie z. B. bei der Aussage Gottes im Piyyut von Shlomo Ibn Gabirol Nr. 101 שכחי ענותך: «Dein König[43] ist vor dir, wenn deine Zeit kommt, und auf deinem Haupt ist die Herrlichkeit dessen, der in Jerusalem wohnt.» Demnach redet in Zeile 7–10 der anonyme Sprecher allein Zion an oder möglicherweise ist der Sprecher auch die Textfigur der realen, im Exil lebenden Gemeinde, die sich von Zion getrennt ihr gegenüberstellt und sie anredet.

Zwei Piyyutim (Nr. 324 und 381) von Jehuda Halevi haben beide den anonymen Sprecher, der die Knesset Jisrael anruft und ihr die bevorstehende Erlösung ankündigt: in beiden Piyyutim soll sie nach Zion zurückkehren und jedesmal ist sie mit dem Appellativ «Taube der Ferne» aus Ps 56,1 bezeichnet, ein Bild, das schon der Targum zu Ps 56 auf die Knesset Jisrael in der Verbannung auslegt. Die Bildwelt zum Beschreiben der Erlösung ist aber jeweils verschieden. In Nr. 324 hat die heimfliegende Taube, die dem Ruf des Geliebten folgt, in Zeile 4 und 5 plötzlich den Charakter einer mächtigen Rächerin, die die Rache an den Feinden selbst in die Hand nimmt und nicht Gott überlässt. In Nr. 381 hingegen stellt das ganze Lied die Erlösung mit dem Bild der liebevollen, sanften Taube dar, die zu ihrem Geliebten hinfliegt, um bei ihm zu wohnen wie die Braut in den Hochzeitsliedern.[44]

Jehuda Halevi Nr. 324 Ahavah יונת רחוקים נגני

1 Taube der Ferne, spiel lieblich und gib / dem, der dich ruft, klare Antwort!
2 Siehe, es rief dich dein Gott, und nun eil' /, verbeuge dich, bring ein Geschenk dar!
3 Wend deinem Neste dich zu, deinem Zelt, / nach Zion, und Wegzeichen mach dir!
4 Dein Geliebter verstiess dich auf Grund deiner Sünd', / heut erlöst Er dich, und du, was sträubst dich?
5 Rüst dich zur Rückkehr ins prächtige Land, / verwüst' Araber Felder und Edoms!
6 Deiner Zerstörer Haus zornig zerstör, / deinem Liebling das Liebeshaus öffne!

Die unmittelbare Anrede wirkt dringlich und sehr suggestiv.[45] Der Sprecher stellt die Erlösung in greifbare Nähe und redet wie ein Prophet, der sich seiner sicher ist. Das ganze Gedicht besteht aus einer Menge von Imperativen. Die Knesset Jisrael wird angerufen, nicht nur Gott eine Antwort zu singen und nach Zion zurückzukehren, sondern in eigener Regie die Taten der Befreiung in die

---

43 Jarden erklärt hier «dein König» als den König Messias, nach Sach 9,9.
44 Diese Parallele führe ich mit einer weiteren Interpretation des Piyyuts Nr. 381 in Teil III 1.1.2 weiter aus.
45 Hazan 1986, S. 170 und S. 294 betont die Dringlichkeit, die durch die direkte Anrede erreicht wird. Er weist auch auf die Menge der Imperative hin.

Hand zu nehmen: die Zerstörung der Gebiete ihrer Feinde.[46] Die Befreiung ist eine Umkehr der Exilssituation: Sie wird nicht mehr die Taube «der Ferne» sein, sondern in Zion, im «Nest»; sie ist nicht mehr verbannt, sondern erlöst; sie wird nicht mehr zerstört, sondern zerstört selbst (zwar nicht die Feinde als Menschen, nur deren Gebiete); ihr geschlossenes Haus der Liebe (den Tempel) soll sie öffnen. Sprachlich parallel, sogar was das Bild des Kampfes betrifft, ist der Piyyut Nr. 384 יחידה שובי von Jehuda Halevi an die Seele: (Zeile 17–18) «Kehr doch zurück, kehr zurück, kämpf mit deinen Trieben, mache weit deinen Platz und spiele lieblich, auch juble mit deiner Stimme.»

Jehuda Halevi Nr. 381[47] יונת רחוקים

> Taube der Ferne, zu deinem dich Liebenden fliege zurück, (ofefi)
> bis du es findest, Sein Zelt, und lass dich dort nieder! (rofefi)
> Siehe, Sein Körper ist, weil du so fern bist, schon ganz ohne Kraft – (רחפו rachafu).
> Und sacht mit den Flügeln des Schleiers über Ihm schweb! (רחפי rachafi)
> Und zu den Strömen der Flüsse von Honig ströme dahin, (nahari)
> im Schatten des Heims der Gazelle zu wohnen, lechze danach! (sha'afi)
> Dein Geliebter – Sein Verlangen ist Balsam zu finden und Honig: (tzri)
> sag deinem Geliebten: sieh hier, Dein Verlangen ist in meinem Mund. (befi)
> Der Anteil an Liebe ist Sein Teil, so wie
> der Anteil an Schönheit dein Teil ist allein. (menat hajefi)

6.2.3 Zion wird vom anonymen Sprecher angeredet, souverän die Erlösung einzuleiten

In einigen Piyyutim wird die Knesset Jisrael nicht als Gestalt betrachtet, die getröstet werden muss, sondern umgekehrt als mächtige, souverän Handelnde angeredet: dies ist ein Novum im Vergleich mit dem klassischen Piyyut. In Jehuda Halevi Nr. 93 verkündigt ihr der Sprecher[48] nicht nur die unmittelbare Erlösung, sondern gibt ihr mit den einleitenden Worten die Aufgabe, ihren Feinden den Bitterbecher zum Trinken zu geben, was in Jesaia 51,17–23 Gottes Aufgabe ist. Somit hat sie noch grössere Selbständigkeit als in Piyyut Nr. 324 oben.

---

46 Ein weiteres Beispiel ist Abraham Ibn Ezra Nr. 134, Zeile 11–17: «Meine Taube, verstehe, dass den Umherirrenden und Unsteten Er, Gott, mit seiner Hand hervorholen wird, Er allein ist einer, und kein Zweiter. Lass deine Stimme hören, bald wirst du im Schutz deines Retters dich bergen. Kehr zurück … bau dein Haus Zion.»
47 Interpretation des Piyyuts s. Teil III 1.1.2.
48 Dass hier in Nr. 93 wieder der anonyme Sprecher und nicht Gott die Knesset Jisrael anredet, meint auch Hazan 1986, S. 295 im Abschnitt «versteckter Sprecher wendet sich an die Knesset Jisrael»; auch Yahalom (mündlich) stimmt dieser Interpretation zu.

Jehuda Halevi Nr. 93 Ge'ulah zu Shmini Atseret ירושלים למוגיך

1 Jerusalem, gib deinen Bedrängern den Bitterbecher zu trinken,
es kommt die Zeit deiner Lust und die Gazelle kehrt in deine Zimmer zurück.
Vernimm von der Menge deiner Festteilnehmer den Friedensgruss von allen Seiten,
Refrain = Gürtel: «feiere deine Feste, Juda, löse deine Gelübde ein!» (Nah 2,1)
2 Gib Vertrauen denen, die erschreckt sind, und stärke die Knie derer, die strauchen!
Denn noch werden die vier Lager[49] an den drei Wallfahrtsfesten zu dir kommen,
die schwachen (Neh 3,34) Juden, die wegen der Liebe zu dir krank sind,
Gürtel: die über dich trauern und deine Betrübten, die voll zärtlichen Mitgefühls
(חוננים) für deinen Staub sind. (Ps 102,15)
Refrain: «Feiere deine Feste, Juda, löse deine Gelübde ein!» (Nah 2,1)

In der 1. Strophe befiehlt ihr der Sprecher, die Bestrafung ihrer Feinde selbst durchzuführen; das heisst, dass sie gleichzeitig mit der Erlösung durch Gott ebenfalls selbst handeln soll. In der 2. Strophe soll sie sich dem eigenen Volk zuwenden und die Juden ermutigen: Zion ist hier eine selbständige Person, nicht nur gegenüber den andern Völkern, sondern auch in der Beziehung zu ihrem Volk im Exil. Die Beziehung beruht auf gegenseitiger Zuwendung: Jerusalem/Zion soll dem jüdischen Volk Mut machen und es stärken, die Juden ihrerseits «sind vor Liebe zu ihr krank», sie sind «voll Mitgefühl für ihren Staub», «ihre Trauernden und ihre Betrübten». Diese Handlungen als beschreibende Appositionen charakterisieren das Volk als die typische Figur der Knesset Jisrael im Exil, während die mutmachende Zionsfigur die Seite der Knesset Jisrael repräsentiert, die bereits vom Sprecher von der unmittelbaren Befreiung hört und aufgefordert wird, die «Feste zu feiern». Eine ähnliche Beziehung zu Zion haben wir im Zionslied 401, Zeile 3 und 12 von Jehuda Halevi gesehen, nur dass dort der Sprecher ein Individuum ist, der aus zärtlichem Mitgefühl für ihren Staub Tränen vergisst, und dort beklagt sich der Sprecher auch darüber, dass Zion passiv ist und sich nicht nach dem Volk erkundigt.

Abraham Ibn Ezra Nr. 23 Reshut für Pessach אכסוף לימים

Ich sehne mich nach den Tagen, wenn deines Erlösers Glanz,
Taube, im Land der Gazelle, in deinem Zelte drin ist.
Dann, wenn deine Menschenmenge zum Berg deines Heiligtums aufsteigt,
und Er deine Schönheit begehrt und Verlangen hat nach deinem Wirken.
Wenn erhoben ist deine[50] Rechte über den, der dich hasst, tritt ihn nieder
und wirf deinen Schuh auf Edom!
Siehe, in deinem Exil gibts kein Heilmittel für deine Krankheit:
deiner untreuen Auflehnung wegen gibt es nur bitteres Leid.

---

49 Jehuda, Reuben, Ephraim, Dan nach Num 2, 20–27.
50 Das Suffix ist feminin, bezieht sich also auf Zion.

Nun heb aber Tag für Tag dein Herz zu Gott empor –
aus dem Abgrunde deines Exils emporheben möge Er dich.

Ähnlich wie in Piyyut Jehuda Halevi Nr. 93 ist auch hier der Sprecher ein anonymes Ich, das sich an Zion wendet und sie zur Bestrafung der Feinde auffordert. Das Volk erscheint hier nur kurz in der Textfigur der Wallfahrer, die zum Fest kommen. Der Sprecher bringt als zusätzliche Textfigur hier noch Gott hinein und redet von ihrer Wirkung auf Ihn. Die Macht Zions ist zunächst die der schönen Taube: weil sie schön ist, wird ihr Erlöser zu ihr zurückkehren aus Sehnsucht nach ihr und ihrem Gottesdienst. Auf der andern Seite ist die Macht der Knesset Jisrael mit dem Bild der Siegerin ausgedrückt, die nun Edom, die Feindin, mit ihrer eigenen Hand unterwerfen und demütigen soll: solche Handlungen, die in der Bibel von Gott ausgehen, können nun im andalusischen Piyyut vom anonymen Sprecher an die Gestalt der Knesset Jisrael/Zion delegiert werden, sodass sie hier zu einer mächtigen Figur wird.

Moshe Ibn Ezra Nr. 2 für die Ashmoroth יונה זמיריך

Taube, deine Lieder vermehre und dein Singen,
um deine Zerstreuten / in deinen festen Mauern zu sammeln,
möge doch dein Gott / deinen Ohren zurufen:
«Ich habe die Liebe deiner Jugendzeit in Erinnerung.» (Jer 2,2)
5 Der, der springt und hüpft (der Messias, HL 2,8), / möge unser Begehren näherbringen,
denn es gibt für jedes Ding eine Zeit der Ruhe und eine Zeit des Streites.
«Und Edom wird den Hammer spüren und Ja'an werde Ich zerstören.
Den Übermut deines Stolzes will Ich zerschlagen und deine stolzen Wogen austrocknen.
Und am Felsen werde Ich deine Kinder zerschmettern.» (Ps 137,9)[51]

(In den folgenden zwei Strophen fordert der Sprecher die Gemeinde zum Weinen und Beten auf.)

In der ersten Zeile des Piyyuts von Moshe Ibn Ezra ruft der Dichter die Knesset Jisrael auf, ihre Verbannten zu sammeln, und in Zeile 7–9 leitet er ihr wie ein Prophet die Botschaft Gottes weiter. Die Knesset Jisrael/Zion soll ihre Verbannten sammeln: dies gehört unter dem Begriff Qibbutz Galujoth in der Bibel und im Gebet zu Gottes Aufgaben.[52] Nun wird dies bei Moshe Ibn Ezra Nr. 2 an Zion delegiert, ebenfalls bei Jehuda Halevi Nr. 210 (s. u.)[53].

---

51 In Ps 137,7–9 Drohung des Psalmisten an Edom und Babel; 137,9: «Wohl dem, der deine (Babels) Kinder packt und am Felsen zerschmettert.» Hier ist die Handlung an Gott delegiert.

52 In der Bibel: Jes 54,7; 11,12; 27,13 Jer 31,10; im Gebet: 10. Berakhah in der Amidah.

53 Auch in Jehuda Halevi Nr. 83, יחיד מחדר für Sukkoth, Zeile 9, Gottesstimme: «Zu verkünden kehre zurück, Du (weibl.) der Hoffnung Verbundene, und bring deine Gefangenen zurück.»

Auch beim Bild des Türeöffnens, einer Metapher für die Erlösung, ist Zion aktiv: In Moshe Ibn Ezra Nr. 234 יערף כמטר fordert Gott sie auf, ihre Tore aufzumachen: «mach auf, Meine Taube, mach auf, denn siehe Ich komme in Meine Ruhestätte (= Zion).» Im Vergleich mit dem Piyyut Nr. 145 שער פתח דודי und 144 שער אשר נסגר von Shlomo Ibn Gabirol, wo Zion Gott bittet, die Tore zu öffnen, weist hier Moshe Ibn Ezra diese erlösungseinleitende Handlung der Knesset Jisrael als Aufgabe zu. Die Handlung hat überdies den erotischen Aspekt, den die Worte «mach auf, meine Taube, mach auf!» im HL 5,2 haben.

Die neue Aufgabe Zions, die Verbannten zu sammeln, kommt bei Jehuda Halevi Nr. 210 verbunden mit dem Motiv der Sehnsucht und aus der Perspektive der aktuellen Gemeinde vor: die Betenden sehnen sich nach Zion und nach ihren Liedern und erhöhen sie zu einer zeitlosen Idealgestalt, die der gegenwärtigen Gemeinde in al-Andalus gegenübersteht und sich in der Stadt Zion verkörpert.

Jehuda Halevi Nr. 210 Me'orah für Shabbat vor 9. Av oder für Shabbat Nachamu יסף יגון

1 Vermehrt hat sich der Kummer derer, die vermehren / ihre Kraft im Glauben an den höchsten Gott,
   sie hoffen auf eine Stimme, / sie halten Ausschau nach der Verkündigung der Erlösung,
   sie sind im Exil und sehnen sich / und rufen nach Zion.
Gürtel: Zion, angenehm sind *deine* Worte (שיחך), süss *unserer* Zunge (לשוננו),
   wenn wir *dich* vergessen (נשכחך), soll *unsere* Rechte verdorren! (ימיננו, Ps 137,5.6)

2 Ja, wenn du auch auf der ganzen Welt / deine Verbannten zerstreut hast,
   und bei den Flüssen von Babel / deine Musikinstrumente im Stich gelassen hast,
   so halten wir uns sogar in der Fessel des Kerkers / an deinen Säumen fest.
Gürtel: Deine Verlorenen und Verstossenen / rufe, und siehe, hier sind *wir*,
   auch *deinen* Messias rufe, / dass er vor *uns* hindurchschreite.

3 Und nach *deinem* Lagerplatz sehnt sich *dein* Volk, auch wenn dieser entblösst ist,
   und *dein* wohltönendes Lied zu Ende / und *dein* Vorsänger abberufen worden ist,
   denn jetzt gibt es die Stimme des Klagens auf der Schwelle (des Heiligtums) statt des Spiels von Asaf.
Gürtel: Und an dem Ort, an dem *dein* Gebet floss, / klagen nun Schakale (jeqonenu)
   und in *deinem* Altar / nisten Raben. (jeqannenu)

4 Die Worte *deiner* Propheten / kündeten von *deinem* grossen Glück:
   ruf *deine* Geladenen / und sei stolz auf *deine* starke Zuflucht (= Gott),
   siehe, (wir), *deine* Heerscharen, / eilen zu *deinem* Wagen,
Gürtel: wir werfen uns vor *dir* zu Boden / aus der Tiefe *unseres* Untergangs,
   denn an *deinem* Ruheort ist der Thron *unseres* Herrn.

5 Die in die Ferne gegangen sind, / werden zu *deinem* Licht gehen,
   die in den Zellen der Haft liegen, / werden *deine* Tore sehen,
   sie rufen aus den Tiefen / rings um dich herum.
Gürtel: Dein Mond hat nicht abgenommen, das Heiligtum *unserer* Wohnung,
   schick den Glanz *deines* Strahlens zu *unseren* Augen.

Der Piyyut ist durch die auf Personalsuffixe endenden Reime so strukturiert, dass sich der 1. Halbvers des Gürtels mit dem Reim des Suffixes der weiblichen, angeredeten Person an die Knesset Jisrael oder Zion wendet, während der 2. Halbvers des Gürtels mit dem Reim auf die 1. Person Plural für das «Wir» der Gemeinde reserviert ist. Die Strophenreime auf -ekh, -ikh zeigen fast immer die Anrede an die weibliche Person von Zion/Knesset Jisrael.[54] Diese Form charakterisiert die enge Beziehung des «Wir» der Gemeinde zum «Du» der Textfigur Zion.

Zion wird von der Gemeinde als mächtige Frau angeredet, die ihre Verbannten wieder sammeln kann (wie in Piyyut von Moshe Ibn Ezra Nr. 2 זמיריך יונה); es heisst von ihr aber auch in der 2. Strophe, dass die Verbannten von ihr selbst zerstreut wurden, womit die Schuld Zions angedeutet ist. Abgesehen von der Sammlung der Exilierten redet die Gemeinde die Knesset Jisrael/Zion als eine Person an, von der sie glaubt, dass sie selbst die Erlösung einleiten könne: sie soll den Messias rufen. Das Motiv des Rufens kommt dreimal im Text vor (1. Strophe): «sie sind im Exil und sehnen sich und *rufen* nach Zion», (2. Strophe) «Deine Verlorenen und Verstossenen *rufe* und siehe, hier sind wir, auch deinen Messias *rufe*, dass er vor uns hindurchschreite», (4. Strophe) «*ruf* deine Geladenen (wörtlich *Gerufenen*) und sei stolz auf deine starke Zuflucht (= Gott).» Bei all diesen Handlungen ist Gott als Helfer am Rande erwähnt (deine starke Zuflucht), aber die eigentliche Mithilfe stellt das «Heer» (Strophe 4) der «Geladenen» dar, das ist die Gemeinde, die sich bei ihr versammeln wird. Welche Stellung hat die Gemeinde in Bezug auf Zion? Der Piyyut stellt die Gemeinde als die Treuen dar, die sehnsüchtig nach Zion rufen und Zion lobpreisen. Anderseits ist es die Gemeinde, die Zion zu Taten auffordert und sie auf das in den Propheten angekündigte «Glück» erinnert (Strophe 4). Die Aufgabe, die Erlösung herbeizuführen, ist zwischen den beiden Handlungsträgern ausbalanciert, indem beide dazu beitragen: die Balance sieht man an den Reimen (s. o.) und am «Rufen», das gegenseitig stattfindet. Ich sehe hier wieder das Phänomen, dass sich die Knesset Jisrael in zwei Figuren gespalten hat: die reale, leidende Gemeinde, die im Exil aus Sehnsucht ruft, und die ideale, immer noch mächtige Knesset Jisrael, die von Zion aus zur Erlösung ruft.

Fazit: Die Knesset Jisrael ist im andalusischen Piyyut nicht immer identisch mit der Gemeinde, die betet, sondern ist manchmal eine von ihr getrennte Textfigur, die in folgenden neuen Rollen vom anonymen Sprecher angeredet werden kann: Als machtlose Frau widerspiegelt sie das Elend des Exils und wird vom anonymen Sprecher getröstet. Als souveräne Frau mit neuer Machtfülle widerspiegelt sie das erlöste Zion und wird vom Sprecher gebeten, die Türe zu öffnen,

---

54 s. die Analyse im Textanhang.

die Exilierten zu sammeln und den Messias zu rufen. In ihrer Stellung zwischen eigenmächtigem Handeln und Warten auf die Erlösung zeigt sich die Dialektik des Exils. Beide Haltungen werden nacheinander im Piyyut von Jehuda Halevi Nr. 75 יונה מה תהגי durchgespielt[55]: Die Knesset Jisrael erklärt entschieden, sie werde jetzt (als Sperling) nach dem Land Israel zurückfliegen, um den Boden zu küssen. Darauf lenkt die Stimme Gottes ein:

> Genug. Denn dein König wird dich beschützen und im Land der Dunkelheit deinen Schritt lenken. Das Schofarhorn an deine Lippen! Denn es kommt dein Zeitpunkt: Sprich zu deinem Herzen: Tröste, tröste!

Das Wort «genug» bedeutet so viel wie: «Du hast deinen Punkt genug klar gemacht. Jetzt handle Ich, dein König.» Sie hat die Initiative ergriffen und Gott zum Handeln bewegt, aber hier stösst sie an die Grenze ihrer Selbständigkeit, denn Gott wird nun ihre Schritte lenken.

6.3 Ergebnisse von Teil II für das Frauenbild von Zion

6.3.1 Die Geliebte und die Braut

Das Frauenbild der Liebespoesie hat das Bild der Braut in den Hochzeitsliedern beeinflusst: die Macht ihrer Schönheit und Liebe ist wie bei der bewunderten Geliebten der Liebeslieder zum ausschlaggebenden Faktor geworden. Die Braut selbst lockt bei ihrem Liebeswerben mit ihrer Schönheit (Jehuda Halevi Nr. 464) oder der Sprecher des Liedes lobt sie deswegen vor dem Bräutigam (Jehuda Halevi Nr. 462). Dass sie mit eigener Stimme wirbt, unterscheidet sie von der klassischen, stummen Brautfigur und ebenso von der stummen weltlichen Geliebten. Mit diesen zwei neuen Eigenschaften, der eigenen Stimme und der erotischen Schönheit, steht die Braut Modell für ein neues Bild der Knesset Jisrael. Diesem neuen Bild ist das erste Kapitel im Teil III gewidmet. Aber abgesehen davon ist es nicht das Frauenbild, nach dem die Knesset Jisrael gestaltet wird, sondern das männliche Bild des Freundes und Schützlings in den Lob- und Freundschaftsliedern:

---

55 s. den Text und die weitere Interpretation von Jehuda Halevi Nr. 75 in Teil III 6 Anfang.

6.3.2 Die Doppelrolle Zions

Einerseits hat die Knesset Jisrael die werbende Stimme der schönen Braut und benützt das HL als Intertext, andererseits hat sie die Rolle des Freundes in den Lob- und Freundschaftsgedichten. Diese machen die Hauptmasse der weltlichen Literatur aus. In ihnen drücken die Dichter in einer mit konventionellen Metaphern überladenen Sprache, aber dennoch differenziert aus der Sicht des Individuums alle Nuancen der alltäglichen Liebes- und Loyalitätsprobleme aus: Bewunderung, Klage und Vorwürfe an den Patron und Freund, Liebesklagen aus der Sicht des sich verlassen und verraten fühlenden Schützlings und Freundes, Sehnsuchtsklagen nach dem weggezogenen oder fernen Patron und Freund, nostalgische Sehnsucht nach vergangenen Zeiten oder nach fernen Orten. Dies überträgt der Dichter in den Piyyut und lässt analog dazu die Knesset Jisrael als Frau zu ihrem Geliebten (Gott) reden: das Bild der Knesset Jisrael in Analogie zum verlassenen Freund ist Thema der Kapitel 4–6 in Teil III.

6.3.3 Zion als Identifikationsfigur für das sprechende Ich

Wenn Vorsänger und Gemeinde sich im Piyyut mit der sprechenden oder angesprochenen Frauenfigur der Knesset Jisrael/Zion identifizieren, so ist das für den Gender nichts Aussergewöhnliches: Da der Gender durch die Position in der Gesellschaft definiert ist, ist auch in der Liebespoesie der Liebhaber und in der Panegyrik der Freund und Schützling in der «weiblichen» Position, weil er sich der/dem Geliebten respektive dem Freund/Patron unterwirft. So steht der Liebhaber/der Freund in derselben Position zum/zur Geliebten respektive zum Patron wie die Knesset Jisrael/Zion zu Gott. Auch in den Liedern an die Seele spricht sich der Betende selbst gleichsam als weibliche Figur an, mit der er sich natürlich gleichzeitig identifiziert. Was die Identifikation der Gemeinde mit der weiblichen Figur der «Knesset Jisrael» betrifft, so muss dies, wie Yahalom 2003a gezeigt hat, bis zum Paradigmenwechsel nach der Vertreibung aus Spanien als natürlich empfunden worden sein.

Die Knesset Jisrael ist nicht nur Identifikationsfigur für die Gemeinde und den Einzelnen, sondern wird manchmal auch, wie wir in diesem Kapitel gesehen haben, zur Idealfigur: Sie wird dann als eine Figur angerufen, die gleichsam über der aktuellen realen Gemeinde steht und diese aus dem Exil sammeln und retten soll. In Teil III werden wir sehen, dass die Idealfigur der Knesset Jisrael besonders im Bild der Mutter als Fürsprecherin auftritt. Diesen Charakter hat sie im klassischen Piyyut nicht.

Die neue Sprechrolle Zions, ihre Fähigkeit, auch im Liebeskontext als Individuum zu sprechen, ist die Bedingung dafür, dass die neuen Motive der Liebes- und Freundschaftspoesie im Piyyut Eingang fanden.

6.3.4 Die neuen Motive

Wegen der im Kapitel 4 gezeigten Parallelen zwischen der Panegyrik und der Piyyutliteratur haben auch die neuen Motive aus der weltlichen Literatur im Piyyut dieselbe Funktion wie in der Panegyrik:

Von den neuen Motiven aus der weltlichen Literatur, Liebesrivalität und Kritik (A), Nedod- und Aṭlālmotiv (B), Liebeskrankheit (C) ist das Nedodmotiv und damit kombiniert das Aṭlālmotiv zentral: es dient den Dichtern in der Panegyrik dazu, die Sehnsucht nach dem weggezogenen Freund/Patron, nach vergangener Liebe und auch nach verlassenen heimatlichen Orten auszudrücken. Das Nedodmotiv, das Weggehen des Freundes/Patrons löst beim Verlassenen das unstete Umherwandern auf der Suche nach dem Partner aus: Weggehen und Umherirren sind daher die zwei Aspekte desselben Motivs, beides ist im Begriff und Motiv des Nedod enthalten, während der arabische Begriff des firāq nur Trennung, Weggehen und Verlassenheit bedeutet. Wie wichtig dieser Doppelaspekt von Nedod für neue Deutungen des Exils ist, zeige ich im Teil III in den Kapiteln 5 und 6.

Ein weiteres Thema des Teils III ist die Adaptation der weltlichen Motive an die jüdische Tradition: Die Motive B und C werden in den Piyyutim oft kombiniert mit traditionellen religiösen Exilsdeutungen und setzen eine Wechselwirkung in Gang: Nicht nur gibt es für das Exil neue Sinngebungen, sondern auch das weltliche Motiv wird umgedeutet, wie wir dies oben am Beispiel Jehuda Halevi Nr. 332 gesehen haben.[56]

---

56 Jehuda Halevi Nr. 332 מאז מעון: s. o. 1.3.2. Literarisch gesehen ist die Durchlässigkeit, mit der die Motive des weltlichen Liedes in den Piyyut wandern und dabei eine jeweils andere Bedeutung annehmen, typisch für das Wesen eines Motivs. Was die Bedeutungsvielfalt betrifft, so gilt dieses Phänomen auch bei der Bedeutung von Metaphern, die ja ebenfalls kontextbedingt sind: Der blühende Garten bedeutet im Lust-/Weinlied Genuss, Vergnügen, Jugend (Pagis 1970, S. 254 f.); im Weisheitslied ist der Garten wie das Glas Wein, das Blumenbeet und die schöne Frau eine Allegorie für nichtige weltliche Verführungen und die Vergänglichkeit (Pagis 1976, S. 146). Zum Gartenbild in der der Panegyrik s. das Motiv des Gartens im Piyyut: Teil III 1.4.

III Das neue Frauenbild Zions im andalusischen Piyyut

Kapitel 1–3: Die traditionellen Rollen der Knesset Jisrael neu interpretiert

Die Beziehung zwischen Zion und Gott hat schon im klassischen Piyyut neben andern Mustern das einer Liebesbeziehung: das gilt auch für den andalusischen Piyyut, aber hier ist die Darstellung sowohl in den Motiven als auch in den Sprechsituationen facettenreicher. Dafür gibt es literarische, thematische und sprachliche Gründe:

Im klassischen Piyyut muss der Dichter das dem liturgischen Anlass entsprechende Thema (z. B. «Gott befreit Israel an Pessach») darstellen, und somit bekommen Zion und Gott in den Pessach- und Shavuothpiyyutim schon durch die spezifische literarische Bestimmung dieser Piyyutim ihre festen Rollen im Text: sie ist die liebende, aber stumme Braut; Er liebt sie, schützt sie und sehnt Sich nach ihr. Entsprechend klagt die Knesset Jisrael in den Piyyutim zu den Trostshabbatoth über das Exil, und Gott tröstet sie, Er werde sie aus dem Exil befreien, weil dieses Thema vom liturgischen Anlass vorgeschrieben ist.

In al-Andalus nun benützen die Dichter die Liturgie, um in den Piyyutim, auch in denen zu Pessach und Shavuoth, über das Exil als eigentliches *Thema* zu reflektieren. Dabei wird die Vertreibung aus dem Land Israel nicht mehr nur als Strafe für Verschuldungen Israels erklärt, die auszuhalten sei, bis Gott Israel wieder befreie: das neue Thema ist nun, wie man mit dem Exilszustand umgeht, ob die traditionelle Deutung des Exils genügend befriedigt und in welcher Hinsicht das Exil die Gottesbeziehung tangiert.

Die neuen sprachlichen Ausdrucksmöglichkeiten der andalusischen Poesie, Verzweiflung, Hoffnung, Anklage, Sehnsucht gegenüber einem/r Geliebten oder einem Freund zu formulieren, machen es dem Dichter möglich, das Exil überhaupt in dieser Bandbreite zu thematisieren. Anders als im klassischen Piyyut und auch anders als im Liebes- und Freundschaftslied dramatisiert dabei der Dichter oft den Piyyut, um Sprechsituationen zu schaffen. Die Knesset Jisrael bekommt neben der Sprechrolle der klagenden Mutter, die sie schon im klassischen Piyyut hat, neu die Sprechrolle der liebenden, werbenden Braut, aber auch die einer verlassenen Braut (כלה) und Geliebten, die sich fragt, warum sie von ihrem Partner getrennt (im Exil) ist, ob Er sie noch liebe oder warum Er sie verlassen habe und sie, die Liebeskranke, nicht erlöse (d. h. aus dem Exil befreie); diese neue Rolle der verlassenen Braut kann sie sogar in den Piyyutim haben, die in klassischer Zeit die Knesset Jisrael nur positiv darstellen (Pessach- und Shavuothpiyyutim). Literarisch gesehen übernimmt die personifizierte Knesset Jisrael, wenn sie über ihre Liebesbeziehung zu Gott redet, die Rolle des aus Sehnsucht klagenden Freundes aus der Panegyrik, ebenso die der Geliebten aus dem HL und die der Gestalt Zions im Klagelied Ekha und in den Propheten. Dank der Weiblichkeit der Knesset Jisrael als Sprecherin oder Angesprochene werden alle Metaphern der Zärtlichkeit und der Sehnsucht aus dem HL auf das Verhältnis der Gemeinde zu Gott übertragen. Was das Thema des Exils betrifft, so ist nicht nur die Diskussion des Themas im andalusischen Piyyut neu, sondern ebenso, dass Gott und die Knesset Jisrael als Diskussionspartner dargestellt werden und somit das Exil geradezu als Beziehungskonflikt von Liebespartnern verstanden wird.

Auch die zwischenmenschlichen Beziehungen einiger biblischer Figuren dienen als literarische Muster, um in Analogie dazu das Verhältnis von Gott zur Knesset Jisrael zu zeichnen: so spielt der andalusische Piyyut primär wie der klassische Piyyut auf das Liebespaar im HL an, wobei die Geliebte oft als «Meine Taube» (HL 2,14; 5,2) dargestellt wird, ein ambivalentes Bild, das viele Assoziationen freisetzt. Meistens nur implizit und sporadisch spielt der Piyyut aber auch auf die Schicksale biblischer Frauen als Geliebte oder Mutter an: Tamar, die geliebte, dann verlassene Schwester Avshaloms; die auf Liebe hoffende Leah; Rachel, die unglückliche Mutter; Channah, die anders als Pninah zunächst kinderlos ist; Noemi, die vereinsamte Witwe; Ruth, von Boaz geliebt, und Sarah, die im Alter neue Liebeslust bekommt.[1] Sarah tritt, anders als im klassischen Piyyut, auch als entthronte Herrscherin und Magd der Hagar auf.[2]

---

[1] Die *unglückliche Ehefrau und Mutter*: *Noemi* in Jehuda Halevi Nr. 75, *Channah:* explizite Nennung nur in Shlomo Ibn Gabirol Nr. 116, *Rachel:* explizite Nennung in Jehuda Halevi Nr. 152 für Pessach Zeile 5 mit Anspielung auf Jer 31,15: «man hört auf den Flügeln des Windes die Stimme der beweinenden Rachel», ebenso implizite Anspielung auf «die auf der Anhöhe Weinende» in Jehuda Halevi Nr. 498 קץ יחיש Zeile 3 f.; Shlomo Ibn Gabirol Nr. 115 für Pessach Zeile 11: «die Söhne der Rachel geschoren wie Mutterschafe (= rachel)»; implizite Anspielung auf *Rachel* mit Zitat aus Jer 31,16: in Jehuda Halevi Nr. 228 für 9. Av, Schlusszeile; Moshe Ibn Ezra Nr. 37, Zeile 3 und Jitzchaq Ibn Ghiyyat Nr. 356 שדי שובה Zeile 3. Abraham Ibn Ezra Nr. 19 kombiniert Jer 31,16 mit Zitat HL 2,10. Weitere implizite Anspielungen: Die *verlassene Geliebte*: *Tamar*, die Schwester Amnons, in Jehuda Halevi Nr. 390 und Jitzchaq Ibn Ghiyyat Nr. 356, Zeile 4. Die *hoffende Leah*: in Jehuda Halevi Nr. 331. Die (wieder) akzeptierte, *Glück findende Liebende: Ruth* in ihrer Beziehung zu *Boaz:* in Jehuda Halevi Nr. 168, Refrain und Nr. 386 קדומים ימים. *Sarah*: in Jehuda Halevi Nr. 386.

[2] Siehe Kapitel 2 und Teil II 6.2.1 Shmu'el Hanagid Nr. 207.

Als Beispiel dafür, wie das dramatisierte Reden über Liebe den andalusischen Piyyut charakterisiert, zitiere ich Jehuda Halevis Piyyut Nr. 150. Der Dichter spielt auf die Ratsversammlung des Königs Achashwerosh im Buch Esther an; er lässt in dieser fiktiven Versammlung von Rechtsberatern nicht nur Gott (den König), sondern auch sie (die Knesset Jisrael) auftreten und je ihre Anliegen vorbringen. Das Traktandum ist somit die Liebe und Treue der Partner.

Jehuda Halevi Nr. 150 Ahavah für Pessach ידידות נעורים

Bei diesem Pseudo-Gürtellied nimmt der Gürtel als biblisches Zitat nur eine Halbzeile ein und endet mit demselben Wort «meine Seele» (נפשי) als Reim.

    Die Freundschaft der Jugend – wie lang wirst Du sie vernachlässigen –
    «sag mir das, Du, den meine Seele liebt»! (HL 1,7)

1 (Er:) Ihr, die ihr Rätselsprüche (Spr 1,6) kennt, ihr Weisen und Verständigen, bringt Rat in richtigen Worten:
Was soll man nach dem Gesetz[3] mit der treuen Gattin machen,
die schon lange Jahre im Exil verblieben ist,
und nun windet sie sich und schreit vor lauter Kummer:
    «Warum verstösst Du, Ewiger, meine Seele?» (Ps 88,15)

2 (Sie:) Ihr, die ihr nachdenkt über Einsicht, verständig, eine Sache zu untersuchen,
was hat mein Freund, dass Er über mich zornig wurde?
Was vermag ich und wer steht mir bei, an dem Tag, da von mir die Rede ist? (HL 8,8)
Und siehe, es sind schon so viele Jahre, seitdem Er weg ist und davonging. (HL 5,6)
Er soll Sich doch erinnern, wie ich hinter Ihm herging in der Wüste![4]
Von dem Tag an, da Er die Halle und den Platz (= den Tempel) verliess,
    «vergab ich die Freundschaft meiner Seele»[5].

3 Seit dem Tag, da Er sich aufmachte und sich wegwandte, (HL 6,1)
dröhnt über mich im Exil das Toben wegen Seines Zornes immer stärker.
Und vor Urzeiten hat Er mir doch geschworen mit Seiner Rechten, (Jes 57,16)
dass Sein Zorn nicht in Ewigkeit daure,
damit ich dies antworten kann dem, der mich schmäht:
    «wäret ihr nur an meiner Stelle!» (Hi 16,4)

---

3   Esth 1,15 «Was soll nach dem Gesetz mit der Königin Washti geschehen?» (Sie war ungehorsam.) Hier wird über die Knesset Jisrael das Umgekehrte ausgesagt: sie ist eine treue Gattin!

4   Jer 2,2: im Kontext der Bibel ist Gott der Sprecher und nicht Israel: «So spricht der Ewige: Ich halte für dich in Erinnerung, wie du Mir lieb warst in deiner Jugend, wie du Mich liebtest in deiner Brautzeit, wie du Mir folgtest in der Wüste, im saatlosen Land.» Das Zitat bei Jehuda Halevi wirkt so, wie wenn die Knesset Jisrael Gott an diese Seine Worte erinnern wollte.

5   Jer 12,7: auch hier ist in der Bibel Gott der Sprecher: «Ich habe Mein Haus verlassen, Mein Erbe verstossen, habe die Freundschaft Meiner Seele in die Hand Meiner Feinde gegeben.»

4   Meine Freunde und Geliebten, Leute meines Rates,
    eilt doch mit Liebesworten anzusprechen das
    Herz meines Geliebten, dass Er meine Verbannung rückgängig mache. (Jer 29,14)
    Er möge meine Sünde wegstreichen und wie eine Wolke abwischen. (Jes 44,22)
    Hoffentlich wird dies mein Trost sein: (Ps 119,50)
    dann in den Nächten auf meinem Bett (nach Ps 119,55 und HL 3,1–2)
        «will ich suchen, den meine Seele liebt». (HL 3,1–2)

5   (Er:) Herrliche, Angenehme, Begehrte und Geliebte,
    Frau meiner Jugend, schöngestaltige Braut.
    Dich habe Ich Mir verlobt (Hos 2,21) in freiem Willen.
    Ich will deinen Streit ausfechten und deine Treulosigkeit heilen
    und deine Söhne in Grossherzigkeit lieben,
        «und alle Sünden soll die Liebe zudecken (Spr 10,12),
        um zu erfüllen, was Meine Seele suchte». (Koh 7,28)

Die beiden Textpersonen führen nicht einen Liebesdialog, sondern reflektieren vor dem Gerichtsstand «verständiger Leute», wie die Trennung (das Exil) wieder rückgängig gemacht werden könnte. Ihre direkte Liebesanrede am Anfang und Seine direkte Anrede in der Schlussstrophe geben als Rahmen den Ton der Liebe an. In der 1. Strophe legt Er der fiktiven Ratsversammlung die Frage vor, was mit der «treuen Gattin» geschehen soll, die sich im Exil quält. Diese Frage gibt zugleich die Antwort, weil die intertextuelle Anspielung auf die Frage des Königs Achashwerosh, was nach dem Gesetz mit der ungehorsamen Washti geschehen soll (Esth 1,15), auf den Hauptpunkt hinweist, worin sich die Knesset Jisrael von der Washti unterscheidet: sie wird in Zeile 4 von Gott als treue Gattin bezeichnet und der Leser vermutet, dass ihr Urteil positiv ausfallen wird.

Der Piyyut mit dem durchgehenden Reimwort des Gürtels «meine Seele» weist auf die seelische Einigkeit der beiden getrennten Partner hin. Die Schlüsselaussage liegt im Vers aus HL 3,2 «Ich will suchen, den meine Seele liebt», der in Variationen im Refrain wiederkehrt, bis zur Bestätigung durch Seine Antwort «Die Liebe soll alle Sünden bedecken, um zu erfüllen, was Meine Seele suchte». Dadurch korrespondiert die «suchende Seele» der Knesset Jisrael mit der «suchenden Seele» von Gott. Obwohl sich die beiden auf der Textoberfläche vier Strophen lang nicht direkt anreden und Vermittler brauchen, markiert die Repetition des Wortes «Seele» in ihren und in seinen Aussagen eine Gemeinsamkeit. Auch die intertextuellen Anspielungen bilden zum Teil einen kunstvollen Metatext eines unterschwelligen Einverständnisses, indem das, was in der Bibel Seine Aussagen sind, hier zu ihrer Bitte oder Aussage werden: In der 2. Strophe sagt sie, «Er soll sich doch erinnern, dass ich hinter Ihm herging in der Wüste» und übernimmt damit die Aussage Gottes aus Jer 2,2, wo Er sich eben mit diesen Worten daran erinnert. Im folgenden Gürtel macht sie die Aussage Gottes, dass Er die Liebe

Seiner Seele weggegeben (verloren) habe, zu ihrer Aussage. In der 3. Strophe weist sie Gott wörtlich auf Sein in Jes 57,16 gegebenes Versprechen hin, und in der 4. Strophe zitiert sie als Bitte eines Seiner Trostworte, die Er ihr gleichsam schon in der Bibel (Jes 44,22) gegeben hat.

In diesem Piyyut ist das fiktive weltliche Podium explizit imitiert, aber implizit stellen die meisten andalusischen Piyyutim die Knesset Jisrael in einen weltlichen Bezugsrahmen, indem sie die Sprache und Motive der Freundschaftslieder sowie der Hochzeitslieder imitieren. Innerhalb dieses Rahmens hat die Knesset Jisrael als verlassene Frau die Freiheit, Gott herauszufordern und wie ein verlassener Freund im Freundschaftslied auch anzuklagen; insofern hat der Piyyut dieselbe Freiheit, Schweres auszusprechen wie ein rabbinisches Gleichnis.[6] Auch das Gebet ist ja schon an und für sich – im Unterschied zu einem rationalen Diskurs über die Beziehung von Gott und Mensch – der Ort, an dem der Mensch gerade wegen seines Glaubens Gott herausfordern und anklagen kann, ohne dass er zum Häretiker wird.[7] Auch der Dichter der klassischen Periode hat in den Piyyutim Gott herausgefordert, aber in al-Andalus kommt noch die Imitation der weltlichen Liebesdarstellungen mit den Motiven von Enttäuschung und Liebesklage hinzu. Ein weiterer Faktor ist der neue Einfluss der neoplatonischen Philosophie, die das Gebet, besonders die Reshut, zu einem individuellen Ausdrucksmittel macht, mit dem die Menschenseele mit Gott gleichsam als ihrem Ursprung in Verbindung treten könne.[8]

Wie der klassische Piyyut, so wählt auch der andalusische Piyyut nicht die begriffliche Sprache der Philosophie, um geistige Realitäten auszudrücken, sondern eine metaphorische Sprache; dem andalusischen Piyyut gelingt es aber dank der Konsistenz der jeweiligen Bildfelder in einem Text auch die konkret ja nicht fassbare Zionsgestalt als gleichsam reale Frau zu charakterisieren. Die Zionsgestalt dient dazu, die verschiedenen begrifflich nicht ausdrückbaren Spektren der Gottesbeziehung bildlich zu formulieren. Zu den traditionellen metaphorischen Darstellungen der Verbindung von Volk und Gott im Gebet (so wie zum Beispiel das Danklied der Knesset Jisrael beim Exodus quasi als Liebeslied der Braut mit dem HL identifiziert wird) kommen nun neue Bilder, mit denen die Knesset Jisrael

---

6   z. B. BerR 22,9 «Schwer ist die Sache zum Sagen und der Mund kann es nicht formulieren»: Anklage an Gott im Gleichnis von R. Shimʿon Ben Jochai.
7   Diese Einsicht zum Wesen des Gebets stammt aus Petuchowski 1975, S. 5. Die Poesie des Gebets könne am besten die "normative" Theologie sowohl ausdrücken als auch herausfordern. Siehe auch Stern 1991, S. 130–145 das Kapitel "Complaint", u. a. den Satz S. 131: "The existence of the complaint thus serves as an almost paradoxical guarantee of the covenantal bond."
8   Zur Verinnerlichung des Gebets s. Teil II 6: Die Anrede an die eigene Seele.

und Gott als Textpersonen und Sprecher[9] ihre *Trennung* und das eventuelle Sichfinden unter vielen Aspekten, oft im Dialog, dramatisch durchspielen. Der Piyyut macht dadurch auch Selbstaussagen über die Wirkung des Gebets der Gemeinde: Erreicht das Gebet Gott in Seiner Ferne? Bekommt man von Ihm Antwort?

In den meisten dieser Textdramen sucht die Knesset Jisrael ihrerseits die Verbindung mit Gott, erreicht Ihn aber nicht,[10] weil Er, der Geliebte, geflohen ist wie die Gazelle im HL, weswegen sie Ihn als frustrierte Liebende anklagt. Meistens lässt Er sich auf ihr Werben erst in einer Antwortstrophe oder -zeile am Schluss ein (wie oben in Jehuda Halevi Piyyut Nr. 150), manchmal auch gar nicht; manchmal ist Er derjenige, der den Liebesdialog beginnt, wie wenn Er sie plötzlich in ihrer Schönheit und ihrem Leiden wahrnähme. Die Beziehung ist ganz von der Unlogik bestimmt, mit der die damalige Liebespoesie das Paradox oder das Irrationale der Liebe in allen Nuancen vom Standpunkt des Liebenden aus sprachlich zelebriert.

In diesem Teil der Arbeit führe ich nun aus, wie der Piyyut die im weltlichen Lied formulierten zwischenmenschlichen Ansprüche, Hoffnungen, Enttäuschungen, Lobpreisungen, Liebeserklärungen, Klagen, Anklagen auf die Beziehung der Knesset Jisrael zu Gott überträgt, abgesehen von dem schon klassischen Beziehungsmuster von Israel als Braut und Gott als Bräutigam. Traditionelle theologische Themen wie Exil, Sünde und Strafe werden neu auf eine menschliche Ebene verschoben und geradezu psychologisch angegangen.

Dieser Teil der Arbeit ist thematisch zweigegliedert:

1. In den Kapiteln 1–3 untersuche ich die traditionellen Rollen der Knesset Jisrael, die wir schon beim klassischen Piyyut kennengelernt haben, nämlich ihre Rolle als Braut/Geliebte und als Mutter. Bei der Rolle als Braut und Geliebte wird das neue Motiv der Macht der Schönheit, das aus den Lustliedern stammt, zur Deutung des Exils verwendet. Ich werde zeigen, wie der Piyyut bei der Schönheit der Knesset Jisrael den Hebel ansetzt, um das Exil als Strafmassnahme Gottes zu hinterfragen: Wie kann Er ihre Schönheit ignorieren? Hat sie nicht entsprechend der Geliebten im Lustlied die Macht, mit ihrer Anmut Seine Liebe zu wecken? Ein eigenes Kapitel (2) widme ich ihrer Rolle als Königin, die sich in al-Andalus aus der Hochzeitsmetaphorik neu herausgebildet hat; dabei zeige ich auch das neue Motiv (A) der Kritiker und Liebesrivalen.

---

9   Die Knesset Jisrael hat im klassischen Piyyut nur als Klagende in den Qinoth und in den Qedushta'oth deNechamatah eine eigene Stimme.
10 In den Piyyutim hingegen, in denen die Seele die Textperson ist, wird es immer so dargestellt, dass Gott das Gebet der Seele anhört: das hat Hazan 1986, S. 225 herausgestellt: s. Teil II 6.1.1.

2. In den Kapiteln 4–6 führe ich die weiteren neuen Motive vor, nämlich die Liebeskrankheit (C) und das Weggehen und Umherirren auf der Suche nach dem Geliebten, manchmal am Ort der verlassenen Liebesstätte (B). Auch mit dem Motiv des unbegründeten Weggehens des Freundes, der Leerstelle im Liebesplot, wenden sich die Dichter gegen die traditionelle Vorstellung des Exils als Strafe. Die zwei neuen Motive B und C und das alte Motiv der schönen Braut haben die Funktion, nicht nur das Exodus- und Sinaigeschehen, sondern auch das Exil in den Rahmen der Liebesbeziehung von Gott und Israel zu stellen. Das Exil wird unter diesem Kriterium als Liebes- und Treueprobe Israels gedeutet. Die Frage, was die Knesset Jisrael dabei von Gott als dem Geliebten/Freund an Loyalität und Gegenliebe erhoffen darf, bleibt als Frage in den Piyyutim offen oder wird verschieden beantwortet.

Was die Metaphorik betrifft, so werde ich durchgehend die These weiter verfolgen, dass sie im Unterschied zum klassischen Piyyut nicht nur in einzelnen Metaphern liegt, sondern dass der Piyyut auf der ganzen Textebene zwischen wörtlichem und metaphorischem Verständnis hin und her spielt. Dies bewirkt eine Doppeldeutigkeit, die man besonders gut bei der Frauenmetaphorik sieht: Im Bild der schönen Frau/der schönen Zionsgestalt muss das Heilige gleich wie in der Schönheit der Kult- und Tempelgegenstände als immanent aufgefasst werden. So verweist Körperliches auf Spirituelles und umgekehrt. Die Frauenmetaphorik mit den Bildspendern «Frau», «Opferkult», «Garten» hat das Potenzial, die Erlösung als Vereinigung des prinzipiell Zusammengehörigen, jetzt aber Getrennten darzustellen: Trennung der Knesset Jisrael von Gott und vom Land Israel, Trennung Gottes von Zion (s. 1.4).

Das Textkorpus beschränke ich auf die Gattungen der Ahavoth, Ge'uloth, Me'oroth und Reshuyyoth zu Pessach, Shavuoth, Sukkoth und Simchat Torah, wobei mangels eindeutiger Überlieferung die liturgische Bestimmung nicht immer klar ist. Ich lasse wie bei der Untersuchung des klassischen Piyyuts die Piyyutim zu den Jamim Nora'im (darunter die Selichoth, in Spanien Tachanunim genannt) aus und streife nur die Qinoth zum Tish'ah beAv.

1. Das Potenzial der Liebessprache zum Ausdruck der Klage über das Exil

1.1 Die Macht der Schönheit

In diesem Kapitel geht es um das Motiv der Macht der Schönheit: Im klassischen Piyyut gilt das Prinzip, dass die Knesset Jisrael schön ist und dank dieses Verdienstes – schön ist eine Metapher für moralisch gut[1] – von Gott zur Braut genommen wurde. Dieses Axiom wird in den andalusischen Piyyutim mit der neuen Weltanschauung über Schönheit und Liebe konfrontiert und mit der Exilsrealität einer in den Augen der Gesellschaft verlassenen und verachteten Knesset Jisrael. Im Lustlied gilt als Norm, dass die Schönheit regiert und die schöne Geliebte über den Liebhaber dominiert. Wie steht es hier mit der schönen Knesset Jisrael? Welche Macht übt ihre Schönheit auf Gott aus? Sieht sie sich selbst als verlassene und ins Exil verstossene Frau? Übernimmt sie die Aussenwahrnehmung der Gesellschaft oder verteidigt sie Gott als treuen Geliebten? Weil die Piyyutim die Beziehung von Gott zu Israel nach dem menschlichen Liebesmuster darstellen, gehen sie zwei existenzielle Probleme des Exils mit ähnlicher Sprache an wie die Probleme, die das Thema vieler Freundschaftslieder ausmachen: 1) Die Verlassenheit des Liebenden, der aber mit dem Geliebten innerlich in Liebe verbunden bleibt. 2) Der Verrat des Treuebundes.

1) Die schöne, aber verlassene Braut
Im klassischen Piyyut ist die Knesset Jisrael als Braut Gottes prinzipiell deswegen schön, weil Gott sie am Sinai mit Seinem Schmuck (der Torah) verschönt hat; in al-Andalus ist sie auch körperlich schön und attraktiv, wie wir gesehen haben (Teil II 5). Wie bei der Geliebten und der Braut der andalusischen Liebes- und Hochzeitslieder sollte ihre Schönheit die ausreichende Voraussetzung dafür sein, geliebt und bewundert zu werden, und deshalb ist es eine unmögliche Vorstellung, dass die schöne Knesset Jisrael von Gott nicht geliebt würde, ein Paradox, das von den Dichtern der Piyyutim oft hervorgehoben wird. Die Dichter benützen diese zweischneidige Schönheit als Aufhänger, wenn sie das Problem des Exils

---

[1] Siehe Teil I 2.2.3.1 Jannais Shivʿata zu Pessach. Auch Rashis Kommentar zu HL 1,15: Zum zweimaligen «schön bist du»: «schön wegen der Taten der Väter, schön wegen deiner Taten.»

angehen: Warum kann die Knesset Jisrael mit ihrer Schönheit, um deretwillen Gott sie beim Exodus als Braut aus Ägypten führte, nicht auch jetzt Gott dazu bewegen, sie zu befreien? In einem Satz zusammengefasst zeigt Jehuda Halevi die Erlösungserwartung, die sich im sprachlichen Code an den weltlichen Liebesliedern orientiert, im folgenden Schlusssatz des Piyyuts 381: «Der Anteil an Liebe ist Sein (Gottes) Beitrag, sowie dein (Israels) Beitrag allein der Anteil an Schönheit ist.»[2] Die Paradoxie der verlassenen Schönen ist besonders hart, weil die Knesset Jisrael als Braut oder als Geliebte mit ihrer Schönheit aktiv um Gott wirbt, anders als die Knesset Jisrael im klassischen Piyyut. Ihr Bewusstsein um die Macht ihrer Schönheit ist bald sehr betont (1.1.4), bald kombiniert mit ihrem in traditioneller Sprache ausgedrückten Schuldbewusstsein[3] und ihrer Reue. Wird sie aber von Gott zurückgewiesen, so ist ihre Bitterkeit doppelt so gross, da nicht nur ihre Liebe, sondern auch ihre Schönheit von Gott missachtet wird (1.2). In dieser Situation hat sie keine weibliche Entsprechung in der andalusischen Liebespoesie, da die Frau dort nie zurückgewiesen, nur bewundert und begehrt wird. Hier steht sie nun in der männlichen Rolle des abgewiesenen Liebhabers aus dem weltlichen Lustlied da. Aber ihr Leid ist noch grösser als das des werbenden, abgewiesenen Liebhabers gegenüber der kalten Geliebten. Sie ist doppelt unglücklich, wenn sie verlassen wird, weil nicht nur ihre Liebe gekränkt ist, sondern auch ihre Ehre[4] *und* Schönheit mit Füssen getreten wird. Nicht immer stellen die Piyyutim die Tragik nur aus ihrer Sicht dar: es gibt auch die Sicht Gottes. Dann ist das Motiv der Schönheit in seinem schmerzlichen Aspekt positiv überhöht im Vergleich mit dem weltlichen Lustlied: es kommt vor, dass Gott von der Macht ihrer Schönheit überwältigt ihr vergibt, nicht nur, weil sie Ihn verzaubert, sondern auch weil Er selbst unter der Trennung leidet und das Paradox ihrer Verlassenheit nicht ertragen kann (unten 1.1.4).

2) Der Verrat des Treuebundes
Im Unterschied zum Lust- und Liebeslied ist es im Freundschaftslied die Vertrautheit und Loyalität, auf der die Liebe der Freunde beruht. Auf diese Basis beruft sich der verlassene Freund ebenso wie die verlassene Knesset Jisrael wie auf einen Bund oder ein Gesetz: Jehuda Halevi prägt den Ausdruck «Gesetz der Liebe (אהבה

---

2 s. u. 1.1.2.
3 z. B. Shlomo Ibn Gabirol Nr. 180, im Teil II Beispiel 6. In Teil III 5.2: Jitzchaq Ibn Ghiyyat Nr. 118.
4 Verletzte Ehre: s. u. 2.2 «Das Problem der Liebesrivalen». In der Ehre kann zwar auch ein männlicher Liebhaber oder ein Freund gekränkt werden, aber nicht in der Schönheit: die Schönheit ist ein Trumpf, den nie der Liebende ausspielt, nur der/die Geliebte.

דין)»[5], er nennt den Sinai «Zeugen» der Liebe (Nr. 137) und gestaltet einen ganzen Piyyut als Rechtsberatung des Ehepaares Gott und Israel vor einer fiktiven Ratsversammlung (oben Nr. 150). Auch im Freundschaftslied Jehuda Halevi Nr. 53 Brody appelliert der Freund in Selbstironie an eine Strafgerichtsbarkeit, die das Weggehen des befreundeten Partners verhindern sollte (s. u. 1.1.3).

Indem die Dichter der Knesset Jisrael beide Rollen geben, die der geliebten Braut und die des weltlichen abgewiesenen Liebhabers, zeigen sie die Paradoxie des Exils. Vereinfacht gesagt, gibt es einen positiven und einen negativen Pol, zwischen denen sich die Skala der widerstreitenden Gefühle der Knesset Jisrael bewegt, manchmal kommen dramatische Gefühlsschwankungen in ein und demselben Piyyut vor, besonders in der Form des bewegten Gürtelliedes.[6] Die beiden Pole sind einerseits die Klage und Verzweiflung der missachteten und verlassenen Braut, deren einziger Trost die Hoffnung auf die Zukunft ist (unten 1.2 und 1.3), eine ambivalente Rolle, die im weltlichen Lied nur der verlassene Freund in der Panegyrik hat. Anderseits ist sie sich der Macht ihrer Liebe gewiss und vergegenwärtigt sich die Liebeserfüllung in der Rolle der geliebten Braut (unten 1.4). Diese Doppelrolle zeige ich nun an Piyyutbeispielen, wobei ich je ein weltliches Lied als Parallele danebenstelle (1.1.1 bis 1.1.4): sie wirbt um Gott und sehnt sich nach Ihm wie die Braut, sie wird verlassen wie der Freund, sie kennt aber die Macht ihres Charmes wie die Braut, und, hier kommt noch eine neue Rolle Gottes hinzu: Gott verzeiht ihr manchmal wegen ihrer Schönheit wie ein Liebhaber seinem/r Geliebten verzeiht.

1.1.1 Die Knesset Jisrael als werbende Geliebte

Shlomo Ibn Gabirol Nr. 96 שלום לך דודי

1 Sei gegrüsst, mein Geliebter, / hell und rotblond, (HL 5,10)
  Gruss von ihr mit der Schläfe / granatapfelgleich. (HL 4,3)
2 Deine Schwester (HL 4,9) zu retten, / eil, zieh aus zu ihr!
  Durchdring Rabbat Ammon / wie der Sohn von Jishai!
3 Was hast du, du Schönste, / dass Liebe du weckst? (HL 2,7)
  Was klingt deine Stimme / wie Glocken am Kleid?
4 Schnell bring Ich die Zeit, / die der Liebe gefällt, (HL 2,7)
  herab auf dich komm Ich / wie Tau des Hermon.

---

5 Jehuda Halevi Nr. 100 Brody. Dazu unten Kapitel Nr. 5, zu Beginn des Kapitels.
6 Zum Beispiel in Jehuda Halevi Nr. 386 ימים קדומים und Nr. 184 יוגוני: יודעי unten 6.2.4.

Diese Reshut für Simchat Torah haben wir schon im Teil II der Arbeit als Beispiel 2 besprochen. Hier soll die im andalusischen Piyyut neue Sprechsituation beachtet werden: die Braut ist es, die um Ihn wirbt, und sie selbst ist es, die auf ihre Schönheit hinweist. Anders als im klassischen Piyyut ist ihre Selbstvorstellung als «die mit der Granatapfelschläfe» keine lexikalisierte Metapher, sondern dient zum Liebeswerben mittels Schönheit.[7]

Genau gleich ist die Sprechsituation im folgenden weltlichen Hochzeitslied, dessen erste und letzte Strophe ich unten zitiere: die Braut (hier von Fleisch und Blut) fordert den Geliebten zur Liebe auf, wobei sie sich am Anfang und am Schluss des fünfstrophigen Gedichtes als «edelgeborene Tochter» bezeichnet; dieser erwidert, welch heftige Liebesqualen er leide, wenn sie sich ihm entziehe (Zeile 2–17), darauf antwortet sie, wie sehr sie zur Liebe bereit sei:

Jehuda Halevi, Brody, II, Nr. 111, S. 320 בוא ידידי

1 Komm mein Geliebter, komm ins Haus der edelgeborenen Tochter (בת נדיבים HL 7,2),
an den Liebesvergnügen wollen wir uns erfreuen (נתעלסה).
Hindin der Anmut, von dir kommt Heilung für den Liebenden,
und Leben für den Leib ist in deinem Mund für den, der dich küsst,
auch wenn er dein Gesicht küsst, so findet er Balsamdüfte.

18 Hier bin ich, mein Geliebter! Ich will die Liebe wecken.
Meine Liebe will ich von Entfremdung reinigen (בירר).
In Glauben und Treuen will ich für dich singen:
Komm mein Geliebter, komm in das Haus der Tochter der Vornehmen:
an den Liebesvergnügen wollen wir uns erfreuen.

---

7 Weitere Piyyut, in denen sie um Ihn mit ihrer Schönheit wirbt, s. 1.4.3 z. B. Shlomo Ibn Gabirol Nr. 131 שוכב עלי מטות. Zum Liebeswerben: Boyarin 1993, S. 129: Er fragt, ob es auch Gegenstimmen gäbe zum allgemein gültigen Konsens im Talmud, dass die Frau ihre erotischen Wünsche nicht verbal äussern darf. An der Thematisierung dieser Frage sieht man das Aussergewöhnliche dieser Frauendarstellung im Piyyut.

1.1.2 Gott und die Knesset Jisrael sehnen sich nach einander wie ein Brautpaar

Jehuda Halevi Nr. 381[8] יונת רחוקים

1 Taube der Ferne, zu deinem dich Liebenden fliege zurück, /(ofefi)
 bis du es findest, Sein Zelt, und dort lass dich nieder. (rofefi)
2 Siehe, Sein Körper ist, weil du so fern bist, schon ganz ohne Kraft – /(רחפו rachafu)
 sacht mit den Flügeln des Schleiers über Ihm schweb! (רחפי rachafi)
3 Und zu den Strömen der Flüsse von Honig ströme dahin, / (nahari)
 im Schatten des Heims der Gazelle zu wohnen, lechze danach! (sha'afi)
4 Dein Geliebter – Sein Verlangen ist Balsam zu finden und Honig: / (tzri)
 sag deinem Geliebten: sieh hier, Dein Verlangen, in meinem Mund ist es.
5 Der Anteil an Liebe ist Sein Teil, sowie /
 der Anteil an Schönheit allein ist dein Teil. (menat hajefi)

Jehuda Halevi Nr. 448 (Hochzeitslied)

1 Was hat die anmutige Gazelle (Zvi: hier Bräutigam), dass er den Weg entlang späht? /
 Nach der Schöngestaltigen schaut er aus, die sich für ihn schön macht,
2 um den Klang der Flügel der Taube zu hören, /
 die mit Anmut, nicht mit Silber[9], überzogen ist (נחפה);
3 nach dem Palmzweig[10] (schaut er aus), dessen Frucht das Leben ist, /
 feucht seine Wurzel und frisch seine Blätter.
4 Wenn er verstohlen ihr Licht anschaut, /
 so überzieht das Weiss ihrer Wangen die Röte.
5 Eden begehrte ihre Gesellschaft, denn /
 mit seinen Myrtenzweigen hat er ihr Lager (HL 1,16) bedeckt: (חיפה)
6 Ein Hochzeitsbaldachin (חופה) für die zwei Geehrten, denn «über jeder /
 Ehre (Herrlichkeit) ist ein Schutzdach.»[11] (חופה)

Das Motiv der Sehnsucht nach Liebe charakterisiert im Piyyut Nr. 381 wie im Hochzeitslied Nr. 448 beide Partner und nicht nur den Liebhaber, wie es im weltlichen Lied der Fall ist. Die Liebe ist in beiden Beispielen aus der Perspektive eines versteckten Sprechers dargestellt und mit ähnlichen Bildern beschrieben: In beiden Liedern ist die Frau, die Knesset Jisrael respektive die Braut, eine Taube:

---

8 Diesen Piyyut habe ich schon im Zusammenhang mit der Sprechersituation zitiert in II 6.2.2.
9 Die Anspielung auf Ps 68,14 habe ich in Teil II 5.2 (Hochzeitslieder) beim Vergleich von Jehuda Halevi Nr. 448 mit einer vorklassischen Qedushta besprochen.
10 Bei den Palmen gibt es männliche und weibliche, die nebeneinanderstehen müssen, um sich zu befruchten: das Bild der «sehnsüchtigen Palme» stammt eventuell aus BerR 41,1 zu Gen 12,17.
11 Jes 4,5: hier ist die Wolke und der Feuerglanz Gottes über Zion als Schutzdach (חופה) bezeichnet, das Gott schafft, um die «Herrlichkeit/Ehre» zu beschirmen.

mit ihren Flügeln schwebt sie über Ihm in Nr. 381 oder macht sich ihm in Nr. 448 mit den Flügeln bemerkbar. In beiden Liedern wird die intime Zweisamkeit mit den Metaphern des Bedeckens und Schützens ausgedrückt, wobei in Nr. 381 die Wahl des gleichen Verbes רחף (für Ihn in Zeile 2a im paʻal, für sie in Zeile 2b im piʻel) das gegenseitige Bezogensein betont. In Nr. 381 ist es die Knesset Jisrael, die über Ihm schwebt (Zeile 2b), und zugleich in Seinem Schatten/Zelt Schutz findet (Zeilen 1b/3b). Im Hochzeitslied Nr. 448 Zeile 5 ist es Eden (der Lustgarten), der mit den Myrtenzweigen das Schutzdach (Chuppah) bildet: das Wort Chuppah bedeutet auch Hochzeitsbaldachin. In beiden Liedern ist es der Liebende, Gott respektive der Bräutigam, der nach der Geliebten Ausschau hält. Singulär[12] ist in Nr. 381 der Ausdruck, dass Gott kraftlos sei vor Liebessehnsucht; dies übertrifft sogar die Darstellung des sehnsüchtigen Bräutigams in Nr. 448.

In beiden Gedichten hat Er Sehnsucht nach ihr nicht nur wegen ihrer Liebe, sondern besonders wegen ihrer Schönheit: Schönheit ist ihr «Beitrag», wie es die Schlusszeile des Piyyuts Nr. 381 betont.

Die gegenseitige Sehnsucht des Liebespaares Gott und Knesset Jisrael zueinander ist ein Hauptthema im Piyyut von al-Andalus. Ihre und Seine Liebe werden mit derselben Sprache ausgedrückt; der Vers HL 8,6, der im HL aus dem Munde der Frau kommt, wird im Piyyut von Jehuda Halevi Nr. 180 מה לאחותי sogar auf Gott übertragen:

Gott spricht am Schluss: Die Zunge kann sie (die Liebe) nicht erzählen.
Wie das Glühen von Kohlen brennt sie.
Der Geist der Leidenschaft קנאה weht in Mir,
«stark wie der Tod ist die Liebe אהבה». (HL 8,6)

Öfters ist aber bei *ihr* von der Glut der Liebe die Rede, wobei die Piyyutim sich nicht nur auf das HL beziehen, sondern auch auf Jer 20,9 «Er (Gott) war in meinem Herzen wie ein brennendes Feuer», ein Vers, den Jehuda Halevi in Nr. 357 יונת רחוקים explizit zitiert und an andern Stellen[13] darauf anspielt.

---

12 Ähnlich sind noch zwei Stellen: 1. Stelle: Jehuda Halevi Nr. 386 ימים קדומים, Strophe 5: (Gott spricht:) «Seit dem Tag, da Ich deine Menge zu Sklaven machte, habe Ich keine Ruhe mehr zu schlafen.» Siehe unten 6.2.4. 2. Stelle: Moshe Ibn Gikatilla, ed. Brody, אם תראי מראייך (Der Sprecher ist Gott:) «Es fragen alle Leute, ob es unter euch einen gibt, der geschlagen ist wie Ich zur Zeit, da Ich auf deinem Herzen deine zwei Brüste sehe ...»: s. u. 1.1.4.

13 Jehuda Halevi Nr. 357: unten 6.2.2; Jehuda Halevi Nr. 206 יונה נכאבה Zeile 3: «Es ist bekannt, dass sie die Flamme des Brandes in sich trägt.»: unten 6.2.4; und Nr. 326 לילה יונתי 3. Strophe: «Ihr Herz wird heiss bei der Erinnerung an vergangene Zeiten.»: unten 6.2.2.

1.1.3 Liebesbund und Liebesverrat

In allen drei Textsorten (im Lustlied, Freundschaftslied und Piyyut) wirbt der Sprecher respektive die Knesset Jisrael um den Freund oder den Geliebten respektive um Gott, der aus einem nicht genannten Grund weggegangen ist. Allein schon das Weggehen kann vom Liebenden als ein Liebesverrat dargestellt werden, wobei die Knesset Jisrael das Wort «Verrat» (בגידה) im Piyyut nicht braucht, nur umschreibt. Umgekehrt ist in den Lustliedern das Reden von Liebesverrat und Liebesbund reine Rhetorik des Liebhabers, mit der er um den/die Geliebte(n) wirbt und sich dabei als unglücklich, aber treu hinstellt. Die Verbindung, die der Liebhaber im Lustlied «Bund» nennt, ist meistens als ganz einseitige Liebe dargestellt, von der die/der Geliebte gar nichts wissen will und die auch keine lange Vorgeschichte hat. Abgesehen davon gilt in den Lustliedern der Geliebte von vornehrein als untreu.[14] Anders ist die Situation im Freundschaftslied und Piyyut: Die Argumente des Freundes/der Knesset Jisrael sind die vergangene Freundschaft und gemeinsame Liebe, die zwischen den beiden bestand und die der Sprecher nun dem Adressaten als Treuebündnis in Erinnerung ruft. Diese auf Treue beruhende Liebe bezeichnet das Freundschaftslied und der Piyyut manchmal auch spezifisch mit dem Wort «אחוה, freundschaftliche Verbrüderung» (Sach 11,14) oder «ידידות, Freundschaft».[15] Dieser Bund hat seine eigenen Gesetze, entsprechend erklärt Jehuda Halevi in Nr. 100 Brody[16] pointiert, dass die einseitige Trennung gegen die «Gesetze der Liebe» verstosse, und eine ähnliche Pointe macht er auch in Nr. 53 Brody (gleich unten im Text), indem er die

---

14 Shmu'el Hanagid Nr. 172 Jarden: «Jeder Zvi (Geliebter) ist ein Verräter!» (Text des Liedes s. im Textanhang), s. dazu auch Ishay 2001, S. 74f.; Pagis 1976, S. 145. Bei den Lustliedern an eine(n) Geliebten ist die Verwendung des Motivs des Liebesbundes ein Topos, um die Treue des Liebenden auch bei Liebesverrat hervorzuheben: z. B. Shlomo Ibn Gabirol מה לאביגיל (Siehe Text im Einleitungskapitel). Nur ganz selten ist auch dort die Liebesbeziehung eventuell als gegenseitig dargestellt (s. die Ausnahme Jehuda Halevi, Brody, II, Lied Nr. 4, S. 7 מה לך צביה in Teil II 4.2.2).
15 Im Freundschaftslied: Moshe Ibn Ezra Nr. 64, Zeile 28: «Freundschaftsbande (קשרי ידידות) oder Liebesbund (ברית אהבה) – wenn ich sie vergesse, möge meine Rechte verdorren.» Brody, im Kommentar zu Nr. 140,3–4, wo der Begriff «Bund der Jugendliebe» (חסד נעורים) ברית: nach Jer 2,2) vorkommt, gibt weitere Belege an für «Liebesbund», ebenso für den Begriff אחוה. Im Piyyut kommt der Begriff ידידות vor bei Jitzchaq Ibn Ghiyyat Nr. 118 (Teil III 5.2) und Shlomo Ibn Gabirol Nr. 180 (Teil II 3.2). Der Begriff אחוה kommt vor in Jehuda Halevi Nr. 379, Schlussgürtel, und in Nr. 168, 4. Strophe. Im Liebeslied kommt אחוה vor in Shmu'el Hanagid Nr. 202 (s. Teil II 3.2 Beispiel Nr. 5), passend zur Darstellung der Liebe als gegenseitige Liebe.
16 Jehuda Halevi Nr. 100 Brody s. u. 5 (zu Beginn des Kapitels).

rhetorische Frage stellt, warum es für diesen Fall kein Gericht gäbe. Im Piyyut und im Lob- und Freundschaftslied hat der Vorwurf, Gott/der Freund habe die Sprecherin/den Sprecher verlassen, die Funktion einer flehentlichen Bitte, der Geliebte möge wieder zurückkommen.[17] Im Piyyut benützt die Knesset Jisrael nicht explizit das harte Wort «Verrat», aber sie redet doch von «Liebesbruch» und davon, dass Er ihre Rivalen bevorzuge.[18] Auch mit dem Vorwurf des Vergessens meint sie implizit Seinen Liebesverrat, wie wir es im folgenden Piyyut von Jehuda Halevi Nr. 137 in den Zeilen 1 und 3 sehen:

Jehuda Halevi Nr. 137 Reshut ידידי השכחת

Reshut für Nishmat von Pessach. Reimwort: auf Suffix der 1. Person Singular (shadai etc.).

1 Hast Du, mein Freund, vergessen denn, / wie zwischen meinen Brüsten Du geruht –//
  warum denn hast für immer Du / an meine Sklavenhalter mich verkauft?
2 Folgt ich damals Dir nicht treulich nach / im Land, das wüst und saatlos ist, (Jer 2,2) //
  und hab ich nicht als meine Zeugen, / Seʿir, Paran, Sinai und Wüste Sin?
3 Und ganz war meine Liebe (דודי) Dir, / und Dein Gefallen hattest Du an mir. //
  Wie kannst die Ehre Du, die mir gebührt, / nun einem andern geben ausser mir?
4 Verstossen zu Seʿir und bis Qedar, geprüft im Schmelztopf Griechenlands,
  gequält vom Joch der Meder –
5 gibts ausser Dir denn einen Löser, / und einen ausser mir, der immer hofft?
  Gib Deine Kraft mir, denn ich möchte / Dir meine Liebe (דודי) geben (HL 7,13).

Das Parallelbeispiel dazu:

Jehuda Halevi, Brody, II, Nr. 53, S. 273:
Lob- und Freundschaftsgedicht an Moshe Ibn Ezra[19]

1 Bleib stehen, mein Bruder, bleib noch ein wenig stehen, (nach Nah 2,9)
  dass ich dich und meinen Geist noch (zum Abschied) segne.
3 Denkst du, es sei zu wenig, dass du am Tag, wo du das Feuer des Weggehens
  geschickt hast, mich auch noch als Gefangenen mitnimmst?
5 Gibt es für Liebende bei dir keine Strafgerichtsbarkeit,
  sodass du zur Strafuntersuchung aufgeboten werden könntest?
7 Wie hast du das Weggehen über dich gebracht,
  das meinen Glanz dahingehen liess?
9 Ich lag vor dir als offenes Geheimnis, und wozu soll ich es verbergen,
  hast du doch mich und meine Gedanken erkannt.

---

17 Siehe Teil II 4.2.2 und unten 5.1 und 6.2.2: Moshe Ibn Ezra Nr. 21 Brody.
18 Jehuda Halevi Nr. 379 יונה בפח (Schluss) «Die Gazelle, die weit weg floh und die freundschaftliche Liebe (אחוה) gebrochen hat»: s. 2.2.1 «Rivalität und Liebesverrat».
19 Bereits (mit Anmerkungen) im Teil II 4.2.1 zitiert (das Lied hat 60 Verse).

Der Sprecher ist doppelt enttäuscht, dass der Freund wegging, weil ihre Vertrautheit so gross war, dass er (Zeile 9) sein «offenes Geheimnis», das ist seine Liebe, nicht verbergen konnte. Als Stilmittel, das Unbegreifliche auszudrücken, benützt der Dichter die rhetorische Frage.

Mit der gleichen Rhetorik der Vertrautheit redet die Knesset Jisrael in Piyyut Nr. 137 Gott als «meinen Freund» an: die Liebesbasis der Beziehung erlaubt ihr die anklagende Frage, ob Er sie vergessen habe. Das wiederholte «ich/Du» und «mich/Dein» beschwört die Gegenseitigkeit der Liebe, besonders in Zeile 3 (auch in 1 und 5): «Meine Liebe war Dir, Du wolltest mich.» Interessant ist die Begründung ihres Anspruchs auf Gegenliebe durch den Hinweis auf die gemeinsame Wüstenwanderung bis zum Sinai. Sie appelliert an die Gerechtigkeit, indem sie von der Wüste Paran und Sinai als den Zeugen dieser ihrer Liebeshandlung spricht; in dem Fall ist es nicht die Torah, sondern es sind die ungeschriebenen Gesetze der gemeinsamen Liebe, die von Ihm verletzt werden, entsprechend wie Jehuda Halevi im Gedicht an Moshe Ibn Ezra in Zeile 5 das Gericht als Instanz erwähnt. Man kann zwar einwenden, dass die Argumentation mit der vergangenen Liebe, die weiterhin verpflichtet, nicht neu ist, sondern biblisch, indem die Knesset Jisrael bei ihrem Anspruch auf Liebe genau die Argumentation aufnimmt, die Gott in Seiner Rede in Jer 2,2 anführt, in der Er Israel Treulosigkeit vorwirft. Aber die Umkehr der Perspektive ist neu:[20] hier macht die Knesset Jisrael Gott den Vorwurf, dass Er Sich an diese vergangene Liebe nicht erinnere. Im Unterschied zu Jer 2,2 nennt sie nicht nur das Nachfolgen in der Wüste, sondern auch die Zeugen der Liebe: Sinai, Paran, Seʿir und die Wüste Sin. Sinai erinnert an den «Vertrag», die Torah, aber gerade diesen Faktor der vertraglichen Verpflichtung bringt die Sprecherin nicht ins Spiel: sie erwähnt keinen Hochzeitsvertrag (wie etwa in Piyyut Nr. 194 יוצאת אל החרבה, wo sie sich gegen Kritiker verteidigt), sondern benützt sofort das erotische Bild des Lagerns חנות zwischen den Brüsten aus HL 1,13. Dieses Bild des Liebeslagers gehört wie die Wüstenszenerie zum

---

20 Der 4. Piyyut von Kallirs Qedushta zu Parashat ki tetze (Dtn 21,10–25,19 = Text für Shabbat Zakhor: «Erinnere dich an das, was Amaleq dir getan hat … vergiss es nicht») macht ebenfalls den Perspektivenwechsel Volk/Gott zum Thema, um Gott zu bitten, Er möge Sich an Israel erinnern und sie von Amaleq/Edom/Rom/Byzanz befreien: 4. Piyyut, 1. Strophe: «In der Sprache, mit der Du denen, die sich an Dich erinnern, in Erinnerung rufst ‹Zakhor – erinnere dich› – genau in dieser Sprache erinnern sie *Dich* daran: bitte, ‹Zakhor› erinnere Dich! Wenn sie Menschen sind und Deinen Bund übertreten und sich nicht (an die Gesetze) erinnern – Du bist aber Gott und kein Mensch: warum erinnerst *Du* Dich nicht?» Der folgende Silluq drückt dann das Vertrauen in die Erlösung aus. Siehe Elizur 1999, S. 307–311: Text der Qedushta mit sprachlichen und inhaltlichen Erläuterungen. Der Vers Jer 2,2 ist sehr bedeutungsvoll, er wird in der Liturgie von Rosh Hashanah in den Zikhronoth zitiert.

Aṭlālmotiv in der Qaṣīda (s. Glossar); wobei Jehuda Halevi mit dem Sinn von «Lagern» das homonyme Wort חנות in einem Psalmvers, auf den er wahrscheinlich anspielt[21], uminterpretiert hat: Ps 77,10 beginnt ähnlich wie Piyyut Nr. 137 «Hat Gott etwa das Gnädigsein חנות vergessen?» Jehuda Halevi adressiert die Frage direkt an Gott, deutet חנות als Ableitung von חנה «Lagern» und nicht von חנן «Gnädigsein» und fügt «zwischen meinen Brüsten» hinzu, womit die Bedeutung der rhetorischen Frage ein Liebesargument wird. Ein Vergleich mit einem Zulat von Amitai bar Shefatya[22] אין לנו אלהים עוד זולתך zeigt deutlich den Unterschied der Rhetorik. Amitai sagt (Zeile 1 f.): «Ich dachte nach über die Zerstörung meines Heiligtums. Hast Du das Gnädigsein vergessen, Bundespartner Abrahams?»

1.1.4 Die Macht der Schönheit

Der folgende Piyyut ist ein Paradebeispiel für die neue Einschätzung des Exils nach den Massstäben von Liebe und Schönheit, ohne die Frage einer Schuld aufzuwerfen:

Jehuda Halevi Nr. 330 Avarah יעלת חן ממעונה רחקה

1 Die reizvolle Gemse hat sich / aus ihrem Heim entfernt:
  Er, der sie liebt, ist wütend – / warum aber lachte sie denn?
2 Die Tochter Edom verlacht sie, / lacht über Arabiens Töchter,
  die den Geliebten begehren (חשק), / denselben, den sie begehrt.
3 Dabei sind doch Wildesel diese, / wie können sie gleichen einer
  Gemse, die der Gazelle / Gefährtin geworden ist?[23]
4 «Wo ist Prophetie, wo Leuchter, / wo die Lade des Bundes,
  wo ist die Gegenwart Gottes, / mit der sie verbunden ist?»
5 «Nein, meine Hasser, nein / löscht nicht die Liebe aus! (HL 8,6.7)
  Denn wenn ihr versucht, sie zu löschen, / entflammt sie gleich wie ein Brand.»

Die ersten zwei Zeilen lassen die Frage, warum die «Gemse» ins Exil ging, völlig offen. Bei ihrem Weggehen und Seiner Wut wird wie in der Darstellung weltlicher

---

21 Jarden, der sonst getreulich alle anzitierten Stellen liefert, hat dies hier übersehen. Weiteres Beispiel für Lagern (חנה) mit der Konnotation von Liebe ist Jehuda Halevi Nr. 332, Zeile 1 (s. Teil II 1.3.2).
22 Amitai bar Shefatya: Datierung laut Elizur 1999, S. 360 auf die 2. Hälfte des 9. Jahrhunderts, Ort: Süditalien. Der Zulat ist abgedruckt bei Fleischer 1975a, S. 480/1.
23 Wildesel: Kinnuj für die Araber nach Gen 16,12: Jishmaʿels Nachkommen. Gemse als Weggenossin (מתרפקת): מתרפקת ist ein Hapaxlegomenon in HL 5,8, hier übersetze ich gemäss Abraham Ibn Ezras Kommentar zum HL (s. kommentierten Text im Textanhang).

Liebesdramen nicht klar, welche Handlung was auslöste. Diese Frage kümmert die «Gemse» auch gar nicht: ihr Problem sind ihre Rivalinnen und die Kritiker ihrer Liebe. Hier verhält sie sich wie ein weltlicher Liebhaber, der sich seiner Sonderstellung beim/bei der Geliebten sicher ist.[24] Ihre Logik ist die der Liebe: nicht die Wildesel, sondern natürlich nur sie als Gemse passe wegen ihrer Schönheit und ihrem Wesen als «Weggenossin» zur Gazelle, zu Gott, ihrem Liebhaber. Einzig ihre Schönheit gibt der Knesset Jisrael die Selbstsicherheit, dass ihre gegenseitige Liebe zu Gott auch im Exil weiter bestehe. Die Konkurrentinnen mit ihren Hassreden bringt sie so zum Schweigen, dass sie am Schluss triumphierend aus dem HL zitiert. Der Schlussvers bringt wie eine Kharja im Gürtellied die Lösung des Liebesproblems; er ist gleichsam der Prooftext zur Bestätigung, dass die Sprecherin Recht habe. Mit dem Hinweis auf ihre zu Gott passende schöne Gestalt kontert sie in Vers 4 die Hetzreden der Töchter Arabiens und der Tochter Edom. Bei meiner Interpretation, Vers 4 sei von den Konkurrentinnen und nicht von der Knesset Jisrael gesprochen, stelle ich mich gegen die Meinung von Scheindlin[25], der Vers 4 als Rede der Knesset Jisrael auffasst, in welcher sie sich der kultischen Liebeszeichen versichere, die die andern nicht hätten, damit gleichsam ihre Unsicherheit überspielend. Scheindlin sieht zwar richtig, dass der rhetorische Ton in der 4. Zeile ein ganz anderer ist als die Liebessprache des ganzen Gedichts, aber er zieht nicht die Konsequenz, dass Zeile 4 deshalb auch aus dem Mund eines andern Sprechers kommt.[26]

---

24 Dazu unten 2.2.2 beim Motiv A «Das Motiv des Beobachters, Kritikers und Verleumders».
25 Scheindlin 1991, S. 56.
26 Wie Ps 115,2, wo die Völker die Sprecher sind und sagen: «wo ist nun ihr Gott?» Meine Interpretation kann durch den Vergleich mit dem Typ der Hetzrede der Feinde in andern Piyyutim belegt werden: Jehuda Halevi Nr. 180 Ahavah für Shavuoth מה לאחותי «Und meine Feinde sagen: verzweifelt ist diese an ihrer Rettung, denn sie verzögert sich. So wahr ihr Erlöser lebt: sie ist nicht (von ihm) gesucht worden, sie ist uns eine solche, die für immer im Stich gelassen wurde. Wahrhaftig, zur Lüge hat sie die Visionen geschrieben, und zur Lüge wurde die Prophetie geschrieben.» Jehuda Halevi Nr. 181 «Wo ist dein Felsen? sagen sie (die Feinde) zu mir, denn das Haus Seines Heiligtums ist doch verwüstet, wenn Er ein Gott ist, so soll Er für Sich selbst streiten.» Abraham Ibn Ezra Nr. 343 Qinah für den 9. Av אמרה ציון «Es sprach Zion: Wie ist es möglich, dass meine Kinder mich verlassen haben … Es sprach der Feind: Hat mein Feuer euch gefressen? Leute von Zion, wo ist euer Gott? Er soll aufstehen und euch helfen …».

Abraham Ibn Ezra Nr. 107 איומתי עדן שממת

Gürtellied

1 Du, meine Gewaltige,[27] bist immer noch / verwüstet, vereinsamt? Steh auf, komm herauf, /
denn du hast Erbarmen gefunden.
    Wie schön bist du, wie hold!

2 Du, Herzenstochter, in deinem Gesicht / ist Leben[28] und Honig ist in deinem Mund,
die Schönheit und Anmut sind Waffen dir, / und Ringe in deinen Ohren du trägst,
    deine Augen hast du geschminkt.

3 Inmitten der Hindinnen du, meine Freundin, / steh auf in den Nächten, erhebe dich,
und siehe, hinaus zu den Tänzen geh, / es sind deine Brüste wie Trauben des Weins.
    Warst du auch schuldig, – / mit Zauber (אוב) entzücktest du![29]

4 Und wie zur Gebrochenen bist du geworden, / du, die Schönste unter den Frauen,
schaust du herab wie die Morgenröte, / wenn sie dich auch zur Gescholtenen machten.
    Bist du gefallen, – / gehoben erhobst du dich.

5 Du, Tochter Mein, was klagest du denn? / Erhebe dich nun, geh hinaus mit Mir.
Bringen zum Haus Meiner Pracht will Ich dich, / Ich bin dein Mann und du Meine Frau.
    Leg an deinen Schmuck, / lass dich trösten!

Der Fokus des Piyyuts ist die Paradoxie, dass die Knesset Jisrael zwar schön ist, aber (immer noch) verwüstet respektive vereinsamt. Das Wort[30] שמם assoziiert das Vokabular aus dem Klagelied; seine Semantik hat die beiden Seiten, Verwüstung und Vereinsamung, die auch das Englische "desolate" wiedergeben kann. Den Widerspruch von schön und wüst drückt auch Kallir in seiner Qinah zu Tishʿah beAv אז במלאת ספק aus: «Als Jeremia aus dem Tempel kam, fand er eine schöne, aber heruntergekommene Frau». Aber im Unterschied zu Kallir ist hier der Piyyut auf diesen Punkt als das Kernproblem des Exils fokussiert: Zum Problemkreis des Exils gehören die theologischen und existenziellen Fragen von «Schuld und Reue» oder auch «Strafe (Exil) und Vergebung (Erlösung)», die in

---

27 Appellativ aus HL 6,4.10. Zur Bedeutung s. die Liste der Appellative in Teil II 5.3.
28 Gemeint: für den, der dich anschaut.
29 Sie bezaubert (Ihn). Weinberger 1997, S. 207 übersetzt falsch, wie wenn die Form קסמת passiv wäre: «If you sin, say you have been enchanted!» Entsprechend interpretiert er ihre Schuld so, als ob der Vorwurf ihrer Kritiker gemeint wäre, die ihr Liebesverhältnis als Sünde ansehen, was zum Motiv der Neider gehört. Die meiner Meinung nach richtige Deutung meint aber den Liebeszauber, weswegen Gott ihr die Schuld verzeiht: s. meine Interpretation im Text.
30 Verb שמם mit der Doppelbedeutung von verwüstet und verlassen. Adjektiv שוממה von der gleichen Wurzel in Jehuda Halevi Nr. 207 ימס לבבי nach Jes 54,1 und weiteren Stellen (s. kommentierte Übersetzung im Textanhang). Weinberger 1997, S. 207 übersetzt mit "desolate".

den meisten Piyyutim vom Standpunkt der Knesset Jisrael her gestellt werden. Wenn sie über das Exil redet, so klagt sie entweder Gott an oder klagt reuevoll und schuldbewusst sich selbst an (unten 1.2). Es ist aussergewöhnlich, dass Er, Gott, das Thema Exil anschneidet und ihr die Vergebung von Schuld verspricht, bevor sie überhaupt klagen konnte. Die rhetorische Frage «Du, Meine Gewaltige, bist du immer noch verwüstet?» kann nun verschieden verstanden werden, zunächst so, als ob Gott selbst nicht mehr wüsste, dass die Knesset Jisrael im Exil ist, geschweige denn, warum. Aber die Frage kann auch so interpretiert werden, dass Er plötzlich von Mitleid gepackt wird, als Er sie in ihrer Verwüstung sieht. Im zweiten Fall ist die Aussage des Piyyuts sehr viel tiefer, denn es würde bedeuten, dass Gott sich in die Lage der Knesset Jisrael hineinversetzt und wie sie das Exil als Paradox empfindet. Auf alle Fälle diskutiert der Piyyut nicht den theologischen Zusammenhang von Schuld und Strafe, sondern es geht nur um die Vergebung der Schuld, die Gott ihr hier gibt mit der Begründung, sie habe Ihn bezaubert mit dem Zaubermittel (אוב)[31] ihrer Schönheit, denn «Anmut und Schönheit sind ihre Waffen». Auch der Liebhaber im Lustlied[32] gibt sich jeweils geschlagen von der Schönheit seiner/s Geliebten, die/der meistens ihre/seine schönen Augen als Waffe einsetzt. Hier im Piyyut hat die Schönheit die spezielle Funktion, das Verzeihen auszulösen, was ebenfalls im Lustlied vorkommt: In zwei Liebesliedern von Shmu'el Hanagid[33] verzeiht der Liebhaber dem untreuen Geliebten wegen dessen Schönheit, sodass lieber er selbst als der Geliebte für die Untreue Busse (כופר) tun will. Dieses Motiv wirkt wie eine Weiterentwicklung des biblischen Spruchs, dass die Liebe alles verzeihe (מכסה = bedecken aus Spr 10,12, zitiert in Jehuda Halevi Nr. 150), und wird nun von Gott als dem verzeihenden Liebhaber gebraucht, um die Schuldfrage zu lösen: die theologischen Fragen

---

31 Zum Wort אוב in anderm Sinn: Die Totenbeschwörerin בעלת אוב in 1. Sam 28,7 hat die Zaubermacht über den Geist eines Verstorbenen.
32 s. Teil II Beispiel Nr. 12 Jehuda Halevi, Brody, II, Nr. 114, S. 324 חמה בעד רקיע «wenn nicht die Waffen deiner *Augen* gewesen wären, dein Zornesfunkeln». Teil II Beispiel Nr. 3 (Shlomo Ibn Gabirol) «Mein Geliebter (דודי), der mein Herz mit (dem Blick) seiner Augen liebeskrank gemacht hat.
33 Siehe Shmu'el Hanagid Nr. 183 und 193. Nr. 193 אהי כופר «Ich will das Lösegeld sein für die Gazelle, die meinen Bund gebrochen hat, hab ich doch die Liebe zu ihm in meinem Herzen bewahrt! Er sagt zum aufgehenden Mond: «Siehst du das Licht meines Antlitzes und leuchtest immer noch?» Dabei ist ja der Mond im Dunkel (der Nacht) wie ein Achat in der Hand eines dunkelhäutigen Mädchens!» Der Geliebte übertrifft mit seiner Schönheit sogar den Mond, der allgemein (Aussage des Sprechers) als wunderschön gilt. Motiv der stellvertretenden Busse: Anspielung auf die Szene in Ex 32,32. Siehe auch Teil II Beispiel 12, 2. Strophe: Der Liebende will mit seinem Leben die Geliebte auslösen, wenn sie ihm nur zu Willen sei.

sind dank der Logik der weltlichen Liebesdarstellung vom Tisch gewischt. Im Unterschied zum/zur weltlichen Geliebten, dessen/deren Gefühle nie dargestellt werden und bei dem/r es völlig offen bleibt, ob er/sie interessiert ist an der Vergebung der Untreue, ist natürlich die Vergebung genau das, was die Knesset Jisrael sucht; anders als im weltlichen Lied ist *sie* die an der Trennung leidende Geliebte (Strophe 5: «Was klagst du?»).

Kehren wir nun zur rhetorischen Frage Gottes am Anfang zurück, so sehen wir, dass Sein Interesse an der Knesset Jisrael doppelt motiviert ist: Er empfindet ihren Zustand als paradox, hat deshalb sofort Mitleid und vergibt ihr, bevor sie darum bitten kann; Er will ihr aber auch deshalb vergeben, weil Er selbst, bezaubert durch ihre Schönheit, wieder ihre Liebe will.

Im folgenden aussergewöhnlichen Piyyut (s. vollen Text im Textanhang[34]), dessen Verfasser wahrscheinlich Moshe Ibn Gikatilla ist, ein jüngerer Zeitgenosse Shmu'el Hanagids, kommt ebenfalls das Motiv der Macht der Schönheit vor, dabei ist aber deutlicher ausgeführt, welche Gefühle Gott zur Vergebung bewegen.

Moshe Ibn Gikatilla אם תראי מראייך

Wenn du Mich sehen lässt deine Gestalt, (HL 2,14)
werd Ich, dein Liebhaber, glücklich sein.

Gazellenkitz, bitte, zu Mir setz dich hin,
und lege dich hin auf Mein Polster und Lager,
5   und von deinem Munde den Honig gewinn Ich! (HL 5,1; 7,10)
Wahrhaftig, Gazelle, hinweg von Mir
wende deine Augen doch! (HL 6,5)

Worte der Lust (חשק) sind schön über dich,
denn deine Schönheit quält (עש) jedes Herz,
10 dich riechen (HL 7,9) und küssen – welch eine Wonne (תענוג),
in deinen Augen – welch eine Waffe! (nach HL 4,9)
Deine Lippen – ein Karmesinband. (HL 4,3)

Wie gut ist die Schönheit von dir zu besingen,
über dich reden, wie angenehm ist es,
15 denn Anmut und Hoheit sind in dir verbunden,
Schwester der Sonne, geschmückt mit den Kettchen,
wie sind deine Wangen lieblich! (HL 1,10)

Fragt alle Leute, die Antworten wissen:
Gibt's bei euch einen, gequält und getroffen (Jes 53,4)
20 wie Ich, wenn jeweils zu dir Ich Mich wende,

---

34   Ed. Brody 1937, Lied Nr. 3. Übersetzung und Kommentar s. Textanhang. Reim auf -aikh.

zu sehen auf deinem Herzen wie
Böckchen deine beiden Brüste? (HL 4,5 und 7,4)

Dir sangen das Lob die Gazellen all,
denn du wirst genannt «der Geschöpfe Erwählte (סגולה)», (Ex 19,5)
25 und wie bist du tief im Exil gesunken,
und hatte doch Gott so kunstvoll gemacht
die Rundungen deiner Hüfte. (nach HL 7,2)

Der Sprecher, die Stimme Gottes, beschreibt die Knesset Jisrael über 23 Zeilen hin gleichsam von Kopf bis Fuss. Ungewöhnlich sind aber nicht die einzelnen Beschreibungen an sich – denn alle beruhen auf Zitaten aus dem HL –, sondern dass Gott zu ihr nichts anderes sagt als ein ununterbrochenes Lob ihrer Schönheit. Ausschlaggebend ist Zeile 11, wo Er sie bittet, sie solle den Blick wegwenden, da ihre Augen wie eine Waffe wirkten, und die noch stärkere Aussage in Zeilen 19/20, es gäbe keinen, der so gequält werde wie Er. Die Liebe als Qual ist aber nicht nur als Topos formuliert nach Art der Lustlieder, sondern die Reaktion Gottes ist die, dass Er sie wegen ihrer Schönheit in Zeile 24 als «Erwählte» (oder «Eigentum»: סגולה) bezeichnet und ihr darauf in Zeile 39 explizit die Schuld verzeiht. Anstelle einer Umkehr von ihr zu Ihm, was das Übliche ist in der Liebesbeziehung zwischen Gott und der Knesset Jisrael, ist es hier eine Umkehr von Ihm zu ihr, und als einziger Grund wird die Qual angegeben, die ihre Schönheit Ihm verursache.

1.2 Die verachtete Schönheit

Piyyut 107 von Abraham Ibn Ezra und der Piyyut von Moshe Ibn Gikatilla stellen beide die Sicht Gottes dar, beide erwähnen kurz eine Schuld der Knesset Jisrael, aber Gott gibt ihr von der ersten Zeile an die Gewissheit der Vergebung. Wenn hingegen die Knesset Jisrael die Sprecherin ist (oder ein anonymer Sprecher spricht), dann wird *ihre* Exilserfahrung miteinbezogen, die religiösen Vorstellungen von Schuld und Strafe dominieren, und die Paradoxie des Exils bleibt manchmal hoffnungslos, tragisch, ohne Lösung oder als Anklage an Gott stehen. Solche Beispiele, in denen die Paradoxie und der Widerstreit der Gefühle der Knesset Jisrael im Zentrum stehen, bringe ich in den folgenden zwei Kapiteln 1.2 und 1.3. Das Hochstilisieren von Antithesen gehört zum arabischen Stilideal[35]; bei den hebräischen Dichtern ist die Paradoxie des Exils mit allen Künsten der Rhetorik

---

35 Zur Antithese: s. Teil II 2.3.2.

zugespitzt. Auch eine Variante des Aṭlālmotivs[36] beruht auf dem Stilmuster der Antithese und wird im Piyyut noch mehr ausgebaut als im weltlichen Lied: es ist das Motiv der Nostalgie, bei dem die ideale Vergangenheit als Widerspruch zur Gegenwart heraufbeschworen und verklärt wird (unten 1.3).

Die Paradoxie des Exils ist ein zentrales Thema im andalusischen Piyyut. Dies wird schon durch die Pragmatik gewisser Pessach- und Shavuothpiyyutim augenfällig, wenn statt des traditionellen Lobpreises der Schönheit Israels und ihrer Erwählung und Rettung aus Ägypten der anonyme Sprecher oder die Knesset Jisrael Klagen und Anklagen an Gott formulieren. Die Texte betonen, in welcher Spannung das Bild der Schönheit Israels zur effektiven Situation ihres Elendes im Exil stehe, indem sie traditionelle Bilder der Schönheit wie Braut und Taube konterdeterminieren und in ihnen ein neues Bedeutungssegment wecken, das sie im klassischen Piyyut nicht haben. Inhaltlich konterdeterminierte Bilder aus dem HL sind: «abgerissene Lilie» (Shlomo Ibn Gabirol Nr. 116 שזופה נזופה), «Lilie gefangen zwischen Stacheln und Disteln» (Shlomo Ibn Gabirol Nr. 165 שחורה ונאוה), «die Taube mit abgeschnittenen Flügeln» (Jehuda Halevi Nr. 206 יונה נכאבה) oder «die Taube in der Falle Ägyptens» (Jehuda Halevi Nr. 379 מצרים יונה בפח), der von wilden Tieren besetzte Liebesgarten aus dem HL (Shlomo Ibn Gabirol Nr. 100 שאלי יפהפיה), die Knesset Jisrael als ängstlich pfeifende, im Käfig eingesperrte Schwalbe oder als der Vogel, der gefangen in der Hand eines Kindes im Spiel fast erdrückt wird (Shlomo Ibn Gabirol Nr. 116 שזופה נזופה).

Es gibt auch paradoxe Bilder, die die Antithese durch Paronomasie oder sogar Homonymie (hebr.: Zimmud) verstärken: «sich verzehrende Braut» (kallah kaltah, Jehuda Halevi Nr. 94 und Nr. 328), «der Freund und sein Fernsein» (דוד Dod und נדוד Nedod, kommt oft vor s. u. 6.2), «die Königstochter, Bat Melekh בת מלך, als Magd der Tochter des Molekh» (Jehuda Halevi Nr. 390 ישבה שוממה). Oft kommt der antithetische Parallelismus[37] im Reimwort von zwei Versen oder Vershälften vor (Jehuda Halevi Nr. 168 יונה נשאתה): «die Taube, die Du getragen hast (nesatah נשאתָה), hast Du im Stich gelassen (netashta נטשתָה).» In der Anrede an Zion stellt Jehuda Halevi Nr. 210 יסף יגון den Widerspruch von Sehnsucht und harter Exilsrealität so dar: «Nach Deinem Lagerplatz sehnt sich (nikhsaf נכסף) Dein Volk, auch wenn dieser entblösst ist (nächsaf נחשף).» Shlomo Ibn Gabirol Nr. 116 שזופה נזופה (6. Strophe) kombiniert antithetisch die Paronomasie רווחה und צווחה «sie hofft auf ein Aufatmen und siehe ein Aufschrei». Jehuda Halevi

---

[36] s. Glossar, Stichwort «Qaṣida» zu den moderneren (11. Jahrhundert) Themen des Aṭlāmotivs, die Gruendler 2000, S. 218/9 nennt wie die nostalgische Erinnerung an die vergangene Jugendzeit.

[37] Hazan 1986, S. 168 bespricht die Funktion der Paronomasie im Parallelismus der Vershälften (תקבולת) im Piyyut von Jehuda Halevi.

Nr. 265 stellt im Reim das Homonym Jonah in der Bedeutung der Taube (der Knesset Jisrael) seiner antithetischen Bedeutung von «gewalttätigem Schwert» (Cherev jonah חרב יונה) gegenüber. Moshe Ibn Ezra Nr. 78 יונים בידי יונים bringt die Homonymie «Tauben in der Hand von Gewalttätigen» (Jonim bidej Jonim).

Neben diesen negativen Antithesen gibt es auch positive: Jehuda Halevi Nr. 324 יונת רחוקים «der dich verbannt hat (häglekh הגלך), ist dein Erlöser (goʾalekh גואלך)». Ebenso in Nr. 338 יאמץ לבבך «der dich quält (jeʿannekh, piʿel יענך) ist der, der dich erhören wird (jaʿanekh, paʿal יענך)». Auch in Nr. 74: «Taube, wie glaubst du, dass Ich dich befeinde (evati איבתי), habe Ich dich nicht mit ewiger Liebe geliebt (ahavti אהבתי)?» Abraham Ibn Ezra Nr. 142, Zeile 23 benützt die Paronomasie von חלי mit verschiedener Vokalisaton: «Leiden (choli) ist für meinen Hals ein Schmuckstück (chali)». In Nr. 399 (Zeile 21–22) spielt er mit dem Wort שבה zuerst negativ, dann positiv: «Zur Stadt des Ruhmes, die der Feind in die Gefangenschaft führte (שבה), siehe, kehrst du zurück (שבה).» Ebenfalls kehrt er in Nr. 128 die Wüste ציון um zu Zion ציון: «Die du in der Wüste (ציון) wohnst, komm' zur Sänfte, gepolstert mit Liebe, um zu wohnen in der Stadt Zion (ציון).»

Besonders heben diese positiven Antithesen die Haltung des «Trotzdem» der Knesset Jisrael hervor: So sucht sie nach ihrem Erlöser (Goʾel), ihrem Ehemann (Boʾel), obwohl Er sie verstösst (Goʿel mit Ajin) in Jehuda Halevi Nr. 328 מצאה חן (1. Strophe):

1   Sie ging hinaus / zum Scheideweg im Namen / Gottes, ihres Erlösers גואלה,
2   sie schmiegte sich an, / sie schlug sich (schuldbewusst[38]) / wegen ihres Ehemanns בועלה,
3   sie brüstete sich, / sie rühmte sich Seiner, / obwohl Er sie verstösst גועלה.

Das Gegensatzpaar «Geliebter» דוד (Dod) und «Weggehen/Umherirren» נדוד (Nedod), das im Piyyut von Jehuda Halevi Nr. 184 יודעי יגוני, Nr. 379 בפח מצרים יונה und Nr. 206 נכאבה יונה als Reimwort steht, bringt den Widerspruch der Exilserfahrung auf den Punkt: Die beiden Begriffe reimen sich, aber widersprechen sich inhaltlich und machen dadurch das Absurde, dass der Geliebte weggeht, im Klang deutlich.

Ebenso benützen die Dichter die Paronomasie, um gerade umgekehrt die Zusammengehörigkeit von zwei Begriffen zu betonen: Das von zwei verschiedenen Wurzeln abzuleitende doppeldeutige Wort «Zvi» (צבי) dient in der Bedeutung von Glanz und Herrlichkeit als ein Appellativ für das Land Israel ארץ הצבי Eretz haZvi «das herrliche Land» in Dan 11,16.41). In der Bedeutung von Gazelle aber ist es gemäss dem HL ein Appellativ für den Geliebten und für Gott. Beides

---

38 Jarden erklärt anders: «sie schlug an die Tür des Ehemanns» und verweist auf Ri 19,22.

kombiniert Jehuda Halevi in der 3. Strophe des Piyyuts Nr. 328 חן מצאה: Das Reimwort Zvi drückt in Zeile 13 aus, dass die Knesset Jisrael das herrliche Land (Eretz Zvi) aufsuchen will, um dort in den Zeilen 14 und 15 den Wohnort ihres Geliebten (Zvi) und den Geliebten selbst (Gott) zu sehen.

Shlomo Ibn Gabirol Nr. 100 Reshut für Pessach שאלי יפהפיה

1 «Erbitte dir, Allerschönste, / was immer du willst von Mir, (מני meni)
  weil deines Flehens Stimme / gedrungen ist an Mein Ohr.» (אזני ozni)
2 «Es griff mich an ein Löwe, / ein Panther stand auf hinter ihm,
  geflohen bin ich vor ihnen: / meinen Garten ich darauf verliess. (גני ganni)
3 War dies vorüber, da siehe, / kam des Esels, des wilden, Gestalt:
  Erhob sich inmitten der Nacht / und setzte sich an meinen Platz. (כני kanni)
4 Gott, rufe ihm zu, wie Du / seiner Mutter zuriefest einst:
  «Steh auf, und zu deiner Herrin / kehr um, lass erniedrigen dich.» (התעני hitʿanni)

Die einleitende Aufforderung Gottes an «die Schöne» (Liebesappellativ aus HL 1,8; 5,9), sie könne von Ihm erbitten, was sie wolle, weckt die Vorstellung, dass die Knesset Jisrael in ähnlich bevorzugter Stellung bei Gott steht wie der biblische Shlomo;[39] ihre klagende Antwort kommt daher überraschend. Die Schöne im Garten ist ein Bild, das im Kontrast steht zum Bild der drei Tiere, die die Schöne angreifen und den Garten besetzen. Die Paradoxie besteht auch darin, dass der Garten nun von Tieren bevölkert wird, die der Semantik von Gartentieren widersprechen: es sind wilde Tiere und keine Gazellen, wie der Leser erwarten könnte, wenn er an den Garten des HL denkt. Wahrscheinlich hat Shlomo Ibn Gabirol bei seinem Bild zwei Motive gemischt: im HL 2,15 verwüsten die Füchse ihren Weinberg, den sie angeblich (HL 1,6) nicht richtig gehütet hat. Hier sind es nun aber wilde Tiere, wie sie beim Motiv der zerstörten Lagerstätte (Aṭlāl) in der Qaṣīda vorkommen.[40] Deutlich sehen wir die Art und Weise, wie ein neues Motiv aus der andalusischen Literatur sich mit alten traditionell rabbinischen Auslegungen kongenial verbindet: Löwe, Panther und Wildesel gehören nicht nur zum Szenario der zerstörten Lagerstätte, sondern sind Chiffren, die der Leser gemäss traditioneller Auslegungen von Jeremia 5,6 als Personalmetaphern für die feindlichen Königsherrschaften verstehen kann, die Zion hintereinander zerstörten und besetzten (Löwe: Babel, Panther: Griechenland, Wildesel: Araber[41]).

---

39 Ps 2,8: «Erbitte dir von Mir, so gebe Ich dir Völker zum Erbe, die Enden der Welt zum Eigentum.» Shlomo wird von Gott gefragt: (1. Kg 3,5) «Tu eine Bitte, was soll Ich dir geben?»
40 s. Teil II 4.2.4 Moshe Ibn Ezra Nr. 91 Brody und Nr. 37 Bernstein und weitere Beispiele.
41 s. die Anmerkungen zum Text im Textanhang. Löwe und Panther kommen auch in der Vision Dan 7,3–6 vor.

Dieselben wilden Tiere als Feinde Israels bringt auch Kallir in einem Piyyut[42], aber er kombiniert damit nicht das Bild des zerstörten Gartens: die Tiere agieren bei ihm ohne Angabe einer Szenerie. Bei Shlomo Ibn Gabirol hingegen ist die Szenerie eine perfekte «realistische Illusion».

Auch die Form des Dialogs zwischen Gott und der Knesset Jisrael zeigt meiner Meinung nach die Paradoxie des Exils: Gott nimmt sie nur als Schöne wahr, während sie sich nur als Verbannte sieht; die Gegenüberstellung von Ihm und ihr wird, wie auch Mirsky[43] es interpretiert, durch den Reim hervorgehoben, weil beide Sprecher in der 1. Person reden, jeder Sprecher hat zwei Zeilen, die mit dem Suffix für «mein» schliessen. Mirsky meint, so werde schon durch den Reim ausgesagt, dass Gott und die Knesset Jisrael je ihre Position bezogen hätten, wobei aber der «Einheitsreim» auch auf eine Annäherung der beiden hinweise. Obwohl in der Form das «ich»-Suffix eine Einheit zu suggerieren scheint, sehe ich eine solche Annäherung nicht durch den Inhalt der Aussagen bestätigt. Vielmehr sehe ich im Widerspruch zwischen formaler Einheit der Reden (gleicher Reim auf -ni: mein) und inhaltlichem Gegensatz der Positionen ein rhetorisches Mittel zur Darstellung der entgegengesetzten Meinungen der Partner über den gegenwärtigen Exilszustand Israels.

Die Metapher der Braut, die sich in Sehnsucht verzehrt, die mit dem Wortspiel «Kallah-kaltah» («die Braut verzehrt sich») ausgedrückt wird, kommt oft vor, aber besonders konzentriert im folgenden Piyyut:

Jehuda Halevi Nr. 94 Reshut für Simchat Torah יצאה לקדמך

Zu Dir hinaus ging sie, die Braut, / nach Dir in Sehnsucht sich verzehrt, – (כלתה)
seitdem sie nicht mehr beten kommt / zu Deinem Tempel, ist sie krank. (חלתה)
Wenn jeweils auf den heilgen Berg / sie stieg, erstarrte sie vor Schreck,
denn Fremde sah sie, wie sie dort / hinaufziehn: da stieg sie nicht auf. (עלתה)
Von Ferne steht sie und verbeugt / sich gegen Deinen Tempel hin,
als Opfer flehend Worte schickt / von da und dort aus dem Exil. (גלתה).
Und gegenüber steht Dein Thron / stets ihrem Herzen, ihrem Aug. (תלתה)
Schau her, hör zu, vernimm ihr Schrei'n,
sie ruft, und bitter ist ihr Herz, / verschmachtet ihre Seele ist. (כלתה)

Ein anonymer Sprecher wendet sich als Fürbitter für die Knesset Jisrael an Gott. An sich ist dies eine der üblichen Gebetssituationen, dass der Sprecher zuerst

---

42 Kallir, Qedushta deNechamata, ed. Elizur 1988, S. 35, der 4. Piyyut in «Watomar Zion»: «Schau auf unsere Schmach ... in die Hand eines Löwen bin ich zum Frass übergeben, und doch hab ich Deinen heiligen Namen nicht verleugnet ...»
43 Mirsky 1977, S. 183.

die Not Israels darstellt und dann Gott um Hilfe bittet.[44] Dennoch wirkt die Sprechsituation hier beklemmend, weil die Bestimmung der Reshut für Simchat Torah, das Freudenfest der Torah, an dem die Knesset Jisrael nach Jerusalem hinaufgehen sollte, um zu feiern und Gott anzubeten, erwarten lässt, dass sie es ist, die nun solch ein Gebet spricht und nicht der Fürbitter. Die Bestimmung für Simchat Torah steht auch im Widerspruch zum Inhalt der Reshut: trotz Simchat Torah kann sie nicht zum Tempel hinaufsteigen, weil er von Fremden besetzt ist. Der erste Vers gibt den Ton an, der im Gedicht vorherrscht: die Knesset Jisrael will eigentlich Gott entgegen gehen, stattdessen ist sie eine verratene Braut, die sich in der Verbannung in Liebeskummer verzehrt.

Die Braut, die das Heiligtum besuchen will, aber keinen Einlass findet, erinnert an die Deutung, die Jannai dem Vers HL 5,6 gibt[45]: «Ich öffnete die Tür des Tempels, es fanden mich die Feinde und nahmen meinen Mantel, da schwor ich, meinen Geliebten zu finden.» Bei Jehuda Halevi wird die Braut nicht erst vor der Türe, sondern schon beim Hinaufsteigen zum Heiligtum von den Fremden gehindert, und vor allem ist Jannais Darstellung hoffnungsvoll, während Piyyut Nr. 94 zwischen Hoffnung und Verzweiflung schwankt.

Jehuda Halevi spielt mit der mehrfachen Bedeutung von כלה, das im ersten Vers zuerst «Braut» bedeutet, darauf zweimal jeweils als Reimwort in seiner verbalen Doppelbedeutung vorkommt, die das Wort schon biblisch hat, nämlich «sich sehnen» und «sich verzehren»:[46] In diesem doppelten Sinn wird das Wort auch schon von Jannai[47] benützt. Das Spezielle hier ist nun aber, dass es die Braut ist, auf die das Wort in seiner Ambivalenz angewendet wird: Die Knesset Jisrael im traditionellen Bild der Braut bekommt eine neue, negative Facette, weil sie

---

44 Jehuda Halevi Nr. 208 מתי להר המור: der Sprecher beginnt mit der bittenden Frage an Gott: «Wann wirst Du dem Berg der Myrrhe Freiheit ausrufen und wird dort der Vogel und die Schwalbe ihr Nest finden?», bevor er die Situation der Knesset Jisrael schildert. Jehuda Halevi Nr. 357 יונת רחוקים: hier schildert der Sprecher zuerst die Not der Knesset Jisrael, dann redet er Gott an. Ebenso in Jehuda Halevi Nr. 390 ישבה שוממה: Zuerst redet der Sprecher, wobei er auch die Worte der Knesset Jisrael zitiert, dann bittet er Gott. Am Schluss folgt die Antwort Gottes.
45 Jannai, Qerovah (Shiv'ata) zu Pessach, ed. Rabinovitz 1987, II, S. 265, s. Teil I 2.2.3.1.
46 כלה kann «sich sehnen nach etwas» bedeuten (Ps 84,3 «Meine Seele sehnt sich נכספה und verzehrt sich כלתה nach den Vorhöfen des Ewigen.»), und es kann auch bedeuten «sich verzehren in Trauer wegen etwas» (Ekh 2,11 «meine Augen vergehen sich in Tränen und röten sich, es ergoss sich mein Inneres zu Boden wegen dem Untergang der Tochter meines Volkes»).
47 Jannai, 4. Piyyut der Qerovah zu Gen 29,31 ed. Rabinovitz 1985, I, S. 171–175: «Unsere Augen vergehen vor Sehnsucht כלו nach Deiner Liebe.» Siehe vollständige Qerovah in Teil I 2.1.2.2.

nicht nur voller Liebessehnsucht ist, sondern sich dabei verzehrt. Auch in Piyyut Nr. 328 חן מצאה spielt Jehuda Halevi mit den zwei Bedeutungen von כלתה: «Wenn sie auch verschmachtete, so sehnt sie sich doch noch nach Deinem Haus.» Der Piyyut Nr. 94 zeigt das Bild der Braut und zugleich dessen Konterdetermination: sie liebt, aber diese Liebe verzehrt sie bis zur Bitterkeit (in der letzten Zeile). Der Piyyut ist gleichsam eine Selbstdarstellung der paradoxen Situation der betenden Gemeinde im Exil.

Moshe Ibn Ezra Nr. 40 מאז כחותם

1 Seit jeher als Siegel legt' Er an Sein Herz mich, (HL 8,6)
   doch ob meiner Sünd mich zu hassen begann Er.
3 Er barg mich im innersten Raum Seines Herzens[48],
   doch heute vertrieb Er mich überall hin. (Dtn 32,26)
5 Er tränkt' mich mit Wein Seines Munds, Seiner Lippen, (nach HL 1,2)
   doch tränkt Er mich heute mit Giftwassertrank. (Jer 8,14; Ekh 3,19)
7 O sprecht doch zu Ihm (HL 5,8), zurück mich zu holen
   zu Ihm, denn vor Liebe bin krank ich. (HL 5,8)

Hier ist die Paradoxie des Exils wieder durch das Stilmittel der Antithesen ausgedrückt: Liebe und Hass, Schützen und Vertreiben, Wein und Gift. Auf jede Liebesmetapher aus dem HL folgt eine negative, nicht immer metaphorische Aussage. Der Text zeigt, dass das Pendel «positiv»/«negativ» von der Seite der Sprecherin Knesset Jisrael her ganz positiv ausschlägt, denn ausser den drei erotischen Bildern aus dem HL[49], verkündet sie in den positiven Schlusszeilen ihre Liebe mit Hilfe der Liebesboten aus dem HL, die sie zu Ihm schickt. Das Exil ist demnach nicht nur der vergangenen Liebe gegenübergestellt, sondern sie zeigt, dass sie Ihn trotz Seines Hasses immer noch liebt, womit sie Sein grausames Verhalten ihr gegenüber implizit anklagend in Frage stellt. Die Betonung ihres Standpunkts, dass sie Ihn noch liebt, sieht man auch an der Form des Reimes. Den ganzen Text hindurch handelt Er und sie ist als Objekt betroffen, was durch den Reim mit dem Objektsuffix -ni (in jeder Zeile) ersichtlich ist: Er hat mich gelegt, geborgen, vertrieben, getränkt; aber am Schluss steht «ani», ich: sie wird dort zum Subjekt, wo sie *ihre* Liebe betont. Die Anklage an Gott, die hier in die Liebessprache der Knesset Jisrael gekleidet ist und am Schluss zum Liebesbekenntnis wird, gibt

---

48 Das Wohnen im Herzen: Sprache des Liebesliedes: s. Teil II 4.2.2.
49 Das Tränken mit Wein, immer spezifisch mit «Wein seines Mundes» oder Trinken von «meinem Wein» (HL 1,2; 5,1) ist eine erotische Metapher für den Liebesgenuss wie das Honigtrinken unter der Zunge (HL 4,11; 5,1). Siehe unten 1.4.3: «Sättigen des/der Geliebten». Weingeben ist auch Metapher für das Geben der Torah (Kallir, Qedushta für Shavuoth).

der negativen Metapher vom Tränken mit Giftwasser im nachhinein nochmals einen neuen Aspekt: es erinnert an Aussagen des frustrierten Liebhabers in den Liebesliedern. Bei Jehuda Halevi spricht der verlassene Geliebte in seiner Klage an die treulose Geliebte vom «Gift deines Weggehens רוש נדוד» und vom «Honig deiner Küsse».[50]

All diese hier angetroffenen Paradoxien des Exils gehören zu einem Motiv, das in der weltlichen Literatur als das Motiv der Liebeskrankheit bezeichnet wird (s. u. 4).

1.3 Der nostalgische Blick in die Vergangenheit

In dieser Perspektive steht das Bild der schönen Braut in Kontrast zum negativen Hintergrund der gegenwärtigen Exilssituation.

Wie verändert sich die Darstellung von Pessach und Shavuoth, wenn die Braut davon wie von einer vergangenen Hochzeit erzählt, während sie doch aus ihrer «Wohnung vertrieben» ist (Jehuda Halevi Nr. 179 Strophe 5)? Verschärft das Heraufbeschwören der schönen Vergangenheit ihre Not im Exil oder gibt ihr die Erinnerung Trost? Wie der verlassene Freund mit der Erinnerung an vergangenes Glück umgeht, ist ein Hauptthema im Lob- und Freundschaftslied[51] und gehört zum Aṭlālmotiv. Welchen Aspekt dieses Motivs übernimmt nun der Piyyut?

Jehuda Halevi Nr. 179 Me'orah für Shavuoth כימי הנעורים

Das Metrum des Gürtels und der Strophen ist im Original verschieden (s. Textanhang)

    O wäre ich doch in meiner Jugendzeit –
    wenn ich zu Gott rief, gab Er Antwort mir!
1. Die frühere Zeit / tät wohl meiner Seele,
als Purpur mein Kleid / und buntgewirkt war, (Ez 16,10)
im Tanze der Frauen / zog zum Gemahl ich.
    Es sah mein Freund mich und begehrte mich,
    Er zog mich an Sich, nahm gefangen mich.

---

50 Jehuda Halevi, Brody, II, Nr. 7, Zeile 34. Levin 1971, S. 130 zitiert aus Ibn Ḥazms «Halsband der Taube» (Kapitel 1) das Bild des Liebeskranken, der Gift mit Wein gemischt getrunken hat.
51 Teil II 4.2.1 und 4.2.2.

2. Mir gefielen die Tage, / und die Stimme der Taube
ertönte im Lande / in meinen Ohren. (HL 2,12)
Bedrückt aber war ich / von meinen Pein'gern,
ich schlief und mein Geliebter weckte mich (יעוררני),
zu Liebesstunden (אהבים) macht' Er mich bereit.
3. Mich deckte mein Freund mit / Seinem Mantel der Liebe, (Ez 16,8)
Seine Spangen auch gab Er / an meinen Arm.
Meinen Zwingherrn bezwang Er, / gab preis dessen Heer.
Als Frevler mich vernichten wollten,
hielt Seine Rechte mich und schützte mich.
4. Der Erhabene weihte, / die Er gerufen,
aus Wüstenland kam Er / mit Seinem Heer.
Die Torah, die Er liebt, / gab Er den Ihn Fürchtenden.
Gesetz und Seine Weisung lehrt' Er mich,
auch Kön'gen gegenüber ehrt' Er mich.
5. Heut ob meiner Sünde / ist dürr meine Seele.
Vom Raum meiner Wohnung / bin ich vertrieben,
bis wieder mit neuem / Bund kommt mein Mann.
Noch wird Er schicken einen Boten, mich besuchen, (Mal 3,23)
Er wird das Finstre rund um mich zum Lichte machen. (Jes 42,16)

Der Piyyut zu Shavuoth handelt wie Jehuda Halevis Pessachpiyyut Nr. 163 נפלא יום (s. u. 1.4.5) vom Exodus und von der Torahgabe am Sinai. Wir werden sehen, dass der Pessachpiyyut Nr. 163 vierzig Verse lang die schöne Vergangenheit vergegenwärtigt, dabei gegen Schluss in zwei Zeilen die Geschichte mit dem Goldenen Kalb erwähnt, worauf die Schlussstrophe mit dem Versprechen Gottes folgt, all das Gute wiederherzustellen. Hier in Nr. 179 aber steht die ganze Hochzeit am Sinai unter dem Vorzeichen einer vergangenen Liebe: Die Knesset Jisrael erzählt davon sehnsüchtig, gleichsam am Tag danach, «mit dürrer Seele» und als bereits «vertriebene (גרושה)» (5. Strophe).

Mit diesem Perspektivenwechsel schafft der Piyyut eine ganz neue Sicht von Pessach und Shavuoth, die im klassischen Piyyut nicht vorkommt. Dort wird das Geschehen wie in Jehuda Halevi Nr. 163 vergegenwärtigt, ohne den Bruch zum «Heute des Sprechers» sichtbar zu machen und deshalb ohne die Pragmatik der Sehnsucht nach Vergangenem. Am Piyyutbeispiel Nr. 179 will ich nun zeigen, welche Aspekte die Erinnerung an Vergangenes haben kann:

Im Lob- und Freundschaftslied ist ein Aspekt der Trennung die nostalgische Erinnerung an Fernes oder Vergangenes; die Sprechfigur erinnert sich im Lied an vergangene Freundschaft oder Jugend, um damit den Gegensatz zur elenden Gegenwart hervorzuheben;[52] dabei tippt er die schöne Vergangenheit oft nur

---

[52] In der Panegyrik ruft die Erinnerung beim Sprecher immer widersprüchliche Gefühle hervor, sie ist süss, bringt ihm aber Tränen der Sehnsucht. s. Teil II 4.2.2.

an, und das Glück der vergangenen Freundschaft erschliesst der Leser vor allem daraus, dass der Sprecher von der Hoffnung auf Erneuerung der Freundschaft redet.[53] Auch im Piyyut hat die Erinnerung die Funktion, Hoffnung auszudrücken, denn wie in der Panegyrik der Verlassene seinen Patron an die vergangene Freundschaft erinnert, so adressiert auch die Gemeinde im Gebet die Erinnerung der Vergangenheit an Gott, auch wenn sie Ihn, wie hier in Piyyut Nr. 179, nicht direkt anredet. Die Erinnerung hat im Piyyut aber einen zusätzlichen Wert, den sie in der Panegyrik nicht hat:

Der 1. Gürtel, der als Madrikh wie ein Motto gilt, drückt implizit bereits die Hoffnung auf Erhörung aus: «O wäre ich doch in meiner Jugendzeit – wenn ich jeweils zu Gott rief, erhörte Er mich.» Im Gebet ruft jeweils die/der Betende die Schönheit und Liebe der Vergangenheit nicht nur sich selbst in Erinnerung, sondern hofft, dass auch Gott Sich daran erinnere: so deute ich die Funktion des Gebetes während des Gottesdienstes. Weil sich die Knesset Jisrael anlässlich des Shavuothfestes an die schöne Vergangenheit, ihre Hochzeit, erinnert, bedeutet allein die Tatsache, dass sie das Fest auch in der veränderten Gegenwart feiert, dass die Erinnerung für sie Vergegenwärtigung der Vergangenheit ist und deshalb zugleich Trost. In der Panegyrik hingegen ist die Situation des verlassenen Sprechers anders, weil er sich nur als einsamer Briefeschreiber die vergangene schöne Zeit vergegenwärtigen kann und in dieser Briefform der Adressat ja als Textperson abwesend ist und nicht tröstend antworten kann. Abgesehen davon ist sein Adressat ja auch nur ein Mensch wie er.

Die seit klassischer Zeit quasi unreflektierte Gebetstradition, aus der vergangenen Rettungstat Gottes beim Exodus auf zukünftige Erlösung zu hoffen und sich damit zu trösten, wird hier an der gefühlsbetonten Rede der verlassenen Braut vorgeführt: über vier Strophen hinweg schwelgt sie gleichsam in der Erinnerung; jeden Gürtel beendet sie mit der Verbform einer Handlung Gottes, die Er an ihr getan hat (das Objektssuffix der 1. Person ist der Reim): Er sah mich, zog mich an sich, weckte mich zur Liebe, machte mich bereit, hielt mich, stützte mich, lehrte mich, ehrte mich. Ebenso erwähnt sie bei den Liebestaten wie «Mantelausbreiten» (Ez 16,8), «Armspangengeben» (Ez 16,11), dass es Seine Geschenke sind und ändert entsprechend das Zitat aus der Bibel. Bei der Metapher des Weckens (Zitat aus HL 8,5 mit der traditionellen Umdeutung[54]) fügt

---

53 Hoffnung ist oft ausgedrückt: s. Beispiele aus Moshe Ibn Ezra und Jehuda Halevi in Teil II 4.2.1.
54 Auch Kallir, Qedushta leChatan, 6. Piyyut, Zeile 9 deutet HL 8,5 so, dass Gott Israel zur Hochzeit (am Sinai) weckt (s. Teil I 3.1.1), obwohl in HL 8,5 umgekehrt sie es ist, die sagt «Ich habe dich geweckt» עוררתיך (scil. zur Liebe). Neben Jehuda Halevi Nr. 179 hat auch Abraham Ibn Ezra Nr. 139 (s. u.) die Liebeskonnotation in Zeile 4: «Er weckte

sie hinzu «zu Liebesstunden». Sie beschwört die Szenen durch die Klanghäufung des Reimes herauf, der in den Gürteln auf -ni lautet, in den ersten Halbzeilen der Strophen 1,2,3,5 auf -i. In der letzten Strophe hält sie zwar bei der Erinnerung an ihre Sünde inne und sagt, sie sei vertrieben, drückt dann aber sofort die Hoffnung auf «den neuen Bund» aus. Die Knesset Jisrael hier ist im Vergleich mit dem klassischen Piyyut zu einer Textfigur mit Stimme geworden, die ihre Sehnsucht nach vergangener Liebe und ihre Hoffnung ausdrücken kann. Im klassischen Piyyut hingegen kommt die Erinnerung als literarische Äusserung der Knesset Jisrael wegen ihrer generellen «Stimmlosigkeit» nur dann vor, wenn sie klagt, was ihr alles genommen wurde;[55] daneben gibt es auch den anonymen Sprecher im Piyyut, der Gott an Seine früheren Taten erinnert mit der Bitte, diese zu erneuern. Aber dies ist die Funktion eines Gebetes an sich und hat nichts mit den Gefühlen der Sehnsucht zu tun. Die nostalgische Darstellung der Vergangenheit aus der Ich-Perspektive der Knesset Jisrael, in der sie mit den Gefühlen einer verlassenen Geliebten das vergangene Exodus- und Sinaigeschehen darstellt, ist literarisch erst in al-Andalus möglich. Zudem ist die Aussage des Piyyuts die, dass die Erinnerung sowohl Hoffnung als auch Trost bedeuten kann.

Auch der folgende Piyyut von Abraham Ibn Ezra stellt das Exodus- und Sinaigeschehen als schöne Vergangenheit dar, hier aus dem Munde eines anonymen Sprechers. Am Schluss stellt Gott selbst als Sprecher die Rückkehr von Rettung und Liebe in Aussicht.

Abraham Ibn Ezra Nr. 139 Ahavah[56] אז בעלות מקוטרת

Damals, als sie erschien / und aufstieg, umduftet von Myrrhe,
liebkoste sie, Seine Gefährtin, / wie die Hindin (יעלה) ihren Geliebten (דוד).
Der Liebende (צבי) heimlich sie zog / zart in der Jugendzeit zu Sich,
hinströmend eilt' sie zu Ihm / wie Durstige rennen zum Flusse.
5   Er weckt sie (עוררה), ihr Herz wühlten auf / die Wogen der Lust, und sie sagte:
«Freund, sprech Er aus Sein Begehr, / und annehmen will ich Sein Wort,
süsser als Honig mir schmeckt's / in Ruh, und in Krankheit ist's Balsam.»

---

sie.» Zur Metaphorik des Weckens s. Scheindlin 1991, S. 162 und ausführlich Hazan 1990, S. 44–46. Daraus kurz zusammengefasst: Wecken ist in den Selichoth (in den Busstagen gebetet zur Zeit des realen Aufwachens im Morgengrauen) eine Metapher für das moralische/spirituelle Aufwecken der Seele aus ihrem Schlaf. Sonst aber, besonders in den Piyyutim der Jotzroth und Me'oroth, ist Wecken als Aufwecken durch Gott verstanden zur Erlösung aus der Nacht des Exils.

55 In den Klagepiyyutim und den Qedushta'ot der Trostshabbathoth. Sonst hat die Knesset Jisrael keine Möglichkeit, in eigener Sache zu reden.

56 Siehe auch unten Kapitel 5 (Anfang): Interpretation des Piyyuts unter dem Aspekt der Trennung von Liebenden als Deutung für das Exil.

>   Von allen Mädchen die höchste / war sie durch des Liebhabers Grösse,
>   war zart sie im Schutz Seiner Flügel, / bis die Trennung (נדוד) kam, und Er ihrer
> 10 voll Überdruss wurde, da macht' sie / auf den Weg sich – wann holt Er sie wieder?
>   Nachts den Orion, die Plejaden, / beobachtend steht sie und fragt nach
>   Ihm. Doch wenn Er verzögert / den Schritt, wird sie schweigen und hoffen.
>   «Was fürchtest du dich, und dein Herz / ängstigt sich, liebende Freundin?
>   Meinen Namen heiligen will Ich, / und den Mir mein Feind nahm, den Tempel.
> 15 Den Retter, zu retten dich, bring Ich, / werd machen dich zu Meinem Erbteil.»
>   Die Feindin, beschimpft sie uns beide, / wird vernichtet zur Endzeit. Dann sagt sie:
>   «Dies ist der wahre Gott! Glücklich / das Volk, das zum Erbe Er wählte.»

Das dreistrophige Gürtellied stellt den Auszug aus Ägypten metaphorisch als «Jugendgeschichte» Israels dar, dramatisiert durch die beiden Textpersonen Braut und Bräutigam. Die Begegnung in der Wüste ist ein kohärenter Ablauf von Bildern aus dem Bildfeld Wüste: Die schöne Frau erscheint, wie sie aus der Wüste heraufsteigt und die Gazelle findet. Es folgen die Wasserbäche, zu denen sie durstig rennt; das Wasserbild wird zu Wogen der Liebe, Er weckt ihre Liebe und sie verspricht Ihm alles zu tun, was Er begehrt. Sie ist sicher in Seinem Schatten. Das Exodus- und Sinaigeschehen ist als Bildempfänger angetönt mittels Anspielungen auf die rabbinischen Auslegungen des HL: beim Wort «Heraufsteigen» assoziiert man den Exodus und die Wüstenwanderung[57]. Auf die Offenbarung am Sinai verweist das Wort «Er weckte sie» [58] und ihr folgender Ausspruch spielt auf die Annahme der Gebote an in Ex 19,8 oder 24,7 («Wir wollen tun und hören»): «Freund, möge Er doch Sein Begehr aussprechen: ich werde Sein Wort annehmen.» Dass die Verpflichtung auf die Torahgebote hier als Höhepunkt einer Liebesgeschichte eingebaut ist, ist eine sehr spezielle Metaphorik. In Zeile 8 kommt der abrupte und einseitige Bruch dieser Beziehung; der Umbruch mitten in der Zeile 9 ist dramatisch, da das Wort «ihrer» in der Luft hängt und erst die folgende Zeile gleichsam zuschlägt mit dem Verb «voll Überdruss wurde». Er geht weg. Darauf nimmt die Liebesgeschichte einen Verlauf, der ganz im Stil der weltlichen Liebesgedichte gehalten ist: Zum Motiv der Trennung gehört, dass der Liebende leidet, nicht schläft, sondern die Sterne beobachtet (Zeilen 9–12).[59]

---

57 ShirR 3,4 zu HL 3,6.
58 ShirR 8,2 zu HL 8,5: «Unter dem Apfelbaum habe ich dich geweckt. – Das ist der Sinai.»
59 Das Motiv der Schlaflosigkeit und des Sternebeobachtens: Freundschaftslied Moshe Ibn Ezra Nr. 52, Zeile 27 Brody; Freundschaftslied Jehuda Halevi an Shlomo Ibn Ghiyyat, עין נדיבה Nr. 94 Brody (auch in Brody/Albrecht 1905, S. 85): Der Liebhaber sucht die Trümmer der Liebe auf, aber kein Laut kommt an sein Ohr, der Schlaf flieht ihn (נודד), und er zählt die Sterne, wartet auf den erlösenden Morgen, dass eine Botschaft vom Geliebten komme.

In Zeile 13 kommt die Gottesrede, und die Sprache wird religiös-national mit dem Hinweis auf die Heiligung des Tempels und den Sieg über die Feinde. Der einheitliche Ton des Piyyut mit den Entlehnungen aus der Liebessprache geht aber nicht ganz verloren, denn die Feinde erscheinen nicht nur als Israels nationale Feinde, sondern auch als Gegner des Liebespaares: die Feindin (Zeile 16) beschimpft beide, sodass Gott Sich und die Knesset Jisrael verteidigt. Das Motiv des Liebespaares, das sich gegen rivalisierende Gegner und Nörgler verbündet, stammt aus dem weltlichen Liebeslied.[60]

Beide zitierten Piyyutim zeigen, dass im Unterschied zum klassischen Piyyut nicht nur das Hochzeitsmotiv verwendet wird, um die Geschichte Israels dramatisch darzustellen: der andalusische Piyyut lässt ihre Geschichte nicht mit Shavuoth, der Hochzeit, enden, sondern integriert auch das Exil als Erfahrung *nach* der Hochzeit in das Narrativ (Abraham Ibn Ezra Nr. 139) oder erzählt die Hochzeit aus der Exilsperspektive (Jehuda Halevi Nr. 179). Das Exil wird so erzählt, wie wenn es zum fast normalen Liebesdrama von Liebe und Liebesverrat gehörte.

1.4 Das Potenzial der Frauenmetaphorik für die Darstellung von Erlösung: Verbindung von Sakralem und Sinnlichem

Die Liebe im andalusischen Gürtellied ist oft als Liebeskrankheit des Liebhabers dargestellt, wobei erst in der Kharja die Frau auf sein Werben eingeht und ihm die Erfüllung der Liebe verspricht. Damit endet das Gürtellied und der Liebesgenuss der beiden wird nicht weiter dargestellt. Die *gemeinsame* Lust[61] an der Liebe ist nun aber das Thema der Hochzeitslieder und gewisser Piyyutim: Im Piyyut bittet die Knesset Jisrael Gott um Liebeserfüllung und malt diese Freuden ausführlich aus als Metapher für die Verwirklichung von Erlösung wie z.B. die Rückkehr nach Zion als dem Ort des Heiligtums und des Tempelkultes. In diesem Kapitel soll gezeigt werden, wie der Bildspender des Weiblichen zum Ausdruck von «Erlösung», «Befreiung», «Erfüllung» gebraucht wird, um die unzulängliche begriffliche Sprache zu ersetzen.

---

60 Dazu s. u. 2.2.2: «Die Knesset Jisrael entgegnet ihren Kritikern/Liebesrivalen».
61 Die hedonistischen Liebeslieder (z. B. Moshe Ibn Ezra Nr. 250 דדי יפת תואר Brody, s. Einleitungskapitel) beschreiben die Liebe immer nur als einseitige Lust von der Seite des Mannes her.

Die Frauenmetaphorik mit ihrer genuinen Interdependenz von Bildern aus dem Bildbereich «Frau»/«Garten» und dem Bildbereich «Sakrales» ist ideal, um diesen ganzen Begriffskomplex von Erlösung in *einem* Bild, zum Beispiel dem des blühenden, Genuss verschaffenden Gartens, auszudrücken. Wie ist es möglich, dass der Dichter die Bildspender «Frau», «Garten», «Tempelkult» verbindet? Offenbar besteht zwischen diesen semantischen Feldern eine Affinität, weil man die sinnliche Schönheit einer Person, Sache oder Handlung wie etwas Heiliges geniesst[62] und umgekehrt gehört zum Heiligen der Genuss sinnlicher Schönheit.[63] Ich zeige dies im Folgenden bei fünf Bildfeldern: Das bereits bekannte Bildfeld «Hochzeit» braucht Bilder, die die Erotik von Frau und Tempelkult verbinden (1.4.1). Beim Bildfeld «Duft» (1.4.2) ist speziell die nach Myrrhe duftende Braut einerseits eine Metapher für den Charme der Knesset Jisrael, anderseits gehört der Duft der Myrrhe zum Räuchern beim Tempelkult, wurde dann aber auch zum Bild für den Ersatz des Opferkultes, nämlich das Gebet, wie in Shlomo Ibn Gabirol Nr. 142 שמשי עדי אנא: «Vielleicht riecht Er mein Flehen wie Myrrhenduft.» Das Bild des «Sättigens des Geliebten mit Köstlichkeiten» (1.4.3) stellt als Erlösungsvision die Wiedereinführung des Tempelkultes dar, ist aber auch ein Bild für die Liebe. Beim Gartenbild (1.4.4) wird das zerstörte Jerusalem und der Tempel in der Vision des Piyyuts zu einem realen Garten, der wieder blüht, wenn Gott dorthin zurückkehrt; der Garten ist aber auch die Frau selbst respektive die Knesset Jisrael. Beim Bildfeld der «schönen Stimme» (1.4.5) ist die singende Frau die in al-Andalus wegen ihrer Erotik bewunderte und geliebte Sängerin, aber sie ist auch die Knesset Jisrael, die im Lied an Gott die Zukunftsvision vorwegnehmend realisiert: So wie sie wird dereinst die Gemeinde aus dem Exil befreit im Tempelgottesdienst «ein neues Lied» singen. Bei diesen Bildfeldern ist als Kernmetapher das Bild von Zion als Frau wesentlich. Die Bilder funktionieren nur deshalb als

---

62 Siehe im Hochzeitslied Nr. 462 von Jehuda Halevi (an die Braut) «Wegen deiner Wange und deinem Haar will ich preisen den, der das Licht bildet und die Finsternis schafft.» Dieselbe Widerspiegelung von Göttlichem im Schönen kommt auch in der arabischen Literatur vor gemäss der Untersuchung von Manzalaoui 1989, S. 126 über das Phänomen, Gott in den Erscheinungen der weltlichen Schönheit zu erahnen. Das gleiche Phänomen beschreibt Schimmel 1975, S. 289, indem sie auf die persische Sufi-literatur mit deren Darstellungen der "refined and deepened love" hinweist: "Sometimes such a refined and deepened love would find its object in a human being, in which the fullness of divine beauty and radiant glory seemed to be reflected, and out of this attitude the hybrid Persian mystical-erotic poetry developed."

63 Schon im klassischen Piyyut: Kallir, Qedushta zu Shavuoth, 5. Piyyut «die Wolken liessen Tautropfen fallen auf ihre Geehrten, weil sie sich mit ihr (der Torah) in Liebe verzückt beschäftigen.» Das Entzücken an der Torah ist mit dem Bild des sich Freuens an den Liebesvergnügen (das Wort נתעלס stammt aus Spr 7,18) ausgedrückt.

Metaphern für die Erlösung von Zion, weil das Frauenbild schon im HL alle fünf Bildfelder vereinigt und schon dort jedes Bildfeld traditionellerweise ein Spektrum Zions/der Knesset Jisrael assoziiert.[64] Wie im HL, aber anders als im klassischen Piyyut, ist die Frauenfigur Zion in allen fünf Bildfeldern aktiv werbend.[65]

1.4.1 Hochzeit aus der Sicht der Knesset Jisrael: Erotik und Kult

Jitzchaq Ibn Ghiyyat[66] **Nr. 94** אלכה ואשובה

Ich will mich aufmachen und zurückkehren zu meinem ersten Mann,
der mich seit jeher gehütet hat wie einen Augapfel;
«auserlesen wie Zedern» (HL 5,15. Ps 92,13), so lautet Sein Ruhm in jeder Sprache.
Wenn ich an Ihn denke, lässt Er mich nicht schlafen.
5   Er hat mich mit Seinem Arm von den Buhlen weg gerettet.
Auch hat Er mich vollkommen schön gemacht mit Schönheit und neuem Schmuck.
Er sprach zu mir Heiliges von Mund zu Mund,
Er hat mich mit Sich verbunden mit Ehevertrag und Hochzeit.
Er hat mir die Mitgift vermehrt und den Besitz,
10 Er hat die Freude in jeder Beziehung vergrössert.
Und Er bildete, schmückte und verputzte das Hochzeitshaus,
und übergab zu meinen Diensten unzählige junge Frauen.
Er richtete ein Opfer ein und erfüllte Seine Gelübde.
Er beschenkte mich mit einem guten Geschenk in Seinen Zimmern.
15 Offene Innenhöfe richtete Er in Seinem Hof ein.
Mein Bräutigam, der König, führte mich in Seine Zimmer.
Ich ging ins Reinigungsbad und kam zu Ihm im schönsten Schmuck.
Meine Reinheit verströmte den Duft von Liebesäpfeln.
Er bestieg mein Bett und lag zwischen meinen Brüsten.
20 Seine Rechte umfing mich mit der Umarmung Seiner Hände.

---

64   Was das Bild des Liebhabers im HL betrifft, so hat er nicht an allen genannten Bildfeldern Anteil: Der Garten, die schöne Stimme sind nur weibliche Bilder, «Füttern» (z. B. HL 2,5) und Duft (HL 1,3) gehören im HL auch zum Bild des Liebhabers. In der andalusischen Poesie kommt in der weltlichen Literatur der Garten auch als Bild für Männerfreundschaft hinzu und ist nicht mehr nur Bild für die Frau, auch der Duft gehört ebenso auch zum männlichen Bildbereich. Im Piyyut kommt Duft auch bei Gott vor an 2 Stellen: Kallir, Hochzeitsqedushta, 5. Piyyut, Zeile 10; Shlomo Ibn Gabirol Nr. 144, aber der Garten bleibt im Piyyut ein nur weibliches Bild.
65   Zur aktiven Rolle s. o. 1.1.1. Im klassischen Piyyut hat sie nur als Sängerin bei der Hochzeit eine aktive Rolle: Kallir, Qedushta leChatan, 6. Piyyut.
66   Lebte 1038–1089 in Lucena, Vorsteher der Jeshiva. Text: Selichah in Form einer Rehutah. Ed. Yonah David 1988, S. 176, nach den Mss korrigiert von Shulamit Elizur: s. Textanhang, dort die Übersetzung des ganzen Piyyuts.

Der zweite Teil des Piyyuts (Verse 21–48) handelt von der Schuld, die Israel auf sich lud, die Vergebung, die sie erhofft, und die Aussicht auf Erlösung aus dem Exil; erst der zweite Teil bringt also den Bildempfänger und zeigt, worauf die Bildspender des 1. Teiles abzielen. Das Frauenbild wird im zweiten Teil weiter durchgehalten, aber die Motive sind die der klagenden Zionsgestalt aus den Propheten und aus dem Klagelied.

Ich kenne keinen klassischen Piyyut, der die Hochzeit der Braut so wie hier ganz aus der Perspektive der Braut erzählt und dessen Bildsequenzen so konsistent den Ablauf einer Hochzeit wiedergeben. Der gleichnisartige Charakter dieses metaphorisierten Textes ist besonders augenfällig im Vergleich mit der Hochzeitsdarstellung im Magen der Shavuothqedushta von Kallir (I 2.2.5.1), wo fast auf jeden Bildspender ein Bildempfänger folgt (Schmuck = Torah, Fingerringe = die 10 Gebote, ihr Wort «wir wollen tun und hören = die beiden Ohrringe). Hier aber zielen alle Bildspender auf den einen Bildempfänger hin, das ideale Verhältnis von Gott und Knesset Jisrael auszudrücken, wie es in der Vergangenheit war und wie es implizit auch in der Zukunft sein möge. In Zeile 11–15 beschreibt die Sprecherin, wie der Bräutigam das Hochzeitszimmer schmückt, ihr den Luxus der Dienerinnen gibt und den Palast einrichtet: dies zielt darauf, Seine fürsorgliche Liebe für sie auszudrücken. Zeile 17 redet von ihren Vorbereitungen des Badens, Schmückens und des Duftes: damit soll gezeigt werden, dass sie würdig genug ist, zu Seiner Braut erwählt zu werden. Nun vergegenwärtigt das Schmücken des Hochzeitszimmers, das Hineinführen ins Zimmer, das Reinigungsbad, das Liegen zwischen den Brüsten nicht nur das Bild einer Braut an ihrer Hochzeit, sondern der Text ist transparent und öffnet auch den Blick auf den Tempelkult: Der Bildspender Frau und Hochzeit verschmilzt mit dem Bildspender Kult und Tempel. Das Hochzeitszimmer assoziiert den Tempel, das Reinigungsbad und der Duft nach Räucherwerk verweist auf Kulthandlungen, hinter dem Bild des Liegens zwischen den Brüsten taucht das Bild von Gottes Anwesenheit auf zwischen den Wölbungen der Parokhet beim Torahschrank. Solche Kultassoziationen gibt es auch im Midrash zum HL. Auch im klassischen Piyyut haben wir gesehen, wie Jannai beim Motiv des Hochzeitsbaldachins[67] die Beschreibung des Zeltes der Begegnung transparent macht für die Hochzeitsvereinigung der Knesset Jisrael mit Gott, indem er ständig auf das HL anspielt. Das Zelt der Begegnung und die Hochzeit sind bei Jannai beides Metaphern für die Harmonie zwischen Gott und der Gemeinde, wobei seine Darstellung ganz statisch ist, während hier bei Jitzchaq Ibn Ghiyyat das Zusammenspiel von Seinen und ihren (kultischen und erotischen) *Handlungen* im Vordergrund steht. Kurz, die Darstellung hat etwas

---

67 Jannai, Qedushta zu Parashat Terumah Ex 26,1. Siehe Teil I 2.2.5.2.

vom Charakter einer heiligen Hochzeit.[68] Auch im Folgenden sehen wir, wie spezifische Aspekte des Frauenbildes speziell auch kultische Aspekte einschliessen.

1.4.2 Der Duft der Knesset Jisrael als Erotikum der Frau und als Opferspende

Das literarische Bildmaterial zum Motiv «Duft» nimmt der Dichter aus dem HL[69], aber in al-Andalus ist Duft ein neues reales Erotikum; er gehört zur Ambiance von Erotik in den Hochzeitsliedern[70] und gehört auch zur männlichen Erotik in Liebes- und Freundschaftsliedern wie in folgendem Loblied auf Shmu'el Hanagid[71]: «... Ich lag da, und zwischen meinen Brüsten lagen Locken flüssig von Myrrhe zwischen rotangehauchten Wangen ... unser Lager war duftend von Weihrauch ...». Diese Verse sind eine höchst realistische Darstellung einer fiktiven Liebesnacht mit dem Freund. Einen andern Aspekt hat der Duft, der vom weggezogenen Freund zum Verlassenen heranweht: in den Freundschaftsliedern ist dies ein Bild für die Sehnsucht.[72] Nicht nur der Hintergrund des HL, sondern auch der neue weltliche Hintergrund zeigt, wie erotisch der Duft der Knesset Jisrael zu verstehen ist. So fasse ich den Ausdruck «umduftet von Myrrhe» (HL 3,6) in Abraham Ibn Ezra Nr. 139 אז בעלות מקוטרת nicht als Appellativ[73]

---

68 Damit würde man aber spätere kabbalistische Vorstellungen in den Text hineinlesen, ich meine die mystische Hochzeit von Gott mit der Shekhina als Bild für die Erlösung (s. Scholem 1973, S. 187).
69 Es gibt zwei Beschreibungen ihres Duftes: HL 1,12 «Solange der König am Festessen sass, gab meine Narde ihren Duft» und HL 3,6 «Wer steigt da auf aus der Wüste ... umduftet von Myrrhe?»
70 Jehuda Halevi, Hochzeitslied für Josef Ibn Migash (Brody, II, S. 22/23) «Ich bin die Sonne, mein Kleid ist Purpur und Seide, und ich habe noch einen Vorzug: meinen Balsamduft, meine Wabe und meinen Honig. Mein Geliebter, es spriessen im Garten meiner Lust Lustbarkeiten.» Jehuda Halevi, Hochzeitslied Brody, II, Nr. 111 בוא ידידי: «Auch wenn er (der Bräutigam) dein (der Braut) Gesicht küsst, so findet er Balsamdüfte.»
71 Zitat aus dem Nasīb in Joseph Ibn Chasdais Loblied auf Shmu'el Hanagid, הלצבי חן, in dem der Dichter die fiktive nächtliche Traumerscheinung von Shmu'el Hanagid schildert (Schirmann 1955/6, I, 1, S. 172).
72 Teil II 4.2.2: darauf beruhen die Metaphern «Duft der Freundschaft».
73 Als Appellativ gebraucht z. B. bei Kallir, Jotzer zu Shabbat vor Pessach, Hachodesh haze (Fleischer 1975a, S. 233): «Der Monatsbeginn wurde vorbereitet für die von Myrrhe Umduftete, und für den ersten der Monate des Jahres das Gebot, ihn zu beachten ...». Bei Kallir (5. Piyyut der Hochzeitsqedushta) ist der Duft der Narde als Bild gedeutet für die Stärkung, die Gott der Knesset Jisrael gibt: (Gott an Israel) «Juble vor Freude am Wohlgeruch deiner Narde und stärke an ihm (dem Wohlgeruch) die erschlafften

der Knesset Jisrael auf, sondern als eine wie im Literalsinn des HL und im Loblied auf Shmu'el Hanagid (oben) realistisch verstandene Aussage: «Damals, als sie erschien, heraufsteigend, umduftet von Myrrhe (HL 3,6), da war sie Seine Gefährtin, wie eine Hindin, mit ihrem Geliebten kosend». Ebenso ist der Duft realistische Fiktion, hergeleitet aus dem HL, und wirkt neben der Assoziation des Tempelkultes als erotische Beigabe bei Jitzchaq Ibn Ghiyyat[74] הידעתם ידידי Strophe 4: «Es kam der Geliebte (Gott) in Seinen Raum, zum lieblichen Klang meiner Glöckchen und dem Duft meines Zimts.»

Im andalusischen Piyyut ist sie es, die für Ihn den Duft verströmt; ein einziges Mal habe ich Ihn als den Duftenden gefunden (Shlomo Ibn Gabirol Nr. 144 שער אשר נסגר), aber auf alle Fälle ist immer einer der Gebende und der andere der Empfangende, was den Duft zu einer guten Metapher für das Austauschen der Liebe macht. Auch der Opferkult wird auf diese Weise als Liebesbezeugung interpretiert:[75] Im Piyyut Nr. 182 von Jehuda Halevi נודע בכל מקום lautet der Gürtel, den die Knesset Jisrael spricht: «Wenn wie Zimtduft der Duft meiner Öle aufstieg, kam die Herrlichkeit des Höchsten herunter im Rauch meiner Wolken». Sie erinnert sich an ihre Opfer, die eine Liebesbegegnung mit Gott bedeuteten.[76] Wie die Frau, so duftet auch Zion als Ort[77] und ist entsprechend «Balsamberg» nach HL 8,14 genannt: «Ihre Balsamberge (HL 8,14) sind die Weide von Junghirschen, die Blüten ihrer Weinberge sind Narde mit Henna, die Mischung ihrer Düfte (סמים) verströmte überall hin.»[78]

Die Interaktion der beiden Bildspender «duftende Frau» (HL 4,10) und «Opferduft» gehört zur Erotisierung des Heiligen, wie wir es schon bei Shlomo Ibn Gabirols Reshut[79] Nr. 144 שער אשר נסגר bei seinem Spiel zwischen der Heiligkeit

---

Hände, wenn Ich zwischen deinen Brüsten liege, so höre mir zu: ‹wie schön ist deine Liebe›.» Nur in der Qedushta zu Shavuoth אפסי חוג, 5. Piyyut, Strophe 8, Zeile 32, führt Kallir das Duftmotiv aus: «Indem Er ihr von jedem Duftstoff des Händlers Wohlgeruch mit Weihrauch gab.» Aber hier benützt er das Duftmotiv, um das Geben der Worte der Torah auszumalen.

74 ed. Yonah David 1987, Nr. 118, S. 216 f. Interpretation des Piyyuts unten 5.2.
75 Ganz ähnlich interpretiert ShemR 51,4: Der Balsamduft, der aus dem Zelt der Begegnung strömt, wird dort in einem Gleichnis als Duft erklärt, der den Nachbarn Israels zu verstehen geben soll, dass Gott Sich mit Israel nach der Krise des Goldenen Kalbes wieder versöhnt habe.
76 Ebenso in der negativen Situation im Exil, da es keine Opfer mehr gibt, erinnert die Knesset Jisrael Gott an den Duft, jetzt durch das Gebet ersetzt: Shlomo Ibn Gabirol Nr. 142 «wie auf Myrrhenduft achte Er hoffentlich auf mein Flehen!»
77 Für den Vergleich des Duftes der Frau mit dem Duft der Aue s. Schoeler 1974, S. 16 f.
78 Jehuda Halevi Nr. 182, 2. Strophe: s. u. 1.4.4.1.
79 s. Teil II 2.2.3.

des Torahschreins und den Brüsten der Knesset Jisrael in Zeile 3 gesehen haben: «Am Tag, da Du kommen wirst, um zwischen meinen Brüsten zu liegen, wirst Du Deinen Duft, den guten, auf mich legen». Die Liebeserfüllung als eine Metapher für die Erlösung benützt nicht nur den Bildspender «Frau», sondern spielt auch auf das reale, konkrete Bild des Torahschreins und des Myrrhenbündels zwischen den Wölbungen des Torahvorhangs an. Die Realisierung der Metapher bei diesem Bild besteht demnach darin, dass der Text die Erlösung mit dem Bild der Liebeserfüllung darstellt und zugleich mit der Metapher «zwischen den Brüsten liegend» auf die Realität des wiederaufgebauten Tempels anspielt, wo Gott wieder auf der Bundeslade ruhen wird. Die Affinität von Zion als der liebenden Frau zu den sakralen Inhalten der Erlösung sieht man auch bei der Kombination der Bilder des Opferkultes mit der Metapher des Sättigens des Geliebten:

1.4.3 Das Sättigen des Geliebten als Bild für Liebesgenuss und Opferkult

Shlomo Ibn Gabirol Nr. 133 Reshut[80] שחר עלה אלי דודי

1 Des Morgens früh herauf zu mir, / mein Liebling, komm und geh mit mir, (immi)
denn durstig meine Seele ist, / zu sehn meiner Mutter Angesicht. (immi)
2 Ausbreiten will ich Betten Dir / von Gold in meinem Saal, (ulami)
den Tisch ich werde decken Dir, / aufschneiden Dir mein Brot. (lachmi)
3 Den Becher füll ich Dir mit Wein / aus meines Weinberges Trauben: (karmi)
aus vollem Herzen trink, es soll, / Dir schmecken mein Geschmack! (taʿami)
4 Siehe, an Dir freu ich mich, / am Fürsten meines Volks, (ammi)
dem Sohn Jishais, Deines Knechts, / Vorsteher Beth-lechems. (lachmi)

Zur Form: Der durchgehende Reim auf -mi (Suff. 1. Person) betont die Sprecherin als Handelnde, und umgekehrt kommt der Angesprochene in jeder Zeile ausser der ersten im Suffix -kha vor (5mal lekha, Dir, und einmal bekha, an Dir), was die Präsenz des Geliebten beschwört.

Die Ebene des Literalsinns stellt eine zusammenhängende Szene dar: Die Liebende fordert wie im HL ihren Geliebten auf, mit ihr ins «Haus der Mutter» zu gehen, um ihn dort mit Wein[81] zu bewirten und Brot aufzuschneiden. Nimmt man die intertextuellen Bezüge hinzu, so verweist der Saal (אולם), wo sie trinken

---

80 Text mit Anmerkungen versehen und hebräisches Original s. im Textanhang.
81 Es ist eine Variation von HL 8,2 (Sie zu ihm): «Ich will dich führen und bringen in das Haus meiner Mutter, ... will dich tränken mit gewürztem Wein, mit dem Saft meines Granatapfels.»

und lieben möchte, auf den Palastsaal im HL 1,4. Die Betten und der gedeckte Tisch allerdings erinnern an eine biblische Szene, die von den Verführungskünsten von Dirnen[82] handelt: hier polt der Dichter die negative Sicht zu einer positiven um, denn der Genuss von Essen und Trinken ist genau so positiv beschrieben wie im HL, wo die liebende Braut ihrem Geliebten die Früchte anbietet, die sie aufgespart hat[83], oder die Einladungsszene in Sprüche 9,5, in der die Frau Weisheit zu Brot und Wein einlädt. Nun kann man schon im Text des HL das Essen und Trinken, das *sie* ihm anbietet, als Metapher für ihre Liebe, die sie ihm gibt, lesen. Ebenso steht auch an einer Psalmenstelle[84] der gedeckte Tisch als positive Metapher für die Geborgenheit, die Gott dem Menschen gibt: In Ps 23,6 ist es Gott, der dem Menschen den Tisch deckt und ihm zu trinken gibt. Ebenso wie die biblischen Stellen ist auch der Text von Shlomo Ibn Gabirol sowohl wörtlich als auch metaphorisch zu verstehen: Sie bewirtet Ihn mit Wein und Brot, was Ihm wohlschmecken soll und was Er geniessen soll, wobei der Genuss auch metaphorisch als Genuss ihrer Liebe zu verstehen ist.

Als dritte Deutungsebene kommt nun aber wieder das kultische Bildsegment der Metapher hinzu: die Bildspender Palasthalle, Betten, Tisch, ihr Anbieten von Essen wie Brot und Wein aus den Trauben ihres Weinbergs können nicht nur real oder metaphorisch als Sättigen eines Geliebten an einem locus amoenus aufgefasst werden, sondern auch die konkreten Requisiten des Tempelkultes meinen und dadurch die Liebesszene mit der religiösen Sphäre verbinden.[85] Der heilige Gegenstand des Tempels, die goldenen Keruvim, auf denen gemäss traditioneller Vorstellung Gott thront und ruht,[86] assoziiert nicht nur das Myrrhenbündel zwischen den Brüsten aus HL 1,13, sondern auch das Bett aus HL 1,16: die Assoziation von Bett mit dem Tempel macht schon der

---

82 Allegorie über den Götzendienst von Ohola und Oholiba (Shomron und Jerusalem) in Ez 23,40 f.: «... Du hast dich auf ein prächtiges Bett gesetzt und ein gedeckter Tisch vor dir, auf den du Meinen Weihrauch und Mein Öl stelltest.» Dann folgt das Freudenmahl, und die Gäste gehen zu ihr «wie zu einer Dirne». Ebenso negatives Bild einer Bewirtung durch eine Dirne in Spr 7,14 ff.

83 HL 7,14 «Es duften die Liebesäpfel (דודאים), vor unseren Türen sind köstliche Früchte, ... die habe ich dir, mein Geliebter, aufgespart.» HL 5,1 (Er an sie): «Ich kam in meinen Garten, meine Schwester und Braut, pflückte meine Myrrhe mit meinem Balsam, ich ass meine Wabe mit meinem Honig, trank meinen Wein mit meiner Milch. Esst, ihr Freunde, trinkt und berauscht euch an der Liebeslust.»

84 Ps 23,6. Den Verweis auf diese Stelle verdanke ich Scheindlin 1986, S. 98.

85 Wie im Piyyut von Shlomo Ibn Gabirol Nr. 144 שער אשר נסגר: Teil II 2.2.3.

86 Gott wird als zwischen den Keruvim thronend vorgestellt (z.B. 1. Sam 4,4): s. Teil I 2.2.5.2 die Interpretation der Qedushta von Jannai zur Parashat Terumah und die Deutung von HL 1,13. Weiter s.u.: Shlomo Ibn Gabirol Nr. 131 שוכב עלי מטות.

Midrash in seiner Deutung zu HL 1,16[87]. Der Piyyut Nr. 133 aber stellt die kultischen Aspekte nicht *neben* die Liebesaspekte des HL, sondern verbindet sie in einem einzigen, aber doppeldeutigen Bildfeld: Die Betten werden von der Knesset Jisrael für den Messias[88] als ihrem Geliebten vorbereitet; der mit den heiligen Schaubroten gedeckte Tisch[89] ist der Tisch, an dem die Knesset Jisrael den Messias bewirtet, der Wein, den sie ihm gibt, stammt aus ihrem Weinberg, der zugleich ein Bild für die Frau selbst ist; die Halle ist die Tempelhalle und zugleich die Palasthalle, in der die Liebende sich mit dem König an der Liebe berauschen will (HL 1,4). Wie in gewissen arabischen mystischen Liebesliedern verschmilzt hier der Liebesort mit dem heiligen Ort.[90] Das Motiv des heiligen Liebesortes kommt speziell bei den Gartenbildern vor, was ich unten 1.4.4.1/2 zeigen werde. Hier will ich nun das Bild der Bewirtung des Geliebten weiterverfolgen:

Die Bildspender mit ihren semantischen Teilaspekten von Kult- und Liebessemantik (das Darbieten der Brote, das Liegen auf den goldenen Betten, das Offerieren von Wein) verbinden nicht nur die kultischen Bilder mit den Frauenbildern, sondern verweisen auch auf den Bildempfänger der Erlösung. Einen ersten Hinweis auf das Thema der Erlösung gibt gleich das erste Wort des Piyyuts «Shachar», die Morgenröte, in der der Geliebte zu ihr kommen soll: dies ist eine Konnotation, die nicht zu den Liebesszenen des HL passt, denn im Unterschied zum einladenden Abendwind wie in HL 4,16 ist der Morgen kein Zeitpunkt für Liebe. Sondern die Morgenröte gehört zur religiösen Sprache

---

87 ShirR 1,66 zu HL 1,16, S. 50 Dunsky: «Auch unser Lager ist frisch grünend: das ist der Tempel, wie es heisst (2. Kg 11,2.3): ‹Sie (Josheba) nahm ihn (Joash) und brachte ihn mit seiner Amme in das Zimmer der Betten ... und so blieb er im Hause des Ewigen›.» Rashi (zu HL 1,17) zitiert diese Stelle ebenfalls und dazu HL 3,7 mit der Bemerkung: «Der Tempel ist Bett genannt».

88 Das Appellativ «Sohn deines Knechtes Jishai» und der Hinweis mit Bethlehem zeigen, dass der Geliebte der Messias sein muss. Shlomo Ibn Gabirols Piyyutim sprechen oft vom Messias als der Erlöserfigur, aber die Texte lassen es meistens offen, wie die Beziehung zwischen der Erlöserfigur Messias und Gott zu verstehen ist: Neben Nr. 131 und 133 s. noch Nr. 96 und 144. Ebenfalls Shlomo Ibn Gabirol Nr. 157 (unten) שני זיתים «Bring das verachtete Königtum zurück zur Stadt Zion und führ die geehrte Tochter in grosser Begleitung von Dienern zum Haus ihrer Mutter, und erhebe sie, die Herrin, wieder neben ihren Geliebten, und den Stirnreif setze wieder auf das Haupt ihres Geliebten ...».

89 Zu den Schaubroten: Tisch, Brot, Bett: Tisch aus Akazienholz mit Gold überzogen, darauf die Brote zu legen sind in der «Wohnung» Gottes in der Wüste: Ex 25,23–30.

90 Sells 2000, S. 148 über den Dichter Ibn ʿArabī: "In his collection of nasīb-qaṣīdas, the Turjumān al-ashwāq (Translator of Desires), the Murcian grand master of Sufism rediscovered in new key the archaic analogy between stations of the beloved's journey away from the poet and the stations of religious pilgrimages."

der Propheten (Jes 58,8) und ist ein Bild für den Anbruch der Erlösung.[91] Das Weintrinken verweist schon im klassischen Piyyut auf die Erlösung, weil es zum Bildfeld der Hochzeit gehört, an der Gott der Knesset Jisrael zu trinken gibt.[92] Aber hier ist die zur «Hochzeit» Einladende die Knesset Jisrael, weil Shlomo Ibn Gabirol die Szene aus dem HL, in der *sie* dem Geliebten zu trinken gibt, der Darstellung zugrunde legt. Der Aussagegehalt des Piyyuts ändert sich dadurch, dass sie und nicht Er aktiv ist: Sie leitet gleichsam durch ihr Werben die Erlösung ein. Auch der folgende Piyyut, Shlomo Ibn Gabirol Nr. 131, enthält das Motiv des Liebesgenusses als Bild für die Erlösung, und wieder ist die Knesset Jisrael die Aktive:[93]

Shlomo Ibn Gabirol Nr. 131 Reshut שוכב עלי מטות

1 Der Du auf goldenen Betten / liegst in meinem Palast –, (armoni)
   wann wirst Du das Lager, Ew'ger, / dem rötlich Blonden beziehn? (admoni)
2 Warum, entzückender Liebling (Zvi), / schlummerst Du, und der Tag
   steigt auf wie ein Panier / auf dem Hermon und meinem Senir? (chermoni)
3 Weg von den Wildeseln wend Dich, / neig hin Dich zur Gemse der Anmut.
   Bereit bin für einen wie Du ich, / und auch Du für eine wie ich! (lekhamoni)
4 Wer kommt in meinen Palast, / wird finden von meinem Schatz: (matmoni)
   Wein, meinen Granatapfel (rimoni) und / meine Myrrhe und meinen Zimt. (kinmoni)

Der Reim auf -moni (in der 1. und 4. Zeile auch Binnenreim) und der silbenmässige Gleichklang des Reimwortes tönt wie die beschwörende Wiederholung einer Zauberformel.

Die Identität des Angesprochenen und des Erwarteten ist unklar, aber das Undefinierbare der Erlöserfigur ist eine Eigentümlichkeit von Shlomo Ibn Gabirol.[94] Die Szenerie ist wieder wie in Piyyut Nr. 133 der Palast mit den goldenen Betten. Die Abfolge der Szenen gibt folgenden Plot: Sie spricht Gott an als denjenigen, der auf den Betten ruht, wobei sie aber nach dem «Rotblonden» (dem

---

91 Vergleiche Segal 1965, in: Eos, S. 209: "To Jewish poets and philosophers of the post-Biblical period the dawn mirrors the promise of divine salvation and redemption." Die Morgenröte als Bild für Erlösung: jBer 2c und ShirR 6,16 S. 147 Dunsky: R. Hiyya Rabba zieht die Morgenröte im Galil als Vergleich für den Beginn der Erlösung hinzu.
92 Kallir, Qedushta für Shavuoth אפסי חוג 2. Piyyut «Er erfrischte sie (Sing. fem.) mit dem gemischten Wein, um sie schön zu machen.» Kallir deutet den Vers aus Spr 9,5, den dort die Frau Weisheit spricht, auf die Erlösung der Knesset Jisrael am Tag ihrer Hochzeit um, indem er Gott zur handelnden Person macht. Spr 9,5 zitiert er in der folgenden Verskette.
93 Die aktiv Werbende: s. Teil III 1.1.1. Für die Anmerkungen zu Shlomo Ibn Gabirol Nr. 131 s. Textanhang.
94 s. Shlomo Ibn Gabirol Nr. 144 שער אשר נסגר, Teil II 2.2.3.

Messias) verlangt und danach, dass Gott ihm das Lager bereite.[95] Der Rotblonde ist draussen bei den Wildeseln, während sie im Palast ist und diesen Palast als ihren Palast bezeichnet. Die Metaphorik der Wildesel draussen auf dem Feld und der Gemse der Anmut, die drinnen im Palast wartet, zeigt wie bei den Hochzeitsliedern, dass sie die «Richtige» ist, denn sie ist die Ehrendame, während die andern die Frauen der minderen Schicht sind.[96] Bei ihrem Werben ist nicht die Rede von Gehorsam und Unterwerfung, sondern sie wirbt wie im weltlichen Lied, wobei sie aber in einem Punkt nicht der Braut entspricht: sie spielt auf Seine Untreue an, was ja bei Hochzeitsliedern nicht vorkommt. Sie richtet an Ihn die Forderung, dass Er sich von den Wildeseln abwende, d. h. keine Geliebten neben ihr habe. Die versteckte Anklage an Ihn, dass Er ihre Liebe verrate und sich mit den Wildeseln abgebe, gibt ihr aber nicht zu Klagen[97] Anlass, sondern sie benützt die Anklage, um herausfordernd und selbstbewusst ihren alleinigen Anspruch auf Ihn zu betonen. Auch in Piyyut Nr. 95 lässt Shlomo Ibn Gabirol die Knesset Jisrael so zu Ihm reden (s. u. 1.4.4.2).

Sie erwartet den, der kommen will, mit all dem Genuss, den sie dabei anbieten kann, d. h. den Leckerbissen aus HL 8,2; 7,14 und 4,13. Diese Ausdrucksweise ist sehr verführerisch, weil sie gleichsam jeden einlädt, der kommt. Die Absicht ihrer fast provokativen Einladung ist die, Ihn eventuell eifersüchtig zu machen und so zu locken: Er solle den Schatz finden, bevor ein anderer zuerst kommt. Der Piyyut spielt mit dem Motiv der Eifersucht wie im weltlichen Liebeslied von Shlomo Ibn Gabirol (Beispiel 3) דודי אשר לבי: (Zeile 3) «Vielleicht wirst du die Gazellen beneiden, wenn du sie siehst, wie sie wie Tauben um mein Zelt lagern.»

1.4.3.1 Fazit zur Metaphorik des Liebesgenusses

Das Tränken und das «Füttern» des/der Geliebten ist eine Metapher für die Befriedigung der Liebe und der Zärtlichkeit.[98] Sie kommt schon in HL 4,11; 5,1; 7,14 und 8,2, ebenfalls in Kallirs Qedushta zum Hochzeitsshabbat (5. Piyyut) vor: «Meine Taube, die du durch die Falken der Kinder beraubt wurdest, mit allen guten Leckerbissen werde Ich dich füttern». Im klassischen Piyyut hat aber

---

95 Ähnlich Shlomo Ibn Gabirol Nr. 144 שער אשר נסגר «Schick die Gazelle, die geflohen ist, wieder zu mir, am Tag, da Du kommen wirst, um zwischen meinen Brüsten zu liegen.» Teil II 2.2.3.
96 s. Scheindlin 1986 (Prooftexts), S. 189–203, zitiert in Teil II 5.1.
97 In bitterem Ton hingegen ist die Klage über Liebesverrat gehalten, wenn die Liebesrivalen (Hagar, Jishmaʿel, Esaw) als die Hasser und Bedränger der Knesset Jisrael dargestellt sind s. u. 2.2 «Die abgesetzte Königin und das Problem ihrer Rivalinnen».
98 Ich verweise auf Boyarin 1993, S. 72, der für die Talmudliteratur feststellt: "One of the most pervasive metaphors for sex in talmudic literature associates it with food."

nur Er die Rolle dessen, der tränkt und füttert; die Metapher des Tränkens mit Wein ist dort auch spezifisch für die Torahgabe gebraucht. Im andalusischen Piyyut hingegen lädt die Knesset Jisrael Gott (respektive bei Shlomo Ibn Gabirol oft den Messias) zum Liebesgenuss ein. Sie bekommt dadurch eine aktive Rolle im Szenario der Erlösung.

Die Erotik der Metapher des Sättigens (Tränken und Füttern) hat verschiedene Nuancen, wie man an folgenden Beispielen sieht: Wenn der Liebende sich «selbst bedient» und die Myrrhe pflückt, den Wein trinkt und den Honig isst wie in einigen Passagen des HL[99], dann ist das Pflücken, Essen und Trinken eine mehr erotische als zärtliche Metapher und meint je nach Gattung des Liedes auf der Skala der Erotik den Genuss des Körpers eines/einer Geliebten.[100] In diesem Sinn ist die Metapher in den Lustliedern verwendet, wo der Wein von den Lippen der/des Geliebten getrunken wird, womit deren/dessen Saliva gemeint ist.[101]

Im Freundschaftslied meint Honigschlürfen und Weintrinken vom Munde des Freundes auf der ganzen Skala von «liebevoller Rede» bis «Küssen» alles, was der Freund beim geliebten Patron sucht: In Moshe Ibn Ezra Nr. 66 Brody redet der Sprecher in 3. Person über sich und seinen Patron: «Als er mit wütendem Herzen (zum Patron nach Kastilien) kam, beruhigte er seine Seele an den Brüsten der Ruhe mit dem Honigseim seiner (des Freundes) Rede.»

Die Verwendung des Bildes vom Trinken des Honigs dient im Hochzeitslied ähnlich wie im Piyyut und in der arabischen und hebräischen Liebesliteratur auch dazu, die Sehnsucht (= den Durst)[102] des Liebenden darzustellen: Im Piyyut

---

99 HL 4,11: er sucht bei ihr «den Honigseim der Lippen und Honig und Milch unter ihrer Zunge». Er sagt, dass ihre Liebe köstlicher ist als Wein (HL 4,10). HL 5,1: Er sagt: «Ich ass meinen Honig, trank meinen Wein mit meiner Milch.» HL 5,16: Sie nennt seinen Gaumen «lauter Süsse». Derselbe Ausdruck bei Jehuda Halevi, Qerovah zu Shavuoth Nr. 186 אדר היקר.

100 Manzalaoui 1989, S. 124 zitiert eine Zeile von Ibn ʿArabī (Text nach Stern 1974, S. 84) "Pomegranates are tasty for those who pluck them" und erklärt: "Sexuality and the loved one's body are spoken of in terms of the eating of fruit." Für das Trinken zitiert Sells 2000, S. 129: "we poured for one another the wine of love. Our enemies seethed and called for us to choke – and fate said let it be." Weiter: Roth 1989, S. 100 ff.; Bargebuhr 1976, S. 299.

101 Shmu'el Hanagid Nr. 183 ed. Jarden. Roth 1989, S. 101 verweist auf diese Stelle. Weitere Beispiele bei Pagis 1970, S. 268 ff. Im Lustgedicht von Jehuda Halevi, Brody, II, Nr. 114, S. 324 חמה בעד רקיע «Fast konnte ich zwischen deinen Zähnen Honig und Balsam gewinnen, wenn nicht die Waffen deiner Augen gewesen wären, dein Zornesfunkeln.» (s. Teil II 5.1, Beispiel Nr. 12).

102 Ein Piyyutbeispiel aus vielen: Abraham Ibn Ezra Nr. 139 אז בעלות מקוטרת Zeile 3 «sie eilte zu Ihm hinströmend wie Durstige zum Fluss rennen. Und Er erregte sie.» Ein arabisches Beispiel sind die Zeilen des Dichters Ibn ar-Rūmī aus der Abbasidenzeit (aus dem hebr.

את עופרה צבית ארמון von Jehuda Halevi Nr. 462 sagt der Bräutigam zur Braut in Zeile 16: «Denn ich bin durstig nach dem Tau deines Regens, nach deiner Honigwabe (HL 5,1), überfliessend mit den Strömen deines Honigs.»[103] Ebenso fordert der anonyme Sprecher die Knesset Jisrael in Jehuda Halevi Nr. 381 רחוקים יונת in Zeile 3 so auf: «Und zu den Strömen der Honigflüsse ströme dahin, lechze danach im Schatten der Behausung deines Geliebten (Zvi) zu wohnen. Dein Geliebter – sein Wunsch ist Honig und Balsam zu finden: sag deinem Geliebten: siehe Dein Wunsch ist in meinem Mund.»[104] Gott sucht bei ihr Honig, Er gibt ihr aber auch Honig, wie z. B. in Jehuda Halevi Nr. 194 יוצאת אל החרבה, wo Gott in der Schlusszeile spricht: «Nimm dir von Meinem Honig, trink von Meiner Süssigkeit, und iss von Meinen köstlichen Speisen». Honig suchen und Honig geben ist also ein Bild für gegenseitige Liebe. Die Liebesgabe ist im Piyyut manchmal spezifiziert als Gabe der Torah gemäss Ps 81,17; auf diese Psalmstelle spielt Jehuda Halevi Nr. 380 יונת אלם יפת תאר an «Und nachdem ich Honig aus dem Felsen getrunken habe ...».[105]

1.4.4 Er kommt in den Garten: Metapher für Liebesfreude, für die Geliebte und für Zion

Anders als in den weltlichen Liebesliedern, wo die Szene der Liebe irgendwo, gleichsam im leeren Raum geschieht,[106] geben die Dichter im Piyyut als Szenerie der Liebeserfüllung immer einen intimen Raum an, wo sich die Knesset Jisrael und der Messias oder Gott treffen. Aus dem HL stehen dem Dichter einige Bildspender für diesen Ort zur Verfügung, und alle diese Bildspender bekommen im Piyyut zwei Aspekte: sie sind ein Bild für den Liebesort oder die Frau selbst und zugleich für das Land, den Tempel oder Jerusalem. Die Geliebte in HL 4,12 ist der Garten, in den der Liebhaber hineinkommt (HL 5,1): eine Metapher für die

---

Zitat bei Levin 1971, S.130): «Ich küsste ihren Mund, damit mein brennender Durst aufhöre ... Aber die Stärke meiner Liebeskrankheit in mir ist nicht so, dass küssende Lippen sie heilen könnten».
103 s. Teil II 5.2, Beispiel Nr. 13.
104 s. Teil II 6.2.2.
105 Auch Jitzchaq Ibn Ghiyyat, unten 5.2. Das andere Bild für die Torah ist Wein: Kallir, Qedushta für Shavuoth 2. Piyyut «Er erfrischte sie mit dem gemischten Wein, um sie schön zu machen.»
106 Eine Ausnahme ist Moshe Ibn Ezra, Brody Nr. 249: «Wir standen auf und gingen zu seines (des Geliebten) Mutters Haus» (um sich dort zu lieben). Ishay 2001, S. 120 findet diese Ortsangabe sehr merkwürdig.

Liebesverbindung mit der Frau. Diese erotische Metapher wird im Piyyut mit der religiösen Metaphorik, mit der Zion beschrieben wird, verbunden; ähnliche Doppelaspekte haben wir schon oben bei den Metaphern des «Zwischen-den-Brüsten-Liegens», der Sättigung und des Duftes gesehen (1.4.1/2/3). Auch im Piyyut bedeutet deshalb das Bild des Geliebten, der in «seinen Raum» kommt, dass sich die Liebe zwischen dem Liebhaber (Gott) und der Geliebten (der Knesset Jisrael oder Zion) erfülle, weil sie als Frau der Ort ist, in den Er hineinkommt. Wie schon in den rabbinischen Auslegungen zum HL, kann nun der «Raum», in den Gott hineinkommt, zusätzlich auch den konkreten Tempel oder die Stadt Zion meinen[107], die wieder neugebaut und von Gott in der Zeit des Messias wieder «bewohnt» wird. Diese neue Kohärenzbildung zwischen «heiligem Ort» und «Liebesort» gibt dem Bildempfänger, der Rückkehr Gottes in den Tempel oder nach Zion, die zusätzliche Bedeutung einer Liebeserfüllung mit den Aspekten von Vereinigung des Getrennten, Freude und Neuanfang. Der Bildspender verweist auf einen Zustand von Erfüllung, den das begriffliche Reden von «Erlösung» nur schlecht ausdrückt.

Der Vergleich von Zion mit dem Garten Gottes[108] ist schon biblisch belegt (Jes 51,3) und auch die Metapher der «Hochzeit Zions» respektive der «Vermählung des Landes Israel» als Beschreibung der Zeit, wenn Gott und die «Söhne des Exils» wieder zu Zion zurückkommen.[109] Im Piyyut nun charakterisiert die Doppelfacette von Liebesort und heiligem Ort alle Bildspender, die zum Teil aus dem HL stammen und vom Ort der Begegnung des Liebespaares reden: das Zimmer[110], die Halle (אולם)[111], der Wohnort (מעון)[112], das Zelt[113],

---

107 Bei den Metaphern «Weinberg» und «Garten» kann auch das ganze Land Israel gemeint sein.
108 Kallir, Qedushta'oth leShabbatoth haNechamah, ed. Elizur 1988, S. 35, Zeile 18 nennt die Knesset Jisrael «entzückende Pflanzung meines Gartenbeetes» (Gartenbeet: in HL 6,2 ist es ein Balsambeet).
109 Jes 62,4.5: Diese Verse führt Kallir, Qedushta zum Hochzeitsshabbat, 4. Piyyut, weiter aus (s. Text im Textanhang.)
110 Zimmer: HL 1,4, z. B. in Shlomo Ibn Gabirol Nr. 180 יביא לחדרו (Teil II 3.2).
111 Halle: z. B. Shlomo Ibn Gabirol Nr. 131 שכב עלי מטות und Nr. 133 שחר עלה und Jehuda Halevi Nr. 464, יבוא דודי Zeile 6 und Nr. 192, יוצאת חופשית 5. Strophe.
112 Jehuda Halevi Nr. 330 יעלת חן ממעונה רחקה. Zu מעון als Metapher in seiner Doppelbedeutung «Liebesort» beim Aṭlālmotiv und Wohnort Gottes (dies kann Zion sein wie in Ps 76,3, der Himmel wie in Dtn 26,15 oder unbestimmt wie in Dtn 33,27) s. Teil II 4.2.4, Moshe Ibn Ezra Nr. 37.
113 Ex 33,7 «Zelt der Zusammenkunft». Das Zelt als Liebeszelt und Bild für Zion: Jehuda Halevi Nr. 381, Nr. 324 und s. Teil II 2.1 zum Bild des Zeltes in Beispiel Nr. 1, Shmu'el Hanagid Nr. 182 לי הזמן.

der Hochzeitsbaldachin oder die Sänfte[114], das Weinhaus[115], der Garten[116]. Es kommen noch zwei Bildspender hinzu, die nicht aus dem HL stammen: das Nest[117] und der Schoss Gottes. Die Knesset Jisrael sehnt sich nach dem Schoss Gottes, wobei das sehr affektive Bild es offenlässt, ob damit Gott oder ob die Stadt Zion respektive der Tempel gemeint ist. Das Verlangen, im Schoss zu liegen, drückt aus, dass die Knesset Jisrael die grösstmögliche Nähe und Intimität zu Gott sucht.[118] Der Schoss weckt neben Liebesgefühl auch Eifersucht: Israel als Königssohn beklagt sich über die Nebenbuhlerin, die Tochter Edom, die im Schoss Gottes sitze, während er, der rechtmässige Sohn, umherirre wie Kain.[119] Hier ist der Schoss Gottes wahrscheinlich eine emotive Metapher für die Stadt Zion, die gleichsam ein Teil Gottes ist, und nun, als zeitgeschichtliche Anspielung gemeint, von Edom (= den Christen) besetzt ist.

Unter diesen Liebesorten hat das Bild des Gartens wegen seiner weiblichen Konnotation die grösste Affinität zur Frauengestalt Zion und auch die grösste Polyvalenz; seine verschiedenen Aspekte im HL[120] wie der blühende Frühlingsgarten,

---

114 Hochzeitsbaldachin (חופה)/-sänfte (אפריון aus HL 3,9) als Tempel/Gebetshaus: s. Kallir, Qedushta zum Hochzeitsshabbat, 4. Piyyut: «Da wird ihr Hochzeitsbaldachin ein Gebetshaus genannt werden». Umgekehrt nennt Jannai, Qedushta zu Paraschat Terumah (4. Piyyut) das Wüstenheiligtum «die Sänfte meiner Erfüllung und meiner Hochzeitsliebe». Zion als Hochzeitsbaldachin (Chuppah) ist wahrscheinlich von Jes 4,5 beeinflusst: Gott schwebt (so Raschi: תחופף) über Zion als Chuppah. Zum Garten Eden als Chuppah: s. Jehuda Halevi Nr. 448 (Teil III 1.1.2).
115 Weinhaus (HL 2,4): Shlomo Ibn Gabirol Nr. 136 «Bring die Unterdrückte (Knesset Jisrael) zurück zum Geliebten ihrer Jugend, und beide zusammen zum Weinhaus.» (s. Teil II 2.3.4)
116 Das Gartenbild wird besonders viel von Shlomo Ibn Gabirol gebraucht: Nr. 94, 95, 105, 165, 157, 210. Jehuda Halevi braucht es in Nr. 182 und Nr. 341 und Nr. 327: nur je 2 Zeilen.
117 Bei Jehuda Halevi ist der Raum öfters (auch in den Hochzeitsliedern) das Nest (oder das Zelt), weil er für die Knesset Jisrael eher das Bild der Taube verwendet: s. z. B. das Nest bei Jehuda Halevi Piyyut Nr. 324, Zeile 3; Nr. 206, Zeile 8; Nr. 379, Zeile 1.
118 Das Wort Schoss חיק kommt vor in 2. Sam 12 (Nathangleichnis). Jehuda Halevi 378: «Wie lange werde ich in der Galut sitzen, wann ins Zimmer des Geliebten heimkehren, in Seinem Schoss zu liegen?»; Nr. 168 «Die Taube, die sich in Deinem Schoss eingenistet hat, im Innersten der Zimmer – warum hast Du sie verlassen?» Schoss der Knesset Jisrael: Jehuda Halevi Nr. 322 מה אתנה: «Dein Geliebter, der wie eine Gazelle (עופר) aus deinem Schoss floh – Er kommt zu dir zurück.»
119 Jehuda Halevi Nr. 93 ירושלים למוגיך «Der elende Königssohn – warum irrt er umher, während die Tochter Edom im Schoss sitzt?»
120 Alle drei Aspekte sind im HL vorhanden: Frühling z. B. in HL 2,11–13, verschlossener Garten HL 4,12, Garten als Frau: z. B. HL 4,12–5,1. Beispiel aus dem Piyyut: Jehuda Halevi Nr. 272, Zeile 18: «Der verschlossene Garten (Jerusalem) über dem die Wächter

das intime Bild des verschlossenen Gartens und das Bild des Gartens als Frau werden unter dem Einfluss der andalusischen weltlichen Poesie[121] mit der Vorstellung verlockender Sinnesfreuden und Weintrinken aufgeladen, die den Garten zum vollkommenen locus amoenus oder Paradies machen (unten 1.4.4.1). Zwar kommt im klassischen Piyyut die Metaphorik des Gartens ebenfalls vor[122], aber nur in erstarrten Metaphern, die als Appellativ für Zion gelten, und nicht als Szenerie eines Piyyuts: Auf den Liebesgenuss spielt Kallir zwar mit dem Bild an, dass das weiblich personifizierte Land Israel Milch und Wein fliessen lässt, aber er gibt der Szene nicht den Hintergrund eines Gartens.[123] In al-Andalus hingegen stellen die Dichter das Gartenidyll in den Piyyutim als perfekte Illusion dar, sodass der

---

nie verstummen (gemeint: mit dem Gebet), dessen Frucht ist heilig (Lev 19,24) und seine Blätter sind vor Gott geschwungen und dargebracht worden – alle, die von ihm essen, werden ihre Schuld tragen.»

121 Ursprünglich ist die Gartenschilderung in der Qaṣīda beheimatet: s. Schoeler 1974. Er gibt eine historische Darstellung der Entwicklung und zeigt, wann das Thema Garten und Blumen sich zu einer Gattung verselbständigt. Zur Metaphorik des Gartens in der Panegyrik: s. Brody, Kommentar zu Moshe Ibn Ezra Nr. 20, Zeile 37: Der Garten kommt vor in Genetivmetaphern wie «Garten der Gerechtigkeit», «Garten der Liebe (חסד)», «Garten des ethischen Verhaltens (גן מוסר והשכל)», «Garten des Buches (גן הספר)», «Garten des Entzückens (גן חמודות)». Brody zu Moshe Ibn Ezra Nr. 66,30 zählt weitere Wortverbindungen mit Garten auf, «die als Ehrenbezeichnungen für einen Freund oder einen wichtigen Mann gebraucht werden»: «Ein Garten, der Früchte der liebevollen Zuwendung (der Gnade) bringt» (Nr. 15,23), «ein Garten Gottes» (Nr. 183,21), «ein Garten der Balsamdüfte» (Nr. 248,13). Der Freund ist «ein schöner Garten» (Nr. 62, Z. 1–6). Der Garten in der Weisheitsliteratur ist hingegen eine negative Allegorie für nichtige weltliche Verführungen und die Vergänglichkeit (Pagis 1976, S. 146).
122 Garten als Hochzeitsbaldachin: Der Garten aus dem HL (Gan) ist zur Chuppah (= Ginnun auf Aramäisch = Hochzeitsbaldachin, Thalamos) umgedeutet in ShirR 5,1 zu HL 5,1 S. 126 (s. Teil I 2.2.2.1). Knesset Jisrael als Garten: Kallir, Qedushta Watomar Zion, Elizur 1988, S. 32f., 2. Piyyut: «Was klagst du, Meine Taube, entzückende Pflanzung Meines Gartenbeetes ערוגת גינתי?» Ebenso ist Jerusalem als «Balsamberge» bezeichnet (Kallir, Qedushta nachamu, nachamu, Elizur 1988, S. 31, Zeile 325) oder Zion/Knesset Jisrael ist als «mein Balsambeet» bezeichnet (Kallir, Watomar Zion, Elizur 1988, S. 41, Zeile 152). Die Rückkehr nach Zion ist gemeint mit folgendem Bild: «Er möge dich in deinem Garten erfrischt neu pflanzen ...» (Kallir, Qedushta Watomar Zion, ed. Elizur 1988, S. 34, Zeile 31).
123 Kallir, Qedushta für den Hochzeitsshabbat (3. Piyyut, s. Text im Textanhang): «Sie, die von Milch fliesst (Israel), wird für sie (die Knesset Jisrael) Wein עסיס fliessen lassen (Joel 4,18) und ihre Seele möge sich freuen an der Freude an Dir.» Dasselbe gilt beim Bild der typisierten Tiere, die Israel bedrängen: Shlomo Ibn Gabirol ergänzt die Szenerie, indem die Tiere in den Garten der Knesset Jisrael eindringen (Nr. 145), während Kallir dieselbe Tiermetaphorik (aus Dan 7) ohne jede Hintergrundszene bringt (Kallir, Qedushta Watomar Zion, ed. Elizur 1988, S. 35).

schöne Frühlingsgarten als locus amoenus die ideale Liebeslandschaft darstellt. Mit oder ohne expliziten Verweis wird dabei deutlich, dass dieser Liebesgarten sich bald mit Zion als dem idealen Wohnort Gottes und der Knesset Jisrael deckt[124], bald mit der Knesset Jisrael selbst als der Geliebten Gottes. Als Idyll ist der Wohnort «Zion» Ziel der Sehnsucht und Inbegriff dessen, was man als «Erlösung» bezeichnen kann. Diese Bedeutung ist in al-Andalus dadurch verstärkt, dass der «schöne Garten Zion» für drei Beteiligte und aus drei Perspektiven *der* Ort der Sehnsucht ist: für das Volk (= die Knesset Jisrael)[125], für Gott[126] und schliesslich für Zion als Ort selbst, weil sie der vereinsamte oder verwüstete Garten ist, der auf die Rückkehr des Volkes und die Rückkehr Gottes/des Messias wartet, um wieder blühen zu können.[127] Alle drei Aspekte stellen mit dem Bild des «In-den-Garten-Kommens» die Erlösung als die Verbindung verlorener Einheit dar, die am Ort der ehemaligen Liebe stattfindet. Entsprechend wird das zerstörte Zion mit dem Motiv der verlassenen, zerstörten Liebesstätte (Aṭlālmotiv) aufgeladen, um die Trennung von Volk, Gott und Land zu zeigen. Auf diese Kehrseite des idyllischen Gartens, auf das Bild des verwüsteten, von wilden Tieren bewohnten Gartens gehe ich am Schluss von Abschnitt 1.4.4.1 ein.

Es macht keinen Sinn, die Piyyutim nach den drei Aspekten «Er», «Knesset Jisrael» oder «Zion als Ort» zu analysieren und zu ordnen, weil diese Aspekte meistens verbunden vorkommen. Hingegen zeige ich, wie das arabo-hebräische Liebeslied und die Piyyutim an und über die Seele den Bildbereich «Genuss» und «Paradiesesgarten» verstärken (1.4.4.1), weiter führe ich vor, wie das Aṭlālmotiv des zerstörten Liebesortes zum Motiv des wiederaufblühenden Gartens verwandelt wird (1.4.4.2).

---

124 Das Bild von Zion als idealem Wohnort und idyllischem Garten verbindet sich mit der Vorstellung des Paradieses als Garten Eden: s. u. 1.4.4.1.

125 Jehuda Halevi Nr. 327 יגל חלום Zeile 9–10 (Versprechen Gottes): «siehe, Ich werde die Gazelle den umherirrenden Söhnen schicken, Ich werde die Gefangenen zum Garten der Vergnügen שעשועים zurückführen.» Jehuda Halevi Nr. 341 יונת אלם Zeile 29 (Sprecher an Gott): «Geh hinunter in ihren Garten, die Lilie zu pflücken.» Shlomo Ibn Gabirol Nr. 210 zu Hoshannah Rabbah שליט ירכב «Bitte, rette doch, Erhabener, rette ihren Garten, bitte, bewahre doch, bewahre den Rest der Lilien.» Shlomo Ibn Gabirol Nr. 95 שוכנת בשדה «Die du auf den Feldern wohnst ... sieh auf dein Gartenbeet voll mit Lilien!»

126 s. u. Jehuda Halevi Nr. 182 נודע בכל מקום; Nr. 163 יום נפלא Strophe 8, Gottesrede: «Es verlangte Mich חשקתי nach deiner Nähe und mit dir auf der Aue (נוה) zu wohnen.» Auch Nr. 322 מה אתנה Gottesrede in der Schlussstrophe: «Ich bin in den Garten des Ruhmes gekommen, Ich habe Meine Myrrhe gepflückt.»

127 Shlomo Ibn Gabirol Nr. 105 שלחיך כטל, 94 שפעת רביבים, 165 שחורה ונאוה (s. u. 1.4.4.2).

1.4.4.1 Zion als Frau und als Paradies

Schon biblisch ist an einer Stelle das Land Israel paradiesisch beschrieben als das Land, das von Milch und Honig fliesst (Num 13,27). Es ist nicht nur der Genuss, der das Paradies ausmacht, sondern wichtig ist, dass dieses Bild für das Land weiblich ist: *sie* bietet diesen Genuss. Denselben Aspekt von Liebe und Genuss hat auch das Bild, mit dem das Paradies bezeichnet wird, nämlich Garten der Wonne (גן עדן, Gen 2,15). Dieser wohlbewässerte Garten Eden ist ebenfalls schon biblisch ein Bild für das wiederaufgebaute Zion, dessen Wüste Gott zum גן עדן und zum «Garten Gottes» verwandelt (Jes 51,3), ebenso gehört schon bei Sach 14,8 das Wasser zum wiederaufgebauten Zion, denn «lebendiges Wasser wird von Jerusalem ausgehen»[128]. In Hos 14,5–7 wird Israel bei seiner Rückkehr zu Gott zu einem blühenden Garten. Kallir verbindet die prophetische Vision mit dem Bild des Gartens aus dem HL und benützt beides zur Beschreibung der Erlösung der Knesset Jisrael in seiner Hochzeitsqedushta:[129] «Dir werde Ich aus dem Lebensbrunnen fliessen lassen den Gartenquell, den Brunnen lebendigen Wassers» (HL 4,15). Aber er nimmt dabei die Liebeskonnotation des HL nicht wahr: der Gartenquell ist nicht der dem Liebhaber gehörende «Gartenquell», was im HL eine Metapher für die Geliebte ist, sondern dient nur als Bild für das wiederaufgebaute Jerusalem, das er als «Haus des Quellortes des lebendigen Wassers» bezeichnet.[130] Der andalusische Piyyut hingegen braucht dieselben Bilder von Garten und Wasser, aber nimmt sie einerseits als Bildspender für die Heiligkeit von Zion und für seine Erlösung, wie wir es an den Textstellen bei Jesaia, Hosea, Sacharja und Kallir sahen, anderseits als Bildspender für die Liebe zwischen Mann und Frau: der Garten mit seinem Blühen ist Zion als Frau *und* als heiliger Wohnort Gottes. Das werde ich an den Piyyutim zeigen, in denen die Beziehung von Gott zu diesem Garten als die eines Liebhabers zu seiner Geliebten dargestellt ist: wenn Er in seinen Garten kommt oder Sich Seines Gartens

---

128 Vergleiche auch die Ausdrücke für die in der kommenden Zeit Getrösteten wie «Pflanzung des Ewigen» (Jes 61,3), «die fruchttragenden Bäume» (Ez 34,27 ff.). Siehe auch das Bild des bewässerten Gartens für Israel im Bileamssegen Num 24,7.

129 Auch das Wiedereinpflanzen der Rebe (Israel) im Lande Israel ist ein Bild für die Erlösung, das Kallir braucht: Qedushta zu Shavuoth, 2. Piyyut Zeile 31–32 (s. Text im Textanhang): «um sie (die Knesset Jisrael) einzupflanzen als Zweig (Ps 80,16). Die Mengen ihrer Gemeinde vermehrte Er wie eine Pflanze.»

130 Ähnliche Metaphern zur Heiligkeit von Jerusalem und Israels bringt Jehuda Halevi als Zitate aus der Bibel im Kuzari II 23.24, im Kapitel, in dem er auf die Frage des Khasarenkönig antwortet, warum das Volk noch nicht nach Israel zurückgekehrt sei (Er nennt z. B. Jerusalem in II 14 «Tor zum Himmel», nach Gen 28,17. Die Gleichsetzung von «Tor zum Himmel» mit Jerusalem stammt aus PRE cp. 35).

annimmt (z. B. durch Seinen Tau, den Er auf ihn tropfen lässt, wie in Hos 14,6), dann beginnt der Garten/Zion zu blühen (unten 1.4.4.2).

Noch von einer andern Seite her bekommt Zion als Garten in al-Andalus eine zusätzliche Heiligkeit: In der philosophisch neuplatonischen Sicht wird Zion, da es Thron Gottes ist, als Ursprungsort der Seele mythifiziert und daraus entsteht der neue Mythos, dass die Seele in dieses Paradies oder in diesen Garten zurückkehrt, aus dem sie stammt. Ich führe zwei Beispiele aus dieser neuen Literaturgattung der Lieder an und über die Seele an[131]: Shlomo Ibn Gabirol Nr. 87 für Jom Kippur שכחי יגונך (zur Seele, Schlussverse): «Zittere wie eine Taube, arm und elend, rufe jederzeit zu Gott, weine vor Ihm, flehe vor Ihm, erfülle Seinen Willen, und dann werden die Engel Seiner Wohnung dich in deinen Garten führen.» Damit ist wohl die Situation nach dem Tod gemeint. In Nr. 193 שבחי נפשי (Zeile 9) hingegen redet der anonyme Sprecher seine Seele an, zu Gott respektive in Seinen Garten noch während des Lebens zurückzukehren: «Komm in Seinem Garten zu weiden, du mit all denen, die mit dir hoffen und ausharren. Dann, wenn du (Seele) zu deinem Ursprung zurückkehrst, dann wird mir wohl wegen dir.»

Auch durch das neue hebräische Hochzeits- und Liebeslied wird Zion als locus amoenus amplifiziert, sodass Metaphern, die schon im HL für den Bildspender «Frau und Liebe» vorkommen, nun verstärkt den Liebesaspekt bei der Beziehung von Gott zu Zion/zur Knesset Jisrael hervorheben:[132] Die Braut (und die Geliebte) ist als Gan Eden mit Granatapfelbrüsten und Haaren wie Schlangen dargestellt, der Geliebte weidet in ihrem Garten, er pflückt ihre Myrrhe. Umgekehrt wird der Bräutigam als Baum im Garten Eden gelobt, in dem sie «nisten» kann[133], sodass er das für sie bestimmte Paradies ist. Diese Metaphorik benützt besonders viel Jehuda Halevi, da er oft die Knesset Jisrael als Taube zeichnet, die nach Zion als dem Ort der Liebe (ארץ צבי Land des Liebhabers = Land der

---

131 Diese Seelenlieder sind Thema von Teil II 6.1. Aber siehe schon das biblische Bild für die glückliche Seele: Jer 31,12: «dass ihre Seele (Israels) sein wird wie ein wasserreicher Garten.»
132 Hochzeitslieder: wir haben schon angetroffen in I 3.2 Jehuda Halevi Nr. 464 יבא דודי; in II 5.2, Beispiel Nr. 13: Jehuda Halevi Nr. 462 ארמון צבית עופרה את «wie die Schlange schlängelt sich dein Haar auf die Wange.» Beispiel eines Lustliedes: Jehuda Halevi, Brody, II, S. 6, Nr. 3, 5. Strophe: «Eines Tages, als meine Hände in ihrem Garten weideten und ihre Brüste pressten, sagte sie: nimm deine Hände weg – sie sind noch nicht genug geübt …».
133 Jehuda Halevi Nr. 451, Hochzeitslied: «Du bist ein blühender Myrtenstrauch unter den Bäumen von Eden … Der Gott hat dir einen Strauss von Myrrhe zugeschickt – von Seinen Werken eines, nicht das Werk eines Gewürzhändlers. Die Taube, die heute ihr Nest im Myrtenstrauch gefunden hat – die Myrte hat deren Duft geraubt und als ihr eigner Duft verströmen lassen.»

Pracht[134]) fliegt, um dort Gott zu suchen: sie gleicht der Braut darin, dass Gott und Zion das für sie bestimmte «Nest» ist. Zion wird dadurch zum eigentlichen Lustgarten (גן שעשועים): Jehuda Halevi Nr. 327 יגל חלום: «Ich werde die Gazelle für die umherirrenden Söhne schicken, Ich werde die Gefangenen zum Garten der Lustspiele führen.»

Folgendes vierstrophige Gürtellied zeigt, wie das arabo-hebräische Liebeslied mit seinem Gartenmotiv und dem Genuss des Weintrinkens als Vorlage für einen Piyyut genommen wurde: Es ist eine Me'orah von einem sonst unbekannten Nachum ארח הסתיו[135]:

> Der Winter ist vergangen, / vergangen meine Trauer,
> der Fruchtbaum blüht, es blüht / vor Freude auch mein Herz.
> 1 Es duften miteinander / all die Nardenkräuter,
> es spriesst und sprosst der Garten, / der Köstlichkeiten Pflanzung.
> Es ist vergnügt und freut sich / daran das Herz der Freunde.
> Aus meinem Gehege verscheuchte / Gazelle, kehr zurück!
> Und meinen würz'gen Wein / komm, trink mit meiner Milch.

Strophe 3, Schluss:
> Der Kelch ist wie ein Topaz / ein Glas mit rundem Schliff,
> Der Wein wie ein Karfunkel, / in Tropfen aufgelöst.
> Armut und Mühsal vergess ich, / im Innern mir versteckt.
> 4 Was hatte mein Geliebter, / der zwischen Böcklein weidet,
> dass er die Stadt verliess, / zu wohnen in den Wäldern?
> Komm in der Freundin Schoss, / die Dich ersehnt in Liedern!
> Zünde mir, strahlender Liebling[136], / das Licht des Westens an!
> In Dir, gesalbter Keruv, / erstrahl meiner Flamme Licht!

Sprecherin ist die Knesset Jisrael. Sie lädt den Geliebten (den Messias) zum Weintrinken in ihren Garten, das heisst zur Liebe ein. Im Vergleich mit den Piyyutim von Shlomo Ibn Gabirol (oben 1.4.3) ist die Gartenszene mit dem

---

134 Land der Pracht: Dan 11,16. Jehuda Halevi Nr. 324 יונת רחוקים (anonymer Sprecher an die Knesset Jisrael) «Wende dich zu deinem Nest, zum Weg nach deinem Zelt, nach Zion … mach dich bereit, ins Land der Pracht/der Gazelle zurückzukehren.» (oben, Teil II 6.2.2). Auch in Nr. 380. Daneben auch «Berg der Pracht/Gazelle»: Jehuda Halevi Nr. 75 (s. u. Kapitel 6, Anfang).

135 Shire Nachum, ed. Yonah David 1974, S. 7–9. Von Carmi 1981, S. 420 ins Englische übersetzt. Er gibt die Datierung auf spätes 13. Jahrhundert mit Fragezeichen an. Yahalom 1993, S. 167 f. bespricht Lied und Kharja in seiner Beziehung zur Vorlage. Im Textanhang siehe den ganzen Text hebräisch und übersetzt.

136 Mit dem strahlenden Liebling (צח דוד nach HL 5,10) ist wahrscheinlich der Messias angeredet. Westlicht: scil. an der Menorah, wobei aus den rabbinischen Quellen nicht klar wird, in welcher Hinsicht westlich. Dieses Licht sollte immer brennen (mTam 3,9; 6,1, bJom 33a, Sif Num 59).

Weintrinken und dem Blühen der Blumen genüsslicher ausgeführt; es sind alles Bilder für den Liebesgenuss[137], und dem Geliebten wird ein Vorwurf der Untreue nur andeutungsweise in der 4. Strophe gemacht. Die Knesset Jisrael stellt die Liebe so positiv dar wie die Braut in den Hochzeitsliedern.

Oft ist in der arabo-hebräischen Liebespoesie der Garten nicht nur ein Bild für eine junge Frau oder Braut (wie im HL und im Hochzeitslied Jehuda Halevi Nr. 464 יבא דודי), sondern auch das Umgekehrte kommt vor: der Garten wird als Frau beschrieben.[138] Das Gartenbild kann sogar noch weiter übertragen werden und sich auf den Charakter eines Freundes beziehen: So schreibt Moshe Ibn Ezra Nr. 66 Brody, Zeile 30 über den unzugänglichen Patron: «Er ist der Garten der Wonne,[139] aber seine Zugänge sind gut verschlossen, damit ich nicht seine Myrrhe rieche.» Der Garten kann auch ein Bild für die Dichtung selbst sein.[140]

Die Polyvalenz des blühenden Gartens als Person und Ort benützen die andalusischen Dichter, um die ideale Personalunion von Zion mit der Knesset Jisrael auszudrücken. In Jehuda Halevi Nr. 390 ישבה שוממה verweisen folgende zwei Verse (Zeile 6.7) auf diese Personalunion: «Die liebliche Königstochter (oder: die Aue der Königstochter נות בת מלך) ist zur Magd der Tochter des Molekh» geworden. Beide Übersetzungen haben ihre Berechtigung, denn möglicherweise dient hier das Wort נוה «lieblich»[141], das ja als Homophon auch Aue[142] bedeutet,

---

137 Ibn Ḥazm al-Andalusi (993–1064), Das Halsband der Taube, Weisweiler 1941, S. 99 (Kapitel «Über die Vereinigung»): «Der üppige Pflanzenwuchs nach dem Regen, das Aufblühen der Blumen bei klarem Wetter …, das Murmeln der Bäche inmitten von Blumen aller Art … das alles ist nicht schöner als die Vereinigung mit einem Liebsten, dessen Charakter einem gefällt.»

138 Eines der berühmtesten Gartenlieder mit dem Bild des Frühlingsgartens, beschrieben als ein Mädchen, ist die Qaṣīda von Jehuda Halevi in Sperl/Shackle 1996, II, S. 148, Nr. 14. Dieselbe Interdependenz von Bildspender und Bildempfänger auch bei andern Naturschilderungen: der Mond am Nachthimmel ist als Braut beschrieben: Shmu'el Hanagid Nr. 43, die Braut auch als Mond oder Sonne (Jehuda Halevi, Brody, II, S. 324, Teil II, Beispiel 12).

139 Weitere von Brody gesammelte Metaphern zur Gartenmetaphorik in der Panegyrik: s. o. 1.4.4 in Anm. 121 zur Polyvalenz des Gartenbildes.

140 Moshe Ibn Ezra, Brody, I,2: «Komm in den Garten meiner Verse und finde Balsam für deinen Kummer; da freue dich wie einer, der singt». Hinweis darauf und Zitat bei Scheindlin 1986 (Women) S. 10. Auch Grammatik- und Geographiestudien bekamen Titel wie: «The Perfumed Garden: On the History of Districts» (Scheindlin 1986, S. 4).

141 Jer 6,2: «Über die Liebliche, über die Verzärtelte, über die Tochter Zion weine ich.»

142 Das Wort נוה kann «lieblich» bedeuten (Synonym zu נאווה, das aber nur schön/lieblich bedeutet wie in Jehuda Halevi Nr. 265 הושתי יונת Zeile 15). Es kann aber auch «Aue» bedeuten: so biblisch für Zion/Israel in Ex 15,13; Jer 31,22 (נוה צדק); Ekh 2,2. In Jehuda

Jehuda Halevi zu einem Wortspiel, um den Doppelaspekt von Garten und Frau auszudrücken: Die Verse lassen es offen, ob Zion als «liebliche Königstochter» oder als «Aue der Königstochter» zur Magd der Molekhtochter geworden ist.[143] Folgendes längere Beispiel zeigt sehr gut den doppelten Aspekt des Gartens, der hier spezifiziert ist als «Balsamberg und Weinberg».

Jehuda Halevi Nr. 182 Ahavah נודע בכול מקום

Gürtel: Es ist bekannt in jedem Volk / so auch in meinem Volke,
    dass die Zionstore Er, / Gott, der Ew'ge, liebt.
1 Dank ertön' in jedem Tor / zu Ehren Seiner Tore.
   Babylon, Ägypten auch, / Sein Heiligtum besuchten.
   Zion war, obgleich so klein, / unter *Seinen* Städten.
Gürtel: *Sie* war der Palast (ארמון) für Ihn, / der wohnt in den Höhen. (מעון)
    Als Sänfte hat Er sie begehrt, / der den Sinai erwählte.
2 Ihre Balsamberge sind / die Weide junger Hirschen,
   ihre Weinbergblüten sind / Hennastrauch und Narde, (HL 4,14)
   die Mischung ihres Wohlgeruchs / nach allen Seiten strömte.
Gürtel: Wenn aufstieg wie der Zimtgeruch / das Duften meiner Öle,
    kam des Höchsten Herrlichkeit / herab, gehüllt in Wolken.
3 Ist es nicht gut, dass diese hier / die Auserwählte wurde,
   zuerst hinaufzusteigen und / zu zeigen sich vor Ihm?

Der Piyyut ist ein Beispiel für Zion als Personalunion von Frau und Ort, genau wie der Garten im HL beides sein kann. Der Übergang von Ort zur Frau ist fliessend: Strophe 1 redet davon, dass Er Zion als Seinen Palast begehrt, wofür auch die Metapher «Sänfte» (אפריון HL 3,9) steht. In Strophe 2 steht sie zuerst als Balsamberge und blühende Weinberge im Zentrum, wobei die Düfte ihrer Blüten hervorgehoben sind. Denn hier, beim Bild ihres Duftes, geht die zweite Strophe von der Beschreibung des Ortes Zions über zu Zion als weiblicher Person, die plötzlich zum handelnden Subjekt wird: sie bereitet Ihm den Duft der Öle zu, bereitet Ihm als Knesset Jisrael das Opfer, und Er kommt zu ihr herunter. In Strophe 3 steht die rhetorische Frage, ob eben diese Knesset Jisrael nicht diejenige sei, die vor Ihm als erste erscheinen, d. h. nach Ex 34,24 zur Wallfahrt kommen darf: hier meint das «sie» wieder klar die Person.

Wenn statt Balsamberg (HL 8,14) wie hier oder Weihrauchhügel (HL 4,6) der Myrrhenberg (HL 4,6) genannt ist, bekommt das Gartenbild Zions ein ganz

---

    Halevi Nr. 265 יונות הושתו Zeile 2 ist im Unterschied zur Zeile 15 mit ביתכם נוות wahrscheinlich «Aue eures Hauses» gemeint, ein Smikhut wie in Hi 8,6. In Ps 68,13 wird בית נוות in traditioneller Auslegung als Hausfrau aufgefasst.
143 In Jehuda Halevi Nr. 265 יונות הושתו Vers 15 ist der Ausdruck eindeutig: «schöne Tochter» בת נאוה benützt das eindeutige Wort נאוה für schön, lieblich.

anderes Bedeutungssegment wegen des lautlichen Anklangs von Myrrhenberg, «Har haMor», an den Berg Morija.[144] Auch bei Jehuda Halevi findet sich diese traditionelle Assoziation[145], daneben assoziiert er in Nr. 208 aber mit «Mor» (Myrrhe) auch das Wort «Dror» (Freiheit und Sperling): «Wann wirst Du dem Berg der Myrrhe Freiheit ausrufen und werden dort der Vogel und der Sperling ihr Nest finden?» (מתי להר המור, 1. Zeile). Die Myrrhe hat dabei manchmal das zusätzliche Bedeutungspotenzial, als Bestandteil des Weihrauches, den man Gott darbringt, auf den Tempel hinzuweisen.[146] Bei den Myrrhen- und Balsambildern wird oft der Liebhaber (Gott) ins Bild hineingenommen, der nach HL 5,1 diese Myrrhe oder den Balsam pflückt: Jehuda Halevi lässt die Stimme Gottes in der Schlussstrophe von Nr. 322 reden: «Wach auf, Erwählte, wach auf aus deiner Trauer, Ich bin in den Garten des Ruhmes gekommen, Ich habe Meine Myrrhe gepflückt.»

Wie in HL 8,13 und Num 24,6 kommt die Knesset Jisrael auch als eine die «in Gärten wohnt» vor, sodass der Garten nicht ein Bild für die Frau ist, sondern ein Bild für einen lustvollen Ort: so kontert die Knesset Jisrael als Sprecherin in Jehuda Halevi Nr. 194 יוצאת אל החרבה mit dem Vers «Ich sitze in Gärten, bepflanzt mit wohlriechenden Bäumen» die böse Kritik der Feinde, die sie in ihrem Exil als «Verlassene in der Wüste» ansprechen, mit der idyllischen Beschreibung ihres Aufenthalts in Gärten und in Flusstälern. Wenn die Knesset Jisrael als Bewohnerin des Gartens als eine Hindin, Gemse oder Gazelle[147] bezeichnet wird, so bekommt sie einen neuen Charakter: sie wird die Geliebte nach der Terminologie des hebräischen Lustliedes, so wie der Zvi, die männliche Gazelle, bereits im HL als Metapher für den Geliebten steht.

---

144 Targum zu HL 4,6 «Ich will zum Myrrhenberg gehen»: «weil die Anwesenheit des Glanzes/der Ehre des Ewigen auf dem Berg des Heiligtums ruht, welches auf dem Berg Morija gebaut worden ist.» Ebenso Jehuda Halevi, Lied an die Seele Nr. 384 «Geh in Jubel hinauf auf den Berg Morija» (= Jerusalem, wobei im Kontext der Seele der Berg Morija der Ort ist, wo Gott wohnt).

145 Jehuda Halevi Nr. 405, 2. Strophe: «Wie eine Taube möchte ich fliegen und eine Wohnstätte finden, ich würde weggehen zum Myrrhenberg und zum Weihrauchhügel» (scil. nach Zion).

146 Auch der Staub des (zerstörten) Heiligtums wird metaphorisch der Myrrhe gleichgesetzt bei Jehuda Halevi Nr. 75 יונה מה תהגי Zeile 9, und Nr. 401 ציון הלא תשאלי Zeile 16: «Leben für die Seele ist die Luft deines Landes und mehr als reine Myrrhe das Pulver deines Staubes, und deine Flüsse sind Honigseim.»

147 Zu צביה Zvija (selten) und יעלה Gemse (z. B. Jehuda Halevi Nr. 330): s. Appellative in Teil II 5.2.

Die Kehrseite von Zion als Paradies ist das Bild von Zion als zerstörtem Garten
Das Bild des zerstörten Gartens für die Trümmer von Zion wird in al-Andalus durch das Aṭlālmotiv der verlassenen Liebesstätte aufgeladen; diese Neukombination der Bilder gibt dem alten Bild von Jerusalem als Trümmerhaufen, der «Behausung von Schakalen» (Jer 9,10), das ganz neue Bedeutungssegment der Sehnsucht. Zunächst ist der verwüstete Garten eine Variation des von Füchsen verwüsteten Weinberges aus dem HL 2,15: dort klagt die Geliebte, dass sie ihren eigenen Weinberg (wahrscheinlich sich selbst) nicht gehütet habe (HL 1,6). Nun wandelt sich aber in al-Andalus der verwüstete Garten Zions vom Trümmerhaufen Jerusalems zum verwüsteten Lagerplatz vergangener Liebe, also zu einem Ort der Sehnsucht gemäss dem Aṭlālmotiv[148]: Jehuda Halevi Nr. 272[149] stellt es so dar, dass die Knesset Jisrael, die eigentlich als Gazelle in diesen Garten gehört, nun in den stummen Trümmern herumirrt und ihren Geliebten nicht mehr findet. Bei Moshe Ibn Ezra Nr. 37 מהרו נא «hört» der Sprecher im Gedicht ebenfalls die Gazelle stöhnen, während Löwen und Wölfe die Trümmer des Liebeslagers besetzen. Shmu'el Hanagid[150] klagt über den zerstörten «Nussgarten», in dem die «edle Tochter» wohnte und in dem nun der Löwe brüllt.[151] Die wilden Tiere aus dem Aṭlālmotiv bekommen nun ebenfalls eine jüdisch-traditionelle Deutung: Es sind nicht nur der Löwe und der Wolf, die den verwüsteten Ort betreten, sondern auch das Wildschwein und der Wildesel, die typisierten Feinde Israels.[152]

---

148 s. Teil II 4.2.4.
149 Jehuda Halevi Nr. 272 ידידות נפשי נצתה: «Ich stosse den Hauch meiner Klagen aus und rufe: Ariel, Ariel! (=Jerusalem). Aber keiner antwortet und keiner hört auf das Schreien des Fragenden.» s. Teil II 4.2.4.
150 Shmu'el Hanagid Siegeslied Nr. 9, Zeile 7: «Mein Herz in meinem Innern ist heiss und mein Auge weint, weil ich nach der edlen Tochter (HL 7,2) im Nussgarten (HL 6,11) Verlangen habe ... Und siehe, Löwen brüllen nun dort, und sie verhindern ihr den Zugang zu ihm (dem Nussgarten), dass man nicht hingelangen kann.»
151 Weiter zum zerstörten Garten: Shlomo Ibn Gabirol Nr. 100 שאלי יפהפיה, Nr. 97 אין דורש בשלומי: «einen Mann der Gewalttat hat mein Geliebter in Seinen Garten geschickt» (Sie klagt Gott an, den Verwüster selbst in den Garten geschickt zu haben), s. auch Shlomo Ibn Gabirol Nr. 145. Jehuda Halevi Nr. 146 יהמו שושנים «Die Lilien wallen bewegt/klagend auf inmitten des Dorngestrüpps. Die Knospen sind zertreten, die als Schäfte des Leuchters angesehen waren: eine Blume nur zum Pflücken, um ihre Wurzel wegzuwerfen!»
152 Shlomo Ibn Gabirol Nr. 100 (oben 1.2) betont das Motiv der wilden Tiere, die den Garten nun bevölkern, und illustriert damit bildlich die Tiertypologie gemäss Dan 7,3–6 (Löwe, Panther). In Nr. 145 besetzen die typologischen Tiere «Wildesel» für Jishmaʿel und «Wildschwein» für Esaw den Garten Zions. Kallir hingegen bringt die Tiermetaphorik (aus Dan 7) ohne jede Hintergrundszene eines Gartens (Kallir, Qedushta Watomar Zion, ed. Elizur 1988, S. 35).

Zion als der verwüstete Garten bietet aber im Unterschied zum nostalgischen Aṯlālmotiv auch eine Perspektive der Zukunft: er kann wieder blühen, und anders als im HL dient das Motiv des Blühens nicht nur dazu, die Lust der Liebe zu zeigen oder als Bild für die Erlösung zu stehen, sondern manchmal bringt der Piyyut eine neue logische Verknüpfung von Liebe/Blühen/Erlösung: Erst wenn Gott in den Garten kommt, blüht dieser wieder. Damit wird eine neue Metapher für die Rückkehr Gottes und der Knesset Jisrael nach Zion geschaffen.

1.4.4.2 Die Rückkehr in den Garten und das Wiederaufblühen Zions

In den folgenden Piyyutim sieht man, wie Shlomo Ibn Gabirol die Gartenmetaphorik benützt, um das Weibliche von Zion und auch das Heilige darzustellen. Als kurzes Beispiel für die Verbindung von Heiligem (Zion und Tempel) mit dem Sinnlichem (dem Garten) zitiere ich die erste Zeile von Shlomo Ibn Gabirol Nr. 157 שני זיתים für den Shabbat von Chanukka (Leuchtervision in Sach 4,2.3): «Die zwei Ölbäume,[153] die ausgerissen wurden, mögen im verriegelten Garten (HL 4,12) strahlen.»

Die biblische Pflanzenassoziation, auf der die Vision in Sach 4,2ff. beruht, baut Shlomo Ibn Gabirol weiter aus, indem er die Ölbäume, das Bild für die Tempelmenorah, metaphorisch in den «Garten», nämlich nach Zion und in den Tempel verpflanzt, und sie als ausgerissen bezeichnet. Als Zusatz zu Sacharja verweist das erweiterte Pflanzenbild mit dem Ausdruck «verriegelter Garten» auf Zion als Frau nach der Metaphorik der HL-Stelle 4,12 und zugleich auf Zion als Stadt[154] und betont die plastisch ausgedrückte Hoffnung auf Restauration, dass die Ölbäume (die beiden Gesalbten: König und Priester) sich wieder einwurzeln in eben diesem Garten, dem ursprünglichen Ort, aus dem sie ausgerissen wurden.

Shlomo Ibn Gabirol Nr. 095 Reshut für Simchat Torah שוכנת בשדה

1 «Die du auf dem Felde wohnst (Mi 4,10) / unter Kushans Zelten,
   tritt auf den Gipfel des Karmel, / blick hin zum Berg Bashan,
2 zum Garten, der verwüstet ist[155], / schaue hin, oh Braut,
   und siehe, wie dein Gartenbeet / mit Lilien gefüllt (HL 6,2).»

---

153 Die beiden Ölbäume werden in Sach 4,14 aufgeschlüsselt als die beiden Gesalbten (יצהר בני), die vor Gott stehen. Wortspiel mit dem Begriff יצהר in der Bedeutung von Öl und glänzen.
154 Das Bild erinnert an Ps 147,12.13: «Er macht die Riegel deiner Tore fest.» Vgl. Jehuda Halevi Nr. 272, Zeile 18: «Der verschlossene Garten (Zion), über dem die Wächter nie verstummen.»
155 Das Wort ist נחמס wie in Ekh 2,6.

3 «Was ist, dass Du mit schönen Augen / verliessest meinen Garten
und in Joqshans Garten weidest / unter Dishans Bäumen?[156]
4 Komm, zum Garten geh hinab, / iss Köstlichkeiten dort[157],
und bei der mit schönen Augen / lieg im Schoss und schlaf!»

Das Wort «Garten» kommt in jeder Zeile einmal vor ausser in der ersten Zeile, wo die Knesset Jisrael von Ihm als eine Braut angeredet ist, die eben nicht im Garten, sondern auf dem Feld lebt. Das Wohnen auf dem Feld (im Unterschied zum behüteten Garten) ist eine Metapher für das Ausgestossensein, hier mit den Zelten von Kushan (ein arabischer Wüstenstamm) als Exil verdeutlicht. Gleich in der ersten Zeile fordert Er sie auf, sie solle sich aufmachen zum Berg Karmel und Bashan, um von dort in den eben noch verwüsteten Garten zu blicken: dieser Garten ist nun voll Lilien. Mit «Lilien» assoziiert man die Knesset Jisrael als Pluralbegriff,[158] aber ebenso die Geliebte aus HL 6,3, wo der Liebhaber als derjenige «der in den Lilien weidet» bezeichnet wird. Wegen der Anspielung auf HL 6,3, dessen voller Wortlaut mit ihrem Liebesbekenntnis «mein Geliebter ist mir, und ich bin meines Geliebten» beginnt, nimmt die angesprochene Geliebte in ihrem Sprechpart sofort das Stichwort «Lilien» auf und macht Ihm den Vorwurf, eben nicht in ihren Lilien, sondern in andern Gärten zu weiden, nämlich dem Garten der Araber und der Christen. Mit diesem Vorwurf wirbt sie aber eher, als dass sie klagt, denn sie nennt Ihn dabei «den mit den schönen Augen» (1. Sam 16,12), und genau gleich bezeichnet sie sich als «die mit schönen Augen». Sie spricht nicht als die verlassene, unglückliche Frau, sondern sie macht Ihm selbstsicher klar, dass sie zueinander passen, ähnlich wie sie in Piyyut Shlomo Ibn Gabirol 131 מטות שוכב על sagt: «Siehe, hier bin ich bereit für einen wie Du, so wie Du für eine wie ich.» Ihr Angebot ist ein Zitat aus HL 7,12.13, zudem verspricht sie, dass Er in ihrem Schoss schlafen könne. Denselben Vorwurf und dieselbe Aufforderung haben wir oben im Shir Nachum angetroffen (Zeile 18).[159]

In Piyyut Nr. 94, 105 und 165 ergänzt Shlomo Ibn Gabirol das Bild des Aufblühens des Gartens als Bild für die Erlösung durch einen neuen Aspekt, der in der traditionellen Auslegung ShirR 2,25–2,29 (S. 69–72 Dunsky) zu HL 2,12.13 noch nicht vorkommt: Der Garten blüht nicht von allein, sondern erst dadurch, dass Gott ihn betritt oder den Regen auf ihn rieseln lässt. Die Darstellung, dass

---

156 Joqshan: Appellativ für Araber nach Gen 25,2. Dishan: Appellativ für Christen nach Gen 36,20.
157 In den Garten hinabgehen: HL 4,16; Köstlichkeiten essen: HL 7,13.
158 Lilien im Plural wie z. B. auch bei Jehuda Halevi Nr. 146 יהמו שושנים «Die Lilien wallen bewegt/klagend auf inmitten des Dorngestrüpps» als Appellativ für die Einzelnen des Volkes Israel.
159 «Was hatte mein Geliebter, der zwischen Böcklein weidete, dass er die Stadt verlassen hat, um in den Wäldern zu wohnen …. komm in den Schoss der Freundin.»

Gott in den Garten kommt und dieser dadurch blüht (so in Piyyut 165), ist in Piyyut 94 und 105 mit dem konkreten Bild des Regens, den Gott auf ihn fallen lässt, ausgedrückt. Der neue Gehalt der Metapher des Blühens für den Anbruch der Erlösung ist nun der, dass der Garten (Zion als Ort und als Frau) auf Gott reagiert und gleichsam als Freude über den Regen oder den Tau[160] oder das Kommen Gottes zu blühen anfängt.

Shlomo Ibn Gabirol Nr. 094 Magen der Qerovah
für Shmini Atzeret שפעת רביבים

1 Eine Fülle von Regen möge Er aus Seiner (Himmels-) Wohnung herabfliessen lassen, zu beleben den Samen und der Frucht ihre Ernte zu geben.
Herbst- und Frühlingsregen (Dtn 11,14) möge Er herunterrieseln lassen mit Seinen Tropfen,
damit saftig und fruchtbar sei jede Frucht des Baumes und dessen Blätter.
5 Schnell, schick die Gazelle (Ofer), bevor die Schatten fliehen (HL 2,17).
Er möge Sich erinnern an den, der seine Tamarisken pflanzte (= Abraham)!
Richte auf den verschlossenen Garten, und die Pflanzung, deren Setzlinge Granatäpfel sind. (HL 4,12.13)
Die Stadt, in der David lagerte, und den starken Turm (HL 7,5) Seiner Macht –
bring zurück an den Elfenbeinhals (den Tempel) die Pracht seiner Schmuckstücke,
(den Tempel), der für Talpioth[161] gebaut ist, sodass alle Völker zu ihm strömen sollen, tausendfach ist der Schild (Magen), der an ihm hängt.

Bezeichnenderweise ist in diesem Piyyut der Regen eine Gnade Gottes, die trotz des Zitats von Dtn 11 nicht in den Zusammenhang von Gebotserfüllung gestellt wird, sondern in den Erlösungskontext: Israel bittet an Shmini Atzeret nicht nur um den jährlichen Regen, sondern auch um den speziellen Regen, der den Garten Zion (als Ort und Person) wieder beleben soll. Sogar für Abraham, dank dessen Verdienst Gott den Messias schicken solle, steht ein Appellativ aus der Pflanzenwelt: er ist der Tamariskenpflanzer (Gen 21,33). Das Gartenbild, das zum semantischen Feld des belebenden Regens gehört, verbindet Frauenmetapher und Zion, und zur Verdeutlichung, dass der Garten beides assoziiert, bringt der Text die bekannten Appellative für Zion und die Knesset Jisrael wie «verschlossener Garten» und «Feld von Granatäpfeln» einerseits, andererseits weist auch die Metapher «Elfenbeinhals» für den Tempel auf die Frau: der Tempel ist der Elfenbeinturm respektive Libanonturm nach ShirR 7,10 (S. 158 Dunsky) zu

---

160 Gott kommt als Tau (Hos 14,6): Shlomo Ibn Gabirol Nr. 96 «Die Zeit, da es der Liebe gefällt, will Ich schnell herbeibringen, Ich will auf dich herunterkommen wie der Tau des Hermon.»
161 Zur Deutung der Begriffe wie Talpioth und Elfenbeinhals s. Anmerkungen dazu im Textanhang.

HL 7,5. Die Frauenmetaphern verklammern hier die zwei Aspekte von Zion: Zion als Garten und Zion als Ort des Tempels.

Auch der folgende Piyyut von Shlomo Ibn Gabirol konkretisiert den Garten als den Ort Zion mit der Konnotation der Frau, und auch hier ist das Kommen Gottes der entscheidende Moment, der erst das Blühen der Weinreben und der Granatapfelbäume auslöst (anders als der von sich aus blühende Garten im HL); das Bild vereinigt wie im Piyyut oben wieder das Heilige (das Kommen Gottes) mit dem Frauenbild (dem blühenden Garten).

Shlomo Ibn Gabirol Nr. 165 Ge'ulah שחורה ונאוה

Der Gürtel besteht aus einer Gürtelzeile und einer gleichbleibenden Refrainzeile
«Und die, die auf den Ewigen hoffen, mögen neue Kraft schöpfen.» (Jes 40,31)

1   Schwarz und doch lieblich wie die Zelte von Qedar,
    gefangen wie eine Lilie zwischen Stacheln (קמוש) und Disteln (דרדר) –
    wann wirst Du in ihren Garten hinuntergehen in Ehre und Pracht,
    so dass der Weinstock spriessen kann und die Weinrebblüte sich öffnet,
       und der Granatapfelbaum blüht (HL 7,13) und austreibt?
    «Und die, die auf den Ewigen hoffen, mögen neue Kraft schöpfen.»

Das Motiv des Blühens ist schon gleich zu Beginn in den Kontext von Widerspruch und Frage gestellt. Die Knesset Jisrael ist in ihrem Garten als Lilie anwesend, aber gefangen zwischen Stacheln und Disteln. Das Bild der Lilie als einer Kostbarkeit zwischen Stacheln und Disteln (eine Kombination von HL 2,2 und Jes 34,13)[162] ist also in sein Negativ verkehrt.[163] Mit dem Motiv des blühenden Gartens wird der Wunsch nach der Erlösung ausgedrückt. In der ersten Strophe entspricht der Ton gemäss dem Kontext des HL 4,16 (und HL 6,2) der Liebesaufforderung der

---

162 So verwendet im Hochzeitspiyyut von Jitzchaq Ibn Mar Sha'ul (10. Jahrhundert), Zeile 20–21: (Die Knesset Jisrael spricht) «lass um mich herum Kraft und Schutz wohnen! Du hast mir geantwortet wie einer Lilie, da Du mich gepflückt hast unter den Dornen.»

163 Als weitere positive Folie, von der sich die hier negative Sicht von Shlomo Ibn Gabirol abhebt, kann man auch eine der Auslegungen dieses Verses in der andalusischen Zeit knapp 100 Jahre nach Shlomo Ibn Gabirol nennen: Abraham Ibn Ezra (1089–1164) legt im Kommentar zum HL in der 3. Auslegungsstufe (hapa'am hashlishit) den Vers 2,2 und 1,15 so aus: «Gleichnis über die Shekhinah: ‹Schön bist du (fem.)› Es antwortete die Knesset Jisrael: Ich werde noch ein Bett machen (Deutung von HL 1,16 unser Lager ist grün), und das ist der Tempel (wörtlich: das Haus), wenn Du mich ins Land Israel hineinbringst. Deshalb bin ich jetzt wie die Narzisse des Sharon, welches eine Ebene ist: Jeder Mensch kann mich erreichen. Und wie die Lilie des Tales, die der Fuss zerdrücken wird, und ich habe Angst. Da antwortete die Shekhina: Ich werde über dich wachen, dass dir kein Übel zustosse, wie über eine Lilie unter Dornen. Da antwortete die Knesset Jisrael: wenn Du über mich wachst, werde ich in Ewigkeit in Deinem Schatten sitzen.»

Frau an ihren Geliebten; einzig die Frage «wann?» stammt aus dem Vokabular der Rede über die messianische Zeit. Der Ton schlägt aber um in den folgenden drei Strophen.[164] Ich zitiere die dritte, die das Gartenbild in eine Metaphorik des Ausreissens von Pflanzen[165] verkehrt:

3   Meine Quäler zerschlage und meine Widersacher zertrete,
    hau die Ranken (des Weines) weg und reiss die Reben aus,
    gib denen, die Dich fürchten eine Fahne, um die sie sich sammeln können,
    sodass sie als Erlöste gehen können wie bei ihrem Auszug aus Ramses,
        während die Söhne meiner Bedrücker gebückt gehen sollen, (Jes 60,14)
    «und die, die auf den Ewigen hoffen, mögen neue Kraft schöpfen.»

Die 3. Strophe ist eine Verkehrung der bisherigen Beispiele zur Gartensemantik. Das Frauenbild ist verschwunden, somit ist auch die Erlösung nicht mehr als Liebeserfüllung dargestellt.

Shlomo Ibn Gabirol Nr. 105 für Pessach שלחיך כטל

1   Deine Wasserrinnen (HL 4,13) mögen voller Tropfen rieseln (HL 4,16; 5,2),
    um den Garten zu bewässern wie mit dem Tau des Hermon,
2   um Deine Furchen zu sättigen und Deine Weinberge, die abgepflückt wurden.
3   Du, der Du über die Hügel springst, komm dem Volk die gute Nachricht zu verkünden, auf welche sie hoffen:
4   Ist nicht der Winter vorbei und der Regen und die Kälte weniger geworden? (HL 2,11)
5   Die Balsamkräuter geben ihren Duft, und über den Weinrebblüten hat man schon den Lobpreis gegeben (nach Lev 19,23–25).
6   Das angenehme Lied und die Stimme der Taube sind in unserm Land bis zu Zion emporgedrungen: (nach HL 2,12)
7   Gebeugte, Aufgewühlte (Jes 54,11), öffne deine Tore, die geschlossen worden sind.

Wie oben in Shlomo Ibn Gabirol Nr. 94 bittet der Sprecher Gott um Sein Wasser (hier an Pessach um Seinen Tau), mit dem Er Seinen «abgepflückten Weinberg», nämlich Zion, sättigen möge. Der Weinberg, an dem sich ein nicht genanntes Subjekt vergriffen hat (in HL 2,15 sind es die Füchse), und der Wassermangel deuten auf das Exil, und der wiederbelebende Tau Gottes, den Er auf Zion fallen lässt, ist ein Bild für die Erlösung[166] mit erotischen Assoziationen wie das Sättigen des/der Geliebten, das Bild der Geliebten als Weinberg (HL 1,6) und

---

164 Der ganze Text mit Anmerkungen findet sich im Textanhang.
165 Die Metapher des Ausreissens von Weinranken dient in BerR 42,3 dazu, die Not des «Weinbergs» Israels zur Zeit des Königs Achashwerosh bildlich darzustellen.
166 Jehuda Halevi, Nr. 182, Zeile 16 f.: «Er hat meine Nachbarn, Gebal, Amon und Edom, vertrocknen lassen und die Wüste mit meinen Wassern getränkt.» Hier wird die Erlösung Zions und der Untergang Edoms mit dem Bild von Wassergeben und Vertrocknenlassen kontrastiert.

die Tautropfen: sie erinnern an die Tautropfen in den Haaren des Geliebten in HL 5,2. In den Versen 4–6 ist es wahrscheinlich der anonyme Sprecher, der die Erlösung ankündigt; Seine Stimme beschreibt die messianische Zeit mit den traditionellen Metaphern aus dem HL, die hier nun ganz im Bildfeld des Gartens bleiben. Der Schlusssatz – wahrscheinlich die Stimme Gottes – zeigt in einem einzigen, aber doppeldeutigen Bild nochmals die Metaphorik von Zion als Garten und als Geliebte: der Satz «mach auf» richtet sich an die Geliebte (HL 5,2), erinnert aber mit den «geschlossenen Toren» auch an die Metapher der Braut als «verriegeltem Garten» (HL 4,12). Schliesslich spielen die Tore auch auf die Tore Jerusalems an, sodass das Bild plötzlich einen realen Aspekt bekommt. Das Zitat «Gebeugte, Aufgewühlte» steht in Jes 54,11 im Kontext des Wiederaufbaus Jerusalems, was als Hintergrund dieses Piyyuts sehr passend ist.

1.4.5 Erotik des Singens: das Lob- und Liebeslied der Knesset Jisrael

Jehuda Halevi Nr. 163 Ge'ulah zu Pessach יום נפלא

1   Als staunend sagte Amrams Sohn zu dem, was aus dem Busch erschien: (Ex 3,2)
    «Der Grund erscheint mir wunderbar», ergriff ihn Geist und Prophetie,
    ging hin gesandt vom Bräutigam[167] zur Braut, die war vor Liebe krank: (HL 2,5)
    «Siehe, die Stimme meines Freunds, meines Geliebten, da kommt er». (HL 2,8)

Strophe 2, 3 und Anfang 4 s. Textanhang, Ende 4: Gott spricht:

    «Steh auf und gehe fort, Meine Freundin, Meine Schöne,
    denn fort ist der Regen, vorüber der Winter.» (HL 2,10.11)
5   Vorbei die Zeit der Sklaverei, das Ende der Bedrückung kam,
    die Zeit des Singens, zu besingen den Namen Gottes, weckt uns auf. (HL 8,4)
    Der Tauben- und des jungen Vogels Schau des Opfers kommt uns retten,[168]
    «und die Turteltaubenstimme lässt sich hör'n in unsrem Land».(HL 2,12)
6   Das Ich für Israel verbarg, das Licht, strahlt auf nun wie der Tag,
    wie zur Zeit von Sonne und Mond erlangten sie König- und Priestertum.
    Der ganze Weinberg rankt und blüht, den Ich gepflanzt (Jes 5,1) und auch bewahrt,
    «und es duften die Weinrankenblüten». (HL 2,13)
7   Zu schmücken mit Geschmeide dich (Ez 16,11), hab zerbrochen Ich dein Joch,
    Ich hab versenkt das Feindesheer und dein Heer hindurchgebracht.
    Geehrte Königstochter du, am Meeresufer singe doch,
    «lass sehen Mich deine Gestalt und lass Mich deine Stimme hör'n» (HL 2,14).

---

167 Moshe als Bote und Heiratsvermittler: ShirR 1,14 zu HL 1,2, S. 14 Dunsky.
168 Gemeint ist das Versprechen Gottes an Abraham bei der Vision «zwischen den Opferstücken» (Gen 15), dass Israel nach der Zeit des Exils wieder ins Land zurückkehren könne.

8   Als Ich vernahm deinen Gesang und deine angenehme Red, (HL 4,3),
    als «lasst uns tun und hör'n» (Ex 24,7) du sagst dem Boten, der Gebote gab,
    begehrte (חשקתי) deine Nähe Ich, mit dir zu wohnen auf der Au,
    «denn angenehm ist deine Stimm' und lieblich die Gestalt von dir». (HL 2,14)
9   Am Tag, als Tafeln sie erhielt, war Perlmutt sie und Saphir gleich.
    Den Weinberg nun verdarben Füchse, brachen durch den Schutz des Zauns.
    Denn Ehre tauschten sie und Pracht: sie tauschten ein das Goldne Kalb[169], (Ps 106,20)
    «sie, die Weinbergezerstörer, unsres Weinberges in Blüte». (HL 2,15)
10 Wie früher gebe Ich Bestehen deiner Menge, und die Kraft
    geb Ich zurück, und werde hören seine Stimme, sein Gebet.
    Verkaufte es auch sein Bedränger, sei sein Herrscher auch sein Feind,
    so wird darauf doch dem Verkauften wieder ein Auslösen (Ge'ulah) sein (Lev 25,31).

Die zwei ersten Strophen dienen der Exposition, ohne Nennung eines Adressaten. Dann folgt ein Wechselgesang zwischen ihr und Ihm: In der 3. Strophe spricht sie, in der 4. Strophe Er, in der 5. Strophe spricht das Volk (sie im Plural), 6./7./8. Strophe spricht Er, in der 9. Strophe der anonyme Sprecher, in der 10. Strophe gibt Gott das Versprechen der Erlösung.

Der Piyyut für Pessach beschreibt und deutet nach Art des Midrash den Auszug aus Ägypten bis zur Torahgabe am Sinai und weiter bis zum Goldenen Kalb so, dass dem Narrativ nach klassischer Tradition eine Versfolge aus dem HL zugrundegelegt wird, hier HL 2,5–2,15. Die Schlussverse (Sijomet Miqra'it) fügen sich ganz in die Syntax und den logischen Inhalt der Strophen ein und wirken nicht aufgesetzt. Bevor ich das Bild der Knesset Jisrael als Sängerin in diesem Piyyut interpretiere, soll der Zusammenhang von Singen und Pessach noch einmal klar gemacht werden:

Wir haben bei der Shiv'ata von Jannai zu Pessach schon gesehen, dass die Knesset Jisrael den Pessachpiyyut mit den HL-Petichta'oth als «Lied für den Freund» singt, weil sie nach der Tradition als Sängerin des Hohenliedes selbst gilt, und auch in den Hochzeitspiyyutim der klassischen Zeit fordert Gott sie zum Singen auf.[170] Ihre Stimme ist es, die Gott laut der rabbinischen Auslegung zu HL 2,14[171] dazu bewegt, sie, die gefangene Taube am Schilfmeer, zu retten und zu erlösen, und sogar ihre klagende Taubenstimme wird im Midrash als erotisch

---

169 Wörtlich: das Stierbild.
170 z. B. Kallir, Qedushta leChatan, Piyyut 3, Strophe 6; Jitzchaq Ibn Mar Sha'ul, Qedushta leChatan, Zeile 13. Die Übersetzung dieser Texte s. Textanhang.
171 MekhY, Beshallach, Parasha B, ed. Horovitz/Rabin S. 94 und ShirR 2,30 S. 72 f. Dunsky zu HL 2,14 deuten ihr Singen als Ruf der geängstigten Taube zwischen Verfolgern und Meer. Siehe Jannai, Qerovah zu Ex 14,15 «Warum schreist du?» Teil I 2.2.4.3.

anziehend dargestellt. Die Aspekte der Knesset Jisrael als Sängerin werden nun durch den kulturellen Hintergrund von al-Andalus amplifiziert:[172]

1) Es sind die (Sklaven-) sängerinnen, die bei den Hofgelagen Liebeslieder singen und erotisch wirken.[173]
2) Auch diese Sängerinnen werden manchmal mit Tauben verglichen.[174]
3) Auch die Taube in der damaligen arabo-hebräischen Poesie klagt aus Liebesleid.[175] Sie ist im Liebeslied und der Qaṣīda meistens ein Spiegelbild des liebeskranken Sprechers.

Die Piyyutim vereinigen nun die andalusischen und die traditionellen Aspekte des Singens zu einem neuen Bild der singenden Knesset Jisrael, der Taube mit der angenehmen Stimme.[176] In den Piyyutim zu Pessach ist die das Hohelied singende Knesset Jisrael noch spezifischer als sonst wegen ihres Singens ein Spiegelbild der Gemeinde, denn die Gemeinde aktualisiert im Pessachgottesdienst mit dem Singen des Piyyuts eben dieses Singen beim Auszug aus Ägypten.

Noch weiter geht die Selbstdarstellung des Betenden durch die Gestalt der singenden Knesset Jisrael in den Piyyutim zu Nishmat («Die Seele alles Lebenden soll Dich preisen ... und der Geist jedes Fleisches Dich verherrlichen»), weil in dieser Gattung per definitionem die «Seele» Gottes Lobpreis singt: grammatikalisch ist im folgenden Piyyut die Seele das Subjekt in allen Versen, und sie ist mit der Knesset Jisrael identisch.[177]

---

172 Zum kulturellen Hintergrund: s. Teil II 5.
173 Die Erotik der Sängerin: Teil II, Beispiel 8 (und Shlomo Ibn Gabirol Nr. 96 לך דודי שלום).
174 Sängerinnen als Tauben: s. Teil II 4.1.1: Shlomo Ibn Gabirols Loblied auf Yekutiel (Beispiel Nr. 8) und s. auch 5.1. Weiter ein Beispiel von Bargebuhr 1976, S. 410: er zitiert Zeilen von Al-Muʿtamid (Taifakönig während 1068–1091 in Sevilla): «Wie die romäischen Mädchen, die einst mir teuer gewesen, wogen die Tauben mir auf, singend im Wipfelgezweig».
175 Gruendler 2000, S. 223 zu Ibn Shuhayd (992–1035): "... Ibn Shuhayd addresses a dove (a frequent motif for the projection of inner grief." Sells 2000, S. 150: "Ibn ʿArabi's most cherished expression of the religion of love occurs in the eleventh poem of the collection (41–44). It begins with the ... thornberry thicket ... and the cooing of the dove (always a sign of loss within the Arabic lyric)." Moshe Ibn Ezra Nr. 153, Brody (Zeile 6): «Wir gurren (המה) wie die Tauben auf den Ästen des Myrtenbaumes, wenn sie sich an die Trennung erinnern und klagen. Sie weinen über einen Freund und schwanken ohne Wein wie Trunkene.» Jehuda Halevi (als Verfasser nachgewiesen von Elizur 1993, S. 74, in Jardens Ausgabe ist es Shmu'el Hanagid Nr. 198): «Taube auf dem Myrtenbaum, worüber klagst du? Bist du allein, ohne deinen Freund, wie ich?»
176 Siehe aber Teil II 1.2 zum Dilemma gegenüber der neuen Metrik (Jehuda Halevi, Kuzari II, S. 65 ff.).

Jehuda Halevi Nr. 159 Nishmat zu Pessach נשמת יפת עלמות

Strophe 1 von fünf:

1   Die Schönste unter den jungen Frauen (HL 1,8; 5,9) soll am «Höchsten ihrer Jugend» und an dessen angenehmer Rede ihre Lust haben.
Tag für Tag soll sie «das Lied meines Geliebten für seinen Weinberg» (Jes 5,1; HL 8,11) singen, das «Lied der Lieder des Shlomo» (HL 1,1).

Das Beten wird als Singen dargestellt: in der zweiten Zeile zunächst als Gesang des Geliebten – wie bei Jannais Shivʿata zu Pessach – und als Lied der Lieder von Shlomo (= das HL), dann wird die Knesset Jisrael in jeder Strophe als Sprecherin oder Sängerin bezeichnet, und am Schluss jeder Strophe singt sie einen Vers aus dem HL (die Sijomet Miqra'it gehört zur Form der Nishmat). Im Zentrum, in der mittleren der fünf Strophen, ist es der Geist Gottes – «Geist» als Zitat aus dem Nishmat-Gebet –, der sie mit der Verheissung der Hochzeit respektive der Erlösung weckt. Das Bild des Tanzens stammt aus Jer 31,4, das des Weckens aus HL 8,4.5:

3   Der Geist Gottes wird sie wecken mit den Worten «fürchte dich nicht, du wirst dich noch schmücken mit deinen Trommeln und ausziehen im Tanz der Fröhlichen», und du wirst Mir sein und Mir zur Frau werden, «mit Mir vom Libanon, Braut, mit Mir komme vom Libanon». (HL 4,8)

Nun zurück zu Jehuda Halevi Piyyut Nr. 163: was wird dort über das Singen ausgesagt?

Bereits in Strophe 5 erklärt die Knesset Jisrael, das Ende der Bedrückung sei die Zeit des Singens gemäss einer der Auslegungen zu HL 2,12.[178] Bei diesem Motiv des Singens liegt im Folgenden aber der Fokus auf dem Verlangen (חשק) des Liebenden nach ihrer angenehmen Stimme, wobei Jehuda Halevi den Vers HL 2,14, der von Seinem Begehren spricht, ihre Stimme zu hören, zweimal zitiert, nämlich in Strophe 7 und 8. Das erste Mal singt sie am Meer, weil Gott ihre angenehme Stimme hören will, das zweite Mal singt sie bei ihrem Jawort (Ex 24,7) zum Inhalt der Torah; somit ist der Exodus mit dem Sinaigeschehen durch das Motiv des Singens verbunden. In beiden Strophen ist die Perspektive des Liebenden (Gottes) gewählt, der sie hören will, und diesen Wunsch steigert Er beim zweiten Mal zum Begehren, mit ihr auf der Aue zusammen zu wohnen.

---

177 Zu dieser Eigentümlichkeit der Gattung Nishmat, die sich in der Übersetzung nicht nachahmen lässt, s. die kommentierte Übersetzung im Textanhang.

178 ShirR 2,29 zu HL 2,12 (Dunsky S. 71): «Die Zeit des Singens (זמיר) ist gekommen – die Zeit ist gekommen, dass Israel erlöst werde; ihre (Israels) Zeit ist gekommen, dass ihre Vorhaut (scil. des Herzens) beschnitten werde.» Die Auslegung entspricht der Doppelbedeutung von זמיר.

Die männliche Perspektive, das Verlangen nach der Braut, herrscht in diesem Piyyut vor. Das Wort «Begehren» (חשק) in der 8. Strophe hat viel Gewicht, da es nicht aus dem HL stammt, sondern ein charakteristisches Wort der neuen hebräischen Liebeslieder ist.[179]

Das Singen am Meer (Strophe 7) verweist hier nicht auf die Stimme Israels, die zu Gott ruft, weil sie laut Midrash nicht vorwärts noch rückwärts gehen kann, sondern es ist das Meereslied, das Danklied des geretteten Volkes in Ex 15, gemeint und entspricht einer andern rabbinischen Meinung zur Frage, wann das HL gesungen worden sei.[180] Mit der Deutung des Liedes als Danklied für ihren Retter bekommt die Knesset Jisrael die gleiche Aufgabe, die sie im Lied von Baruch אהבת ימי נעורים hat, wo sie den Retter Amram besingt und auch tanzt.[181] Dieselbe Verbindung von Liebe und Lob haben wir auch bei der Panegyrik in al-Andalus angetroffen: der Lobsänger formuliert das Lob mittels der Liebeseinleitung im Nasīb als Treue- und Liebeserklärung. Wir haben bei der Panegyrik diese Parallele noch weiter gezogen: Auch der Piyyut soll nicht nur als Loblied gelten, sondern wegen dessen sprachlicher Schönheit auch als Liebesgeschenk an Gott. Dies sieht man nun speziell bei der Funktion der Stimme: Die Selbsteinschätzung der Gemeinde, sie habe als Betende die «angenehme Stimme» aus HL 2,14, die Gott hören will, ist schon traditionell: Neben Mekhilta[182] bezeugt dies auch der

---

179 s. das Einleitungskapitel zitierte Gedicht Moshe In Ezra, Brody, Nr. 250, Schluss 1. Strophe: «kein lebendiger Mann kann leben und nicht lieben (חשק)!» Maimonides, More Nevukhim, unterscheidet Liebe und Begehren so: «Du kennst den Unterschied zwischen den zwei hebräischen Begriffen, die ‹lieben› bedeuten, אהב und חשק. Wenn eines Menschen Liebe so stark ist, dass sein Denken sich ausschliesslich mit dem Objekt seiner Liebe befasst, so ist es im Hebräischen mit dem Begriff חשק ausgedrückt.» (Nach der englischen Übersetzung von Friedländer 1956, S. 390, auf diese Stelle bei Maimonides hat mich Roth 1989, S. 98 aufmerksam gemacht.) Weinberger 1998, S. 106 (zu Shlomo Ibn Gabirol) verweist auf den arabischen Begriff ʿishq, der im philosophischen Kontext dort auch das leidenschaftliche Verlangen des Universums nach Gott bezeichne: «It is the animating force which brings life into being and controls it ... It is likely that the similarity of terms and themes was not lost on Gabirol or his congregation.»

180 s. Teil I 2.2.3 zur Shivʿata zu Pessach von Jannai. Die Deutung des Singens als Ruf der geängstigten Taube: ShirR 2,30 zu HL 2,14 S. 72 Dunsky. Andere Deutungen zu HL 2,14: ShirR 2,31 S. 73 Dunsky: «Lass mich deine Stimme hören»: das ist das Lied, wie geschrieben steht: (Ex 15,1) «damals sang Moses.» «denn deine Stimme ist angenehm»: das ist das Singen.

181 s. Teil II 4.1.1, Beispiel 9. Im Piyyut kommt sie als Tänzerin selten vor. Beispiele sind: Jehuda Halevi Nr. 179, 1. Strophe, Nr. 159, 3. Strophe; Abraham Ibn Ezra Nr. 107, Zeile 7 und Nr. 134 אהל משכני Schlussvers: «Ich bin es, der Ich die Tänzerin und die Verlangende und die Liebeskranke (zu Mir) nehmen werde.»

182 MekhY, Beshallach ed. Horowitz/Rabin, S. 94: «Denn deine Stimme ist angenehm – im Gebet, und dein Anblick schön – beim Talmudlernen.»

vorklassische Paytan Jose ben Jose[183] in seinem Piyyut zu den Shofaroth von Rosh Hashanah אנוסה לעזרה: «Wenn ich mich freue am Reden über Seine Gesetze, ist mein Gaumen angenehm, Er neigte Sein Ohr und sprach: Lass Mich die Stimme hören.» Die andalusischen Dichter nun bezeichnen das Lied der Knesset Jisrael explizit als Liebeslied (Ps 45,1 שיר ידידות) und zwar sowohl dann, wenn es die Knesset Jisrael als Frau singt wie bei Shlomo Ibn Gabirol 180 יביא לחדרו «Erwecke die Liebe meiner Brautzeit … und wie einst soll mein Mund das Lied meiner Liebe singen», als auch dann, wenn es der Sänger im wiederaufgebauten Tempel singt: Shlomo Ibn Gabirol Nr. 123 שמשי עלה נא: «Ewiger, bring die junge Frau mit der schönen Wange zurück. Erneuere das Allerheiligste und den Altar und stell wieder Sänger auf um zu loben: Dieser wird ein Lied der Liebe (שיר ידידות) voll Klarheit singen und jener ein Lied mit dem Vorsänger anstimmen.» Das Gebet als Liebeslied kommt auch in Jehuda Halevi Nr. 379 יונה בפח מצרים vor (letzte Strophe): «Kann ich noch hoffen, den Gazellenberg zu besuchen, um noch wie an den Tagen meiner Hochzeit ein Liebeslied zu singen für den Geliebten?»

Fazit: In Piyyut Nr. 163 kann man die Metapher der singenden Knesset Jisrael als autopoetische Aussage des Dichters verstehen, mit der er sein Lied betont als schön qualifiziert: mein Lied, das nun die aktuelle Gemeinde singt, soll auf dieselbe Weise in seiner Schönheit und seinem Liebesausdruck wirken wie das Lied der Knesset Jisrael, mit dem sie damals Gott zur Erlösung aus Ägypten bewegt hat, denn es ist nicht nur ein Danklied, sondern auch ein Wunsch nach künftiger Rettung. Mehr noch: die Gemeinde nimmt im Singen bereits das erhoffte Ereignis der Rettung voraus. Wenn der Sprecher die Knesset Jisrael zum Singen auffordert wie in Moshe Ibn Ezra Nr. 2 und Jehuda Halevi Nr. 324[184], obwohl sie im Grunde noch im Exil ist, so antizipiert die Knesset Jisrael mit ihrem Singen das Glück der Befreiung oder fasst das Lied als etwas, das die Befreiung auslösen könnte; die Knesset Jisrael respektive die Gemeinde singt gleichsam die ersten Noten in der Hoffnung, Gott zum Handeln zu bewegen.[185]

Um die Tragweite der Metaphorik zu erfassen, muss man ihre negative Kehrseite kennen, mit der das Exil dargestellt wird: die verstummte Knesset Jisrael ist ein Bild, mit dem die Dichter die Zerstörung des Tempels spezifisch als das Verstummen der Lieder bejammern. Auch hier bestätigt sich die These, dass die

---

183 ed. Mirsky 1991, S. 110, s. o. Teil I 2.2.4.3.
184 Piyyutim besprochen in II 6.2.2/3. Thema: «Aufforderung des Sprechers an die Knesset Jisrael».
185 Daneben gibt es immer noch die aus dem klassischen Piyyut bekannte Darstellung, dass die Stimme Gottes sie anruft, ihr die Befreiung verkündet und sie zum Singen auffordert, zum Beispiel in Jehuda Halevi Nr. 338 יאמץ לבבך (Gott spricht sie an): «sei stark, sprich und verfasse ein Lied, denn Ohaliva ist dein Name und in dir ist Mein Zelt.»

Frauenfigur benützt wird, weil sie eine genuine Affinität zu den Darstellungen kultischer Handlungen hat. Bei der Metapher der singenden Frau ist Zion als Ort und Person gemeint, die in ihrem eigenen Tempel singt respektive verstummt ist, weil der Tempel nicht mehr existiert. Zion als Frau, die aufgehört hat zu singen, haben wir im Piyyut von Jehuda Halevi Nr. 210 יגון יסף zum Shabbat vor dem 9. Av angetroffen (Teil II 6.2.3); ich zitiere daraus nur den Anfang:

Gürtel: Zion, angenehm sind deine Worte (שיחך), süss unserer Zunge (לשוננו),
   wenn wir dich vergessen (נשכחך), soll unsere Rechte verdorren! (ימיננו)
2   Ja, wenn du auch auf der ganzen Welt deine Verbannten zerstreut hast,
   und bei den Flüssen von Babel deine Musikinstrumente im Stich gelassen hast,
   so halten wir uns auch in der Fessel des Kerkers doch an deinen Säumen fest.
   Deine Verlorenen und Verstossenen rufe, und siehe, hier sind wir,
   auch deinen Messias rufe, dass er vor uns hindurchschreite.
3   Und nach deinem Lagerplatz sehnt sich dein Volk, auch wenn dieser entblösst ist,
   und dein wohltönendes Lied zu Ende und dein Vorsänger abberufen worden ist,
   denn jetzt gibt es nur die Stimme des Klagens (Jer 9,18) auf der Schwelle (des Heiligtums)
   statt des Spiels von Asaf.

Man muss diese dunkle Folie der verstummten Frau Zion als Hintergrund der singenden Knesset Jisrael sehen; erst so versteht man die singende Frau als Metapher für das in Zukunft befreite Zion und sieht, welch zusätzliche Prägnanz die Hoffnung auf das Singen des «neuen Liedes» (Jes 42,10) bekommt, wenn die Hoffnung durch die Metaphorik von Zion amplifiziert ist, die als verstummte Frau wieder singen wird.

Was die Übernahme von arabischen Motiven betrifft, so hat dieses Kapitel folgendes klar gemacht: Schönheit wird als ein Wert betrachtet, der auch für die Darstellung der Knesset Jisrael ausschlaggebend ist; ihre raison d'être zeigen die Dichter wie bei der weltlichen Geliebten darin, dass die Schönheit als Macht dargestellt wird, mit der die Frau die Liebe des Partners wecken kann. Weiter haben wir gesehen, dass Schönheit den Aspekt von Erotik und von Heiligem verbindet.

2. Zion als Magd und Königin

Im klassischen Piyyut wird das zukünftige «Königtum Israels» in Verbindung mit dem Königtum Gottes erhofft, denn die Hoffnung, das Königtum (der Thron Davids) werde wieder in Zion errichtet werden, ist eine nationale Spezifizierung der universalen Hoffnung, dass Gottes Königreich auf Erden herabkomme. Das Thema «Königtum Gottes und die Erhöhung Israels» stellt der klassische Piyyut deshalb in den Piyyutim zu Rosh Hashanah dar, weil dort Gott als König der Welt ein zentrales Thema ist.[1] Im andalusischen Piyyut hingegen wird das Motiv der Königswürde Israels sowohl mit Rosh Hashanah[2] als auch neu mit Shavuoth verbunden, weil Shavuoth als typologische Hochzeit der Gemeinde mit Gott, ihrem König, gilt. Diese Schlussfolgerung leite ich aus einigen Piyyutim zu

---

1 Yahalom 1999, S. 64–80 im Kapitel (hebr.): «Der Piyyut in der Verstrickung der Königsherrschaften» stellt das Problem der Erwartung der Endzeit dar anhand der Entwicklung der Malkhujoth Piyyutim von Rosh Hashanah und anderer Piyyutim, angefangen mit den ersten Fassungen, die im Jerusalemer Talmud überliefert sind (die sog. Teqiʿot von Rav, Teqiʿata deRav, jRH 1,3,57a), über Jose ben Jose, Jannai, Kallir, R. Jochanan und R. Jehoshua, dann über die Zeit nach der islamischen Eroberung hinaus, die Abbasiden-Zeit, R. Pinchas haKohen (letzter der klassischen Paytanim, von Kaphra bei Tiberias), bis zu den Endzeitberechnungen von Saʿadja Gaʾon. Die älteste Formulierung der Malkhujoth bittet darum, dass Gott sich allen Völkern als König offenbare. Jose ben Jose bittet ausserdem, dass Gott sich in Zion als König offenbare und dass das Gotteskönigtum zu Israel zurückkehre: Piyyute Jose ben Jose, ed. Mirsky 1977, S. 98: «Der Behaarte (Esaw) schmeichelte sich ein bei seinem Vater mit seinem Wildbret und erlangte mit seiner weinerlichen Stimme das Schwert und das Königtum. Der Glatte (Jaʿaqov) wurde erhoben, ein Herr über die Brüder zu sein (Gen 27,29), und noch wird das Königtum zu Jeshurun zurückkehren (Dtn 33,5)». Yahalom erklärt, dass das 1. Mal (bei Esaw) das Wort «Königtum» im profanen Sinn steht, beim 2. Mal (Jaʿaqov) im heiligen Sinn. Wie Yahalom 1999, S. 70 zeigt, spricht Kallir (Machzor laYamim haNoraʾim vol II ed. Goldschmidt 1970, S. 233) noch deutlicher aus, dass durch das Königtum Gottes erstens die Herrschaft den Völkern genommen werde und zweitens Israel wieder herrsche, nämlich (Kallir): «In Seiner Königsherrschaft werde ich herrschen und dann wird Er (wirklich) herrschen.» (Yahalom 1999, S. 70 erklärt diesen Vers so: «Nur dann und erst dann wird Sein Königtum vollständig sein.»)

2 Z. B. Shlomo Ibn Gabirol Nr. 5 Jarden Piyyut für die Malkhujoth, Zeile 12–13 «Vor Dich, hoch und erhaben, trete ich hin im Gebet, lasse den Lobpreis hören und bekenne die Einheit Deines Königtums (מלוכה), Du, der Seinen Bund für das Volk Seines Eigentums aufrechterhält und Seine Gemeinde krönt mit der Krone des Königtums, tröste heute das arme, verachtete Volk ... (Zeile 21) schmücke es mit dem Königtum.»

Shavuoth ab, welche die Metaphern der Erhöhung Israels als Braut am Sinai[3] zu einer königlichen Erhöhung der Knesset Jisrael angesichts der Völker umdeuten: Piyyut Nr. 192 von Jehuda Halevi (unten 2.1) verwendet für das Bildfeld «Hochzeit» den bekannten Intertext Ezechiel 16,12–14 und HL 3,6–9. Dabei nimmt der Piyyut den Ruhm der Knesset Jisrael, ihre Bewunderung seitens der «Völker», im Unterschied zum klassischen Piyyut[4] nicht mehr nur als Metaphern für ihre Erhöhung durch Gott am Sinai, sondern stellt den Brautzug zum Sinai wie einen Triumphzug einer Königin unter dem Beifall der Völker und als Einzug in den Tempel Gottes in Jerusalem dar. Die Metaphern des Schmückens und Krönens am Sinai werden bei Abraham Ibn Ezra Nr. 329 konkretisiert zur Vorstellung einer echten Krönung.[5] Bei Shlomo Ibn Gabirol Nr. 157 שני זיתים (s. u. 2.1) soll ebenfalls nicht nur der Messias mit der צפירה gekrönt werden, sondern auch die «Herrin» (גבירה), die geehrte Tochter (בת כבודה), soll neben ihm in Zion Platz nehmen und gekrönt werden. Welche Faktoren sind bei dieser andalusischen Neuerung im Spiel? Literarisch gesehen gehört die ehrgebietende Erscheinung zum Bild der weltlichen «Dame»[6] und amplifiziert das Bild der Braut Jisrael, die nun nicht nur «Tochter eines Edlen» (בת נדיב, HL 7,2) ist und eine Königstochter[7], sondern auch die «Gazelle des Palastes»: diese Charakterisierung war sicher ein Auslöser für ihr neues Auftreten als Königin.

Der Hauptgrund für die neue Königinnenmetaphorik ist aber die in al-Andalus aufkommende Typisierung von Hagar als Rivalin der Knesset Jisrael:[8]

---

3 ShirR 3,21 S. 98 Dunsky: «(Seht den König Shlomo in der Krone) am Tag seiner Hochzeit: Das ist der Sinai – sie waren wie Brautleute.» Eine Sammlung der wichtigsten Belegstellen: s. Teil I 2.2 und Kallir, Qedushta leShavuoth, 5. Piyyut ארק הכניפה זמר: «Über allem ist Glanz, ein Hochzeitsbaldachin der Pracht.» (Jes 4,5)

4 Im 4. Piyyut der Shiʻata zu Pessach von Jannai (ed. Rabinovitz 1987, II, S. 265–270) wird auch HL 3,6 ff. auf die Erlösung (Rückkehr ins Land, Aufbau des Tempels) gedeutet, aber ohne Königinnenmetaphorik. s. den Text im Textanhang.

5 Abraham Ibn Ezra Nr. 329 s. u. 2.1. Im klassischen Piyyut ist die Krone Israels einerseits die Brautkrone bei der Hochzeitsmetaphorik und anderseits die Ehrenkrone: die Metaphorik der Ehrenkrone ist vergleichbar mit der Bezeichnung von Israel als ein «Königreich von Priestern, heiliges Volk und Sein Eigentum» (Ex 19,5.6). Die Krone ist an diesen Stellen nicht als Krone einer Königin zu verstehen, die über die Völker regiert, sondern entsprechend der Deutung von Ez 16,12 in ShirR 4,25, S. 122 Dunsky: «und eine prächtige Krone (עטרת תפארת) auf dein Haupt: das ist die Shekhina, wie es heisst (Jes 62,3) etc.» Zur Brautkrone und Ehrenkrone s. Teil I 2.2.5.1.

6 Shmuʼel Hanagid דברו נא Nr. 174 Jarden (an eine Geliebte): «Sprecht doch zur geehrten Tochter von Königen.»

7 Shlomo Ibn Gabirol Nr. 118: «Geehrte Tochter des Königs, der von alters her regiert», Jehuda Halevi Nr. 390: «die schöne Königstochter» und Nr. 163: «singe, du geehrte Königstochter».

die Darstellung des arabischen Volkes als Hagar, die als ehemalige Magd der eigentlichen Herrin Sarah (Israel) die Königsmacht genommen habe, wird als politisches Argument verwendet, indem aus dem Namen Sarah (שרה) für die Knesset Jisrael, der «Herrin» bedeutet und so auch im Klagelied prägnant die eroberte Stadt Zion meint[9], ein Anspruch Israels abgeleitet wird. Wegen der Alltagsrivalität zwischen Juden und Arabern schlägt sich die Hoffnung auf das Ende der Unterdrückung literarisch so nieder, dass der Piyyut das Motiv der Königin Sarah schafft, die sich gegenüber ihrer Magd Hagar durchsetzen wird.[10] Das Motiv, dass die Unterdrückte zur Königin wird, hat dasselbe Trostpotenzial wie im klassischen Piyyut das Motiv der unfruchtbaren Mutter respektive der ungeliebten Ehefrau, die fruchtbar wird (Sarah, Rachel respektive Leah). Dort haben wir gesehen, dass Jannai den Trost und die Kompensation für das Leiden «hier unten» im Geliebtwerden «von oben» findet, was sich konkret darin zeigt, dass Leah von Gott mit Kindern gesegnet wird. In al-Andalus ist die Trostfunktion einer mit Kindern gesegneten Zionsgestalt kaum mehr vorhanden: Würden, Ehre und Geliebt- oder Verachtetsein hängen nicht mehr wie in den Müttergeschichten des klassischen Piyyuts von Kindern ab, sondern von der Frage, ob Zion/die Knesset Jisrael «Herrscherin oder Magd» ist. In diesem Zusammenhang ist die dringendste Frage die, wann das Ende der Unterdrückung komme[11] und welche

---

8   Im klassischen Piyyut kommt die Rivalität bei Sarah und Hagar nicht als Konflikt von «Herrscherin und Magd» vor, sondern nur in bezug auf die Fruchtbarkeit. Aber auch diese Rivalität «Sarah – Hagar» wird von Jannai (Qerovah zu Gen 16,1, ed. Rabinovitz 1985, I, S. 144) vertuscht, weil er die Eifersucht Sarahs auf Hagar positiv wendet: Sarah überwindet ihre Eifersucht, indem sie Hagar zu Abraham schickt, damit er die Freude erlebe, dass sein Haus weiter «gebaut werde». Jannai stellt dies als gute Tat der Sarah hin, indem er sie sagen lässt (Zeile 16–17): «Er (Gott) möge mir Frieden verordnen, und Er möge nicht ruhen, bis sich das Ende meiner Eifersucht erfülle und Er mir die Gutwilligkeit meiner Tat vergelte.» s. Teil I 2.1.2.2.

9   Ekh 1,1: «Wie sitzt einsam die volkreiche Stadt ... die Herrscherin unter den Ländern wurde zur Dienerin.»

10 So z. B. in Shmu'el Hanagid Nr. 207. Zur Gegenüberstellung Sarah – Hagar s. u. 2.2. Ähnlich gibt es als Reaktion auf die christliche Darstellung der siegreichen Ecclesia mit Krone gegenüber der besiegten Synagoge (Notre Dame de Paris) die bildliche Darstellung der gekrönten Braut Knesset Jisrael in einem Machzor Frankreichs zur Zeit von Rashi: s. Ivan G. Marcus, The Culture of Early Ashkenaz, in: The Cultures of the Jews, ed. David Biale 2002, S. 498.

11 Hinweise auf Endzeitberechnungen: s. Schirmann/Fleischer 1996, S. 450–452: Als Jahr der Erlösung sei das Jahr 1130 und 1335 (1335 nach Dan 12,12 bei Jehuda Halevi Nr. 341, Zeile 10) berechnet worden. Oder das jüdische Jahr 4800 (= christlich 1040), dann besonders das Jahr 5000 (= christl. 1240: Fernando III, König von Kastilien und León, erobert Córdoba 1236 und Sevilla 1248). Das sich mit Zeichen messianischer Bedrängnis ankündigende Jahr 1068 (1000 Jahre seit der Tempelzerstörung), als die

Hoffnungen Israel haben kann. Bevor ich unten 2.2 das Motiv der Königin weiter verfolge, soll noch kurz gezeigt werden, welchen neuen Aussagegehalt die Mütterfiguren der Bibel im andalusischen Piyyut bekommen:

Weil das Bild der Fruchtbarkeit von Zion zum Ausdruck der messianischen Hoffnung kaum mehr wichtig ist, assoziieren die Mütterfiguren, die von ihrer Unfruchtbarkeit erlöst wurden wie Sarah, Rachel und Channah, nicht die Freude des Kindergebärens als Metapher für Erlösung. Stattdessen steht als Bild für Erlösung die Frau, die wieder geliebt wird (1), sowie umgekehrt die verhasste Frau ein Bild ist für die im Exil leidende Knesset Jisrael (2). Zudem bekommt das Gebären den negativen Aspekt der Geburtswehen und ist ein Bild für die Verzögerung des Kommens des Messias (3):

1) Bei Jehudah Halevi ist Sarah wegen ihrer Schönheit Prototyp für Zion: in Nr. 386 ימים קדומים spricht Gott (Zeile 20): «Die Tage deines Verwelkens will Ich wieder zu (den Tagen) Meiner Lust machen (עדני).» Gott will Zion in Anspielung an Gen 18,12, wo Sarah von ihrem Verwelken reden, wieder die Tage der Lust zurückbringen, aber die Aussage ist im Unterschied zu Gen 18,12 erotisch formuliert: Es ist nicht Sarah, die wieder Lust (עדנה) und auf ihre alten Tage hin noch ein Kind haben wird, sondern Gott spricht von den Tagen *Seiner* Lust, die Er Zion wieder geben wird statt ihres Verwelktseins. Die Lust hat hier nichts mit der Fruchtbarkeit zu tun, sondern der Begriff meint hier die Liebe wie im weltlichen Lied.

2) Sarah wird bei Shmu'el Hanagid Nr. 207 als die «Verhasste», die wieder Herrscherin (שרה) sein soll, der «verruchten Königin» (Edom) gegenübergestellt, die abdanken soll.[12] Ähnlich antithetisch drückt Shlomo Ibn Gabirol in Piyyut Nr. 116 mit den Gegensatzpaaren «verworfener Stein – Eckstein», Channah – Pninah, «umherirrend – unbekümmert» die Situation Israels im Exil aus und die Hoffnung auf Befreiung. Er nimmt denselben Psalmvers 118,22 «der verworfene Stein wird zum Eckstein werden» als Refrain, mit dem Kallir[13] die Hoffnung Rachels (= Zions) auf Kinder andeutet, aber Shlomo Ibn Gabirol assoziiert mit diesem Vers nie den Gegensatz unfruchtbar – fruchtbar und er bringt kein Mutterbild:

---

christliche Reconquista bereits Zaragoza wiedereroberthatte, darauf 1085 Toledo von Alfonso VI zurückerobert wurde, bedeutete eine Enttäuschung: Anspielung darauf bei Jehuda Halevi Nr. 326 יונתי לילה, Jehuda Halevi Nr. 357 נדדה יונת רחוקים. Weiter als Beispiel vieler Belege, in denen ich den Hinweis auf «das Ende» oder «den Zeitpunkt» (מועד) gefunden habe: Jehuda Halevi Nr. 75, Nr. 168, Zeile 18–28, Nr. 180, Nr. 338, Nr. 368; Shlomo Ibn Gabirol Nr. 165, Zeile 17, Nr. 180. Zur Periodisierung der in Daniel genannten Königreiche in den Piyyutim von Eretz Jisrael und den Endzeitberechnungen s. Yahalom 1999, S. 64–106.

12 Shmu'el Hanagid Nr. 207 מלכה רשעה: Teil II 6.2.1. Weitere Beispiele s. u. 2.2.
13 Kallir, Qedushta zu RH את חיל יום פקודה, s. Teil I 2.1.2.1.

Shlomo Ibn Gabirol Nr. 116 für 5. Shabbat nach Pessach שזופה נזופה

1 Sonnenversengte und gescholtene, von der Flut weggespülte,
was bist du gebeugt, nicht mehr aufrechten Ganges!
Sie sitzt in Trauer gehüllt wie eine abgerissene Lilie,
jederzeit fürchtet sie denjenigen, der mit Todeswaffe gegürtet ist,
pfeift wie die Schwalbe im Käfig eingeschlossen –
    sei ihr doch zum Schutz, Fels!
Die Verworfene möge zum Eckstein werden. (Ps 118,22)

2 Von meinen Feinden werde ich immer erniedrigt. (Partizip männlich)
Er ist frisch und unbekümmert, und ich bin unstet und irrend. (Partizip männlich)
Er spottet und brüllt und seine Hand spart er nicht.
Ich will auf die Stunde der Gesundung hoffen, ich harre und halte Ausschau,
und lege die Hand auf den Mund, mit gebeugtem und verwundetem Herzen
    wie Channah gegenüber Pninah:
die Verworfene möge zum Eckstein werden!

Der anonyme Sprecher stellt in der 1. Strophe die Situation der Knesset Jisrael dar und leistet bei Gott Fürbitte für sie, die wie eine Schwalbe vor Angst pfeift. In den Strophen 2 und 4[14] spricht sie selbst, dabei redet sie in der 2. Strophe von sich selbst zuerst im Maskulin, da sie sich als den Typ des Unsteten und Irrenden (wie Kain in Gen 4,14) ansieht gegenüber ihrem Feind, der sorglos sei und spottet.[15] Gleich darauf übernimmt die Zionsfigur wieder weibliche Typisierungen und vergleicht sich mit Channah gegenüber Pninah. Das Bild der beiden Mütter kommt aber überhaupt nicht zum Tragen, denn der Text spielt nicht auf den Gegensatz «Kinderreichtum und Kinderlosigkeit» an, sondern Channahs Gestalt hat nur den Charakterzug des Schweigens.[16] Ich interpretiere dieses «Hand-auf-den-Mund-legen» wie bei Hiob 21,5 als Verstummen vor Leid. Die Deutung als Verstummen wird unterstützt durch das Bild des «vor seinen Scherern verstummten Mutterschafes» (Jes 53,7), mit dem sich die Knesset Jisrael in der 5. Strophe vergleicht:

> Krank wurden meine Augen und schmachteten dahin vor lauter Ausharren,
> Deinen Zorn trage ich und verstumme wie ein Mutterschaf (rachel).

---

14 s. ganzen Text im Textanhang.
15 Er spottet: von der Wurzel לעג. In der 6. Strophe ist der Feind einer, der mit ihr spielt und sie drückt wie einen gefangenen Vogel: hier klingt das Wort spielen ישחק an das Wort מצחק an, in Gen 21,19 über Jishmaˁel gesagt. Eventuell spielt in der 2. Strophe der spottende Feind auf Jishmaˁel an, obwohl für spotten in der 2. Strophe das Wort לעג verwendet ist.
16 1. Sam 1,13 ist eventuell der Beleg für diesen Charakterzug Channahs: Channah betet lautlos.

Das Wort «Mutterschaf» ist doppeldeutig, denn man kann auch Rachel als Person assoziieren; diese Assoziation wird aber auch hier durch keinerlei Muttersemantik unterstützt.[17] In der 6. Strophe kehrt der Text zum Bild des gefangenen Vogels zurück: Sie ist in den Händen der Feinde wie ein Vogel in der Hand eines Kindes, das spielt und drückt, während sie seufzt.

3) Wenn das Motiv des Kindergebärens vorkommt, so hat es in al-Andalus apokalyptischen Charakter: Shlomo Ibn Gabirol braucht in der Ge'ulah Nr. 166 die Refrainzeilen «Juble, Unfruchtbare, die nicht geboren hat» (Jes 54,1) und «Verkünde der Unfruchtbaren, Einsamen» (Jes 49,21), aber das Bild der Gebärenden ist hier nicht das positive Bild[18] einer Frau, die sich über ihre Fruchtbarkeit freut: «Was schreist du und stöhnst du und gleichst einer Gebärenden?» (3. Strophe, Vers 17). Sie wird hier wie in Jer 4,31 und Jes 21,3 mit dem Begriff חולה bezeichnet: das Bild hebt auf die Geburtswehen ab, die kein Ende nehmen, da die Frau keine Kraft mehr hat und die Geburt zurückgehalten wird.[19] Diese Metaphorik steht als Bild für die Not des andauernden Exils, aus dem sie gemäss dem folgenden Vers 18 in Strophe 3 nur Gott retten kann: Gott tröstet sie damit, dass sie auf Ihn als «den Geburtshelfer» (nach Ps 22,10) vertrauen soll, und Er sich um Sein Volk kümmern werde.[20]

---

17 Das Wort «rachel» in seiner Zweideutigkeit benützt Shlomo Ibn Gabirol auch in Nr. 115 für Pessach, Zeile 11: «die Söhne der Rachel geschoren wie Mutterschafe (= rachel)»; weiteres Vorkommen von Rachel als die Mutter, die aufhören soll, zu weinen: s. 1. Anm. in Teil III.

18 Positive Verwendung des Bildes des Kinderbekommens ist die Ausnahme: Shlomo Ibn Gabirol Selichah Nr. 194, 3. Strophe an Gott: «Mach die Kinderlose zur Kinderreichen»; Jehuda Halevi Nr. 84 für Sukkot, Gottesrede am Schluss: «Du wirst im Schoss deine Säuglinge tragen.»

19 Weitere negative Darstellungen: Jehuda Halevi Nr. 386, Zeile 15 und Nr. 106, Zeile 2: sie schreit wie eine Gebärende (יולדה אפעה aus Jes 42,14); Halevi Nr. 350, Zeile 11: «sie jammert mit der Stimme einer Harfe wie eine Gebärende (חולה)», Jehuda Halevi Nr. 150, Zeile 6: «sie windet sich und schreit» (nach Jes 26,17) und Nr. 359, Zeile 7: «sie hat Angst wie eine Erstgebärende.» Moshe Ibn Ezra, Nr. 44, für die Busstage: «Sie wird am Gebären gehindert.»

20 Die vor Schmerz schreiende Gebärende als Bild für unerträgliches Leiden an einer unlösbaren Situation sind aus der Bildwelt der Frau bereits in Jes 42,14 auf Gott übertragen; eine ähnliche Übertragung sehe ich auch darin, dass in al-Andalus das typische Wort für Geburtsschmerz (צירי יולדה aus Jes 21,3) auch für den Schmerz des unglücklichen Liebhabers im Lustlied gebraucht wird; dies bestätigt seine «weibliche» Rolle in der Liebesbeziehung: Moshe Ibn Ezra, Ha'anaq 4,13 (Brody, S. 346): «Sucht ... ob es auf der Welt einen Mann gibt, der gebiert: jeder Liebhaber findet Qualen einer Gebärenden, denkt er an seinen Geliebten.»

Um die Befreiungshoffnung Zions darzustellen, gibt es nun eben statt der Metaphorik der fruchtbaren Mutter die neue Metaphorik der Königin: In 2.1 zeigen Shavuothpiyyutim, wie der Auszug aus Ägypten und der Weg zum Sinai nach HL 3,6–11 als Prozession einer Königin zum Thron (= Zion) dargestellt wird, begleitet von Heerscharen und Dienerinnen.

In 2.2 zeige ich die Investitur der Knesset Jisrael als Königin und die erhoffte Absetzung der Usurpatorin des Thrones, Hagar oder Babel, die zugleich ihre Liebesrivalin ist. Denn sie und ihre Familie (Jishmaʿel und Edom) nahmen ihr nicht nur die Herrschaft und die von Gott geschenkten königlichen Insignien wie den Schmuck und die Ehrenkleider weg, sondern auch Gott als ihren Geliebten, oder zumindest versuchten sie, ihr den Platz bei Gott streitig zu machen: dieses ist das neue Motiv der Liebesrivalen.

2.1 Zion als Königin

Die Betonung des königlichen Status der Knesset Jisrael als Herrscherin nach weltlicher Art macht nur im Blick auf die Völker Sinn. Entweder klagen die Piyyutim die Völker an als solche, die Israel zur «Magd» herabwürdigen, oder sie blenden das Negative ganz aus und verklären die positive Vergangenheit im Blick auf eine messianische Restauration: alle Völker werden die Knesset Jisrael wie eine Königin bewundern, sie wird wieder in Zion einziehen, der «Wohnstätte Gottes» (nach Ps 76,3, s. u. Piyyut Nr. 192 von Jehuda Halevi). Die Aussage ist deshalb vergleichbar mit den universalen Hoffnungen der Piyyutim von Rosh Hashanah[21] auf eine Anerkennung Gottes als König durch alle Völker, was auch die Rehabilitierung Israels impliziert. Obwohl keine bittere Anspielung auf das Exil vorkommt, ist dennoch gerade die Betonung, wie herrlich die Knesset Jisrael sei, als literarische Kompensation für die Exilswirklichkeit anzusehen.

Jehuda Halevi Nr. 192 יוצאת חופשית Qerovah für Shavuoth[22]

1 Die du ausziehst in Freiheit – dein Joch ist zerbrochen,
dein Ruhm ist in alle Weiten erschollen (Ez 16,14)!
Auch jenseits des Jordans wird von dir gesprochen:
«Wer ist diese, die aus der Wüste aufsteigt?» (HL 3,6)

---

21 S. Anm. 2, Anfang des Kapitels 2, das Beispiel von Shlomo Ibn Gabirol, Nr. 5 Jarden.
22 Hebräischer Text und kommentierte Übersetzung im Textanhang.

2   Sie geht und sie lagert nach Gottes Wort,
    sie wohnt unter Wolken der Shekhina,
    ihre Duftsäulen steigen zum Himmel hinauf,
    «sie ist umhüllt vom Duft der Myrrhe und des Weihrauchs». (HL 3,6)
3   Es kommt, sieh, der Wagen ihres Königs und Retters
    von der heiligen Höhe herab zum Sinai.[23]
    Und die Engelschar schwebend beschützt ihre Schar,
    «sechzig Helden umringen sie». (HL 3,7)
4   Ihre Fahne ist erhoben und hoch ihre Hand
    wie des Heiligtums Abbild am Tag des Erbauens,
    und die Priester des Ewigen aufrecht wie Mauern,
    «schwerttragend, geübt im Kampf». (HL 3,8)
5   Schreit langsam, Erhabne (דגולה) du, in Seinem Namen,
    bis du Seine Wohnung erreichest, die Sänfte,
    Seiner Füsse Schemel, Sein Heiligtum,
    «das der König Shlomo sich machen liess». (HL 3,9)

Die intertextuellen Bezüge stellen den Ablauf des Auszugs der Knesset Jisrael aus Ägypten bis zu ihrer Ankunft am Ort der Hochzeit im Bild einer Prozession dar. Jehuda Halevi nimmt die Verse HL 3,6–9 als Sijomet miqra'it, kombiniert dazu Verse aus Ps 68 (Erscheinung Gottes am Sinai) und spielt auch auf die Stelle Ez 16,12–14 an, wo der Prophet den Aufstieg Zions in der Metapher einer Königsbraut darstellt. Auf die Frage in HL 3,6 «Wer ist diese, die aus der Wüste aufsteigt?» lautet die Antwort des Textes hier: die Knesset Jisrael ist wie eine Königin in ihrer Hochzeitsprozession[24], begleitet von ihrer und Seiner Heerscharen. Sie schreitet langsam wie es sich für eine Braut gehört[25] zur Hochzeitssänfte, die als «Schemel des Heiligtums» (Ekh 2,1) gedeutet ist. Die Brautprozession aus dem HL ist also zu einer Rückkehr der Knesset Jisrael zum salomonischen Tempel umgedeutet; mit dem König Shlomo ist aber zugleich Gott gemeint, sodass sie selbst auch zur Königin wird. Sie ist nicht passiv wie die Braut im klassischen Piyyut, und es findet sich hier auch keine Spur von Intimität: zwar lässt sie sich von Gottes Wort leiten (2. Strophe), aber sie geht stolz und allein «mit erhobener Hand», mit Fahnen und Heer. Im Unterschied zu ihrer Darstellung in Kallirs Qedushta zu Shavuoth lässt sie sich auch nicht beschenken, sondern wirkt völlig souverän. Die Perspektive der Darstellung ist die Sicht des anonymen,

---

23 Nach Ps 68,15.
24 Gemäss der traditionellen Auslegung: z.B. ShirR 3,21 zu HL 3,11, S. 97 Dunsky: die «Mutter», die den König Shlomo krönt, wird identifiziert mit dem Volk Jisrael (Wortspiel von אמי und אומי). Weiter ShirR 3,21, S. 98: «Am Tag seiner Hochzeit: Das ist der Sinai – sie waren wie Brautleute.» Eine Sammlung der wichtigsten Belegstellen: s. Teil I 2.2.
25 s. Teil II 5.2, Beispiel 13, Zeile 11: «Nach meinem Wunsch/schreite langsam einher.»

bewundernden Beobachters, der sich im Anfangs- und Schlussvers direkt an die Knesset Jisrael wendet.

Jehuda Halevi führt die Hoheit der Knesset Jisrael[26] am Sinai noch an vier Stellen (Nr. 162 und 163 zu Pessach und Nr. 179 und 188 zu Shavuoth[27]) so vor, dass er die Vergangenheit zugleich zur Zukunftsvision verklärt, z. B. in Nr. 163: Siehe, ein Licht verbarg Ich für Israel, es ging auf wie ein strahlender Tag, voll Glück gelangte Israel zum Königtum und Priestertum (Ex 19,6) wie in den (kommenden) «Tagen der Sonne und des Mondes» (Jes 30,26). Das Zitat aus Jesaia vertröstet die jetzige Generation bereits auf die kommende Zeit der Erlösung.

In Piyyut Nr. 188 zu Shavuoth ist die negative Gegenwart ganz ausgeblendet: (Zeile 3) «Er (Gott) hat mich als Herrscher (מושל) über Völker gesetzt mit den hoheitsvollen Worten Seiner Köstlichkeit (= Torah: באמרות הוד חמדתו), als das Wort und das Gesetz des Königs verkündet wurde.»[28]

In Nr. 162 מה תספרו zu Pessach (Zeile 10–11) erklärt die Knesset Jisrael ihre Erniedrigung als Paradoxie, da sie ja eigentlich die Königin sei, und stellt die rhetorische Frage: «Wie soll die Herrin über Königreiche zur Gefangenen von Mägden werden? Nachdem Könige mit dem Glanz meiner Hoheit (ככבוד הודי[29]) sich gekrönt haben (הכתירו), sollen Knechte in Feindschaft die Lippen über mich verziehen (nach Ps 22,8)!?»

Nr. 179 כימי הנעורים zu Shavuoth (4. Strophe): Die Knesset Jisrael erinnert sich: «Seine Torah und Seine Gesetze lehrte Er mich, sogar gegenüber Königen hat Er mich geehrt.»

---

26 Andere Stellen, in denen das Frauenbild nicht vorkommt, dafür die Hoffnung mit dem Bild des *männlichen* Herrschers, der gekrönt werden soll, ausgedrückt wird, gibt es natürlich auch. Zur Vervollständigung des Bildes vom Krönen zitiere ich deshalb noch aus Jehuda Halevi Nr. 155 (für Pessach, letzte Strophe): «Es möge zu seinem Herrschaftssitz zurückkehren der Herr und Herrscher (שר וגביר) und an der Furcht Gottes Wohlgefallen haben. Er (Gott) möge den Erben der Herrschaft in Seinem Namen krönen und die Leviten zu ihrem Lied zurückbringen und das Antlitz des gesalbten Priesters wie am Tag leuchten lassen.»

27 Auch in Shavuothpiyyutim von Shlomo Ibn Gabirol: Er nennt die Knesset Jisrael «Königstochter» in Nr. 118, Zeile 6: «Königstochter des Königs, der von alters her regiert.» Weiter ist in Nr. 123 die Absetzung Edoms erhofft: «Den Kopf derer, die im Lande Utz wohnt (Ekh 4,21 = Edom), zerschmettere!»

28 s. Kommentar im Textanhang zu den Übersetzungsvarianten dieser schwierigen Strophe.

29 Das Wort Hoheit wird sowohl für Gott (z. B. Ps 145,5) als auch für Könige oder Moshe/Joshua (Num 27,20: Einsetzung des Nachfolgers Joshua durch Moshe) gebraucht. Shulamit Elizur erklärt mir (mündlich) das Wort הכתירו (sie krönten) im absoluten Sinn (ohne Objekt), dass «alle Könige der Völker sich für sich selbst eine Krone wünschten ähnlich derjenigen, die Israel vergönnt war».

Die zukünftige Krönung der Knesset Jisrael und ihre Rückführung nach Zion ist in Piyyut Nr. 329 von Abraham Ibn Ezra[30] als Zukunftsvision auf Shavuoth projiziert und ausgemalt:

Abraham Ibn Ezra Nr. 329 רנני בת הבתולה **Ahavah (für Shavuoth)**

Jungfräuliche Tochter, juble, denn / heute nahm zur Frau Ich dich,
denn seit Urzeit habe Ich schon / in ewiger Liebe dich geliebt.
Ich will dich holen aus Löwen heraus / zur Aue des Hochheiligen hin.
Bewaffnete Söhne kommen empor, / ziehn aus zur Zeit der Vision.
5   Damals[31] fand die Tochter von Prinzen / Beachtung, die Feinde sind verstummt.
Die verschlossne Tür dir will öffnen Ich, /
in Erbarmen erinnre Ich Mich an dich,
nur trauern wird die Feindin dann, /
wenn zu Mir Ich hin dich zieh.
Als Moshe stieg auf den Sinai, / rauchte der Berg, erbebte er,
Mein Volk, Meine Söhne, blieben stehn, / jeder Mensch getrennt vom Berg,
10 stellten fern sich zu Mir hin. / Als Er zum Felsen kam herab,
11 legt in Moshes Hand Er vollkommnes Gesetz. /
Mit ihr, mit gutem Öl, zog Ich dich משכתיך,
(Mit ihr, mit gutem Öl, salbte Ich dich משחתיך),
mit ihr, die begehrter als Gold und gediegner, /
habe zur Frau Ich genommen dich.
Entfern dich von Sünde und dein Herz / reinige doch von Vergehen und Schuld.
Weil dein Geliebter dich nun umgibt, / berichtige deine unschuldige Seele.
15 Zum ersehnten Gestade bringt Er dich zurück. / Auch Rache werde an deinen Feinden
16 Ich ewiglich nehmen, und du wirst sein /
hoch oben, denn Ich vergass dich ja nicht!
17 So wie Er sprach, Er furchtbar an Taten, /
zum ersten Mal damals: Gesalbt hab Ich dich (נסכתיך)!

Es folgt noch eine 4. Strophe,[32] daraus der letzte Gürtel:

21 Dein Herz, warum denn ist es so matt?
Noch habe Ich dich doch nicht verworfen!
22 Wie einer Braut lege Schmuck Ich dir an,
zurück will Ich bringen dich zu Meinem Tempel!

---

30   Abraham Ibn Ezra (1089–1164) schrieb in der Zeit zunehmender politischer und religiöser Unterdrückung. Er musste sich persönlich gegenüber den Angriffen der Christen und Moslem (Almohaden: 1146–1248) behaupten, anders als die Dichter des 11. Jahrhunderts. Das widerspiegelt sich in seiner speziellen Betonung der Königswürde Israels.
31   Mit «damals» ist der Auszug aus Ägypten gemeint.
32   s. den ganzen Text mit Anmerkungen im Textanhang.

Die Ahavah stellt die Offenbarung Gottes und die Gabe der Torah am Sinai aus der Sicht Gottes dar, der manchmal in der 1. Person redet, manchmal in der 3. Person über Sich spricht. Der erste Gürtel gibt als Madrikh zu Beginn das Thema bekannt: heute, an Shavuoth, ist die «jungfräuliche Tochter» zur Ehefrau geworden. In allen Gürteln wendet sich Gott als Sprecher an die Knesset Jisrael mit dem Versprechen, sie zu lieben, zu retten, Sich zu erinnern, sie zu Sich zu ziehen, sie zur Königin zu salben, sie nach Zion zurückzubringen (Gürtelreim auf das Suffix der 2. Person feminin). Die 2. Strophe schildert, wie Gott Moshe die Torah übergibt; der folgende Gürtel deutet diese Übergabe in einem doppelsinnigen Bild (Zeile 11): Gott zog die Knesset Jisrael mit der Torah, dem guten Öl, zu Sich (משכתיך) oder Er salbte sie damit (משחתיך). Die Entscheidung für «mashakhti (Ich zog)» oder mashachti (Ich salbte)» ist keine Frage der Textüberlieferung[33], sondern eine Frage der Interpretation. Am meisten Sinn macht es, wenn man das Wort, das ja fast homophon ist, in seiner Doppelbedeutung offen lässt, so wie es der damalige Hörer, der ja nicht ein Leser war, verstanden haben mag. Die Worte «Öl» und «ziehen» assoziieren HL 1,3.4: «Zum Duft Deiner guten Öle ... Zieh uns hinter Dir her ...». Mit dieser Anspielung kann der Hörer dem Vers bei Abraham Ibn Ezra den einen Sinn abgewinnen: «Ich zog dich mit der Torah, dem guten Öl.» Der Hörer kann statt ziehen (mashakh) aber auch salben (mashach) verstehen und damit an das Salben zum Königtum denken. Dieses Verständnis ist näher liegend, weil man beim Öl eher an salben denkt.[34] Die Interpretation von «gutem Öl» als Torah und auch die Deutung des Öls auf das Priestertum und Königtum sind schon traditionelle Meinungen zu HL 1,3[35]. Ich würde aber als Lösung nicht einen Sinn allein gelten lassen, sondern dem Hörer steht hier frei, sowohl an «ziehen» als auch an «salben» zu denken.

Ganz eindeutig folgt die Handlung des Salbens schliesslich als Höhepunkt der Hochzeitsdarstellung in Vers 17: «Gesalbt hab Ich dich». Hier steht dasselbe Verb (נסך) wie in Ez 16,9 (אסכך). Dieses Salben der Knesset Jisrael, das in Ez 16,9 das Salben der Braut bedeutet, mit der Gott in Ez 16,8 einen Ehebund schliesst, wird bereits im Targum Jonathan zusammen mit Ez 16,13[36] so verstanden, dass

---

33 Überliefert ist משכתיך: «Ich zog dich.» Levin, der Herausgeber, gibt zwar keine Überlieferungsvariante an, aber sagt: «Vielleicht muss man משחתיך (Ich salbte dich) lesen.»
34 Gerade deswegen ist aber nach den Regeln der Textkritik das «Ziehen» als lectio difficilior die bessere Lesung.
35 ShirR 1,21 zu HL 1,3 (S. 22 Dunsky): «Zum Duft Deiner guten Öle: R. Acha im Namen R. Tanchum beRabbi Chiyyah: Zwei Öle sind es, das Öl des Priestertums und das Öl des Königtums. Und die Rabbinen sagen: zwei Toroth sind es, die geschriebene und die mündliche.»
36 Targum zu Ez 16,13: «... und ihr werdet stark werden und Erfolg haben und über alle Königreiche herrschen.»

Israel aus der Sklaverei befreit werde und zur Herrschaft über alle Königtümer gelange. Das Salben der Braut könnte deshalb auch hier als Salben zur Königin verstanden werden. Denn wie der Targum, so interpretiert meiner Meinung nach auch Abraham Ibn Ezra die Hochzeit am Sinai mit seinem Hinweis auf Ez 16,9 als Triumph der königlichen Knesset Jisrael über ihre Feinde. Darauf verweist auch Zeile 5: sie bekam damals nach dem Auszug aus Ägypten am Sinai den Status einer Tochter von Prinzen (נשיאים), nachdem die Feinde beim Schilfmeer zum Schweigen gebracht worden sind. Entsprechend wird Gott auch in Zukunft Rache an ihnen nehmen (Zeile 15–16). Weil der Piyyut die Hochzeit am Sinai mit dem Thema des Sieges Gottes über die Feinde Israels verbindet, ist das Salben der Braut meiner Meinung nach als Salbung zur Königin zu verstehen. Es ist inhaltlich ein Höhepunkt, auf den der Piyyut hinstrebt, da das Wort «Gesalbt hab Ich dich» in betonter Stelle am Schluss des Gürtels nach der 3. Strophe steht und sofort als Zitat aus Ps 2,6 verstanden wird: «Ich habe Meinen König gesalbt». Der eigentliche Höhepunkt ist in den Gürtelliedern immer am Schluss, das ist auch hier der Fall: nach vier Gürteln, die sich mit der Vergangenheitsform reimen – «Ich nahm dich zur Frau», «Ich liebte dich», «Ich erinnerte Mich an dich», «Ich zog dich», «Ich salbte/zog dich» (משחתיך / משכתיך), «Ich nahm dich», «Ich vergass dich nicht», «Ich salbte dich» (נסכתיך) –, folgt nun der letzte Gürtel mit dem Perfekt und Waw hippukh: «Ich will dich zurückbringen» ושבתיך.

Die folgenden Beispiele illustrieren ebenfalls die Knesset Jisrael als Königin, allerdings nicht ihren Triumph, sondern es sind Bitten oder Klagen aus der Exilsituation, aus dem Blickwinkel einer abgesetzten Königin, die wieder zur Herrschaft gelangen möchte.

Solch eine Bitte formuliert Jehuda Halevi in Nr. 331 (Ahavah) ימי חרפי (Zeile 11 ff.):

> Aber ich warte die ganze Zeit auf Sein Wort, dass ich noch zur Herrschaft zurückkehren werde … Möge Er einen Fürsten ernennen statt eines Feindes, der mich vernichtet.

Shlomo Ibn Gabirol Nr. 157 (Me'orah) schreibt für den Shabbat von Chanukka, der Tempelweihe, einen die Leuchtervision und die Krönung von Serubabel und Joshua[37] interpretierenden Piyyut שני זיתים und lässt ab Zeile 13 folgende Bitte an Gott richten:

> Bring das verachtete Königtum zurück zur Stadt Zion und führ' die geehrte Tochter in grosser Begleitung von Dienern zum Haus ihrer Mutter und erhebe sie, die Herrin (הגבירה), wieder neben ihren Geliebten (דוד Dod, den Messias), und den Stirnreif (צפירה) setze wieder auf das Haupt ihres Geliebten.

---

37 Sach 4,2.3 und 6,9 ff. Der Piyyut beginnt mit den «zwei Ölbäumen» שני זיתים.

Weiter in Zeile 23–24:

> Mache ihre (der Knesset Jisrael und des Messias) Chuppah prächtig, geleite sie und kröne sie auf dem Berg Zion und dem Galil.

Zu den Paradoxien des Exils gehört der Widerspruch, dass die Herrin (Sarah) zur Magd ihrer eigenen Magd, nämlich der in Gen 16,1 als שפחה מצרית bezeichneten Hagar, geworden ist:

Shlomo Ibn Gabirol Nr. 163, Ge'ulah[38] שביה עניה:

> Gefangene, Elende, im fremden Land, zur Magd (אמה) genommen für die ägyptische Magd (אמה מצרית), seit dem Tag, da Du sie verlassen hast, schaut sie nach Dir aus.

Shlomo Ibn Gabirol Nr. 194 שבת משושי רבו יגוני (3. Strophe, Gott angeredet):

> Vor den Händen der Magd (שפחה) rette die Herrin (גברת, in Gen 16,4: גבירה)!

Jehuda Halevi Nr. 390 ישבה שוממה: Gott ist angeklagt, dass Er den König der Christen, den Molekh, «den Greuel der Ammoniter, der Götzenanbeter» (1. Kg 11,7) eingesetzt habe:

> Die schöne Königstochter נות בת מלך (Zion) ist zur Magd der Tochter des Molekh geworden, den der Ewige zum König gesetzt hat für das (jetzige) Geschlecht. Bring das Licht herauf, das finster geworden ist, für die Gefangene von Qedar (= Araber).

Abraham Ibn Ezra Nr. 92, Zeile 10–14:

> Willst Du für ewig den Ort Deines Wohnens weit weg verlegen? Der Feind bedrückt und bedrängt Deine Taube. Wie kann sich die Magd über Deine Tochter lustig machen[39]? Warum soll die geehrte Tochter (בת כבודה) am Boden liegen und ihre Magd erhoben sein?

Statt Königin und Magd können auch der Königsohn und der Sohn der Magd (Jishma''el) auftreten; die Knesset Jisrael ist hier als männliche Figur (Jitzchaq) typisiert:

Jehuda Halevi Nr. 93 ירושלים למוגיך Ge'ulah zu Shmini Atzeret oder Selichah, 4. Strophe:

> Der betrübte Königssohn – warum unter der Hand des Unterdrückers und Bedrängers irrt er unstet und flüchtig über die Erde hin (Gen 4,14),
> während die Tochter Edom im Schoss sitzt?
> Er weint, und der Sohn der ägyptischen Magd spielt lachend ihm gegenüber (Gen 21,9):
> *Gürtel:* All das, um deine Schlacken zu läutern und dich zu deiner Jugend zurückzuführen.
> *Refrain:* Feiere deine Feste, Juda, löse deine Gelübde ein! (Nah 2,1)

---

38 Die Übersetzung aller Strophen findet sich im Textanhang, kommentiert mit Anmerkungen.

39 Nach Gen 21,9: dort ist es Jishma''el, der מצחק «sich über Jitzchaq lustig macht»: Hier ist es seine Mutter, Hagar, in ihrem Spott über Israel.

2.2 Die abgesetzte Königin und der Liebesverrat

Mit dem Verlust von Kleidern, Schmuck und Krone wird schon in der Bibel (z. B. Ekh 5,16[40]) metaphorisch die Erniedrigung der Knesset Jisrael ausgedrückt. Es ist das Gegenbild zur Darstellung, wie die Knesset Jisrael als Braut am Sinai von Gott mit Schmuck und Kleidern geehrt wird. Wie im klassischen Piyyut ist das Schmücken und die Erhebung zur Braut eine Metapher für das Verleihen von Ehre und für die Befreiung Zions (nach Jes 61,10). Weil für die Frau die Entblössung ihres Körpers und der Verlust ihres Schleiers (צמה oder צניף) als Schande gilt (Jes 47,2 ff.), ist auch die Knesset Jisrael im Exil manchmal so dargestellt:[41] Moshe Ibn Ezra Nr. 186 אילת אהבים für Jom Kippur (5. Strophe): «Meinen Kopfschleier (צניף) haben sie emporgehoben und ich wurde als Nackte hingestellt. Meine Feinde haben sich vor mir und um mich erhoben. Sie haben mich verfolgt, und ich gehe geschwärzt ohne Sonne (Hi 30,28).» Weil hier das Motiv der Herabsetzung mit dem Bild des Kleiderverlustes in einem Piyyut für Jom Kippur vorkommt, ist die Tonart entsprechend der liturgischen Bestimmung nur klagend, was der Tradition entspricht. Die andalusischen Dichter bringen aber das Motiv der Herabsetzung auch in den Ahavoth. Damit stellen die Dichter die Exilserfahrungen ganz neu in den Kontext der Liebesrivalität[42]: die Feinde sind zugleich diejenigen, die den Schmuck als Liebesgaben Gottes für sich beanspruchen und sich nach Art der arabo-hebräischen Liebespoesie in die Liebesbeziehung hineindrängen.

---

40 Real dargestellt kommt das Ablegen des Schmuckes als Strafe vor in Ex 33,5.6 (s. Teil II, Beispiel Nr. 11 Moshe Hakohen Ibn Gikatilla, על מה עדי עלמה, Zeile 3).
41 In Abraham Ibn Ezra Nr. 180 kommt das Abschneiden der Haare dazu: (Der Feind spricht) «Dein geweihtes Haar נזרך wurde weggeworfen.»
42 Bei Jannai, Shiv'ata für Pessach, ed. Rabinovitz 1987, II, S. 265–270 (Zeile 40) ist die anzitierte HL-Stelle nicht ausgebaut zu einer Darstellung der Rivalität: «Es fanden mich die Feinde und nahmen meinen Mantel, da schwor ich, meinen Geliebten zu finden.» s. Teil I 2.2.3.1.

2.2.1 Rivalität und Liebesverrat

Jehuda Halevi Nr. 379 Ahavah יונה בפח מצרים [43]

Madrikh: Taube in Ägyptens Falle, / zwischen Feinden und Bedrängern, /
hat ihr Nest verlassen.
Warum verliessest im Zorn Du sie, / nachdem zu Dir sie hast gezogen /
mit der Liebe Bande?
1 Weil weggegangen ist mein Freund, / mein Inneres bebt und schmerzt.
Wie tragen meinen Schleier nun / die Feinde und Bedränger?
Wie nahmen meine Kette weg / Auflauernde, Verräter!
Wie ist die weise Gattin nun / entblösst von ihrem teuren Kleid, /
schweigend liegt sie da!
Nachdem mir Seine Linke doch / zum Schutze war, und über mir /
Seine Fahne Liebe.
2 Gedenke doch des Jugendbunds, / mein Liebhaber, mein Freund!
wie kannst den Feinden überlassen / Dein Erbe, Du, gefangen?
oder sollst Du der Gazelle gleich / über Betars Hügel flüchten?

Der Piyyut ist als Gürtellied bewegt mit Enjambements, was dem Inhalt entspricht: Die Knesset Jisrael sieht, wie ihr Schleier (רדיד) und ihre Halskette (רביד) von den Feinden weggenommen und getragen werden, und sie klagt und macht Gott den Vorwurf, dass «Bedränger und Feinde, Verräter (בוגדים) und Auflauernde (אורבים)» sie offenbar beerbt haben (Strophe 1). Das viermal wiederholte klagende «wie» erinnert an das Klagelied Ekha, aber die Anrede an Gott in der Liebessprache (mein Freund, mein Geliebter, mein Liebhaber in der 2. Strophe) und die vielen Zitate aus dem HL (2,7; 3,9; 5,4; 8,3; 8,14), die sich in der letzten Strophe (s. Textanhang) häufen, zeigen, dass ihre Klage eine Liebesklage ist. Das feste Reimwort «Liebe» das in jedem Gürtel in der zweiten Zeile vorkommt, charakterisiert den Piyyut als der Gattung Ahavah zugehörig; dadurch wird auch formal klar, dass sie über das Exil, über ihre «Gefangenschaft als Taube in der Falle Ägyptens», vor allem deswegen klagt, weil ihr Geliebter weggegangen ist (Zeile 3) und weil die Feinde ihr den Schmuck und (nach HL 5,7) den Schleier wegnahmen. Sie nahmen ihn aber nicht nur weg nach Art der Wächter im HL 5,7, sondern schmücken sich nun selbst damit (Zeile 4), nachdem sie ihr hinterhältig aufgelauert haben. Dies interpretiere ich so, dass sie sich als Liebesrivalen einschlichen und mit dem gestohlenen Geschenk Gottes an die Knesset Jisrael (das Geschmeide verweist auf die Geschenkszene in Ez 16,11) auch die Liebe Gottes für sich beanspruchen. Neben den Feinden gibt es im Piyyut noch die sogenannten Freunde, an die sie am Schluss die Worte aus HL 2,7 richtet:

---

[43] Die Übersetzung aller 4 Strophen findet sich im Textanhang, kommentiert mit Anmerkungen.

Was drängt ihr (תפרצו), aufzudecken denn / das Ende der Tage der Trennung (נדוד)?
Bei der Gazelle beschwör ich euch (HL 2,7), / die fort in die Weite geflohn /
und die Freundschaft (אחוה) brach,
dass ihr ja nicht weckt (תעירו) das Weinen, / meine Freunde (רעי), dass nur ja nicht /
ihr aufstört (תעוררו) die Liebe.

Die Freunde sind hier zwiespältige Figuren: anders als in HL 2,7[44] sind sie nicht nur solche, die die Liebe zur falschen Zeit aufwecken könnten, sondern sie stören das Liebesverhältnis der Knesset Jisrael zu Gott, indem sie insistieren und drängen (פרץ) und die Sprecherin damit zum Weinen bringen können. Varianten zu beiden Szenen, die der Piyyut 379 aus dem HL nimmt, nämlich das Entwenden des Schleiers in HL 5,7 und die Auseinandersetzung mit den Töchtern Jerusalems in HL 2,7 und 5,8, treffen wir unten 2.2.2 bei Piyyut Nr. 194 an.

Ihre Anklage an Gott, Er habe «die Freundschaft gebrochen» und sie habe die Ehre und die Liebe Gottes an «Bedränger, Feinde, Verräter und Auflauernde» verloren, weil diese angeblich von Ihm bevorzugt werden, ist im andalusischen Piyyut neu, denn im klassischen Piyyut wird Gott nie in dem Punkt angeklagt, Er stehe auf der Seite der Feinde. Beim Modell der benachteiligten oder auch gehassten und je nach dem auch unfruchtbaren Ehefrauen haben wir gesehen, dass ihr Trost immer der ist, dass Gott auf ihrer Seite stehe und ihnen helfe.[45] Die Frage, die dabei unbeantwortet blieb, war immer nur die Frage danach, *wann* Gott endlich eingreife. Die biblischen Gestalten von Edom[46] respektive Esaw (byzantinisches Rom, dann Christen überhaupt) und Jishmaʿel (Araber) sind im klassischen Piyyut zwar auch typisiert als die Feinde, aber Rivalen sind sie nur in bezug auf die weltliche Macht, nicht in bezug auf ihre eventuell privilegierte Stellung bei Gott. Obwohl Jannai[47] und Kallir[48] das Feindbild von Edom breit ausführen, sehen sie diesen Feind nicht als einen an, der von Gott bevorzugt werden könnte. Jannai drückt in einem Piyyut zu Pessach[49] die selbstsichere

---

44 Zur Deutung der HL-Stelle s. Anmerkungen zur Stelle im Textanhang.
45 Siehe Teil I 2.1.2.2 Jannai, Qerovah zu Gen 29,31.
46 Esaw (Edom) und Jishmaʿel als Feinde z. B. in Ps 83,7. Auf diese Stelle verweist Yahalom 1999, S. 83. Zu Edom s. speziell die Abhandlung von Cohen 1967, Esau as Symbol.
47 Jannai, ed. Rabinovitz 1985/87, II S. 37, Qerovah zu Behaʿalotkha, Num 8,1; und S. 83 Qerovah zu Wajishlach Moshe Malʾakhim, Num 20,14. Zum Beispiel: Qerovah zu Behaʿalotkha Vers 16: «Die Lichter Edoms werden stärker und nehmen zu, die Lichter Zions werden verschlungen und zerstört.» Es folgen sieben Verse der Gegenüberstellung von Edoms Licht und Zions Licht. Zu diesen Invektiven gegen Edom: Yahalom 1999, S. 190 ff. Siehe auch Jannai, Qerovah zu Gen 29,31, 5. Piyyut: die Figur des Hassers Esaw.
48 z. B. im Typ des Amaleq: Qedushta zum Shabbat Zakhor, s. Elizur 1999, S. 307–314.
49 s. Teil I 2.2.3.1 Jannai (Shivʿata zu Pessach, ed. Rabinovitz 1987, II, S. 281, Zeile 93/4): «Ich habe euch geschworen, was meine Gespräche (Gebete) mit Gott betrifft, dass ich

Meinung aus, dass diese «Fremden» keine Chancen haben bei Gott, auch wenn sie noch so sehr versuchen, sich in das Liebesverhältnis Gott – Israel hineinzudrängen, entsprechend der Auslegung von HL 2,16 «Mein Geliebter ist mir und ich bin Ihm».[50]

Nun sehen wir, dass im andalusischen Piyyut die Frage, warum Gott es duldet, dass die Völker ihre Herrschaft so lange behaupten können, nicht mehr nur als theologisches Thema mit der Frage nach dem «wann» der Erlösung behandelt, sondern auf eine andere Ebene verschoben wird: sie wird zur Frage der sich verraten fühlenden Knesset Jisrael, die als Liebende nach dem «warum» fragt, manchmal auch nur noch danach, *wie* sie die Trennung vom Geliebten aushalten solle. Von diesem neuen, gefühlsmässigen Standpunkt aus fragt die Knesset Jisrael nun nicht mehr nur nach Dauer und Schuld des Exils (die Frage der Schuld kommt in Nr. 379 Jehuda Halevi gar nicht vor), sondern spricht vor allem auch Gott anklagend die seelischen Nöte aus, die ihr die Völker als Rivalen der Liebe verursachen und klagt Ihn auch direkt des Freundschaftsbruchs an. Wie immer, wenn das Thema der Liebe angeschnitten wird, kann der Dichter auf das literarische Muster des HL und der weltlichen Liebeslieder zurückgreifen; im Fall der Liebesrivalität drängt sich die Analogie geradezu auf, weil der Hasser, der Kritiker und der Rivale in den Liebesliedern literarisch feststehende Typen sind. Sie sind im Liebesplot natürliche Intriganten gegen die Liebe.[51]

In diesem Kontext von Liebesrivalität, Intrigen und Treuebruch oder Weggehen des Geliebten verhält sich die Knesset Jisrael wie der weltliche Liebhaber: Der Liebende verbündet sich entweder mit dem/der Geliebten gegen die Intriganten und demonstriert die Harmonie seiner Liebesbeziehung oder der Liebende klagt den/die Geliebte(n) der Grausamkeit an. Ich werde unten (2.2.2) zeigen, dass die Knesset Jisrael die erstgenannte Rolle oft in den apologetischen Passagen

---

    nicht einen Feind daran beteilige (לערב). Was ist dein Geliebter (anders), antworteten sie mir in meiner Umgebung, – aber ich deckte ihnen das Geheimnis meiner Gespräche (= Gebete) nicht auf.»

50 In die gleiche Richtung geht die Aussage in TanBer 28,12: Der Midrash interpretiert den Traum Jaʿaqovs von den hinauf- und herabkletternden Engeln, dass Israel den Aufstieg der Völker (Babel, Medien, Griechenland, Edom) nicht zu fürchten habe: Gott verspricht Jaʿaqov, dass sie alle wieder heruntersteigen müssen: «Selbst wenn du ihn vermeintlich aufsteigen siehst und sitzend bei Mir – von dort werde Ich ihn herabstossen. Denn es steht (Ovadja 4): «Wenn du auch aufsteigst wie ein Adler und wenn du dein Nest zwischen den Sternen baust, (auch) von dort stosse Ich dich hinunter, ist Gottes Rede.» Die Stelle und die Übersetzung verdanke ich einer Vorlesung von Alfred Bodenheimer, Sommer 2004, Torah-Exegese: Ein diachroner Überblick.

51 s. Motiv A: Teil II 2.3.4 am Schluss.

bekommt, in denen sie sich und ihre Liebe gegenüber den «Töchtern Jerusalems» (HL 5,8 ff.) verteidigt. Die andere Rolle hat sie in den Piyyutim, in denen sie mit Gott redet: Ihm gegenüber drückt sie in der Liebesklage all ihre Frustrationen aus. Diese beiden Töne, Liebesgewissheit und Liebeszweifel und Anklage, zeigen genau das Hin- und Hergerissensein Israels in den Exilsbedingungen. Für die Mischung aus Anklage und Aufforderung zur Liebe bei der Rede zu Gott nenne ich als Beispiel Shlomo Ibn Gabirol Nr. 131 שוכב עלי מטות[52]: Die Knesset Jisrael fordert von Gott mit eifersüchtigem Blick auf das arabische Volk als Konkurrenten: «Wende dich ab von den Wildeseln (Codename für Jishmaʿel aus Gen 16,12) und neige dich zur lieblichen Gemse. Siehe, hier bin ich bereit für einen wie Du, so wie Du für eine wie ich!»

Fast nur klagend ist hingegen Jehuda Halevi Nr. 208 מתי להר המור[53]: «Mein Geliebter hat die liebliche Gemse verlassen und sich an den Sohn Machalats (Esaws Frau heisst Machalat, Gen 28,9) erinnert, jeden Tag weine ich vor Herzeleid, während er ein Lied singt und spielt.» Hier drückt sie durch den ganzen Piyyut hindurch nur Klage über ihre Feinde aus und bittet Gott, einzugreifen. Nur an der zitierten Stelle, wo sie Gott als ihren Geliebten bezeichnet, wird auf die Liebe angespielt.

Die Christen als Rivalen, die Israels Platz bei Gott einnehmen wollen, werden als besonders feindlich charakterisiert in den Piyyutim von Abraham Ibn Ezra, da dieser nach 1140 ins Exil in die christlichen Länder ging auf der Flucht vor den Almohaden. So stellt er die Frage, warum der Erstgeburtssegen offenbar Jaʿaqov weggenommen und Esaw gegeben wurde[54] oder ob Gott den Sohn der Hagar

---

52 Oben 1.4.3 bereits zitiert. Weitere Beispiele: In Shlomo Ibn Gabirol Nr. 095, שוכנת בשדה (oben 1.4.4.2), Jehuda Halevi Nr. 330 יעלת חן ממעונה רחקה (oben 1.1.4).

53 Es ist eine Meʼorah für den Shabbat Chazon, den Shabbat vor dem 9. Av, dessen Haftarah die drohende Vision (Chazon) in Jes 1 enthält. Die Piyyutim für diesen Shabbat und für den 9. Av, für Jom Kippur und die Selichoth sind deshalb klagend: Abraham Ibn Ezra Nr. 353 für den 9. Av: Israel redet Frauen an und erzählt ihre Geschichte, wie sie von Gott erworben wurde und dann vertrieben: «Ich habe keinen, der mich kennt, nur gegen mich steht die ganze Familie auf.» Jehuda Halevi 251, Selichah ירושלים האנח (erschlossener Sprecher Jaʿaqov): «Siehe meine Sünden haben mich aus meiner Mutter Zimmer (= Jerusalem) vertrieben ... und mein Bruder mit dem Sohn meiner Magd nahmen für sich mein Erstlingsrecht.» Moshe Ibn Ezra Nr. 203 אתיתי מתחנן Piyyut für Jom Kippur (eine Zeile aus Strophe 2): «siehe, der Sohn meines Hauses (nach Bernstein sind hier Jishmaʿel und Esaw gemeint) hat mich beerbt.»

54 Abraham Ibn Ezra Nr. 175 ארץ מה לך 1. Strophe: «Der Sohn, der im Zelte sitzt (Jaʿaqov) – dank seinem Verstand fiel ihm der Segen seines Bruders zu, und sein Vater machte ihn zum Herrn über ihn (über Esaw): ist so sehr der Segen ins Gegenteil verkehrt, dass nun ihm die Königsherrschaft zugefallen ist!?»

(Jishmaʿel) statt Jitzchaq zum Erstgeborenen gemacht und das Heiligtum an den «Sklaven» (Jishmaʿel) und Bruder (Esaw) gegeben habe.[55]

Zusammenfassung: Seit klassischer Zeit nennen die Piyyutim die christliche Fremdherrschaft mit dem Codenamen Esaw/Edom. Seit dem 7./8. Jahrhundert muss der Piyyut und die rabbinische Auslegung bei den vier Reichen aus Dan 2,32–34 das vierte Reich, Edom, verdoppeln, weil inzwischen die Araber aufgetreten sind[56]: neben Edom/Esaw steht nun noch Jishmaʿel. Die beiden Figuren werden als typisierte Unterdrücker Israels gemäss Gen 28,9 als verschwägert dargestellt: Esaw ist Jishmaʿels Schwiegersohn. Diese Darstellung übernimmt auch der andalusische Piyyut, wobei *alle* Figuren[57] der feindlichen Familien vom Blickpunkt der Knesset Jisrael aus gesehen werden und zudem Liebesrivalen sein können. Neben Jishmaʿel, Sohn der Magd (Hagar) genannt, mit dem Codenamen Wildesel nach Gen 16,12, kommen auch Mishma, Duma, Joqshan und Qedar[58] als Personifikationen der Araber vor. Neben Esaw (= Edom[59]) selbst, der auf dem Gebirge Seʿir (Gen 36,8) wohnt und den Codenamen Wildschwein trägt, gibt es noch aus der Ehe von Machalat, der Tochter Jishmaʿels, mit Esaw einen Sohn, der die Christen personifiziert und unter dem die Knesset Jisrael leidet[60]; weitere Nachkommen Esaws wie Dishan und Dishon (Gen 36,20), Misa und Shamma, Teman und Omar (Gen 36,10–13)[61], ebenfalls als Codenamen

---

55 Abraham Ibn Ezra Nr. 178, Meʾorah, אשפיל לך 1. Strophe: «Der Sohn, in der Gefangenschaft bedrückt und erschöpft, schreit: Gibst Du dem Sohn der Verhassten (= Hagar) das Recht der Erstgeburt zum Nachteil des erstgeborenen Sohnes der Geliebten (= Sarah)? Mein Herr, wie kannst Du das Wort Deines Mundes verändern, während ich wie Feuer brenne, wenn ich das Heiligtum meines Tempels sehe, ererbt vom Sklaven (Jishmaʿel) und vom Bruder (Esaw)?»

56 Yahalom 1999, S. 81 ff. zu den «doppelten Königreichen»: vor dem Einfall der Araber wird Edom durch die Nennung von Seʿir verdoppelt = Ostrom (so EkhR ältere Fassung S. 77), nachher, z. B. in einer Qedushta von R. Jochanan Hakohen Berabbi Jehoshua, steht neben Edom Jishmaʿel.

57 Abraham Ibn Ezra Nr. 353 Knesset Jisrael spricht: «... gegen mich steht die ganze Familie auf.»

58 Mishma und Duma: Gen 25,13, Nachkommen Jishmaʿels, in Shlomo Ibn Gabirol Nr. 165, Z. 6. Joqshan: Gen 25,2, in Shlomo Ibn Gabirol Nr. 95, Zeile 3. Qedar: in Jehuda Halevi Nr. 350, Z. 4.

59 Esaw = Edom nach Gen 36,8, Wildschein nach WajikrR 13,5: s. Shlomo Ibn Gabirol Nr. 145.

60 Machalat: Gen 28,9. Der in Jehuda Halevi Nr. 208 Zeile 25 erwähnte Sohn ist freie Zugabe.

61 Dishan und Dishon: in Jehuda Halevi Nr. 168, Z. 8 (auch in Jehuda Halevi 386 letzte Strophe und Shlomo Ibn Gabirol Nr. 95, Zeile 3), Misa, Shammah: Jehuda Halevi Nr. 168, Z. 12. Teman und Omar: Jehuda Halevi 350, Zeile 4.

der Christen, wollen die Knesset Jisrael verführen und zum Abfall bewegen. Ihre Hauptrivalin ist Hagar, Sarahs Magd, die den Thron der rechtmässigen Herrscherin (שרה), Sarahs, usurpiert hat. Als Sammelbegriff für all diese Feinde dienen nun auch die Ausdrücke, mit denen im weltlichen Liebeslied der Typ des Liebesgegners bezeichnet wird, nämlich der Meriv und der Mokhiach, der Rekhilai und Meragel:

A Das Motiv des Beobachters, des Kritikers und des Verleumders

2.2.2 Zion entgegnet ihren Kritikern und Liebesrivalinnen

Wie die Szene am Sinai als Hochzeit der Knesset Jisrael in die Prozessionsszene mit der Hochzeitssänfte im HL 3,6–9 verortet wird, so deutet der andalusische Piyyut oft die Szene des HL 5,7, in der die Wächter die junge Frau schikanieren und ihr den Mantel wegnehmen, mit der Demütigung der Knesset Jisrael im Exil: die Wächter sind die Feinde Israels, die ihr den Schmuck, d. h. die Ehrengaben Gottes (die Torah), wegnehmen wollen. Hier folgt der Piyyut der rabbinischen Tradition: Die «Töchter Jerusalems» (HL 5,8.9) werden in der Mekhilta[62] mit den Völkern identifiziert, die Israel von Gott abspenstig machen wollen und deshalb Israel wegen ihrer Liebe zu Gott kritisieren. In al-Andalus gestalten die Dichter daraus eine dramatische, apologetische Selbstdarstellung der Knesset Jisrael: die rivalisierenden Neider (Töchter Jerusalems) treten im Piyyut provokativ auf und kritisieren die Knesset Jisrael, und sie antwortet (Jehuda Halevi Nr. 194. 184). Der Leser wird auch an den biblischen Spötter (מחרף Ps 44,17) erinnert[63], aber vor allem an die typischen Situationen, die im Liebeslied die Liebe dramatisieren. Insgesamt gibt es laut dem Handbuch der Liebe von Ibn Ḥazm drei Typen, die den Liebenden und dessen Liebe (manchmal auch den Geliebten) zu schädigen

---

62 MekhY, Beshallach deShiratah cp. 3, S. 127: «R. Aqiba sagt: Die Völker fragen Israel, ‹was ist dein Geliebter anders ...› (HL 5,9), dass ihr so wegen ihm sterbt ... Kommt, mischt euch unter uns / verbindet euch mit uns (התערבו) ...» Ebenso sagt Rashi zu HL 2,2 (Rose zwischen den Dornen), dass die Völker Israel zum Abfall verführen wollen (Bild des Stechens), sie aber Gott immer treu bleibt.

63 z. B. Shlomo Ibn Gabirol Nr. 161 Ge'ulah: «Meine Lippen sind geschlossen bei der Stimme des Spötters (מחרף), meine Seele ist betrübt, wenn er lästert.»

versuchen[64]: 1) der Kritiker (מריב oder מוכיח) 2) der Aufpasser und Spion (צופה, שומר, מרגל) 3) der Schwätzer, Intrigant, Aufhetzer und Verleumder (רכילאי).[65] Der kritisierende Störefried ist die Figur, die den Liebhaber als wohlmeinender Freund darauf aufmerksam macht, dass seine Liebe ihn umbringe; als Gegner des Liebespaares und Hasser der Liebe fällt die Figur im hebräischen Liebeslied auch zusammen mit dem Spion und dem Schwätzer.

Der Liebende ist das positive Gegenbild zu all diesen Hassern; seine Aufgabe ist es, seine Liebe erstens möglichst geheim zu halten[66], und weiter ist er als Typ immer so gezeichnet, dass er seinem/r Geliebten treu bleibt[67], auch wenn die Kritiker ihm seine Liebe noch so sehr prinzipiell als unsinnig ausreden wollen und zusätzlich eventuell behaupten, der/die Geliebte sei der Liebe nicht wert und betrüge ihn.[68] Der Liebende ist bereit, für seine Liebe zu kämpfen, wie Moshe Ibn Ezra in einem Liebeslied schreibt: «Viele sind meine Kritiker (רבו מריבי), aber ich

---

64 Ibn Ḥazm al-Andalusi, Ṭawk al-ḥamāma s. Teil II Ende 2.3.4 «Das Motiv A». Die Figuren fallen oft zusammen: Ishay 2001, S. 135. Walther 2004, S. 60 zu den Dialogen mit Figurenstereotypen in den Liebesgedichten zur Zeit von Abbas Ibn al-Aḥnaf (Bagdad, gest. 807): Tadler, Neider, Verleumder. Enderwitz 1990, S. 212 sagt zu den Typen, dass bei al-Abbas ibn al-Aḥnaf die verschiedenen Typen manchmal nur noch als Attribute des Begriffs der «Feinde» vorkommen.

65 Ibn Ḥazm al-Andalusi, Kapitel 16: Kritiker = ʿādhil (Ishay 2001, S. 114 ff.), Kapitel 18: Spion = raqīb (Ishay 2001, S. 123 ff.), Kapitel 19: Verleumder oder Schwätzer = washi (Ishay 2001, S. 127 ff.).

66 Abraham Ibn Ezra, Piyyut Nr. 161 אמות ולא מת: der Sprecher versucht seine Liebe zu Gott zu verbergen, aber sie wird doch offenbar, und das gibt ihm darauf die Gelegenheit, sein Liebesbekenntnis zu Gott zu verteidigen: (Zeile 4) «In meines Herzens Gemach ist meine Krankheit verborgen und wird an meinem Gesicht nicht kenntlich, damit man über mich nicht sagt: das Verlangen hat ihn getötet, was muss er auch so Grosses erstreben?» Liebe als Geheimnis: Moshe Ibn Ezra 252,1.2; 253,1.2. und mehr: s. Pagis 1970, S. 269 und die Angaben von Brody, Moshe Ibn Ezra, Bd. II: Anmerkungen zu Lied 13, Zeile 10. Siehe Jannais Bezeichnung der «Gespräche mit Gott» als Geheimnis in seiner Qerovah zu Pessach (ed. Rabinovitz 1987, II, S. 281, Zeile 94). Torah als Geheimnis und als Liebe zu Gott von Israel gehütet: Jehuda Halevi Nr. 194 (unten, im selben 2.2.2).

67 Beispiele aus dem Liebeslied: Shmuʾel Hanagid Nr. 167 «Ich höre die Scheltworte … wegen dir.»

68 Zur Treue des Liebenden, obwohl der Geliebte ihn betrügt: Shmuʾel Hanagid Nr. 193 Jarden: «Ich will mein Leben hingeben für den Zvi, der meinen Bund gebrochen hat, und dessen Liebe in meinem Herzen bewahrt ist.»; Shmuʾel Hanagid Nr. 172: «Jeder Geliebte betrügt.» Shlomo Ibn Gabirol מה לאביגיל Schirmann 1955/6, Bd. 1, Teil 1, S. 213, Lied Nr. 3 (zitiert in meinem Einleitungskapitel): «Trotzdem, wenn sie auch meine Liebe vergessen hat, so will ich meinen Liebesbund doch bewahren und nicht vergessen.» Ishay 2001, S. 118 verweist als Beispiel für die Treue des Liebenden trotz der Hetzreden der Kritiker auf Moshe Ibn Ezra Nr. 253 Brody: der Liebhaber verlangt, dass der Kritiker schweige.

höre sie nicht an, komm, Geliebter, ich werde sie niederwerfen, und die Zeit (זמן im Sinne von Schicksal) wird ihnen ein Ende bereiten.»[69] Der Kontext zeichnet hier die Kritiker als solche, die den Liebhaber gegen den Geliebten aufhetzen und ihm die Liebe verleiden wollen. Der Ausdruck «ich werde niederwerfen» (אכניע) stammt seinerseits aus dem Vokabular der Bibel, mit dem Gottes Handeln gegenüber Feinden beschrieben wird: hier berühren sich Piyyut und Liebeslied in dem Punkt, dass auch Gott manchmal so redet, wie wenn Er und Israel gemeinsam den Schmähreden der Kritiker ausgesetzt sind. Im Piyyut Nr. 139 von Abraham Ibn Ezra אז בעלות מקוטרת wirken sie als Liebespaar, das durch die gemeinsamen Feinde geeint ist. Gott spricht am Schluss: «Und deine Feindin, wenn sie uns beide beschimpft, wird vertilgt werden durch das Ende (קץ) und sie wird sprechen: Das ist der Gott der Wahrheit und glücklich das Volk, das Er zum Erbbesitz erwählt hat.» Gott stellt sich hier als Liebender schützend vor die Knesset Jisrael; das «Ende» ist hier als Endzeit zu verstehen und entspricht in der Wirkung auf den Feind genau dem Begriff der «Zeit/Schicksal» im Zitat von Moshe Ibn Ezra (oben). Dieselbe Rede von Strafe an Kritikern braucht Abraham Ibn Ezra im Piyyut Nr. 329 רנני הבתולה Zeile 15: «Auch an deinen Kritikern und Aufhetzern[70] werde Ich Rache nehmen.»

Warum die Kritiker die Liebe stören wollen, ist im weltlichen Lied laut Ishay[71] meistens nicht aus dem Text ersichtlich; manchmal ist Neid und Rivalität[72] neben dem Hass ein Grund, weshalb die negativen Figuren intrigieren. Das Wort מריב für die Tätigkeit des Kritisierens, wird, so Ishay, als ein Homonym auch substantivisch gebraucht in der Bedeutung von Konkurrent und Rivale יריב[73], sodass das Motiv angedeutet wird. Beim andern Typ des Liebesgegners, dem Aufhetzer und Schwätzer, ist die Rivalität in den hebräischen Liedern manchmal erzählerisch ausgeführt[74]: der Aufhetzer begehrt die/den Geliebte(n) und wendet

---

69 Moshe Ibn Ezra, Brody Nr. 249, Zeile 3 f.; Text auch mit englischer Übersetzung bei Carmi 1981, S. 325. Ich übernehme die Interpretation von Ishay 2001, S. 120.

70 Mit diesem Doppelausdruck übersetze ich den Begriff des Aufhetzers שוטן, der meistens im hif'il משטין auch im weltlichen Liebeslied vorkommt.

71 Ishay 2001 bringt Motive aus dem Corpus der arabischen Erzählungen, verschiedene Beispiele ab S. 137: Ein Liebhaber verleumdet seinen Rivalen, der bereits mit der Geliebten verlobt ist, bei deren Vater, sodass die Verlobung aufgehoben wird (häufiges Motiv).

72 Ishay 2001, S. 124: der Spion/Aufpasser stellt sich schützend vor den Geliebten, drängt sich damit aber auch ein und kann so zum Rivalen des Liebenden werden. Die Figur (eventuell in Shmu'el Hanagid, Nr. 180 Jarden אהה שומרים) komme selten vor im hebräischen Liebeslied.

73 Ishay 2001, S. 118.

74 Ishay 2001, zitiert S. 127 Shmu'el Hanagid Nr. 159 Jarden: Der Geliebte glaubt der üblen Nachrede, dass sein Liebhaber an ihm Missfallen gefunden habe. Der Aufhetzer hat also

sich an sie/ihn mit der Verleumdung, der Liebhaber sei untreu, wobei es sein Ziel ist, den Liebhaber auszustechen. Es gibt auch die Schwätzer, die umgekehrt die/den Geliebte(n) beim Liebhaber verleumden, damit dieser das Liebesvehältnis beende; auch sie begehren eifersüchtig (חמד) die/den Geliebte(n) für sich selbst.[75] Das Wort חמד «begehren und lieben» mit der neuen Semantik von «beneiden» lässt einen Liebenden in al-Andalus auf diese Weise auch zum Neider werden,[76] so auch im Piyyut.[77] Aufhetzer und Schwätzer können deshalb auch solche sein, die das Opfer zu verführen suchen.[78]

Im Piyyut ist es sehr wichtig, dass die Knesset Jisrael die Kritiker und Aufhetzer als Rivalen um die Liebe Gottes entlarvt und sie so als falsche Kritiker durchschaut. Diese Haltung nimmt sie in den apologetischen Piyyutim ein wie unten in Jehuda Halevi Nr. 194. Dahinter steckt aber die bohrende Frage, ob die Feinde Israels tatsächlich als Liebesrivalen von Gott bevorzugt werden und also Gott ihr untreu ist (s. Beispiele oben in 2.2.1, in denen sie Gott anklagt). Im Vergleich mit dem klassischen Piyyut bekommt auf dem Hintergrund der Figur der/des untreuen Geliebten die Treue der Knesset Jisrael zu Gott umso mehr Gewicht. Der Piyyut von Jehuda Halevi Nr. 386 ימים קדומים betont, dass im Vergleich mit ihrer Treue während der Wüstenwanderung ihr zweiter Liebesbeweis im Exil noch viel lobenswerter sei:[79] sie nimmt es auf sich, für ihre Liebe die Kritik der Hasser auszuhalten und zu leiden, auch wenn die Kritiker sogar zu Aufhetzern werden und vom angeblichen Liebesverrat Gottes reden. Sie ist noch härter auf die Probe gestellt als bei ihrem Weg durch die Wüste Sinai, als sie Gott nachfolgte.

Die Doppelrolle von Rivalen und aufhetzenden Kritikern sehen wir in der folgenden Qerovah für Shavuoth von Jehuda Halevi Nr. 194 יוצאת אל החרבה. Für die Deutung der Rivalität dieser Völker benützt der Text die Auslegung der HL-Verse

---

Erfolg. Die Verleumder des Liebhabers haben in Shlomo Ibn Gabirols Gedicht מה לאביגיל Erfolg bei der Geliebten: sie sind dort identifiziert als «die, die dich begehren (חשק)».

75 Shmu'el Hanagid Nr. 181: «Alle Liebhaber, die vor mir waren, haben Gerüchte über dich verbreitet, denn sie liebten dich eifersüchtig (חמד) wie die Berge den Sinai beniden (חמד).»

76 Siehe auch Jardens Angabe in seiner Ausgabe des Diwans von Shmu'el Hanagid, Einleitung S. 16/17. Ein weiteres Beispiel: Shmu'el Hanagid Nr. 176 «Verschafft mir eine Gazelle, dessen Schönheit alle Gazellen beneiden.»

77 Jehuda Halevi Nr. 386 ימים קדומים «Die früheren Tage rufe ich in Erinnerung ... die Zeit lässt die Pracht derjenigen, die mich beneiden (חמד), wieder hochkommen.» Nr. 386 s. 6.2.4.

78 s. u. 6.2.4 Jehuda Halevi Nr. 168 יונה נשאתה.

79 Jehuda Halevi Nr. 386 s. u. 6.2.4.

5,8.9, die wir bei Jannai[80] angetroffen haben, gemäss der die «Töchter Jerusalems» als Personifikation für die neidischen, provozierenden Christen genommen werden, ebenso werden sie neu mit den rohen Wächtern aus HL 5,7 identifiziert, die ihr den «Schleier» (רדיד), das heisst den Hochzeits- und Königsschmuck, wegnehmen, wie wir es oben schon in Jehuda Halevi Nr. 379 gesehen haben.

Jehuda Halevi Nr. 194[81] יוצאת אל החרבה Qerovah für Shavuoth

1   Du, die du zogest ins Trockne hinaus,
weg von dem Schilfmeer und weg von den Quälern,
gleich wie die Palme so standest du da, /
schön mit all ihren Rispen von Trauben,
doch warum bist du nun, liebliche Hindin, /
im Stiche gelassen am Ort der Schakale?
Was ist dein Geliebter, Liebeskranke,
du, die du in den Gärten sitzest?
Refrain: «Unter Tausenden zeichnet sich aus mein Geliebter, /
      Er, der unter den Lilien weidet.»

2   Ich bin die, die in Zelten drin sitzt, /
Flusstälern ähnlich erstrecken sie sich,
in Gärten, bepflanzt mit Aloebäumen. /
Schön sind meine Schritte in meinen Schuhen.
Mein Heer ist eine Herde von Schafen, /
erhöht in den Scharen von Tausenden Engeln[82].
Es wehen von rechts und von links über mich /
Fahnen gleich wie schützende Schatten.
Gürtel: Sieh, meines Geliebten Stimme, da kommt Er
      mit Mengen lebendiger Wesen und Rädern.
Refrain: «Unter Tausenden zeichnet sich aus mein Geliebter, /
      Er, der unter den Lilien weidet.»

3   Was ist denn los mit den Töchtern bei mir, /
dass sie mich fragen «was ist dein Geliebter?»
Meinen Schleier nahmen mir Fremde weg, –/
in ihrem Haus – was soll mein Geliebter?
Meine Ehre zu nehmen begehrten sie, /
als Geheimoffenbarung für sich aufzustellen.
Sie irrten: denn nur meinen Schmuck nahmen sie, /
meines Lieblings Siegel ist auf meiner Hand.

---

80 Qerovah zu Pessach, ed. Rabinovitz 1987, II, S. 281, Zeile 93–94 und MekhY, Beshallach deShirata 3,127.
81 Text mit Anmerkungen s. Textanhang.
82 «Engel»: רבבות קדש (Dtn 33,2), sie sind Begleiter Gottes am Sinai, Rashi erklärt sie als Engel.

Gürtel: Seine Rechte, sie ziehet sich nicht zurück /
und seine Worte ändern sich nicht.
Refrain: «Unter Tausenden zeichnet sich aus mein Geliebter, /
Er, der unter den Lilien weidet.»
4 Tafeln aus Steinen, die schrieb Er mir, /
nachdem Er gesprochen von Antlitz zu Antlitz.
Mein Brot von der Höhe der Wohnstatt kommt, /
und mein Wasser wird von den Felsen gegeben.
Ich wohne inmitten von sieben Wolken, /
die Säulen von Wolken, sie lagern, ziehn weiter.
Seines Antlitzes Lichter sind zu mir gewandt /
zwischen dem Vorhang und den Sockeln.
Gürtel: Fragt doch, ob je in früheren Tagen /
solches gesehen ward unter den Völkern!
Refrain: «Unter Tausenden zeichnet sich aus mein Geliebter, /
Er, der unter den Lilien weidet.»
5 Ihre Frömmigkeit halten sie immer noch fest /
die Söhne, denen süss das Geheimnis von Gott,
befolgen Befehle, die aufgeschriebnen, /
Seiner Gesetze Gerechtigkeit.
Aufrichten möge mein Fels Seine Hütte /
über der Lilie der Täler (עמקים).
Ruf doch die stumme Taube der Ferne, /
die in der Tiefe immer noch liegt (מעמקים).
Gürtel: Meinen Honig nimm, Meine Süssigkeit trink, /
von den köstlichsten all Meiner Speisen iss:
Refrain: «Unter Tausenden zeichnet sich aus dein Geliebter, /
Er, der unter den Lilien weidet.»

Die Struktur des Piyyuts benützt den Refrain «Mein Geliebter ist ausgezeichnet vor Tausenden (HL 5,10); er, der unter den Lilien weidet (HL 6,3)», um ihn als Schlusspointe abgewandelt in der Antwort Gottes der Knesset Jisrael als Bestätigung Seiner Liebe zu ihr zu geben; damit hat Seine Zustimmung dieselbe Funktion wie die Kharja am Schluss von Gürtelliedern, in der die im Gedicht jeweils stumme Geliebte plötzlich zur Liebe einwilligt. Dieser Refrain gibt also die Stossrichtung des Piyyuts an, die andauernde Liebe zwischen Israel und Gott zu zeigen.

Während der kritisierte weltliche Liebhaber vor allem seine Liebe verteidigt und beteuert, dass sie ihm jeden Schmerz wert sei, auch wenn sich der/die Geliebte grausam verhalte, ist es im Piyyut natürlich sehr wichtig, dass die Knesset Jisrael nicht nur ihre Liebe zu Gott bekennt,[83] sondern auch Gott in Seiner Rolle als

---

83 Nur Bekenntnis der Knesset Jisrael und keine Verteidigung Gottes findet sich in Jehuda Halevi Nr. 184: «Sie meinen, mich von Dir und Deiner Verehrung fernzuhalten, aber meine Bedrängnis ist besser als die Trennung von Dir.»

Liebenden verteidigt. Sie nimmt deshalb hier in Nr. 194 die Stichworte der Gegner auf und widerlegt die Anklagepunkte:

Die beiden negativen Punkte, mit denen die Töchter Jerusalems Gottes Liebe ihr gegenüber herabsetzen, sind zwei Stichworte in Vers 1 und 2: (1) «das Trockene» und (2) «verlassen»; beide Punkte dreht sie in ihrer Verteidigung freudig in das Gegenteil um:

(1) «Das Trockene», das in Ex 14,21 positiv die Rettung vor den Wasserfluten meint, wird hier mittels der Assoziation חרב «trocken, verwüstet» im Munde der Völker zu etwas Negativem, sodass die Knesset Jisrael hingestellt wird als eine, die in der Wüste (am Ort der Schakale) verlassen wurde. Zur Assoziation «Trockenes» als «Wüste» im negativen Sinn verleitet das Wortspiel חרבה «Trockenes» mit חרב «verwüstet» und חורבן «Zerstörung». An «Wüste» und Zerstörung lassen auch die Schakale in der 1. Strophe denken: laut Jer 9,10 wird Jerusalem einmal zum Trümmerhaufen, zum Wohnort von Schakalen.

Die Knesset Jisrael verteidigt sich in der 2. Strophe so, dass sie die Verlassenheit in der Wüste uminterpretiert zum Sitzen in wohlbewässerten Gärten, womit sie auf den Bileamsegen (Num 24,6) anspielt. Nicht nur im Inhalt, auch in der Art, wie sie Fluch zu Segen umpolt, entspricht ihre Aussage der von Bileam. Der Text führt den Bildspender «Garten»[84] weiter aus als Gegenbild zur Wüste mit Anspielungen auf das HL: der Garten des HL wird zur Oase in der Wüste. Das Bild der «Schritte in den schönen Schuhen» (HL 7,2) assoziiert ein Lustwandeln im Garten. Die Schafherde aus HL 6,6 ergänzt ebenfalls das Bild der Oase in der Wüste; als Bildempfänger sind damit die Heerscharen Gottes (Dtn 33,2) gemeint, die sie auf dem Weg zum Sinai begleiten; diese Begleiter spielen auch auf die «Helden» in HL 3,7 an.

(2) Das Ziel der Wanderung in der Wüste ist der Sinai. Und hier geht der Piyyut über zum nächsten Punkt der Kritik, dass Israel verlassen sei. Um dies zu widerlegen, führt die Knesset Jisrael in der 4. Strophe alles auf, womit sie von Gott in der Wüste beschenkt wurde; in ihrer Aufzählung stellt sie die Torahgabe neben das Manna, das Wasser aus dem Felsen und das Heiligtum. Damit spricht sie die Alltagsbedürfnisse einer Ehefrau an, welche einen Hochzeitsvertrag, Brot, Wasser und Wohnung braucht: all dies bekomme sie von Gott.[85]

---

84 Der Garten wird nicht auf den Bildempfänger «Studium» gedeutet, obwohl das möglich wäre: BerR 63,10 zu Gen 25,27 («Und Ja'aqov war ein aufrichtiger Mann, einer der in den Zelten sass»): «Zwei Zelte, das Lehrhaus von Shem und das Lehrhaus von Ever.»

85 Kritik und Ratschläge von «Freunden», die die Knesset Jisrael dazu provozieren, Gottes Liebestaten und vor allem die Gabe der Torah zu loben, sind der Stoff für viele Gleichnisse: s. Stern 1991, S. 57 ff. zu EkhR 3,21.

Die 3. Strophe, die mittlere der fünf, ist auch inhaltlich zentral: hier macht die Knesset Jisrael den Gegenangriff, indem sie den Versuch der Kritiker, sich als Rivalen einzumischen, als von vorneherein gescheitert hinstellt, weil sie nur die Liebespfänder stehlen können, nicht aber die Liebe selbst. Das wichtigste Liebespfand, die Torah, bezeichnet sie als «meine Ehre und mein Geheimnis». Jannai[86] nennt das Gebet Israels das «Geheimnis meiner Gespräche»; hier aber ist das Wort Geheimnis doppeldeutig, weil es auch die Liebe meinen kann, die die Knesset Jisrael wie der typische Liebhaber im weltlichen Liebeslied immer als Geheimnis vor der Umwelt hütet.[87] Ein weiterer Charakterzug, den sie mit dem Liebhaber gemeinsam hat: Sie gibt sich überlegen wie der kritisierte Liebhaber, der im Liebeslied den Rivalen abwehrt, indem er sich mit dem Geliebten einig fühlt. In einigen Piyyutim stellt der Dichter ihre Position noch optimistischer dar als im weltlichen Liebeslied: sogar der Geliebte, Gott, hilft ihr bei der Abwehr der Kritiker, weil diese auch als Gottesfeinde dargestellt werden können (z. B. bei Abraham Ibn Ezra Nr. 139).

---

86 Teil I 2.2.3: Jannai, ed. Rabinovitz 1987, II, S. 281 סוד שיחותי Verse 93.94.
87 Pagis 1970, S. 269.

3. Das Potenzial der Mutterfigur zum Ausdruck von Trost und Sehnsucht

Schon in der Bibel wird die Muttermetapher für Zion, das personifizierte Israel, gebraucht, sei es aus der Perspektive der Mutter, die Kinder gebiert fast ohne Wehen, die über den Verlust ihrer Kinder klagt oder die von Gott mit der Aussicht auf Rückkehr der Kinder getröstet wird,[1] sei es aus der Perspektive des Volkes, das als Kinder dieser Mutter dargestellt wird, so in Jes 50,1.[2] Explizit mit dem Begriff «Mutter» ist sie aber nur hier in Jes 50,1 bezeichnet, und Zion als Stadt Jerusalem wird erst in der Septuaginta «Mutter» genannt.[3] In der Bibel wie im Piyyut seit klassischer Zeit dient das Bild der Mutter, die ihre Kinder verloren hat, im klagenden Kontext zum Ausdruck der Trauer über die Zerstörung Jerusalems und der Zerstreuung des Volkes. Umgekehrt dient im tröstenden Kontext die Metapher des neuen Mutterglücks mit der Semantik «Freude» zur Darstellung der Erlösung; speziell ist die Fruchtbarkeit eine Metapher für den Wiederaufbau des Volkes und der Stadt Zion.[4]

Die über ihre Kinder klagende Mutter Zion, kommt auch in al-Andalus vor: das ist nichts Neues, deshalb bringe ich unten in 3.1 nur wenige Beispiele. Aber der andalusische Dichter braucht das Mutterbild noch in zwei neuen Aspekten, die im klassischen Piyyut nicht vorkommen; in beiden wird die Rolle *des Volkes* thematisiert, das sich getrennt von der «Mutter» im Exil befindet. Die Trennung als neuen Aspekt des Exils haben wir schon in Teil II Kapitel 6 angetroffen.

---

1 Belegstellen: Jes 49,22: Zions Söhne und Töchter werden ihr von den Völkern auf Armen und Schultern hingetragen (Zion ist in Jes 49,18–22 Personalunion für Stadt und Volk). Jes 66,7: Hier steht das Bild der Frau, die kaum in Wehen schon gebiert. Die Rückkehr der Kinder nach Jerusalem und das mühelose Gebären der Kinder (das Weiterleben des Volkes) sind beides Bilder für die Erlösung. Der Sprecher in Ekh 4,2 klagt über die «Kinder Zions». Rachel als Verkörperung des Volkes weint über ihre Kinder in Jer 31,15 und wird von Gott mit neuen Kindern getröstet in Jer 31,16 f.

2 Jes 50,1: «So spricht der Ewige: wo ist der Scheidebrief eurer Mutter … um eurer Sünden willen ist eure Mutter verstossen.»

3 LXX Ps 87,5 «Zion wird man Mutter nennen, jeder Mensch ist in ihr geboren.» Vgl. auch Jes 66,11: das Volk wird sich in Jerusalem an «den Brüsten ihres Trostes» ergötzen. EkhR ersetzt den Begriff «Zion» mit «Knesset Jisrael»: zur Abgrenzung von Volk und Stadt s. Einleitungskapitel.

4 s. Teil I die Typologien von Sarah, Rachel und Leah als Zion, die Kinder haben wird, meistens mit dem Prooftext Ps 113,9.

Beim Motiv der Trennung von der Mutter ist Zion sowohl die Stadt Jerusalem als auch die zeitlose Knesset Jisrael. Jerusalem wird explizit Mutter genannt mit dem aus HL 3,4 8,2 stammenden Ausdruck «Haus/Zimmer der Mutter»[5]. Das sind die neuen Aspekte:

1) Die Mutter Zion bekommt die neue Rolle der Fürbitterin, indem sie nicht nur klagt, sondern auch Gott bittet, Er möge ihre Kinder aus dem Exil zurückbringen. Auch Gott wendet sich an Zion, sie solle Seine Kinder schützen (Jehuda Halevi Nr. 181, unten 3.1).
2) Besonders interessant ist aber die Möglichkeit, dass der Dichter die Perspektive der Gemeinde wählt und aus dieser Sicht über Zion als Mutter spricht (unten 3.2). Die Mutter-Kind-Beziehung aus der Kinderperspektive wird erst nachbiblisch thematisiert, z. B. in der syrischen Apokalypse von Baruch[6]: «Bin ich nur in diese Welt gekommen, um die Bosheit meiner Mutter zu sehen?» – «Sicher nicht, mein Herr, ... ich möchte lieber meinen Vätern (scil. ins Grab) folgen und nicht Zeuge werden der Zerstörung meiner Mutter.»

3.1 Zion bittet um die Rückkehr ihrer Kinder

Jehuda Halevi Nr. 272 ידידות נפשי für Motza'e Shabbat[7]

Es redet die Knesset Jisrael:

1 Die Freundschaft meiner Seele (= Jerusalem) ist verwüstet,
ich hoffte und berechnete / die Tage der Zerstörung von Har'el (= der Tempel),
und den Hauch meines Stöhnens will ich ausstossen / und rufen «Ariel, Ariel»!
Aber es gibt keinen der antwortet oder zuhört / dem Schreien des Bittenden,
und Du bist heilig, sitzend / auf den Lobgesängen Israels. (Ps 22,4)

In Strophen 5–7 redet Zion je eine Strophe lang über Sein (Gottes) Volk, bei dem sie verschiedene Gruppen unterscheidet, die sie als «mein» bezeichnet und

---

5   S. 3.2 Knesset Jisrael als Mutter: Shlomo Ibn Gabirol Nr. 167 אמי שולחה. Jerusalem als Mutter: Jehuda Halevi Nr. 251 und 83 הורתו מחדר יחיד; Jitzchaq Ibn Giyyat Nr. 139 קדם ידיד.

6   Baruch cp 3, in: Sparks 1984, S. 841: «And I said: O Lord, have I come into the world for no other purpose than to see the evils of my mother?» Datierung der syrischen Apokalypse Baruchs: laut Sparks 1984, S. 837 kann die Datierung der Apokalypse auf rund 100 d. Z. durch R. H. Charles, The Apocrypha and Pseudepigrapha of the Old Testament, 1913, stimmen.

7   Nur 1. und 7. Strophen relevant und hier übersetzt; Piyyut nicht in den Textanhang aufgenommen.

382

bittet, dass sie zu ihr kommen und geheiligt werden; das Wort «heilig» oder eine Ableitung davon wiederholt sich in jeder 4. Zeile.[8] In der letzten Strophe wendet sie sich an Gott und bittet Ihn:

30 Deine Hilfe sei meinen Armen (אביוני), / Deine Gnade jedem Deiner Frommen,
    Um sie in meinen Palast zurückzubringen /
    und sie mit Deiner Herrlichkeit zu bedecken.
    Mögest Du nochmals meine Wohnung wählen (Sach 1,17), /
    und errichten für die Söhne Deiner Knechte
    das Heiligtum des Ewigen, das Deine Hände errichtet haben. (Ex 15,17)

Die Knesset Jisrael klagt über die Zerstörung Jerusalems, das sie hier «Ariel» nennt und über die Verbannung ihrer Kinder. Ich gehe hier aber auf die Ausdrücke der Klage nicht weiter ein, weil die Bilder der Mutter, die um ihre Kinder weint, noch immer dieselben sind wie im klassischen Piyyut, dabei kann für die Mutter die Figur von Rachel stehen.[9] Auch die Bilder des Trostes schliessen sich im andalusischen Piyyut ganz an die Tradition an, weshalb ich sie nicht weiter behandle.[10]

---

8 (Zeile 23–24) «diejenigen, die sich angesichts des Tempels niederzuwerfen wünschen, und die Söhne Aharons, meine Priester, sollen Gerechtigkeit anziehen.» (Zeile 25) «es sollen geheiligt werden die sich Gott nähern und diejenigen, die sich als Söhne meiner drei Väter (scil. Abraham, Jitzchaq, Jaʿaqov) nähern.»

9 Die betreffenden Piyyutim sind: Jehuda Halevi Nr. 152 zu Pessach קראו מלאכי: (Zeile 3–5) «Die reizende Hindin, traurig, wartet auf den Ruf der Hilfe … Auf den Flügeln des Windes wird die Stimme Rachels gehört, die beweint.» Vgl. Shlomo Ibn Gabirol (Geʾulah) Nr. 115 שכולה אכולה: «die Söhne der Rachel, geschoren wie Mutterschafe»; Jehuda Halevi Nr. 498 קץ יחיש Zeile 3 f. Über sie, die als «stumme Taube» bezeichnet ist: «Sie klagt über ihre grosse Trauer, über ihre Söhne weint sie und schreit auf der Anhöhe (רמה Jer 31,15: Anspielung auf Rachel), dass sie zur Sklavin wurde.» Abraham Ibn Ezra Nr. 19 s. das Zitat in der Anmerkung unten.

10 Gott oder der anonyme Sprecher verheissen Zion die Rückkehr ihrer Kinder, wie es klassisch in den Trostshabbatoth ausgedrückt ist. Die entsprechenden andalusischen Piyyutim sind z. B. Jehuda Halevi Nr. 504 בראש כל חדשיכם Zeile 10: «Ich werde dich nach Zion zurückbringen und deine Städte füllen, und du wirst in deinem Herzen sagen: Wer hat mir all diese geboren (Jes 49,21)? Nach dem Altwerden kam mir nochmals die Lust.» (Gen 18,12: Worte Sarahs); Jehuda Halevi Nr. 79 איראה היום (für Sukkoth) Zeile 13: «Es wird sich ein Wind der Rettung (Jes 32,15) erheben, um die Söhne zu ihrer Mutter zurückzubringen.» Jehuda Halevi Nr. 84 (Sukkoth) Schlusszeile, Gott spricht: «Ich werde die Kinder deines Vergnügens (שעשועים wie Jer 31,20 Gott über Ephraim) beschirmen und du wirst im Schoss deine Säuglinge tragen.» Abraham Ibn Ezra Nr. 19 für Motzaʾe Shabbat, vier Zeilen: 1 «Mein Vater, mein Vater, wann bringst Du den Eliahu Hanavi? … 4 «Halte deine Stimme vom Weinen zurück (an Rachel: Jer 31,16) und hör zu, Meine Tochter, und mach dich auf den Weg (HL 2,10).» Shmuʾel Hanagid tröstet wie ein Prophet Zion im Siegeslied Nr. 43 הנה יחידתי (an seine eigene Seele gerichtet): «Und sprich zu Zion, am Tag, da ihr Weinen herausbricht, wie Bäche hervorbrechen, wegen der Tochter Juda, die

Ich habe aber den Piyyut von Jehuda Halevi Nr. 272 auszugsweise zitiert, weil die Knesset Jisrael als Mutter sich (ab Zeile 30) an Gott wendet, um selbst Fürbitterin ihrer Kinder zu sein, während sie im klassischen Piyyut diese Funktion, so weit ich es gesehen habe, nicht hat.[11]

Diese neue Rolle der Muttergestalt Zion als Fürsprecherin ihrer Kinder, der Gemeinde Israel, ist sehr interessant[12], weil Zion dabei gleichsam zur Vermittlerin zwischen Gott und der aktuellen Gemeinde wird. Ein anschauliches Beispiel ist Jehuda Halevi Nr. 162 Ahavah für Pessach[13] מה תספרו:

Was sollt ihr meinem Geliebten erzählen oder was ihm in Erinnerung rufen,
wenn ihr die Liebe erregt (תעוררו) oder sie aufweckt (תעירו)?
3 Es möge vor Seine Ohren die Stimme Seiner getreuen Söhne kommen,
die vertrieben worden sind von Seinem Palast und Seinen Tischen,
5 ob sie anderes als Sein Gesicht gesucht haben oder anderes als Seine Wohnung.
In den Höhen ist mein Zeugnis, ob sie einen Fremden anerkannt haben
und ob sie gegen Irrgeister von Götzen ihre Ehre eingetauscht haben. (nach Ps 106,20)

...

10 Wie kann die Herrin der Königreiche[14] die Gefangene der Magd sein!?

---

gefangen ist unter den Vorgesetzten und solchen, die ihre Bande schwer machen.» Darauf folgt seine Verheissung, dass das König- und Priestertum wieder nach Zion zurückkehre. Shmu'el Hanagid fasst hier Zion als Mutter auf, die wegen ihrer Tochter Juda weint.

11 Im Unterschied dazu ist es im klassischen Piyyut der versteckte Sprecher, der die Aufgabe hat, Gott um die Rückkehr ihrer Söhne zu bitten: Kallir, Qedushta'ot leShabbatoth haNechamah, Anijah So'arah, Elizur 1988, S. 59, Zeile 245–250: «Aus der Ferne mögen ihre Söhne und Töchter kommen, es mögen sie erfreuen ihre Alten und Weisen ... und zu eurem Berg sollen ihre Tauben fliegen ... etc.» Ähnliche Stellen mit verstecktem Sprecher: Qedushta'ot leShabbatoth haNechamah, Ronni Aqarah, Elizur 1988, S. 83, Zeile 150–156: «Mädchen und Knaben zuhauf sollen aus der Ferne kommen, um ihre (fem.) Feinde zu zerstören ... sie sollen aus dem Norden, dem Westen und aus Sinnim (Jes 49,12) kommen.» Zur Rückkehr auch Qedushta Nachamu, nachamu, S. 19, Zeile 100. In derselben Qedushta verspricht Gott der Knesset Jisrael die Sammlung der Exilierten: (Elizur 1988, S. 21, Zeile 143) «Deine Vertriebenen werden in Jubel zurückkehren.» (ebenso S. 26, Zeile 226 ff.). Weiter verspricht Gott ihr die Fruchtbarkeit ihrer Kinder: Watomar Zion, S. 38, Zeile 104: «Deine Kinder sollen in Jerusalem fruchtbar werden.» Sie selbst spricht aber nur als Klagende, nicht als Fürbitterin, z.B. Watomar Zion, S. 42, Zeile 177 «Vor meinen Augen wurden meine Söhne hingemordet».

12 Zion spaltet sich dabei in die Mutter und in die Knesset Jisrael als ihre Kinder. Zu dieser Sprechsituation s. Teil II 6.2.1 Beispiele wie Shlomo Ibn Gabirol Nr. 163 שביה עניה 3. Strophe: (Die Knesset Jisrael spricht über ihr Volk) «Bedrückte (Plural) und Bedrängte, unter der Last Leidende ... wie lange schon, Ewiger, rufe ich ‹Gewalt›, und mein Herz betrübt sich in meinem Innern; wie viele Jahre schon sind sie im Frondienst!»

13 Piyyut nicht in den Textanhang aufgenommen.

14 Jes 47,5 (angegeben von Jarden): in Jesaia ist die Tochter Babel gemeint, hier Zion.

Die Knesset Jisrael ist Zeugin für das gute Verhalten ihrer Kinder, sie setzt sich deshalb für sie ein genau wie Rachel in der Petichta 24 zu EkhR.[15] Sie plädiert bei Gott, aber gleichzeitig nimmt sie in Zeile 6 vorwurfsvoll auch Gott als zusätzlichen Zeugen, der, weil Er «in den Höhen» ist, eigentlich «Seine Söhne» kennen sollte.

Inhaltlich bekommt Zion hier als Mutter zwei neue Charakterzüge: (1) sie ist die Mutter des Volkes, so wie Gott der Vater ist, und (2) sie ist souverän. Zu 1) Sie nennt ihre Kinder auch Seine Kinder, womit sie die Metaphorik «Vater-Kinder» und «Mutter-Kinder» zu einer Familienmetapher erweitert. Zion in der Rolle der Mutter ergänzt Gott in Seiner Rolle als Vater[16]; dieselbe Familienmetapher kommt in Jehuda Halevi Nr. 251 vor (s. u. 3.2), dort aus der Sicht der Kinder. Zu 2) Zion hat in ihrer Rolle als Fürbitterin eine Funktion, die ihr neue Souveränität gibt im Unterschied zu ihrem Auftreten im klassischen Piyyut. Derselbe Trend liegt auch in ihrer bereits besprochenen Rolle als Königin und einer Frau, die die Erlösung einleiten kann.[17] Es gibt sogar einen Piyyut von Jehuda Halevi (Nr. 181)[18], in dem Gott die «Tochter Meiner Getreuen» (= die Knesset Jisrael) auffordert, für Seine Kinder, die Kinder Gottes, einzustehen und an die Völker, die sie quälen, das zu Shavuoth passende Argument zu richten, dass Gott sich als mächtiger Vater und König offenbare:

Jehuda Halevi Nr. 181 יעלת חן Ahavah für Shavuoth

Gürtel: Liebliche Gemse, deine Stimme ist lieblich,
  während du die Gesetze des Chorev lernst.
Erinnere dich, Tochter Meiner Getreuen,
in deinem Herzen daran, wie du am Sinai standest,
und antworte der Schar Meiner Hasser:
«Was quält ihr Bedrücker Meine Söhne?
Gürtel: Wenn Mein Sohn unter den Flammensprühenden liegt,
  so reitet der Ewige auf einer Wolke.»

---

15 Neben EkhR Petichta 24 s. Rashi zu HL 5,8: er interpretiert den Vers «ich beschwöre euch, ihr Töchter Jerusalems» in dem Sinn, dass alle Völker (= die Töchter Jerusalems) bezeugen werden, dass Israel die Torah gehalten hat und deswegen aus Liebe zu ihrem Geliebten gequält worden ist. Reihum treten am Tag des Gerichtes aus den Völkern diejenigen Völker auf, die Zeugen der Martyrien Israels waren.
16 Diese Beziehung kommt, wie ich nachträglich sah, auch in bBer 35b vor. Schäfer 2002, S. 84: «God and the community of Israel are the father and mother of the one who transgresses their instructions, who robs them of that to which they are entitled.» (Gemeint ist das Vergessen der Berakhot.)
17 s. in Teil III 2 Knesset Jisrael als Magd und Königin. Teil II 6.2.3: Zion soll die Erlösung einleiten.
18 Erste Strophe folgt unten, die Übersetzung des ganzen Piyyuts s. Textanhang.

Die Sprecherkonfiguration ist auf den ersten Blick nicht einfach zu durchschauen, weil Gott, der von Anfang an der Sprecher ist, der Knesset Jisrael den Auftrag gibt, den Völkern, die Ihn hassen, das Wort Gottes mitzuteilen «Was quält ihr Meine Söhne ...?». Die Söhne sind hier nicht als ihre Söhne, sondern als Seine Söhne bezeichnet, wobei der Ausdruck «Mein Sohn» im folgenden Gürtelvers dasselbe meint und nicht etwa als eigene Aussage der Knesset Jisrael zu verstehen ist, sondern die Rede Gottes weiterführt nach Art des für Gürtellieder[19] typischen Enjambement von Strophe zu Gürtel. «Mein Sohn» ist die aus Ex 4,23 stammende Metapher für Israel, wie in Jehuda Halevi Nr. 67 יה למתי בבית: «Ewiger, wie lange soll ich noch im Kerker leiden unter dem Joch Deines Fernseins? Wirst Du in Ewigkeit der Feind Deines einzigen Sohnes sein?»

Der Piyyut gibt der Knesset Jisrael die Position einer souveränen Frau[20], die in Vertretung Gottes und als seine engagierte Botin die Feinde zurechtweisen soll, indem sie diesen gegenüber die Gewissheit betont, dass Gott als der Vater ihrer und Seiner Söhne handeln wird. Mit diesem souveränen Auftreten unterscheidet sich ihre Position diametral von derjenigen, die wir bei Kallirs Qinah במלאת ספק אז kennengelernt haben.[21] Kallirs Erscheinung der Knesset Jisrael vor Jeremia ist die einer zwar schönen Frau mit furchteinflössender Ausstrahlung, aber in bezug auf ihre verlorenen Kinder ist sie eine ohnmächtige Mutter: sie muss Jeremia anflehen, sich als Fürbitter für ihre Kinder an Gott zu wenden.

Ähnlich souverän und wie hier bei Jehuda Halevi eingeweiht in Gottes Pläne tritt hingegen die Knesset Jisrael in einer Vision Esras im 4. Esrabuch auf, eine Stelle, die sich zum Motivvergleich aufdrängt. Sie wendet sich im 4. Esra nicht an die Feinde, sondern als erhabene Verkörperung Zions an Esra, um ihn in seiner Trauer über den Untergang Zions zu trösten. Zuerst zum Inhalt der Esra-Vision; auf die Komponente des Trostes trete ich nachher ein:

Im 4. Esrabuch erscheint der Erzählfigur, dem fiktiven Propheten Esra, der über Zion trauert und an Gottes Gerechtigkeit zweifelt, eine über ihren toten Sohn trauernde Mutter auf dem Feld vor der Stadt. Er beginnt sie wegen ihrer scheinbaren Ichbezogenheit zurechtzuweisen (10,6.7): «Du törichtste von allen Frauen, siehst du nicht unsere Trauer und das, was uns zugestossen ist? Zion, unser aller Mutter, ist in tiefster Trauer, sie ist in äusserste Erniedrigung geraten.»[22] Während er sie, die ja sein Spiegelbild ist, kritisiert und sie zu trösten versucht,

---

19 s. Glossar, Stichwort Muwashshaḥ.
20 Sie wird von Gott in Z. 2 «Tochter Meiner Getreuen» genannt, und in Z. 13 von Gott so angesprochen: «Ich kümmere mich um dich, Tochter Meines Sohnes, bis Ich zu dir zurückkomme.»
21 Teil I 2.1.3.2.
22 Zitat aus dem 4. Buch Esras, Kapitel 10, 6.7, übersetzt von Schreiner 1981, S. 377.

indem er ihre scheinbar engherzige Trauer in den grossen Horizont der Leidensgeschichte Zions stellt, verwandelt sich die weinende Mutter plötzlich in eine erhabene, herrliche Frau,[23] die ihrerseits seine Trauer über Zion in eine weitere Dimension stellt: sie offenbart sich ihm als das wiederaufgebaute Jerusalem und zeigt ihm dadurch, dass seine Sicht zu engstirnig ist, weil es die Perspektive der Hoffnung gibt und Gott den Wiederaufbau Zions im Sinn hat.

Im Unterschied zu Kallirs Qinah hat hier die Personifikation von Zion als wissender Machtfigur[24] die Aufgabe, den Propheten von einer übermenschlichen Ebene her zu trösten. Ähnliche Macht und ähnliches Wissen hat sie in Jehuda Halevi Nr. 181, da sie zu den Feinden Israels und Gottes geschickt wird, um das künftige Erscheinen Gottes auf den Wolken vorauszusagen. Auch der Effekt des Trostes für die «Söhne Zions» ist bei Jehuda Halevi Nr. 181 vorhanden, weil Zion sich ohne die Gewissheit von Gottes Hilfe gar nicht an die Feinde wenden könnte. Der Trost liegt im Erbarmen Gottes und darin, dass sich Zion aktiv für ihre Söhne einsetzt, ohne dass explizite Trostworte fallen.

Im Piyyut von al-Andalus gehört das Erbarmen, der Trost und die gegenseitige Liebe zur Mutter-Kind-Beziehung, während es im klassischen Piyyut nur Gott ist, der Zion gegenüber Erbarmen und Trost ausdrückt, weil die Beziehung der Kinder zu Zion als Mutter nicht dargestellt wird: dies sind neue Ausdrucksformen, die auf die neue Perspektive in al-Andalus zurückzuführen sind, weil der Dichter den Standpunkt der Söhne oder Töchter wählen kann.

---

23 «Als ich so zu ihr sprach, siehe, da erglänzte plötzlich ihr Gesicht sehr und ihr Aussehen wurde wie das Leuchten des Blitzes, so dass ich grosse Angst hatte, mich ihr zu nähern ...» (Kap. 10,25), Übersetzung Schreiner 1981, S. 380. Die Angst vor der Erscheinung auch bei Kallirs Qinah.

24 Die Autoritätsfigur in einer Vision wird potentia genannt: vgl. ausführlich Piehler 1971, S. 12 ff.

3.2 Das Volk, die Tochter/der Sohn sehnt sich nach der Mutter Zion

Die wichtigste neue Perspektive, unter der das Mutterbild Zions in al-Andalus gesehen wird, ist das der Trennung der Tochter (der Knesset Jisrael[25]) oder des Sohnes (Ja'aqov-Israel) von Zion als Mutter. Die Muttermetapher in der Rede der «Kinder» gibt der Beziehung des Volkes zu Zion als Ort und als Person (Jerusalem und ihre Verkörperung als Knesset Jisrael) einen affektiven Ton der Liebe und der Sehnsucht, was der klassische Piyyut nicht ausdrücken konnte, weil er nur die Mutterbeziehung aus der Sicht Zions, der Mutter, darstellte. Die neue Perspektive einer/s sprechenden Tochter/Sohnes hängt wahrscheinlich mit der neuen Art des Gebetes zusammen, bei dem der Sprecher als individuelles Ich sprechen kann. Besonders oft kommt das lyrische Ich in den nicht-liturgischen Gedichten vor, die die Beziehung des Einzelnen zu Zion (Ort und Person) als Liebesbeziehung darstellen, wie wir es bei Shmu'el Hanagid und Jehuda Halevi gesehen haben.[26] Die Zionsliebe ist bei beiden Dichtern als eine Verbindung von Sehnsucht, Erotik und Erbarmen dargestellt.[27] In diesem Kapitel will ich nun zeigen, wie parallel zu solchen Zionsliedern auch der Piyyut die Sehnsucht der «Tochter» oder des «Sohnes» nach Zion, das Mitgefühl für Zion und das Suchen von Trost kennt. Der Ort der Liebeserfüllung, das «Zimmer» oder der «Garten» aus dem HL, ist in den Piyyutim, die das Mutterbild Zions haben, mit dem «Zimmer/Haus der Mutter» aus HL 3,4; 8,2 gleichgesetzt worden und zugleich ist es immer noch der Ort der Begegnung von Knesset Jisrael mit Gott oder dem Messias (auch in HL 3,4; 8,2 dient das Zimmer/Haus der Mutter als Ort der Begegnung des Liebespaares). Als Quelle des Trostes wird in al-Andalus anders als im klassischen Piyyut nicht nur Gott[28] gesucht, sondern auch Zion als Mutter:

---

25 An einer Stelle wird sie Juda genannt, Tochter der Mutter Zion: Shmu'el Hanagid Nr. 43 הנה יחידתי (Siegeslied, mit Einleitung an seine Seele): «Und sprich zu Zion, am Tag, da ihr Weinen herausbricht ... wegen der Tochter Juda, die gefangen ist unter den Vorgesetzten und solchen, die ihre Bande schwer machen.»

26 Siehe Teil II 4.2.4 Shmu'el Hanagid Nr. 9 Jarden: «Ich habe Verlangen nach der ehrwürdigen Tochter im Nussgarten». Siehe auch die Zionslieder von Jehuda Halevi.

27 Siehe Teil II 4.2.4 und die Interpretation von Jehuda Halevi Nr. 401, Zeile 12 «Ich will auf mein Angesicht fallen auf dein Land und will deine Steine sehr lieben und werde voll Mitgefühl sein für deinen Staub» (adaptiertes Zitat von Ps 102,15). Ebenso Shmu'el Hanagids Mitgefühl und Trost an Zion in Nr. 43 הנה יחידתי (Siegeslied).

28 In der heutigen Liturgie zum Jom Kippur, Ne'ilah (ed. Wolf Heidenheim, S. 348) ist Gott sowohl als Vater, der erbarmt, als auch als Mutter, die tröstet, angerufen: «Wie ein

Jehuda Halevi, 4. Strophe einer Selichah[29] für die Ashmoroth der Busstage Nr. 241 היכל יי

10 Die Vertriebenen von Zion, die in Sfarad
 unter den Arabern zerstreut sind und in Edom abgesondert,
 ihr Herz bebt und zittert nach dem Heiligtum hin,
  wie ein Entwöhnter wegen seiner Mutter.

Hier ist die Sehnsucht des Volkes nach Zion und die Suche nach Trost ähnlich wie in Jes 66,10.11 in der Metaphorik des Säuglings ausgedrückt, der nach der Mutterbrust Jerusalem verlangt. Während Jes 66,10.11 aber den Trost des Saugens verheisst, handelt es sich hier um einen Entwöhnten, der sich mit dem Zustand der Trennung nicht abfindet und Trost bei der Mutter Zion sucht. Auch in Jehuda Halevi Nr. 358 ראשו תקומם ist Jes 66,13 abgewandelt, indem die Verse 13a und 13b in umgekehrter Abfolge zitiert werden, sodass man das Heiligtum als trostspendende Mutter verstehen kann: Gott spricht (Zeile 3–4): «Mein Inneres wallt auf, wenn Ich Mich an ihn (das Volk Israel) erinnere, und Ich werde Mich seiner ganz sicher erbarmen (Jes 66,13b). Deshalb wird er in seinem Heiligtum (קודשו מעון) getröstet werden wie ein Mann, den seine Mutter tröstet (Jes 66,13a).»

Die Liebe und speziell das Erbarmen bindet Mutter und Söhne zusammen; so wie die Söhne bei ihr als Mutter Erbarmen und Trost suchen, haben die Söhne umgekehrt auch Erbarmen mit der Mutter und trösten sie:

Jehuda Halevi Ge'ulah oder Selichah Nr. 93

2. Strophe, an Zion gewendet:

Gib Vertrauen denen, die erschreckt sind, und stärke die Knie derer, die straucheln!
Denn noch werden die vier Stämme an den drei Wallfahrtsfesten zu dir kommen,
die schwachen Juden, die wegen der Liebe zu dir krank sind, die über dich trauern,
und deine Betrübten sind voll Mitgefühl für deinen Staub. (Ps 102,15)

Im Unterschied zum klassischen Piyyut gibt es bei Jehuda Halevi und bei Moshe Ibn Ezra Piyyutim, bei denen Gott als Textperson zunächst keine Rolle hat, weil die Mutterfigur als «Sammlerin der Exilierten»[30] in gewissen Piyyutim selbständig handelt. Ausserdem bringen die Texte von Jehuda Halevi oft einen Aufruf des

---

Vater, der sich erbarmt, erbarme Dich unser wieder; tröste uns, wie *einen Mann, den seine Mutter tröstet.*» Die schräggedruckten Worte sind wörtliches Zitat von Jes 66,13a.

29 Der ganze Piyyut hat 6 Strophen, s. Textanhang. Alle weiteren Strophen handeln vom Verlangen des zerstreuten Volkes nach seinem Tempel, seinem Jerusalem und seinem Land, aber bringen keine weiteren Mutterbilder.

30 Siehe Teil II 6.2.3 Jehuda Halevi Nr. 210 יסף יגון Strophe 2. Ebenso angeredet als souveräne Sammlerin aus dem Exil: Jehuda Halevi Nr. 83 יחיד חדר 3. Strophe «Zu verkünden kehre zurück, Du, der Hoffnung Verbundene, und bring deine Gefangenen zurück.»

anonymen Sprechers an die Söhne, heimzukehren, bevor (oder damit) Gott die Erlösung bringt.[31]

Bei Shlomo Ibn Gabirol hat meistens der Messias eine aktive Rolle bei der Erfüllung der Rückkehr und Erlösung: In Nr. 133 שחר עלה אלי דודי (Reshut) ruft die Knesset Jisrael ihren Geliebten an, mit ihr in die Halle zu kommen, um ihm dort ihre Liebe zu schenken. Diese Halle hat auch die Konnotation des Tempels in Zion, und entsprechend sagt sie: «denn meine Seele hat Durst, das Antlitz meiner Mutter (פני אמי)[32] zu sehen.» Die Gleichsetzung des «Hauses der Mutter» mit dem Tempel ist eine der traditionellen Auslegungen von HL 3,4.[33]

Dieser Auslegung entsprechend kommt das Zimmer der Mutter auch bei Jitzchaq Ibn Ghiyyat Nr. 139 ידיד קדם vor, wo die Knesset Jisrael Gott anredet: (Zeile 1) «Freund seit alters her – führ mich und geh mit mir zum Zimmer derer, die mich gebar, und zum Haus meiner Mutter (HL 8,2).»[34]

Mit dem Bild der Mutter, nach der die Söhne Sehnsucht haben, charakterisiert Jehuda Halevi auch Jerusalem, nicht nur den Tempel. Der folgende Piyyut spricht Jerusalem und Zion sehnsüchtig an (die 1. Strophe und die Gürtelzeile reimen auf das weibliche Suffix -khi):

Jehuda Halevi Nr. 251 Selichah für Rosh Hashanah ירושלים האנחי

1 Jerusalem, seufze und Zion, vergiess deine Träne,
denn deine Kinder – bei der Erinnerung an dich hält ihr Auge das Weinen nicht zurück.
Meine Rechte soll verdorren, wenn ich dich, Stadt des Ruhmes, in Ewigkeit, vergesse!
Meine Zunge klebe am Gaumen, wenn ich mich deiner nicht erinnere! (Ps 137,5.6)

2 Siehe, meine Sünden haben mich aus dem Zimmer meiner Mutter vertrieben,
und beschlossen ist über mich bei meinem Vater das Verderben wegen meiner Sünde.
Mein Bruder zusammen mit dem Sohn meiner Magd (Jishmaʿel) hat für sich mein Erstgeburtsrecht genommen.
Deswegen ergiesse dich, meine Seele, vor dem Felsen (= Gott) in Flehen.

In den weiteren drei Strophen[35] redet der anonyme Sprecher wieder Zion an.

---

31 Zum Beispiel in Jehuda Halevi 265 יונות הושתו שכם «Tauben, die zur Flucht gewendet sind im Land der Wüste und des Abgrunds: steht auf, das ist nicht eure Ruhe, während die Aue eures Hauses verlassen ist.»
32 Oben 1.4.3. Die Lesart von Jarden, pne immi statt pne ammi, wird durch meine Beispiele, wie die Metapher der Mutter für Tempel und Zion gebraucht wird, bestätigt.
33 WaR 1,10 (HL 3,4) «Haus meiner Mutter – das ist der Sinai, und das Zimmer derer, die mich geboren hat, ist das Zelt der Begegnung». So auch Teil I 2.2.5.2 Jannai, Parashat Teruma (ed. Elizur 1999, S. 137): Das Zelt der Begegnung ist «Haus meiner Mutter» (horati הורתי) genannt.
34 Der Piyyut ist im Textanhang ganz übersetzt.
35 Übersetzung des ganzen Textes s. Textanhang.

In der 1. Strophe wendet sich der anonyme Sprecher an Zion und sagt ihr zuerst, sie solle weinen wegen des Zustands ihrer Kinder, die ihrerseits weinen, wenn sie an Zion denken. Dann schwört er ihr die Treue mit dem bekannten Psalmzitat Ps 137,5.6. Eventuell ist als Sprecher dieses Treueschwurs auch der Sohn anzusehen, der in der 2. Strophe durchwegs spricht und seine Sünden bekennt. Das Bild von Zion als Mutter ist bei dieser Sohn-Mutter- Beziehung natürlich vorhanden, aber interessanterweise kommt auch der «Vater», der Bruder (Esaw) und der Sohn «meiner Magd»[36] (Jishmaʿel) ins Spiel. Esaw und Jishmaʿel sind bereits bekannte Typisierungen der Feinde Israels, aber der Vater steht auf einer ganz anderen Ebene. Der Vater (Gott) ist als derjenige, der straft, der Mutter (Zion), die weint, zugeordnet. Es sieht so aus, als ob Zion als Mutter Gott als Vater ergänze, aber die Fortsetzung des Piyyuts mit der Aufforderung des Sprechers an Zion, ihr Leiden geduldig auf sich zu nehmen, zeigt Zion nicht mehr als ergänzende Partnerin Gottes, sondern als Büsserin.

Die Bilder von Zimmer und Haus haben auch ohne den Zusatz «der Mutter» die Konnotation des Schutzes im weitesten Sinn. Die Konterdetermination des schützenden Hauses ist der Kerker: Der folgende Piyyut von Jehuda Halevi für Sukkoth spielt mit den verschiedenen Begriffen, um die Heimat (das Zimmer der Mutter) mit der Gefangenschaft (dem Haus der Gefängniswärter, בית שובים) zu kontrastieren, und um dann den Ausweg zu zeigen, wie das Volk in der Laubhütte wenigstens eine vorübergehende Heimat findet. Die Laubhütte spielt auf Jonahs Hütte an und auf die Festlaubhütte von Sukkoth; sie steht auch als Bild für die Synagoge, die im Exil Schutz bietet.

Jehuda Halevi Nr. 83 יחיד מחדר הורתו für Sukkoth[37]

> Der Einzige ist aus dem Zimmer seiner Mutter vertrieben und weggenommen worden, er wurde verbannt aus dem Schoss seiner Mutter, hat seine Schmuckstücke ausgezogen und abgelegt (Ex 33,5.6).
> Hier ist er nun im Haus seiner Gefängniswärter und nicht müde, die Gesetze zu hüten. «Er machte sich dort eine Hütte, und setzte sich unter ihr Schattendach.» (Jona 4,5)

Der «Einzige» ist der Sohn der Mutter Zion, der im Exil in der Verbannung lebt. Die Schuldfrage kommt nicht zur Sprache. Anders war es im Piyyut von Jehuda Halevi Nr. 251 (oben), wo die Tochter (oder der Sohn) nicht nur Sehnsucht hat nach der Mutter, sondern ihre (seine) Verbannung aus dem Haus der Mutter in Vers 5 den eigenen Sünden zuschreibt. Auch in Shlomo Ibn Gabirol 167 (Geʾulah) שולחה אמי kommt das Schuldgefühl der Tocher (oder des Sohnes) vor. Der Piyyut

---

36 Das Appellativ passt natürlich nicht aus der Sicht des fiktiven Sprechers Jaʿaqov, sondern nur aus der Sicht von Sarah, deren Magd Hagar den Jishmaʿel gebar.
37 Übersetzung des ganzen Textes s. Textanhang.

spielt in der 1. Zeile auf Jes 50,1 an, wo dem Volk die Verbannung der «Mutter» angelastet wird, und die Sprecherin (oder der Sprecher) drückt dies so aus: «Meine Mutter wurde von Jerusalem vertrieben wegen meiner Sünden. Fremde nahmen das Haus meiner Wohnungen.» Bei der Mutterfigur wird der zerstörte Ort Zion und die vertriebene Person Zion nicht unterschieden, genau so wie wir es beim Gartenbild schon gesehen haben (Ort = Geliebte): das Haus ist ein Bild sowohl für den Ort als auch für die Ehefrau/Mutter selbst.[38] Deshalb kann der Sprecher sich als einen betrachten, der als Tochter/Sohn vom Mutterhaus Zion vertrieben wurde, oder er kann Zion selbst als Mutter auffassen, die vertrieben wurde, oder auch als Ort, der wegen seiner Sünden zerstört wurde.

Ich komme damit auf den oben in der Einleitung zum Kapitel 3 zitierten Satz aus der Apokalypse von Baruch (cp. 3) zurück, wo ausser der LXX Übersetzung von Ps 87,5 zum erstenmal in der Literatur Zion als Mutter aus der Sicht des Sohnes, dort des fiktiven Baruchs, bezeichnet ist. Wir haben nun gesehen, dass diese Sicht im Piyyut von al-Andalus wieder aufgenommen wurde. Als abschliessendes Beispiel zitiere ich aus Jehuda Halevis Piyyut Nr. 227 zum 9. Av יחידה בבנות noch die ersten zwei Strophen, weil Zeile 7 fast wörtlich an die Apokalypse Baruchs anklingt:

1   Wie bist du, Einzige unter den Töchtern (HL 6,9), zur Magd der Mägde gegeben worden?
    Wie ist zum Trauergesang geworden die Stimme von Gesang und Jubel?!
    Wie haben die Kinder der Fremden mich zerstört und alles Leid kam auf mich,
    Wie wurde zur Dirne die treue Stadt?!
2   Wie ist mein Geliebter mir entwichen und niemand fragt nach meinem Ergehen!
    Wie könnte ich mein Schluchzen verstummen lassen, wenn mein Leid nahe ist und fern mein Trost?
    «Wie könnte ich den Untergang der Heimat meiner Mutter sehen,
    wie wäre es möglich, dass ich das Böse sehe, das mein Volk getroffen hat?!» (Esth 8,6)

Zion als Mutter kommt auch im Piyyut נגשנו לדעת[39] der karäischen Gebetsliteratur vor, die im Kreis der «Trauernden Zions» (אבלי ציון) in Jerusalem geschrieben wurde. Als Beispiel zitiere ich die ersten zwei der zwölf Strophen:

---

38   Stadt als Mutter: Jerusalem wird von Philon (in Flaccum 46) als Metropolis bezeichnet.
39   Die Karäer hielten vom 8.–10. Jahrhundert Trauergottesdienste ab in Jerusalem. Die Qinoth sind fragmentarisch in der Geniza von Fustat gefunden worden. Menachem Zulay 1996, S. 324 ff. druckte den Text zweier Piyyutim mit Textvarianten und Einleitung ab im Kapitel «Mipiyyute Haqara'im haqadmonim (Tzlilim michugam shel ävele Tzion)». Abgedruckt und auf Englisch übersetzt bei Carmi 1981, S. 250. Ebenfalls bringt Hammer 1995, S. 205 eine englische Übersetzung. Datierung nach Zulay: eventuell möglich auf den Zeitpunkt, als der von den Arabern erlaubte freie Zugang zum Tempelberg wieder verboten wurde.

Wir näherten uns, um nach dem Ergehen unserer Mutter zu fragen,
wir standen an ihrem Tor und weinten,
es fanden uns die Wächter und schlugen uns, verletzten uns:
Geht weg, Unreine, riefen sie zu uns.

Wir kamen nochmals, aber näherten uns nicht,
sondern standen von fern auf dem Gipfel des Berges:
Die einsam Sitzende kam uns entgegen.
Sie liess sich von ihrem Gefängnis her blicken und stand uns gegenüber.

3.3 Zion und ihre Kinder im Bild der Vogelmutter mit ihren Küken

Wenn du unterwegs ... ein Vogelnest mit Jungen oder Eiern findest, und die Mutter liegt über den Jungen oder den Eiern: du sollst die Mutter nicht nehmen (während sie) auf ihren Jungen (ist); du sollst die Mutter entsenden (שלח, pi'el) und dir die Jungen nehmen. (Dtn 22,6)

Das Bild, das Zion als Vogelmutter mit ihren Küken darstellt, beruht auf der rabbinischen Auslegung zu Dtn 22,6. Folgende zwei Piyyutim benützen dieses Bild zur Darstellung der Situation Zions im Exil, aber ihre Aussagen sind einander genau entgegengesetzt: Jannai lobt die Barmherzigkeit Gottes, Shlomo Ibn Gabirol fordert Gott heraus. Zuerst zu Jannai:

Jannai, Meshalesh der Qerovah zu Dtn 22,6[40]

1   Deine Hand möge Deine Hasser finden wie ein Nest von Jungen.
    Deine Rechte möge Deine Widersacher erreichen wie das Einsammeln von Eiern.[41]
2   Wir glichen dem flüchtigen Vogel (Jes 16,2) und dem einsamen Vogel (Ps 102,8):
    aus dem Nest weggeschickt (משולחים: Jes 16,2 קן משולח) finden wir kein Nest.
3   Die unschuldige Taube wäre genommen worden als «Mutter über den Jungen» (בנים),
    wäre nicht Dein Mitleid gewesen wie ein Vater über die Kinder (בנים).

---

40 Rabinovitz 1987, II, S. 168, Qerovah Nr. 155, Meshalesh der Qerovah zur Parashah Dtn 22,6.
41 Anm. von Rabinovitz z. Stelle: Kombination von Ps 21,9 «Deine Rechte erreiche die, die Dich hassen» mit Jes 10,14 (Gottes Rede) «Meine Hand hat nach dem Reichtum der Völker gegriffen wie nach einem Nest ...». Rabinovitz: «Vergleiche TanB Tetze & 3 über das Mitleid Gottes über Israel und die zukünftige Vergeltung an den Völkern wegen der Zerstörung des Tempels.»

4   Er wird ihre (der Taube) Verfolger finden, die Vögel, die wilden Tiere;
    über uns aber wird Er wachen wie schwebende Vögel.
    Wie geschrieben steht: (Jes 31,5) «Wie schwebende Vögel, so wird der Ewige der Heerscharen Jerusalem beschirmen, schirmen und retten, verschonen und befreien.»[42]
    Und wie es heisst: (Spr 26,2) «Wie das Entfliehen des Vogels und das Wegfliegen des Sperlings, so wird ein unverdienter Fluch nicht eintreffen.»
    Und Du bist heilig, thronend über den Lobgesängen Israels. El na.

In Vers 2 deutet Jannai das positive Gebot «Entsenden der Vogelmutter» zunächst negativ, wahrscheinlich beeinflusst, wie Elizur[43] erklärt, von der rabbinischen Bezeichnung dieses Gebotes als «Wegschicken vom Nest»: das Nest aber ist bei Jannai das Land Israel.[44] Deshalb deutet Jannai die Stelle in Dtn 22 so, dass der Vogel (jetzt mit «unschuldiger Taube» verdeutlicht als Knesset Jisrael) ins Exil geschickt und von den Feinden genommen, das heisst getötet worden wäre, wenn nicht Gott mit der Mutter, der unschuldigen Taube, Mitleid gehabt hätte.[45] Zur zusätzlichen Deutung der Torahstelle im positiven Sinn gelangt Jannai mit Hilfe der Haftarah Jes 31,5, die das Vogelbild aus der Torah mit der Vorstellung verknüpft, dass Gott wie schwebende Vögel Israel schützt. Weil Jannai die Vogelmutter «unschuldige Taube» nennt, deutet er sie nicht nur als Knesset Jisrael, sondern gibt der Metaphorik noch die Konnotation der Zärtlichkeit, weil «unschuldige Taube» ein Liebesbegriff aus dem HL ist.

Auch Shlomo Ibn Gabirol[46] Me'orah für Shavuoth Nr. 123 שמשי עלה נא bezieht sich auf das Gebot des «Wegschickens vom Nest», wobei er die Aussage in Dtn 22,6 als «Freilassen der Vogelmutter aus Knechtschaft und Exil» und nicht als «Wegschicken der Mutter ins Exil» (so Jannai) versteht. Er fordert aber Gott gerade in diesem Punkt heraus: Der anonyme Sprecher im Piyyut drängt Gott in den ersten Strophen mit verschiedenen Bildern aus dem HL, endlich die Erlösung

---

42 Anm. von Rabinovitz z. Stelle: Jes 31,5 ist der 1. Haftaravers nach dem Minhag von Eretz Jisrael.
43 Elizur 1987/8, S. 413.
44 Auch bei Kallir habe ich für das Land Israel die Metapher «Nest» gefunden: Kallir, Qedushta'ot leShabbatoth haNechamah, ed. Elizur 1988, S. 27, Zeile 244 (Gottesrede): «Zion, sammle dich in deinem Nest.»; weiter auf S. 40, Zeile 140 (Knesset Jisrael spricht): «Er hat die Vielzahl meines Volkes vernichtet und mein sorgenloses, ruhiges Nest (קיני שלוות) zerstört.»
45 Neben dem Mitleid hat das Bild des Nestes mit den Eiern in den ersten zwei Zeilen und den Anspielungen auf Ps 21,9 und Jes 10,14 auch noch eine weitere Funktion, die Yahalom 1999, S. 188 betont: Jannai deute nicht nur die Situation Israels zum Land Israel, sondern beginne den Piyyut «mit harten Worten gegen die Hasser Jisraels, die auch Feinde Gottes sind».
46 Den ganzen Piyyut s. im Textanhang.

zu bringen und stellt anklagend innerhalb einer Bitte folgende rhetorische Frage: «Nimm die Vogelkinder und gib ihnen gutes Gelingen und die Vogelmutter – willst Du sie nicht freilassen?» Er wendet die Mitzwa also auf Gott an und fragt anklagend, ob Er Sich nicht daran halten wolle. Ich interpretiere dies so, dass er mit «Mutter» die geknechtete Stadt Zion oder die Figur der Knesset Jisrael meint, die Gott von der Besetzung durch fremde Völker befreien respektive aus dem Exil retten möge, und mit den Vogelkindern die aktuelle Gemeinde, der Gott gutes Gelingen geben möge.

Das Bild des mütterlichen Vogels, der über dem Nest mit den Küken sitzt, bringt auch Abraham Ibn Ezra Nr. 276 Selichah, Zeile 14: «Tag und Nacht erwürgen sie ihre Jungen (Küken) ihr gegenüber, sie klagt, und sie (die Feinde) lachen und belustigen sich.» Hier ist der Vogel wie in den meisten Piyyutim von al-Andalus mit der Taube aus dem HL identifiziert, was man aus der Anfangszeile des Piyyut erschliessen kann: «Gott von Ewigkeit her, bring die Taube, die Du verbannt hast, zu ihrem Wohnort zurück.»

3.4 Fazit zu den Kapiteln 1–3

In einer Übersicht fasse ich zusammen, in welchen Punkten sich die «andalusische» Frauenfigur Zion von der im klassischen Piyyut abhebt und welche Schlüsse sich für das Selbstverständnis der Dichter und wahrscheinlich auch der Gemeinde ableiten lassen.

3.4.1 Die klassischen Motive in neuer Interpretation

Der Liebesdiskurs dient dazu, nicht nur wie in den Pessach- und Shavuothpiyyutim der klassischen Zeit die Braut und ihre Schönheit zu loben und die Liebe zwischen Gott und der Knesset Jisrael ausschliesslich positiv darzustellen, sondern der Dichter wählt oft auch in den Piyyutim zu diesen Festanlässen die Perspektive der Knesset Jisrael und lässt sie als eine Braut oder eine Liebende sprechen, die von ihrem Geliebten getrennt ist. Die Trennung wird als Teil des Liebesdramas dargestellt, womit das Motiv der Sehnsucht aus dem HL, verstärkt durch die zeitgenössischen Liebes- und Freundschaftslieder, neu zum Tragen kommt. Als sehnsüchtig Liebende hat die Knesset Jisrael dabei die Rolle des Freundes aus dem Lob- und Freundschaftslied. Die Schönheit anderseits als äusserer (sinnlicher) und innerer (spiritueller) Wert ist das Motiv, das die Knesset Jisrael mit der Braut und der Geliebten in den weltlichen Liebes- und Hochzeitsliedern gemeinsam hat. Wie die Schönheit der Frau, so ist auch die Ästhetik des Heiligen (Tempelkult und Gebet) in al-Andalus als Wert neu betont und steht mit seinen Metaphern der Sinnlichkeit in Interaktion mit der Schönheit der Knesset Jisrael. Beim Reden über die Liebe und die Verlassenheit sahen wir zwei Möglichkeiten: In den apologetischen Passagen der Piyyutim verteidigt sich die Knesset Jisrael gegen die Kritiker mit dem Argument, ihre Liebesbeziehung zu Gott stehe fest; in den anklagenden Passagen wirft sie Gott vor, ihre Hasser zu bevorzugen, wobei diese Anklage auf Liebesverrat, auch wenn sie Bitterkeit ausdrückt, immer unter dem Vorzeichen von Liebe steht, weil die Knesset Jisrael hier die Rolle des eifersüchtigen, aber immer um Liebe bettelnden Liebhabers hat. In formaler Hinsicht verwendet der Paytan rhetorische Fragen (Warum hast Du vergessen?!) und Antithesen (die Braut כלה verzehrt sich כלתה), um die Liebesklage darzustellen. Die Antithesen dienen aber auch zum zusätzlichen Lob Israels: Dass sie eben trotz der Exilssituation an ihrer Liebe festhält, hebt ihre Treue hervor.

3.4.1.1 Zion als Braut und ihre Braut- und Königinnenkrone

Zion ist auch werbende Braut, nicht nur umworbene: Dies ist ganz neu in al-Andalus. Im klassischen Piyyut ist sie nur die Umworbene, nie die Werbende. Ausserdem lädt sie auch ohne den Rahmen der Hochzeit ihren Geliebten zum Liebesgenuss ein; der Liebesgenuss ist wie die Hochzeit ein Bildspender für die Darstellung der Ge'ulah. Diese neue Sicht der werbenden Braut zeigt, dass die Ge'ulah in al-Andalus nicht nur erwartet, sondern auch in gewissen Piyyutim als unmittelbar bevorstehend angesehen wurde und als aktiv beeinflussbar.

Die Hochzeit der Braut, das Thema der Shavuothpiyyutim, kann in al-Andalus wie eine Krönung zur Königin dargestellt werden. Dies drückt den realen Wunsch nach Restitution aus: Israel solle statt der Usurpatoren «Edom» und «Jishmaʿel» wieder herrschen. Neu ist zudem das Motiv, dass diese Völker nicht nur die Macht usurpieren, sondern für die Knesset Jisrael auch Liebesrivalen sind in ihrer Beziehung zu Gott. Auch dieses Drama wird im HL verortet, weil die Rivalen bald die Töchter Zions sind, bald die Wächter aus HL 5,7, die versuchen, der Knesset Jisrael den Schleier und den Schmuck, das Liebespfand Gottes, wegzunehmen.

3.4.1.2 Das klassische Motiv der Rivalinnen in neuer Interpretation

Im Vergleich zur Darstellung im klassischen Piyyut ist die Verachtung und Demütigung der Knesset Jisrael zwar durch den erwähnten Faktor der Liebesrivalität um die Liebe Gottes verschärft, aber anderseits gehört die Rivalität als Motor der Liebe zum Liebesdrama in der arabo-hebräischen Poesie. Aus dieser weltlichen Perspektive gesehen sind die «Feinde Israels», nämlich die traditionellen Hasser wie Hagar, Jishmaʿel und Esaw, zu den typischen Kritikern und Hassern der Liebe geworden, mit denen sich der Liebhaber oft auseinandersetzen muss, was ihm die positive Gelegenheit gibt, seine Treue zu seinem/seiner Geliebten zu zeigen.

3.4.1.3 Zion als Mutter

Das Motiv der unfruchtbaren Mutter, die mit Kindern gesegnet wird, war im klassischen Piyyut der Bildspender für die Erlösung Israels aus dem Exil. Im andalusischen Piyyut wird die Hoffnung auf Befreiung aus dem Exil kaum mit dem Bild der fruchtbaren Mutter ausgedrückt, sondern mit dem Bild, dass Zion wieder Herrin wird und Hagar wieder Magd. Für die Verzögerung der Erlösung steht die Metapher der Geburtswehen. Wenn Zion als Mutter dargestellt ist, so spielt auch hier das Motiv der Liebe und der Sehnsucht eine Rolle, indem sie anders als im klassischen Piyyut ihre Kinder nicht nur bejammert, sondern auch für sie einsteht und sie sammelt. Dieser neuen Selbständigkeit entspricht die neue Form der Sprecherkonfiguration, welche Zion aufspaltet in die Textfigur der Heimat Zion, d. h. der zeitlosen, idealen Knesset Jisrael einerseits und in die Textfigur der «Kinder», die für die aktuelle Gemeinde steht: die Gemeinde kann auf diese Weise Zion (die Knesset Jisrael und die Stadt) anreden. Die Sehnsucht der «Kinder» nach der «Mutter» drückt das Problem der Trennung des Volkes von Zion als seiner Heimat und dem Ideal der Knesset Jisrael aus, ein Aspekt des Exils, der in al-Andalus zum ersten Mal thematisiert wird: Im klassischen Piyyut gibt es nur die Perspektive der verwaisten Mutter, nicht aber die der verwaisten Kinder, die sich nach der Mutter sehnen.

Kapitel 4–6: Neue Deutungen des Exils durch die neuen literarischen Motive

In den folgenden drei Kapiteln stelle ich drei thematisch zusammenhängende Motive vor, die einen neuen Diskurs des Exils auf der Deutungsebene der weltlichen Poesie ermöglichen. Die drei Motive stammen aus dem Liebeskontext sowohl der Lust- als auch der Freundschaftslieder, wobei sie sich auch aus biblischen Quellen wie u. a. dem HL nähren. Auf der Deutungsebene der weltlichen Poesie erscheint die Exilserfahrung genau wie die Liebe vor allem als paradoxe Situation: das Motiv der Liebeskrankheit aus dem Lustlied dient zur Deutung des Leidens im Exil (Kapitel 4); das Motiv des Weggehens des Geliebten (Nedodmotiv) dient dazu, die empfundene Gottesferne als Teil des Liebesdramas nach dem Modell einer Freundschaftsbeziehung zu deuten (Kapitel 5); dasselbe Nedodmotiv dient wegen der Doppelbedeutung von Nedod (Weggehen und unstetes Wandern) auch dazu, das Umherirren im Exil als Suche nach dem geliebten Freund zu verstehen (Kapitel 6).

Die Knesset Jisrael als Liebende ist dabei als Schlüsselfigur verdoppelt: sie spielt einerseits die Rolle des männlichen Liebhabers, hat aber immer noch ihre weiblichen Eigenschaften einer schönen Geliebten oder Braut. Sie hat also die Rolle einer schönen Geliebten, die paradoxerweise ihre Liebe als Frustration erlebt wie ein verlassener Freund oder ein abgewiesener Liebhaber im weltlichen Lied. Auch Gott bekommt dabei eine Doppelrolle: Er verweigert sich grausam wie der/die Geliebte im Lustlied, anderseits steht Er in einer Freundschaftsbeziehung zu Zion, die auf Liebe und Treue beruht.

In ihrer Suche nach dem Geliebten verkörpert Zion die Sehnsucht, das Hauptmotiv der damaligen Liebespoesie. Wie der Liebende gegenüber seinem fernen Freund, so drückt auch Zion diese Sehnsucht nicht nur treu duldend und hoffend, sondern auch anklagend aus. Die Knesset Jisrael hat nicht nur Sehnsucht nach Gott, sondern auch nach Zion als ihrer Heimat: auch in dieser Rolle wird sie in al-Andalus neu zum Prototyp einer sehnsüchtig Liebenden, mit der sich der Sprecher im Piyyut identifiziert. Beim Ausdruck der Sehnsucht nach Zion benützt der Piyyut das Aṭlālmotiv, indem Zion als zerstörter Liebesort dargestellt wird. Wir haben schon oben gesehen, dass dabei anders als im Aṭlālmotiv in der weltlichen Poesie Zion auch die Perspektive eines nur momentan verlassenen Liebesortes hat, an dem die Vereinigung der Knesset Jisrael mit Gott sich erneuern kann.[1]

---

1 Siehe Teil III 1.4.4.2. Zur Aufspaltung der Zionsfigur und der Knesset Jisrael: s. Teil II 6.

Beim Motiv des Suchens nach dem Geliebten werden wir auf das Aṭlālmotiv zurückkommen, weil die Knesset Jisrael als eine Liebende dargestellt wird, die manchmal eben dort am ehemaligen Liebesort nach Gott sucht.

4. Die Liebeskrankheit als neue Deutung des Exils: Motiv C

Das Motiv der Liebeskrankheit zeigt die Widersprüchlichkeit der Liebe als «bittersüsse»[1] Erfahrung, ein Motiv, das sich, wie wir im Teil II gesehen haben, aus den arabischen ʿUdhrīten-Romanzen herleitet und in das andalusische Liebeslied und mit Variationen in den Nasīb der hebräischen Panegyrik übernommen wurde. Der Piyyut von al-Andalus findet gerade im Motiv der Liebeskrankheit die adäquaten Ausdrucksmöglichkeiten, um in dialektischer Methode Antworten auf das Leiden im Exil zu geben. Das Leiden wird nicht negiert, es wird bei diesem Motiv aber auch nicht theologisch erklärt, sondern in den Kontext des Liebesdramas gestellt und als natürliche Facette der Liebe gesehen. Im extremsten Fall (unten 4.1) wird das Leiden im Exil sogar als das Wesen vollkommener Liebe ganz positiv umgepolt.

Man muss aber beachten, dass die Texte oft den neuen Motiven traditionelle, religiöse Darstellungen entgegenstellen und so zwischen alter und neuer Darstellung lavieren. Das alte traditionelle Muster[2] steht dann im Kontrast neben dem neuen.[3] Dies kommt literarisch so zum Ausdruck, dass Bibelstellen aus den Klageliedern mit solchen aus dem HL kombiniert werden: das Traditionelle wird durch das Neue umgedeutet oder herausgefordert. Ein vorläufiges Zitat soll zeigen, wie das Leiden im Exil als Liebesleid umgedeutet wird[4]: Jehuda Halevi Nr. 268 ישעי צמח schreibt: «Genug ist es mit Liebeskrankheit in meinem Herzen, genug mit elend sein (דוה) auf meinem Bett.» Der Dichter verwendet das Wort «elend» דוה, das im Klagelied (Ekh 1,13; 5,17) vorkommt und im dortigen Kontext

---

1 Wahrscheinlich erster Beleg für das Paradox der Liebe bei Sapphos Adjektiv: bittersüss, glykypikron (frg.137 Diehl).
2 Das traditionelle Muster «Sündenbekenntnis – Vergebung – Verheissung der Erlösung oder Hoffnung auf Erlösung» ist in den Piyyutim zu den Jamim Nora'im und in allen Selichoth die Standardform. Zum Beispiel Moshe Ibn Ezra, Qerovah zu Jom Kippur, Nr. 186 אילת אהבים: «Die Hindin der Liebe soll ihre Gebete vermehren. In Weinen soll sie kommen, wie eine Geschmückte/Erhöhte (נדגלת), Mächtige (איומה). Mich ekelt vor meiner Sünde – mein Vater! – in die meine Seele, mich gestossen hat und es bleibt mir kein Lebensatem mehr.»
3 Wie z. B. in Abraham Ibn Ezra Nr. 139 אז בעלות מקוטרת, Traditionelles in Z. 14f., s.o. 1.3.
4 Weitere Beispiele in 5.2.2 und 6.

überhaupt keine Liebeskonnotation hat, im Zusammenhang des Liebeskontextes seines Piyyuts und deutet das Elendsein als Liebeskrankheit, wie sie im HL 5,8 mit dem Wort «krank bin ich vor Liebe» beschrieben wird.

4.1 Die Knesset Jisrael ist krank vor Liebe: das Leiden im Exil umgedeutet als Liebesleid

Die Sehnsucht der Knesset Jisrael gewinnt an Intensität im Vergleich mit dem klassischen Piyyut, weil es die Gestalt der liebeskranken Frau ist, die ihre Sehnsucht ausdrückt, und nicht wie im klassischen Piyyut das Kollektiv.[5] Die Sprache benützt die biblischen Quellen (vor allem das HL und Ekha), um das Motiv des leidenden Liebhabers aus den Liebes- und Freundschaftsliedern zu amplifizieren. Die Knesset Jisrael bekommt deshalb die Stimme des weltlichen Liebhabers:

Moshe Ibn Ezra Nr. 38 מה לאהובי

1 Was hat mein Geliebter, dass Er / mir zürnt, Sich erhebt über mich, //
   sodass mein Herz, sich neigend / zu Ihm, wie ein Schilfrohr schwankt? (ינוד)
2 Vergass Er die Zeit, da ich Ihm / in verlassener Wüste gefolgt bin (Jer 2,2) //
   sehnsüchtig? Und wie rufe ich / nach Ihm heut, und Er gibt nicht Antwort!
3 Ja, mag Er mich töten – auf Ihn / hoff ich, auch wenn Er verbirgt /
   Sein Antlitz, so doch Seine Güte / schaue an ich, ihr wend ich mich zu.
4 Es ändern sich nicht die Gunst / und die Gnade des Herrn zum Knecht, //
   denn wie kann der Glanz des Goldes / stumpf werden und wie sich verändern? (nach Ekh 4,1)

Dieser Piyyut stellt das mit dem Liebesleid gekoppelte Motiv des grausamen Geliebten dar: der Geliebte ist grausam, weil er sich dem Liebenden entzieht und ihn durch diesen Liebesentzug so quält, dass die Qual dem Tod gleichkommt. Im Lustlied ist diese Darstellung der Liebe konventionell: Der/die typische Geliebte ist charakterisiert durch sein/ihr grausames Sichentziehen, während er/sie paradoxerweise gleichzeitig zur Liebe verführt. Auch hier ist der Fokus des Piyyuts die paradoxe Liebe der Liebenden zum Geliebten, obwohl dieser sich abwendet. Die Hierarchie zwischen dem Liebenden und dem/der Geliebten ist im weltlichen Lied klar bestimmt: Der Liebende unterwirft sich wie ein Knecht dem Herrn

---

5 Siehe z.B. Teil I 2.1.2.2 Jannai, 4. Piyyut der Qerovah zu Gen 29,31, Rabinovitz 1985, I, S. 171–175: «Unsere Augen vergehen vor Sehnsucht (Wortstamm כלה) nach Deiner Liebe, der Du diejenigen liebst, die verhasst sind wegen des Hasses der Feinde.»

(oder der Herrin, der domina). Dies gilt nun auch hier im Piyyut: der Sprecher unterwirft sich unter «seinen Herrn» und nennt sich selbst Knecht (4. Zeile). Die Identifikation als Knecht ist allerdings, was den Gender betrifft, nicht ganz eindeutig: in der zweiten Zeile erinnert der Sprecher Gott mit dem Zitat von Jer 2,2 daran, dass er in der Wüste hinter Ihm herging, und identifiziert sich damit mit der jugendlichen Braut, von der Jer 2,2 spricht, wobei er das Jeremiazitat durch den Zusatz «sehnsüchtig begehrend» (תאב) an sein Thema der unerfüllten Liebe adaptiert. Das Bild des Knechtes hat hier aber noch einen grösseren Aussagegehalt als das der Braut: «Knecht und Herr» bekommen hier meiner Meinung nach eine zusätzliche biblische Semantik, weil der Leser an die Bibelstelle denkt, wo Gott, mit dem Gottesnamen «Adonai» bezeichnet, sich Seinen Knecht erwählt (Jes 42,1.6ff.).

Mit der Andeutung des biblischen Hintergrunds hebt der Text den Unterschied zur weltlichen Situation hervor: Der im Piyyut gemeinte Herr hat zu seinem Knecht ein persönliches Verhältnis, und der Knecht ist nicht wie in der weltlichen Liebesszene einer der vielen Liebhaber im Liebesdienst eines/r Geliebten.[6] Eine weitere Abwandlung des weltlichen Motivs liegt in der Art, wie der Knecht den Herrn sieht: Bei der Paradoxie «ich liebe, obwohl Er sich von mir abwendet» steuert das Gedicht im Verlauf der vier Zeilen auf eine Lösung hin, sodass am Schluss der Widerspruch aufgelöst ist in der rhetorischen Frage, wie sich denn «der Glanz des Goldes abstumpfen und verändern könne». Dieser Vers kehrt die Klage in Ekh 4,1 «Wie ist das Gold abgestumpft und hat sich das edle Metall verändert!» in eine positive Aussage um: Der zornige Gott habe sich zwar abgewendet, aber seine Güte (טוב) gelte immer noch. Mit dem Wort «ekh» (wie), das im Text dreimal vorkommt, wird man zwar an das Klagelied Ekha erinnert, aber die Pointe liegt eben gerade darin, dass am Schluss der klagende Ausruf zu einer rhetorischen Frage umgemünzt wird, die das Negative verwirft. Die rhythmische Struktur hebt die gegenseitige Bezogenheit des Knechts zum Herrn hervor, denn im kurzen Versfuss «nifʿal» (- -), der jeweils den Rhythmus verlangsamt, steht zweimal (1b und 3a) das Pronomen mein/mich (Suffix -i/-ni) direkt neben dem Pronomen ihm (lo): «*mein* Herz ist *Ihm*» und «tötet Er *mich*, *Ihm* harre ich entgegen» (s. hebräischen Text im Anhang).

Die Liebe als Paradox, ein konventionelles Motiv in der Liebeslyrik, beruht auf der Prämisse: Der Liebende leidet an der Liebe, nur der Geliebte hat das Mittel der Abhilfe, aber gerade er ist es, der den Liebenden verwundet. Jehuda

---

6 So z. B. der «liebeskranke Knecht» im Lustlied Jehuda Halevi, Brody, II, 324 = Beispiel 12 in Teil II 5.1. Zur Terminologie «Herr-Knecht» in den arabischen Lustliedern s. Walther 2004, S. 58.

Halevi schreibt im Piyyut 338 יאמץ לבבך: «Dein Liebhaber ist es, der dich quält יענך (im piʿel) und der dir antwortet יענך (im paʿal); Er ist das Heilmittel für den Schmerz und Er ist die Krankheit.» Ibn Ḥazm formuliert im Handbuch der Liebe folgendermassen: «Die Liebe ist eine Krankheit, an der der Liebende seine Lust hat, eine Qual, die er begehrt. Keiner der sie hat, will von ihr geheilt werden. Wer an ihr leidet, will nicht von ihr befreit werden.»[7]

Es gibt auch eine scheinbar biblische Parallele zu diesem Motiv in Dtn 32,39: «Seht nun, dass Ich es bin, und kein Gott neben Mir ist. Ich bin's, der tötet und der lebendig macht; Ich habe zerschlagen und werde auch heilen.» Derselbe Gedanke, dass Gott zerschlägt und auch heilt, ist als Hoffnung ausgedrückt in Hos 6,1. Aber die Ähnlichkeit ist nur scheinbar: Während Dtn eine Aussage über die Einzigkeit Gottes macht im philosophischen Sinne, dass alles von Ihm kommt, Tod und Leben, zielt hier der Piyyut auf die Deutung des Leidens ab. Das Leiden wird im Piyyut nicht auf die Allmacht Gottes zurückgeführt, sondern auf das Prinzip der Liebe gemäss andalusischer Dichtung: der Liebende muss leiden (s. Teil II 3 Motiv C). Was ist nun die Ausrichtung dieses Motivs im Piyyut? Das Anliegen des Piyyuts ist nicht das des Lustliedes, das Wesen der *Liebe* zu deuten, sondern das Wesen des *Leidens* im Exil. Das Motiv bietet eine der Möglichkeiten, dem Leiden einen Sinn zu geben, und die Dichter machen oft Gebrauch von der Deutung des Leidens als Liebesleid. Diese Deutung hat schon rabbinische Vorläufer, nämlich R. Akivas Interpretation von HL 5,10–17 in Verbindung mit Ex 15,2 «Dies ist mein Gott, und ich will Ihn verherrlichen».[8]

Das Motiv der Liebeskrankheit ist in den Piyyutim allgegenwärtig, deshalb führe ich nicht viele Belegstellen an. Auf den Aspekt der Liebe als eine Liebe, die sich verzehrt, hat, wie schon erwähnt, besonders Scheindlin[9] hingewiesen: "Arabic love poetry is not merely about passion, but about frustrated passion, passion in the face or even intensified by separation. It was the frustration typically described by Arabic love poetry that made it such a fruitful source for the Jewish liturgical poets." Und weiter unten: "… The love theme was important to them mainly as a vehicle for dealing with the problem of exile." Die Liebe werde deshalb beschrieben als eine Liebe, die die Trennung vom Geliebten überstehe,

---

7   Ich übersetze aus der französischen Übersetzung von Ibn Ḥazm al-Andalusi, Bercher 1949, S. 29, 1. Kapitel «De la nature de l'amour»: «C'est une maladie dont le malade se délecte, un tourment qu'il désire. Quiconque en est atteint ne souhaite pas de guérir; qui en souffre n'en veut pas être délivré».

8   Das Thema übersteigt den Rahmen meiner Arbeit. Zur Diskussion über den Sinn des Leidens zur Zeit R. Aqibas: s. Urbach 1986, S. 392 ff.; siehe auch Boyarin 1994, S. 122: Er analysiert ShirR und Mekhilta zu Ex 15,2.

9   Scheindlin 1991, S. 38.

die auch die Feindseligkeit der Umgebung ertrage, "a love nurtured by dreams of the past and expressing itself in prayers for satisfaction in the future".

Bei der Auseinandersetzung mit dieser prinzipiell gültigen[10] Aussage Scheindlins drängt sich immer mehr die Hauptfrage auf, der ich in den nächsten Kapiteln nachgehe: Wenn die Piyyutim das Motiv des Liebesleides übernehmen, um dem Exil einen Sinn zu geben, welche Bedeutung hat dann Zion als Ziel der nationalen Sehnsucht? Wie wird in den andalusischen Gebeten die Zionshoffnung mit der Bejahung des Leidens im Exil verbunden? Ist das Paradigma des leidenden Liebenden der psychologische-philosophische Schlüssel zum individuellen Glück respektive zur Erlösung des Individuums? Oder ist nach der Sicht der Piyyutim das Leiden des Einzelnen und der Gemeinde als Liebesbeweis in Kauf zu nehmen, den das Kollektiv zu leisten hat, damit man als Volk dank dem Leiden schliesslich von Gott aus dem Exil befreit werde?[11]

Bei dieser Dialektik von individueller/philosophischer und nationaler/messianischer Erlösung vom Leiden im Exil nehmen dieselben Dichter bald diesen, bald jenen Standpunkt ein. Die extremste Form von individueller Erlösung ist die Sicht des Liebesleides als Lust. Jehuda Halevi drückt dies kurz in Nr. 323 בעיניך ייטב so aus (letzte Zeile): «Füg noch mehr Schmerz zu, umso mehr fahre ich fort, zu lieben, denn wunderbar ist mir Deine Liebe.»[12] Beim Motiv des Liebesleides als Lust an der Hingabe an Gott und als Selbstaufgabe erfüllt sich die Sehnsucht nach Erlösung individuell; deshalb haben hier Zionssehnsucht und der Wunsch nach nationaler Befreiung meistens keinen Platz oder kommen nur am Schluss der Piyyutim vor, um das neue Motiv mit den Traditionen in Übereinstimmung zu bringen:

---

10   Ich habe seine Meinung schon in Teil II 3.2, S. 196, beim Motiv «Liebeskrankheit» zitiert und sie in dem Sinn korrigiert, dass die Knesset Jisrael das Ideal der unerfüllten Liebe in einem Punkt nicht teilen kann, weil sie, anders als der Liebhaber in den Lustliedern, bereits die Rolle der Ehefrau hat.
11   So fordert der Chaver in Jehuda Halevis Kuzari 1,115: «Wenn wir dieses Exil um des Namens Gottes willen gebührend erlitten …. würden wir die zukünftige Rettung, auf die wir hoffen, beschleunigen.» s. Teil II 1.3.2 zu Jehuda Halevi Nr. 332 מאז מעון אהבה.
12   Ebenso Jehuda Halevi Nr. 99,19.20 «Je mehr Schmerz und Leid zunehmen, umso mehr nimmt mein Lob zu. Denn (Zitat Spr 3,12) Gott straft den, den Er liebt, wie ein Vater, der seinen Sohn gern hat.» Weiter Abraham Ibn Ezra Nr. 142, Zeile 23–24: «Leiden/Krankheit (חלי) ist für meinen Hals ein Schmuckstück (חלי).» Dies ist ein paradoxes Wortspiel. Siehe auch Abraham Ibn Ezra Nr. 144, 2. Strophe.

Abraham Ibn Ezra Nr. 161 אמות ולא מת

Ich sterbe – und vor mir ist noch kein Liebhaber (חושק) an der Liebeskrankheit gestorben.
Mein Verlangen (חשק) ist nach dem grossen König, der ohne Schwäche ist und in Ihm sind all meine Quellen.

Dieser Piyyut[13] bietet gleichsam eine philosophische Studie über die Liebe Gottes, die ganz anders sei als die Menschenliebe[14], aber die Sprache mit den Ausdrücken «vor Liebe sterben» und «Liebeskrankheit» ist eben gerade die des vom Menschen handelnden weltlichen Liedes.[15] Das «Ich» ist ein männlicher Sprecher, und in der letzten Strophe wendet Sich Gott an ihn und verweist ihn auf die Prophetenbücher als Trost in der «Gefangenschaft» und verspricht ihm, «dem Sohn, der zwischen Löwen lebt», die Erlösung mit den Worten: «wir wollen die Liebe der Brautzeit erneuern», als ob der Angesprochene die Knesset Jisrael wäre. Die Erwähnung der Prophetenbücher, der Gefangenschaft (des Exils) und der Brautliebe (der Erlösung) geben dem Piyyut eine Wende von den individuellen Liebesbedürfnissen weg zum nationalen Anliegen der Befreiung des Volkes.

Das Wort «Ich sterbe» ist ein der Sufimystik entsprechendes Bekenntnis der Liebe, so wie Levin, Scheindlin und Sells[16] diesen mystischen Zug im Piyyut charakterisieren. Bei Abraham Ibn Ezra[17] tauchen Vorstellungen der Sufimystik öfters auf. Im Piyyut von Jehuda Halevi Nr. 332 מאז מעון אהבה haben wir festgestellt[18], dass dieser sich an der Sufimystik seiner arabischen Vorlage orientierende Piyyut in der letzten Zeile doch noch auf die Hoffnung auf nationale Befreiung

---

13 s. die Übersetzung des ganzen Piyyuts (4 Strophen) im Textanhang.
14 Denselben Gedanken drückt Abraham Ibn Ezra noch deutlicher in Nr. 90 aus: s. u. Kapitel 5 in der Einleitung. Er streitet dort jede Analogie zwischen menschlicher und göttlicher Liebe ab.
15 Zur Übernahme des Erotischen vom weltlichen in den göttlichen Bereich und viceversa in der arabischen Poesie s. Manzalaoui 1989, S. 123 f. Er sagt, Ibn ʿArabī, Mystiker des 13. Jahrhunderts, sei ein Meister des «contrafactum ad divinum» gewesen und zitiert folgende zwei Zeilen, in denen "Ibn ʿArabī identifies spiritual love with the mystic loss of self-identity": "I am my love, and the loving of my beloved: He who seeks me is the seeking and the one who is sought after."
16 Levin 1971, S. 138 und Sells 2000, S. 147–155 über das «fanāʾ»: dies ist "the passing away of the self" und "perishing of the self" (Sells S. 153). Ebenso Sells 1989, S. 107–115. Scheindlin 1991, S. 242: Anm. 13. Zum Einfluss des Sufismus auf das Judentum (u. a. auf Abraham Maimonides, Sohn des Rambam): Fenton 2003, Judaism and Sufism.
17 Siehe Abraham Ibn Ezra Nr. 161, 90, 142, 144 im Textanhang. Zu Abraham Ibn Ezras "fascination with contemporary Neoplatonism, Sufi mysticism, and ascetic poetry (zuhdiyyāt)" s. Weinberger 1997, S. 29.
18 Siehe Teil II 1.3.2.

umschwenkt. Auch wenn die Piyyutim, wie um die Übereinstimmung zu zeigen, das Thema von nationaler Befreiung neben die mystische Sehnsucht nach Erlösung stellen, wird uns doch der Unterschied der Thematik klar, wenn wir die Semantik des Ruhebegriffs anschauen. In den Piyyutim mit mystischem Anstrich ist schon allein das Aufgehobensein in Gott die vollkommene Ruhe und Freude.[19] Diese Ruhe ist Teil einer Gotteserfahrung und liegt deshalb auf einer anderen Ebene als die Ruhe im biblischen Gegensatzpaar «Wüstenwanderung und Ruheplatz». Dieses biblische Bildfeld[20] verwendet Jehuda Halevi zur Darstellung von Exil (Wüste) und Erlösung (Ruhe in Zion) in nationaler Sicht, z. B. in Nr. 265 יונות הושתו שכם (Anfang): «Tauben, die zur Flucht gewendet sind im Land der Wüste und des Abgrunds: steht auf, das ist nicht eure Ruhe, während die Aue eures Hauses verlassen ist. Kehrt doch zurück zu euren Ergötzungen, zum Gebiet von Chamat und Janocha, das der Ewige euch geben wird, und ihr werdet Ruhe finden.» Der Schluss lautet: «Zu Meinem Haus wird die liebliche Tochter (Jer 6,2) wie in ihrer Jugendzeit zurückkehren und auf dem Keruv der Hilfe werde Ich dahinfahren, um für sie einen Ruheort zu erkunden (Num 10,33).» Ebenso sagt Jehuda Halevi im Hochzeitslied Nr. 462 את עופרה צבית ארמון zur Knesset Jisrael: «Es soll die Zeit kommen, Tochter Zion, dass du ausruhest in der Sänfte.» Hier meint das Ausruhen die Rückkehr zum Tempel.[21] Allerdings ist es höchstwahrscheinlich so, dass bei Jehuda Halevi auch Zion nicht nur als Ort aufzufassen ist, wo die Knesset Jisrael als Nation Ruhe findet, sondern wo auch die «Seele» des Einzelnen in einer mystischen Verbindung mit Gott ausruhen wird, eine Idee, die oft in den Piyyutim über/an die Seele ausgedrückt wird, z. B. in Jehuda Halevi Nr. 295 שובי נפשי.

Auch der Piyyut Nr. 142 אחלי אני חלקך von Abraham Ibn Ezra zeigt diese Ambivalenz zwischen der Ruhe, die in Gott und deshalb überall gefunden wird (universalistische Ansicht), und Zion, die der einzige Ruheplatz sei für die Nation. Ich zitiere aus Strophen 1, 2 und 3:[22]

> O möge ich doch Dein Teil sein, O möge ich doch Dein Gesetz bewahren. Ich will sterben in meinem Verlangen חשק nach Dir, ich will mich in Deinen Schoss legen … Und Du weisst, dass das Herzensverlangen (תאות לבב) Deiner Tochter sich sehnt nach dem Haus

---

19 Abraham Ibn Ezra Nr. 90, Zeile 18: «Ruhe verleiht Deine Lust – während jeder, der begehrt, gequält wird.» Begehrt: es geht um den Unterschied zwischen Gottesliebe und Menschenliebe.
20 Die weitere Diskussion des Gegensatzes «Umherirren und Ruhefinden» unter dem Aspekt der umherirrenden Knesset Jisrael, die nach Gott sucht, s. u. in Kapitel 6.
21 Auch Jehuda Halevi Nr. 401, Z. 20: (zu Zion) «an deinem Ruheort ist der Thron unseres Herrn.»
22 Übersetzung des ganzen Piyyuts s. Textanhang.

Deines Wohnens. Bring sie zurück (Jes 50,19) und bring Deine Herrlichkeit zurück …
Das Allerheiligste, den Ort Deiner Ruhe, hat Dein Zorn ihn Dir vergessen lassen?

Der Sprecher, der wie in Abraham Ibn Ezra Nr. 161 die Selbstaufgabe und Hingabe an Gott mit dem Bild des Sterbens im Schosse Gottes ausdrückt, entpuppt sich unversehens als die Knesset Jisrael («Deine Tochter»), die sich nach Zion als dem Ort der Ruhe sehnt.

Piyyutim, die nicht in der Hingabe ans Liebesleid die Anwort auf das Exil finden, sondern in denen die Knesset Jisrael aktiv ist und hoffnungsvoll oder verzweifelt Auswege aus dem Exil und dem Liebesleid sucht, werde ich in Kapitel 6 bringen: Die Alternative zur Selbstaufgabe nach Art der Sufimystik ist das unermüdliche Suchen nach Gott. In diesem Sinn ist die Knesset Jisrael, die im Exil umherirrt wie der hā'im, der 'Udhrī-Held auf der Suche nach der Geliebten, positiv gedeutet, wie gezeigt werden soll. Auch beim Thema der Gottessuche lavieren die Texte zwischen einer nationalen und einer universalen Sicht: Ist Gott nur in Eretz Jisrael zu finden oder überall?[23]

---

23 Siehe die Sicht des Exils bei Baer 1936: Er meint (S. 26), dass Jehuda Halevi deswegen nach dem Land Israel gefahren sei, weil er ein Beispiel habe geben wollen, «dass die Erlösung nur durch wirkliche Sehnsucht nach der Vereinigung mit Gott in Erez Israel herbeigeführt wird. Der Mensch hat die Vorbedingungen zur Erlösung selber zu schaffen.» Diese Ansicht von Baer findet ihre Stütze in den Schlussworten von Jehuda Halevis Hakuzari.

5. (Motiv B) Der erste Aspekt von Nedod: Deutung des Exils als unbegründetes Weggehen des Geliebten

Als Quintessenz des in Teil II besprochenen Motivs der «Trennung im Freundschaftslied» zitiere ich die Zeilen 21–23 aus dem Lied מה לי לרות von Jehuda Halevi[1] an Jehuda Ibn Ghiyyat:

21 Das Gesetz der Liebe (דין אהבה) ist mir Religion, wann auch immer mein Geliebter willig ist (ברצות אהובי)
22 und auch bei seiner Treulosigkeit. Aber das Weggehen ist nicht gemäss meinem Gesetz (כתורתי Ps 119,85).[2]
23 Meines Herzens Wände wallen auf vor Sehnsucht[3] zu den Wänden seines Zeltes hin, seitdem ich sie anfrage; aber sie verweigern sich einer Antwort.

Zunächst zeigt diese Liebesklage an den Freund, die mit dem Hinweis auf einen Verhaltenskodex gleichwertig dem religiöser Gesetze begründet wird, nochmals die Analogie von menschlicher Freundschaft und der Liebe zwischen Gott und der Knesset Jisrael. Die Vergebung der Treulosigkeit unter Freunden wird hier geradezu zum Liebesgesetz erhoben, und auch im Piyyut haben wir gesehen,

---

1 Brody Nr. 100. Zeilen 1–15 (= Schippers 1994, 1–8) bereits zitiert als Beispiel für das Aṭlālmotiv in Teil II 4.2.4.
2 Ich bin mit Schippers 1994 (S. 161) Übersetzung nicht einverstanden; ich hebe die Wörter, die ich kritisiere, im Schrägdruck hervor: "The justice of love is for me a religion *according to the will* of my beloved, *but, when he deceives me* and even goes away from me, then it is not according to my law." 1. Er übersetzt, wie wenn es hiesse כרצות אהובי, aber es ist nicht כ, sondern ב, «dann, wenn der Geliebte will». 2. Das «aber» steht erst vor dem «Weggehen», nicht schon beim Betrug. Der Betrug des Geliebten steht wie «das Wollen des Geliebten» laut Text unter dem «Gesetz der Liebe», erst das Weggehen ist nicht gemäss diesem Gesetz.
3 Das Verb ist הומה: Schippers 1994, S. 161 übersetzt: "the walls of my heart have uttered (lamentations) to the walls of his camp." Brody verweist auf Jer 4,19: «Mein Inneres, mein Inneres … die Wände meines Herzens, das in mir aufwallt הומה לי, und ich kann nicht schweigen.» Ich verweise auf HL 5,4 «Mein Geliebter streckte seine Hand durch die Luke in der Tür und mein Inneres wallte auf המה wegen ihm.» Deshalb sehe ich nicht gemäss Schippers' Übersetzung die "lamentations" hier, sondern die Liebe oder Sehnsucht. Genau gleich verwendet Jehuda Halevi das Wort in Nr. 401,5: «Mein Herz wallt auf und sehnt sich nach Bethel.»

dass in Weiterführung des biblischen Spruches Spr 10,12[4] Gott so dargestellt werden kann, als ob Er sich, von der Schönheit der Knesset Jisrael bezaubert, an dieses Gesetz der Liebe halte und ihr die vergangenen Fehltritte vergebe.[5] Zum Weggehen des Freundes sagt nun aber der Sprecher, dass er dies nach «seinem Gesetz» nicht akzeptieren könne. Er wirft dem Freund in Vers 35 vor, bei Gazellen (Geliebten) in Sachen Liebe die Zuständigkeit eines Gerichts abzulehnen[6], obwohl er, der Freund, sonst ein so weiser Richter sei. Hier geht die Liebesklage zum Lob über. Bei der Klage über die Schuld des Geliebten zieht der verlassene Freund also alle Register der Rhetorik; er braucht die nostalgischen Bilder des Aṭlālmotivs mit den verlassenen, stummen Liebeszelten, die religiöse Sprache und die juristische, um den Weggehenden anzuklagen, aber diese rhetorischen Anklagen machen nur den einen Punkt klar: so sehr auch der Verlassene den Freund bedrängt, ihm Antwort zu geben, warum er wegging – es gehört zur Konvention, dass «Gazellen» sich nicht rechtfertigen müssen.

In den Piyyutim wird als Hauptproblem des Exils, worüber die Knesset Jisrael klagt, die Ferne Gottes thematisiert, und deshalb ist die Frage nach dem «warum» Seines Weggehens die Hauptfrage der Knesset Jisrael. Die Piyyutim antworten nicht sofort mit dem traditionellen Hinweis auf die Schuld der Knesset Jisrael: In den folgenden zwei Kapiteln werde ich herausstellen, wie sie mit Hilfe von Analogien zum weltlichen Liebesdrama neue und positive Deutungen des Weggehens Gottes und des Umherirrens der Knesset Jisrael im Exil schaffen. Wie wir in Teil II beim Trennungsmotiv (Motiv B) gesehen haben, geht der/die Geliebte und auch der Freund in der Darstellung eines Liebes- und eines Freundschaftsverhältnisses weg, ohne dass der Text einen Grund angibt, und der Liebende sucht keine Schuld bei sich selbst. Meistens schieben Liebhaber und Freund die Schuld der personifizierten Trennung (Nedod) zu, die mit ihrem Beil das Liebesband durchschlägt. Der Liebhaber im Lustlied nennt den Geliebten treulos, weil er weggeht, wobei er ihm im gleichen Atemzug diese Schuld vergibt, da jeder Geliebte so sei.[7] Im Lob- und Freundschaftslied beschuldigt zwar je nach Fall der Freund den weggehenden Partner der grundlosen Verletzung des Treuebundes, der lange bestanden habe[8], aber zugleich beschuldigt er auch das Schicksal (= die Zeit)

---

4   Spr 10,12 Hass weckt Streit, Liebe deckt alle Vergehen zu.
5   s. o. 1.1.4 das Gedicht von Moshe Ibn Gikatilla und Abraham Ibn Ezra Nr. 107.
6   Vers 35 (= Schippers Vers 18): אין על עפרים פליליה. Brody, Kommentar zu Vers 35, verweist auf die Parallele in Jehuda Halevi Nr. 53, Brody, I, S. 273, Z. 5 «Gibt es kein Strafgericht bei Euch?!» (s. Teil II 4.2.1).
7   Im Lustlied: s. Shmu'el Hanagid Nr. 172: «jeder Geliebte (Zvi) ist ein Treuloser.»
8   So Moshe Ibn Ezra in den Lob- und Freundschaftsgedichten: Klage des Sprechers in Nr. 52: die Freunde sind treulos und verraten ihn. Nr. 57,3: die Freunde wenden sich

und gibt ihm eine Macht, die mit der Macht Gottes konkurriert: «mit erhobener Hand und ausgestrecktem Arm (Dtn 4,34) vertreibt die Zeit die Liebenden».[9] Falls überhaupt das Schuldthema angeschnitten wird, so wird die Möglichkeit, dass der verlassene Liebhaber/Freund schuldig sein könnte, in beiden Textsorten nur als rhetorische Frage gestellt oder dezidiert verneint.[10]

Die Anschauung, eine Schuld der Knesset JIsrael sei nicht zu erwähnen, übernehmen die Dichter zum Teil auch in den Piyyutim (unten 5.1) und entschärfen damit die Darstellung des Exilproblems. So ist es zum Beispiel im Piyyut von Abraham Ibn Ezra Nr. 139 Levin אז בעלות מקוטרת der Fall, wie wir oben in 1.3 gesehen haben:

8 Sie war die Höchste unter allen Mädchen durch die Erhabenheit dessen, der sie liebte. Zart war sie im Schatten Seiner Flügel, bis dass die Trennung נדוד kam und Er ihrer überdrüssig wurde; da machte sie sich auf den Weg – wann wird Er sie zurückholen? In der Nacht beobachtet sie den Orion und die Plejaden, sie steht da und fragt nach Ihm. Und wenn Er seinen Schritt verzögert, wird sie schweigen und hoffen.

Die Trennung kommt wie ein Schicksalsschlag, wie der Auftritt einer Person, die die Liebenden ohne Begründung trennt. Die Knesset Jisrael macht sich auf die Suche wie die Geliebte des HL (3,2; 5,6). Sie beobachtet wie der verlassene Liebhaber[11] schlaflos den Nachthimmel, ob es endlich Morgen werde. Ab Zeile 13 kommt der religiöse und nationale Überbau, indem der Piyyut im Unterschied zum Tenor in den Liebesliedern die Wende zur Erlösung ankündigt. Auf diese Wende leitet das Stichwort der vorhergehenden Zeile über: Sie schweigt und hofft. Hoffnung und Treue charakterisieren die Knesset Jisrael ebenso wie den Ausschau haltenden Freund, mit dem einzigen Unterschied, dass in den Freundschaftsliedern der Verlassene lediglich die Hoffnung hat, die Freundschaft könne sich

---

grundlos (חינם) ab; Nr. 112, 11: das Schicksal ist neidisch auf seine (des Sprechers) Qualitäten und deshalb stürzte es ihn grundlos. Nr. 62, 5 ff.: Das Schicksal meint es schlecht mit den Guten, gut mit den Schlechten. Nr. 57,4: Er weiss nicht, ob es eine Sünde (פשע) seinerseits gibt, weshalb sich der Freund von ihm abgewendet hat. Nr. 112,18: Die Freunde haben ihn verlassen, ohne dass er eine Sünde (חטא) begangen habe.

9 Teil II 4.2.4: Moshe Ibn Ezra Nr. 91, Zeile 9 Brody, s. auch Moshe Ibn Ezra Nr. 37. Weitere Metaphern für die personifizierte Trennung und das böse Schicksal s. den Exkurs zu Nedod unten 6.2.3. Zur «Zeit» als Schicksal s. auch Teil II 2.1 Shmu'el Hanagid Nr. 182 (Beispiel Nr. 1).

10 Rhetorische Frage z. B. in Jehuda Halevi Nr. 100 an Jehuda Ibn Ghiyyat, Zeile 33 f.: «Hab ich mich schuldig gemacht, dass ich von seinen Rosen stahl (seine roten Wangen küsste) und zahle ich etwa für meinen Diebstahl?» Verneinung der Schuld: Shmu'el Hanagid Nr. 176: «Der Geliebte wurde ohne Sünde meinerseits (בלי פשע) grausam mir gegenüber.»

11 S. oben 1.3 die Anmerkung zum Lied Abraham Ibn Ezra Nr. 139.

erneuern, während im Piyyut Nr. 139 (und in vielen weiteren) Gott der Knesset Jisrael meistens in der Schlusszeile als Trost für das Warten die Wiedervereinigung verspricht. Sie wird für ihr Durchhalten im Exil, das sie offenbar nicht verschuldet hat, belohnt, denn von einer Schuld ihrerseits ist in Nr. 139 nicht die Rede. Man kann zunächst meinen, sie sei wirklich das Opfer von Seiner Willkür. Hier stossen wir nun bei der Darstellung der Exilsproblematik auf ein neues Problem:

Die positive Darstellung der unschuldigen Knesset Jisrael geht auf Kosten einer negativen Sicht von Gott als einem, der Seine Geliebte grundlos verlässt. Oder muss man annehmen, Gott selbst sei ebenfalls unschuldiges Opfer der Schicksalsmacht? In zwei Piyyutim von Jehuda Halevi[12] jedenfalls wird auch Gott als unter der Trennung leidend dargestellt.

Der Text Nr. 139 könnte hier ein religiöses Dilemma aufzeigen, aber die Frage der Schuld wird gar nicht thematisiert: Die Schuldfrage wird ausgeklammert. Die theologische Frage wird als eines der unlösbaren Geheimnisse der conditio humana offengelassen, und der Piyyut stellt es als geradezu selbstverständlich hin, dass der Geliebte weggeht. Statt auf das «warum» geht der Piyyut nur auf die Frage «wie weiter» ein.[13] Hier betont er, dass die verlassene Knesset Jisrael weder empört[14] noch zerstört ist, sondern wartet und hofft (Zeile 11). Im Unterschied zu andern Piyyutim weint und klagt sie nicht, sondern nur ihre Liebe wird betont. Aber auch die viel häufigeren Piyyutim, in denen sie klagt, fassen die Klage und Liebe als die zwei typischen widersprüchlichen Seiten der Liebessehnsucht auf: die Knesset Jisrael klagt und liebt wie der verlassene Liebhaber. So sagt Jehuda Halevi in einer Abfolge von widersprüchlichen Aussagen, aber im Gleichklang der Reime, im Piyyut Nr. 328 חן מצאה: «sie klagt und jauchzt in Deinem Lob ... sie verschmachtet und schmachtet doch nach Deinem Haus.»

Während in den weltlichen Liedern der verlassene Freund die Trennung dem Schicksal anlastet[15], geht der Piyyut nicht so weit in der Übernahme des Schicksalsglaubens:[16] auch wenn die Piyyutim manchmal das Leiden der Knesset

---

12 In Nr. 381 יונת רחוקים (II 6.2.2 und III 1.1.2) und 386 ימים קדומים (III 6.2.4: in 386 ist zudem sie als Schuldige dargestellt). Ebenso bei Moshe Ibn Gikatilla אם תראי מראיך oben 1.1.4.
13 Dies ist ein pragmatischer Zugang zum Problem des Exils ähnlich wie die Anweisung zur Hoffnung in Hab 2,3. Ebenso bSanh 97b: Besser ist hoffnungsvolles Ausharren als Endzeitspekulationen.
14 Empört ist die Knesset Jisrael z. B. oben Teil II im Beispiel Nr. 11 von Moshe Ibn Gikatilla.
15 s. Teil II 4.2.4: das Schicksal zerstörte die Liebesstätte und zerstreute die Liebenden.
16 Wie die Dichter in den weltlichen Liedern zwischen Schicksalsglaube und jüdischer Weltanschauung vermitteln, s. Elizur 1994c, S. 27–43.

Jisrael nicht als Strafe für ihre Schuld darstellen, so bleibt die Frage, wer denn das Leiden verursacht hat, entweder offen oder die Knesset Jisrael klagt Gott als den Geliebten an, grausam und gefühllos zu sein. Der Fokus liegt dabei aber auf ihrem, nicht auf Seinem Verhalten. Der Aussagegehalt bei solch einer Anklage ist nämlich der, dass ihr wie dem Freund in den Freundschafts- und Liebesliedern der Pluspunkt gegeben wird, sie bleibe trotz der grausamen Trennung dem Geliebten und Freund treu.

Als Bestätigung des bis jetzt Gesagten fasse ich einen Piyyut von Abraham Ibn Ezra (Nr. 90) auf, der jede Analogie zwischen menschlichem und göttlichem Verhalten abstreitet, um Gott als verlässlich darzustellen im Unterschied zum Wankelmut des weltlichen Liebhabers. Dass er aber diese Analogie abstreiten muss, zeigt, wie verankert die Vorstellung in seiner Umgebung war. Die Analogie dient dem Text als Ausgangspunkt, um die Frage der Treue Gottes zu thematisieren.

Abraham Ibn Ezra Nr. 90 Ahavah אהבת אלי לי ערבה

> Die Liebe zu meinem Gott ist mir süss –/ wunderbarer als die Liebe zu mir selbst.
> Nach Ihm verlange ich (חשק), bis dass mir jede Liebe,/
> ausser die Seine, verhasst ist.
> Ich habe die Einsicht gewonnen in der Sache derer, die wählen /
> einen andern ausser Ihn, dass jener (andere) sie verabscheuen wird:
> Wie kann ein vernünftiger Mann nachjagen[17] /
> teurem Reichtum oder der Frische einer Wange?
> 5 Dabei wird ihm doch (vom Geliebten) nur Weggehen (נדוד) zustossen, oder zürnen wird ihm der Geliebte – und er (der Liebende) wird nicht am Leben bleiben!
> Den Geliebten דוד, der mich geschaffen hat, den umwerbe ich, /
> in Ihm finde ich jeden teuren Reichtum,
> und sicher davor, dass Er nicht weggeht (בטח מנודו), lege ich mich zur Ruhe: /
> Er ist das Leben für den Verzagten.
> Viel Eifersucht entsteht um jeden Geliebten, aber dieser /
> ist mein Liebling[18], der Eine, auf den ich vertraue.
>
> …
>
> 18 Ruhe verleiht die Lust an Dir – während jeder, der begehrt, gequält wird. (…)[19]

Es scheint so, dass Abraham Ibn Ezra hier bewusst ein Bekenntnis zu einem treuen, liebenden Gott ablegen will, der einen nicht im Stich lässt. Aus dem

---

17 Hier spielt Abraham Ibn Ezra auf die zwei Ziele an, die sonst ein Dichter seiner Zeit mit seinen Liedern erreichen will: Geld vom Patronus und körperliche Liebe vom Geliebten.
18 HL 5,16 «Dieses ist mein Geliebter, dies ist mein Freund, Töchter Jerusalems!» Damit kombiniert der Text in Piyyut Nr. 90 den Schluss des Shmaʿ Jisrael: «Er ist *einer*.»
19 Ausgelassene Verse 9–17 und Schluss 19–23 s. Text im Textanhang.

philosophisch reflektierenden Piyyut mit seinem apologetischen Diskurs über die Liebe nach Art der Weisheitliteratur (z. B. Zeile 4) kann man auf ein Dilemma schliessen: Wenn die Dichter Andalusiens die Liebe zu Gott nach Art eines weltlichen Liebesdramas darstellen, ermöglichen sie es zwar, die Problematik des Exils als menschliches Problem auszudrücken, bringen sich aber religiös in Konflikt, indem sie das Verhalten Gottes mit denselben menschlichen Fehlern belasten, die ein treuloser Geliebter hat, mit Vergessen, Zorn oder Grausamkeit.[20] Dies kontert Abraham Ibn Ezra hier nun mit einem neoplatonisch inspirierten Bild Gottes. Dies hindert den Dichter aber nicht, in einem andern Piyyut (Nr. 144) Gott als indifferent seinem Leiden gegenüber wie einen untreuen Geliebten oder Freund zu beschreiben:

Der Liebende weiss nicht, wo Gott, der Geliebte, sich aufhält, er braucht seine Freunde, um ihm die Grüsse zu übermitteln: «Mein ganzes Wünschen ist: bringt Ihm den Gruss von einem, nach dem Er sich nicht erkundigt, ob er hin und her irrt (ילך לנודו והלם) und nicht mehr das Joch Seiner Last zu tragen vermag.»[21]

Der Ausweg aus dem Dilemma wird in den meisten Piyyutim in dialektischer Weise so gesucht, dass das Weggehen Gottes zunächst als etwas hingestellt wird, das nicht begründet werden muss, dann aber der traditionelle Hinweis auf das Verhalten der Knesset Jisrael kommt, die dies als Strafe für ihre Sünden verdient habe. Es gibt aber auch einige wenige Piyyutim, die die Schuldfrage völlig ausklammern: Das Verhalten Gottes und der Knesset Jisrael gehorcht den Gesetzen der Liebe nach dem Muster der Freundschaftslieder und es gibt keinen religiösen Überbau von Schuld und Strafe. Dies sind die folgenden Piyyutim:

---

20 Vergessen: Jehuda Halevi Nr. 137 ידידי השכחת und Moshe Ibn Ezra Nr. 38 מה לאהובי. Zorn: ebenfalls in Moshe Ibn Ezra Nr. 38. Grausamkeit: Jehuda Halevi Nr. 331 ימי חרפי. Siehe zu Jehuda Halevi 331 und zu allen genannten Aspekten unten 5.1.
21 Abraham Ibn Ezra Nr. 144, Zeilen 6.7 Der ganze Text befindet sich im Textanhang.

5.1 Die Knesset Jisrael wird grundlos verlassen

Jehuda Halevi Nr. 331[22] **Ahavah, Gürtellied** ימי חרפי

1 An meines Glückes Tage / denk ich in meiner Not
 und wegen meiner Last / schrei ich in Bitterkeit.
 Den Mund zu küssen meines / Freunds ist meine Lust.
  Kehrt Er zu mir zurück? / Verliess Er ewig mich?
  Seitdem Er weggegangen (סר), / bin ich vor Liebe krank. (HL 2,5)
2 Ist von Ihm beschlossen / Böses über mich,
 da gegen mich Sein Bogen (קשתו) / mit Pfeilen ist gespannt? (Ekh 2,4; 3,12)
 Ich bin doch Seine Tochter (בתו), / wann kleidet mich mein Schmuck?
  Mit Trauerkleidern tauscht Er / mein Schönes, das ich trug.
  Gleich einer Fremden traf mich / der Pfeil, – verstört (סר) mein Herz.
 Und dennoch auf Sein Wort / hoff ich die ganze Zeit.

Das Motto des Piyyuts ist im Wort סר konzentriert, das dreimal in unterschiedlicher Bedeutung vorkommt: «Seitdem Er weggegangen ist (סר), bin ich krank vor Liebe», klagt sie im 1. Gürtel wie die Geliebte aus dem HL, im 2. Gürtel ist ihr Herz verstört (סר wie in 1. Kg 21,4), aber wie Leah, die auf die Liebe Jaʿaqovs hofft, frohlockt sie im Schlussvers «Er ist zu mir zurückgekehrt (סר), jetzt wird Er mich lieben (Gen 29,32)». Das Weggehen des Geliebten wird nur rhetorisch hinterfragt, indem die Knesset Jisrael wiederholt Fragen stellt wie: «Kommt Er zurück?», «Hat Er Böses beschlossen?», «Wann wird Er mich schmücken?»; aber sie erwartet keine Antwort auf das «warum». Der Piyyut fragt nicht nach vergangener Schuld, sondern endet mit dem Blick in die Zukunft und dem Neuanfang Seiner Liebe. Zu Beginn aber kontrastiert sie Sein plötzliches böses Verhalten mit der Liebe, die sie von Ihm erwartet: «Hat Er Böses über mich beschlossen, da Sein Bogen mit dem Pfeil gegen mich gespannt ist? Ich bin Seine Tochter!» Die Wörter «Sein Bogen» (קשתו) und «Seine Tochter» (בתו), die Reimwörter des Binnenreims der zweiten Strophe, sind einander als eklatanter Widerspruch gegenübergestellt. Sie macht von Anfang an klar, dass sie trotz Seines Verhaltens treu an der Liebe festhalte; ihr Standpunkt, dass sie Ihn jetzt noch immer wie früher liebe, wird auch formal deutlich, weil das Reimwort des Gürtels und der 1., 4. und 5. Strophe auf -i (Suffix der 1. Person) endet. Weil sie die jetzige Grausamkeit Gottes Seiner früheren Liebe entgegenstellt, ohne einen Grund anzugeben, scheint Sein Verhalten für sie unbegreiflich zu sein. Sie macht kein Schuldbekenntnis, sondern sagt nur, sie möchte von Ihm wieder akzeptiert werden (4. Strophe, Zeile 16 f.): «Wenn doch nur meine Wege richtig wären in den Augen meines Geliebten,

---

22 Übersetzung aller 5 Strophen mit Anmerkungen s. Textanhang.

nach dem sich sehnen meine Augen am Tag meines Unglücks.» Das Wort «Tag meines Unglück» lässt es offen, ob sie damit den Tag meint, an dem sie irgendwie schuldig wurde oder den Tag, an dem Er wegging. Sie scheint aber eher das Zweite hervorzuheben, weil sie den Tag des Unglücks als den Tag, an dem sie sich nach Ihm zu sehnen anfing, beschreibt. Damit stellt der Piyyut Sein Weggehen in den Zusammenhang eines Liebesdramas ohne Schuldzuweisung.

In diesem Liebeskontext gibt es auch für das Motiv der Grausamkeit einen neuen Deutungsansatz: «Die Geliebte beschliesst Böses über mich», klagt der Liebhaber in Jehuda Halevi שלום לצביה[23] wie hier in Piyyut 331 Zeile 6. Das grausame Bild des Bogenspannens und Pfeileschiessens aus dem Klagelied Ekha 2,4; 3,12 kommt im Liebeslied als ein Topos[24] vor, um die Qual der Trennung von der/m Geliebten zu beschreiben. Diese Konnotation der Liebe kann das Bild auch im Piyyut Nr. 331 haben, wodurch es zwar grausam bleibt, aber nicht wie in Ekha auf die Zerstörung des Opfers hinweist, sondern auf die Liebesqual, die der Geliebte der Liebenden zufügt, absichtlich und unabsichtlich; eine Qual, die nach andalusischer Vorstellung zum Wesen der Liebe gehört.[25]

Wie hier in Nr. 331 wird das unverständliche Weggehen des Geliebten oft durch rhetorische Fragen ausgedrückt wie «was hat mein Geliebter, dass Er mir zürnt? Hat Er die Zeit vergessen, da ich hinter Ihm herging in Liebe in der unwirtlichen Wüste, und wie rufe ich nun nach Ihm heute und Er antwortet nicht?».[26] Das Zürnen des Geliebten kann offenbar nicht begründet werden, und deshalb gibt es nach Ansicht der Sprecherin keinen Grund, warum Er wegging, im Gegenteil, sie gibt dem Geliebten selbst die Antwort mit der zweiten rhetorischen Frage, ob er denn die Liebe vergessen habe. Diese Frage erwartet

---

23 Jehuda Halevi, Brody, II, Nr. 14, S. 17, שלום לצביה: «Friedensgruss dem jungen Mädchen, der Gazelle, … Sie steigt empor wie die Sonne und hat ihren Geliebten durch ihr Weggehen gequält. Wenn mir das Böse beschlossen wurde von ihrer Seite und sie geschworen hat, mich zu töten …».

24 Shmu'el Hanagid Nr. 188, Zeile 2: «Willst du den Pfeilbogen der Trennung am Tag deines Weggehens vollständig gegen mich spannen und dir als Ziel mein Inneres nehmen und darauf schiessen?» Speziell die Augen sind es, die Pfeile (der Liebe) schiessen: Bauer 1998, S. 288–296.

25 Oben Kapitel 4. Siehe auch das bekannte Wortspiel «Qual» und «Liebe» in Moshe Ibn Ezra Nr. 250 Brody (im Einleitungskapitel): (Die Kinder der Schönheit sind dazu da) «um das Leben zu quälen (עשק) – kein lebendiger Mann kann leben und nicht lustvoll lieben! (חשק).»

26 Moshe Ibn Ezra Nr. 38 oben 4.1. Ebenso Jehuda Halevi Nr. 137 s. o. 1.1.3: «Mein Geliebter, hast Du vergessen, wie Du zwischen meinen Brüsten ruhtest – und warum hast Du mich für immer an meine Sklavenhalter verkauft? Bin ich Dir nicht damals im saatlosen Land gefolgt?»

natürlich ein Nein als Antwort. Die Wüstenwanderung[27] als treues Nachfolgen ist ihr Argument in der Streitfrage.

Auch im Gedicht von Moshe Hakohen Ibn Gikatilla[28] על מה עדי עלמה bleibt die Frage, warum Er wegging, unbeantwortet: «Wie ist mir zum Feind geworden mein Geliebter, der Grösste meiner Jugendzeit! Früher glitt ich im Meer Seiner Liebe dahin wie ein Schiff.» Wie in Jehuda Halevi Nr. 331 bekommt auch hier der Klageausdruck aus Ekha (2,5 «Der Ewige wurde wie ein Feind») im neuen Kontext der Liebe eine andere Bedeutung: Die Knesset Jisrael klagt als verlassene Geliebte und nicht als zerstörte Frau wie im Klagelied.

Auch in den folgenden Piyyutim Jehuda Halevi Nr. 84, Nr. 379 und Shlomo Ibn Gabirol Nr. 142 ist das Weggehen des Geliebten sowie in Jehuda Halevi Nr. 330 *ihr* Weggehen (s. o. 1.1.4) frei von der Frage nach Sünde und Strafe dargestellt. Das Vokabular stellt mit seiner Liebessemantik aus dem HL[29] oder dem Liebeslied[30] die Trennung in den Rahmen eines Liebesdramas. Ich setze diese Wörter, die wie Codewörter wirken, bei den folgenden Zitaten auf Hebräisch hinzu:

Jehuda Halevi Nr. 84 יפה מה טובו Gürtellied für Sukkoth:

> Dein Geliebter (דודך), der gestern von dir weg geflohen ist (ברח[31]) siehe, wie ein Held ist er hier, seine Bahn zu laufen.

Jehuda Halevi Nr. 379 יונה בפח מצרים[32] Ahavah:

> Taube in der Falle Ägyptens, zwischen Feinden und Bedrängern, hat ihr Nest verlassen. Warum hast Du sie im Zorn im Stich gelassen, nachdem Du sie zu Dir gezogen hast mit Banden der Liebe? Mein Inneres bebt (מעיי הומים wie HL 5,4) wegen des Weggehens (נוד) meines Freundes und schmerzt.

---

27 Die Wüstenwanderung als Liebesbeweis ist ein Motiv, mit dem die Knesset Jisrael auch in der Auseinandersetzung mit den Kritikern (den Töchtern Jerusalems) argumentiert (oben 2.2.2).
28 s. Teil II, Beispiel Nr. 11.
29 Dort sind die für das Weggehen verwendeten Wörter folgende: HL 6,1: «Wohin ist dein Geliebter gegangen (הלך), du Schönste unter den Frauen, wohin hat sich dein Geliebter gewandt (פנה)?» HL 8,14: «Flieh ברח mein Geliebter, tue es der Gazelle gleich.» HL 5,6 «Ich tat meinem Geliebten auf, doch mein Geliebter war weggegangen, war fort (חמק עבר).»
30 Im Lustlied und im Freundschafts-/Loblied steht fast durchwegs נדד für das Weggehen.
31 nach dem Inhalt von HL 5,6, aber das Verb ברח gemäss HL 8,14.
32 s. die Interpretation in 2.2.1.

Letzte Strophe (an die Freunde):

> Ich beschwöre euch bei der Gazelle (עופר), welche weit weg floh (הרחיק נדוד: Ps 55,8 hier ist es die Taube) und die Freundschaft (אחוה) gebrochen hat: Dass ihr ja nicht das Weinen weckt, meine Freunde, und nicht die Liebe aufstört (nach HL 2,7; 3,5; 8,4).

Shlomo Ibn Gabirol Nr. 142 שמשי עדי אנא Reshut:

> Ich rufe euch zu, meine Freunde, ich beschwöre euch, sprecht doch zu meinem Geliebten, der geflohen ist (ברח).

Ich habe drei Piyyutim gefunden, in denen beide Partner unter der Trennung, dem Exil, leiden, wie es ganz selten auch im Liebeslied vorkommt[33]: Jehuda Halevi Nr. 386 ימים קדומים und Nr. 381 יונת רחוקים und Moshe Ibn Gikatilla אם תראי מראייך.[34]

Als Beispiele für eine Liebessprache, bei der auch eine Schuld der Knesset Jisraels erwähnt ist, nenne ich folgende zwei Piyyutim von Jehuda Halevi (Nr. 322 und 323):

Jehuda Halevi Nr. 322 מה אתנה בכופר Me'orah, Gürtellied:

> Was soll ich als Lösegeld zahlen für den jungen Hirschen (עופר), der wegging (ארח)? (Schlusszeile:) Dein Freund, der wie ein junger Hirsch aus deinem Schoss geflohen ist (ברח), Er ist zurückgekommen, und die Ehre des Ewigen strahlt über dir auf.» In den mittleren beiden Strophen fragt sie zweimal «wie lange noch?» und meint damit, wie lange die Strafe für ihre Sünde dauern soll, die sie ja schon doppelt abgebüsst habe (nach Jes 40,2).

Jehuda Halevi Nr. 323 יטב בעיניך Ahavah:

> Du bist der Geliebte, der weit wegging (הרחיק נדוד) von mir wegen meinen schlechten Taten, aber ich halte fest am Mantelzipfel Seiner Freundschaft.

Als Gegenbeispiele, in denen das Motiv des Weggehens nicht im Liebeskontext, sondern nur klagend vorkommt, zitiere ich noch folgende Stellen:

Jitzchaq Ibn Ghiyyat Nr. 356 שדי שובבה ed. Yonah David (S. 469 f. Zeile 3):

> Am Tag, da ihr Geliebter sich entfernte, weigerte sie sich, sich trösten zu lassen.

Dies ist eine Anspielung auf Rachel, die sich nicht trösten lässt (Jer 31,15).

Moshe Ibn Ezra Nr. 5 Me'orah אין בפי מלה:

> Ich habe kein Wort mehr in meinem Munde, um dem, der mich fragt, Antwort zu geben. Denn meine Sünde hat mir eine Falle vor die Füsse gestellt. Meine Tage im Exil

---

33 Im Liebeslied: Teil II 3.2, Beispiel Nr. 5 (Shmu'el Hanagid Nr. 202) und die Bemerkungen dazu.
34 Zu Nr. 381 s. 1.1.2. Zu Nr. 386 s. 6.2.4. Zu Moshe Ibn Gikatilla s. 1.1.4.

ziehen sich lange hin ... und ich bin kinderlos, denn wirklich: mein Ehemann ist wie eine Gazelle von meinem Zelt weggeflohen.

Hier ist bezeichnenderweise vom Ehemann und nicht vom geflohenen Geliebten die Rede: es ist nicht das Liebesdrama zweier Liebenden.

5.2 Das Weggehens des Geliebten kombiniert mit dem traditionellen Deutungsmuster

Neben den Piyyutim, die das Motiv des Weggehens Gottes ohne den Überbau von Schuld und Sühne bringen, gibt es, wie es auf der Hand liegt, mehr Piyyutim, die das neue Motiv des unbegründeten Weggehens mit dem alten traditionellen Deutungsmuster des Exils als Strafe für die Schuld Israels verbinden.

Ein Beispiel für die Kombination des Liebesmotivs mit dem alten Deutungsmuster ist die in Teil II als Beispiel Nr. 6 zitierte Ahavah von Shlomo Ibn Gabirol Nr. 180 יביא לחדרו הדוד (Zeile 1): «In sein Zimmer möge bringen der Geliebte, der über alle Liebhaber erhaben ist, Seine Freundin, die krank ist, wenn sie an Seine Liebe denkt.» In Zeile 8 setzt die Sprecherin neu ein und gibt ein Schuldbekenntnis: «Meine Worte reden Irres, weil mich der Höchste meiner Jugend, der mich seit jeher geliebt hat, verlassen hat, denn die Sünde meiner Schritte umgibt mich.»

Auch Jitzchaq Ibn Ghiyyat beginnt folgende Ahavah in der Form eines sechsstrophigen Gürtelliedes mit der Liebesklage der verlassenen Frau, die wie der Liebhaber im Lustlied scheinbar keinen Grund kennt, warum der Geliebte wegging. In der zweitletzten Strophe aber, bevor sie den Geliebten (Gott) direkt anspricht und um Seine Rückkehr bittet, gesteht sie ihre Schuld ein.

Jitzchaq Ibn Ghiyyat Nr. 118[35] **Ahavah** הידעתם ידידי

Gürtel: Habt ihr, meine Freunde, vernommen schon?
　　　　Die Gazelle aus meiner Wohnung floh (ברח)!
　　　　Wann kommt Er mir wieder zum Heim zurück?
　　　　Mein Keruv möge euch doch sagen –
　　　　nachdem Er mein Herz hinweggetragen –
　　　　wie soll ich meinen Kummer tragen?
　　　　　Als Er mit Sich genommen hat
　　　　　mein ganzes Glück, da wusst' Er nicht,
　　　　　bei wem Er mich so traurig liess.

---

35 Ed. Yonah David 1987, S. 216–218.

Leid ist mir, Leid, denn Er ging fort, (נדוד)
es wich von mir Sein Glanz und Ruhm,
Seiner Schönheit Licht und Herrlichkeit.
    Wo sind die Tage, da Seiner Lippen
    Honig auf meine Zunge troff,[36]
    an meinem Hals Sein Halsschmuck lag?
Vergass Er Seine Gunst für mich?
Wie kann Er missachten die Lust an mir,
die Freundschaft (ידידות), die in Ägypten Er
    mir zeigte bei Amon (Jer 46,25), als Er
    Seine Wunder an meinen Feinden bewies,
    herausgeführt hat all mein Volk?
Das Schilfmeer spaltete Er vor mir
und liess erstrahlen Sein Licht vor mir,
sprach Worte der Liebe (דודיו) in mein Ohr.
    Es kam mein Geliebter in Seinen Raum,
    zu meinem lieblichen Glockenklang
    und zu meines Zimtes Duft.
Weil ich Gesetz und Gebote nicht hielt,
nahm Er von mir die Freundschaft weg,
die Freundschaft (ידידות), welche geehrt und begehrt.
    Gib mir zurück Deiner Hilfe Freude,
    auch wenn meine Bosheit den Kopf übersteigt,
    so bring hinweg doch meine Schuld!
Viel vom Tag an, da weg Du gingst (נדודך),
ob Deiner Ehre ich ertrug,
und dennoch dienen will ich Dir
    ewig. Und frei hinwegzugehn
    aus Deinem Volk ist nicht mein Sinn:
    Denn ich liebe meinen Herrn.

Dass Piyyutim oft mit der Bitte um Vergebung und dem Bekenntnis zu Gott enden, gehört traditionellerweise zum Wesen des Gebets. Das Besondere an diesem Piyyut ist aber, dass diese traditionelle Form kombiniert ist mit der typischen Struktur der Gürtellieder, die (normalerweise) vier Strophen lang von Liebesqualen reden, worauf dann in der fünften Strophe der Umbruch kommt und die Geliebte am Schluss in der Kharja das Einverständnis gibt.[37] Auch hier bei Jitzchaq Ibn Ghiyyat kommt nach vier Strophen Liebesklage und nostalgischem Blick in die Vergangenheit ein Umbruch in der 5. Strophe mit dem Schuldbekenntnis. Aber erst im Gürtel nach der 5. Strophe redet sie Ihn an, richtet das

---

36 S. oben 1.4.3.1 zum Honigtrinken (nach HL 4,11) im Piyyut und im weltlichem Lied.
37 Siehe Teil II 3.2 das Gürtellied (auch dort die ungewöhnliche Zahl von 6 Strophen) von Shmu'el Hanagid Nr. 202. (Beispiel Nr. 5).

Schuldbekenntnis an Ihn und bittet um Vergebung. In der letzten (sechsten) Strophe und im Schlussgürtel bekennt sie Ihm ihre Liebe wie die Geliebte in der Kharja eines Liebesliedes.

Fünf Strophen lang aber redet sie Ihn nicht an, sondern spricht zu ihren Freunden. Diese Anrede nimmt HL 5,8 zum Muster, wo die verlassene Geliebte die «Töchter Jerusalems» um einen Botendienst an ihren Geliebten bittet. Diese Szene aus dem HL wird nun im Piyyut durch die aus dem Lustlied stammenden Helferfiguren verstärkt.

5.2.1 Das Motiv der helfenden Freundinnen und der Boten

Das Motiv des verständigen Helfers und Beraters haben wir oben bei Jehuda Halevi Nr. 150 angetroffen, wo die Weisen und Verständigen, «meine Freunde», als Ansprechpersonen dienen, aber weiter keine Rolle bekommen. Ebenso redet die Knesset Jisrael im Piyyut von Jehuda Halevi Nr. 184 יודעי יגוני einsichtige Begleiter an, um von ihnen getröstet zu werden:[38] «Diejenigen, die meinen Kummer kennen ... Bitte, tröstet mich, redet meinem Herzen zu, das (hinter Ihm her) weggehen will, oder bemitleidet mich: wie werde ich aushalten Liebe und Weggehen ונדוד?» Dieselben Tröster in Nr. 184 sind aber auch Leute, die ihr den Liebesschmerz durch ihre Fragerei noch mehr bewusst machen: «Sie entfachen in meinem brennenden Herzen noch mehr Feuer, denn sie fragen mich: Was ist dein Geliebter entzückender als die andern?» Weil diese Helferfiguren sich in die Liebe einmischen können und den Liebenden kritisieren, sind sie für das Liebespaar oft problematische Figuren.[39]

Während es im klassischen Piyyut keine Gesprächssituationen der Knesset Jisrael mit weiteren fiktiven Personen gibt (nur mit Gott), hat sich im andalusischen Piyyut die Figur des Boten (שליח), des Helfers (רע מסייע) und auch des Kritikers mit den Töchtern Jerusalems (HL 5,5–8) verbunden. Ishay[40] sagt, die arabische und hebräische Poesie habe jeweils nur auf diese bekannte Figur des Helfers anspielen müssen, um dem Gedicht schon eine optimistische Stimmung zu verleihen. Ein Beispiel für solch einen Vermittler im hebräischen Liebeslied

---

38   Dies ist oft der Fall im arabischen Narrativ: Ishay 2001, S. 130 ff.
39   s. u. 6.2.4.
40   Ishay 2001, S. 130–132: Die Gestalt des Boten und des helfenden Freundes sei in den arabischen Geschichten plastisch herausgearbeitet und habe die Funktion, die Handlung voranzutreiben. In den arabischen und hebräischen Gedichten (S. 133–135) hingegen bleibe sie blass, d. h. der eingeweihte Leser konnte sich die Gestalt gemäss den Narrativen ausmalen.

haben wir bei Shmu'el Hanagid[41] Nr. 202 אש אהבים in Zeile 10 angetroffen: «Sprecht zu ihm in meinem Namen».

Die Töchter (Jerusalems) gehören als Begleitung zur Geliebten im HL (2,2; 2,7; 3,5; 5,8; 5,16; 8,4) und im andalusischen Piyyut werden sie zum Gefolge der Knesset Jisrael, womit sie als Ehrendame gekennzeichnet ist.[42] Das Gefolge gehört speziell zur Heimführung der «geehrten Tochter» nach Zion bei Shlomo Ibn Gabirol Nr. 157 שני זיתים Me'orah für Shabbat von Chanukka: (Zeile 13) «Bring das verachtete Königtum zurück zur Stadt Zion und führe die geehrte Tochter in grosser Begleitung von Dienern zum Haus ihrer Mutter.»[43] Aber «Freundinnen» treten im Piyyut wie im HL auch deshalb als Begleiterinnen der Knesset Jisrael auf, weil sie als fiktive Gesprächspartner dienen und so die Reden, die der Knesset Jisrael in den Mund gelegt werden, dramatisieren. Als fiktives Gegenüber geben sie der Knesset Jisrael die Möglichkeit, wie in einem vertraulichen Gespräch ihre Anliegen zu formulieren und darüber zu klagen, dass ihr Geliebter weggegangen sei.

Als Vermittler und Boten handeln diese Ansprechpersonen nach dem Muster von HL 5,8: «Was sollt ihr ihm sagen? Dass ich krank bin vor Liebe!» und nach dem Muster des Liebesliedes.[44] Eines der vielen Beispiele[45] für einen Piyyut ist Nr. 144 von Abraham Ibn Ezra אחשוק ולא אדע: «Ihr, die ihr den Schmerz eines kranken Herzens kennt: sprecht doch zu Ihm, dem hartherzigen! Ach, bitte, bringt Ihm doch den Gruss von einem, nach dem Er nicht fragt, ob er hin und her irrt, nicht mehr das Joch seiner Last zu tragen vermag.» Diese Gestalten verschwinden, kaum sind sie angeredet, wieder aus dem Text.

Anders als im HL, wo die «Töchter Jerusalems» nicht weiter charakterisiert werden, sind die Vermittler im Piyyut wie in Jehuda Halevi Nr. 150 ידידות נעורים

---

41 In Teil II 3.2 als Beispiel Nr. 5 zitiert.
42 III 1.4.1 Jitzchaq Ibn Ghiyyat Nr. 94: «Er übergab zu meinen Diensten unzählige junge Frauen.»
43 Siehe auch die Gefährtinnen im Piyyut (Nishmat) von Jehuda Halevi Nr. 159 יפת עלמות נשמת: die Knesset Jisrael ist «die junge Frau, die auszieht, um das Wasser der Rettung und der Stärke zu schöpfen – sie und ihre Gefährtinnen» (רעותיה). In Ps 45,15 sind «die Gefährtinnen» das Gefolge der Königstochter.
44 Shlomo Ibn Gabirol Nr. 5 bei Schirmann 1955/6, Bd. 1, Teil 1, S. 215: «Ich bin Amnon, krank, ruft zu mir Tamar …!»
45 Jehuda Halevi Nr. 184 (Teil III 6.2.4); Moshe Ibn Ezra Nr. 40 מאז כחותם (Teil III 1.3): «Sprecht doch zu ihm, mich wieder zu ihm zurückzuholen, denn ich bin krank vor Liebe.» Shlomo Ibn Gabirol Nr. 142 שמשי עדי אנא: «Ich rufe euch zu, meine Freunde, ich beschwöre euch, sprecht doch zu meinem Geliebten, der geflohen ist.» Jehuda Halevi Nr. 162 מה תספרו: «Was sollt ihr meinem Geliebten erzählen oder Ihm in Erinnerung rufen, wenn ihr die Liebe erregt oder aufstört?»

manchmal als qualifizierte Kenner des Liebesschmerzes dargestellt. Dies ist auch der Fall in Jehuda Halevi Nr. 386 ימים קדומים: «Ihr, meine Berater und Freunde, sagt dem Geliebten meiner Vergnügen, dass mein Inneres wegen Ihm aufwallt, bleibt nicht still, antwortet mir, meine Vornehmen!»

5.2.2 Die Verbindung von klagender Sprache mit Liebessprache

In diesem Abschnitt soll gezeigt werden, wie der Piyyut von al-Andalus die Liebessprache aus dem HL und dem weltlichen Liebeslied auch dann benützt, wenn die Knesset Jisrael über das Exil klagt: sie klagt, aber sie redet als Liebende, und zwar dann, wenn sie das Problem des Exils so darstellt, dass sie primär unter der Verlassenheit leidet, nicht unter den Schikanen von Hassern, denen sie ausgeliefert ist. Sie klagt, Gott habe sie verlassen, obwohl Er ihr Geliebter sei. Die Klage über Feinde kann dann noch dazu kommen; aber sie stellt das Leiden unter den Feinden als etwas hin, das wiederum Er verursacht habe, obwohl Er ihr Geliebter sei, und so wird das Klagen zur Anklage an den Geliebten wie in Jehuda Halevi Nr. 137 ידידי השכחת (Reshut für Pessach) «Mein Geliebter, hast Du vergessen, wie Du zwischen meinen Brüsten ruhtest – und warum hast Du mich für immer an meine Sklavenhalter verkauft?». Sie richtet die Frage an den Geliebten und macht eine Anspielung auf HL 1,13 («Mein Geliebter ist mir ein Myrrhenbündel, ruhend zwischen meinen Brüsten»), aber ihr gleichzeitiger Vorwurf an Ihn, Er habe sie verkauft, kommt aus dem Kontext der prophetischen Beschuldigungen, mit denen Gott in Jes 50,1 das Exil Israels begründet. Weil sie als Liebende spricht, zielt ihr Vorwurf darauf ab, das Exil als ungerechte Behandlung einer Geliebten hinzustellen, und gleichzeitig zu zeigen, dass sie ihrerseits immer noch die Liebende ist. Ebenso stellt sie ihr Elend im Exil als Liebeskrankheit hin, wenn sie Aussagen aus dem HL mit solchen aus Ekha kombiniert. Das Motiv des Weggehens benützt also als Intertext nicht nur das HL und das weltliche Liebeslied, sondern auch das Klagelied Ekha und prophetische Texte, die das Thema Exil betreffen:

In der Ahavah von Jehuda Halevi Nr. 331 ימי חרפי spielt der Piyyut zugleich auf Ekha und auf das HL an, ebenfalls in der Ahavah von Jehuda Halevi Nr. 379 יונה בפח מצרים.[46] Auch in der Ahavah Nr. 75[47] יונה מה תהגי kombiniert Jehuda Halevi im Vers 5 eine Anspielung auf das HL mit einem Zitat aus dem Klagelied Ekha: (Vers 5) «Seht mich an, ich bin elend wegen des Weggehens (נוד) meines Geliebten – (Vers 6) warum sollt ihr mich noch Noemi (= meine Angenehme) nennen (Ru 1,21)?» Der Vers 5a «Seht mich an, ich bin elend (krank: דוה)» spielt

---

46 Jehuda Halevi Nr. 331: oben 5.1; Nr. 379: oben 2.2.1.
47 Jehuda Halevi Nr. 75: Interpretation s. gleich unten zu Beginn des Kapitels 6.

auf Ekh 1,12 f. an: «Kommt alle, die ihr vorübergeht, schaut und seht, ob ein Schmerz ist wie dieser ... Er hat mich zerstört, mich elend (krank: דוה)[48] gemacht.» Auf diese klagende Aussage folgt aber in Vers 5b eine Anspielung auf das HL, denn sie erklärt, sie sei elend «wegen des Weggehens meines Geliebten», womit sie auf HL 5,6 anspielt: «Er ist auf und davon gegangen (חמק עבר).» Dadurch versteht der Leser auch hier im Piyyut Nr. 75 ihr Kranksein als Liebeskrankheit wie in HL 5,8: «sagt Ihm, dass ich vor Liebe krank bin.»

Auch in der Anrede Gottes an die Knesset Jisrael gibt es Kombinationen von klagender Sprache und Liebessprache: Abraham Ibn Ezra Nr. 107 עדן שממת איומתי: sie ist von Gott als «meine Gewaltige (איומתי)» aus HL 6,4.10 angeredet und zugleich mit dem Klagewort «bist du immer noch verwüstet/vereinsamt (שממה Ekh 1,13; Jes 54,1)?».[49] Mit seiner Doppelbedeutung kann das Wort שממה auf Zion als verwüsteten Ort und als verlassene Frau angewendet werden. Dank der Doppelbedeutung von שממה assoziiert Jehuda Halevi auch in Nr. 390[50] שממה ישבה nicht nur das Klagelied 1,1; 1,13 und Jes 54,1, sondern auch die Geschichte von Tamar (2. Sam 13,20): «Und Tamar sass einsam im Hause Avshaloms.» Der Piyyut beginnt mit dem einsamen Sitzen[51] der Knesset Jisrael: «Sie sass einsam (שוממה), sie hat nach Dir gefragt: ‹Wo ist Deine hocherhobene Hand› (Ex 14,8)? Sie ist ohnmächtig vor Durst und irrt umher (נודדה) nach Tau. Wo gibt es Tau am Tag, da sie so Durst hat?» Die Knesset Jisrael ist hier nicht nur als verwüstete Zionsgestalt aus dem Klagelied charakterisiert, sondern auch als Tamar, als ausgenützte und verlassene Geliebte. Auch die Metapher des Durstes ist doppeldeutig: es kann der tödliche Durst sein (Am 8,13 Ekh 4,4), aber auch der Liebesdurst oder die Sehnsucht wie in Psalm 42,2.3 «meine Seele ist durstig nach dem lebendigen Gott», was ein häufiges Motiv im Liebeslied[52] und im Piyyut ist.[53]

---

48 Das Wort, das auch traurig/unrein bedeuten kann, ist דוה.
49 oben 1.1.4.
50 Jehuda Halevi Nr. 390 ist eine Me'orah für den Shabbat Chazon, s. Übersetzung im Textanhang.
51 Auch Ekh 1,1 beginnt mit dem einsamen Sitzen (איכה ישבה), aber in 1,1 ist die Fortsetzung des Verses nicht שממה, sondern בדד. שממה kommt hingegen in Ekh 1,13 vor: «Er (Gott) hat mich zur Verwüsteten/Verlassenen gemacht, zur Kranken/Elenden (דוה) für die ganze Zeit.»
52 Zum Durst s. o. 1.4.3. Levin 1971, S. 130, zitiert Ibn ar-Rūmī aus der Abbasidenzeit: «Ich küsste ihren Mund, damit mein brennender Durst aufhöre.» Jehuda Halevi Nr. 468 (Hochzeitslied): «Tage über Tage ist meine Seele durstig». Ebenso Jehuda Halevi Nr. 462 (Teil II 5.2) את עופרה צבית ארמון Hochzeitslied (der Bräutigam spricht): Zeile 16 «Denn ich bin durstig nach dem Tau deines Regens.»
53 Abraham Ibn Ezra Nr. 139 אז בעלות (oben 1.3), Shlomo Ibn Gabirol Nr. 133 עלה אלי דודי שחר: «meine Seele ist durstig, das Antlitz meiner Mutter (Zion) zu sehen.» (oben 1.4.3). Jehuda Halevis Zionslied Nr. 405 zitiert in Zeile 4 den Ps 42,3.

Das Bild der Tränen kann ebenfalls doppeldeutig sein wie im Piyyut von Abraham Ibn Ezra Nr. 144 אחשוק ולא אדע: «In mir drin brennen die Gluten des Verlangens nach Ihm, wie ein entbrannter Ofen. Um meine Wangen mit Tränenströmen zu überfluten, sind die Bäche meiner Augen (nach Ekh 2,18) aufgewühlt wie Meere.» Das Bild der Tränen der Knesset Jisrael in Abraham Ibn Ezra Nr. 144 stammt zwar aus dem Klagelied, aber die Semantik ist die des Lustliedes[54]: die Tränen sind nicht mehr Tränen über die Zerstörung, sondern Tränen des Liebesverlangens.

Der Grund für die Kombinationen von Klage- mit Liebessemantik liegt im neuen Verständnis der Liebe als Sehnsucht nach dem *abwesenden* Geliebten: der wegziehende und sich trennende Geliebte ist das Motiv, das in den Freundschaftsliedern wie im Piyyut die Liebesklage auslöst, die sich in beiden Gattungen mit ähnlichen Metaphern der Sehnsucht ausdrückt. Das Motiv des Weggehens stellt das Exil nicht als nur negativ empfundene Gottesferne dar, sondern gibt der Trennung die Perspektive der Sehnsucht, die man gegenüber dem fernen Geliebten empfindet. Eine weitere Perspektive eröffnet das Motiv des Weggehens durch die zweite Bedeutung, die das Wort «Nedod» haben kann: Nedod als Umherirren verstanden zeigt die Rolle der Knesset Jisrael als einer Liebenden, die nach dem Geliebten sucht. Dies ist das Thema des nächsten Kapitels.

---

54 Teil II 3.2: Die Tränen im Liebeslied von Shmu'el Hanagid Nr. 202 (Beispiel Nr. 5). Weiter Teil II 4.2.3 (Schluss) das Zitat aus Moshe Ibn Ezras Freundschaftsgedicht Nr. 64 (Zeile 13): «Die Meere (von Tränen) tosen übermächtig (Jes 17,12) in meiner Brust, denn wirklich brennt in mir das Feuer des Verlangens.» Siehe Ibn Ḥazm, Ṭawk al-Ḥamāma, Kapitel I zu den Symptomen der Liebe: Tränen verraten den Liebenden.

6. (Motiv B) der zweite Aspekt von Nedod: Das Umherirren im Exil als Suche nach dem Geliebten und dem Ort der Liebe

Das Motiv des Nedod hat im Freundschaftslied und im Piyyut wegen der Doppeldeutigkeit des Wortes Nedod eine erweiterte Funktion verglichen mit dem Motiv der Trennung (firāq) in der arabischen Poesie: für das Weggehen des Geliebten (firāq), ein Motiv der Liebespoesie[1], kann das Hebräische dasselbe Wort Nedod[2] brauchen wie für das Umherirren der Liebenden. Ein vorläufiges Zitat einer Zeile aus dem Piyyut Nr. 206[3] von Jehuda Halevi zeigt, welch interpretatorische Möglichkeiten oder Schwierigkeiten die Semantik eröffnet, ein Phänomen, das in der Forschung noch nicht behandelt wurde:

«Ihr Fels und ihre Hoffnung (= Gott) ist lange fern geblieben» oder «Er hat das Umherirren (der Knesset Jisrael) lange ausgedehnt»: beides kann הרבה נדוד bedeuten!

Levin[4] hat zwar ebenfalls hervorgehoben, dass der Piyyut die Knesset Jisrael nach dem arabischen Muster des ʿUdhrī-Liebhabers gestalte, der unermüdlich treu nach der Geliebten suchend umherirrt. Er hat aber nicht bemerkt, dass die Übertragung in die hebräische Dichtung sprachlich durch die Doppeldeutigkeit des Wortes Nedod (נדוד) erleichtert wurde: das Motiv des Weggehens und der Trennung (firāq respektive nedod) ist eben im Piyyut zugleich auch das Motiv des Umherirrens (nedod). Den Zusammenhang der beiden Handlungen haben wir schon in der Panegyrik als typisches Phänomen des Nedodmotivs angetroffen:

Moshe Ibn Ezra und Jehuda Halevi benützen in den Freundschaftsliedern das Bild des Umherirrens zum Ausdruck der Sehnsucht: sie reden von ihrem Herzen, das der scheidende Freund bei seinem Wegziehen (Nedod) mitgenommen habe,

---

1   Moshe Ibn Ezra, Sefer Haʿanaq, Buch 7, Thema gemass der Überschrift: «Die Trennung (firāq) und die langen Nächte des Liebhabers» (s. II 3.2 Motiv B).
2   Zur Semantik des Wortes nadad (נדד weggehen und umherirren) s. Exkurs 6.2.3.
3   s. u. 6.2.4.
4   Levin 1971, im 4. Teil seines Artikels, unter dem Titel (hebr.): «Die Gestalt des Liebhabers, der auf der Suche nach seinem Geliebten umherirrt», besonders S. 141, 142. Er schreibt, dass die ʿUdhrī-Dichtung die Entfernung (ריחוק) und das «Umherirren (Nedod נדוד)» (Levin setzt nedod in Anführungszeichen) als Dauerzustand hervorhebe. Er geht aber nicht darauf ein, dass das Weggehen, das er S. 139 behandelt, ebenfalls Nedod heisst.

oder sagen, dass «das Herz das Zelt auf den Flügeln des Umherirrens (Nedod) aufschlage»[5]; genau gleich beschreiben die Dichter nun aber auch im Piyyut die Knesset Jisrael als Umherirrende auf ihrer Suche nach Gott.

Das Motiv des Umherirrens kann auch als Übertragung in umgekehrter Richtung erklärt werden: In der Panegyrik stilisiert sich Moshe Ibn Ezra nach dem Muster der Zionsfigur als poeta exul, der im Exil gefangen ist und Sehnsucht hat nach seinen Freunden und Granada.[6] Der poeta exul, meistens in 3. Person (oft im selben Lied zur 1. Person wechselnd) nimmt als Projektionsfigur die Knesset Jisrael, die im Exil gefangen ist, umherirrt und sich nach Gott und der Heimat Zion sehnt, obwohl das Ziel der Sehnsucht nicht dasselbe ist: hier Granada, dort Zion. Auch Jehuda Halevi benützt die Spiegelfunktion der Knesset Jisrael, aber anders als Moshe Ibn Ezra: Die Knesset Jisrael ist nicht in den Freundschaftsliedern, sondern in seinen Zionsliedern Spiegel seines lyrischen Ichs, das sich nach Zion sehnt. Deshalb projiziert vor allem Jehuda Halevi die Zionssehnsucht[7] in das Bild der Knesset Jisrael, die als umherirrende Taube zu Gott und nach Zion fliegen will (unten Nr. 75)[8].

Im Piyyut wird diese Metaphorik verbunden mit der Taube aus HL 2,14, die «in den Felsspalten» zusätzlich *umherirrt* (nodeda נודדה)[9]. Die so amplifizierte Metapher wird in der *Person* der Knesset Jisrael realisiert, weil sie wie eine reale Liebende beschrieben wird, die nach dem Geliebten und den Spuren der früheren Liebe (im Staub Zions) sucht.

Das ganze 6. Kapitel ist dem Nedodmotiv im Piyyut gewidmet und soll zeigen, wie es um den Aspekt des Umherirrens und des Suchens erweitert ist. Wie wir sehen werden, spielt es bei der Metaphorik des Suchens keine Rolle, wie die Trennung der Partner zustande kam, ob das Schicksal angeklagt wird wie jeweils beim Freundespaar oder die Knesset Jisrael schuld ist.[10] Die Funktion der

---

5   s. II 4.2.2. Das Zitat stammt aus Jehuda Halevis Freundschaftslied Nr. 24 Brody, II, S. 245, Zeile 40.
6   Siehe Teil II 4.2.3 Lied Nr. 67 (עד אן בגלות) und Nr. 66, Zeile 1: der Sprecher nennt sich «der Gefangene» אסיר, was mit seiner Bezeichnung der Knesset Jisrael als Gefangene שבי אסירת in seinem Piyyut Nr. 186 אילת אהבים, Zeile 15 korrespondiert.
7   Zum Aufbruch Jehuda Halevis nach Jerusalem via Alexandria i. J. 1040 s. Schirmann/ Fleischer 1996, S. 461–480 mit Literaturangaben, speziell dazu auch Yahalom 2002.
8   Die nach Zion fliegende Taube als Spiegelbild für den individuellen Sprecher: Shmu'el Hanagid, Nr. 40, Zeile 40: «Wer könnte mich wie die Vögel machen oder die Gefiederten, da würde ich wegfliegen zum Hause Gottes und die Schönheit des Sohnes Davids sehen.» Ähnlich Jehuda Halevi Zionslied Nr. 401, Zeile 11 und Nr. 403, 3 ff. Das Bild der «weit weg fliegenden» Taube stammt aus Ps 55,7.
9   s. u. 6.2.1 Zitat aus Moshe Ibn Ezra Nr. 11.
10 Zur Schuldfrage: s. III 5.1. Weiter: Brann 1994, Constructions of Exile in Hispano-Hebrew and Hispano-Arabic Elegies, S. 51–54, zeigt, dass Moshe Ibn Ezra in einem

Metaphorik ist die, abstrakte Begriffe wie «Erlösungserwartung» oder «Drängen auf das Ende des Exils» anschaulich zu machen.

Ich nehme den folgenden Piyyut von Jehuda Halevi als Einstieg, um zu zeigen, wie zum Motiv des Suchens nach dem Geliebten und dem Ort der Liebe (hier «Gazellenhügel» als Bildspender für Zion) der hoffnungsvolle Ausblick auf das glückliche Finden gehören kann. Es ist dieselbe Hoffnung, die der verlassene Freund in der Panegyrik hegt und der unermüdlich suchende Liebhaber (der hā'im) in den arabischen Liebesgeschichten.[11]

Jehuda Halevi Nr. 75 Pseudogürtellied, Ahavah für Sukkoth יונה מה תהגי

Madrikh «Taube, was gurrst und was seufzest du?
    Feiere deine Feste, deine Gelübde lös' ein.» (Nah 1,2)
1   Hab Hoffnung ich noch, / zu fliehn das Gefängnis
und Lust (תאוה) zu erlangen / auf dem Berg der Gazelle?
    Seht her, ich bin elend, / weil entfloh, der mich liebt –
Gürtel: warum solltet ihr noch / mich Noemi nennen?
Refrain: Feiere deine Feste, deine Gelübde lös ein!
2   Mög Er mir doch geben / wie dem Sperlinge Flügel (דרור),
meinem Hügel zu flög ich, / riefe Freiheit mir aus! (דרור)
    Meines Heiligtums Staub / als Myrrhe mir misch ich, (מור)
      werd küssen aus Liebe / die Spur meines Schrittes.
    Feiere deine Feste, / deine Gelübde lös ein!
3   «Genug. Denn dein König / wird dich beschützen,
im Land deines Dunkels / deine Schritte zu lenken.
    Das Schofar zum Mund nimm! / Denn es kommt deine Zeit:
      Sprich zu deinem Herzen: ‹Tröste, tröste!› (nach Jes 40,1.2)›
    Feiere deine Feste, / deine Gelübde lös ein!»
4   Der mein Antlitz gewendet / hinüber zum Anblick
der Pracht des Bergs Sinai / und des Dornbuschs Ort,
    Er lass hören meine Ohren / der Antworten beste.
      Ich vertrau auf den Ew'gen, / denn Er kennt meinen Namen.
    Feiere deine Feste / deine Gelübde lös ein!

Der Piyyut beginnt mit der erstaunten Frage Gottes an die «Taube», warum sie klage, statt das Fest Sukkoth zu feiern. Sie hingegen fragt sich mit den Worten

---

    Klagelied über den Untergang der jüdischen Gemeinde von Lucena sogar das Sündenbekenntnis «wegen meiner Sünden» auf sein eigenes Schicksal des Exils anwende und sich dabei mit dem Schicksal der Knesset Jisrael identifiziere, obwohl er persönlich seine Heimat nicht im Land Israel, sondern in Granada sieht, der Stadt, aus der er flüchten musste. Diese Selbstbeschuldigung sei aber eine Ausnahme.
11 Zur Hoffnung des Suchenden in arabischen Narrativen s. Teil II 3.2 (Motiv B). Hoffnung auf Wiedersehen des geliebten Freundes in den hebräischen Freundschaftsliedern: s. Teil II 4.2.2.

Noemis, warum man sie noch «meine Angenehme» (= Noemi, Ru 1,20) nenne und ob sie noch hoffen könne (Ru 1,11). So wie für Noemi ein neuer Mann und weitere Kinder eine Befreiung aus ihrer Einsamkeit wären, hofft die Knesset Jisrael, aus der «Gefangenschaft», dem Exil, befreit zu werden und Freude auf dem «Hügel der Gazelle» zu erleben. Dieser doppeldeutige Ausdruck für Zion[12] meint nicht nur den Ort, sondern auch den Neubeginn ihrer Liebe mit Gott, weil Gazelle gemäss der Terminologie des HL, amplifiziert durch die neuen Liebeslieder, auf ihren Liebhaber, also Gott, hinweist. Der Stimme Gottes, der sie liebevoll mit «Taube» anredet, entgegnet sie aber mit der Klage aus dem Klagelied (Ekh 1,13), man solle ihr Elend anschauen, und mit der Verzweiflung eines flügellosen Vogels: wenn sie Flügel hätte (Ps 55,7), würde sie sofort zum Gazellenhügel fliegen. In Zion und am Ort des Tempels, der jetzt nur Staub ist, sind für sie die Spuren der einstigen Liebe, die sie küssen möchte: sie sucht demnach wie der Liebhaber beim Aṭlālmotiv[13] gerade an diesem Ort früherer Liebe nach Gott, der weggegangen ist. Für den Leser ist durch die erstaunte Frage Gottes in der ersten Zeile angedeutet, dass Gott das Fest von Sukkoth als Zeitpunkt der Befreiung schon bereit halte und dass die Aufforderung zu feiern, was als Refrain von der Gemeinde wiederholt wird, im Grunde als eine frohe Botschaft aufzufassen sei. Aber die Knesset Jisrael scheint diese Frohbotschaft zu ignorieren: sie beginnt in der 1. Strophe mit verzweifelter Ungeduld und will in der 2. Strophe den Zeitpunkt der Befreiung beschleunigen und sich selbständig nach Zion aufmachen. Dieses aktive Suchen provoziert in der 3. Strophe die positive Antwort Gottes, dass sie ins Schofarhorn der Freiheit blasen soll. So scheint es, als ob die Befreiung nicht nur von Ihm als fixer Zeitpunkt angekündigt, sondern auch von ihrem Verhalten abhängig ist: Sie löst die Antwort Gottes dadurch aus, dass sie in ihren Gedanken schon nach Zion aufgebrochen ist. Der Katalysator der Befreiung ist ihre tatkräftige Hoffnung, die eigentlich aus ihrer anfänglichen Verzweiflung heraus geboren ist.

Inwiefern ist die Hoffnung, der Motor ihres Handelns, anders als diejenige des Freundes und Schützlings in der Panegyrik? In der Panegyrik fehlt eine Antwort des Adressaten, da das Wesen der Textsorte und die Form der Qaṣīda den Lobredner und Freund als einzige sprechende Textperson zulässt. In den Piyyutim hingegen unterstützt besonders die Gürtelliedform den Sprecherwechsel: es gibt Antworten Gottes wie in Piyyut Nr. 75. Dieser Piyyut ist nach meiner

---

12 Zvi (צבי) = Gazelle und Pracht. Land des Zvi: Appellativ aus Dan 11,16 für Israel (s. II 2.3.4).
13 Teil II 4.2.4: In Jehuda Halevis Zionslied Nr. 401, in seinem Freundschaftslied Brody Nr. 100 מה לי לרוות und in seinem Liebeslied Brody, II, Nr. 4 מה לך צביה: «Könnte ich es doch erleben, noch Balsam und Myrrhe zwischen deinen Fussspuren suchen zu dürfen!»

Interpretation ein Pseudogürtellied mit Refrain[14], der im Gottesdienst von der Gemeinde wiederholt wird. Dank dem verheissungsvollen Refrain ergibt sich eine Zweistimmigkeit, die die Dialektik von Hoffnung und Verzweiflung zeigt: Der Aufruf des Refrains, freudig zu feiern (Nah 2,1), wirkt zuerst als völlig unvereinbar mit der Klage der Knesset Jisrael. Erst bei steigender Hoffnung in der 2. und 3. Strophe nähern sich ihre Aussagen derjenigen des Refrains an, und am Schluss siegt der freudige Refrain. Die Zusage Gottes in der 3. Strophe hat dieselbe Funktion wie die Kharja am Schluss der Lustlieder in der Gürtelliedform, in denen die lang umworbene Geliebte endlich in die Liebe einwilligt.[15]

Was für eine Rolle spielt der «Zeitpunkt» im Drama der Befreiung? Für die Knesset Jisrael ist der Zeitpunkt oft irritierend, da er zwar dem Wissen unzugänglich, aber für sie wichtig ist; der Zeitpunkt entscheidet über Leid und Erlösung; darin ähnelt seine Rolle derjenigen des Schicksals in den Lustliedern und den Freundschaftsliedern. Es gibt aber einen klaren Unterschied: das Schicksal in der weltlichen Literatur ist immer eine feindliche Macht.[16] In den Piyyutim ist der Zeitpunkt der Befreiung hingegen Grund für Hoffnung und Verzweiflung zugleich, weil der im Buch Daniel erwähnte, von Gott vorbestimmte, aber nicht offenbare Endpunkt des Exils (מועד oder קץ[17]) bald unverrückbar, bald beeinflussbar erscheint[18]. Die Ambivalenz ist in Piyyut Nr. 75 deutlich: es ist Gott, der den

---

14 Im Druck von Jarden sollte der Refrain Nah 1,2 ergänzt werden, s. Kommentar im Textanhang.

15 Siehe Glossar, Stichwort Kharja, dort zu den Piyyutim mit kharja-ähnlichem Schluss. Die Antwort einer/eines fiktiv Angesprochenen gibt es nur jenachdem in den Lustliedern (s. Teil II 3. 2 Shmu'el Hanagid Nr. 202 = Beispiel Nr. 5). Obwohl bei den Freundschaftsliedern der Angeredete gattungsbedingt nicht antwortet, habe ich bei einem singulären Beispiel gesehen, dass der Sprecher von einer (temporären) Erfüllung seiner Hoffnung auf Liebeserneuerung erzählt: Moshe Ibn Ezra Nr. 66 (s. Teil II 4.2.2, S. 224): der Sprecher schildert in 3. Person von sich redend zuerst, wie er von Freunden verlassen und umherirrend von einem Patron liebevoll aufgenommen wurde. Dann folgt die Schilderung einer zweiten Enttäuschung.

16 Siehe die Angaben in Teil II 2.1.1 zum Gedicht von Shmu'el Hanagid Nr. 182, Beispiel 1 לי הזמן.

17 Die Vorstellung des vorbestimmten Zeitpunkts der Erlösung, der ein Begriff aus der Apokalyptik ist, kommt im Piyyut viel vor im Zusammenhang mit dem Hoffen auf den Zeitpunkt und seiner Berechnung (Jehuda Halevi Nr. 326, 338, 357 und 183, Zeile 15: «Wann nähert sich die Zeit der Freiheit und das Ende meiner festbestimmten Zeit מועדי קץ?»; Shlomo Ibn Gabirol Nr. 145: «Die Endzeit, die versiegelt wurde, brachte mir noch mehr Schmerzen des Herzens; ich habe keinen, der versteht, und ich bin unwissend.»

18 Die Piyyutim und vor allem das Buch Hakuzari von Jehuda Halevi zeigen, dass er die Zeit der Ge'ulah für beeinflussbar hielt: Am Schluss des Hakuzari paraphrasiert der Chaver Ps 102,15 und 14 (in dieser Reihenfolge) und sagt «Jerusalem wird von Gott erbaut werden, wenn alle Israeliten von äusserster Sehnsucht danach ergriffen sind, dass

Zeitpunkt festlegt. Allerdings scheint Er auch vom Verhalten der Knesset Jisrael abhängig zu sein: Weil sie sich nicht passiv in ihr Los schickt, sondern zu «ihrem Hügel» (Zion) aufbricht und das Schicksal in die Hand nimmt, scheint sie die Befreiung auszulösen oder zumindest den Zeitpunkt zu beschleunigen.

6.1 Die Suche nach dem Geliebten: Nedod- und Aṭlālmotiv

Wir haben schon gesehen[19], dass im Lob-und Freundschaftslied das Suchen nach den Spuren vergangener Liebe am zerstörten Ort, das Weinen über eingestürzte Wände (Aṭlālmotiv) mit dem Umherirren (Nedod) kombiniert wird, da der Freund nach dem Geliebten suchend in den Trümmern umherirrt oder sein Herz hinter dem Scheidenden herzieht. Der Piyyut verbindet die beiden Motive ebenfalls, benützt aber zusätzlich noch das HL als Quelle: «In den Nächten auf meinem Bett suchte ich ihn, den meine Seele liebt, ich suchte ihn, doch ich fand ihn nicht. So will ich mich aufmachen und die Stadt durchstreifen, Plätze und Strassen. Ich will ihn suchen, den meine Seele liebt, ich suchte ihn, doch ich fand ihn nicht.» (HL 3,1.2) Ähnlich in HL 5,6: «Ich suchte ihn, doch ich fand ihn nicht. Ich rief ihn, doch er antwortete mir nicht.» Auch HL 1,7 enthält das Motiv des Suchens: «Sag mir, du, den meine Seele liebt, wo du weidest, wo du dich lagerst am Mittag».

Der Piyyut erweitert mit den HL-Zitaten das Bildfeld der Suche nach dem Geliebten mit dem Aspekt der Suche in der Nacht, einem Bildspender für das Exil. Die Kombination der Bilder des Aṭlāl- und Nedodmotivs mit den Szenen aus dem HL eignet sich besonders gut, um das doppelte Anliegen der Knesset Jisrael, die in der Nacht des Exils umherirrt, auszudrücken: sie will nach Zion zurückkehren (z. B. in der Ahavah Nr. 75 von Jehuda Halevi) und sie sucht die Nähe zu Gott. Mit der Bildwelt des Aṭlālmotivs ist Zion als der Ort des zerstörten Liebeslagers dargestellt, den die Knesset Jisrael schon allein wegen der Spuren des verschwundenen Geliebten aufsucht.[20] Die Bildwelt des HL amplifiziert nun das Bedeutungspotenzial des Aṭlālmotivs, indem die Knesset Jisrael als Liebende nicht nur weinend in den Spuren umherirrt, sondern das hoffnungsvolle Ziel hat,

---

sie sogar dessen Steine und Staub lieb haben.» Ähnlich wird Jehuda Halevi von Baer 1936, S. 26 charakterisiert (s. o. Schluss III 4.1, letzte Anmerkung).

19 Teil II 4.2.4: Umherirren und Weinen: Jehuda Halevi Nr. 100 Brody, Moshe Ibn Ezra Nr. 91 Brody.

20 Zion als zerstörte Liebesstätte gemäss dem Aṭlālmotiv: s. Teil II 4.2.4.

gerade an diesem Ort der alten Liebe, in Zion, den Geliebten zu suchen und das «Lager des Geliebten» zu finden.

Abraham Ibn Ezra[21] Nr. 144 gibt ein Beispiel für die Verbindung von Aspekten des Aṭlālmotivs mit denen des HL: der Sprecher sucht den Geliebten (Gott), ohne zu wissen, wo Sein Zelt steht (nach HL 1,7), und schickt deshalb Boten zu Ihm (nach HL 5,8). Er vergiesst Tränen, während er wie im Aṭlālmotiv umherirrend die Fussspuren und das Versteck Gottes sucht.

Abraham Ibn Ezra Nr. 144 Ge'ulah אחשוק ולא אדע

> Ich begehre, und weiss nicht den Ort / der Gazelle, wo Sein Zelt ist versteckt.
> Wer könnte mir zeigen den Schemel / Seiner Füsse, die Spur Seines Tritts?
> 1 Die Glut des Verlangens nach Ihm / in mir wie ein Ofen entbrennt,
> meine Wangen strömen von Bächen / meiner Augen, wie's Meer aufgewühlt.
> Ihr Kenner des schmerzkranken Herzens / dem Hartherz'gen zu Herzen doch sprecht!
> Oh gebet Ihm doch meinen Gruss / von einem, nach dem Er nicht fragt,
> ob er umherirrt (ילך לנודו והלם), nicht mehr / das Joch Seiner Last tragen mag.

Das Zelt in Zeile 1 und die Fussspuren assoziieren die Wüstenszene des Aṭlālmotivs mit den verlassenen Zelten und den verwischten Spuren der Liebe. Hier kann nun aber das Zelt auch auf den Tempel[22] und der «Schemel Seiner Füsse» (aus Jes 66,1) auf das Land Israel gedeutet werden wie in Jehuda Halevi Nr. 318 (s. u.). Diese Doppeldeutigkeit amplifiziert das Motiv der Suche nach dem Geliebten aus HL 5,6–8 und kann der Szene, die sich dort in der Stadt abspielt, folgende neue Bedeutung geben: Der nach Gott Verlangende sucht den Ort, wo Er sich aufhält; dieser Ort ist wie im Aṭlālmotiv «das Zelt». Gemäss jüdischem Kontext aber kann das Zelt als Tempel im Land Israel verstanden werden. Die Geliebte aus dem HL ist durch den Bedeutungstransfer zur suchenden Knesset Jisrael geworden, die im Land Israel (oder im Exil) auf der Suche nach Gott unterwegs ist. Dies belege ich an folgenden Piyyutstellen; als ganzes Textbeispiel soll dann unten Piyyut Nr. 318 interpretiert werden:

Jehuda Halevi verbindet die Suche nach dem Geliebten mit dem Aufsuchen des Landes Israel: Nr. 381 יונת רחוקים

> Taube der Ferne, flieg zu deinem Liebhaber zurück, bis du Sein Zelt findest, und dort lass dich nieder.

---

21 Alle vier Strophen s. Text im Anhang.
22 Siehe Shmu'el Hanagid Nr. 182 לי הזמן (Teil II 2.1.1, Beispiel 1). Begegnung mit Gott im Ohel ha-Mo'ed, s. Jannai, 4. Teil seiner Qedushta zur Parashat Teruma Ex 26 (Teil I 2.2.5.2).

Piyyut Nr. 328 von Jehuda Halevi rückt beim Suchen nach dem Geliebten nicht nur das Land Israel ins Blickfeld, sondern auch das Land des Exils. Das Bildmaterial stammt aus der Beschreibung des Aufbruchs, zu dem der Geliebte seine Braut in HL 4,8 auffordert: die Braut soll sich mit ihm vom Libanon, Senir und von den «Wohnungen der Löwen» her aufmachen:

Jehuda Halevi Nr. 328 חן מצאה, 1. Strophe

> Sie ging hinaus zum Scheideweg im Namen Gottes, ihres Erlösers, sie schmiegte sich an (מתרפקת HL 8,5), sie klopfte (an die Tür)[23] wegen ihres Ehemanns.»

3. Strophe:

> Sie verlangte zu sehen das liebliche Land, den Erbteil der Herrlichkeit (oder der Gazelle: נחלת צבי); vom Rachen des Löwen (מפי כפיר) aus, vom Gipfel des Senir (HL 4,8) und vom Wohnort der Gazelle (מעון צבי) her zog sie dahin, denn ihre Heilung ist es, die Gazelle (= den Geliebten צבי) zu sehen.

Die «Wohnungen der Löwen» (מעונות אריות) aus HL 4,8 werden hier im Piyyut zum «Rachen des Löwen» (מפי אריה Ps 22,22) umgedeutet und somit als negatives Bild auf das Exil übertragen.[24] Als Neukombination wird der «Rachen des Löwen» zum Gegenbild des «Landes der Gazelle», des Landes Israel. Demnach benützt diese Piyyutstrophe die im HL beschriebene Wanderung der Geliebten, um die Knesset Jisrael als Liebende zu zeichnen, die aus dem Exil aufbricht, um in Israel den Geliebten zu suchen.

Ebenso verlegt Abraham Ibn Ezra Nr. 129 die Suche nach dem Geliebten ins Land Israel:

> Wohin (אנה[25]) im Land der Gazelle (ארץ צבי) soll ich den Geliebten (צבי) suchen gehen?

Es gibt daneben auch Piyyutim, die nur auf HL 3,2; 5,6 anspielen, ohne auf den Ort der Suche abzuheben: das Bild der Plätze und Strassen als Ort, wo sie sucht, hat kein weiteres Bedeutungspotenzial, so z. B. an folgenden Stellen:

Abraham Ibn Ezra Nr. 117 אילת על דוד עגבה:

---

[23] Oder: sie schlug sich (an die Brust), ihre Schuld bekennend: s. Kommentar im Textanhang.

[24] Die Assoziation ist naheliegend: auch ShirR 4,17 zu HL 4,8 deutet die Ortsnamen auf negative Erfahrungen in Ägypten (Levanon = Levenim: Fronarbeit der Ziegel) und während des Exodus (Löwen = Sichon, König der Amoriter in Num 21,21 ff. und Og in Num 21,33).

[25] Nach HL 6,1 «Wohin אנה hat sich dein Geliebter gewendet ...» Die andere Möglichkeit, die Levin abdruckt im Text, ist אנה mit Dagesh auf dem Nun in der Bedeutung von «ach».

> Die Hindin sehnt sich nach dem Geliebten, Tag für Tag verlangt sie danach, ihn zu sehen. In der Nacht streift sie (סבבה) durch die Strassen, bis sie den findet, den sie liebt. (HL 3,1.2).

Die Nacht als schon traditionelles Bild für das Exil ergänzt hier die Aussage des HL mit einer neuen Bedeutung: sie irrt im Exil umher.[26]

Ebenso Jehuda Halevi Nr. 326 יונת לילה:

> Meine Taube, in der Nacht streift sie (סבבה) durch die Strassen, sie geht suchen, den, den sie liebt.

Jehuda Halevi Nr. 341 יונת אלם רחוקים Ge'ulah:

> Stumme Taube der Ferne (Ps 56,1), Lilie der Täler, sie geht umher auf den Marktplätzen (HL 3,2) – wo ist der, der in den Höhen wohnt?

Es gibt auch Piyyutim, bei denen der Ort des Umherirrens keine Rolle spielt, dafür das Bild der Nacht aus HL 3,1 respektive der Topos der Schlaflosigkeit aus der Liebesliteratur wichtig ist, wozu auch das Sternebeobachten und das Warten auf den Morgen gehört:[27]

Die Schlaflosigkeit charakterisiert den Liebenden im weltlichen Lied, wobei mit dem Verb nadad[28] gespielt wird. Der Liebende beobachtet die Sterne und wartet auf das Morgenlicht, ob vielleicht eine Botschaft vom Geliebten komme. Die Metaphorik von «Morgenlicht» für Erlösung entspricht dem Bild der Nacht für das Exil; es ist ein Bedeutungssegment, das im Piyyut bei diesem Motiv zusätzlich aktiviert wird (s. ShirR 6,16 zu HL 6,10):

---

26 Nacht als Bild für Exil: ShirR 3,1 zu HL 3,1 («auf meinem Lager in den Nächten»): die verschiedenen Nächte werden auf die verschiedenen Exile gedeutet. Beispiel für Nacht als Exil im Piyyut: s. Jitzchaq bar Levi, Qedushta leChatan, Mechaje letzte Strophe.

27 Schlaflosigkeit und Sternehüten charakterisieren den Liebenden: Ibn Ḥazm, Ṭawq al-ḥamāma, 2. Kapitel. Siehe auch Teil II 3.2. Moshe Ibn Ezra, Sefer Haʿanaq, Buch 7, Nr. 9: «… ein Mann, dessen Freunde fern sind wie der Schlaf von seinen Augen.» Überschrift zum 7. Buch «Die Trennung und die langen Nächte des Liebhabers.» Das Umhergehen, Weinen, Sternehüten und Warten kommt auch vor bei Jehuda Halevi עין נדיבה Freundschaftslied an Shlomo Ibn Ghiyyat, Brody/Albrecht 1905, S. 89: Der verlassene Freund spricht über sich selbst, bezeichnet sich als Auge, das aus Sehnsucht freigebig (deshalb: עין נדיבה) Tränen vergisst, von der Liebesglut verflüssigte Kristalle. Er sucht die stummen Trümmer der Liebe auf, ist schlaflos, zählt die Sterne, wartet auf den erlösenden Morgen und auf eine Botschaft vom Geliebten. Die Botschaft kommt als Taube, die auf ihre Flügel das Hohelied gebunden hat, die Schrift ist schwarz-weiss, wie die Torah schwarzes auf weissem Feuer, und wie das Gesicht der Frau, schwarzes Haar und weisse Haut des Gesichtes … etc.

28 Esth 6,1: In jener Nacht floh נדדה den König der Schlaf.

Abraham Ibn Ezra Nr. 139 אז בעלות (oben 1.3):

> Als das Weggehen נדוד kam und Er ihrer überdrüssig wurde, da machte sie sich auf den Weg – wann wird Er sie zurückholen? In der Nacht beobachtet sie den Orion und die Plejaden.

Jitzchaq Ibn Ghiyyat[29] מה תהלכי

> Was gehst du umher, junge Frau, langsam und bist in Tränen – worüber? Und in der Nacht beobachtest du Orion und Plejaden, ohne zu schlafen?

Auch ohne das Bild der Nacht ist das Ausschauhalten und Warten, bis eine Botschaft vom Geliebten kommt, ein Teilaspekt des Nedodmotivs:

Moshe Ibn Ezra Nr. 17 Bernstein Zeile 15

> Sieh, wie ich in jede Wegrichtung schaue und keinen habe, der mich kennt.

Auch Abraham Ibn Ezra Nr. 59 אשא עיני braucht das Bild der Wegkreuzung, an der die Knesset Jisrael steht:

> Ich erhebe meine Augen in jede Wegrichtung: wohin (אן) ist von mir weg, wohin ist mein Geliebter geflohen (HL 6,1)? Es floh mein Geliebter, dessen «Herrlichkeit auf meinem Keruv» (Ez 9,3) geruht hatte.

Ebenso Moshe Ibn Ezra Nr. 126 Bernstein אם דרך

> Die Wegkreuzung ist der Ort, wo ich stehe: ich warte darauf, eine Stimme zu hören, vielleicht kommt für mich einer, der Gutes verheisst, der Rettung verkündet ... mein Geliebter ist weit fort gegangen ...

Ähnlich ist Jehuda Halevi Nr. 180 מה לאחותי Ahava, Gürtellied:

> Was hat Meine Schwester, dass sie sich vorstellte, tagelang sei sie auf der Festungsmauer (Hab 2,1) stehend? Taube, was wirfst du dich hin und her תתנודדי? Was bist du vereinsamt wie ein Vogel auf dem Dach, indem du sagst: wann kommt mein Zeitpunkt? Hab Vertrauen, anstatt dass du Angst hast.
> (Zeile 7 sagt sie:) Heute sind es schon so viele Tage, dass ich auf Heilung hoffe für die Krankheit, an der ich erkrankt bin wegen Deines Zornes.

Die Klage der Knesset Jisrael steht auch hier im Liebeskontext, weil sie mit «Meine Schwester», «Taube» angeredet ist und dargestellt wird als eine, die nach Ihm Ausschau hält «auf der Mauer stehend».[30]

---

29 Jitzchaq Ibn Ghiyyat, מה תהלכי, in: Schirmann 1966, Lied 84, S. 193.
30 vgl. unten 6.2.2 Moshe Ibn Ezra Freundschaftslied Nr. 21 «wie ein umherirrender Vogel עוף נודד bin ich einsam בודד auf dem Dach.» (Beschreibung eines von Freunden Verlassenen.)

Weitere Piyyutim, die als ganzes das Motiv des Suchens und Umherirrens thematisieren und die den Begriff des Nedod verwenden, sind Jehuda Halevi Nr. 326, 357, 184, 386, 168, 206; diese interpretiere ich unten in 6.2 unter der Frage, inwiefern das Umherirren als Suche nach dem Geliebten (Gott) dargestellt ist oder als ein zielloses Umherirren im Exil, aufgefasst als Strafe für begangene Sünden.

Es gibt nun noch einen Piyyut von Jehuda Halevi (Nr. 318), der sein Bildmaterial aus drei Quellen kombiniert: aus dem HL, dem Aṭlāl-/Nedodmotiv und der Exoduserzählung, der Wanderung der Knesset Jisrael in der Wüste Sinai. Eine positive Deutung der Wüstenwanderung als Schauplatz der Jugendliebe Israels steht bei Jer 2,2:[31] «Ich denke daran, wie du Mir lieb warst in deiner Jugendzeit, ... wie du Mir folgtest in der Wüste, im saatlosen Land.» Der andalusische Piyyut spielt oft auf diese Stelle an[32] und hebt mit dem Gegensatz «Wüste» und «Liebeswanderung» hervor, wie gross die Liebe Israels war, dass sie sogar in der Wüste Gott nachfolgte. Dieses Bild der Wüstenwanderung als einer Zeit, in der Israel gemäss Jer 2,2 Gott nahe war, verkehrt nun Jehuda Halevi in eine neue Wüstenwanderung, bei der die Knesset Jisrael die alten Liebesorte aufsucht: wie der Liebende im weltlichen Lied beim Aṭlālmotiv die verlassenen Zeltlager vergangener Liebe aufsucht, so sucht sie nach den Spuren des Geliebten, um zu sehen, ob Gott an den Orten, wo Er sich offenbart hatte, noch anwesend ist.

Jehuda Halevi Nr. 318 Me'orah[33] ים סוף וסיני

1 Schilfmeer und Sinai, lehrt mich den Weg,
   den Weg, den Er ging, mein Geliebter. //

2 Zum Haus meines Herrn mach ich mich auf, /
   in des Lieblings Schoss mich zu legen.

3 Den Gottesberg frag ich, ob meinem Propheten (Moshe) /
   im Strauch Er sich wohl offenbart hat, //

4 «Seiner Füsse Schemel», Sein Land, ich durchwandre, /
   «Seinen Thron», doch niemand gibt Antwort. //

5 Vielleicht im Gefängnis, in meiner Haft, /
   vielleicht lagert Er in meinem Innern! //

---

31 Die biblische Darstellung ist allerdings ambivalent: s. Boyarin 1994, S. 33 und 57–79: er zeigt, wie die durchgehende Dissonanz in bezug der Bewertung, wie Israel sich in der Wüste gegenüber Gott benommen habe, von den Rabbinen aufgenommen und interpretiert wird.

32 Moshe Ibn Ezra Nr. 38 מה לאהובי oben 4.1 und Jehuda Halevi Nr. 137 ידידי השכחת oben 1.1.3. Der Vers Jer 2,2 gehört zu den Zikhronoth der Liturgie von Rosh Hashanah.

33 Ganzer Text (vier Strophen) mit Anmerkungen s. den Textanhang.

6	Bis in meiner Wohnstatt ich lagern Ihn fand[34]: / Wie ein Freund ist Er mir, wie ein Bruder.
7	Vorüber ging all meine Trauer und floh, / des Herzens Schmerz und sein Stöhnen.
8	So wird mein Kranksein nun endlich geheilt, / auch wenn sie mich einsperrn und fangen.
9	Ich will nicht Besitz des Gazellenlandes, / nicht Königsherrschaft begehr' ich,
10	nur Liebe und Güte, die über mich kommt, / und Nahesein dem, der mich liebet.

Die Stationen der Suche sind mit bekannten Orten der Wüstenwanderung Israels verknüpft: der Dornbusch steht für die Offenbarung Gottes an Moshe, das Schilfmeer verweist auf die Rettung beim Exodus, der Sinai bedeutet die Offenbarung Gottes ans Volk. In einer neuen Art Exodus durchwandert die Knesset Jisrael all diese Orte und auch das Land Israel bis zum Tempel (Haus meines Herrn), um eine neue Sinaioffenbarung zu suchen, aber sie begegnet Gott an diesen Orten nicht, denn die Orte der ehemaligen Begegnung sind verlassen und stumm, wie es beim Aṭlālmotiv üblich ist. Das Ausbleiben der Antwort auf ihr Rufen erinnert auch an HL 5,6. Ihre jetzige Wüstenwanderung ist demnach genau das Gegenteil ihrer Exoduswanderung mit Gott: die Liebesorte sind wie die Wüste leer, und die Knesset Jisrael ist allein und verloren. Die Wüste ist nicht mehr wie in der «Jugendzeit» im Vers von Jer 2,2 ein Ort der intimen Zweisamkeit der Knesset Jisrael und Gott, sondern ist nun wegen ihres abweisenden Aspekts ein Bild für die Heimatlosigkeit, also für das Exilsdasein. Die Pointe des Piyyuts liegt aber darin, dass die Knesset Jisrael dennoch Gott findet, aber nicht am Ort des verlassenen Liebeslagers, sondern Er «lagert»[35] im Herzen der Wanderin selbst. Das Hören der Stimme Gottes hängt nach Aussage des Piyyuts nicht vom Ort ab, an dem man ist, sondern ein innerer Zugang zu Gott ist überall möglich. Das Exil, dargestellt als Wüstenwanderung, wird nicht als einsames, zielloses Umherirren, sondern als eine neue Wanderung aufgefasst, bei der die Knesset Jisrael Gott sucht und Ihn nicht am Sinai, dem Ort der früheren Offenbarung Gottes, auch nicht im Land Israel, sondern in einer neuen Gotteserkenntnis findet. Während der Exodus *aus* dem Exil Ägyptens in Jer 2,2 als Zeit der Jugendliebe Israels aufgefasst wird, zeigt

---

34 «Bis ich ihn fand»: Zitat HL 3,4. Zum Topos des Wohnens im Herzen im weltlichen Lied s. Teil II 4.2.2. In den Piyyutim: Abraham Ibn Ezra Nr. 90, Z. 19: «In meinem Herzen berge ich Dein Gesetz / und ich hoffe: vielleicht wird Er dort wohnen.» Jehuda Halevi Nr. 379 3. Gürtel (an Gott): «Wenn wegen meiner allzu grossen Sünde die Stadt zerstört ist, so wohne in meinem Innern.»

35 Das Wort «lagern» gehört als Terminus zur Wüstenszenerie des Aṭlālmotivs. Auch in Nr. 332 מאז מעון übernimmt es Jehuda Halevi in den Piyyut (Teil II 1.3.2).

Jehuda Halevi das gegenwärtige Exil als eine zweite Wanderung *im* Exil, die der ersten Wüstenwanderung im wichtigsten Punkt gleicht: Die Wanderung führt zu einer Befreiung, indem Gott sich auch im Exil finden lässt. Das Finden Gottes beschreiben die Verse 7–8 als eine Befreiung von «Traurigkeit und Kummer» und innere «Heilung» auch in Gefangenschaft. Die treue Gottessuche im Exil nennt Jehuda Halevi in Piyyut Nr. 386 ימים קדומים sogar eine Verbesserung[36] der Jugendliebe Israels in der Wüste Sinai. Ein Gegenbild zu diesem Piyyut, wo die Knesset Jisrael in der stummen Wüste Sinai Gott vergeblich sucht und ihn erst im Herzen findet, ist das Zionslied Nr. 401: dort wandert der Sprecher fiktiv auf der Suche nach Gott und dem Heiligen zwischen den ehemaligen Liebesorten im Lande Israel umher, und ebendort findet der Sprecher auch die mystische Verbindung mit dem Göttlichen: «Wer könnte mir Flügel machen, so dass ich weit weg flöge (ארחיק נדוד) und umherwanderte (אנוד), um mein Herz zwischen deinen zerfurchten Hügeln zerspringen zu lassen.»[37]

Das Exil als Wanderung auf der Suche nach Gott und das Finden Gottes in sich selbst nimmt dem Exil den schlimmsten Stachel, mit dem die Aussenwelt Israel verletzt: das Argument der Abwesenheit Gottes und des Verlustes des Tempels.[38] Piyyut 318 löst das Problem mit einer verinnerlichten Religiosität, die das Partikular-Nationale überschreitet. Die Darstellung des Exils als Gottessuche wurzelt ihrerseits in der neoplatonischen Seelentheorie, gemäss der die Seele des Einzelnen immer auf der Suche nach Gott ist, da sie Sehnsucht hat nach ihrem Ursprung: die Seele wird, wie wir gesehen haben, mit derselben Metaphorik beschrieben wie die Knesset Jisrael, beide sind im Exil Umherirrende (Terminus נדוד) und beide suchen die Erlösung als die Ruhe bei Gott.[39] Natürlich ist diese mystische Religiosität bei Jehuda Halevi nicht als Doktrin aufzufassen; seine Piyyutim sind zu vielfältig in den Aussagen. Er kann auch Zion als einzigen Ort nennen, wo die Knesset Jisrael Ruhe finde:

---

36 Jehuda Halevi Nr. 386 u. 338 (am Schluss) sehen ihre jetzige Tat als besser an (nach Ru 3,10).

37 Teil II 4.2.4. Das Verb נדוד hat hier 2 Bedeutungen: weggehen und umherirren: s. u. 6.2.3.

38 1.1.4 Jehuda Halevi Nr. 330. Anderes Gegenargument: die Shekhina ist zusammen mit Israel an jedem Ort des Exils: bMeg 29a und SifBam Pisqah 161, S. 222–223, ed. H. S. Horovitz, Leipzig 1917.

39 Beispiele in Teil II 6. Jehuda Halevi Nr. 290, יחדי נא יחידה Reshut für Nishmat, Zeile 9–10: «Weggestossen umherirrend (נדודה) von den Höhen und gefangen im Jammertal und dem Tod hingegeben, Ewiger, Starker, führe mich schnell zur Ruhe im Bündel des Lebens geborgen.»

Jehuda Halevi Nr. 265 יונות הושתו שכם: «Tauben, die zur Flucht gewendet sind im Land der Wüste und des Abgrunds: steht auf, das ist nicht eure Ruhe, während die Aue eures Hauses verlassen ist.»[40]

Ähnlich drückt es ein Midrash der klassischen Zeit aus: Israel gleiche einer Taube, die ihr Nest sucht, nämlich das Land Israel. Weil sie im Exil kein Nest gefunden habe, irre sie umher auf der ruhelosen Suche nach der Heimat, und genau deswegen habe die Heimatlosigkeit im Exil auch einen Sinn gemäss der Logik von EkhR 1,3 zu Ekh 1,3 «Juda ging in die Verbannung ... nun wohnt sie unter den Völkern, sie findet keine Ruhe»: «Rabbi Judan und Rabbi Nechemja im Namen von Rabbi Shim'on ben Laqish: wenn sie ein Nest gefunden hätte, so wäre sie nicht zurückgekehrt» (gemeint: nach dem Land Israel).

Am folgenden Beispiel[41] Nr. 379 יונה בפח מצרים sieht man, wie Jehuda Halevi in ein und demselben Piyyut zwischen der nationalen Sehnsucht nach dem wiederaufgebauten Zion (Zeile 17–18) und der individuellen Sehnsucht nach Gott (Zeile 12–13) laviert:

12   Zu mir wende Dich, mein Herr, / aber wenn wegen der allzu grossen Sünde / meine Stadt zerstört ist, /

13   so kehre bei mir ein und wohne in meinem Innern, / siehe Dein Zelt ist in meinem Herzen, / gepolstert mit Liebe. (HL 3,9.10) ...

17   ... Meine Hilfe (= Gott), erbarme Dich über die Stadt meiner Heiligkeit, kehre zurück und wecke die Liebe.

18   Kann ich noch hoffen, / den Gazellenberg zu besuchen, und werde ich noch wie an den Tagen meiner Hochzeit / ein Liebeslied singen für den Geliebten?

Zuerst sagt die Sprecherin Knesset Jisrael angesichts der zerstörten Stadt, Gott möge in ihrem Innern wohnen, nachher bittet sie um die Rückkehr Gottes nach Zion.

Auch im oben zitierten Piyyut Nr. 318 bittet sie in der Schlussstrophe Gott, nach Zion zurückzukehren, auch wenn sie in der 2. Strophe betont hat, sie suche «keinen Erbbesitz im Gazellenland und keine Königswürde»[42]: «Die Taube, die am Abgrund nistet, bring in das Abgeschiedene Deines Zimmers! (HL 1,4) Komm zurück wie ehemals zu meiner Wohnstätte und Deine Ehre strahle über mir auf.»

---

40   Ebenfalls Jehuda Halevi Nr. 206 «verstossen von ihrem Nest ... in der Wüste liegt sie.» Zion als Ort der Ruhe: Nr. 192, Hochzeitslied Nr. 462 (Teil II 5.2), jeweils am Schluss, und Nr. 210, Z. 20.

41   Strophe 1 und 2 bereits zitiert und interpretiert in Teil III 2.2.1.

42   Auch in Jehuda Halevi Nr. 98 ישן בכנפי הנדוד überlegt die Knesset Jisrael, ob sie Gott nicht auch ebenso gut im Exil fände, denn als Dienerin Gottes brauche sie keinen Fürsten und keine Königswürde, sondern (Zeile 5) «Ich werde in meinem Herzen meinen Liebhaber finden».

Wie in Piyyut Nr. 318, so spielt sich auch in Jehuda Halevis Reshut für Shavuoth Nr. 169 יעירוני בשמך die Sinaioffenbarung gleichsam in der Seele des Sprechers ab. Das lyrische Ich spricht vom Sehen Gottes und vergleicht das mit der Sinaioffenbarung: «(Die nächtlichen Gedanken) haben mich verstehen lassen, dass Du die Seele geschaffen hast, dass sie mit mir verbunden und doch wunderbar in meinen Augen ist; und mein Herz sah Dich und glaubte an Dich, wie wenn es am Sinai gestanden wäre.» Anderseits schreibt Jehuda Halevi Zionslieder, in denen der Sprecher sich nach Jerusalem sehnt, um den speziellen Ort zu sehen, wo Gottes Shekhina wohnt, wie wenn die Gottesschau nur dort möglich wäre.[43]

Das Hin- und Herpendeln zwischen Jerusalem als Ziel nationaler Erlösung in messianischer Zeit und dem Suchen Gottes im eigenen Herzen als individuelle Erlösungsmöglichkeit gibt es nach Weinberger[44] auch in der nach-andalusischen Piyyutdichtung.[45]

---

43 So auch im Kuzari 5,23. Die Zionslieder verbinden Nationales und Universales: Das Schauen der Göttlichkeit in Jerusalem drückt der Sprecher unter Verwendung des philosophischen Begriffs der «Sphärenschau» aus, aber er stellt es so dar, dass dies nur in Zion möglich sei: (Nr. 405 אחלי יכונו 3. Strophe): «Ich möchte weggehen zum Myrrhenberg und zum Weihrauchhügel (= Zion). Ich wollte meine Augen in die höchsten Höhen heben, woher mir die glänzenden Sphären (גלגלים נגוהים) erscheinen würden, zu meinem König möchte ich weinen und klagen, wann werde ich kommen und das Antlitz Gottes sehen?»

44 Weinberger 1998, S. 421: Aharon Hazan, ein Karäer, habe unter dem Einfluss der "Golden Age Hispano-Hebrew poets" folgenden Piyyut אקווה לאל בו יבוא גואל über die Erlösung der Seele vollständig mit Bildern aus dem Vokabular der nationalen Erlösung geschrieben: Die «Einzige» und «die Taube» sind die Seele, sie hofft auf die Befreiung durch den Messias. Als Befreiung, die sie durch Reue und Busse beschleunigen kann, wird ihr (der Seele!) vom Dichter die Rückkehr Gottes nach Zion und der Wiederaufbau Jerusalems in Aussicht gestellt.

45 Zum Motiv des ziellosen resp. zielgerichteten Wanderns als Bilder für das Exil und die Befreiung daraus s. Bodenheimer 2002. Dort, S. 115, drücken zwei Zeilen von Hedwig Casparis Gedicht «Der Berg Nebo» (im Gedichtband Elohim, Berlin 1919) eine dem Inhalt von Jehuda Halevi Nr. 318 (5–10) ähnliche Idee aus: (Zeilen 29–32, Anrede an Gott) «Verheissung ist nur dort, / Wohin der Mensch Erfüllung mit sich trägt, / Und die Erfüllung ist das reine Wollen / zu dir!»

6.2 Das Umherirren auf der Suche nach dem Geliebten (Nedodmotiv)

Dem Weggehen des Geliebten entspricht die Reaktion der Knesset Jisrael: sie irrt hinter ihm her: Weggehen und Umherirren, beides auf Hebräisch נדד, sind die zwei Seiten derselben Münze. In diesem Kapitel geht es mir nun zunächst darum, anhand der Piyyutim zu belegen, dass wegen der Polysemie von נדד (unten 6.2.3) das Umherirren der Knesset Jisrael auch rein von der Sprache her die Deutung impliziert, sie irre infolge Seines Weggehens oder Seines Fernseins umher. Im HL erscheint nicht der Begriff נדד, sondern das Verb סבב im poʻel (אסובבה HL 3,2). Obwohl dieses Verb schon hin- und hergehen bedeutet, führt der andalusische Piyyut zusätzlich den Begriff נדד (nadad) ein, weil das Motiv des Nedod in der Poesie von al-Andalus so dominant war. Wahrscheinlich hat auch das Wortspiel mit «Liebling» (Dod) und Weggehen (Nedod) beigetragen, dass der im HL gebrauchte Begriff für das Umherirren der/des Liebenden häufig durch נדד ersetzt wurde. Aber den wichtigsten Punkt, warum der Terminus נדד aus der weltlichen Liebes- und Freundschaftspoesie in die Piyyutliteratur eindrang, sehe ich darin, dass die Dichter damit die traditionelle Deutung des Exils als Umherirren, das von Gott über Israel als Strafe verhängt wurde, zu einem Umherirren aus Liebe umdeuten konnten (6.2.1/2): Die neue Deutung und die traditionelle hängen beide am gleichen Wort נדד, aber die Deutungen sind diametral verschieden.

Ich will nun zuerst meine These, dass die Knesset Jisrael in al-Andalus neu als eine Frau dargestellt ist, die aus Sehnsucht nach ihrem Geliebten umherirrt, richtig gewichten, indem ich an Beispielen aus dem klassischen Piyyut zeige, wie Kallir und Jannai das Umherirren im Exil *nicht* in den Liebeskontext stellen, sondern manchmal traditionell[46] als Strafe deuten:

Beide Dichter brauchen manchmal für das im Exil umherirrende Volk das Bild der «umherirrenden Vögel», aber im Unterschied zum andalusischen Piyyut sprechen sie im Plural des Volkes, zudem ist das Umherirren der Vögel ziellos und das Vogelbild ist nicht mit dem Bild der singenden, lieblichen, unschuldigen Taube aus dem HL verbunden, dem Kosenamen für die Knesset Jisrael. Nur an einer Stelle habe ich bei Jannai diese Erweiterung des Bedeutungsspektrums «Vogel» durch die Facette der «unschuldigen Taube» aus dem HL (5,2; 6,9) gefunden, nämlich in der schon zitierten[47] Qerovah von Jannai: «Wir glichen

---

46 Wie im Mussafgebet zu Rosh Hashanah, Jom Kippur, Pessach, Shavuoth, Sukkoth: «Mipne chataʼenu galinu meʼartzenu.» Die biblische Deutung als Strafe: Ez 39,23. Vgl. Hos 9,17.
47 s. o. 3.3: Jannais Meshalesh der Qerovah zu Dtn 22,6.

dem umherirrenden Vogel (Jes 16,2) und dem einsamen Vogel (Ps 102,8): Aus dem Nest weggeschickt (Jes 16,2) finden wir kein Nest ... die unschuldige Taube wäre genommen worden ... wäre nicht Dein Mitleid gewesen.»

Beide Dichter stellen das Irren als Flucht und Folge der Vertreibung dar; es ist ziellos und kann mit «Flüchtigsein» übersetzt werden: Kallir, Qinah zu Tish'ah beAv: «Wohin wir auch zogen, zerriss uns das Gewild des Waldes, wohin kann ich vor Deinem Geiste fliehen, Dein Sturm reibt uns auf; ich irre umher (אנוד) wie ein flüchtiger Vogel (כצפור נודד) – und Du lässt uns jammern.»[48] Auch dann, wenn das Bild des Heimfliegens von Vögeln positiv die Sammlung der Exilierten meint, so ist es nicht die spezifische Taube, die Gestalt der Knesset Jisrael, sondern das ganze Volk, das als Schwarm von Tauben nach Zion heimfliegt.[49]

Erst in al-Andalus wird das Bild des «flüchtigen Vogels» mit dem Bild von Israel als der geliebten und liebenden Taube aus dem HL verbunden, und das Umherirren im Exil wird erst in al-Andalus als Suche nach dem Geliebten dargestellt.[50]

Die negative Sicht kommt zwar im andalusischen Piyyut manchmal auch vor, aber (ausser der einen Ausnahme bei Shlomo Ibn Gabirol Nr. 116, s. u.) nur in den Selichoth und Qinoth, weil diese Textsorte das Thema Liebe kaum anspricht; vor allem Abraham Ibn Ezra[51] (1089–1164) schreibt solche Selichoth, da er unter

---

48 Morgengebet, Piyyut zu «Gesegnet Du, der Jerusalem erbaut», Qinoth 1983, S. 105.
49 Kallir, Silluq zur Qedushta leChatan, Fleischer 1975a, S. 164: «Wenn Ich mich offenbaren werde, um in Meinem Tempel zu wohnen ... dann möge sich freuen und jubeln die in den Gärten Wohnende, denn sie wird sehen, wie Meine Herden in Mengen versammelt werden. Sie kommen, um sich in den Wohnungen Meines Lagers zu lagern, zur sicheren Ruhe meiner ungestörten Aue; aus weiter Ferne werden Meine Tauben zu ihrer Hochzeit (חופתם) fliegen (יעופו) ...».
50 Nicht nur die Taube des HL, auch die «stumme Taube der Ferne» aus der Überschrift von Ps 56,1 wird mit der Knesset Jisrael gleichgesetzt: Als «Taube der Ferne» ist es ein häufiges Appellativ bei Jehuda Halevi: Nr. 324, Nr. 381 (oben 1.1.2), Nr. 357 (unten 6.2.2).
51 Die Stellen bei Abraham Ibn Ezra sind folgende: Nr. 353 Qinah zu 9. Av Zeile 24: «Ich bin unstet und irrend im Lande, jeder, der mich findet, wird mich töten. Wohin soll ich gehen von seinem (von Esaws oder Jishma'els) Angesicht weg an einen Ort?» Nr. 118 Me'orah, איך אני לבדי: «Wie bin ich allein umherirrend נד – und jeder Wolf kann mich verfolgen!» Nr. 276 Selichah, אלהי קדם מעונה: «Der Ewige Gott, der im Himmel ist, möge zurückbringen die Taube, die Er verbannt hat, die das erste Mal ein grosser Adler krank gemacht hat, und das letzte Mal hat das Wildschwein aus dem Wald sie in Angst versetzt, und die Taube fand keine Ruhe für ihren Fuss ...». Weiter ein Mechaje für die Ne'ilah von Jom Kippur von Moshe Ibn Ezra Nr. 211 «In Weinen soll sie ausbrechen die stumme Taube, sie zittert, und ihr Herz duckt sich und kauert sich nieder, sie ist müde und barfüssig, denn sie hat doch für ihren Fuss bis zur Neige des Tages keine Ruhe gefunden (Gen 8,9).»

dem Druck der Almohaden viel mehr als seine Vorgänger das Umherirren als eine Flucht vor Feinden erlebt.

Die erwähnte Ausnahme ist eine einzelne Strophe aus dem Piyyut Nr. 116 von Shlomo Ibn Gabirol.[52] Der Text charakterisiert die umherirrende Knesset Jisrael mit dem Verb נע ונד (unstet und flüchtig), das implizit auf den umherirrenden Kain anspielt:[53] Wie Kain muss sie vor ihren Feinden fliehen, ihr Umherirren ist ziellos, nicht wie das Umherirren auf der Suche nach Gott. Das Umherirren wird aber anders als beim biblischen Kain nicht in direkten Zusammenhang mit Sünden gestellt, sondern erst nach weiteren zwei Strophen folgt in neuem Kontext ein Sündenbekenntnis der Knesset Jisrael.

Traditionellerweise wird nun aber bekanntlich Israels Vertriebensein und Umherirren im Exil als Strafe[54] interpretiert. Der Midrash zu den Klageliedern stützt diese Interpretation mittels eines Wortspiels zwischen Niddah und Noded:[55]

EkhR zu Ekh 1,8[56]: Schwer hat Israel gesündigt, deshalb ist sie zur Niddah, zur unreinen Frau (לנדה), geworden: «Zum Umherirren (לטלטול)». EkhR erklärt also das Wort נדה mit טלטול. Wie kommt EkhR auf diese Deutung? EkhR leitet offenbar Niddah (נדה) von נוד (umherirren) ab, da das aramäische Wort טלטול, das EkhR als Erklärung einsetzt, der Übersetzung entspricht, die der Targum zu Gen 4,12 für den Begriff נע ונד gibt: Kain ist וגלי מטלטל, das heisst, er irrt im Exil umher.[57]

---

52 Shlomo Ibn Gabirol Nr. 116 Jotzer für 5. Shabbat nach Pessach שזופה נזופה 2. Strophe: «Vor meinen Feinden werde ich immer erniedrigt. Er ist frisch und unbekümmert, und ich bin unstet und irrend (נע ונד).» Diese klagende Strophe innerhalb des Piyyuts habe ich bereits S. 357 zitiert. Das Kainmotiv hat auch Jehuda Halevi Nr. 93 (Selichah?/Ge'ulah?), Strophe 4 (Kapitel 2.1).

53 Eine andere typische Figur des Umherirrenden ist später Ahasver, s. Bodenheimer 2002.

54 Wie im Mussafgebet zu Rosh hashanah, Jom Kippur, Pessach, Shavuoth und Sukkoth: Mipne chata'enu galinu me'artsenu. Diese Sicht beruht auf der Darstellung in Ez 39,23. Vgl. Hos 9,17.

55 Das Wort נידה (so in Ekh 1,8) respektive נדה (mit Dagesh im Nun, so in Ekh 1,17) kommt von נדד und nicht von der Wurzel נוד, die Kains «Umherirren» in Gen 4,12 bezeichnet, aber die Bedeutungen fallen zusammens. s. u. im Exkurs 6.2.3.

56 EkhR ed. Buber 1899, S. 36 (hebr.). Neben Ekh 1,8 auch 1,17. Rashi erklärt zu Niddah: «zum Gegenstand, von dem man sich entfernt und den man verachtet».

57 BerR 39,8 zu Gen 12,1 Lekh lekha zitiert das Taubenbild, das der Sprecher in Ps 55,7 bringt «Ich will weit weg fliegen ארחיק נדוד» und paraphrasiert ebenfalls mit den Begriffen «ein Hin- und Herschwanken (נדנוד) hintereinander und ein Umherirren nach Umherirren (טלטול אחרי טלטול)».

Im klassischen Piyyut macht Jannai dieselbe Kombination von «unreiner Frau» (Niddah) und Exil: in einem Meshalesh zum Shabbat Parah[58] zählt Jannai die fünf Exile der Knesset Jisrael als fünf Zustände ihrer Unreinheit auf: (Zeile 11) «Ich erkrankte in Edom, am roten Blut, wie eine Elende (Ekh 1,13 דוה) und Unreine (z. B. Ekh 1,8; 1,17 נדה), wie eine, die an Blutfluss leidet (Lev 15,19), verlassen sitze ich da.»

Auch Kallir bringt «Unreinheit»[59] und Exil zusammen[60]:

1 Die Mutter der Söhne stöhnt (מנהמת) wie eine Taube,
in ihrem Herzen klagt sie und mit ihrem Mund schreit sie laut,
sie brüllt (געה) vor Weinen und in Bitterkeit spricht sie,
Tränen vergiesst sie und ist verstummt und entsetzt:
5 Weggeschickt hat mich mein Mann und ist weggegangen (סר) von mir,
an die Liebe meiner Hochzeit erinnert Er sich nicht,
weggeworfen und verstreut hat Er mich über meine Grenzen hinaus,
Er hat alle meine Feinde sich an mir freuen lassen.
9 Er vertrieb mich wie die unreine Frau (נידה), von Seinem Angesicht weggeschickt,
Er hat mir erdrückende Fallen gestellt, mir keine Ruhe gegönnt,
meine Augen sind verschmachtet ob den Züchtigungen, mit denen Er mich zurechtwies,
warum hat Er mich in Ewigkeit verlassen und vergessen? (Ekh 5,20)

In al-Andalus ist das Wort נידה laut dem Wörterbuch von Raw David Qimchi (Radaq)[61] als verwandt mit נדד angesehen worden. Die neue Deutung in den

---

58 Shabbat Parah (vor Shabbat haChodesh): Text: Num 19,1–22. Piyyut: Elizur 1999, S. 184.
59 Die Vorstellungen, die sich mit der Niddah verbinden, sind nicht alle so negativ, wie es aufgrund von EkhR und Kallir und Jannai den Anschein hat: Elizur 1999, S. 187 korrigiert das Bild der aufgrund der Unreinheit verstossenen Frau, indem sie auf eine Gegenstimme verweist in TanB Metzora 18, S. 27 Buber: «Wenn Israel mit der Unreinheit des Toten verglichen würde, wäre die Shekhinah nie zu ihnen zurückgekehrt. Aber sie wurden verglichen mit einer Unreinheit, für die es Reinigung gibt in der Miqwe, und der Priester ist mit ihr im Haus und hat keine Bedenken. So weilt die Shekhinah mit Israel, auch wenn sie unrein sind.»
60 Elizur 1988, S. 32–33 Magen אם הבנים der Qedushta zum Trostshabbat «Watomar Zion».
61 Rabbi David Qimchi, 1160–1235, Sefer haShorashim, führt unter נדד die Stelle Ez 7,19. 20 an, indem er נדה von נדד ableitet und doppelt deutet: er erklärt es nicht nur als Unreinheit, sondern auch als Weggehen. Während also die Zwinglibibel נדה jeweils mit «Unreinheit» übersetzt (Ez 7,19.20: «ihr Gold wird als Unrat gelten ... seine Zier haben sie zur Hoffart verwendet, sie haben daraus ihre Scheusale gefertigt. Darum mache Ich es ihnen zum Unrat.»), erklärt Qimchi hier die Verwendung von נדה einerseits als Unreinheit wegen der Menstruation (er zitiert z. B. Lev 12,2 דוה בנדתה unrein in ihrer Unreinheit), anderseits macht er auch den offenbar traditionellerweise so verstandenen Zusammenhang mit נדד

Piyyutim von al-Andalus assoziiert nun aber נדד nicht mit der Niddah, sondern mit dem Weggehen des/der Geliebten oder des Freundes in den Freundschaftsliedern und dem Umherirren und Unstetsein des/der Verlassenen.[62]

Es gibt eine einzige Ausnahme, den Piyyut von Abraham Ibn Ezra Nr. 147, in dem der Text bei der Knesset Jisrael auf die נדה der Frau anspielt. Aber diese Aussage wird bezeichnenderweise den Feinden Israels als Schmähwort in den Mund gelegt: «Bis wann soll der Feind Deinen Namen lästern in meinem Angesicht? Ich kann ihm nichts ins Gesicht entgegnen, damit meine Quäler sich nicht gegen mich (zum Angriff) erheben. Ich blieb nackt und bloss (nach Mi 1,8), ich wurde von meinem Wohnhaus vertrieben, ich galt ihnen als Niddah נדה, nachdem mein Wohlgeruch der Duft von Myrrhe war.» Es sind die Feinde, die sie als Unreine ansehen – dies ist die charakteristische Aussenwahrnehmung.

6.2.1 Der umherirrende, einsame Vogel

Wie wir in den Freundschaftsliedern gesehen haben, schlägt der verlassene Liebhaber und Freund sein Zelt «auf den Flügeln des Umherirrens/Weggehens» (נדוד) auf, um hinter dem geliebten Freund herzuziehen, oder er fliegt «auf den Flügeln der Sehnsucht» zu ihm.[63] Anderseits kennzeichnet in der Bibel das Verb נודד nach Hos 9,17 das Volk Israel, das im Exil umherirrt.[64] Welchen Aspekt hat nun das Bild des umherirrenden Vogels (עוף נודד), wenn es in al-Andalus für die Knesset Jisrael gebraucht wird? In Moshe Ibn Ezras Freundschaftslied Nr. 21 Brody beschreibt sich der verlassene Freund als umherirrender (Jes 16,2), einsamer Vogel auf dem Dach (Ps 102,8) und drückt damit seine Sehnsucht nach dem weggegangenen Freund aus. Im Piyyut von Jehuda Halevi Nr. 326 יונתי לילה benützt die Knesset Jisrael die genau gleiche Bildkombination, um sich selbst zu beschreiben.[65] Hat auch hier die Metapher den Aspekt der Sehnsucht?

Bevor ich die beiden Gedichte zitiere, soll nochmals an Jannais Qerovah[66] erinnert werden, in der dieselbe Bildkombination vorkommt: Er bezeichnet das Volk, das aus dem Nest weggeschickt wurde, als umherirrenden, einsamen Vogel.

«weggehen, sich entfernen» deutlich und paraphrasiert Ez 19,20 so: «damit sie sich von Ihm entfernen sollten und ins Exil gingen».
62 s. die Lob- und Freundschaftslieder: Teil II 4.2.1 und 4.2.2.
63 Teil II 4.2.2: «auf den Flügeln des Umherirrens»: bei Jehuda Halevi, Brody, II, Nr. 24, S. 245, Zeile 40; «auf den Flügeln der Sehnsucht»: bei Ibn Zaydūn.
64 Hos 9,17 «Mein Gott wird sie verwerfen, weil sie nicht auf Ihn hörten: sie werden Umherirrende / Flüchtige sein (נודדים) unter den Völkern.
65 Text und Interpretation beider Gedichte unten 6.2.2.
66 s. o. 3.3: Meshalesh der Qerovah zu Dtn 22,6.

Die Sprechsituation ist nicht die des individuellen Sprechers, wie es bei Jehuda Halevi Nr. 326 und natürlich im Freundschaftslied von Moshe Ibn Ezra der Fall ist. Auch der Kontext ist ganz anders: Jannais Qerovah handelt von der Mutter (Zion), der «unschuldigen Taube», die mitsamt ihren Kindern von den Feinden verfolgt wird und deshalb umherirrt. Jehuda Halevi Nr. 326 hingegen beginnt, wie wir sehen werden, mit dem Bild «Meine Taube» für die Knesset Jisrael und dem Zitat aus HL 3,1.2, das die umherirrende Geliebte auf der Suche nach dem Liebhaber beschreibt, worauf sich dann diese «Taube» aus dem HL als «umherirrende (נודד) Rohrdommel» und «einsamer Vogel» beschreibt.

Wenn wir also die Semantik von «umherirrend» (נודד), angewendet auf die Knesset Jisrael, untersuchen wollen, so müssen wir zweierlei beachten: 1) Das Wort נודד hat wegen des Motivs des hinter dem scheidenden Partner herziehenden Freundes die neue Konnotation eines Umherirrens aus Liebe. 2) Das Taubenbild aus dem HL steht in neuer metaphorischer Interaktion mit dem Bild des umherirrenden und einsamen Vogels (Jes 16,2; Ps 102,8). Inwiefern ist deshalb das zärtliche Bild der Knesset Jisrael als «Meine Taube» negativ konterdeterminiert und umgekehrt, wie weit ist das Bedeutungsspektrum des Umherirrens durch den Aspekt der Sehnsucht positiv erweitert? Diese Fragestellung soll kurz am folgenden Zitat aus dem Piyyut von Moshe Ibn Ezra Nr. 11 Bernstein קומי בת ולכי modellhaft ausgeführt werden:

> Steh auf meine Tochter und geh, kehr zurück in deine Städte als Dritte (= zum 3. Mal).
> Siehe, Ich sende euch den Elijah.
> «Vor Liebe krank» ist «meine Taube in den Felsspalten» umhergeirrt נודדה[67].

Der Dichter zitiert den ersten Teil des Verses HL 2,14 «Meine Taube in den Felsenklüften – zeig mir deine Gestalt …», kombiniert dazu «vor Liebe krank» aus HL 2,5; 5,8 und das Bild des Umherirrens, das in HL 2,14 ganz fehlt. Der neue Kontext stellt die Taube als Liebeskranke dar, die eben wegen dieser Liebe in den Felsenklüften umherirrt, ähnlich wie in HL 3,2: «So will ich mich aufmachen, die Stadt durchwandern, will ihn suchen, den meine Seele liebt.» Das Bild der liebevollen Taube aus dem HL bekommt neu die Facette einer umherirrenden Taube: die Knesset Jisrael ist hier nicht mehr als diejenige mit der schönen Gestalt und der angenehmen Stimme charakterisiert. Aber auch das Umherirren, womit das Exil gemeint ist, hat einen neuen Aspekt: Sie irrt liebeskrank umher wie der verlassene Freund im Lob- und Freundschaftslied. Die neue Metapher der vor Liebe umherirrenden Taube lässt sich für den Bildempfänger, die Knesset Jisrael im Exil, positiv und negativ deuten.

---

[67] נודדה: das Partizip fem. von נדד (als Verb mediae geminatae = kefulim).

Es lohnt sich, das neue Bedeutungspotenzial des Motivs des Umherirrens (נודד) in möglichst vielen Piyyutim zu untersuchen. Vor allem Jehuda Halevi hat die Knesset Jisrael als eine aus Liebe und Sehnsucht Umherirrende dargestellt.[68] Im nächsten Kapitel sollen die folgenden Piyyutim von Jehuda Halevi interpretiert werden: Nr. 326 יונתי לילה, dann Nr. 357 יונת רחוקים, 184 יודעי יגוני, 386 ימים קדומים, dann 168 יונה נשאתַ, 206 יונה נכאבה. In allen kommt das Verb נודד vor, in allen ausser in 184 und 386 ist es die Taube, die umherirrt. Wir werden interessanterweise feststellen, dass die Lieder 184, 326, 386, 206 alles Gürtellieder sind[69]: bei dieser Form überspringen die Aussagen jeweils die Stropheneinheiten[70], was den Text sehr bewegt und dramatisch gestaltet. Es gibt Sprecherwechsel, die oft mit dem Wechsel von Strophe zu Gürtel zusammenfallen, und abrupte Stimmungsschwankungen, indem derselbe Sprecher von einer Strophe mit Klage zu einer Liebesbeteuerung im Gürtel überwechselt.

6.2.2 Das Umherirren – die Mischung von Tränen und Liebe

Jehuda Halevi Nr. 326 Ahavah? Selichah?[71] יונתי לילה

Reimwörter des Gürtels: Binnenreim auf -ati, Aussenreim auf -vah

Gürtel: Meine Taube / streift durch die Strassen des Nachts (סבבה),
       sie geht suchen, / den ihre Seele liebt. (HL 3,1.2)
1 «Lass sie doch / dem Weinen sich hin zu ergeben,
   denn ihr Leid / ist hart wie der Bruch ihrer Treue.
   Und sie zählt' / tausend Jahre: es wich nicht ihr Joch.
      Meine Volk-/ reiche sitzt wie der Kinder beraubt
      im Fussblock, / berechnet nun Endzeit um Endzeit.»
2 «Ich bin gleich / der Rohrdommel, die irrt (נודד) in der Wüste,
   und ich bin / auf dem Dache der einsame Vogel,
   und ich wein', / denn ich traure, mich schaukelnd zu trösten.
      Meine Träne, / noch nicht von der Wange getrocknet (Ekh 1,2),
      strömt über / Deine Stadt, denn sie ist in Trümmern.

---

68 Von andern Dichtern kann ich ausser Moshe Ibn Ezra Nr. 11 (s. Zitat im Text) nur noch Abraham Ibn Ezra Nr. 144 אחשוק ולא אדע nennen: s. o. 6.1.
69 Jehuda Halevi Nr. 168 hingegen ist ein Pseudogürtellied, Nr. 357 hat fortlaufenden Reim.
70 Zu diesem Enjambement (hebr. פסיחה) s. Hazan 1986, S. 55 f.
71 Vom Herausgeber Jarden als Ahavah, von Schirmann 1955/6, I, 2, S. 474, und Weinberger 1998, S. 93 als Selichah bezeichnet: s. Textanhang.

3   Doch Trost schöpft / das Herz, das gebrochen von Sorgen,
    wenn es glüht / in Erinn'rung vergangener Zeiten.
    Wer bekämpft / die Urteile Gottes, die stärkern?
    Meine Hoffnung, / die nicht in Dir sich getäuscht,
    dauert weiter, / und nicht hat gelogen Dein Bund.»

Der Piyyut ist ein dreistrophiges Gürtellied mit vier Gürteln, wobei der einleitende Gürtel als Madrikh das Thema anschlägt und das Lied unter das Zitat von HL 3,1.2 stellt. Die Zäsuren teilen die Zeilen in ungleiche Hälften, indem die erste Hälfte in der Länge fast immer nur aus einem (hebräischen) Wort besteht. Dieses bekommt, da es ja zugleich ein Reimwort ist, grosses Gewicht. Tatsächlich wirkt das jeweilige Wort auch vom Inhalt her wie ein Ausruf, manchmal ist es eine Anrede (meine Taube, meine Volkreiche), manchmal leitet es wie ein Stossseufzer ihre Aussagen ein: Ich gleiche – ich bin – ich weine – meine Träne – strömt über etc.

Wer spricht den Madrikh? Die Eröffnungsworte sind wahrscheinlich als Rede Gottes aufzufassen, der die Knesset Jisrael als Seine Geliebe ansieht, die nach Ihm in den Strassen sucht.[72] Die Replik in der 1. Strophe ist vom anonymen Sprecher an Gott und gegen dessen Aussage im Madrikh gerichtet. Auch der zweite Gürtel, der vor der 2. Strophe steht, ist wahrscheinlich die Rede des versteckten Sprechers. Es könnte aber auch Gottes Rede sein. In der 2. Strophe tritt die Knesset Jisrael selbst auf und bezieht sich wie der anonyme Sprecher ebenfalls auf den Inhalt der ersten zwei Verse. Sie bleibt Sprecherin bis zum Schluss; der anonyme Sprecher und die Stimme Gottes treten nicht mehr auf.

Das einleitende Zitat aus dem HL ist Grundlage für die Struktur des ganzen Piyyuts. Auf dieses Zitat beziehen sich als Gegenzitat die Ausdrücke, die in der 2. Strophe aus Ps 102,7.8 zitiert werden. Die in der Anrede Gottes gebrauchte Metapher der Geliebten, die als «Meine Taube» in der Nacht auf der Suche nach ihrem Geliebten ist, wird von ihr nochmals aufgenommen mit dem Gegenbild der umherirrenden Rohrdommel[73] und des einsamen Vogels (aus Ps 102). Ebenfalls steht die emotionale Anrede mit dem Kosewort «Meine Taube» (Zitat aus HL 2,14 und Innenreim des 1. Gürtels) im Gegensatz zum Zitat aus dem Klagelied «meine Volkreiche» (Ekh 1,1), das als Anrede und Reimwort im 2. Gürtel folgt. Weil die Zitate diese Schlüsselbedeutung haben, muss man annehmen, dass die aus Ps 102 zitierten Ausdrücke bedeutungsgeladen[74] sind, das heisst auf den

---

72 Die Alternative, dass der versteckte Sprecher redet, stellt sich als unmöglich heraus, weil in der 1. Strophe dem Sprecher des Madrikh geantwortet wird; es kommt aber nie vor, dass der versteckte Sprecher eines Piyyuts angeredet wird.
73 Rohrdommel oder Pelikan: gleiches Wort bei Shlomo Ibn Gabirol Nr. 103 Jarden.
74 Ein Zitat, das «aufgeladen und nicht leer» ist, nennt man in der israelischen Terminologie טעון.

gesamten Kontext des Psalmes 102 verweisen. Psalm 102 ist ein Klagelied des Einzelnen, der über die Not klagt, die schmähende Feinde ihm bereiten. Ab Vers 13 aber geht der Psalm über zur Hoffnung auf Rettung, und diese Hoffnung wird nun ganz national ausgedrückt: Gott möge sich Zions erbarmen. Innerhalb der Klage über die Verfolgung durch Feinde steht nun der Vers, den der Text zitiert und modifiziert: 102,7.8 «Ich gleiche der Rohrdommel in der Wüste, bin wie die Eule in den Trümmerstätten. Ich muss wachen und klagen wie ein einsamer Vogel auf dem Dach.» Gibt der Piyyut, der den «einsamen Vogel» zusätzlich als umherirrend (נודד: Jes 16,2) bezeichnet, mit diesem Wort einen Rückverweis auf das Zitat HL 3,1.2, das die Knesset Jisrael am Anfang als eine Liebende darstellt, umherwandernd und ihren Geliebten suchend?

Der Textablauf zeigt folgendes: Die positiv wirkende Aussage der zwei ersten Verse wird in der Replik des Sprechers sofort revidiert. Der Sprecher weist darauf hin, dass die Suche nach dem Geliebten in der Sicht der Knesset Jisrael eine mit Tränen verbundene Suche ist; er will Gott in Vers 3 vor Augen führen, wie unglücklich sie beim Suchen nach Ihm ist: so interpretiere ich seine Bitte an Gott, Er möge sie weinen lassen. Ein ähnliches Muster haben wir schon in den Piyyutim angetroffen, in denen die Knesset Jisrael zuerst als schön bezeichnet wird, dann der Hinweis auf ihre in Wirklichkeit elende Situation folgt.[75] Das Weinen korrigiert die aus dem HL zitierte Liebesszenerie der ersten zwei Verse: Weinen kommt in keiner Liebesszene des HL vor, allerdings ist Weinen aus Liebe ein Charakterzug des typischen weltlichen Liebhabers und Freundes.[76] Die Aussage mit dem Weinen bleibt also zunächst offen. Der Sprecher greift aber in der 4. Zeile auf die traditionelle Deutung des Exils zurück, wie sie gewisse Prophetenstellen und vor allem das Klagelied kennt: sie weint, weil sie für ihren Treuebruch büsst. Zusätzlich kommt zum Elend des Exils noch die Enttäuschung hinzu in der Berechnung des Endes: das ist neu im Vergleich mit der biblischen Darstellung. Zur alten Deutung des Exils als Strafe gehören die Erwähnung des Joches (Zeile 5) und das Weinen über die zerstörte Stadt (2. Strophe), das an Ekh 1,2 erinnert. Bis und mit 2. Gürtel redet der anonyme Sprecher und hinterfragt die Aussage der Einleitungsverse, was die Darstellung der suchenden Geliebten betrifft. In der 2. Strophe tritt die Knesset Jisrael selbst auf und kommt wieder auf das Bild vom «Suchen nach dem Geliebten» von Zeile 1 und 2 zurück, nennt es aber Umherirren und korrigiert auch das Bild der Taube: sie nennt sich einsamer Vogel und *umherirrende* Rohrdommel in der Wüste. Die nächsten Verse illustrieren die Verlassenheit: im 3. Gürtel weint sie wie die klagende Frau

---

75 Siehe III 1.2 z. B. Shlomo Ibn Gabirol, Nr. 100 Reshut für Pessach שאלי יפהפיה.
76 Weinen des Liebhabers, II 3.2, Beispiel 5; des Freundes im Lob- und Freundschaftslied: II 4.2.1.

in Ekh 1,2: «Meine Träne, die von meiner Wange noch nicht getrocknet ist, strömt über Deine Stadt, denn sie ist zerstört.» Das Hin- und Herschaukeln in der Klage in der 2. Strophe (התנודד von der gleichen Wurzel wie נוד) ist die typische Haltung der Totenklage[77]; also gehört laut Text zum Umherirren im Exil auch noch die Totenklage über Jerusalem. In der dritten Strophe hingegen kommt der Umschwung: sie sagt, sie tröste sich, und zwar dann, wenn ihr Herz heiss werde in der Erinnerung an vergangene Zeiten. Das heisst nun, dass sie in der Erinnerung an das Glück vergangener Zeiten wieder voll Liebe ist, denn das Heisswerden des Herzens gehört zum Bildfeld des durch Trennung entfachten Liebesfeuers (אש נדוד). Dass das Denken an den fernen Geliebten die Liebe entflammt, ist der im Liebes- und Freundschaftslied bekannte Topos[78], kommt aber auch schon in Jer 20,9 vor (zitiert bei Jehuda Halevi Nr. 357 יונת רחוקים). Der Schlussgürtel ist positiv: Aus der Liebe, die sie bewahrt hat, schöpft sie die Hoffnung. Dieser positive Schluss führt wieder zurück zur Aussage der Rede Gottes am Anfang und bestätigt als Liebesbekenntnis dessen Aussage, dass sie die suchende Geliebte aus dem HL ist. Die Schlusszeilen haben im Piyyut meistens eine positive Ausrichtung. Das hängt mit der Gebetssituation zusammen, weil das Gebet mit einer Hoffnung und mit Trost enden soll. Hier sehe ich aber die in einem Gürtellied typische Schlusszeile (Kharja), in der die Geliebte im Lustlied jeweils ihre Zustimmung zur Liebe gibt.

Fazit: Der Piyyut weist eine Mischung von alten und neuen Deutungsmustern auf. Dies ist die neue Dialektik des Exils in seinem Aspekt als Strafe für Israels Sünden (Abfall von Gott) und seiner Deutung als Liebesdrama nach dem Modell des HL und der arabo-hebräischen Freundschaftslieder. Der Piyyut bleibt meiner Meinung nach genau in der Schwebe, und entsprechend ist die Sprache

---

77 Die Klage hat aber auch die Konnotation von «Trost suchen», gemäss der hebräischen Erklärung von David Qimchi (1160–1235), Sefer hashorashim, zur Wurzel נוד. «נוד betrifft sich hin und her bewegen (נענוע) und sich schütteln (טלטול). Es kommt vor in betreff des Trostes eines Trauernden und des Erzählens der Kümmernisse mit ihm zusammen, gemäss dem, dass die Tröster je von ihrem Ort herbeiziehen (נדים), der eine von hier, der andere von dort, um den Trauernden zu trösten und um sich um seinetwillen zu schaukeln (יטלטלו), und im selben Sinn auch das Hitpaʻel: Efrajim schaukelt sich (Jer 31,18), d.h. es erzählt sich bei sich selbst seine Schicksalsschläge.» Qimchis Erklärung beruht offenbar, wie ich gesehen habe, auf der Interpretation des Wortes נוד, wie es in Hi 2,11 gebraucht wird: «sie kamen … jeder von seinem Ort, ihn zu beklagen (לנוד לו) und ihn zu trösten.»

78 Liebesfeuer: HL 8,6; Liebesfeuer besonders auch kombiniert mit dem «Wasser» (den Tränen) im Lustlied s. Teil II 3. 2 Beispiel Nr. 5 Shmuʼel Hanagid Nr. 202 ed. Jarden אש אהבים; im Lob-und Freundschaftslied: II 4.2.1 und unten in Moshe Ibn Ezra Nr. 21 Brody, Zeile 5.

eine Mischung von Klage und Liebesausdruck. Die Forscher sind sich deswegen wahrscheinlich auch nicht einig, ob das Lied eine Ahavah oder eine Selichah sei. Wie sehr diese Mischung der Rhetorik von Klage und Liebe derjenigen aus dem Mund des verlassenen Freundes in den Freundschaftsliedern gleicht, zeige ich nun noch am erwähnten Freundschaftslied von Moshe Ibn Ezra, das ebenfalls den Ausdruck עוף נודד bringt:

Moshe Ibn Ezra Nr. 21 Brody[79]

1 Meine Geliebten, ihr habt den Bund gebrochen und ihr suchtet nach betrügerischem Hintergehen der Liebe,
2 und berietet euch, das Feuer des Weggehens (אש נדוד) zu entzünden und Anschläge zu machen wie ein wahrhaftiger Kampf, bevor der Kampf losgeht.
3 Und es war euch nicht genug damit, dass ihr weggingt, sondern ihr habt eine traurige Seele gefangen mitgenommen, ohne Schwert.
4 Euer Licht ist untergegangen beim Sonnenaufgang[80], aber euer Glanz ist (immer noch) am Firmament meiner Gedanken.
5 Ihr gingt mitten durch meine Brust hindurch, die im Feuer steht, und wie ins Wasser von Tränen habt ihr eure Pfade gelegt,
6 Tränen nach euch, die ich nicht gerufen habe: sie quollen hervor wie freigebiger Regen.
7 und der Schlaf flieht mich (נדדה) seither …
8 Wie ein umherirrender Vogel (עוף נודד) bin ich einsam (בודד) auf dem Dach.

Dies ist der Beginn eines längeren Freundschaftsliedes. Es beginnt mit der Klage über die Treulosigkeit der Freunde, die er aber immer noch liebe (Zeile 4), und endet Zeile 19 mit dem hoffnungsvollen Ton, die Freundschaft könne wieder hergestellt werden:[81] mit dieser Hoffnungsperspektive entspricht das Lied dem Piyyut Nr. 326 von Jehuda Halevi. Der Text ist besonders wegen der Zitatenkombination «einsamer (Ps 102,8) und umherirrender (Jes 16,2) Vogel» interessant, weil Jehuda Halevi Nr. 326, wie wir sahen, genau dieselbe Kombination bringt, um den Zustand der verlassenen Knesset Jisrael zu beschreiben. Wegen «des Feuers des Weggehens נדוד» der Freunde irrt der Verlassene wie die Knesset Jisrael umher,

---

79 Brody Nr. 21, S. 27, Zeile 1–8. (Freundschaftslied, s. ganzen Text, 19 Zeilen, im Textanhang). Den Hinweis auf dieses Lied gab mir Ishay 2001, S. 46, aber sie benützt das Lied nur als Beispiel für den Ausdruck des Weggehens und behandelt die Frage, was das Weggehen der Freunde mit dem Umherirren des Sprechers zu tun hat, nicht. Sie zitiert nur den Anfang des Gedichtes: Wichtig ist aber, dass in der Fortsetzung (Zeile 9–19) der Sprecher die Hoffnung ausdrückt, dass die Freunde zu ihm zurückkehren und Frieden stiften zwischen Väter und Söhnen.
80 Zeit der Abreise der Freunde.
81 Der Sprecher liebt die Freunde trotz ihres Betrugs: Ebenso Moshe Ibn Ezra Nr. 20, Zeile 50 Brody; 112, Zeile 17.

und sein Herz brennt in der Erinnerung an die Freunde wie das der Knesset Jisrael in Nr. 326: die Bilder stehen in beiden Texten zum Ausdruck der Sehnsucht. Im Gedicht kommt der Begriff נדד in seiner Doppelbedeutung vor als «weggehen» und «umherirren»: in Zeile 2 ist damit das Weggehen der Freunde bezeichnet, in Zeile 8 nennt er sich selbst umherirrenden Vogel.

Jehuda Halevi Nr. 357 Ahavah יונת רחוקים

> Taube der Ferne, sie ist in die Wälder geflüchtet, (נדדה) /
> sie strauchelte und sich befreien kann sie nicht wieder. (התנערה)
> Sie flatterte, flog auf, sie schüttelte sich und sie schwebte (חפפה) /
> um ihren Liebling herum, unterwegs und vom Sturme bewegt. (סוערה)
> Und sie zählt bis zum End ihrer Frist schon eintausend Jahre, /
> aber getäuscht ist sie worden in alle dem, was sie berechnet. (שערה)
> Der sie gequält, Ihr Geliebter, weil Er von ihr jahrelang fortging, (נדוד) /
> hat ihre Seel' in die Tiefe der Grube hinunter geschüttet. (הערה)
> Sie sagte: «Ich will Seines Namens mich nicht mehr erinnern.» /
> Doch in ihrem Herzen war Er wie ein loderndes Feuer. (Jer 20,9) (בוערה)
> Warum bist Du ihr gegenüber jetzt wie ein Feind geworden? (Ekh 2,5) /
> Und nach Deinem helfenden Regen den Mund sie nun aufsperrt. (פערה)
> Und ihre Seele, sie glaubt und verzweifelte nicht, /
> ob in Seinem Namen geehrt sie wird oder missachtet. (צערה)
> Denn kommen ja wird unser Gott und Er wird nicht schweigen, /
> und rings um Ihn her entbrennet ein stürmisches Feuer. (Ps 50,3) (נשערה)

Die durch Zäsur geteilten Verse haben durchgehenden Reim; der Aussenreim (manchmal auch der Innenreim) lautet auf eine feminine Verbform auf -arah, und das Reimwort fällt fast immer zusammen mit dem Versfuss[82] - v -: (hit-) na'arah, so'arah, sha'arah etc. Diese Form wirkt wie ein unentwegter, schneller Fluss oder eben wie das Flattern der Taube: die Metaphorik der Taube wird durch den Klang verstärkt (viele F-Laute in der 2. Zeile).

Welches sind die Bilder aus dem Kontext des weltlichen Liebesliedes oder des HL, die das Umherirren als Suchen nach dem Geliebten interpretieren lassen, und welche Bilder stammen aus dem Kontext von Klage (Klagelied), die das Umherirren als Strafe darstellen?

Schon die ersten zwei Verse zeigen die Dialektik, dass das Exil von zwei Seiten her angeschaut wird: die negativen Bilder «in die Wälder geflüchtet», «gestrauchelt» und «sturmbewegt» stehen dem positiven Bild gegenüber, dass sie «um ihren Liebling herumschwebt». Im ersten Bild verweist der Wald, in den sie weggeflüchtet ist, auf das Exil, wobei das Wort נדד nicht nur bedeutet, dass sie dorthin floh, sondern auch dass sie im «Wald» umherirrt. Zum Umherirren gehört

---

[82] Dazu Hazan 1986, S. 96: er zeigt dieses Phänomen u. a. an diesem Piyyut.

das Straucheln und (wie schon bei Jes 54,11) das Bild von Zion als sturmgeschüttelter Frau (סוערה). Auf der andern Seite werden wir mit dem Umherschweben um den Geliebten herum an den Wortgebrauch in Hochzeitsliedern erinnert (oben 1.1.2): die Taube, die Braut, schwebt über dem Bräutigam. Die Bilderfolge ist in sich nicht logisch: sie entfernt sich in die Wälder, und schwebt dennoch immer um ihren Geliebten herum. Genau das ist aber das Paradox, auf das der Text abzielt: sie ist weit weg im Exil («Taube der Ferne») und «kann sich nicht wieder befreien», und doch ist sie ganz nahe am Ziel ihrer Liebe: «sie schwebt über Ihm» respektive sie will zu Ihm gelangen. Sie irrt umher, weil sie ins Exil flüchtete oder weil Er sich von ihr entfernte (Zeile 4), aber weil sie nun im Exil ist, irrt sie aus Sehnsucht umher, um zum Geliebten zurückzukommen.

Der Piyyut benützt die Doppeldeutigkeit des Begriffs נדד in der Aussage «Er ist ihr Feind[83] geworden und quält sie באורך נדוד ימים», denn entweder kann man übersetzen «durch die lange Dauer des Fernbleibens/Weggehens» oder «durch die lange Dauer ihres Umherirrens». Auch in der 1. Zeile hat das Wort נדד, das ich mit «geflüchtet» übersetzt habe, beide Komponenten: sie geht weg (explizit ausgesagt «in die Wälder») und sie irrt dabei umher (implizit zu ergänzen «in den Wäldern»). Auf die Doppelbedeutung will ich nun als Exkurs näher eingehen:

6.2.3 Exkurs: Der Begriff des Umherirrens: semantische Untersuchung

Das Wort נדד hat im Piyyut dieselbe Konnotation wie im Freundschaftslied: Es bedeutet anders als arabisch פראק (firāq) nicht nur Weggehen und Trennung vom Geliebten, sondern auch das Umherirren des Liebenden[84], was dem hebräischen Lied bei der Übernahme des arabischen Nedod-Motivs neue Ausdrucksmöglichkeiten gibt. Es ist sehr interessant, wie es zu dieser polyvalenten Semantik kam und wie sie in al-Andalus gebraucht wird:[85]

---

83 Siehe III 5.1 zu Jehuda Halevi Nr. 331. Shmu'el Hanagid Nr. 176 Jarden: «Er, den ich wie einen Bruder einschätzte, wurde plötzlich, ohne meine Schuld, zu einem, der mir gegenüber grausam ist.» Ebenso Piyyut Jehuda Halevi Nr. 338 יאמץ לבבך: Dein Liebhaber ist es, der dich quält.

84 firāq "separation, disunion, or abandonment" (Arabic-English Lexicon, I, part 6, S. 2385) (s. Teil II 3.2). Das arabische firāq kann anders als נדד nicht auch Umherirren bedeuten, was mir Prof. Gregor Schoeler, Basel, bestätigt.

85 Die Quellen sind: 1) Ibn Janāḥ (Abulwalid Merwan Ibn Janāḥ, Córdoba/Saragossa 995–1055) Kitāb-al-Uṣūl, übersetzt von Jehuda Ibn Tibbon als «Sefer hashorashim»: «Wurzelwörterbuch der hebräischen Sprache» 2) David Qimchi (= Radaq), Provence 1160–1235 Sefer hashorashim.

1. «entfliehen, weggehen, sich trennen» wird mit demselben Wort ausgedrückt, das auch «irren, schwanken» bedeutet: die Wurzel נדד «entfliehen, weggehen, sich trennen» ist in vielen Verbformen mit der Wurzel נוד «schwanken, irren» zusammengefallen, und die Sprache in al-Andalus unterscheidet praktisch nicht, was für den modernen Übersetzer schwierig ist.[86]
2. Die Polyvalenz der Bedeutung von נדד ist schon in der Bibel manchmal vorhanden, z. B. verwendet Hos 9,17 das Wort נדד nicht nur in der Bedeutung von Weggehen und Flüchtigsein, sondern auch mit dem Bedeutungssegment von Hin- und Herirren, das eigentlich zu נוד gehört.[87] Die Sprache von al-Andalus braucht nun נדד, das zum Standardvokabular der weltlichen Lieder gehört, nebeneinander in beiden Bedeutungen. Moshe Ibn Ezra drückt in den Freundschaftsliedern sein Exilsdasein fern von Granada genau mit diesen zwei Aspekten der Bedeutung von נדד aus: die Freunde haben sich von ihm getrennt oder er ist von ihnen weggegangen, und deshalb ist er wie ein Umherirrender (נד oder auch נודד) im Land des Irrens (בארץ נוד), sowohl real, als auch geistig.[88] Die Doppelbedeutung soll nun noch an einigen Ausdrücken und anhand einer grammatikalischen Klärung der Wortwurzel gezeigt werden.

1. Der Doppelaspekt von נדד (Infinitiv: נדוד nedod und נוד nod, Partizip: נודד)
An den folgenden gemischten Metaphern sieht man die verschiedenen Spektren des Wortes נדד. Meistens kommt bei den Metaphernverbindungen der Infinitiv dieser Wurzel vor, der נדוד[89] lautet. Von der gleichen Wurzel נדד kommt aber auch der Infinitiv נוד[90] (nod) vor:

---

86 Brody löst das Problem in seinem Kommentar zu den Shire haChol von Moshe Ibn Ezra, indem er in seinen Paraphrasen die grammatikalisch mehrdeutigen Formen nach dem heutigen Sprachgebrauch «korrigiert», z. B. in Moshe Ibn Ezra Nr. 50,1: «mein Fernsein (nodi: נודי)», Brody erklärt נודי als נדודי, damit man die Form nicht als «mein Schwanken» versteht.
87 Hos 9,17 יהיו נודדים בגויים (Zwinglibibel:) «unstet müssen sie irren unter den Völkern.» (Lutherbibel): «und sie müssen unter den Heiden in der Irre gehen.» Dies ist die einzige Erwähnung des Exils mit dem Begriff des Umherirrens in der Bibel: in ShirR 3,5 kommt der Begriff mit demselben Wort נוד vor, aber im Binjan Hitpolel (התנודד).
88 Moshe Ibn Ezra Nr. 40, Zeile 42 und Nr. 195, Zeile 20. Vgl. Jehuda Halevi Zionslied Nr. 401, Zeile 11: «Wer könnte mir Flügel geben, so dass ich weit weg flöge (ארחיק נדוד Ps 55,7) und umherwanderte / umherirrte (אנוד) zwischen den Hügeln von Betar.»
89 Der Infinitiv lautet נדוד. Daneben gibt es die Form נוד (nod, mit cholem vokalisiert), die ebenfalls ein regulärer Infinitiv sein kann der mediae geminatae (Kefulim), aber er wird in den Wörterbüchern (Even Shoshan und auch von Ibn Janāḥ, Sefer hashorashim) als Substantiv, abgeleitet von נוד, aufgefasst als «das Umherirren»: Ps 56,9: «Du hast mein

Das Weggehen נדד meint einerseits das einmalige Weggehen der Freunde: dann ist es wie ein Beil beschrieben, das zuschlägt.[91] Es gibt auch den Ausdruck «weit weggehen» (aus Ps 55,7): Moshe Ibn Ezra Nr. 64 Zeile 27[92]: «Der Freund (hadod) ist es, der weit wegging (הרחיק נדוד), aber der Gewürzduft seiner Liebe (dodaw) verströmt weithin und gibt mir ihren Duft (HL 7,14).» Dasselbe Verb kann aber auch das Fernsein meinen: (Nr. 64, Zeile 14 f.) «Es schwanden meine Tage im Nichts ohne Joseph, bis meine Seele es nicht mehr aushielt, die Qual des Fernseins (מוסר נדוד) meines Bruders zu ertragen und ich eilte ihm nach, ich eilte mich zu trösten mit der Süsse seiner Worte und seiner Liebe.»

Das Fernsein kann von zwei Seiten her gesehen werden, vom Weggehenden her und vom Verlassenen her; im zweiten Fall hat das Fernsein die Konnotation des Umherirrens in der Einsamkeit, wie in folgenden Freundschaftsgedichten von Moshe Ibn Ezra: Der Sprecher ist «im Abgrund» oder «in der Falle der Fremde/des Exils» (פח גרות)[93], was parallel gesetzt wird zur Haft des Fernseins/Umherirrens (מאסר נדוד). Weitere Genetivmetaphern sind «im stürmischen Meer des Fernseins/Umherirrens»: ים נדוד; «im Fangnetz des Fernseins/des Umherirrens»: רשת נדוד; «im Dunkel des Fernseins/Umherirrens»: אופל נדוד, wobei der rettende Freund das Sonnenlicht ist[94]. Diese Bilder beschreiben den Dauerzustand als Folge der Trennung aus der Sicht des verlassenen Subjekts, nachdem der Geliebte weg ist. Das Wort נדד bezieht sich sowohl auf denjenigen, der weggeht, als auch auf denjenigen, der vom Weggehen betroffen ist. Offenbar unterscheidet die hebräische Sprache hier nicht. In Gedicht Nr. 50 kommen beide Aspekte

---

Umherirren gezählt.» Ibn Janāḥ paraphrasiert: «Du hast meine Exilstage gezählt und kennst sie.» Davon zu unterscheiden ist formal der Infinitiv נוד (mit shureq vokalisiert) vom Stamm נוד, wenn er als hohle Wurzel (Ajin waw) auftritt. Die weiteren Formen, die rein grammatikalisch zusammenfallen, sind: hitpoʿel von נדד und hitpolel von נוד: יתנודדו in Ps 64,9 kann demnach heissen; sie werden weggehen (wie ShirR 3,5, S. 85 Dunsky) oder sich schütteln (wie in Jes 24,20 von der Erde gesagt). In al-Andalus bedeutet התנודד laut der Erklärung von Qimchi zu נוד auch «sich in der Totenklage schaukeln» und damit «sich trösten» (s. Jehuda Halevi Nr. 326, 2. Strophe).

90 Normaler Infinitiv der Verba mediae geminatae: er ist mit cholem vokalisiert, während der Infinitiv zur Wurzel נוד mit shureq vokalisiert ist.

91 s. o. Teil II 3.2 Motiv des Nedod und Teil III 5.1 das grundlose Weggehen des Geliebten.

92 Brody in seinen Anmerkungen zu Lied 64, Zeilen 20/21: Inhalt der Zeilen ist das erhoffte Wiedersehen mit den Söhnen seines Bruders Josef. Er datiert das Lied auf «etwa 1128», also als Moshe Ibn Ezra schon über 70 Jahre alt war.

93 Brody Nr. 52, Zeile 21–22. Das Wort גרות als Abstraktum zu Fremdling גר hat negativen Sinn wie in BerR 44,18 zu Gen 15,13 (Gen 15,13: Fremdling in einem Land, das ihnen nicht gehört, Sklaverei, Quälen).

94 ים נדוד Brody 66, Zeile 28. רשת נדוד Brody 158,23 אופל נדוד Brody Nr. 64,2 66,12.

hintereinander vor.⁹⁵ Zum Doppelaspekt hat das erwähnte Zusammenfallen der Wurzel נדד mit der Wurzel נוד (mit shureq) beigetragen: נוד kann biblisch nur umherirren, schwanken bedeuten, wird nun aber in al-Andalus auch für weggehen gebraucht:

2. *Der Doppelaspekt von* נוד *(Infinitiv:* נוד *nud, Partizip:* נד*, abgeleitetes Substantiv:* נוד *nod) im Sinne von umherirren, schwanken und weggehen:*
Jehuda Halevi Nr. 386 braucht den Ausdruck «Ich schwanke (נדתי) hierhin und dorthin wie das Schwanken (כנוד) des Rohres im Wasser.» Die Form נוד (mit cholem vokalisiert) ist das Substantiv der Wurzel נוד und hat die Bedeutung von «das Umherirren, Schwanken» wie bei der Form נדתי «ich schwanke», denn der Vergleich mit dem Rohr zeigt, dass der Text hier נוד im Sinn von Schwanken und Unstetsein meint; dieses Schwanken hat den Aspekt eines Unruhigseins aus Sehnsucht.⁹⁶ Jehuda Halevi braucht auch «ונודי ונועי»⁹⁷ nach dem Vorbild von

---

95 Moshe Ibn Ezra 50: Hier ist genau dieser doppelte Aspekt vorhanden: Moshe Ibn Ezra redet in Zeile 1 von «meiner Trennung und meinem Weggehen», aber wie in Zeile 7 des Gedichtes klar wird, sind es die Freunde, die weggehen, und er ist das Opfer:

> Sehr leicht ist die Trennung von mir (eigentlich: meine Trennung פרידתי) für sie, und mein Wegsein (nodi: נודי: Brody paraphrasiert und erklärt נדודי) hat sie nicht in Angst versetzt,
> Obwohl sie eine sorglose Aue in meinem Herzen bewohnten und ein treuer Ort für ihre Vertraulichkeit bestand …
> Meine Liebenden haben für ihr Leben einen Fallstrick begehrt, sie gesellten sich zu Dummen, und ihre Ehre nahm ab. (Brody erklärt: sie haben mich verlassen und deshalb auf die Ehre, ihn als Freund zu haben, verzichtet.)
> So wahr meine Liebe ist, die ich in meiner Seele für sie habe und so wahr der Schmerz meiner Seele ist wegen ihres Weggehens nudam,
> ich nehme ihre Liebe als mein Teil auf dieser Welt, solange ich und solange sie auf der Erde sind.

96 S. unten 6.2.4 die Interpretation. Vgl. Moshe Ibn Ezra Nr. 91 Brody: «Ich irre/schwanke hin und her (אנוד) wegen der Trennung von Shlomo.» Dasselbe Bild des schwankenden Rohrs auch bei Kallir, Watomar Zion, Qedushta'ot leShabbatoth haNechamah, ed. Elizur, S. 43: «Die Menge meiner Söhne sind unstet נדים und schwankend נעים, sie schwanken wie ein Rohr im Wasser.»
97 Hier ist es der Infinitiv mit Suffix. Auch bezeichnet Moshe Ibn Ezra sein eigenes Exil in Gedicht Nr. 40, Zeile 42 und Nr. 195, Zeile 20 als Land des Umherirrens: «Ich irre umher (אנוד) im Land des Umherirrens (ארץ נוד)», wobei er Umherirren auch mit dem Wort תועה ausdrückt: Nr. 66, Zeile 5 (über sich selbst): «Er irrt umher (תועה) auf den Feldern Edoms ohne Weide.» Dasselbe sagt über die Knesset Jisrael Jehuda Halevi in Piyyut Nr. 386 ימים קדומים: «und wie ein Schaf irre ich (אתעה) umher, durstig und ich habe keine Weide.» (Keine Weide: Anklang an Ekh 1,6).

Gen 4,14, wo Kain נד ונע genannt wird. Das Land des Umherirrens (Nod) נוד ארץ aus Gen 4,16 erklärt Ibn Janāḥ[98] mit dem Doppelausdruck «entferntes Land und Exil», den Aspekt von Irren und Fernsein des Wortes «Nod» wiedergebend. Entsprechend erklärt er als Beispiel zur Wurzel נוד auch Ps 56,9 נודי ספרת mit der Deutung «meine Exilstage (ספרת גלותי) hast Du gezählt und kennst sie.» Er setzt also «mein Umherirren» mit «meine Verbannung» gleich.

נוד (nud) hat auch in folgenden Kontexten den Sinn von Weggehen (wie נדד[99]): Shlomo Ibn Gabirol setzt נד im Sinn von Weggehen parallel zu גולה «in die Verbannung gehen», indem er in einem Liebesgedicht sagt: «Und der Tag geht weg נד wie das Weggehen von Freunden und geht in die Verbannung.»[100] Ein weiterer Beleg der Verwendung von נוד im Sinne von Weggehen ist Jehuda Halevi (Brody, II, Lied Nr. 3) «Hindin der Anmut, erbarme dich über ein Herz, das du seit jeher bewohnt hast. Wisse, dass an dem Tag, da du weggehst תנודי (tanudi), mein Unglück in deinem Weggehen בנדודך (bindodekh) beschlossen ist.»[101]

Fazit: Weggehen und Sichtrennen wird nicht mit einem neutralen Begriff ausgedrückt, sondern es wird als Schicksalsschlag dargestellt (Schwert der Trennung u. ä.), bei dem das Weggehen immer in der Sicht des Zurückbleibenden negativ konnotiert ist: Nadad heisst deshalb flüchtig sein, weil der Verlassene den Weggehenden als einen ansieht, der entflieht; weil der Verlassene dabei seelisch in Sehnsucht mitgezogen wird und in Gedanken mitzieht, heisst Nadad aber auch «umherirren» und «schwanken». Mit Flüchtigsein und Umherirren, den zwei Handlungen von Liebenden, die sich trennen, wird auch das Exil als Liebesdrama dargestellt: Er flüchtet, sie irrt hinter Ihm her.

---

98 Ibn Janāḥ, ed. Bacher 1896, Stichwort Nun waw Daleth. Die Wurzel hat im Infinitiv die Vokalisation mit shureq (nud), als Substantiv aber die Vokalisation mit cholem (nod).
99 s. die Meinung von Qimchi: נדד sei intransitiv und es habe die Bedeutung von Bewegung und Sichentfernen. Aber dass daselbe auch bei נוד der Fall sein kann, sagt er nicht: er bringt nur Beispiele aus der Bibel, wo נוד eben noch nicht diesen zweiten Aspekt hat.
100 Shlomo Ibn Gabirol, ed. Schirmann 1955/6, Bd. 1, Teil 1, S. 215 (Lied Nr. 6).
101 Weitere Beispiele: Jehuda Halevi, Brody, II, Lied Nr. 4, Zeilen 55–58: «Meine Rechte soll meine Linke vergessen, Hindin, wenn ich die Liebe deiner Brautzeit vergesse. Das Weggehen hat mein Herz bitter gemacht, wenn ich an den Honig denke, den meine Lippen von deinen Küssen bekamen.» Shmu'el Hanagid Nr. 163: «Ich kann es nicht ertragen, wenn du weggehst (נודך), und ich bedaure, wenn du näherkommst.» Shmu'el Hanagid Nr. 188: «Wegen deines Weggehens (לנוד) brennt in mir ein Feuerofen. ... Ich finde in meinem Herzen wegen des Weggehens meines Lieblings (לנוד אוהבי) ein loderndes Feuer, das mein Fleisch entflammt und meine Gebeine zermalmt.»

6.2.4 Das Umherirren im Exil – ein Liebesbeweis der Knesset Jisrael

Wie wir schon an Piyyut Nr. 326 יונתי לילה und 357 יונת רחוקים gesehen haben, gibt es eine dialektische Sicht des Exils: die Texte hinterfragen das Umherirren der Knesset Jisrael so, dass sie es bald als Liebesbeweis ihrerseits, bald als Strafe Seinerseits deuten. Interessant ist es zu sehen, wie manchmal die beiden Deutungen gegeneinander ausgespielt werden. Das Exil als Strafe für Untreue wird im Piyyut durch das Verhalten der Knesset Jisrael ad absurdum geführt, denn sie zeigt gerade das Gegenteil von Treulosigkeit: sie betont ihre Liebe und ihre Treue, dass sie gar nicht anders könne, als Ihn zu lieben (in Nr. 184 יודעי יגוני, 386 קדומים ימים,168 יונה נשאתה, 206 יונה נכאבה). Die Dialektik zeigt sich jeweils sprachlich in der Mischung von Zitaten aus dem HL (Liebessprache) mit klagenden und anklagenden Zitaten aus dem Klagelied.

Im folgenden Piyyut Nr. 184 ist der Aspekt von Nedod (נדוד) eher der des Weggehens, in Nr. 386 und 168 eher der des Umherirrens.

Jehuda Halevi Nr. 184 Ahavah, Gürtellied יודעי יגוני[102]

    Die meinen Kummer erkennen, / entflammen noch mehr mir mein Herz, (כידוד)
    da sie mich fragen: «Was ist / vor allen dein Liebling so reizend?» (מדוד)
1 Rätsel – und Loblieder auch / bemühen sich, es zu erzählen:
    alles an Ihm ist so lieb / – die Hoheit von Ihm nicht erforschbar. (הודו)
    Deshalb ergreift mich die Angst, / weil Er nun hinweg ist gezogen. (נדוד).
    Tröstet mich, bitte, und sprecht / zum Herzen, das hinter Ihm herzieht, (ידוד)
    oder habt Mitleid, denn wie / halt Liebe ich aus und Sein Wegziehn? (ונדוד)
2 In meinem Innern Sein Name / wie Brand ist Er in meiner Brust,
    gebunden mir in meinem Herzen, / verschlossen in meinem Gebein.
    Sie aber schelten mich voller / Verachtung für mein Gesetz,
    höhnen mich, immer wenn ich / versuche, Ihm Ehre zu geben,
    lästern auch über mich her, / wenn ich Seinen Namen verehre,
3 dachten, mich ferne zu halten, / dass ich Dir nicht diene, o Gott!
    Aber mein quälendes Elend / ist besser als Trennung von Dir,
    Du bist mein Teil, meine Lust (חשקי)! / Die Frucht Deiner Torah (דת) ist Wonne.

Im ganzen Piyyut ist die Knesset Jisrael die Sprecherin und sie redet als Verteidigerin ihres Glaubens und ihrer Liebe, herausgefordert von den Völkern. Die apologetische Situation, die ab der 2. Strophe vorherrscht («Sie schelten mich voll Verachtung für mein Gesetz») ist ähnlich wie in Piyyut Jehuda Halevi Nr. 194 יוצאת אל החרבה, in welchem sie ebenfalls der herausfordernden Kritik der

---

102 Kommentierte Übersetzung des ganzen Piyyuts (4 Strophen) im Textanhang.

Aufhetzer Red und Antwort stehen muss.[103] Im Unterschied zu Nr. 194 setzt sich die Sprecherin aber nicht nur mit dieser Gruppe von Feinden auseinander, sondern sie redet in Strophe 1 eine weitere, ungenannte Gruppe an, die sie trösten solle, also wahrscheinlich die «entourage» der Knesset Jisrael. Die Anwesenheit dieser Gruppe ermöglicht es der Sprecherin, ihnen ihr Leid zu klagen. Sie leidet nicht nur unter dem Weggehen des Geliebten, sondern auch unter den Schmähreden, denen sie deswegen ausgesetzt sei, wobei sie gerade wegen dieser Angriffe noch mehr «brenne»: das Feuer ist der in den weltlichen Liedern bekannte Topos, dass der Liebende desto mehr in Liebe entbrennt, je mehr der Geliebte sich entzieht. Die Liebe, die sich aus dem Paradox des Fernseins des Geliebten nährt, ist hier ebenfalls als Widerstreit der Gefühle ausgedrückt: das Liebesfeuer, das die Fragen der Feinde anfachen (im 1. Gürtel), die Ängste und die Suche nach Trost, die Sehnsucht, Ihm nachzuziehen (in der 1. Strophe), was der Text kurz auf den Punkt bringt: es ist unmöglich, Liebe und Trennung auszuhalten.

Der Widerspruch der Gefühle wird durch das pointierte Betonen der gegensätzlichen Schlüsselwörter gezeigt, die als Reime hervorgehoben sind: Flamme (Kidod כידוד) und Geliebter (Dod דוד), Seine Hoheit (Hodo הודו) und Sein Wegziehen (Nudo נודו). Das Wort «wegziehen» (נדד) steht noch zweimal als Reimwort: Ihr Herz will hinter Ihm herziehen (Jiddod ידוד, Futur von נדד), und sie hält nicht beides aus, Seine Liebe und Sein Wegziehen (Nedod נדוד).

Im folgenden Piyyut Nr. 386 (wie auch in Nr. 338, 5. Zeile) von Jehuda Halevi ist das treue Nachfolgen, mit dem das Umherschwanken in den Exilsbedingungen gedeutet wird, mit ihren früheren Liebestaten verglichen und wird als noch höherer Liebesbeweis eingestuft:

Jehuda Halevi Nr. 386 Ahavah, Gürtellied ימים קדומים

1   Ich will mich erinnern an frühere Tage,
    und an meine Liebe (דודי), zur Zeit meines Scheiterns[104].
    Des Nachts, wenn mein Herz mir erwacht (HL 5,2), lässt die Zeit
    aufsteigen die Herrlichkeit all meiner Neider.
    Ich sehne mich so nach dem Berge der Myrrhe,
    doch über mich herrschen nun sie: meine Knechte.
        Ihr, meine Berater und Freunde, sagt
        dem Liebling meines Entzückens,
        dass aufwallt mein Inneres wegen Ihm (HL 5,4),

---

103 Vgl. Jehuda Halevi Nr. 194 יוצאת אל החרבה oben 2.2.2: «Die Knesset Jisrael entgegnet ihren Kritikern und Liebesrivalinnen», dort ist der Tenor des Piyyuts apologetisch.
104 EkhR zu 1,7 leitet das Wort von «Auflehnung» (מרד) ab; im Sprachgebrauch Shmu'el Hanagids ist es aber ein Synonym zu Elend. Siehe meine kommentierte Übersetzung im Textanhang.

ihr, meine Edlen, so schweigt mir doch nicht,
antwortet mir!

2 Und bringt meinem Schmerze mir Balsam, dass ich
nicht umkommen werde (אגוע), weil Er mich verliess (נדודו).
Wie kann meinen Gram ich, wann immer ich rede,
vergessen und *wie* kann ich mich denn vergnügen (אשתעשע),
sooft das Gebrüll, über was mir geschieht,
fortwährend ich aus meinem Innern vernehme?
    Hin und her ich wanke und schwanke (נדתי)
    wie im Wasser das Schwanken des Rohrs,
    Antwort bekomme ich nicht, wenn ich schreie,
    im Meer der Bedrängnis lagere ich
    in Trauer.

3 Ich habe nun nichts ausser Schläge geerbt,
wie sollte ich also Erfreuliches kennen
von meinem Geliebten? Das Kleid ich beschmutzte
mit Blut in der Mitte des wütenden Volkes.
Für die, die mich fragen, hab' ich noch gebeten,
dass Er nun das Ende des Zornes enthülle,
    Er, der Geliebte; doch ich wie ein Schaf
    irre umher (אתעה) voll Durst, ohne Weide.
    Der Frau, die gebiert, bin ich gleich, wenn ich schreie,
    und Löwe, Viper und Schlange sind in
    meinem Lager.

4 Du Arme, schweig still, denn nun, siehe, Ich will
erheben dein Haupt aus dem Abgrund des Elends.
Und zornig zerbrech Ich die Zähne des Räubers,
der dich beraubt, und zum Raub werd' er selber (nach Jer 30,16).
Erbauen werd Ich einen Turm der Errettung
inmitten der Stadt, die zerstört worden ist.
    Mit eigenen Augen wirst sehen du, dass
    Ich streite mit deinem Zerstörer und Feind /
    deines Landes. Hilfe dir bringe Ich schnell, /
    und mach deine Tage des Welkens Mir wieder zu
    Meiner Lust. (Gen 18,12).

5 Du hast, Meine Tochter, die Liebe verbessert,
mehr als die erste ist schön deine Liebe, (Ru 3,10)
da aufrecht und treu du dahergehst mit Mir –
wie solltest dem Dishon (Gen 36,20.21) denn Sklavin du sein?
Seitdem deine Mengen versklaven Ich liess, /
kann Ich nicht mehr schlafen, es fehlt Mir die Ruhe.
    Steh auf, Meine Freundin, und geh, mach dich auf,
    erinnern will Ich Mich an Meine Liebe!
    Unter dem Dach Meines Schattens dich birg,
    auch juble, denn Ich bin gekommen jetzt in
    Meinen Garten.

«Ich schwanke wie ein Rohr im Wasser» ist das entscheidende Bild, das den Piyyut gleichsam zusammenfasst. Der gerichtsandrohende Aspekt dieser Metapher aus 1. Kg 14,15 fällt hier weg, aber die Frage bleibt dennoch, ob es Schläge Gottes sind wie in 1. Kg 14,15, die sie schwanken lassen, oder ob die Knesset Jisrael für die Schläge nur das «wütende Volk», unter dem sie umherirrt (3. Strophe und Gürtel), verantwortlich macht, oder ob sie damit die typischen Gefühle einer verlassenen Liebenden meint[105], oder ob alles zusammen zutrifft. Bei Moshe Ibn Ezra Nr. 38 steht das Bild als Ausdruck für das Paradox des Liebesleides: «Was zürnt mir mein Geliebter, dass mein Herz für Ihn sich hin- und herneigt ינוד wie ein Schilfrohr?» In jenem Piyyut kommt das Bild im Kontext des Umherirrens vor: «da ich herging hinter Ihm in der unwirtlichen Wüste in Sehnsucht». Hier bei Jehuda Halevi aber ist die Metapher des schwankenden Rohrs nicht so eindeutig.

Für die Deutung des «schwankenden Rohrs» als Bild für die Gefühlsschwankungen der Knesset Jisrael spricht die bewegte Form und Sprache des Gürtellieds mit seinen Enjambements, seinen Antithesen und den rhetorischen Fragen. Es gibt ein wiederholtes «wie?» (Strophen 2 und 3), und folgende antithetische Aussagen:

In Strophe 1 erinnert sie sich an die Liebesfreuden (dodai דודי) in den Tagen ihrer Niedergeschlagenheit (merudi מרודי), in der Nacht (des Exils). Die Antithese «dodai-merudi» steht dicht nebeneinander. Ihre ehemaligen Knechte, die sie wegen ihrer Liebe beneiden, sind nun ihre Herrscher. In Strophe 2 steht das konventionelle Gegensatzpaar «Balsam (צרי) – Schmerz (ציר)», aber raffinierter ist der Gegensatz in den Reimwörtern: «weil Er wegging, werde ich *umkommen* (ägwaʿ אגוע) – wie kann ich mich *vergnügen* (äshtaʿsha' אשתעשע)». Im Gürtel nach der 2. Strophe folgt der Widerspruch «schreien – keine Anwort», in der 3. Strophe «Schläge – Angenehmes». In dieser 3. Strophe mit Gürtel, in der die drastischsten Bilder des Entsetzens vorkommen (Blut, Zorn, schreiende Gebärende, Löwe, Schlange, Viper), ist zweimal die Vorstellung der Liebe aus der 1. Strophe als Gegensatz dazwischengeblendet mit «mein Geliebter» respektive «der Geliebte» am Versanfang. Diese Strophe, welche die Mitte des Piyyuts bildet, verzahnt deshalb sprachlich die schrecklichen Aussagen des Piyyuts mit ihren

---

[105] s. das Bild des unsteten Vogels in Moshe Ibn Ezra Nr. 21 (oben 6.2.2) und das Bild des Schwankens in Moshe Ibn Ezra Nr. 91 Zeile 14 (Teil II 4.2.4): «Oder schwanke ich hin und her (אנוד) wegen der Trennung von Shlomo?» Ein Gedicht von Petrarca (Canzoniere, Sonett 132) braucht genau das gleiche Bild des Schwankens eines Rohres zum Ausdruck der Liebesunruhe: (Übersetzung Martin Opitz, 17. Jahrhundert) 3. Strophe: «Ich wancke wie das Gras so von den kühlen Winden / Umb Versperzeit bald hin geneiget wird bald her. Ich walle wie ein Schiff dass in dem wilden Meer // (4. Strophe) von Wellen umbgejagt / nicht kan zu rande finden.»

Liebesaussagen am Anfang und der Liebesbeteuerung Gottes an sie am Schluss. Trotz der Gegensätze gibt es in der Struktur des Piyyuts parallele Aussagen von ihr und Ihm: Zu Beginn redet sie von ihrer Schlaflosigkeit, und am Schluss Er. Die Struktur des Piyyuts zeigt also eine Parallelität, welche die Antithesen und das Hin und Her der Gefühle wieder ausbalancieren können. Aber zuerst wollen wir weiter die Ambivalenz untersuchen:

Die Vorstellung des «schwankenden Rohres» kommt neben den Antithesen auch in zwei ambivalenten Bildern zum Ausdruck: 1) ihr Umherirren ohne Weide und 2) ihr Wachsein in der Nacht. Beide Bilder spielen auf drei Verse in Ekha an, die dort (wohl nicht zufällig) nahe aufeinander folgen (Ekh 1,2.6.7):

1) In der Mitte des Gedichts, im Gürtel nach der 3. Strophe steht: «Wie ein Schaf irre ich umher (אטעה), durstig und habe keine Weide.» Ist damit das Umherirren der Liebenden gemeint? Ist der Durst der Durst der Liebenden? Die Metapher des Durstes ist doppeldeutig[106], wie auch das Umherirren; hier aber gibt der Kontext der 3. Strophe und die Assoziation an Ekh 1,6 den Ausschlag: «Die Tochter Zion hat all ihren Schmuck verloren; ihre Anführer gehen wie Widder, die keine Weide gefunden haben, kraftlos vor dem Verfolger her.» Dass die Knesset Jisrael im Piyyut ebenfalls als Schaf ohne Weide dargestellt ist, zeigt, dass ihr Umherirren hier in erster Linie ein Suchen nach Weide und Wasser ist. Signifikanterweise ist hier das Wort für umherirren טעה und nicht das Wort נדד mit der bekannten Liebeskonnotation. Das Bild des Geliebten, nach dem sie sucht, kommt wortwörtlich erst «am Rande» noch hinzu, indem das Wort «der Geliebte» (Gott) gerade am Anfang der Zeile steht, gleich neben ihrer Charakterisierung «wie ein Schaf».

2) In der 1. Strophe ist die Aussage «In der Nacht, in der mein Herz wach ist» ambivalent, denn der Vers assoziiert Stellen aus dem HL, aber auch aus Ekha. Die Liebeskonnotation bekommt der Vers aus HL 3,1: «In den Nächten auf meinem Bett suchte ich den, den meine Seele liebt» und HL 5,2 «Ich schlafe, aber mein Herz ist wach. Da, die Stimme meines Geliebten ...». Die Schlaflosigkeit gehört ja zur Liebessehnsucht[107] im Nedodmotiv, so wie auch Gott am Schluss von Schlaflosigkeit redet. Aber die Nacht ist ebenso ein Bild für das Exil, und ihr Wachsein in der Nacht verweist hier sogar explizit auf den klagenden Kontext von Ekha, weil sie im gleichen Satz in der 1. Zeile ihr Exil, die Zeit ihrer Niedergeschlagenheit (Ekh 1,7), erwähnt. Die Nacht assoziiert

---

106 s. o. III 5.2.2 die Beispiele aus weltlicher Poesie und Piyyutim. Durst hat schon in der Bibel 2 Bedeutungen (durstig nach Gott: Ps 42,2.3; tödlicher Durst: Am 8,13 Ekh 4,4).
107 s. o. die Stellensammlung in III 6.1 und s. in 6.2.2 das Freundschaftsgedicht von Moshe Ibn Ezra Nr. 21 Z. 7: «und der Schlaf flieht mich (נדדה)» (seit die Freunde weggingen).

deshalb auch die Stelle Ekh 1,2 «Sie weint und weint durch die Nacht, ... keiner ist da, der sie tröstet, all ihre Liebhaber, all ihre Freunde haben sie betrogen, sind ihr zu Feinden geworden». Für die Assoziation an Ekha neben dem HL spricht auch ihre Aussage, dass sie an ihre Neider (חמד) denkt, die jetzt über sie herrschen, eine Aussage, die der in Ekh 1,2 nahe kommt.

Wer sind die Neider? Das Wort חמד hat im Lustlied neben «begehren» die Bedeutung von «beneiden»[108]; die Neider der Knesset Jisrael sind diejenigen Völker, die als Liebesrivalen denselben Liebhaber begehren wie sie, nämlich Gott. Die Liebesrivalen haben auch im Lustlied den Anstrich von falschen Freunden, weil sie Anteilnahme heuchelnd den Liebenden von seiner/m Geliebten zu trennen versuchen, weil diese/r angeblich untreu sei. Ein weiteres Motiv, das der Piyyut aus den Lustliedern und der Panegyrik übernimmt, ist die Zeit, die als Schicksal zu verstehen ist: Sie ist es, welche die Rivalen prächtig aufsteigen liess. Sind sie prächtig, weil sie bei Gott die Stelle der Knesset Jisrael eingenommen haben? Dies steht so nicht da, aber die Charakterisierung Gottes ist auch ambivalent: Sie erinnert sich an die Liebesfreuden (1. Strophe), aber sie erfährt Seine angenehme Seite nicht mehr, da sie nur Schläge bekommt (ob von Ihm oder von den Feinden, bleibt offen) und umherirrt (3. Strophe), während Er fern ist (2. Strophe).

Der ganze Piyyut schwankt zwischen Klage, die anklagend an Gott gerichtet ist, Ihn aber nicht anredet, und Klage aus Liebe. Der Schluss ist positiv und bringt gleichsam als Pointe das Liebesbekenntnis Gottes, dass auch Er schlaflos ist, aus Kummer über ihr Exil und in der Erinnerung an ihre Liebe. Das Motiv, das in den Freundschaftsliedern nur als Topos verwendet wird, charakterisiert hier die gegenseitige Treue und Liebe Gottes und der Knesset Jisrael.

Die weiteren Piyyutim, die das Umherirren in der Liebessprache ausdrücken und das Wort נודד verwenden, sind Jehuda Halevi Nr. 168 und 206:

Jehuda Halevi Nr. 168 Ge'ulah יונה נשאתה

Ge'ula für den Shabbat vor Shavuoth. Ein Pseudo-Gürtellied[109]

Die Taube, die Du auf Adlersflügeln getragen hast (Ex 19,4)
und die sich in Deinem Schoss eingenistet hat, im Innersten der Zimmer,
warum hast Du sie im Stich gelassen, herumirrend in den Wäldern?
Und von allen Seiten, mit Netzen, die sie ausbreiten,
versuchen Fremde, sie zu verführen mit andern Göttern.[110]

---

108 So im weltlichen Lied nach Angabe von Jarden, Einleitung zum Diwan v. Shmu'el Hanagid S. 17.
109 Metrik- und Reimanalyse: s. Fleischer 1975a, S. 359–361. Ganzer Text im Textanhang.
110 Dtn 13,7.

Aber sie im Verborgenen weint dem Mann ihrer Jugend nach[111]
und hebt ihre Augen auf zu ihrem ersten Mann.
Und der Sohn von Dishan und Dishon[112] schmeichelt ihr.
Gürtel: Warum gibst Du meine Seele dem Untergang preis?
Refrain: Aber ich weiss, dass es ausser Dir keinen Löser gibt. (Ru 4,4)

Dieser Piyyut stellt wieder wie Piyyut Nr. 386 die Treue der umherirrenden Taube in den Vordergrund: Die rhetorische Frage «warum», mit der sie Gott anklagt, warum Er sie weiter im Exil leiden lassen könne, da sie doch solche Beweise der Liebe erbringe, wird gleich zweimal gefragt (Zeile 3 und Gürtel), aber noch mehr unterstreicht der Piyyut ihre Treue mit der Wiederholung des Zitats aus Ruth 4,4 als Refrain.[113]

Der Text realisiert[114] zuerst das Taubenbild, indem er der Taube die Adlerflügel Gottes gegenüberstellt, auf denen die Taube fliegen soll. Die positive Handlung Gottes in der Vergangenheit – «Du hast sie getragen: nesatah» – wird, hervorgehoben durch den Reim, kontrastiert mit der Gegenwart: «warum hast Du sie verlassen: netashtah?» Die Frage ist rhetorisch anklagend, und die Handlungen der Taube heben hervor, wie sehr sie an ihrer Liebe festhält, wobei das Bildfeld der Taube weitergeführt ist: Nach dem im Reim hervorgehobenen Gegensatz «Nisten im Schoss / in den Zimmern (Chadarim)» und nun «Irren in den Wäldern (Je'arim)» stellt der Text mit dem Bild, wie sie von Netzen umgarnt wird, die Gefahren dar, in denen die Taube sich bewährt. Die Gefahr kommt wie im Liebesdrama von den Verführern[115] (מסית): der Geliebte hat sie verlassen, und andere Liebhaber drängen sich ihr auf. Ab der 2. Strophe bis zum Schluss in der 5. Strophe (s. Textanhang) überwiegt die Klage der Nation mit Zitaten aus dem Klagelied, während die Liebessprache des Individuums verschwindet. In der 3. Strophe wird Gott noch einmal explizit als Geliebter bezeichnet – «mein Bedränger bedrückt und mein Geliebter ist fern» –, danach fehlen aber sämtliche Liebeskonnotationen. Die 4. Strophe beschreibt den Zorn Gottes, und Gott ist wie ihr Feind dargestellt.

---

111 Jer 13,17 (meine Seele muss im Verborgenen weinen) kombiniert mit Joel 1,8 (Wehklage, Land, wie eine Jungfrau im Trauergewand um den Bräutigam ihrer Jugend).
112 Gen 36,21 Söhne Se'irs im Lande Edom: also Appellative für Christen.
113 Diesen Refrain, von dem Fleischer 1975a, S. 359 sagt, er weise auf die liturgische Bestimmung hin (Ge'ulah), hat Jarden (wie oft in seiner Ausgabe) nicht abgedruckt.
114 Zum Phänomen «Realisierung der Metapher» s. Teil II 2.3.1.
115 s. o. 2.2.2 die Gruppe der Verleumder, Verführer. Das Wort מסית stammt aus Dtn 13,7.

Jehuda Halevi Nr. 206 Ahavah für den Shabbat vor 9. Av יונה נכאבה

Der Taube wurde Schmerz zugefügt, ihre Seele schmachtet, das Heiligtum dessen, der in den höchsten Höhen (ערבות Ps 68,5) wohnt, umkreist sie Tag für Tag.

1 Sie gurrt mit ihrer Stimme, / fleht zum Geliebten.
Es ist bekannt, dass sie in sich / die Flamme des Brandes trägt.
Denn ihr Fels und ihre Hoffnung / ist lange fern geblieben הרבה נדוד.[116]
Nach Ihm[117] verlangte sie, indem sie das Gesetz aufschrieb,
und in ihrem Augapfel[118] grub sie ihren Geliebten ein.

2 Und wie lange noch soll / mit abgeschnittenem Flügel sein
Deine Taube, zertreten / von den Feinden, Gott,
mein Geliebter, wie kann sie verstossen / sein von ihrem Nest?
So sehr begehrt sie nach der Aue, die sie verlassen hat,
und nun siehe, im Land der Wüste (ערבות) liegt sie!

3 Die Türen zu ihren Freuden / sind vor ihr verschlossen.
In ihrem Herzen das Getöse der Zerstörung / dröhnt und wird immer schlimmer, –
bring ihr schnell die Tröstungen, von denen einst die Rede war!
Die Freude ist untergegangen (ערבה): Deine Torah, die angenehme (ערבה),
musste auf die Strassen hinausgehen, als die Sonne unterging.[119]

4 «Teure Tochter, / steh auf, sitz,
du Schöne, Licht ist über dir, Tochter des Glanzes,
das Schiff hat übergesetzt, du bist nicht mehr in der Gefangenschaft,
denn alle Wasser von Sheva' und Seva' können nicht die Liebe auslöschen.»

Der Piyyuttext ist im 2. und 4. Gürtel und auch am Schluss in verschiedenen Versionen überliefert; der Entscheid für eine der Versionen ist besonders beim 2. Gürtel schwer, weil die eine Version ein Lob der Knesset Jisrael bedeutet, die

---

116 Andere Interpretation (wenn in der Zeile 6 gemäss Genizafragments Ms Adler 3286 Blatt 16 statt לו die feminine Form לה gelesen wird): «Denn ihr Fels und ihre Hoffnung (gemeint: Gott) hat für sie (לה) das Umherirren ausgedehnt.»

117 Die zwei Gürtelzeilen sind schwierig und die textliche Überlieferung unsicher; ich übersetze hier die Version der Ausgabe Davidsons, New York 1924–1938, (beruhend auf Ms Parma, Sammlung De Rossi 1192, S. 177, Piyyut 113), die Hazan 1977 abdruckt und kommentiert. Sie entspricht Jardens Druck ausser bei der Vokalisierung des Wortes לו: Jardens Interpretation von לו als «wenn doch» statt לו «ihm» ist eine zweite, inhaltlich völlig entgegengesetzte Möglichkeit des Verständnisses dieser zwei Zeilen: «Hätte sie doch Freude gehabt am Gesetz, das sie aufschrieb!» Daneben gibt es eine weitere, ganz andere Version, die auf einem Fragment der Kairoer Geniza (Ms Adler 3286 Blatt 16) erhalten ist und ebenfalls das Verhalten der Knesset Jisrael kritisiert. Auf diese Handschrift hat mich verdankenswerterweise Shulamit Elizur aufmerksam gemacht. Die Übersetzung aller Versionen mit Kommentaren dazu s. Textanhang.

118 Wörtlich: Augapfel und Pupillen (אשון ובבות). Das Bild des Geliebten, der im Auge des Liebenden wohnt, ist belegt bei Moshe Ibn Ezra Nr. 11, 12 und Nr. 179,4 Brody.

119 Schwieriger Text, ich folge hier der Version in Ms Adler 3286 Blatt 16. Siehe Anmerkungen im Textanhang.

andere Version eine Kritik.[120] Ich muss die Frage offen lassen, bis endlich eine wissenschaftliche Ausgabe der Piyyutim vorliegt. Den 4. Gürtel kann man eventuell, wie Elizur[121] vorsichtig vermutet, als Hinweis auf den Brauch an Fasttagen verstehen, die Torarollen auf die Strassen hinauszutragen und den Torahschrank mit Asche zu bestreuen. Ich finde diese Assoziation passend, weil der Piyyut ja für den Shabbat vor dem 9. Av bestimmt ist, also innerhalb der Trauerzeit liegt. Obwohl nun die Textgrundlage so schwierig ist, versuche ich hier eine Interpretation der Textvariante, die ich oben übersetzt habe, weil die umstrittenen Zeilen im 2. und 4. Gürtel den Fokus des Piyyuts, das Bild der Knesset Jisrael als umherirrender Taube, nicht berühren.

Das Taubenbild mit der im HL vorhandenen Konnotation der geliebten Frau ist ins Gegenteil verkehrt: sie hat abgeschnittene Flügel[122], ist vom Nest verstossen und liegt zertreten in der Wüste. In der 3. Strophe ist die Figur der Taube verschwunden, aber das böse Wasser der Feinde evoziert unter anderm das Wasser der Sintflut und den suchenden Flug der Taube über dem Wasser.

Wo befindet sich die Taube? Laut dem 3. Gürtel liegt sie in der Wüste, voller Sehnsucht nach der Aue, die sie verlassen hat.[123] Im 1. Gürtel aber, im Madrikh, umkreist sie voll Verlangen das Heiligtum Gottes, der «im höchsten Himmel wohnt». Dieses Paradox wird hervorgehoben durch die Homonymie: dasselbe Wort ערבות bedeutet «Wüste» und «höchster Himmel»[124]. Eine ähnliche paradoxe Homonymie wiederholt sich mit dem Wort ערבה im 4. Gürtel in der Bedeutung von «untergehen» und «angenehm».

Mit den widersprüchlichen Metaphern aus dem Bildfeld der geflügelten Taube ist die Dialektik von Ferne und Nähe der Knesset Jisrael zu ihrer Heimat Zion und zu Gott aufgebaut: Der primäre Widerspruch ist der, dass sie 1. Gürtel fliegt, aber laut Strophe 2 ihre Flügel abgeschnitten sind. Ebenfalls ambivalent ist der Ort, an dem sie sich befindet: Sie ist im Exil, in der Wüste, weit weg von ihrem «Nest» und ihrem unerreichbaren Geliebten, anderseits ist sie in Gedan-

---

120 Kritik an der Knesset Jisrael: dies ist die Version des Ms 3286 Blatt 16, auch Jardens Punktierung gibt dem Gürtel tadelnden Sinn. Siehe Anmerkung oben zum 2. Gürtel.
121 Shulamit Elizur hat mir im August 2007 mündlich auf meine Anfrage hin als ihre primäre Assoziation zu diesem schwierigen Vers mTaʿan 2,1 erwähnt, wo dieser Brauch beschrieben wird.
122 Diese Metapher hat wahrscheinlich Bialiks Bild der Shekhina als Vogel mit gebrochenem Flügel, die bitter weint, beeinflusst (im Gedicht «levadi», ed. Holtzman 2004, S. 227 ff.).
123 Aue für Zion (nach Ex 15,13): s. o. 1.4.4.1, Anm. 142, Jehuda Halevi Nr. 265, Zeile 2; Wüste für Exil: s. o. 6.1 z. B. Jehuda Halevi Nr. 265 שכם יונות הושתו.
124 «Der in den Höhen wohnt»: Zu dieser Deutung von ערבות: s. Maimonides, Moreh Nevukhim I cp. 70, S. 105–107 in der Übersetzung von Friedländer.

ken in Zion und nahe bei Ihm, indem sie immer den Tempel umkreist. Dieses Fliegen ist aber ein erfolgloses Umherirren: Die Taube, die den Tempel immer umflattert, aber nie landen kann, hängt bildlich «in der Luft». Die Metaphorik des unruhigen Suchens und Irrens drückt die Dialektik des Exils aus: Je weiter sie von Zion entfernt ist, desto mehr versetzt sie sich in Gedanken an den Ort ihrer ehemaligen Liebe und desto mehr irrt sie umher und sucht die Nähe dessen, der «im höchsten Himmel wohnt». Auch in Piyyut Nr. 357 (oben) sahen wir denselben Widerspruch, dass sie fern (im Wald) ist und zugleich um ihren Geliebten herumflattert. Am schärfsten ist das Paradox von Ferne und Nähe aber in der Sprechsituation ausgedrückt: Wer ist der Sprecher des Piyyuts? Die Taube, die Knesset Jisrael, ist ja den ganzen Piyyut hindurch stummes Objekt, über das ein anonymer Sprecher zu Gott redet, ihre Not und ihre Liebe schildernd. Aber genau bei der entsetzlichen Aussage in der 2. Strophe, wo der Sprecher zu Gott sagt «Deine Taube ist von den Feinden zertreten, mein Geliebter», scheint sie nicht mehr als 3. Person fern und abwesend zu sein, denn die Anrede an Gott mit «mein Geliebter» ist viel eher ihre Stimme als die des anonymen Fürbitters. «Mein Geliebter» ist im Piyyut immer die Anrede der Knesset Jisrael an Gott, nie die des anonymen Sprechers. Hier scheint sie Ihm ein einziges Mal nahe zu sein, indem sie Ihn anredet, dann ist sie wieder fern, indem über sie geredet wird, bis dann Gott sich am Schluss wie in einer Kharja an sie wendet.

Wie wird der Umschwung von Trennung zur Vereinigung herbeigeführt? Im Verlauf des Piyyuts nimmt ihre Entfernung von Ihm und ihr Elend immer mehr zu, bis im 4. Gürtel mit dem Bild des Untergangs der Freude und der Sonne der Tiefpunkt erreicht ist: der Untergang der Sonne meint die Nacht des Exils. Das Schicksal der Torah, die auf die Strassen hinausgeht, möglicherweise als Ritus eines Fast- und Trauertages, hat auch die Konnotation des Fremdseins und Umherirrens und erinnert in der Wortwahl an die Geliebte im HL, die nachts auf den Strassen nach ihrem Geliebten sucht (HL 3,2). Der Umschwung setzt genau an diesem Tiefpunkt ein: Gott spricht, dass Er die Sonne über ihr wieder aufgehen lasse und sie jetzt dank des rettenden Schiffs aus der Gefangenschaft befreit sei.

Hier taucht nun als Bild für das, was Gott und die Knesset Jisrael trennte, das Wasser auf, denn die Rettung der Knesset Jisrael aus dem Exil ist metaphorisch wie eine Überfahrt mit dem Schiff dargestellt, was trennendes Wasser impliziert. Dass Gott Israel durchs Wasser hindurch an ein sicheres Ufer hinüberbringt, ist eventuell eine Anspielung auf den Exodus. Das Wasser und die Überwindung des Wassers hat aber für das Bild der Knesset Jisrael als umherirrende Taube noch ein weiteres Bedeutungssegment: man wird an die Taube erinnert, die «keine Ruhe fand für ihren Fuss» (Gen 8,9), solange das Wasser der Sintflut da war. Sowie die irrende Taube nach der Flut schliesslich doch landen kann und Noach mit dem Ölblatt das Zeichen der Rettung bringt, so wird sie hier umgekehrt von Gott gerettet, der ihr die Überwindung des trennenden Wassers (Bild des Exils) und eine «Landung» ermöglicht. Das Wasser ist auch im Kontext der Panegyrik und der Liebeslieder das böse, trennende und gefährliche Element.[125] Einen weiteren, wieder biblischen Aspekt des trennenden Wassers bringt der Schlussgürtel des Piyyuts mit dem anzitierten Vers aus HL 8,7 «viele Wasser können die Liebe nicht löschen». Das «viele Wasser» wird in ShirR 8,7 als das «Wasser der feindlichen Völker» gedeutet[126], hier als das Wasser von Sheva' und Seva'. Warum ausgerechnet Sheva' und Seva'? Diese Namen kommen an der betreffenden Midrashstelle nicht vor, aber sie bestätigen, dass ein Aspekt des Wassers, das die Knesset Jisrael überwindet, tatsächlich das Wasser der Sintflut respektive Wasser des Noach sein kann: Sheva' und Seva' sind nämlich in Gen 10,7 als Nachkommen von Kush, des Enkels von Noach, genannt. Das Wasser von Sheva' und Seva' ist nicht nur eine Metapher für das Trennende des Exils, sondern drückt als Wortspiel im Hebräischen fast dasselbe aus wie das Wasser der Gefangenschaft, des shevi: Denn Sheva' (שבא) klingt an das Wort shevi (שבי), Gefangenschaft, an, das in der vorhergehenden Zeile steht; beide Wörter sind endbetont.

Das Wasser, das die Liebenden im Freundschafts- und Liebeslied trennt und das die Knesset Jisrael von Gott trennt, bekommt aber wegen der Anspielung auf HL 8,7 einen weiteren Aspekt: es ist nicht das Schicksal wie in der weltlichen Poesie, das die Partner trennt, sondern es ist «das Wasser» der persönlichen Feinde beider Liebenden[127], die dem Liebespaar übel gesinnt sind und dessen gemeinsame Liebe auslöschen wollen. Der Vers HL 8,7, der im HL als Liebesbekenntnis der Frau gesagt wird, wird nun hier Gott in den Mund gelegt.[128] Der Vers bekommt dadurch eine neue Perspektive: Gott schliesst sich gleichsam ihrer Aussage im HL

---

125 Z. B. Moshe Ibn Ezra Nr. 66, Zeile 28: «Ich begehrte, mit ihm zu reden, aber das Meer des Fernseins/Weggehens (ים נדוד) ist stürmisch, und wer kann seine Wellen beruhigen?». Jehuda Halevi, Brody, II, Nr. 4 מה לך צביה: «Sowie deine Gestalt in meinem Traum hindurchzieht, so möchte ich in deinen Träumen hindurchziehen. Zwischen dir und mir wogt ein Meer von Tränen». Zum Überwinden des Wassers: Bei Shlomo Ibn Gabirol Piyyut Nr. 163 gibt es das Bild vom Sumpf, in dem das Schiff der Knesset Jisrael stecken bleibt, «und keinen Ruderer gibt es, der es herauszieht». Vergleiche auch Moshe Ibn Ezra Nr. 91, Zeile 7: «Ich giesse meine Tränen aus wie Ströme / so, dass kein Segler sie überqueren kann.»
126 ShirR 8,7 S. 171 Dunsky. Das Wasser in HL 8,7 wird auch von Abraham Ibn Ezra Nr. 128 (Schluss) auf die Feinde gedeutet; er verwendet zur Verdeutlichung die gemischte Metapher: «Die Ströme der Totenbeschwörer (= die Völker, die nicht an den lebendigen Gott glauben, Anm. Levin) können die Liebe nicht auslöschen.» Das Zitat steht auch in Abraham Ibn Ezra Nr. 117.
127 Die Liebenden müssen sich gegen gemeinsame Feinde wehren; s. Abraham Ibn Ezra Nr. 139.
128 Derselbe Vers steht auch als Schlusssatz der Knesset Jisrael in Jehuda Halevi Nr. 330.

an, sodass das Feuer der Liebe nun auch *Seine* Liebe zur Knesset Jisrael meint, zu der Er sich wie in einer Kharja am Schluss des Piyyuts bekennt.

Die Stossrichtung des Piyyuts zielt natürlich, wie es für eine Ahavah üblich ist, von der Trennung und vom Fernsein zur Vereinigung. Überblicken wir nochmals den ganzen Piyyut in der Version, die Jarden abdruckt, so beginnt er mit Bildern, die das Exil zunächst als Strafe für die Knesset Jisrael verstehen lassen (Er ist lange fern geblieben, sie ist die umherirrende Taube «mit abgeschnittenem Flügel», «von den Feinden zertreten» und «vom Nest verstossen»), und schliesst mit dem Bild der unauslöschbaren Liebe beider. Rückblickend wird mit diesem Schlussvers der Liebesaspekt beim Bild der gequälten, umherirrenden Taube verstärkt: Die Knesset Jisrael ist umherirrend auf der Suche nach Gott und wird schliesslich von Ihm als ihrem Geliebten vor der Bosheit der gemeinsamen Feinde gerettet. In der von mir hier übersetzten Textversion kommt – in frappantem Unterschied zur oben erwähnten Version der Genizahandschrift – die Frage nach einer Schuld der Knesset Jisrael gar nicht auf. So bleibt auch die Frage, ob das Exil als Strafe aufzufassen ist, offen. In dieser Textversion weist der Piyyut nochmals klar die zwei wichtigsten Umdeutungen des Exils auf:

1) Das Exil, die Trennung der Zionsfigur von Gott und vom Land Israel, muss nicht als Bestrafung Zions angesehen werden, sondern kann als Trennung von Liebenden in feindlicher Umwelt oder unter widrigen Umständen von der Schuldfrage frei sein.

2) Das Umherirren Zions im Exil kann positiv als ihre Suche nach Gott interpretiert werden.

6.2.5 Fazit

Um mich hier nicht zu wiederholen, verweise ich für zwei Punkte, für das Bild Zions als Königin / Magd und als Mutterfigur, auf mein Fazit in 3.4.

1) Neue Sprechsituation
Während Zion im klassischen Piyyut als Ich nur in den Piyyutim mit klagender Bestimmung wie denjenigen zu Tishʿa beAv und zu den Trostschabbatoth spricht, hat sie in al-Andalus auch in den Pessach- und Shavuothpiyyutim eine Stimme. Hier thematisiert sie in der Metaphorik von Braut und Ehefrau redend, im Monolog oder im Dialog mit Gott, die Exilserfahrung der Nation. Der Charakter Zions als Frau entwickelt sich in der Dialogform, wie sie mit Gott redet und dabei das HL, Ekha und die Propheten intertextuell benützt.

Mit dem «Ich» der Knesset Jsrael kann sich nicht nur die Gemeinde, sondern auch der Einzelne identifizieren, weil sie in der Sprache des verlassenen Freundes aus der Panegyrik (s. u. 3.a und 3.c) oder der Braut redet. Neben ihrer Funktion als Identifikationsfigur für den Einzelnen kann sie (selten) auch als Idealfigur der Knesset Jisrael von der Gemeinde oder dem Vorbeter angeredet werden (Teil II 6). Jehuda Halevi schafft sogar eine neue Literatursorte, die Zionslieder, in der sich der Sprecher als Individuum an Zion wendet.

2) Das HL als Intertext
Da Zion in al-Andalus eine Sprechrolle hat, folgt als zweite Neuerung, dass der Dichter alle Aussagen der Geliebten des Hohenliedes Zion in den Mund legen kann, auch die Verse, in denen sie ihre Frustration über das Weggehen des Geliebten und ihre Sehnsucht ausdrückt (HL 3,1–3; 5,6–7). Die Passagen des HL, in denen die Geliebte als enttäuschte oder als sehnsüchtig Suchende vorkommt, hatten in den klassischen Pessach- und Shavuothpiyyutim keinen Platz, da diese thematisch gebunden waren und die Hochzeit der schönen, aus Ägypten geretteten Braut und ihre zukünftige Befreiung darstellen mussten; dementsprechend wählten sie die passenden, positiv konnotierten Bibelstellen als Intertext. In al-Andalus aber wird das Exil zum Teil als Fortsetzung der Liebesgeschichte nach der «Hochzeit» Gottes mit Israel am Sinai dargestellt und somit ebenfalls als Liebesdrama mit den Motiven des HL und der Freundschaftslieder gedeutet (Teil III 1–2 und 4–6).

3) Die neuen Motive
Mit der neuen Sprechsituation hängt zusammen, dass Zion nicht nur die sehnsüchtige und erotische Sprache der Geliebten/Liebenden im HL übernimmt, sondern auch in der Sprache des liebenden Freundes aus dem Lob- und Freundschaftslied das dort vorherrschende Motiv der Liebesklage zur Darstellung ihrer Beziehung zu Gott benützt. So wird es in al-Andalus möglich, dass die Gemeinde mit der Stimme Zions ganz im Kontext der Liebe bleibt und zugleich existenziell herausfordernde Fragen an Gott richtet. Die Sprache ist analog zu den Klagen und Vorwürfen, die ein Freund an seinen Freundespartner und Patron richtet, der weggegangen ist und damit den Freundschaftsbund gebrochen habe. Nicht nur die Liebesbeziehung aus dem HL steht also Modell für die Gottesbeziehung, sondern vor allem das in al-Andalus gepflegte Freundesverhältnis von Schützling und Patron. In dieser nicht-religiösen Sprache des HL und der neuen Lob- und Freundschaftslieder lassen sich die existenziellen Probleme tiefer angehen als in einer abstrakten, theologisch-begrifflichen Sprache: "The more intense the religious experience, the more concrete that language tended to be."[129]

---

129 Petuchowski 1975, S. 37 Aussage im Zusammenhang mit den Piyyutim der Haside Ashkenaz.

Das Beziehungsmuster «Zion – Gott» ist im andalusischen Piyyut dank der neuen Motive um einige Spektren reicher (unten 3a–c): Im klassischen Piyyut steht Zion als fruchtbare Mutter und glückliche Braut im Zentrum, um die Hoffnung auf die kommende Erlösung auszudrücken, und das Gegenbild der unglücklichen Mutter dient zur Klage über das Exil. In al-Andalus wird nun neben der Hoffnung auf die Erlösung auch die Deutung des Exils und eine mögliche Sinngebung ein wichtiges Thema; um dies auszudrücken dienen folgende Motive aus dem weltlichen Lied:

*3a) Das Aṭlālmotiv mit dem nostalgischen Blick in die Vergangenheit
(Teil III 1.3)*
Hier redet Zion sehnsüchtig von den früheren, schönen Tagen des Exodus und der Sinaioffenbarung. Im klassischen Piyyut dient die Erinnerung dazu, Gott an Seine früheren Taten zu erinnern, damit Er «die Tage wie ehedem erneuere» (Ekh 5,21) und die Erlösung bringe. Im andalusischen Piyyut stehen aber die Gefühle Zions im Zentrum: vor allem sie es ist, die die Erinnerung braucht, um daraus wieder Hoffnung zu schöpfen. Hierin entspricht sie dem verlassenen Freund in den Lob- und Freundschaftsliedern, der im Nasīb die Vergangenheit heraufbeschwört.

*3b) Das Aṭlālmotiv und das zerstörte Jerusalem
(Teil II 4.2.4, III 1.4 und III 6.1)*
Im Vergleich mit dem klassischen Piyyut gibt es eine neue Sicht Zions als eines verlassenen, zerstörten Ortes früherer Liebe, der den zerstörten Zelten der Liebe im Aṭlālmotiv entspricht. Die exilierte Frauengestalt Zion sehnt sich nach Jerusalem, mit dem sie gemäss der biblischen Literatur als Frau in Personalunion verbunden ist; sie ist als Liebende dargestellt, die nicht ziellos umherirrt, sondern spezifisch in Jerusalem, dem zerstörten Liebesort gemäss Aṭlālmotiv, oder am Sinai nach Gott sucht. Schon biblisch ist die Personalunion von Zion als Volk und Stadt metaphorisch durch das polyvalente Gartenbild ausgedrückt (III 1.4.4). Diese Metapher des blühenden Gartens respektive «Balsamhügels» oder «Weinberges» als Bild für die Geliebte und für den Ort ihres Aufenthalts ist nun in seinem dunklen Kontrapunkt des zerstörten Gartens amplifiziert: das Aṭlālmotiv des «Weinens über dem zerstörten Zeltlager der Liebe» verbindet sich mit dem Bild des zerstörten Gartens. Das Aṭlālmotiv ist seinerseits adaptiert an die Bedürfnisse des Piyyuts, weil die verlassene Frauengestalt nicht nur nach Zion verlangt und in Zion nach ihrem Geliebten sucht, sondern der Geliebte, Gott, in der Darstellung einiger Piyyutim auch wieder an den alten Ort der Liebe, nach Zion, zurückkommt: Das aus dem HL stammende Bild, dass Er in Seinen Garten kommt, verbindet sich mit der Erlösungsvorstellung von Zion als einem öden und zerstörten Garten, der wieder aufblüht, wenn Gott dorthin zurückkehrt (III 1.4.4.2).

3c) Das Motiv der Trennung und des Umherirrens des Liebenden auf der Suche nach dem Freund (Nedodmotiv, Teil III 5 und 6)

Dieses Motiv hat ein wichtiges Deutungspotenzial für das Exil: Das Exil, in der Auslegetradition oft als Weggehen Gottes und als Bestrafung Israels gedeutet, wird unter dem Aspekt des Nedodmotivs manchmal vom Thema «Schuld und Strafe» abgekoppelt: Die Trennung gehört zur typischen Dialektik von Liebe und Freundschaft und muss nicht weiter erklärt werden. Wenn der Freund von seinem Partner verlassen wird, «irrt er umher» oder seine Seele zieht hinter dem Freund her, was bildlich als seine Sehnsucht und Ruhelosigkeit zu verstehen ist. Dieses Verhaltensmuster steht nun Modell für Zion, sodass die im klassischen Piyyut negative Deutung des Exils als Umherirren umgewertet wird: das Exil wird wie die Liebe dialektisch verstanden. Das Umherirren in der Fremde ist zugleich ein Suchen nach Gott und dient dem Lob Zions: sie irrt umher, weil sie ihrem Geliebten aus Liebe nachfolgt, noch treuer als während der Exoduswanderung. Anders als im Lustlied, in dem das ursprünglich arabische Motiv der Trennung und des Umherirrens ebenfalls beheimatet ist, hegt Zion wie der Freund im Lob- und Freundschaftslied die Hoffnung, der Patron und Freund komme zurück. Im Piyyut wird ihre Hoffnung oft durch eine Antwort Gottes bestätigt; Er versichert ihr meistens in der Schlussstrophe nach Art der Kharja eines Liebesliedes die kommende Erlösung. Entsprechend der Umdeutung des Exils als Umherirren aus Sehnsucht ist auch die Erlösung metaphorisch mit dem neuen Bild der Ruhe in Zion und/oder in Gott ausgedrückt wie «Ruhe finden in der Sänfte», «Rückkehr der geehrten Tochter des Königs in ihren Palast», «im Schatten der Behausung des Geliebten wohnen» oder «Gott im eigenen Herzen finden». Das Bild des Geliebten, der im eigenen Herzen wohnt, entspricht dem Vokabular der Liebes- und Freundschaftsdichtung. Diese neuen Bilder ergänzen die klassische Hochzeitsmetaphorik für die Darstellung der Erlösung aus dem Exil; sie zeigen insofern ein neues Szenarium, als neben der nationalen Erlösung auch die individuelle, mystische Erfahrung von Befreiung dargestellt wird.

In diesem Punkt hat die Metaphorik der im Körper gefangenen Seele verstärkend auf das Bild von Zion gewirkt. Denn die Bildspender «sehnsüchtiges Irren», «Suchen» und «Ruhefinden» verweisen nicht nur auf den Bildempfänger «Exil und Erlösung», sondern auch auf das neoplatonische Seelenmodell: die Seele irrt zeitlebens sehnsüchtig umher auf der Suche nach ihrem Ursprung bei Gott.

4) Das Paradox der schönen, verlassenen Braut

Das Bild Zions ist sowohl nach dem männlichen Modell des Freundes in einem festen Loyalitätsverhältnis, dessen Partner unversehens weggeht, gestaltet als auch nach dem weiblichen Modell der schönen Geliebten und der Braut, die zur Liebe verführt. Die verlassene, schöne Frauengestalt Zion kombiniert beides:

473

Einerseits ist sie schön und erreicht manchmal schon allein mit ihrer Schönheit, dass Gott ihr verzeiht. Anderseits ist sie meistens als der schwächere Part in der Liebesbeziehung verlassen und leidet im Exil. Diese Doppelrolle ist eine gemäss dem weltlichen Liebescode unmögliche Situation. Auch Gott bekommt dabei die widersprüchliche Rolle, zugleich fester Freund und grausamer Geliebter zu sein. Dieser Widerspruch hebt die Dialektik des Exils hervor und löst das Motiv der Liebeskrankheit respektive der Sehnsucht aus. Die Sehnsucht charakterisiert das Exil in der Sicht aller Beteiligten: das Exil wird als Trennung verstanden, aber diese Trennung ist nicht nur Strafe Israels, sondern bringt als Motor der Liebe wie in den Freundschaftsliedern genau das Gegenteil hervor: sie löst die Sehnsucht aus, die im Liebescode der andalusischen Poesie das eigentliche Wesen der Liebe ausmacht. Gott als Liebhaber hat Sehnsucht nach Zion wegen ihrer Schönheit, und auch Zion ist in ihrer Situation der Trennung auf der steten Suche nach Gott (s. o. 3c). Beide Partner sind auch voller Sehnsucht nach dem Ort ihrer früheren Liebe, nach Jerusalem (s. o. 3b). Anders als im hebräischen Lustlied, in dem der Liebeskranke nicht auf eine erfüllte Liebe zurückblicken kann, ist die Liebeskrankheit der Knesset Jisrael und Gottes eine Sehnsucht nach Erneuerung vergangener Liebe, wie es im Lob-und Freundschaftslied der Fall ist.

5) Die spirituelle und religiöse Dimension der Schönheit
In Entsprechung zu den gesellschaftlichen Idealen von Schönheit, auf welche die Poesie der jüdischen und moslemischen Hofdichter hinweist, wird auch in den Synagogen mit den Piyyutim eine ideale Gegenwelt zur realen Situation der Knesset Jisrael geschaffen und im Gebet erlebt, in welcher die Schönheit der Frauengestalt Zions mit den Aspekten von Tempel- und Opferkult, Gesang, Garten und Liebe im Zentrum steht. In beiden Bereichen, am Hof wie in der Synagoge, gilt zudem die Konvention, dass der sprachliche Ausdruck «schön» und der jeweiligen Kommunikation Schützling – Patron und Betender – Gott gemäss den damaligen kulturellen Normen angemessen sein muss. Der Wert der Schönheit ist unbestritten, d. h. die damalige Gesellschaft beruht auf Freundschaftsbeziehungen, die sich diese Normen zu ihren Spielregeln erhoben hat. Auch aus einem zweiten Grund ist die Übertragung des Schönheitsideals auf die Gestalt von Zion unproblematisch: In der arabischen Kultur verweist die Schönheit auf Heiliges,[130] und dieselbe Interdependenz von Heiligem und Schönem zeigt eben auch die Frauenmetaphorik Zions.

---

130 In der arabischen Sufi-Literatur wurde die Schönheit sogar als Hinweis auf Gott angesehen: Manzalaoui 1989, S. 126 "Indeed, in the view of Ibn ʿArabī ... since God cannot be materially seen, He can best be apprehended beneath the wordly integuments of beauty, of which woman is the most perfect."

Damit bestätigt sich von der Seite des Piyyuts her Scheindlins These, die Rosen zur Gegenthese herausgefordert hat und die als Hauptfrage meine Arbeit ausgelöst hat: Die Liebeslieder mögen zwar nur literarisches Spiel einer männlichen Gesellschaft sein, in der die Frau nur manipulativ als Objekt aufwertend oder abwertend dargestellt wird,[131] aber das Spiel wird nach den Spielregeln der "devotion to beauty" gespielt, die tatsächlich "a cardinal value of the spiritual life"[132] darstellt, sonst würden sie nicht auch für die Frauenfigur Zions in der synagogalen Poesie gelten. Denn wie ich in Teil III 1.1 und 1.4 ausgeführt habe, bekommt Zion gemäss dieser "devotion to beauty" einen wichtigen neuen Charakterzug: sie und ihre Handlungen werden so dargestellt, dass der Grund ihrer Wirkung auf Gott in ihrer körperlichen Schönheit und der Schönheit ihres Singens (ihres Dank- und Bittgebetes) liege. Das ist auch als autopoetische Aussage der Dichter über die Wirkung, die sie ihren Piyyutim zuschreiben, zu werten. Im Gemeindegottesdienst soll die Zionsfigur im Piyyut die literarische Fiktion einer schönen Sängerin verwirklichen, die ihren Gesang an Gott richtet, wie es die Sänger taten, als der Tempel noch stand. Die Piyyutim kompensieren mit dieser Literatur den Verlust Zions in der historischen Realität. Es ist bezeichnend, dass nur einer der Dichter, Jehuda Halevi, sich nicht mit der literarischen Realisierung der Zionsgestalt und ihres Charakters innerhalb der Synagoge begnügte, sondern diese Idealgestalt in der konkreten Realität von Jerusalem aufspüren wollte.

6) Was ist die literarische Funktion der Personifikation Zions?
Diese im Einleitungskapitel 2 aufgeworfene Frage kann ich nun so beantworten: Die Frauengestalt hat die Funktion, Zion als Stadt und Volk in einer der Verkörperungen wie die der Mutter, der Geliebten, der glücklichen oder verlassenen Ehefrau Gottes zu repräsentieren; die Funktion der Repräsentation hat sie schon im klassischen Piyyut. Im andalusischen Piyyut wird sie nun auch zu einer Figur, mit der sich das Individuum identifizieren kann: der/die einzelne Betende findet in ihr im Piyyut die geeignete Textfigur, um im Reden über und zu Gott das jüdische Schicksal im Exil zu deuten. In ihren verschiedenen Facetten wird die Frauengestalt Zion zu einer idealen Spiegelfigur des Individuums, weil sie fähig ist, in ihrer weiblichen Stimme und Metaphorik das ganze Spektrum von emotionalem Nachdenken über das Exil und Gott zu bündeln und zu verkörpern. Die weibliche Figur Zion ergänzt deshalb als Gegenpol das Denken in abstrakten Begriffen nach Art der Philosophie.

---

131 Dies die These von Rosen 2001, S. 95–124 (= 2003 Kapitel 2): s. mein Einleitungskapitel.
132 Dies die These Scheindlins 1986, S. 85, auf die Rosen 1988, S. 72 ff. mit ihrer Gegenthese reagiert.

Glossar

Al-Andalus
Al-Andalus, durch Münzen erstmals für die Zeit 715/717 belegt[1], ist die arabische Bezeichnung für das islamische Spanien, das bei den hebräischen mittelalterlichen Schriftstellern seit dem 8. Jahrhundert etwa Sfarad genannt wird, ein Begriff, der in Ovadja 20 vorkommt: «die Vertriebenen Jerusalems, die in Sfarad sind». Auch der mittelalterliche spanische Piyyut braucht Sfarad für al-Andalus, Ovadja 20 zitierend, nämlich Jehuda Halevi Nr. 241, Zeile 10: «Die Vertriebenen von Zion, die in Sfarad unter den Arabern zerstreut sind und in Edom abgesondert.» Der Targum Jonathan gibt Sfarad hier in Ovadja mit Ispamia (אספמיה) wieder und orientiert sich offenbar am Namen der römischen Provinz Hispania. Ich wähle den Begriff «al-Andalus», weil Sfarad missverständlich wäre (im heutigen Hebräischen für das heutige Spanien gebraucht, dessen Gebiet einerseits viel mehr umfasst als das mittelalterliche islamische al-Andalus, anderseits gehörte zu al-Andalus noch ein Teil des heutigen Portugal).

Amidah respektive Qerovah[2]: 1) Qedushta 2) Shiv'ata

1) Qedushta, die klassische Form[3]
Für alle Fragen der Forschung betreffs der klassischen Paytanim wie Kallir und Jannai liegt der Brennpunkt der Forschung in Israel.[4]

---

1 Nach Georg Bossong 2007, S. 7. Er gibt auch etymologische Deutungen des Namens an.
2 Qerovah = eine durch den Paytan gestaltete Amidah (= Tefillah).
3 Meine Zusammenfassung stützt sich auf das Kapitel (hebr.) «die Qedushta» bei Ezra Fleischer 1975 a, S. 138–164, und auf das Einleitungskapitel (hebr.) der Edition Jannais von Zvi Meir Rabinovitz 1985, I, S. 8–12. Näheres zu den Unterschieden zwischen Kallirs und Jannais Qedushta s. Shulamith Elizur 1994 b, S. 171–190, und Elizur 2000, in ihrer Einleitung zu Rabbi El'azar Birabbi Kiliri, Hymni Pentecostales, S. 14–16, beides hebräisch. Vgl. ebenso Shulamit Elizurs Einleitungen zu ihren weiteren Ausgaben von Kallir: neben den Qedushta'oth zu Shavuoth (2000) sind dies: die Qedushta'oth zu den Trostsshabbathoth (1988) und die Shiv'atoth zu den vier Parashioth (1991). Hinweise auf den unterrschiedlichen Stil der einzelnen Piyyutim: Fleischer 1975 a widmet Stil und Thema kein zusammenhängendes Kapitel. Seine Darstellung geht immer von den formalen Beschreibungen des Piyyuts (Fragen des Strophenbau, Reim, Refrain etc.) aus, manchmal fügt er eine inhaltliche Beschreibung hinzu. Bemerkungen zum Stil sind verstreut über die Seiten 226/7. Shulamit Elizur charakterisiert ausführlich die stilistischen und

Qedushta nennt man eine Qerovah, bei deren Wiederholung der Vorbeter eine «Qedushah» spricht.[5] Die Qerovah eines Festtages oder eines Shabbats, bei der keine Qedushah gesprochen wird, heisst «Shivʿata»[6] (s. anschliessend).

Die Qedushta von Kallir und Jannai besteht aus den traditionellen acht Piyyutim auf drei Gruppen verteilt:

1. Gruppe:
1. Piyyut mit Abschlussberakhah «Magen»
2. Piyyut mit Abschlussberakhah «Mechaje»
3. Piyyut: Meshalesh: die Berakhah «qadosh» folgt erst nach dem Silluq (normalerweise ist dies der 8. Piyyut). Der Meshalesh wird immer abgeschlossen mit dem Zitat von Ps 146,10 (Der Ewige wird in Ewigkeit herrschen, dein Gott, Zion, von Geschlecht zu Geschlecht, halleluja) und/oder Ps 22,4 (Und Du bist der Heilige, thronend über den Lobgesängen Israels). Darauf folgen die zwei Wörter El na.[7]

---

inhaltlichen Eigenarten der einzelnen Stücke (s. meine Verweise auf Elizur in den Anmerkungen). Als Übersicht auf Deutsch empfehle ich Elisabeth Hollender 1994: Sie hat die Qedushta'oth von Simon b. Isaak (Ende 10./Anfang 11. Jahrhundert in Deutschland, Mainz) im Amsterdamer Machzor untersucht. Sie gibt (S. 49–54) eine knappe und gut verständliche Übersicht über den Aufbau einer Qedushta, indem sie von Kallirs Qedushta ausgeht, der für Simon b. Isaak Vorbild gewesen sei (Hollender, E., S. 55).

4   In Israel befindet sich das Forschungszentrum "The Ezra Fleischer Institute of Hebrew Poetry in the Genizah – the National Academy of Sciences" (המפעל לחקר פיוטי גניזה) unter der Leitung von Shulamit Elizur, das zum Erfassen und Edieren der Genizahfunde von Kairo geschaffen wurde.

5   Dazu Rabinovitz 1985, I, S. 11; Elizur 1999: Sie gibt im Anhang S. 351–358 Erklärungen der Terminologie und sagt dort S. 356, dass in Eretz Jisrael nicht bei jeder Wiederholung der Amidah durch den Vorbeter eine Qedushah gesagt wurde, sondern nur an den Shabbatoth und den Feiertagen und einigen ausgezeichneten Werktagen, und auch dann nur im Shacharit-Gebet, nicht im Mussafgebet und im Minchahgebet (mit Ausnahme der Jamim Nora'im – der Hohen Feiertage –, wo die Qedushah auch in weiteren Gebeten gesagt wurde). Siehe ebenso Ismar Elbogen 1995, S. 61. Fleischer 1975 a, S. 68 empfiehlt zur bequemeren Unterscheidung folgende Begriffe: «Qerovat Jud Chet» für eine Qerovah, die keine Qedushah enthält, z. B. an einem Werktag, resp. «Qedushta Jud Chet» für den Fall, dass sie eine Qedushah enthält.

6   Eine Shivʿata wurde in Eretz Jisrael jeweils am Shabbat und an Festtagen gesagt, wenn keine Qedushah gesprochen wurde, also beim Maʿarivgebet, beim Mussafgebet und beim Minchahgebet, nach Elizur 1999, S. 357 (Erklärungen der Terminologie).

7   Der Sinn dieser zwei Wörter hier sei noch nicht geklärt: Rabinovitz 1985, I, S. 9. Rabinovitz sieht aufgrund der handschriftlichen Evidenz der Piyyutim Jannais das «El na» als Abschluss des Meshalesh und nicht als Beginn des 4. Piyyuts an entgegen Fleischers Darstellung 1975a, z. B. S. 157. Auch Elizur 2000 nimmt «El na» als Abschluss des 3. Piyyuts und nicht als Anfang des 4. Piyyuts. Rabinovitz 1985, I, S. 10 sagt zum

Magen (1) und Mechaje (2) sind parallel gestaltet: beide enthalten beim Shabbatgottesdienst je drei Kurzstrophen, die jede aus vier Kurzzeilen besteht (an einem Festtag sind es sechs Strophen) und decken damit im fortlaufenden Akrostichon das Alefbeth vollständig ab.[8] Die Zitatenketten nach (1) und (2) beginnen mit dem 1. respektive 2. Vers der Toralesung. Inhalt von 1) und 2): Bezug auf die Torah- oder Festtagsperikope.[9]

Der Meshalesh (3) hat bei Jannai vier Kurzstrophen mit je vier Kurzzeilen, die mit dem Akrostichon seines Namens J-N-J-J beginnen. Die Zitatenkette nach dem Meshalesh (Piyyut 3) beginnt entweder mit dem 3. Vers der Toralesung oder mit dem 1. Vers der Haftarah, auf den bereits die Schlusszeile des Meshalesh hinleitet.

Inhalt von 3): Bezug auf die Haftarah, die meistens tröstend ist und das Thema der Königsherrschaft Gottes und der Ge'ulah enthält.[10]

Auf die Zitatenketten nach Piyyut 1, 2 und 3 kann eine zur Berakhah überleitende Strophe, die sogenannte «strophat siyyum», folgen.[11]

Abschluss des 5. Piyyuts, bei dem wieder die Wörter «El na (le'olam)» vorkommen, er bestehe aus Überresten zweier alter Gebete; das eine beginnt mit «Mögest Du doch (= El na), Gott, in Ewigkeit verehrt werden ...». Vollen Text s. Rabinovitz 1985, I, S. 10. Übersetzung und Kommentar des Textes bei Hollender 1994, S. 51.

8 Beim Festtagsgottesdienst sind es je 6 vierzeilige Strophen, dann hat der Magen das ganze Alefbeth von Alef bis Taw als Akrostichon, der Mechaje das ganze Alefbeth von Taw bis Alef, der Meshalesh das Alefbeth als Atbash (= Alef, Taw, Beth, Shin etc., z. B. in der Qedushta von Kallir zu Shavuoth, s. Textanhang).

9 «Dieses ungeschriebene Gesetz ... das kein Paytan sich frei fühlte, nicht einzuhalten, gab den Qedushta'oth die Ausrichtung, sich gerade mit den Eröffnungsversen der verschiedenen Wochenabschnitte zu befassen und nicht mit den Angelegenheiten, die im weiteren Verlauf (im Torahtext) vorkamen.» Elizur 1999, S. 199 (hebr.), dort bei ihrer Analyse von Jannais Piyyut zu Parashat Emor. Wenn diese Eröffnungsverse dem Paytan nicht passten (z. B. bei einer Festperikope wie Pessach), so erklärt Elizur 1988, S. 401, dass der Paytan sich die Freiheit nehmen konnte, den Piyyut dem Thema des Festtages zu widmen und auf das Zitat aus der Festperikope nur mit sprachlichen Anklängen überzuleiten.

10 Josef Yahalom 1999, S. 187; Shulamit Elizur 1999, S. 183 und 226.

11 Fleischer 1975 a, S. 140–145; Elizur 1988, S. 400: Sie spezifiziert, dass bei gewissen Piyyutgattungen wie den Me'oroth und den Ahavoth und den «Adonai malkenu» im Jotzer und den Birkoth haMazon die Berakhah direkt auf die Verskette folge, und (S. 404) dass Jannai die «Strophat Siyyum» beim Meshalesh nicht kenne; bei Kallir kommt sie aber vor (Elizur 2000, S. 14).

2. Gruppe:
4. Piyyut. Der Abschluss ist immer «qadosh» (heilig), je nach dem erweitert mit «lebend und bestehend», «furchtbar, erhaben und heilig». Die Form des 4. Piyyuts: bei Kallir und Jannai in gereimter Prosa, nicht strophisch gegliedert, kein Akrostichon. Stil und Inhalt bei Jannai: Bezug auf Midrash, zwar leichter verständlich als im Magen und Mechaje, aber dafür Wortspiele und Parallelismen.[12]
5. Piyyut: Kallir bringt hier normalerweise sein Namensakrostichon.[13] Die Form bei Jannai[14] ist die Asirja: eine Reihe von 10 Versen, angefangen von Alef bis Jod. Die Abschlussberakhah ist «El na» oder «El na le'olam» oder «le'olam». Kallirs 5. Piyyut hat meistens die Form eines Qiqlar[15] oder vierzeilige Strophen. Stil und Inhalt bei Jannai: Wieder Bezug auf Midrash, aber leichter verständlich als im Magen und Mechaje: narrativ und belehrend.[16]

---

12 Elizur 1994b, S. 178: Jannai beziehe sich im 4. Piyyut auf den Midrash in einer Art, die leichter verständlich sei als in Piyyut 1 und 2, er brauche aber eine «Fülle von Parallelismen, die sich auf Wortspiele und Paronomasie stützen», und das gäbe den Eindruck einer «neuen, weiter entwickelten Auslegung». Ein Beispiel für solche Parallelismen s. den 4. Piyyut von Jannais Qedushta zu Gen 29,31 «und der Ewige sah, dass Leah verhasst ist ...». (s. Teil I 2.1.2.2).
13 Elizur 2000, Einleitung S. 14.
14 Zu Jannai und die Asirja s. Elizur 1999, S. 356; 1994b, S. 171–188.
15 Elizur 1983, S. 140–155; 1994b, S. 184/185; 2000, S. 14. Meine Zusammenfassung: Bei Kallir, im Unterschied zu Jannai, habe der 5. Piyyut alternative Möglichkeiten: Entweder in zwei- oder vierzeiligen Strophen (ähnlich wie bei Jannai), oder in der Form des Qiqlar. Den Qiqlar beschreibt sie so (2000, S. 14): «Blöcke von je drei dreizeiligen Strophen, nach welchen jeweils dreizeilige Zwischenstrophen eingeschoben werden, die das fortlaufende Akrostichon des Alphabets unterbrechen und mit dem Wort ‹qadosh› enden.» Auch der Guf haJotzer habe die Form des Qiqlar. Hollender 1994, S. 52: «Pijjut V ist seit Qallir meist ein Qiqlar, d. h. er besteht aus Gruppen von je drei dreizeiligen Strophen, die von einem kurzen, gleichbleibenden Refrain (Pizmon) durchbrochen werden.» Hollender bezieht sich auf Elizurs Analysen von 1983.
16 Narrative Darstellung des Midrash: Elizur 1994b, S. 175 (hebr.): sie zeigt den Unterschied zwischen Magen (1) und Mechaje (2) einerseits und der Asirja (5) anderseits in Bezug auf die Methode, wie Jannai sich auf den Midrash beziehe, nämlich so: in Piyyut 1 und 2 meistens in versteckten Anspielungen, in Piyyut 5 erzähle er den Midrash «zusammenhängend und voll». Yahalom 1999, S. 210f. nennt Piyyut 5 eine דרשה מפויטת (Auslegung in Gedichtform) (hebr.): «Der Paytan, der vor dem Torahschrank steht, führt die Rede allein mit Gott, aber dies ist ein versteckter Adressat, und der Text des Piyyuts spricht zu den Menschen speziell in den predigtähnlichen Piyyutim nach Art und Weise des 5. Piyyuts, dessen Inhalt Belehrung und Moral ist.» Diese predigtartige Auslegung, die eigentlich für die Gemeinde bestimmt ist, bringe den Paytan in ein stilistisches Dilemma: da er ja die Gemeinde nicht wie ein Prediger direkt anreden könne, müsse er seine Worte in Form von Verallgemeinerungen fassen, bei der er die 3. Person (das «man tut») wähle.

3. Gruppe:
6. Piyyut: Die Form ist bei Kallir und Jannai verschieden: Bei Kallir ist es oft wieder der Qiqlar.[17] Bei Jannai: Aufgebaut auf dem Alefbeth hat er meistens 11 vierzeilige Strophen (von Alef bis Taw).[18]
7. Piyyut: Rehitim[19], eingeleitet durch «Uvekhen» (ובכן), darauf folgt ein Bibelzitat aus dem Wochenabschnitt genommen oder zum Inhalt des Wochenabschnitts passend. Ständige Wiederholung fester Wortgruppen aus dem Zitat.
8. Piyyut: Silluq = Beginn der Qedushah mit dem Schluss des Silluq: wie geschrieben steht «Und einer rief dem andern zu (und sprach: Heilig, heilig, heilig …)» (Jes 6,3).

Zusammenfassende Bemerkung zum Stil der Qedushta: Der Stil ist nicht einheitlich, sondern hängt vom Inhalt der einzelnen Piyyutim ab, und dieser Inhalt richtet sich wiederum nach dem vorgeschriebenen Bezug auf die Bibel.

Qedushta: die weitere Entwicklung
In den östlichen Gemeinden herrschte in nachklassischer[20] Zeit eine Zwitterform vor[21], und die spanische Qedushta ist als Kompositionsform bereits zerbröckelt.

---

17 Elizur 1994b, S. 185: Der 6. Piyyut bei Kallir habe dreizeilige Strophen mit einem kurzen Refrain. Der kurze Refrain sei zur Beteiligung der Gemeinde gedacht, und passe deshalb gut zur 3. Gruppe der Piyyutim: auch der 7. Piyyut mit den Rehitim beteilige die Gemeinde. Bei Kallirs Hochzeitsqedushta habe ich den 6. Piyyut als Qiqlar gefunden. Dort ist dafür der 5. Piyyut kein Qiqlar, sondern besteht aus vierzeiligen Strophen. Ophir Mintz-Manor, Rabbi Elazar Beirabbi Kallir, Qedushta'oth leShabbatoth Chanukkah, Master Thesis Jerusalem 2002, hat bei seiner Herausgabe der Geniza-Handschriften in drei Qedushta'oth den 6. Piyyut mit dreizeiligen Strophen, in zwei Qedushta'oth mit vierzeiligen Strophen gefunden.
18 Elizur 1994b, S. 179: der 6. Piyyut bilde in der Qedushta von Jannai das längste Stück.
19 Die Bezeichnung kommt eventuell daher, dass der Piyyut schnell (rahut) gesprochen wurde: so Fleischer 1975a, S. 148. Hollender S. 54 zitiert noch die Meinung von Werner, «Hebrew and Oriental Christian Metrical Hymns», HUCA 223, 348 ff.: Rahit «Sprosse» bezeichne den Schriftvers, d. h. aus ihm wird «der Rahmen für die jeweils neu einzufügende Paraphrase gebildet». Die einzelnen, nicht strophisch gegliederten Zeilen zitieren litaneiartig die ersten Verse der Toralesung. Beispiel für Rehitim im sefardischen Piyyut: Shlomo Ibn Gabirol Piyyutim Nr. 39–57 Jarden (für Jom Kippur).
20 Fleischer 1975a, S. 282: Die spätere Piyyutdichtung im Osten: ab Pinchas Hakohen Berabbi Ja'akov von Kaphra (Tiberias) im späten 8. Jahrhundert (Angabe Elizur 1999, S. 363) bis Shlomo Berabbi Jehuda Ga'on, gestorben 1051.
21 Fleischer 1975a, S. 371 (hebr.): «In den meisten Gemeinden der östlichen Ländern herrschte schon die Zwitterform vor, die typisch war für den späten östlichen Piyyut.» Mit der

2) Shiv'ata

Shiv'ata nennt man die aus sieben Berakhoth bestehende Shabbat- und Festtagsqerovah, bei der keine Qedushah gesagt wird. Dies ist in Eretz Jisrael der Fall beim Mussafgebet, beim Ma'ariv- und beim Minchagebet.[22] Die sieben Berakhoth einer Shiv'ata werden vom Paytan inhaltlich freier gestaltet als die Berakhoth der Qedushta.[23] Der mittlere Segensspruch (Qedushat haJom = 4. Piyyut der Qerovah) ist, so Fleischer[24], entsprechend den Anliegen des Festtages gestaltet und ist immer besonders feierlich und länger als die andern sechs.

Ahavah = Piyyut für die 2. Berakhah der Ma'arekhet haJotzer
s. Ma'arekhet haJotzer.

Ge'ulah = Piyyut für die 3. Berakhah der Ma'arekhet haJotzer
s. Ma'arekhet haJotzer.

Gürtellied = Muwashshaḥ
s. dort.

Kharja (= umgangssprachliche Schlussverse des Gürtellieds)
Zur Kharja gibt es eine umfangreiche Literatur.[25] Die Kharja bringt die Stimme der Frau, die sonst in den Liebesgedichten stumm ist; selten auch die Stimme

---

Zwitterform meint Fleischer die Einschaltungen haufenweiser Piyyutverse von späteren Paytanim gemischt mit klassischen Stücken, die den klassischen Aufbau nicht mehr sichtbar machen. Zu dieser Erscheinung S. 293. Im Unterschied zu Spanien pflegten die Paytanim von Ashkenaz und Nord-Frankreich die klassische Qedushta noch sehr zu verehren und fuhren fort, solche zu schreiben (Fleischer 1975 a, S. 371).

22 Siehe Elizur 1999, S. 357 (Erklärungen der Terminologie).

23 Fleischer 1975 a, S. 182–188. Dort S. 181 (hebr.): «Die Shiv'atoth lehnten sich weniger an den Inhalt der wöchentlichen oder festtäglichen Lesung an, vielleicht weil diese Inhalte normalerweise schon als Themen in den Qedushta'oth festen Platz hatten ... die Shiv'atoth blieben deshalb freier als die Qedushta'oth vom Inhalt her und konnten sich eher allgemeinen Betrachtungen über die Themen der Feste und der Shabbatoth widmen, auch könnte man vielleicht sagen, in eher lyrischer Art.»

24 Fleischer 1975 a, S. 194. Die Übersetzung solch eines 4. Piyyuts, einer Qedushat haJom, s. im Textanhang: Jannai, Shiv'ata zu Pessach, Rabinovitz 1987, II, S. 265–270.

25 Tova Rosen 2000, kurz in ihrem Artikel über das Gürtellied, S. 168 f.; ausführlich Rosen 1985, in ihrer Monographie zum Gürtellied; weiter in ihrem Artikel zum Frauenbild, Prooftexts 1988, S. 77 ff. Zum eventuellen literarischen Ursprung der Kharja gibt Rosen 1988, S. 87, Anm. 53 eine Zusammenfassung der Theorien. Speziell zur Frage der Umgangssprache, in der die Kharja (im arabischen Gürtellied) geschrieben ist (umgangssprachliches Arabisch respektive Romance): s. J. A. Abu-Haidar 2001, Kapitel 5 und 6. Er unterzieht auch die Theorie des mittelalterlichen (13. Jahrhundert) Muwashshaḥ Spezialisten Ibn Sanā' al-Mulk einer kritischen Analyse. Ebenso zur Theorie von Ibn Sanā' al-Mulk betreffs der Kharja: Rosen 1988, S. 81 und 2000, S. 167 f.

des Mannes (Tova Rosen 1988, S. 81) wie z. B. in Jehuda Halevi Nr. 114 Brody, II, S. 324 (= Beispiel 12 in Teil II). Sie wird oft bereits in der Schlussstrophe des Gürtelliedes eingeleitet mit den Worten «da sprach sie ...», oder «da sang sie ...»[26]. Sie verspricht die Verwirklichung der Liebe, und insofern ist die Kharja die Pointe (der «lyrische Fokus»[27]), auf die der Hörer durch die (meist) fünf Strophen des Gürtelliedes (muwashshaḥ) hindurch gespannt wartet.

Die Kharja steht als Zitat aus dem (umgangssprachlichen) arabischen oder in Romance gesungenen Volkslied prinzipiell frei zur Verfügung, kann also von Lied zu Lied wandern und gelangt in dieser Form auch in hebräische Gürtellieder.[28]

Im liturgischen Lied gibt es die Kharja in dem Sinn nicht, weil die Sprache ja gleichbleibend hebräisch ist, aber meiner Meinung nach kulminiert auch der Piyyut in der Gürtelliedform manchmal in eben dieser Schlusszeile.[29]

---

26 Ich habe dies aus der Anleitung zum Verfassen von Gürtelliedern aus der Poetik von Ibn Sanā' al-Mulk genommen, zitiert von A. R. Nykl 1946, S. 388. Zu Ibn Sanā' al-Mulk als angeblich verlässlichen Theoretiker und als Dichter gibt Schoeler 1993 die bibliographischen Angaben. Aber siehe die Anmerkung oben: Kritik von Abu-Haidar 2001 an Ibn Sanā' al-Mulk.

27 Yahalom 1993, S. 155–168, dort S. 163.

28 Yahalom 1993, S. 163, berichtet, wie die Kharja im Gedicht von Shmu'el Hanagid Nr. 202, Beispiel 5 in Teil II 3.2 (entstanden i. J. 1056) neben anderen Wiederverwendungen auch in ein Gedicht des arabischen Hofdichters Ibn al-Labbāna für al-Muʿtamid, den Herrscher von Sevilla, wanderte. Das zeige: Die Kharja steht prinzipiell als Zitat aus der Volkssprache frei zur Verfügung. Das erwähnte Gedicht von Ibn al-Labbāna findet sich übersetzt bei Bossong 2005, S. 87 f.

29 Angel Sáenz-Badillos 1994, S. 191. Er sagt über die Schlusszeilen im liturgischen Gürtellied folgendes (hebr.): «Der Madrikh ist derjenige, der ... das prosodische Muster des ganzen Liedes angibt. Nur in einzelnen Fällen kommen wir zum Schluss, dass der Höhepunkt des Liedes sich an seinem Ende befindet, in seinem letzten Gürtel ... In einzelnen Liedern gibt es vielleicht einen doppelten Höhepunkt: Einen im Madrikh ... und einen in der Kharja, der den Geist des ganzen Liedes kondensiert und zusammenfasst.» Sáenz-Badillos 1994, S. 191 gibt folgende Beispiele an für einen Kharja-ähnlichen Schlussvers mit dem Sprecher Gott: Jehuda Halevi Nr. 74, 101, 147, 148, 149, 161, 162, 180, 181, 206, 212, 322, 329, 351, 369 386, 388 und mehr. Weiter zitiert er auf S. 193 Kharja-ähnliche Schlussverse mit der Knesset Jisrael als Sprecherin, wobei sie aus dem HL zitiert: 180, 181, 206, 207 (hier zitiert sie Jes 30,16), 262, 375, 352 (hier Ps 92,6). Auch bei Piyyutim, die nicht die strophische Form haben, habe ich gesehen, dass die Knesset Jisrael in der Schlusszeile eine Art von zusammenfassendem Triumph ausdrückt, oft in Form eines Schriftzitates: Jehuda Halevi Nr. 330 Jarden: «Nein, ihr meine Hasser, ihr löscht die Liebe nicht aus, denn wenn ihr sie zu löschen versucht, ist sie wie ein Feuer, das sich entzündet.» (Nach HL 8,7 f.). Ich habe mich auch durch Yahalom mündlich bestätigen lassen und ebenfalls durch seinen Artikel, Yahalom 1993, S. 168: Er stellt beim Lied des weiter unbekannten Nachum (s. den Text im Textanhang) fest, dass die Knesset Jisrael den Schlussvers nach Art einer Kharja singe.

Kinnuj (= Appellativ oder Codewort)

Ein Codewort oder Appellativ ist z. B. der Begriff «Taube» für die Knesset Jisrael. Der Kinnuj ist aus einer Metapher entstanden, meistens als Bild erstarrt und nur noch in lexikalischer Funktion als Synonym für den Begriff, den es bezeichnet, verwendet (deshalb auch lexikalisierte Metapher genannt).

Maʿarekhet haJotzer (Anordnung der drei Berakhot des Morgengottesdienstes)

Die drei Berakhoth des Morgengottesdienstes sind «Jotzer» («der Schöpfer der Lichter»), «Ahavah» («der Israel aus Liebe wählt», vor dem Sh'maʿ) und «Ge'ulah» («der Israel erlöst hat» nach dem Sh'maʿ); die Komposition der sieben (auch acht) Piyyutim, die diesem Aufbau folgt, heisst Maʿarekhet haJotzer. Weil auch die Übergänge von einer Berakhah zur andern mit speziellen Piyyutim bearbeitet wurden, kommt man insgesamt auf sieben (in späterer Zeit acht) Stücke.

1. Teil der Maʿarekhet haJotzer מערכת היוצר des Shabbats und Festtages:[30]

1. *Guf haJotzer:* Diese Gattung ist dem Thema der Parashat haShavua respektive der Festlesung[31] verpflichtet. Traditionelle Form: oft die eines Qiqlar, d. h. drei dreizeilige Strophen mit Akrostichon des Alephbeths. Der letzte Vers der dreizeiligen Strophen ist jeweils ein Zitat aus der Parashat haShavua: Wegen des kommentierenden Bezugs auf den Wochenabschnitt charakterisiert Fleischer den Stil des Guf haJotzer als einen «midrash piyyuti».[32] Der Guf haJotzer fällt in al-Andalus in Ungnade und wird kaum mehr geschrieben.[33]

---

30 Fleischer 1975a, S. 212 ff.
31 Fleischer 1975a, S. 222 (hebr.) sagt, dass «in der fernen Vergangenheit» der Guf haJotzer zum Thema eben die Qedushat haJotzer (= des Schöpfers) gehabt habe (wie der Name der Berakhah auch zeigt), aber im Lauf der immer weiter fortschreitenden poetischen Bearbeitung dieser Gattung sei der Guf haJotzer von seiner liturgischen Aufgabe losgelöst worden.
32 Fleischer 1975a, S. 222 zum Guf haJotzer. Elizur 1999, S. 273 (hebr.): «Im Guf haJotzer waren (die Paytanim) zwar verpflichtet, Vers nach Vers die Verse zu kommentieren, die am Anfang der Parashat haShavua standen, aber auch hier war es ihnen manchmal gestattet, zu überspringen und zu andern Versen (der Parashah) überzugehen, wenn sie dies wollten. In den andern Teilen der Ordnung des Jotzer konnte der Paytan die ihm wichtigen Aspekte der Parashah hervorheben.» Midrashartige Auslegung ausserdem beim Zulat und in der Qedushta im Piyyut hameshalesh.
33 Fleischer 1975a, S. 386 (meine Zusammenfassung): In Spanien verzichtete man fast ganz auf den Guf haJotzer und auf den Zulat, weil deren Predigtstil und ihr Midrash-Charakter, wie er in Israel in diesen Stücken gepflegt worden war, in Spanien niemanden mehr interessiert habe. Aber siehe am Schluss des Teils I 3.2 den Zulat zum Hochzeitsschabbat

2. *Ofan:* Überleitung zur Qedushah des Jotzer. Stil: Hymnisch.
3. *Me'orah:* Thema «Licht». Umfang und Form: vierzeilige Strophe, gleichbleibender Reim. Ort: Unmittelbar vor dem Abschluss der (1.) Berakhah «Jotzer hame'oroth». Stil: Lyrisch. Im Unterschied zum Guf haJotzer inhaltlich mehr an die liturgische Station mit dem Thema Licht gebunden als an das Thema des Wochenabschnitts.[34]
4. *Ahavah:* Thema «Liebe». Umfang und Form: vierzeilige Strophe, gleichbleibender Reim. Ort: Unmittelbar vor dem Abschluss der (2.) Berakhah. Stil: Lyrisch. Im Unterschied zum Guf haJotzer inhaltlich mehr an die liturgische Station mit dem Thema Liebe gebunden und weniger an das Thema des Wochenabschnitts.

Hier folgt das «Sh'ma'», dann:

2. Teil der Ma'arekhet haJotzer führt zur Berakhah der Ge'ulah:

5. *Zulat* oder *Emet:* der Haftarah verpflichtet und im Stil belehrend. Strophen enden oft mit biblischem Zitat aus der Haftarahperikope. Zulatoth werden in al-Andalus kaum mehr geschrieben.[35]
6. *Mi kamokha:* Umfang kurz (eine Strophe): Erinnerung an die Pracht vergangener Ereignisse wie Auszug aus Ägypten. Hymnischer-lyrischer Ton[36]. Häufig Akrostichon mit den Anfangsbuchstaben des Paytan (= Chatimah).

---

von Jehuda Halevi Nr. 464. Ebenfalls gibt es beim Guf haJotzer Ausnahmen von der Regel: Danah 1999, zitiert S. 116 einen langen Jotzer (mit Akrostichon des Alephbeths) von Moshe Ibn Ezra (Nr. 129 Bernstein).

34 Fleischer 1975a, S. 226/7 (hebr.): «Das ‹Licht› der Berakhah ‹Me'oroth› wird fast natürlicherweise in seiner symbolischen Bedeutung aufgefasst, nicht als Licht, das angenehm für die Augen ist, sondern als Licht der Torah oder Licht der göttlichen Fürsorge für Israel oder als Licht der ersehnten Erlösung.» «Wenn die Paytanim sich dennoch einmal auf den Wochenabschnitt beziehen, so versuchen sie, den Inhalt der Parashah mit dem lyrischen Charakter der Me'oroth und Ahavoth zu verbinden: «diese werden auf erhabene symbolische Ebenen erhöht, damit sie zum traditionellen Charakter dieser zwei Stücke passen.»

35 Zum Zulat sagt Elizur 1999, S. 273 (hebr.): «der Zulat war thematisch traditionell festgelegt. Die meisten Paytanim pflegten ihn dem Thema der Haftarah zu widmen.» Das bedeutet für die Form des Zulat, dass alle Strophen mit fortlaufenden Zitaten aus der Haftarah enden: s. Fleischer 1975a, S. 227. Auf S. 236 bringt er als Beispiel für den klassischen Zulat einen Zulat von Kallir zum Shabbat «Hachodesh» (dieser Monat): man sieht, wie Kallir dem Zulat die Haftarah aus Jes 41,47 zugrunde legt.

36 Fleischer 1975a, S. 230.

7. *Ge'ulah* oder *Adonai malkenu*[37]: lyrischer Ton, Übergang vom preisenden Stil zum flehenden Stil, Hoffnung auf zukünftige Erlösung. Umfang meistens nur eine Strophe oder zwei, führt vom Vers «Adonai malkenu» respektive «Adonai jimlokh le'Olam wa'Ed» zur Abschlussberakhah der Ge'ulah «Ga'al Jisrael». Dient häufig ebenfalls zur Chatimah des Paytan.

(8. *Ad matai:* Erweitererung im späten östlichen Piyyut.)

Nach der Ma'arekhet haJotzer folgt das Gebet (die Tefillah), die auch Amidah genannt wird.[38]

Me'orah = Piyyut für die 1. Berakhah der Ma'arekhet haJotzer
s. Ma'arekhet haJotzer.

Metrum (quantitatives) (= Mishqal kamuti)
Das quantifizierende Metrum ist das Kennzeichen der arabischen klassischen Poesie. In ihm ist ursprünglich die arabische Qaṣīda gedichtet worden. Alle weltlichen arabischen Lieder haben das quantifizierende Metrum und sind entweder in der Qaṣīdaform (fortlaufender Reim) oder als Gürtellied (Muwashshaḥ, strophisch) geschrieben. Das Signal dieser Form ist demnach auch bei hebräischen Liedern zunächst dies, dass es sich um ein weltliches Lied handle. Dunash ben Labrat[39] ist der erste hebräische Dichter, der das quantifizierende Metrum in die hebräische Literatur eingeführt hat, und zwar in seinen weltlichen Gedichten und

---

37 Carmi 1981, S. 55: Er sagt in der Einleitung zur Anthologie bei seiner Kurzübersicht des Jotzer, dass in der Periode des späten östlichen Piyyuts statt «Ge'ulah» der Begriff «adonai malkenu» verwendet wurde und das Stück erweitert wurde durch (8.) «ad matai». Zur Erweiterung auch Fleischer 1975a, S. 305. Aber in bezug auf die Termini sagt Fleischer 1975b, S. 372 in einer Klammerbemerkung das Gegenteil von Carmi aus: «Adonai malkenu (= Im späteren Piyyut: haGe'ulah)».

38 Zur Amidah, die Qerovah genannt wird, wenn sie in poetischer Überarbeitung, also als Piyyut vorkommt, s. Stichwort «Amidah respektive Qerovah».

39 Er lebte im 10. Jahrhundert (geboren in Fes), war Schüler von Sa'adja Ga'on in Bagdad, ging dann nach al-Andalus und wurde von Chasdai Ibn Shaprut, dem jüdischen Minister des Abd ar-Rahman III, protégiert. Von seinen Gedichten sind noch etwa 12 vollständig erhalten. Sein ein wenig jüngerer Nachfolger ist Jitzchaq Ibn Khalfun, ca. 965–nach 1020 (Daten nach Carmi 1981, S. 97). Einer seiner Schüler war Jitzchaq Ibn Mar Sha'ul. Zu Dunash und Khalfun als den eigentlichen Vertretern der neuen Metrik und der Qaṣīda s. Scheindlin 1996, S. 121–135; Ebenso Schirmann/Fleischer 1996, S. 119–128. Shmu'el Hanagid unterstützte Jitzchaq Ibn Khalfun finanziell und bewunderte ihn; er war ja selbst auch ein Anhänger der neuen Metrik. Literatur zu Dunash: Béatrice Gruendler 2000, S. 214; Fleischer 1975a, S. 342 und Fleischer 1984b; Ephraim Hazan 1986, S. 18. Rina Drory 2000, S. 191–202.

seinen Piyyutim.[40] Widerstand[41] gegen diese Metrik wurde wie folgt begründet: Die neue Methode sei eine Unterwerfung des Hebräischen unter das Arabische. Sogar Jehuda Halevi schrieb gegen Ende seines Lebens im Kuzari eine Kritik an der quantitativen Metrik, obwohl er sie selbst nicht aufgab.[42]

Statt der genuinen, natürlichen Länge oder Kürze der hebräischen Vokale gilt in der Metrik nun folgendes[43]: Jeder Vokal gilt als Länge, jeder Vokal chatuf (mit Shwa) und jedes Shwa mobile gilt als eine Kürze, Shwa quiescens zählt gar nicht.

Die verschiedenen Metren, die die hebräische Dichtung aus der arabischen übernahm, setzen sich aus Versfüssen (Versfuss heisst ʿAmud עמוד, heute Regel רגל) zusammen; diese sind die kleinste Einheit. Als Namen tragen die acht gebräuchlichen Versfüsse jeweils ein Musterwort, das die Abfolge von Kürzen und Längen mittels der Wurzel «paʿal» (פעל) exemplifiziert:

---

40 Zur Übernahme des quantifizierenden Metrums auch in den Piyyut: Schirmann/Fleischer 1996, S. 127. Fleischer 1975a, S. 342–344. Von den Piyyutim von Dunash ist, so Schirmann/Fleischer 1996, nur das erhalten, was in den Siddurim der Herkunft Ashkenaz-Tzarfat überliefert wurde: z. B. das Shabbatlied «Dror Yiqra». In den spanischen Gemeinden hätten sich seine neuartigen Piyyutim nicht eingewurzelt.

41 Der Hauptgegner war Menachem Ibn Saruq. Sein Schüler Jitzchaq Ibn Kapron führte den Streit gegen die Dunash-Schule und deren Vertreter (z. B. gegen Jehuda ben Sheshet) weiter: Die ganze Auseinandersetzung der zwei Parteien wird allgemein als «der Grammatikerstreit» bezeichnet. Dazu die Ausführungen von Pagis 1976, S. 110 ff., ganz ausführlich: Schirmann/Fleischer 1996, S. 132–143. Einer der Gründe ist die Grammatik (dazu Pagis 1976, S. 105): Die Grammatik eines Wortes wird insofern verfälscht, als z. B. beim Wort omer «er sagt» im Vergleich mit dem Wort omer «Spruch» die verschiedene Betonung nicht berücksichtigt wird oder (dazu Fleischer 1975a, S. 342), indem es je nach dem nötig war, ein Shwa mobile zu einem Shwa quiescens zu machen und umgekehrt.

42 Zur Diskussion von Jehuda Halevis theoretischer Ablehnung des quantitativen Metrums (weil es dem Hebräischen nicht entspreche) in seiner Schrift Hakuzari (2, 70–78) und seiner speziellen Abhandlung über die Versmasse: s. Brann 1991, S. 100 ff., besonders S. 112 ff. Zur Verwendung des quantitativen Metrums durch Jehuda Halevi s. Hazan 1986, S. 38. Ich fasse hier aus seinen Ausführungen zusammen, dass Jehuda Halevi das klassische arabische Metrum und den fortlaufenden Reim vor allem, wie es seit Shlomo Ibn Gabirol üblich wurde, bei den Reshuyoth anwendete (30 an Zahl) und zusätzlich bei 10 Piyyutim, die weiter nicht definiert sind, weiter bei 5 Ahavoth, 2 Geʾuloth und 2 Meʾoroth, 1 Ofan und einem Jotzer: Hazan will mit dieser kleinen Zahl von Piyyutim in klassischer arabischer Form (die Gesamtzahl der Piyyutim von Jehuda Halevi ist über 300) zeigen, wie sehr Jehuda Halevi der «Verlockung der arabischen Poetik widerstand», wie Hazan (S. 38) es formuliert.

43 Zur Theorie der Metrik ausführlich: Pagis 1976, S. 108–124. Fleischer 1975a, S. 342 ff. (er bespricht auch die 12 klassischen arabischen Metren). Übersichtsdarstellung der arabischen Metren: Bossong 2005, S. 337. Übersichtsdarstellung der hebräischen Varianten: Weinberger 1998, Einleitung S. XXII.

Die acht Versfüsse sind folgende (die Abfolge der Längen und Kürzen ist von links nach rechts zu lesen):

v - v -	mefolelim מפוללים	v - - -	mefoʻalim מפועלים
v - -	peʻulim פעולים	- v - -	paʻalulim פעלולים
- v -	poʻalim פועלים	- - v -	mitpaʻalim מתפעלים
- -	nifʻal נפעל	- - -	nifʻalim נפעלים

Die hebräische Verszeile eines Gedichts mit durchgehendem Reim (d. h. eines nicht-strophischen Gedichts) ist durch Zäsur in zwei gleiche Halbzeilen geteilt (Deleth und Soger genannt). Die in diesen Halbzeilen gebräuchlichsten Metren haben folgende Schemata und folgende arabische Namen, die ins Hebräische und ins Deutsche[44] übersetzt wurden: (Ich nenne nur diejenigen Metren, die sich in den Gedichten meines Textanhangs finden und gebe jeweils als Beispiele die entsprechenden Gedichte an.)

wāfir = *hamerubbeh* = «das Üppige»: mefoʻalim, mefoʻalim, peʻulim:
v - - - / v - - - / v - -
Shlomo Ibn Gabirol Nr. 102, 105, 146. Moshe Ibn Ezra Nr. 21.

kāmil = *hashalem* = «das Vollkommene»: mitpaʻalim, mitpaʻalim, mitpaʻalim:
- - v - / - - v - / - - v -
Shomo Ibn Gabirol Nr. 203. Jehuda Halevi Nr. 318, 323, 324, 328, 332.

sarīʻ = *hamahir* = «das Schnelle»: mitpaʻalim, mitpaʻalim, nifʻal:
- - v - / - - v - / - -

basīṭ = *hamitpashet* = «das Ausgebreitete»: mitpaʻalim, poʻalim, mitpaʻalim, poʻalim:
- - v - / - v - / - - v - / - v -
Jehuda Halevi Nr. 401, 402.
Davon gibt es eine abgekürzte Form: - - v - / - - / - - v - / - - /
Shlomo Ibn Gabirol 96, 100, 131, 133, 136, 142, 144, 145, 147 und Moshe Ibn Ezra 38.

ṭawīl = *ha'arokh* = «das Lange»: peʻulim, mefoʻalim, peʻulim, mefoʻalim:
v - - / v - - - / v - - / v - - -
Jehuda Halevi Nr. 137.
In Nr. 403 abgekürzte Form: v - - / v - - - / - - / v - - -

---

[44] Ich übernehme die Ordnung von Pagis 1976 (S. 118–122), der die Schemata nach ihrer Häufigkeit aufführt. Die hebräischen Namen sind, nach Pagis' Angabe, Übersetzungen der arabischen Namen, die erst David Yellin eingeführt habe. Die deutschen Übersetzungen übernehme ich von Bossong 2005, S. 337.

Dunash Ben Labrat, ואומר, (= Beispiel Nr. 7):
abgekürzte Form: v - - / - - - / v - - / - - -

ramal = *haqalua'* = «der Springende»: pa'alulim, pa'alulim, po'alim:
- v - - / - v - - / - v -
Ein einziges Beispiel in meinem Textcorpus ist Jehuda Halevi Nr. 330.

munsariḥ = *hadoher* = «der Laufende»[45]: mitpa'alim, pa'alalt: - - v - / - v - v
Jehuda Halevi Nr. 338 und 381 (beidemale ist dies nach Angabe von Jarden die verkürzte Form des doher.)

Metrum (silbenzählend) (= Mishqal havarati)
Im 10. Jahrhundert kam parallel zur quantifizierenden Methode auch noch eine silbenzählende Methode auf (mishqal havarati oder mishqal ha-Havaroth[46]), die aber nur für die liturgischen Lieder gebraucht wurde. Im Unterschied zu den echten Muwashshaḥāt haben die Pseudo-Gürtellieder (s. u.) fast immer das silbenzählende Metrum.

---

45 Nicht aufgeführt bei Pagis 1976 und bei Weinberger 1998, nur bei Bossong 2005.
46 Eventuell ist der Erneuerer Jitzchaq Bar Levi Ibn Mar Sha'ul: Fleischer 1970, S. 286. Zum mishqal haHavaroth (auch mishqal havarati und mishqal havarati-diqduqi genannt) s. auch: Weinberger 1998, S. 93. Das Prinzip dieser Metrik, die Erfindung der andalusischen Paytanim, ist folgendes nach Fleischer 1975a, S. 350 (hebr.): «Jeder Vers bekommt eine bestimmte Anzahl grammatikalischer Silben zugeteilt. Deren Anzahl ist fest und bleibt unverändert durchs Lied hindurch. Bei der Art der Silben wird nicht beachtet, ob sie kurz oder lang sind, betont oder unbetont, offen oder geschlossen. Als grammatikalische Silbe zählt in der mittelalterlichen Grammatik nur eine Silbe, die einen vollen Vokal enthält: Shwa mobile (שוא נע) und Vokal Chatuf zählen nicht als silbenbildend.» Nach dieser Methode werden das Wort שואלים und das Wort ובית beide als zweisilbig angesehen, so Fleischer: «waw chibbur mit Shureq, also u gesprochen, galt nicht als Silbe.» Die Darstellung bei der Prosodie: Pro Silbe (kurz oder lang) wird das Zeichen «-» verwendet.

Muwashshaḥ (Gürtellied) in der hebräischen Literatur

Das Gürtellied[47] wurde (im Unterschied zur Qaṣīda) gesungen.[48] Das Gürtellied (שיר איזור) hat optimalerweise[49] fünf Strophen, kann aber auch mehr oder weniger haben. Es hat gleichbleibenden Aussenreim in den «Gürtelversen», d. h. nach jeder Strophe erscheinen zwei oder drei Gürtelverse mit dem gleichen Reim (XX oder XY), während die Strophen selbst den Reim wechseln[50]: XX aaaXX bbbXX etc. oder XY aaaXY bbbXY etc. Normalerweise gibt es Binnenreime, da jeder Vers durch Zäsur in zwei Teile geteilt ist (in Deleth und Sogér). Jede Strophe ist jeweils gleich gross und auch die Gürtel sind unter sich in der Länge (und natürlich im Reim) identisch. Das (quantifizierende) Metrum ist meistens für Strophe und Gürtel dasselbe, aber es ist dem Dichter auch gestattet, für den Gürtel ein von der Strophe verschiedenes quantifizierendes Metrum zu wählen. Im Unterschied zur Qaṣīdaform hat der Dichter im Gürtellied die Freiheit, ein

---

47 Der klassische Erforscher des muwashshaḥ ist Samuel Miklos Stern. Seine Dissertation von 1950 die L. P. Harvey 1974 herausgegeben hat mit dem Titel "Hispano-Arabic Strophic Poetry", wird immer noch gerühmt, z.B. von Fleischer 1975a, S.344–349. Ebenfalls von Weinberger 1998, S.92. Weitere Literatur: Am klarsten und kürzesten zum hebräischen und arabischen Muwashshaḥ: Rosen 2000, S. 165–189. Ältere Literatur: Schirmann 1955/6, II, Teil 2, S.736f.; Pagis 1976, S. 131–140. Nur zum hebräischen Gürtellied: Hazan 1986, S. 41–48; zum arabischen Muwashshaḥ: Schoeler 2002, Artikel «Muwashshaḥ» in: Encyclopaedia of Islam, New Edition, VII, S. 809–812. Speziell über die Stellung des Muwashshaḥ in der arabischen Poesie und das Verhältnis von andalusischem zu provençalischem (Troubadour) muwashshaḥ: Abu-Haidar 2001. Zur Verwendung des muwashshaḥ im Piyyut: Sáenz-Badillos 1994, S. 186 (hebr.): «Es scheint mir wichtig darauf hinzuweisen, dass unter der Fülle von strophischen Liedern mit Refrain, die von den hebräischen Paytanim in Sfarad dazu bestimmt wurden, im synagogalen Gebet gebraucht zu werden, die Zahl der Werke, die nach dem klaren Muster des muwashshaḥ gebaut sind, sehr gross ist. Unter den synagogalen strophischen Liedern machen die Gürtellieder fast ein Drittel aus …» Hazan 1986, S. 42 beruft sich auf das Resultat der Forschung von Israel Levin und gibt an, dass Jehuda Halevi etwa 150 Piyyutim als Gürtellieder geschrieben habe, wobei die Gattungen Ofan, Me'orah, Ge'ulah, Ahavah überwiegen. Fleischer 1975a, bemerkt S.387, dass die Me'oroth und Ahavoth oft als Gürtellied geschrieben sind, die Ge'uloth das Pseudogürtellied bevorzugen, aber es gäbe keine vorgeschriebenen Normen. In meinem Textanhang sind Beispiele für Gürtellieder bei Jehuda Halevi u. a.: Nr. 179, 180, 184, 206, 207, 326, 386.

48 Pagis 1976, S.132 sagt, dass zu manchen Liedern eine instrumentale Begleitung gehörte. Die Abschreiber der Lieder vermerkten manchmal, nach welcher bekannten Melodie das Lied zu singen sei. Rosen 2000, S. 170f., geht ausführlich auf die Musiktheorien ein, die aber alle auf Vermutungen beruhen würden, "since no notation is left".

49 Yahalom 1993, S.159.

50 Darstellung dieses "most basic rhyme scheme" nach Rosen 2000, S. 167.

eigenes quantifizierendes Metrum zu brauchen, das nicht zu den arabischen kanonischen Metren gehört. Vom arabischen Muwashshaḥ wird das ebenfalls strophische Lied Zadjal[51] unterschieden.

Die Form entspricht dem Inhalt: Das Gürtellied wirkt wegen dem häufigen enjambement von Zeile zu Zeile bewegt, es gibt auch Sprecherwechsel. Im Unterschied dazu führen die Lieder in der Qaṣīdaform jeweils ihrer einheitlichen Form entsprechend Vers für Vers ein abgeschlossenes Thema durch. Die Verse sind dort nicht nur metrisch, sondern auch syntaktisch meistens gleich gebaut.[52]

Pseudo-muwashshaḥ (שיר מעין איזור)
Pseudo-muwashshaḥ ist der Begriff, den Weinberger[53] verwendet für das hebräische שיר מעין אזור. Dies ist die metrisch einfachere Form des Gürtelliedes, die nur im Piyyut vorkommt: statt des quantifizierenden Metrums gilt (fast immer[54]) das silbenzählende Metrum (mishqal havaratī)[55], und statt des mehrzeiligen Gürtels, der inhaltlich von Strophe zu Strophe wechselt, kann der Gürtel (einzeilig) mit einem ebenfalls einzeiligen Refrain verbunden werden, muss aber nicht. Diese Refrainzeile, die meistens ein Bibelzitat ist, durchzieht den Piyyut wie ein Motto und hat die Funktion, als gleichbleibende Antwort der Gemeinde von ihr repetiert zu werden.[56] Die wechselnden Gürtel des echten Gürtelliedes hingegen waren

---

51 s. Schoeler 2002, Artikel "Zadjal" in: Encyclopaedia of Islam 2002, Bd. XI, S. 373–376.
52 Hazan 1986, S. 39.
53 Weinberger 1988, S. 93: "To further ease the laity's involvement some poets decided not to vary the 'guide' which the congregation sang after each strophe in what was now a *pseudo-muwashshah*." Breuer 1993, S. 298 vergleicht diese Pseudo-Gürtellieder, die nur einen einzeiligen Gürtel haben, mit dem arabischen Zadjal. Allerdings gibt er zu, dass die Ähnlichkeit nicht ganz stimme, da der arabische Zadjal keinen Refrain kenne.
54 Fleischer 1975a, S. 355/6: ziemlich feste Regel, aber nicht unbedingte Notwendigkeit. Es gebe auch Lieder, die im Aufbau Gürtellieder sind, aber das silbenzählende Metrum haben. Sehr selten komme auch das Umgekehrte vor: Pseudogürtellied im quantifizierenden Metrum.
55 Sáenz-Badillos 1994, S. 186 fragt sich, wann es erlaubt ist, von einem Gürtellied zu sprechen im Unterschied zu einem sonstigen Lied mit Strophen und Refrain, wie es schon der klassische Piyyut in Vorstufen kennt. Ich gebe wieder, was er S. 188 als allgemein anerkannten Unterschied so formuliert (hebr.): «Strophische Lieder, die nicht mit dem quantitativen Metrum gebaut sind, können nicht als echte Gürtellieder angesehen werden.» So seien die silbenzählenden Gürtellieder keine echten Gürtellieder, sondern eine Nachahmung von diesen.
56 Hazan 1986, S. 41–68. Zur Refrainzeile, die bei Jehuda Halevi Nr. 139 ergänzt werden muss: Hazan, S. 48.

für ein Responsum der Gemeinde zu schwierig.[57] Jarden druckt manchmal bei Jehuda Halevi dort, wo eine Refrainzeile anzunehmen ist, diese nicht ab (z. B. in Nr. 75, 93, 138, 139, 168, 194, 301), sodass die Struktur des Gürtels nicht klar ist. Die Strophen im Pseudomuwashshaḥ sind drei oder vierzeilig. Hazan[58] analysiert ausführlich den Unterschied von Gürtellied und Pseudo-Gürtellied. Gemäss seiner Analyse von Jehuda Halevi Nr. 138 gebe ich die Reime so an: Gürtel a b, a b, Strophe: c d, c d, c d, Gürtelzeile: d b, mit Refrainzeile auf (a) b. Nicht immer reimt die erste Halbzeile (d) der Gürtelzeile mit dem Schlussreim (d) der vorangehenden Strophe: die erste Halbzeile der Gürtelzeile kann auch mit dem Binnenreim der vorangehenden Strophe reimen: a b, a b, a b, Gürtelzeile a c, Refrainzeile auf c.[59] In beiden Fällen ist die Gürtelzeile mit dem Binnenreim mit der Strophe verbunden, weist aber mit dem Aussenreim bereits auf den Reim des Refrains hin.

Petichah Miqra'it und Sijomet Miqra'it[60] (= Eröffnung und Schluss einer Zeile mit Bibelzitat)

Beispiel für die Petichah Miqra'it in meiner Arbeit ist die Shivʿata von Jannai zu Pessach, eines für die Sijomet Miqra'it ist Kallirs 5. Piyyut der Qedushta zum Hochzeitsshabbat. Beschreibung der Petichah Miqra'it gemäss Jannais Pessachpiyyut: sie ist eine streng vorgeschriebene Form der Textmontage: Der Dichter beginnt seinen Piyyut jeweils in den ersten Halbzeile mit den fortlaufenden Zitaten aus dem HL, unterbricht dann das Zitat und füllt die zweite Halbzeile mit eigenen Worten auf. Das HL-Zitat und die eigenen Worte dazu sind aber syntaktisch nicht klar getrennt, sondern formen einen Satz. Man kann die Eigenart der Petichah Miqra'it als poetischen Schmuck oder als spezielle Strukturierung des Piyyuts würdigen; hier aber nur zum Inhalt: Inhaltlich ist die Eröffnung mit

---

57 Fleischer 1975a, S. 349 (hebr.): «(Die echten Gürtellieder) liessen bei ihrem Vortrag der Gemeinde keinen Raum zur Beteiligung.» Es hat nach Fleischer 1975a, S. 349 keine professionellen Chöre in al-Andalus gegeben.
58 Hazan 1986, S. 41–68: er behandelt die strophischen Lieder von Jehuda Halevi und unterscheidet die Gürtellieder von den Liedern, die «Quasi-Gürtellieder» sind (אזוריים מעין), dies ist der hebräische Terminus für Pseudogürtellied. Die Zahl der Pseudogürtellieder bei Jehuda Halevi gibt er S. 45 mit 65 an. Breuer 1993, bespricht S. 103–212 alle möglichen Formen von Gürtelliedern bei Shlomo Ibn Gabirol. Beispiele in meinem Textanhang für das Pseudogürtellied bei Jehuda Halevi: Nr. 75, 84, 93, 168, 194, 384, bei Shlomo Ibn Gabirol 163 שביה עניה 165 שחורה ונאוה 166 שכורה עכורה 115 שכולה אכולה 116 שזופה נזופה
59 Fleischer 1975a, S. 351 und 352.
60 Fleischer 1975a, besonders S. 130/131, auch S. 264. Fleischer sagt S. 130, dass Jannai die Sijomet Miqra'it noch nicht kenne, erst Kallir verwende sie.

dem HL-Zitat eine Aussage, auf die (vergleichbar mit dem Lemma im Midrash) im zweiten Teil der Zeile jeweils eine Art Deutung des Dichters folgt. Fleischer meint vielleicht Ähnliches, wenn er Piyyutim mit der Sijomet Miqra'it kurz und ohne weitere terminologische Erklärungen als ‹midrash paytani›[61] bezeichnet, d. h. einen Midrash in poetischer Form.

Piyyut: 1) Abgrenzung von der festen Standardliturgie 2) Abgrenzung vom religiösen und weltlichen Lied 3) Überlieferung

1) Abgrenzung von der festen Standardliturgie

Der Piyyut ist eine Sequenz von poetischen Stücken, die dem liturgischen Ablauf der Stammgebete des Gemeindegebetes folgt. Piyyutim wurden zuerst von den Paytanim des Landes Israel geschrieben[62], und es stellt sich die prinzipielle Frage, wie sich diese Gebete zu den festgelegten Stammgebeten verhielten.[63] Diese Frage ist schwierig zu beantworten, weil das Problem, wann und wo sich welche Standardform des festen Gebetes konsolidierte, umstritten ist. Da sich die Stammgebete, seitdem man den Tempelgottesdienst durch den Gebetsgottesdienst in der Synagoge ersetzte, ebenfalls erst allmählich zu einer festen Form entwickelten[64], gibt es keine Antwort, die für die ganze Zeit gelten kann. Klar

---

61 Fleischer 1975a, S. 131: Er sagt dies nicht bei der Petichah Miqra'it, sondern bei der Sijomet Miqra'it, und zwar derjeniger Art, bei der die Paytanim Strophe für Strophe mit Versen abschliessen, die sie aus einem zusammenhängenden Bibelstück nehmen.

62 Zur Geschichte des Piyyuts auf dem Hintergrund der gesellschaftlichen Situation im Lande Israel s. Yahalom 1999. Er charakterisiert die ganze Periode geistesgeschichtlich und zeichnet das Profil der namentlich fassbaren Dichter, angefangen mit Jose ben Jose.

63 Alte Darstellungen wie die von Leopold Zunz (1794–1886): Die synagogale Poesie des Mittelalters (1855) und Literaturgeschichte der synagogalen Poesie (1865), sowie Ismar Elbogen (1874–1943): Der jüdische Gottesdienst in seiner geschichtlichen Entwicklung (1931) sind besprochen bei Stefan Reif 1993, im Einleitungskapitel.

64 Hier gibt es mindestens zwei Ansichten, die ich gemäss der Review von Ruth Langer 1999 zur Forschung von Ezra Fleischer zusammenfasse: Joseph Heinemann, 1964, Hatefillah bitequfat haTanna'im wehaAmora'im, übersetzt von Richard S. Sarason als "Prayer in the Talmud: Forms and Patterns" 1977, vertritt die These, dass es zuerst eine Variantenvielfalt von verschiedenen Gebeten entsprechend den verschiedenen Gemeinden gab, die erst in der Zeit der babylonischen Ge'onim vereinheitlicht wurde. Ezra Fleischer 1975a hingegen nimmt Yavne und die Tätigkeit von Gamaliel als Ausgangspunkt, indem er sich auf die rabbinische Diskussion stützt: damals sei das 18-Gebet, die Amidah, als Ersatz für den Tempelgottesdienst zum festen Pflichtgebet erklärt worden. Der Variantenreichtum sei als Mangel an Konsens zu erklären. Tatsache ist, dass die ersten Gebetbücher, von deren Existenz wir wissen, nicht vor dem 9. Jahrhundert geschrieben wurden: das Gebetbuch von Amram ben Sheshna Ga'on aus dem letzten Viertel des 9. Jahrhunderts und das von Sa'adja Ga'on aus dem frühen 10. Jahrhundert.

ist nur, dass die Paytanim, die im Land Israel schrieben, sich gegenüber den babylonischen Gebetsvorschriften behaupten mussten. Nach der Zerstörung der jüdischen Gemeinden in Israel während der Kreuzzüge war die Situation in der Diaspora Ägyptens so, dass die Piyyutim an passender Stelle in die Liturgie eingebaut wurden und die Paytanim ihre Kreativität verloren: "What started out as daring novelties sometimes ultimately ended their existence as irrelevant appendages to statutory prayer."[65]

Folgender Satz von Shulamit Elizur[66] erklärt die ursprüngliche Stellung von Piyyut zu den Pflichtgebeten so: «Der Piyyut wurde zum Gebet geschaffen, aber nicht um es zu schmücken oder als Zusatz, sondern als neue poetische Formulierung des vollen Gebetes, dazu bestimmt, die festgelegte Prosaversion zu ersetzen, die allen geläufig war.» Der Gottesdienst war, wie Elizur weiter ausführt, so: zuerst leises Gemeindegebet in der festgelegten Form, dann bei der Wiederholung durch den Vorbeter die poetische Version.

Was war also die ursprüngliche Aufgabe der Paytanim in Eretz Jisrael? Nach der Darstellung von Yahalom[67] waren die Vorsänger jeder Gemeinde Israels frei, die Gebete selbst zu schreiben, um das Gemeindegebet zu variieren, sie konnten also sowohl dichten als auch singen. Sie nannten sich selbst nicht Paytanim, wie Yahalom aus den Chatimot (= «Unterschriften», Autorenangabe) ihrer Dichtungen erschliesst, sondern Chazanim: Vorsänger. Yahalom belegt die doppelte Funktion von Dichter und Sänger mit folgendem Titel, der einem hervorragenden Paytan verliehen wurde: «qarov ufoyetes»[68]. Hier steckt das griechische Wort Poyetes, also Dichter drin, und auch der Hinweis auf seine Aufgabe als Gemeindevertreter (Shaliach Tsibbur).[69]

2) Abgrenzung vom religiösen und vom weltlichen Lied
Privates religiöses Lied: Wie schon im Babylonien des 10. Jahrhunderts[70] gibt es in al-Andalus neben den liturgischen Liedern, den Piyyutim, auch die Gattung

---

65 Reif 1993, S. 132.
66 Elizur 1999, S. 15 in ihrer Einleitung über die Piyyutim der Amidah (= das 18-Gebet des Werktags, respektive 7 Berakhot am Shabbat und Feiertag).
67 Yahalom 1999, S. 35–46: Kapitel «Paytan wechazan».
68 WaR 30, 1, S. 690: Ehrentitel für R. Elʿazar bar Shimʿon bar Jochai (2. Titel: qarai wetanai).
69 Yahalom 1999, S. 35 erklärt das Wort qarov mit der Doppelbedeutung, die sich ableitet 1) aus qrav (Kampf): hier ist angespielt auf die Aufgabe des Vorbeters, zwischen der Gemeinde und Gott zu vermitteln, 2) aus qorban: Opfer, mit der Anspielung auf die Tätigkeit des Vorbeters, die der des Priesters im Tempel entsprach.
70 Die Erscheinung des privaten religiösen Liedes beginnt schon unter den Juden Babylons im 10. Jahrhundert wegen dem neuen Interesse an der inneren Welt des Einzelnen: Fleischer 1975a, S. 316 ff. Fleischer führt als Hauptvertreter Saʿadja Gaʾon (892–942)

der religiösen Lieder, die vom Dichter als privates Lied geschrieben wurden, dabei formal einer der neuen Piyyutgattungen Spaniens gleichen (der Reshut) und doch nicht für die Liturgie der Synagoge gedacht waren. Denn es gilt nach Pagis und Fleischer folgende Definition: «Das liturgische Lied (Shirat haQodesh) erweist sich nicht in seinem religiösen Charakter, sondern in seiner liturgischen Funktion.»[71] Das Thema ist in dem Fall kein Kriterium. Von Shmu'el Hanagid z. B. ist kein einziger Piyyut überliefert[72], aber er hat zwölf religiöse Lieder geschrieben; sechs davon haben Eingang in seinen Diwan «Ben Tehillim»[73] gefunden, sechs sind ausserhalb des Diwans überliefert worden. Auch die Prosodie und Metrik sind kein sicheres Kriterium: In al-Andalus beginnen die Paytanim ihre liturgischen Lieder nach denselben formalen Gesetzen (quantifizierende Metrik, Strophenform und Reim) zu schreiben wie die damals aufkommenden weltlichen hebräischen Lieder.

Eine ausführliche Stellungnahme und Übersicht über die Meinungen verschiedener Forscher zur Abgrenzung des Piyyuts mittels des Kriteriums der Funktion bringt Hazan.[74] Er zeigt das Problem der Abgrenzung am Beispiel der Hochzeitslieder:

Hochzeitslieder können für die Synagoge und auch für die Verwendung ausserhalb der Synagoge geschrieben sein.[75] Ganz klar für die Synagoge bestimmt sind nur die sogenannten «Piyyutim leChatan», wie z. B. die Qedushta leChatan von Kallir (Teil I 3.1) und der Zulat leChatan von Jehuda Halevi Nr. 464 (Teil I 3.2). Die andern Hochzeitslieder nehmen eine Zwischenstellung ein: traditionell

---

an, der explizit erklärt habe, diese Lieder (Schuldbekenntnisse, Bitten um Verzeihung, Scheltgedichte), seien nicht für die Synagoge bestimmt, sondern dienten dem Privatmann, der von allein nicht «schöne und erhabene Worte» finde (Fleischer 1975a, S. 317). Fleischer weist auch auf das von Sa'adja erwähnte Kennzeichen dieser privaten religiösen Lieder hin, nämlich das Fehlen eines Reimes. Wie wir aber bei den Liedern von al-Andalus sehen werden, haben die andalusischen privaten religiösen Lieder dieses formale Kennzeichen nicht mehr, sondern unterwarfen sich der arabischen Metrik und Reimform.

71 Pagis 1976, S. 3 in der Einleitung (hebr.). Ähnlich Fleischer 1975a, S. 336.
72 Schirmann/Fleischer 1996, S. 220, Anm. 192: «Bis jetzt ist kein Piyyut des Nagid gefunden worden, der seinen Namen in der ‹Unterschrift› (meine Erklärung: Chatima, d. h. im Akrostichon) trägt.»
73 Zum Problem des Diwans «Ben Tehillim» s. Schirmann/Fleischer 1996, S. 220–223. Kurz dazu unten im Abschnitt «Überlieferung». Die religiösen Lieder sind überliefert im Ms Sassoon 589; in der Edition von Jarden sind es die Lieder («Tefillot») Nr. 204–209, S. 317–319. Diesen 6 Liedern hat Jarden noch 6 weitere religiöse «Tefillot» hinzugefügt: Nr. 210–216, S. 319–328.
74 Hazan 1986, S. 1–23: er zitiert u. a. Schirmann, Mirsky, Pagis, Fleischer.
75 Im besten Fall hat das Gedicht einen Hinweis auf die liturgische Verwendung wie «me'orah» oder «zulat».

gehören sie seit jeher zur religiösen Hochzeitszeremonie, aber sie haben keine liturgische Bestimmung.[76] In welchem Rahmen die Hochzeitlieder, die nicht für den Gottesdienst gedacht waren, gesungen wurden, weiss man nicht ganz sicher. Klar ist nur, dass die Birkot haMazon für Verlobung und Hochzeit per definitionem anlässlich des Festessens gesungen wurden.[77]

3) Überlieferung:
Bei der Überlieferung gibt es zwei Möglichkeiten: in einem Diwan oder im Machzor einer Gemeinde.

Die Sammeltätigkeit der ersten Herausgeber und das Schicksal der Diwane von Shlomo Ibn Gabirol und Jehuda Halevi wurde besonders von Fleischer und nun hauptsächlich von Yahalom[78] erforscht: Die weltlichen Lieder konnten vom

---

76 Hazan 1986, S. 18–23 geht ausführlich auf die Abgrenzung «liturgisch – religiös-weltlich» ein und bespricht auch die unterschiedlichen Kriterien, nach denen die Herausgeber verfahren sind wie Chayyim Brody (Diwan der weltlichen und eines Teils der liturgischen Lieder von Jehuda Halevi in vier Bänden, Berlin 1894–1930 und Diwan der weltlichen Lieder von Moshe Ibn Ezra in 2 Bänden, Berlin/Jerusalem 1934/5–1941/2) und Bernstein (Ausgabe der religiösen Lieder von Moshe Ibn Ezra 1956/7). Hazan 1986, S. 18: Bei Brody, der die Hochzeitslieder im 2. Bd. seiner weltlichen Lieder Jehuda Halevis herausgegeben hat, getrennt von den sogenannten «Liebesliedern», sei manches Hochzeitslied diskutabel, ob es weltlich oder liturgisch sei.

77 Siehe Avi Shmidman, 2005 und 2006.

78 Literatur zur Überlieferung: s. die Angaben bei Schirmann/Fleischer, 1996 zu den jeweiligen Dichtern, und die Arbeiten von Josef Yahalom und Isac Ben-Abu zur Überlieferung des Diwans von Jehuda Halevi und von Shlomo Ibn Gabirol, nämlich: Yahalom 2003 b und Yahalom/Benabu 1985 (Tarbitz 54). Die grosse Sammlung von Resten hebräischer Codices ist die Sammlung Firkowitsch in St. Petersburg, beschrieben von Fleischer 1991, S. 103–181: Diese Sammlung enthalte (so Fleischer) einige Überreste von alten Sammelbänden (Diwanen) weltlicher Lieder, in die zum Teil auch Piyyutim aufgenommen wurden, wie das z. B. beim Diwan von Jehuda Halevi der Fall sei. Sein Diwan sei ein Beispiel einer besonders reichen Kopierarbeit im Mittelalter, die schon zu seinen Lebzeiten angefangen habe. Von Jehuda Halevi habe sich zudem ein Katalog einer ursprünglich vollständigen Sammlung seiner Lieder erhalten, wie die Arbeiten von Arie (Leib) Wilsker seit 1950 zeigen: Dieser unvollständig erhaltene «Katalog Wilsker» (ed. Moskau 1982) listet 198 Liedanfänge von grösstenteils auch sonst bezeugter Lieder von Jehuda Halevi auf, enthielt aber nach Fleischer in seiner vollständigen Form wenigstens 271 Liedanfänge. Der Katalog war ursprünglich einer Gedichtsammlung von Liedern Jehuda Halevis vorangestellt. Fleischer 1991, S. 134 datiert den Katalog auf eine Zeit nicht lange nach dem Tod von Jehuda Halevi, nämlich Ende 12./Anfang 13. Jahrhundert. Von den 198 Liedernummern, die den Liedanfang (und bei Piyyutim auch die liturgische Bestimmung) anführen, enthalte Jardens Edition 167 Lieder. Yahalom/Benabu, Tarbitz 54, 1985, erklären das Prinzip der Sammlung der weltlichen Lieder eines Dichters: bei Jehuda Halevi und Moshe Ibn Ezra fing die Sammlung zu einem Diwan schon zu deren

Dichter selbst oder von seinem Sohn im Auftrag des Vaters (z. B. beauftragte Shmu'el Hanagid seine Söhne damit[79]) gesammelt und herausgegeben werden;

Lebzeiten an (bei den Genizafragmenten bezeugen die vom Abschreiber hinzugesetzten Überschriften, dass die Dichter z. Teil noch lebten), und der Diwan wurde von Generation zu Generation weitergegeben und ergänzt. Bei Abraham Ibn Ezra und Jehuda Halevi sind die Namen der ersten Sammler und Redaktoren der Diwane bekannt und datierbar; bei beiden ist eine wichtige Figur in der Überlieferungskette R. Jeshua ben Eliahu Halevi, Spanien 13. Jahrhundert (nach Yahalom/Benabu 1985, S. 250). R. Jeshua Halevi habe in seiner Herausgabe von Jehuda Halevi die Sammlertätigkeit seiner Vorläufer (der erste Herausgeber des Diwans war R. Chiyya, 12. Jh.) bewusst ergänzt. Eine Abschrift dieses Diwans aus dem 13. Jahrhundert, die nicht später als auf das 13. Jahrhundert datiert werden müsse (Yahalom/Benabu, S. 251), liegt jetzt in Oxford: Shmu'el David Luzzato kaufte diese Handschrift in Tunis 1839 und veröffentlichte eine erste Liederauswahl in Prag 1840 (= Betulat Bat Jehuda), später den Diwan «R. Jehuda Halevi» 1864. Im Unterschied zu Abraham und Moshe Ibn Ezra, Jehuda Halevi und Shmu'el Hanagid (dessen Lieder wurden auch zu seinen Lebzeiten gesammelt, sein Diwan geriet aber in Vergessenheit) seien Shlomo Ibn Gabirols Lieder erst nach seinem frühen Tod gesammelt worden, aber Hinweise auf eine frühe Sammlung (ca. 100 Jahre nach seinem Tod) gäbe u. a. ein in der Geniza von Kairo gefundenes Fragment eines Katalogs mit dem Schlüssel zu mehr als 100 Liedanfängen seiner Lieder (Yahalom 2003 b, S. 1 f.).

79 Seinem Sohn Elijasaf wurde die Abschrift des Diwans «Ben Mishle» anvertraut, sein Sohn Yehosef war bereits mit 8 Jahren mit dem Abschreiben der Gedichtsammlung beauftragt, die Reuben D. Sassoon als den bei Moshe Ibn Ezra (Kitāb al-muḥāḍara wa-'l-mudhākara ed. Halkin 1975, S. 62) erwähnten Diwan «ben Tehillim» identifizierte (= Ms Sassoon 589) und 1934 als Diwan des Shmu'el Hanagid herausgab. Moshe Ibn Ezra beschreibt diesen Diwan Ben Tehillim in Kitāb al-muḥāḍara wa-'l-mudhākara, ed. Halkin, S. 62, so: «Und was das Buch Ben Tehillim an gesungenen Bittgebeten und Gebeten enthielt, so machte er deren Metrum nach dem quantifizierenden Metrum von lang und kurz.» (Dies ist der Wortlaut des Ms, den Yahalom 1995, S. 25 gegenüber Halkins Text vorzieht.) Im Diwan Ben Tehillim gibt es nun tatsächlich, wie Yahalom 1995, S. 27 ausführt, keineswegs nur religiöse Lieder (im Gegenteil!), aber eine spezielle Gruppe von 58 Liedern, deren Kennzeichen die kurze Form ist und der gemischte Inhalt, auf die der Herausgeber, Shmu'el Hanagids Sohn Yehosef, mit einer eigenen Überschrift hinweist, die er mitten im Diwan anbringt: «Die langen Lieder sind damit fertig ... Nun beginne ich mit Hilfe Gottes mit den kurzen Liedern. Diese Lieder wurden vor ihm (= zu seinen Lebzeiten, meine Anm.) gesungen in Zeiten der Musse und sie sind am Anfang des Buches erwähnt. Jedes der Lieder hat ein bestimmtes Thema.» Auf diese neue Überschrift folgen im überlieferten Diwan, geschrieben in Saloniki 1584 (= Ms Sassoon 589), 58 kurze Lieder gemischten Inhalts, religiöse und nicht-religiöse. Zur Diskussion für und gegen Sassoons These: Schirmann/Fleischer 1996, S. 220–222. Jarden folgt bei seiner Ausgabe der Anordnung, die das Ms Sassoon einer Gruppe von 6 religiösen Liedern gibt (bei ihm sind es die Lieder 204–209, S. 317–319), nur erweitert er sie um 6 neue. Seine Bezeichnung der Rubrik als «Gebete» stammt von Jarden. Nr. 207 Jarden, das in diese Gruppe der kurzen Lieder gehört, ist מלכה רשעה, besprochen in Teil II 6.2.1.

solch eine Sammlung (Diwan) oder kleinere Hefte (Kuntrasim) konnten aber auch von zeitgenössischen oder von späteren Verehrern des Dichters im Leserpublikum veranstaltet werden. Die Herausgeber versahen dann diese Lieder mit arabischen Überschriften und setzten den Namen des Dichters meistens nur einmal beim ersten Lied, die folgenden Lieder tragen dann den Vermerk auf Arabisch «auch von ihm»: eine Quelle für spätere Fehlzuweisungen, wenn Blätter eines Diwans später mit Sammlungen anderer Dichter zusammengebunden wurden. Manchmal wurden in die Diwane nicht nur weltliche, sondern auch liturgische Lieder aufgenommen.[80] Im Fall der Überlieferung in einem Diwan kann das Lied eine liturgische Bestimmung (z. B. für Pessach) und Gattung (z. B. Me'orah) aufweisen, muss aber nicht.

Die liturgischen Lieder wurden von den Gemeinden aber vor allem in den Machzorim[81] überliefert, wurden also nicht unter dem Namen der Dichter gesammelt: im Unterschied zum weltlichen Lied vermerkte der Dichter aber seinen Namen (manchmal nur den Vornamen!) im Akrostichon des Piyyuts, manchmal machte er aber auch keine Chatima (Namenangabe). Eine Gemeinde konnte einen Piyyut in den Siddur aufnehmen und ihn dabei einer Bestimmung und Gattung zuordnen, die der Dichter nicht beabsichtigt hatte.[82]

---

80   Yahalom/Benabu, Tarbitz 1985, S. 245–262: Die weltlichen und liturgischen Lieder von Jehuda Halevi wurden z. B. zusammen überliefert.

81   Die Machzorim können sehr alte Sammlungen sein und waren, da es sefardische Piyyutim sind, vor allem im Minhag Sfarad im Gebrauch.

82   Deshalb muss man vorsichtig sein bei der Einordnung eines Piyyuts: auf alle Fälle kann man sich bei den Ausgaben von Jarden (Shlomo Ibn Gabirol und Jehuda Halevi) nicht auf die Angaben des Herausgebers verlassen, weil sie nicht immer durch die Überlieferung abgesichert sind. Allgemein zu dieser Unsicherheit schreibt Danah 1999 im Kapitel über die verschiedenen Arten des Piyyuts (S. 194 f. hebr.): «Nicht immer weiss man, welcher Gattung und welcher Bestimmung der Paytan seine Piyyutim zuordnete.» Ebenso sagt Danah 1999 S. 97, dass bei Moshe Ibn Ezra oft die liturgische Angabe fehle. Die Funktion ist manchmal im Lauf der Überlieferung verändert worden, d. h. ein sogenanntes «Zionsgedicht» wie das Lied Nr. 401 von Jehuda Halevi konnte in die Qinoth zum 9. Av aufgenommen werden, obwohl das nicht die ursprüngliche Funktion war. Über Jehuda Halevi Nr. 401: Schirmann/Fleischer 1996, S. 91. Es kommt auch vor, dass ein Herausgeber wie Bernstein ein Gedicht von Moshe Ibn Ezra als Piyyut ansieht, obwohl es angeblich (nach Schirmann/Fleischer 1996) keine liturgische Bestimmung hatte: so Moshe Ibn Ezra Nr. 37 Bernstein, das gemäss den Angaben von Schirmann/Fleischer 1996, S. 408, Anm. 162 nur im Diwan des Dichters überliefert ist und nicht in einem Machzor.

Qaṣīda

Die Literatur ist sehr gross: Als meine Hauptreferenz nenne ich Renate Jakobi im Compendium von Sperl und Shackle[83] und Béatrice Gruendler in der Literaturgeschichte «The Literature of Al-Andalus».[84]

Die Qaṣīda ist eine altarabische, aus vorislamischer Zeit stammende, nichtstrophische Liedform in durchgehendem Reim[85] und quantifizierendem Metrum; sie wird hauptsächlich für die Panegyrik gebraucht. Die Qaṣīda ist multithematisch, weil das Kernstück des Liedes, das Lob (arabisch madḥ oder madīḥ), durch ein thematisch ganz anders gelagertes Eingangsstück (Nasīb) eingeleitet wird, das von Liebe und Schönheit in verschiedenen Varianten handelt, indem es z. B. das Khayalmotiv (Traumerscheinung der Frau) oder das Aṭlālmotiv (Weinen über den Trümmern des Liebesortes) zum Thema hat.[86] Modernere Themen sind z. B. die Beschreibung einer Weinparty oder die Klage über die vergangene Jugend.[87]

---

[83] Renate Jakobi, The Origins of the Qasida Form, in: Qasida Poetry, edd. Stefan Sperl und Christopher Shackle 1996, S. 21–31. (Bei Jakobi und Gruendler ist die Schreibweise des Begriffs Qaṣīda auf diese Weise: qasida.)

[84] Béatrice Gruendler, The Qasida, in: The Literature of Al-Andalus, ed. María Rosa Menocal, Raymond P. Scheindlin und Michael Sells 2000, S. 211–230. Gruendler definiert die Qaṣīda so: (S. 211) "The qasida is a formal multithematic ode addressed to a member of the elite in praise, in admonition, or in quest for support." Weiter S. 227: "The declared function of a qasida could be a plea, counsel, service, or reprimand directed to a superior, or a homage to a friend."

[85] Jeder Vers hat denselben Reim (hebräisch חרוז) und ist metrisch gleich gebaut. In der arabischen Poetik wird verlangt, dass jeder Vers für sich eine abgeschlossene gedankliche Einheit sei: s. V. Cantarino 1975.

[86] Schippers 1994, S. 144 ff. in der Einleitung zum Kapitel "Love Poetry": "Originally, from pre-Islamic times on, love poetry existed in the introductory part of the qaṣīdah, the so-called nasīb. The poet bewails the departure of the tribe of the beloved, interrogating the remnants of the encampment, which are nearly effaced and generally do not answer." Jacobi 1996, S. 28: "It is a well known fact that tribal poets speak in the nasīb of a love-affair in the past …".

[87] Gruendler 2000, S. 218/9. Sie erwähnt als "more modern" folgende Themen, die Ibn Darrāj (Anfang des 11. Jahrhunderts in al-Andalus) neben den pre-islamischen Themen des aṭlāl benützt: "lament of lost youth, wine song, farewell from his family". Zur Klage über die vergangene Jugend s. auch Schippers 1994, S. 168. Ein Beispiel bei Moshe Ibn Ezra: Brody, Nr. 20, 1–2: «Ich bin ergraut – aber die Locken der bösen Fortuna (Hebräisch: der Zeit) sind nicht grau geworden, sondern die Tage des Umherirrens sind zu jugendlicher Frische zurückgekehrt. Nachdem sie verwelkt ist, ist die Lust (Anspielung auf Gen 18,12) wieder zur Mutter der Trennung zurückgekehrt.» Schicksal und Trennung sind personifiziert. Eine Aufzählung der verschiedenen Themen des Einleitungsteils einer Qaṣīda bringt auch Pagis 1976, S. 154: er zeigt, dass die Themen auch in selbständigen Liedern auftreten und weist jeweils auf die Gattung hin: das Weingelage mit der

Auch das Aṭlālmotiv selbst wird zum Teil in der arabischen Poesie modernisiert, zum Teil behält es in der hebräischen Poesie seine Klischees.[88] Die Beziehung des Nasīb als Einleitung zum eigentlichen Lob des Freundes (madḥ oder madīḥ) wird in der Forschung verschieden beurteilt.[89]

Qedushta
s. Amidah/Qerovah.

Beschreibung des blühenden Gartens (= Gattung Weinlied), die philosophischen Themen über die Vergänglichkeit (= Gattung Weisheitslied) und die Themen der Trennung von Freunden, Weinen über den Trümmern der Liebe, Erinnerung an die vergangene Jugend, die Traumgestalten der Geliebten (= Gattung klagende Beschwerde).

[88] Levin 1967 und Ishay 2001, S. 39: zur Entwicklung des Motivs in der hebräischen Poesie aus der Wüstenrealität bis zu seiner Verwendung im städtischen, sesshaften Leben mit der Beibehaltung der Klischeebilder. Auch Gruendler 2000, S. 213 sagt, dass in der arabischen Poesie der abbasidischen Periode die Wüstenszenerie ersetzt wird, zum Beispiel durch eine Gartenbeschreibung: "In general, urbanic themes supplanted nomadic elements." Die Encyclopédie de l'Islam 1993, S. 982 verweist dabei auf Gregor Schoeler, Arabische Naturdichtung, Beiruth 1974.

[89] Zur historischen Entwicklung: Mahmoud A. Manzalaoui 1989, S. 123: Er erklärt die Verbindung von Lob und Liebe als etwas, das vielleicht durch die historische Entwicklung der Qaṣīda bedingt sei: "… that in earlier stages, the themes occurred separately in separate self-standing lines; perhaps in the course of history of the genre they merged with each other to form the composite feature of patron/beloved, alternately described with epithets of eroticism and those of lordship." Die umgekehrte Ansicht vertritt Bauer 1998: Er analysiert auf S. 22–38 den altarabischen Nasīb und erklärt u. a. mit mentalitätsgeschichtlichen Gründen, warum es in der altarabischen, vorislamischen Dichtung noch keine selbständigen Liebeslieder gab (solche Ghazal-Lieder wurden erst ab der Zeit des Frühislams und der Omayyaden – 622–749 – geschrieben) und er folgert: «Es spricht also vieles dafür, dass sich der Nasīb als Vorspann zu ‹heroischen› Themen, vor allem des Selbstlobs, entwickelt hat und dass es keine selbständigen Vorbilder gegeben hat.» Zu den Themen des Nasīb und zum Zusammenhang von Nasīb zum Kern des Lobliedes sehr gut und einleuchtend die Darstellung von Jacobi 1996, S. 21–31, und Jacobi 1993, Artikel Nasīb in der Encyclopédie de l'Islam S. 978–983. Ich tendiere zu der von ihr 1993, S. 983, referierten Theorie von Stephan Sperl: Die Qaṣīdas zur Zeit des Kalifats haben die Struktur von Strophe (Nasīb) und Antistrophe (Lob). Zur eventuellen Selbständigkeit der Teile des Lobliedes: Schippers 1994, S. 91–104 gibt eine Analyse und Vergleiche der "Subdivision into genres within Arabic poems" und "Subdivision into genres within Hebrew Andalusian poems". Pagis 1976, S. 150–157, bespricht die zusammengesetzten Strukturen des Lobliedes und die Nähe seiner Teile zu den jeweiligen selbständigen Gattungen wie: Lustlieder, Weinlieder etc. Ebenso Pagis 1970, S. 158–164. Mirsky 1990, S. 589 erklärt sehr vereinfacht zum Zusammenhang zwischen den beiden Teilen, dass durch die Beschreibung einer schönen Frau oder eines schönen Gartens der Leser in die Gefühle eingestimmt werde, die der Schreiber des Lobgedichtes dem Freund gegenüber hat.

Qinah (= Klagelied)

Zusammenfassung aus Fleischer[90]: Die Qinoth zum 9. Av werden in der klassischen Zeit in die 14. Berakhah des Amidah-gebetes eingebaut.[91] Aber schon Kallir hat abgesehen von seinen fünf Qerovoth zu diesem Tag, an denen die 14. Berakhah mit der Qinah ergänzt wird, etwa 100 selbständige Qinoth zum Tish'ah beAv gedichtet. Die erhaltenen Qinoth von Kallir sind als losgelöste Stücke überliefert, und man kann sie nicht mehr einer Komposition von Gebeten zuordnen. Zu den Qinoth in al-Andalus sagt Fleischer:[92] Auch dort werden Qinoth zum 9. Av gedichtet, in der Form unterscheiden sie sich nicht von den Selichoth, nur in ihrem Inhalt, der nationalen Charakter habe.

Reshut (= Erlaubnis zur Eröffnung eines Piyyuts)

Eine Reshut[93] ist ursprünglich[94] «das Einholen der Erlaubnis (reshut) der Gemeinde», mit dem der Vorsänger sein Gebet eröffnet: er bittet die Gemeinde, in ihrem Namen das Gebet sprechen und es poetisch erweitern zu dürfen. Deshalb kann man statt Reshut auch «piyyut petichah» sagen, und diese Art der Eröffnung des Gebetes durch eine «Reshut» gibt es schon im klassischen Piyyut[95]. In Spanien nützte der Paytan im grossen Stil diese Möglichkeit, in einer Reshut seine eigene religiöse Einstellung gegenüber Gott auszudrücken, ohne von der Liturgie thematisch gebunden zu sein. Das «Ich» des Sprechers ist hier das Individuum und nicht das Ich, das die Gemeinde vertritt. Neben der inhaltlichen, thematischen Freiheit war es auch die formale Freiheit der Reshuyoth, die dem Paytan einen fruchtbaren Boden zu neuen Schöpfungen gab: Die Reshuyoth stehen an den Stellen des Gebets, die nicht als liturgische Stationen gelten, da sie vor dem Gemeindegebet stehen, d. h. vor dem «Barekhu», wie es bei den Pesuqe deZimra der Fall ist. Das war ein Gebiet, das noch frei war von Traditionen. Die ersten

---

90 Fleischer 1975a, S. 204–206.
91 Speziell dazu Elbogen 1995, S. 128 ff. Zur Einschaltung des Gebets «Nachem» in die 14. Berakhah des Amidah-Gebets: der älteste Text ist der in jTa'an II 65 c angeführte.
92 Fleischer 1975a, S. 411.
93 Das Folgende stützt sich auf das Kapitel bei Fleischer 1975a, S. 395–402 (hebr.): «Neuerungen der Gattungen in Sefarad: die Reshuyoth».
94 Im klassischen Piyyut: darüber Fleischer 1975a, S. 196: Die Reshuyoth wurden vor den grossen Gebetserweiterungen gesagt wie diejenigen im 3. Teil der Qedushta'oth (dazu Fleischer 1975a, S. 147) und bei den Erweiterungen der Shiv'ata (An den Tagen, wo der Wechsel von Gebet um Regen zum Gebet um Tau stattfindet und umgekehrt).
95 Ein Beispiel, das ich gefunden habe, ist: Kallir, Shiv'ata für den 1. Tag Pessach, der auf einen Shabbat fällt: Gebet um Tau, Schalom Spiegel 1996, S. 155 ff.

Reshuyoth (oder Piyyute Petichah) komponierte Joseph Ibn Abitur[96] und zwar so, dass er sie mit den zwei liturgischen Stationen vor und nach den Psalmen des Morgengottesdienstes, den Pesuqe deZimra, verband, nämlich für die liturgische Station «Barukh sheAmar» (vor den Pesuqe deZimra) und für «Nishmat Kol Chai»[97] (nach den Pesuqe deZimra). Neben diesen beiden Gattungen von Reshuyoth sind in Spanien zur Zeit von Shlomo Ibn Gabirol (nach Ibn Abitur) noch weitere Reshuyoth an das Ende der Pesuqe deZimra angehängt worden: der Muḥarrak[98] und die Reshut zum Qaddish. Laut Fleischer[99] und Hazan[100] ist die Reshut meistens im fortlaufenden Reim und im klassischen arabischen Metrum (quantifizierend) geschrieben; der Muḥarrak immer in Form des Gürtelliedes oder Pseudo-Gürtelliedes: Das sind die Formen und Metren, die ursprünglich weltlichen Liedern dienten. Die Reshut und der Muḥarrak sind meistens ganz kurze Stücke. Die Neuerung ist die, dass der Paytan als Individuum vor Gott steht: Der Paytan redet, so Scheindlin, "as though no one but he and God were present". Die Verwendung der ersten Person Singular ist nicht an sich die Innovation, als die sie manchmal hingestellt werde, sagt Scheindlin, sondern dass die Gemeinde, die der Vorbeter leite, eigentlich nur im Hintergrund anwesend sei, im Vordergrund stehe das individuelle Herz des Menschen.[101]

---

96 Fleischer 1975a, S. 396 (hebr.): «Die grosse Tat des Durchbrechens der in den Gattungen des klassischen Piyyuts befestigten Grenzen geschah durch Joseph Ibn Abitur, dem ersten der grossen Paytanim von Sfarad.»
97 Das Gebet Nishmat kol Chai wurde und wird immer noch nur an Shabbatoth und Festen gesagt (Fleischer 1975a, S. 396).
98 Muḥarrak: ein arabischer Begriff. Fleischer 1975a, S. 400 übersetzt mit «der Beweger» und sagt, dass seine Herkunft noch nicht geklärt sei: «In einigen Quellen werden die Eröffnungspiyyutim generell so bezeichnet.» Die Reshut zu Nishmat und der Muḥarrak seien Alternativformen der Einleitung, die durch die Praxis verbunden wurden. Weinberger 1998, S. 124 übersetzt "mover" und erklärt: "to be recited as an introduction (petiḥah) before the reshut in form of a muwashshaḥ." Elbogen 1995, S. 211 sagt zu den Kompositionen zu Nishmat und zu den Eröffnungen, die einen Teil davon ausmachen: «Introduktionen, die entweder den hebräischen Namen Reshut leNishmat führen oder den arabischen Muḥarrak, der dasselbe bedeutet. Die Form der erhaltenen Muḥarrak ist derart, dass den Poesien ein Leitvers vorangeht, mit dessen letztem Wort alle Strophenschlüsse reimen.»
99 Fleischer 1975a, S. 400.
100 Hazan 1986, S. 38. Er gibt an, dass Jehuda Halevi 30 Reshuyoth im klassischen arabischen Metrum und fortlaufendem Reim geschrieben hat.
101 Scheindlin 1991, Zitat von S. 147 und Zusammenfassung aus S. 153.

Shibbutz שבוץ **(eingeflochtenes Zitat) und Remez** רמז **(Anspielung)**
Shibbutz = Einfügen von Zitaten aus der Bibel. Die Methode ist nach Fleischer 1975 ein altes Kunstmittel der hebräischen Literatur. Der Shibbutz dient als rhetorisches Schmuckmittel dazu, der Sprache Prestige zu geben, sie gelehrt und schön zu machen.[102] Der Shibbutz bedeutet auch eine intellektuelle Herausforderung, was die Anspielung (Remez) auf den biblischen Kontext betrifft: der Leser muss den Kontext kennen, aus dem die Zitate stammen, denn, wie Fleischer sagt, schwingen die Nebentöne dieses ursprünglichen Kontextes beim Zitat mit.[103] Auch die andalusische arabische und hebräische Literatur ordnet die Anspielung als rhetorischen Schmuck ein: auch die arabische Terminologie zeigt den intellektuellen Charakter dieses Stilmittels, wie Brann erklärt.[104]

Shivʿata
s. Amidah

Zulat = Piyyut im 2. Teil der Maʿarekhet haJotzer
s. Maʿarekhet haJotzer.

---

102 Fleischer 1975a, S. 103 (hebr.): Im vorklassischen Piyyut sei der Shibbutz als Kunstmittel noch nicht voll entwickelt, sondern werde eher beiläufig gebraucht. Schliesslich müsse man sich darüber klar sein, dass es für die Paytanim beinahe unmöglich war, *nicht* biblische Wendungen zu gebrauchen, weil «die Bibelsprache gleichsam das Blut war, das in ihren Adern floss».

103 Fleischer 1975a, S. 103 (hebr.): «Der שבוץ verleiht dem Text Prestige und gibt ihm Nebentöne, die den ursprünglichen Kontext der zitierten Wörter mitschwingen lässt.» Solch ein Zitat, bei dem die Bedeutung des ursprünglichen Kontextes relevant ist, nennt man Shibbutz taʿun טעון (bedeutungsgeladenes Zitat); ein auf den neuen Kontext «abgestimmtes Zitat» nennt man Shibbutz metoʾam מתואם: zu dieser Erscheinung Elizur 1999, S. 174.

104 Brann 1991, S. 40: Der Begriff für "incorporating an allusion to another text, iqtibas, is, in fact, derived from a root meaning 'to seek knowledge' (q–b–s)." Siehe Teil II 2.3.3.

Abkürzungen und Bibliographie

Die deutschen Übersetzungen in Klammern der hebräischen Titel stammen von der Autorin

Wichtigste Abkürzungen

HL	Hoheslied
ShirR	Midrash des Hohenliedes (Shir haShirim Rabba)
Ekh	Klagelieder Jeremias (Ekha)
EkhR	Ekha Rabba

Primärliteratur

Zwischentestamentliche und rabbinische Literatur

Das 4. Buch Esra 1981, übersetzt und kommentiert v. Josef Schreiner in: Jüdische Schriften aus hellenistisch-römischer Zeit, Bd. V, Apokalypsen: Das 4. Buch Esra, Gütersloh: Gütersloher Verlagshaus.

Ekha Rabbah 1899, (EkhR) Midrash Ekha Rabbah, ed. mit grosser Einleitung von Shlomo Buber, Wilna.

Jeremia-Homilie 1966, Die Jeremia-Homilie Pesiqta Rabbati Kapitel 26. Kritische Edition nebst Übersetzung und Kommentar von Leon Prijs, Stuttgart.

Mekhilta deRabbi Simon ben Jochai 1905, (MRS), ein halachischer und haggadischer Midrasch zu Exodus, ed. D. Hoffmann, Frankfurt a. M.

Mekhilta de Rabbi Jishma'el 1960, (MekhY), cum variis lectionibus et adnotationibus edidit Hayyim Shaul Horovitz (1. Aufl. Leipzig 1917), defuncti editoris opus exornavit et absolvit Israel Abraham Rabin, 2. Aufl., Jerusalem: Bamberger & Wahrman.

Midrash Shir haShirim 1981, Midrash Shir haShirim gemäss alter Mss aus der Kairo-Geniza, ed. Eliezer Halevi Grienhut, Neuausgabe mit Ergänzungen durch Rav Joseph Chayyim, Jerusalem.

Midrash Rabba 1985, (BerR, ShemR, WaR, BamR, DevR) Midrash Rabba zum Pentateuch in 11 Bänden, ed. mit Kommentar Moshe Arye Mirqin, 4. Aufl., Tel Aviv.

Pesiqta de Rav Kahane 1868, (PRK) Pesikta von Rab Kahana, ed. (nach Ms von Zefath) Salomon Buber, Lemberg. Reprint Israel: Verlag Meqitze Nirdamim (keine Jahreszahl).

Pesiqta Rabbati 1880, (PesR) Pesiqta Rabbati. Midrasch für den Fest-Cyclus und die ausgezeichneten Sabbathe, ed. Me'ir Ish Shalom (= Friedmann), Wien. Reprint 1963 Tel Aviv.

Pirqe Rabbi Eliezer 1983, (PRE) Pirqe Rabbi Eliezer, ʿim Be'ur haBajit haGadol, Jerusalem: Verlag Eshkol.

Shir haShirim Rabbah 1980, (ShirR) ed. Shimshon Dunsky, Tel Aviv: Dvir.

Shir haShirim Rabbah und Midrash Shir haShirim Zutta 1899, ed. Salomon Buber, Wilna.

Tanchuma 1924, (Tan) Midrash Tanchuma: wehu midrash ʿal chamisha chumshe torah ʿim perush ʿEtz Yosef, ed. Chanokh Zundel, Wilna 5593 (= 1833). Reprint, Berlin: Verlag Chorev.

Tanchuma Buber 1964, (TanB) Midrash tanchuma, der ursprüngliche und alte, dem Tanchuma Berabbi Abba zugeschrieben, über die 5 Bücher der Torah, mit grosser Einleitung, von Salomo Buber, 2 Bde. Wilna 5645 (= 1885). Reprint, Jerusalem.

Targum zum Hohen Lied 1977, (TgCant) The Targum to the Five Megillot: Ruth, Ecclesiastes, Canticles, Lamentations, Esther, Codex Vatican Urbinati I, Introductory Note, Translations and Indices by Prof. Etan Levine, Haifa, Jerusalem: Makor Publishing LTD.

Targum zum Hohen Lied 1908, The Targum to the Song of Songs, transl. from the Hebrew and Aramaic by Gollancz, London.

Klassischer Piyyut des Landes Israel und ashkenazische/polnische Machzorim

Jannai 1985/87, Machzor Piyyute Rabbi Jannai – The Liturgical Poems of Rabbi Yannai according to the Triennial Cycle of the Pentateuch and the Holidays, vol. I, 1985, vol. II, 1987, ed. by Zvi Meir Rabinovitz, Jerusalem: Mossad Bialik in Zusammenarbeit mit Beth haSefer leMadaʿe haJahaduth auf den Namen von Chayyim Rosenberg, Universität Tel Aviv.

Jose ben Jose [2]1991, Piyyute Jose ben Jose, ed. Aharon Mirsky, Jerusalem: Mossad Bialik, first edition 1977, second edition, enlarged and revised, Jerusalem.

Kallir 2000, Rabbi Elʿazar Birabbi Kiliri, Hymni Pentecostales, edidit prolegominis notisque instruxit Shulamit Elizur, Jerusalem: Verlag Meqitze Nirdamim.

Qinoth 1968, Seder haQinot leTishʿah beAv keminhag Polin uqehillot haAshkenazim be'eretz Jisrael, ed. Daniel Goldschmidt, Jerusalem: Verlag HaRav Kook.

Qinoth leTishʿah beAv 1983, Die Trauergesänge für Tischah beab, nebst allen dazu gehörigen Gebeten, aufs genaueste nach Handschriften korrigiert und mit deutscher Übersetzung begleitet von Dr. S. Baer, völlig neubearbeitete Übersetzung von Rabbiner Dr. Selig Pinchas Halevi Bamberger, Rödelheim. Basel: Viktor Goldschmidt Verlag.

Machzor 1953, Gebetbuch für die Festtage, herausgegeben von Wolf Heidenheim, übersetzt von Rabbiner Dr. Selig Pinchas Halevi Bamberger, Basel: Viktor Goldschmidt Verlag.

Machzor lePessach lefi minhage bene Ashkenaz lechol anafehem, kolel minhag Ashkenaz (hamaʿaravi), minhag Polin uminhag Tzarfat lesheʿavar, ed. Yonah Fränkel, nach der Methode des Rabbiners Daniel Goldschmidt, Jerusalem: Verlag Koren 1993.

Machzor leShavuoth lefi minhage bene Ashkenaz lechol anafehem, kolel minhag Ashkenaz (hamaʿaravi), minhag Polin uminhag Tzarfat lesheʿavar, ed. Yonah Fränkel, nach der Methode des Rabbiners Daniel Goldschmidt, Jerusalem: Verlag Koren 2000.

Machzor laYamim haNora'im lefi minhage Ashkenaz lechol anafehem, ed. Daniel Goldschmidt, vol. I, Rosh haShanah, vol. II, Yom Kippur, Jerusalem: Verlag Koren 1970.

The Rylands Haggadah 1988, A Medieval Sephardi Masterpiece. Facsimil, Introduction and Notes and English Translation by Raphael Loewe. Texts and Pictures, London: Thames and Hudson.

Literatur von al-Andalus

Anthologien mit Übersetzungen, mit und ohne hebräischem Text:

Abraham Ibn Ezra 1997, Leon J. Weinberger, Twilight of a Golden Age. Selected Poems of Abraham Ibn Ezra, Tusaloosa/London: The University of Alabama Press. [Englisch mit hebräischen Texten.]

Jehuda Halevi 1876, Diwan des Castiliers Abu'l-Hassan Juda ha-Levi, nebst Biographie und Anmerkungen, Abraham Geiger, Breslau 1851, in: Abraham Geigers «Nachgelassene Schriften», Bd. 3, S. 97–177, herausgegeben von Ludwig Geiger, Berlin. [Enthält die Übersetzung einiger Gedichte von Jehuda Halevi, aber ohne Stellenangaben.]

Jehuda Halevi 1927, Franz Rosenzweig, Yehuda Halevi, Zwei und neunzig Hymnen und Gedichte, Berlin.

Moshe Ibn Ezra 1934, Selected Poems of Moses Ibn Ezra, Translated into English by Solomon Solis-Cohen, from a Critical Text, edited and annotated by Heinrich (Chajjim) Brody, Philadelphia: Jewish Publication Society of America. [Auswahl aus den Shire Chol und Shire Qodesh mit hebräischen Texten].

Shlomo Ibn Gabirol 1923, Selected Religious Poems of Solomon Ibn Gabirol, ed. Davidson, translated into English Verses by Israel Zangwill, from a Critical Text edited by Israel Davidson, Philadelphia.

Shlomo Ibn Gabirol 1989, Raphael Loewe, Ibn Gabirol, ed. Halban, London: Weidenfeld & Nicolson. [Diese Kurzbiographie enthält ausgewählte Gedichte mit knappen Interpretationen ohne hebräische Texte.]

Anthologien mit Auswahl aus fünf Dichtern von al-Andalus: Shlomo Ibn Gabirol, Moshe Ibn Ezra, Jitzchaq Ibn Ghiyyat, Jehuda Halevi, Abraham Ibn Ezra

Brody, Ch. / Albrecht, K. 1905, Shaʿar haShir, Neuhebräische Dichterschule der spanisch-arabischen Epoche, ausgewählte Texte, mit Einleitung, Anmerkungen und Wörterverzeichnis [nur hebräisch].

Carmi, T. 1981, The Penguin Book of Hebrew Verse, ed. by T. Carmi, New York: Penguin Books. [Anthologie der hebräischen Poesie von biblischer Zeit bis 1936, alle Gedichte englisch-hebräisch.]

Levin, Israel 2007, Shirat Tor haZahav (Hebrew Poetry of The Spanish Golden Age), series ed. by Israel Levin, Tel Aviv: unipress. [Bereits erschienen sind die Anthologien folgender Dichter: Shlomo Ibn Gabirol, Jehuda Halevi. 2008 in Vorbereitung: Shmuel Hanagid, Moshe Ibn Ezra, Abraham Ibn Ezra, Jehuda Alcharizi, Todros Abulafia.]

Scheindlin, Raymond P. 1991, The Gazelle. Hebrew Poems on God, Israel and the Soul, Oxford/New York: Oxford University Press. [Alle Gedichte englisch-hebräisch.]

Ausgaben der liturgischen und weltlichen Poesie

Die fünf Hauptvertreter der andalusischen Poesie in historischer Abfolge

Shmu'el Hanagid 1966, Divan Shemuel Ha-Nagid: Ben Tehillim, ed. Dov Jarden, Jerusalem [Eigenverlag].

Shlomo Ibn Gabirol 1897, Shlomo Ibn Gabirol Shirei haChol, nur 1. Faszikel einer geplanten Erstausgabe von Chayyim Brody, Berlin 1897.

Shlomo Ibn Gabirol 1974/5, ed. Chayyim Brody / Chayyim Schirmann, Jerusalem. [Wissenschaftliche Überarbeitung von Shlomo Ibn Gabirol Shire haChol aufgrund des in der Geniza von Kairo entdeckten Ms Schocken Nr. 37 aus dem 17. Jh. Beurteilung der Edition bei J. Yahalom 2003 b, S. 4.]

Shlomo Ibn Gabirol 1924–1932, Shire Shlomo ben Yehuda Ibn Gabirol, 3 vols, ed. Ch. N. Bialik / J. C. Ravnitzki, Odessa/Berlin/Tel Aviv. [Weltliche und liturgische Lieder. Kritik bei Schirmann / Fleischer 1996, S. 260/1: Verlässt sich auf Ausgabe von Dukes, unzuverlässig, ebenfalls Beurteilung bei J. Yahalom 2003b, S. 3.]

Shlomo Ibn Gabirol 1971/2, Shirey haQodesh le-Rabbi Shlomo Ibn Gabirol, ed. Dov Jarden, 2 vols, Jerusalem: American Academy of Jewish Research. [Diese Ausgabe hat keinen textkritischen Apparat und manchmal sind die Zuordnungen der Piyyutim nach ihrer liturgischen Bestimmung und Gattung willkürlich.]

Shlomo Ibn Gabirol 1975, Shirey haChol le-Rabbi Shlomo Ibn Gabirol, ed. Dov Jarden, Jerusalem.

Moshe Ibn Ezra 1934/5–1941/2 (2 vols), 1977 (1 vol.), Chayyim Brody, Moshe Ibn Ezra: Shire haChol,

vol. I: Diwan, Mikhtavim, Sefer Ha-Anaq (= Kitāb Zahr al-Riyāḍ) Berlin: Schocken Verlag 1935,

vol. II: Handschriftenverzeichnis, Anmerkungen zum Diwan, Jerusalem: Schocken Verlag 1941,

vol. III: ed. Dan Pagis, Jerusalem: Schocken Verlag 1977. [Dieser Band enthält 1) die übrigen Anmerkungen von Brody aus seinem Nachlass zu den Briefen und zum Sefer Ha-Anaq, 2) Pagis' eigene Ergänzungen und Textvarianten aufgrund des nach Brody entdeckten Ms Ginzburg, 3) einen lexikonartigen Schlüssel zu den Erklärungen von Brody.]

Moshe Ibn Ezra 1956/7, Moshe Ibn Ezra: Shire Qodesh, ed. Shimʿon Bernstein, Tel Aviv: Massada Verlag.

Jehuda Halevi 1894–1930, Diwan des Abu-l-Hasan Jehuda Halevi, ed. Chayyim Brody in 4 Bänden: Bd. I, II, III: Shire haChol mit Anmerkungen, Bd. IV: Shire haQodesh, Berlin: Schriften des Vereins Meqitze Nirdamim. Reprint 1971 mit Einleitung, Bibliographie und Zusätzen durch A. M. Habermann, Farnsborough: Gregg International.

Jehuda Halevi 1978–1985, Shirey haQodesh le-Rabbi Yehuda Ha-Levi, ed. Dov Jarden, 4 Bände, Jerusalem. [Diese Ausgabe hat keinen textkritischen Apparat und manchmal sind die Zuordnungen der Piyyutim nach ihrer liturgischen Bestimmung und Gattung willkürlich.]

Jehuda Halevi, Katalog 1982, (jiddisch) «Umbewusste Lieder von Jehuda Halevi», ed. Arie Wilsker, in: Sowjetisch Heimland, Moskau. [Dies ist ein fragmentarisch erhaltener Katalog aus dem 12./13. Jahrhundert von 198 Liedanfängen von Liedern Jehuda Halevis, ursprünglich einer Sammlung seiner Lieder vorangestellt, die nach E. Fleischer (1991) ursprünglich 271 Lieder enthalten hat. Der Katalog befindet sich in der Sammlung Firkowitsch in Sankt Petersburg.]

Abraham Ibn Ezra 1975, The Religious Poems of Abraham Ibn Ezra, ed. Israel Levin, Critical Edition with Introduction and Commentary, 2 vols, Jerusalem: Publications of the Israel Academy of Sciences and Humanities. [2. Aufl. 1998.]

Weitere Dichter und Einzelausgaben von Gedichten

Baruch 1992, «Ahavat Jemei Neʻurim», ed. Jehuda Ratzhabhy, «Shnei Shirim Sfaradiim me'Otzar haGeniza», Moznajim 66, S. 10–12.

Dunash ben Labrat 1947, Dunash ben Labrat, Shirim, ed. Nechemja Allony, Jerusalem.

Dunash ben Labrat 1955/6, «Wa'omer al tishan!» ed. Chayyim Schirmann, in: Hashira Haʻivrit Bisfarad uviProvence, Bd. I, Tel Aviv: Dvir; Jerusalem: Mossad Bialik. S. 34, Nr. 4.

Jitzchaq Ibn Ghiyyat 1987/8, Shire Rabbi Jitzchaq Ibn Ghiyyat, 1038–1089, A Tentative Edition by Yonah David, Jerusalem: Verlag Achshav.

Jitzchaq Ibn Mar Sha'ul 1970, «Qedushta leChatan», ed. Ezra Fleischer, «Hapaytan R. Jitzchaq bar Levi uFiutav», in: Sefer Chayyim Shirmann, Kovetz Mechqarim for Jewish Research, ed. Shraga Abramson / Aharon Mirsky, Jerusalem, S. 285–318.

Jitzchaq Ibn Mar Sha'ul 1983, «Chadashot biJtzirato shel R. Jitzchaq bar Levi ibn Mar Sha'ul», Ezra Fleischer in: Mechqare Lashon mugashim leZe'ev Ben-Chayyim, Jerusalem.

Jitzchaq Ibn Mar Sha'ul 1994, «Hashlamot liJtzirato shel Jitzchaq ibn Mar Sha'ul», Ezra Fleischer, Tarbitz 63, S. 403 ff.

Moshe Ibn Gikatilla 1937, «Al mah adi almah», ed. Chayyim Brody, «miShirei R. Moshe haCohen Ibn Gikatillah», Lied 6, in: Yediot haMakhon leCheqer haShira haʻIvrit 3, Berlin: Schocken, S. 80–82.

Moshe Ibn Gikatilla 1937, «Im tar'i et mar'aikh», ed. Chayyim Brody, «miShirei R. Moshe haCohen Ibn Gikatillah», Lied 10, in: Yediot haMakhon leCheqer haShira haʻIvrit 3, Berlin: Schocken, S. 87–89.

Moshe Ibn Gikatilla 1971, «Al mah adi almah», ed. Shalom Luria, «Ekh nehefakh li ojev ohavi» («Wie ist mir zum Feind geworden mein Liebhaber»), Hedim 95, S. 148–154.

Nachum 1974, Shire Nachum, ed. Yonah David. Jerusalem: Verlag Achshav.

Literatur zur Überlieferung der mittelalterlichen Poesie

Fleischer, Ezra 1991, Chomarim weIjjunim liqrat mahadurah atidit shel Shire R. Jehuda Halevi (Materialien und Studien zu einer zukünftigen Ausgabe der Lieder von Rabbi Jehuda Halevi), in: Asufot, Sefer Shanah lemadaʿe haJahaduth shel «Jad haRav Nissim», Sefer chamishi, Jerusalem, S. 103–181.

Yahalom, Josef 2003, «LeOr Boqer Jechidati neduda»: Diwan Gabirol uMasoret Shirat haChol bemorashto ("At First Day Light", Ibn Gabirol's Diwan and the Translation of His Secular Poetry), JSIJ 2, S. 1–12.

Yahalom, Josef / Benabu, Isaac 1985, LeToldoteha shel haMesirah beShirat haChol haIvrith miSfarad (Zur Überlieferungsgeschichte des weltlichen hebräischen Liedes aus Spanien), Tarbitz 54, S. 245–262.

Mittelalterliche, nicht poetische Primärliteratur (Kommentare, Grammatiken, Handbücher etc.)

Abraham Ibn Ezra 1874, Perush Shir Hashirim: Commentary of the Canticles, ed. H. J. Mathews, London.

Abraham Ibn Daud 1967, Sefer Ha-Qabbala: A Critical Edition with an Introduction and Notes of The Book of Tradition by Abraham Ibn Daud, ed. Gerson D. Cohen, Philadelphia.

Alcharizi, Judah 1952, Tachkemoni, ed. Y. Toporowsky, Tel Aviv.

David Qimchi 1847, Rabbi Davidis Kimchi Radicum Liber sive Hebraeum Bibliorum Lexicon (= Sefer hashorashim), ed. Jo. H. R. Biesenthal und F. Lebrecht, Berlin, ²1967 Jerusalem.

Ibn Gjanāh (Abulwalid Merwan): s. Ibn Janāḥ

Ibn Janāḥ 1896, Kitāb-al-uṣūl = Sefer hashorashim nach der hebr. Übersetzung von Jehuda Ibn Tibbon, ed. Wilhelm Bacher unter dem Titel «Wurzelwörterbuch der hebräischen Sprache», Landesrabbinerschule zu Budapest, Berlin.

Ibn Janāḥ 1964, Kitāb-al-lumaʿ = Sefer haRiqmah, nach der hebr. Übersetzung von Jehuda Ibn Tibbon, ed. M. Wilensky / D. Tene, Jerusalem.

Ibn Ḥazm al Andalusi 1941, Das Halsband der Taube, Max Weisweiler, Leiden et al.: Brill.

Ibn Ḥazm al Andalusi 1949, Le Collier du Pigeon ou de l'Amour et des Amants, (Ṭawq al-ḥamāma). Texte arabe et Traduction française avec un avant-propos, des Notes et un Index par Léon Bercher, Alger: Carbonel.

Jehuda Halevi 1869, Das Buch Kusari des Jehuda ha-Levi nach dem hebräischen Text des Jehuda Ibn-Tibbon herausgegeben, übersetzt und mit einem Commentar, sowie mit einer allgemeinen Einleitung versehen von Dr. David Cassel, Leipzig, 2. Aufl. 1869 = Kuzari, arabisch Kitāb ar-radd wa-'d-dalīl fī 'd-dīn adh-dhalīl (The Book of Refutation and Proof on the Despised Faith).

Joseph Ibn ʿAqnin 1964, Hitgalut ha-Sodot we-Hofaʿot ha-Meʾorot (= Inkishāf al-asrār wa-ẓhūr al-anwār, The Revelation of the Secrets and the Appearance of the Lights), ed. A. S. Halkin, Jerusalem: Verlag Meqitze Nirdamim.

Maimonides, Moses 1956, The Guide for the Perplexed by Moses Maimonides. Translated from the Original Arabic Text by M. Friedländer, Reprint of 1904, New York: Dover Publications.

Maimonides, Moses 1963, The Guide for the Perplexed. Trans. with Introduction and Notes by Shlomo Pines. Introductory Essay by Leo Strauss. Reprint in 2 vols. 1990–1991, Chicago.

Moshe Ibn Ezra 1841, Liqutim miSefer Arugot haBosem, ed. J. L. Dukes, Zion 2, 1841.

Moshe Ibn Ezra 1924, Kitāb al-muḥāḍara wa'l-mudhākara = Sefer Shirat Jisrael leMoshe Ibn Ezra, Hebräische Übersetzung von Ben-Zion Halper, Leipzig.

Moshe Ibn Ezra 1975, Kitāb al-muḥāḍara wa'l-mudhākara = Sefer haIyyunim wehaDiyyunim, Liber Discussionis et Commemorationis (Poetica Hebraica), edidit et versione hebraica notisque instruxit A. S. Halkin, Jerusalem: Verlag Meqitze Nirdamim.

Saʿadya Gaʾon 1969, Kitāb uṣūl ash-shiʿr al-ʿibrānī = Sefer haEgron (The Elements of Hebrew Poetics), ed. Nechemja Allony, Jerusalem.

Poesie des 19. und 20. Jahrhundert

Bialik, Chayyim Nachman 2004, Chayyim Nachman Bialik. HaShirim (Poems, with Introductions, Notes and Supplements), ed. by Avner Holtzman, Tel Aviv: Dvir.

Sekundärliteratur

Abu-Haidar, J. A. 2001, Hispano-Arabic Literature and the Early Provençal Lyrics, Richmond, Surrey: Curzon Press.

Allony, Nechemja 1960, haPetichah haʿaravit leDiwan Shmuʾel Hanagid (Die arabische Einleitung zum Diwan des Shmuʾel Hanagid), in: miShirat Sfarad uLeshonah, Otzar Jehudej Sfarad 3, S. 16–22.

Allony, Nechemja 1978, Diwan uVen Tehillim ejnam zehim (Diwan und BenTehillim sind nicht identisch), neu abgedruckt in: Mechqare Lashon weSifruth 4, Hashira haʿivrit bimej habenajim, ed. J. Towi, Jerusalem, S. 106–108.

Allony, Nechemja 1991, Shire Zion beShirat Hanagid, in: Mechqare Lashon weSifruth, Bd. 4, Jerusalem: Verlag Re'uben Mass, S. 29–54.

Ashtor, Eliahu 1984, The Jews of Moslem Spain, vol. 3, translated from the Hebrew by Aaron Klein / Jenny Klein Machlowitz, Philadelphia.

Baer, Jitzchak Fritz 1936, Galut, Berlin: Schocken Verlag.

Bargebuhr, Frederick P. 1976, Salomo Ibn Gabirol, Ostwestliches Dichtertum, Wiesbaden.

Bartz, Gabriele (ed.) 1994, Liebesfreuden im Mittelalter – Kulturgeschichte der Erotik und Sexualität in Bildern und Dokumenten. Edition Gabriele Bartz, Alfred Karnein und Claude Lange, Stuttgart: Belzer.

Baskin, Judith R. 2002, Midrashic Women. Formations of the Feminine in Rabbinic Literature, Hannover/London.

Bauer, Thomas 1998, Liebe und Liebesdichtung in der arabischen Welt des 9. und 10. Jahrhunderts. Eine literatur- und mentalitätsgeschichtliche Studie des arabischen Ghazal, Wiesbaden.

Bercher, Léon 1949, Ibn Ḥazm al-Andalusi (993–1064), Le Collier du Pigeon ou de l'Amour et des Amants (Ṭawq al-Ḥamāma fi'l-Ulfa wa'l-Ullaf), Texte arabe et Traduction française avec un Avant-Propos, des Notes et un Index, Alger.

Bernstein, Shimʿon 1957, Moshe Ibn Ezra, Shirei haQodesh, Tel Aviv: Massada Verlag [s. Primärliteratur, Ausgaben].

Biale, David 1992, Eros and the Jews: From Biblical Israel to Contemporary America, New York.

Black, Max 1996, Die Metapher, in: Anselm Haverkamp (ed.), Theorie der Metapher, Darmstadt, S. 55–79.

Bodenheimer, Alfred 2002, Wandernde Schatten. Ahasver, Moses und die Authentizität der jüdischen Moderne, Göttingen: Wallstein-Verlag.

Bossong, Georg 2005, Das Wunder von al-Andalus. Die schönsten Gedichte aus dem Maurischen Spanien. Aus dem Arabischen und Hebräischen ins Deutsche übertragen und erläutert von Georg Bossong. Mit einem Nachwort von SAID, München: Verlag Beck.

Bossong, Georg 2007, Das Maurische Spanien. Geschichte und Kultur, München: Verlag Beck.

Boyarin, Daniel 1993, Carnal Israel. Reading Sex in Talmudic Culture, Los Angeles: University of California.

Boyarin, Daniel 1994, Intertextuality and the Reading of Midrash, Indiana: Indiana University Press 1990 (1st ed.), 1994 Paperback.

Brann, Ross 1991, The Compunctious Poet. Cultural Ambiguity and Hebrew Poetry in Muslim Spain, Baltimore and London: John Hopkins University Press.

Brann, Ross 1994, Tavniot shel Galut beQinot ʿivriot weʿarviot biSfarad (Constructions of Exile in Hispano-Hebrew and Hispano-Arabic Elegies), in: Sefer Israel Levin, Jubilee Volume, Studies in Hebrew Literature, vol. I, eds Reʾuven Tsur / Tova Rosen, Tel Aviv: Makhon Katz, S. 45–61.

Brann, Ross 2000, Judah Halevi, in: The Literature of Al-Andalus, ed. by María Rosa Menocal / Raymond Scheindlin / Michael Sells, Cambridge, S. 165–281.

Brann, Ross 2000, The Arabized Jews, in: The Literature of Al-Andalus, ed. by María Rosa Menocal / Raymond Scheindlin / Michael Sells, Cambridge, S. 435–455.

Brenner, Athalya / Van Dijk-Hemmes, Fokkelien (ed.) 1993, On Gendering Texts. Female and Male Voices in the Hebrew Bible, Leiden et al.

Breuer, Zeev Z. 1993, Shirat haQodesh shel Shlomo Ibn Gabirol. Tokhen weTzurah (The Liturgical Poetry of Salomon Ibn Gabirol, Contents and Form), Jerusalem: Magnes Press.

Brody, Chayyim 1894–1930, Diwan Jehuda Halevi, Berlin [s. Primärliteratur, Ausgaben].

Brody, Chayyim, 1934/5–1941/2, Moshe Ibn Ezra: Shire haChol, 2 Bände, Berlin/Jerusalem [s. Primärliteratur, Ausgaben].

Brody, Chayyim 1937, Moshe Ibn Gikatilla, 10 Gedichte: in «Yediot haMakhon leCheqer haShira haʿIvrit», Bd. 3, Berlin: Schocken Verlag.

Brody, Ch. / Albrecht, K. 1905, Shaʿar haShir, Neuhebräische Dichterschule der spanisch-arabischen Epoche, ausgewählte Texte, mit Einleitung, Anmerkungen und Wörterverzeichnis, Leipzig.

Cantarino, Vicente 1975, Arabic Poetics in the Golden Age, Leiden.

Carmi, T. 1981, The Penguin Book of Hebrew Verse, ed. by T. Carmi, New York: Penguin Books.

Cohen, Gerson D. 1967, Esau as Symbol in Early Medieval Thought, in: Jewish Medieval and Renaissance Studies, ed. Alexander Altmann, Cambridge, MA: Harvard University Press, S. 19–48.

Danah, Josef 1999, Hapoetica shel Shirat haQodesh haSfaradit bimej haBejnajim leOr haShirah wehaPoetika shel Rav Moshe Ibn Ezra (The Poetics of Sephardic Liturgical Poetry in Relation of Poetics and Poems of Rav Moshe Ibn Ezra), Haifa: The Institute for Hebrew-Arabic Comparative Research.

Dinaburg (Dinur), Benzion 1951, D'mutah shel Zion wIrushalayim beHakarato haHistorith shel Jisrael (Die Gestalt von Zion und Jerusalem im historischen Bewusstsein von Israel) in: Zion. A Quarterly for Research in Jewish History, vol. XVI, S. 1–17.

Drory, Rina 2000, Models and Contacts. Arabic Literature and Its Impact on Medieval Jewish Culture, Leiden et al.: Brill.

Elbogen, Ismar 1995, Der jüdische Gottesdienst in seiner geschichtlichen Entwicklung, Hildesheim: Olms Verlag. [Reprint von 1931, Erstauflage Leipzig 1913.]

Elizur, Shulamit 1983, Al Miqumo uMivnehu shel haQiqlar baQedushta haKallirith (Position and Structure of the Qiqlar in the Qallirian Qedushta), Mechqare Jerushalayim beSifrut Ivrith 3, S. 140–155.

Elizur, Shulamit 1986, Midrash uFsuqo bir'i haPaytanuth (Midrash und sein Schriftvers im Spiegel der Pijjutdichtung), Sinai 99, S. 99–109.

Elizur, Shulamit 1987/1988, le'Itzuvo shel haMeshalesh baQedushta haJanna'ith (Zur Gestaltung des Meshalesh in der Qedushta von Jannai), Mechqare Jerushalayim beSifrut Ivrith 10/11, S. 399–417.

Elizur, Shulamit 1988, Qedushta waShir, Qedushta'oth leShabbatoth haNechamah leRabbi Elʿazar berabbi Kallir, ed. mit Erklärungen, Textvarianten und Nachwort, Jerusalem.

Elizur, Shulamit 1991, BeTodah waShir. Shivʿatoth leArba haParashioth leRabbi Elazar berabbi Kallir, Jerusalem: Re'uven Mass.

Elizur, Shulamit 1993, Realisatzia shel Metaphora, («Realisierung» der Metapher), Mechqare Jerushalayim beSifrut Ivrith 14, S. 69–77.

Elizur, Shulamit 1994a, Le-Gilgule haChidatiuth baPiyyut haMizrachi, meReshito ad hame'ah hashtemʿesreh (Zur Geschichte der Formen von Rätselhaftigkeit im östlichen Pijjut. Von den Anfängen bis zum 12. Jahrhundert), Peʿamim 59, S. 15–34.

Elizur, Shulamit 1994b, Qahal haMitpalelim wehaQedushta haQedumah (Die Gemeinde der Betenden und die alte Qedushta), in: Knesset Ezra, Literatur und Leben in der Synagoge, Artikelsammlung überreicht zu Ehren von Ezra Fleischer, ed. Shulamit Elizur u. a., Jerusalem: Jad Jitzchaq ben Zvi, S. 171–190.

Elizur, Shulamit 1994c, «WeHajamim metzuwwim meEloha.» Goral Iwver weEmunah datith baShirah haIvrith haSfaradith («Und über die Tage befiehlt Gott.» Blindes Schicksal und religiöser Glaube in der hebräischen Poesie Spaniens), in: Sefer Israel Levin, Jubilee Volume, Studies in Hebrew Literature, vol. I, eds Re'uven Tsur / Tova Rosen, Tel Aviv: Makhon Katz, S. 27–43.

Elizur, Shulamit 1999, Shirah shel Parashah, Jerusalem: Verlag Harav Kook.

Elizur, Shulamit 2000, Rabbi Elazar Birabbi Kiliri, Hymni Pentecostales (Qedushta'oth leYom Mattan Torah), Jerusalem: Verlag Meqitze Nirdamim.

Elizur, Shulamit 2004, Piyyute Rabbi Pinchas HaCohen, ediert und mit Einleitung und Erklärungen versehen, Jerusalem: Ha'Iggud haʿOlami leMadaʿe haJahaduth. [Keren haRav David Moshe veAmalja Rosen.]

Enderwitz, Susanne 1995, Liebe als Beruf. Al-Abbas Ibn Al-Aḥnaf und das Ghazal, Beirut.

Feldman, Leon A. R. 1965, R. Abraham b. Isaac Ha-Levi TaMaKh. The Commentary on the Song of Songs, based on Mss and early printings with an Introduction, variants, notes and comments, Amsterdam: Assen.

Fenton, Paul B. 2003, Judaism and Sufism, in: The Cambridge Companion to Medieval Jewish Philosophy, ed. Daniel H. Frank / Oliver Leaman, Cambridge: Cambridge University Press, S. 201–217.

Fisher, S. / Halley, J. E. 1989, Seeking the Woman in Late Medieval and Renaissance Writings, Essays in Feminist Contextual Criticism, ed. Sheila Fisher and Janet E. Halley, Knoxville: The University of Tennessee Press.

Fleischer, Ezra 1970, HaPaytan Jitzchaq Bar Levi uFiutaw (Der Dichter Jitzchaq bar Levi und seine Pijjutim), in: Sefer Chayyim Schirmann, Kovetz Mechqarim, ed. Shraga Abramson / Aharon Mirsky, Jerusalem, S. 285–318.

Fleischer, Ezra 1973, Piyyute Shlomo Habavli, Jerusalem. [Ed. mit Einleitung, Angabe der verschiedenen Lesarten und Erklärungen.]

Fleischer, Ezra 1975a, Shirat haQodesh haIvrith bimej haBejnajim (Hebrew Liturgical Poetry in the Middle Ages), Jerusalem: Keter.

Fleischer, Ezra 1975b, Iyyunim beHitpatchutam haTavnitit shel Piyyute haMe'orah weha'Ahavah (Studien zur Entwicklung der Form der Pijjutim Meorah und Ahavah), in: Sefer haJovel leShim'on Halkin, S. 367–399.

Fleischer, Ezra 1984a, HaJotzrot beHithawutam weHitpatchutam (Die Jotzrot in ihrer Entstehung und Entwicklung), Jerusalem: Magnes Press.

Fleischer, Ezra 1984b, Al Dunash ben Labrat weIshto uVno (Über Dunash ben Labrat, seine Frau und seinen Sohn), Mechqare Jerushalayim beSifrut Ivrith 5, S. 189–203.

Fleischer, Ezra 1991, Chomarim weIjunim liqrat Mahadurah atidit shel Shire R. Jehuda Halevi (Materialien und Studien im Blick auf eine zukünftige Ausgabe der Lieder von R. Jehuda Halevi), in: Asufot, Sefer Shanah leMada'e haJahaduth shel «Jad haRav Nissim», Sefer chamishi, S. 103–181.

Goitein, Shelomo D. 1955, Jews and Arabs. Their Contacts through the Ages, Berlin: Schocken Verlag.

Gruendler, Beatrice 2000, The Qasida, in: The Literature of Al-Andalus, ed. María Rosa Menocal / Raymond P. Scheindlin / Michael Sells, Cambridge: Cambridge University Press, S. 211–230.

Halkin, Abraham S. 1956, The Judeo-Islamic Age, in: Great Ages and Ideas of the Jewish People, ed. L. W. Schwartz, New York, S. 215–266.

Halkin, A. S. 1961, Zion in Jewish Literature, ed. Abraham S. Halkin, Theodor Herzl Foundation, New York: University Press of America.

Halkin, A. S. 1963, The Medieval Jewish Attitude Toward Hebrew, in: Biblical and Other Studies, ed. Alexander Altmann, Cambridge, MA: Harvard University Press.

Halkin, A. S. 1964, Joseph b. Jehuda Ibn ʿAqnin, Hitgaluth haSodoth weHofaʿat ha-Me'oroth (The Revelation of the Secrets and the Appearance of the Lights), ed. A. S. Halkin, Jerusalem.

Halkin, A. S. 1967, Yedaiah Bedershi's Apology, in: Jewish Medieval and Renaissance Studies, ed. Alexander Altmann, Cambridge, S. 165–184.

Halkin, A. S. 1975, Moshe Ibn Ezra, Sefer haIyyunim wehaDiyyunim = Kitāb al-muḥāḍara wa'l-mudhākara, Jerusalem. [Original mit hebräischer Übersetzung.]

Halper, Ben-Zion 1924, Sefer Shirat Jisrael leMoshe Ibn Ezra, Leipzig. [Kitāb al-muḥāḍara wa'l-mudhākara in hebräischer Übersetzung.]

Hammer, Reuven 1995, The Jerusalem Anthology. A Literary Guide. JPS Jerusalem Collection, Philadelphia 5756, Jerusalem.

Hazan, Ephraim 1977, Hapiyyut «Yonah Nikh'evah» leRabbi Yehudah haLevi, Sinai 80, S. 10–13.

Hazan, Ephraim 1986, Torat haShir baPiyyut haSfaradi le'or Shirat haQodesh shel R. Yehuda Halevi (The Poetics of the Sephardi Piyyut, according to the Liturgical Poetry of Yehuda Halevi), Jerusalem: Magnes Press.

Hazan, Ephraim 1988, Le'om weYachid beShirat haQodesh leRabbi Yehuda Halevi (Nation und Individuum in der liturgischen Dichtung von Jehuda Halevi), in: Aviva Doron (ed.), Yehuda Halevi, A Selection of Critical Essays on his Poetry, with Introduction by Aviva Doron, Tel Aviv: Haqibbutz Hame'uchad, S. 239–247.

Hazan, Ephraim 1990, Metafora baQodesh, Metaforizatzia shel haRealia weRealizatzia shel haMetafora beShirat haQodesh haʿIvrith (Metapher in der Liturgie: Metaphorisierung von Realistischem und Realisierung von Metaphorischem im hebräischen liturgischen Lied), Moznajim 64, 5, S. 44–46.

Hollender, Elisabeth 1994, Synagogale Hymnen. Qedushta'ot des Simon b. Isaak im Amsterdam Mahsor, Frankfurt a. M./New York: Peter Lang Verlag (= Judentum und Umwelt, Realms of Judaism, Bd. 55).

Huss, Matti 1995 a, Alegoria uVidjon: Sugioth biQviat me'afjenaw shel haModus haAlegori baSipporet haMechorezet haIvrit biSfarad (Allegory and Fiction; Problems in the Determination of the Allegorical Mode in the Hebrew Rhymed Narratives in Spain), in: Sefer Israel Levin, Jubilee Volume, Studies in Hebrew Literature, vol. I, eds Re'uven Tsur / Tova Rosen, Tel Aviv: Makhon Katz, S. 95–126.

Huss, Matti 1995 b, Pshat o Alegoria – Shirat haChesheq shel Shmu'el Hanagid (Literalsinn oder Allegorie, Das Lustlied von Shmu'el Hanagid), Mechqare Jerushalayim besifrut Ivrith 15, S. 34–72.

Idel, Moshe 1989, Universalization and Integration: Two Conceptions of Mystical Union in Jewish Mysticism, in: Mystical Union and Monotheistic Faith. An

Ecumenical Dialogue, ed. by Moshe Idel and Bernard McGinn, New York, S. 27–57.

Ishay, Haviva 2001, Degamim beSifrut haAhavah (gazal) hachilonit baMerchav hatarbuti shel Sfarad bimej haBejnajim (Patterns in the Secular Literature of Love (Ghazl) in the Cultural Sphere of Medieval Spain. How Arabic Narrative Tales Can Help Us Understand Hebrew Love Poetry in spite of the Difference between the two Forms of Discourse?), Ph. D. Thesis, Tel Aviv.

Ishay, Haviva 2006, «Hajom kvar lo metim me'ahavah» ("No One Dies of Love Anymore": The Possible Revival of a Dead Convention in Secular Medieval Hebrew Poetry from Spain), Criticism and Interpretation. Journal for Interdisciplinary Studies in Literature and Culture, Nr. 39: From The Treasures of Spain. Studies on Hebrew Poetry in Spain and its Influences, eds Judith Dishon / Shmuel Refael, Ramat Gan: Bar Ilan University Press, S. 17–72.

Ivry, Alfred L. 2000, Utilization of Allegory in Islamic Philosophy, in: Jon Whitman (ed.), Interpretation and Allegory. Antiquity to the Modern Period, Leiden et al.: Brill, S. 153–180.

Jacobi, Renate 1993, Artikel «Nasīb» in: Encyclopédie de l'Islam, Paris: Nouvelle Edition, S. 978–983.

Jacobi, Renate 1996, The Origins of the Qasida Form, in: Qasida Poetry in Islamic Asia and Africa, eds Stefan Sperl / Christopher Shackle, 2 vols, vol. I: Classical Traditions and Modern Meanings, Leiden et al.: Brill, S. 21–31. (= Studies in Arabic Literature, vol. XX)

Kayser, Wolfgang 1948, [12]1967, Das sprachliche Kunstwerk. Eine Einführung in die Literaturwissenschaft, Bern/München: Francke Verlag.

Killy, Walther 1972, Elemente der Lyrik, München.

Klar, Binjamin 1974, Megillat Achiamatz, in «Jalqut Piyyutim», dort S. 64–66: Zulat für Hochzeitsshabbat von Amitai Berabbi Shefatja, Jerusalem: haMakhon leMadaʿe haJahadut.

Klauck, Hans Josef 1978, Allegorie und Allegorese in synoptischen Gleichnistexten, Münster: Aschendorff.

Kreisel, Chayyim 1998, Eretz Jisrael uNevu'ah baFilosofia haYehudith bimej haBejnajim (Das Land Israel und die Prophetie in der jüdischen Philosophie des Mittelalters), in: Eretz Jisrael baHaguth haYehudith bimej haBejnajim, ed. Moshe Chalamisch / Aviezer Ravitzki, Jerusalem: Verlag Jad Jitzchaq ben Zvi, S. 40–51.

Kurz, Gerhard 1993, Metapher, Allegorie, Symbol, 3., bibliographisch ergänzte Auflage, Göttingen: Vandenhoeck & Ruprecht.

Langer, Ruth 1999, Revisiting Early Rabbinic Liturgy: The Recent Contributions of Ezra Fleischer, Prooftexts 19, Nr. 2, Bloomington: Indiana University Press, S. 179–194.

Lazarus-Yafeh, Hava 1981, Some Religious Aspects of Islam. A Collection of Articles by Hava Lazarus-Yafeh, Leiden et al.: Brill. (= Studies in the History of Religions, vol. XLII)

Lehnert, Herbert 1966, Struktur und Sprachmagie. Zur Methode der Lyrik-Interpretation, Stuttgart: Kohlhammer.

Levin, Israel 1967, haBekhi al Chorvoth haMeʻonoth uDmuth haLailah hameshotetet. Iqvoth haMidbar beShirat haChol haʻIvrith biSfarad (Das Weinen auf den Trümmern der Wohnstätten und die nächtliche umherirrende Gestalt. Spuren der Wüste in der weltlichen hebräischen Poesie Spaniens), Tarbitz 36, S. 278–296.

Levin, Israel 1971, Biqqashti et she'ahavah nafshi (I sought the One whom my Soul Loveth. A Study on the Influence of Erotic Secular Poetry on Hebrew Religious Poetry), Hasifrut: Quarterly for the Study of Literature III, Nr. I, Tel Aviv, S. 117–149.

Levin, Israel 1995, Meʻil Tashbetz (The Embroidered Coat: The Genres of Hebrew Secular Poetry in Spain), Tel Aviv: University Press.

Loewe, Raphael 1989, Ibn Gabirol, London: Verlag Peter Halban, Weidenfeld & Nicolson.

Luria, Shalom 1971, «Ekh nehefakh li ojev ohavi». ʻIjjun beshiro shel R. Moshe haKohen Ibn Gikatilla («Wie ist mir zum Feind geworden mein Liebhaber». Studie zum Lied von R. Moshe Hakohen Ibn Gikatilla, d. h. kommentierte Edition von «ʻAl mah ʻadi ʻalmah»), Hedim 95, S. 148–154.

Luria, Shalom 1985, Shire Ahavah bejn qodesh leChol (Liebeslieder zwischen Heiligem und Profanem), in: Studies in the work of Shlomo Ibn Gabirol, eds Zvi Malachi / Hanna David, Tel Aviv: Katz Research Institute for Hebrew Literature, S. 113–125.

Mal'achi, Zvi 1983, Abraham Ibn Ezra neged Elazar haqallir – biqqoret bir'i ha-Doroth, (Abraham Ibn Ezra gegen Elazar Kallir – Kritik im Licht der Generationen), in: Pleasant Words: Chapters from the History of Hebrew Literature, Lod.

Mal'achi, Zvi 1988, leʻItzuvo shel Tmunoth haGaluth beShirat Rabbi Jehuda Halevi (Zur Gestaltung der Exilsbilder in der Poesie von R. Jehuda Halevi), in: Yehuda Halevi. A Selection of Critical Essays on his Poetry, ed. with introduction by Aviva Doron, Tel Aviv: Haqibbutz hame'uchad, S. 230–284.

Manzalaoui, Mahmoud A. 1989, "I follow the Religion of Love": The Erotic Surrogate in the Arabic Tradition, in: Poetics of Love in the Middle Ages. Texts and Contexts, eds M. Lazar / N. L. Lacy, Virginia: George Mason University Press, S. 119–136.

Mathews, H. J. 1874, Commentary on the Canticles v. Abraham Ibn Ezra, London.

Mayer, Günter 1987, Die jüdische Frau in der hellenistisch-römischen Antike, Stuttgart/Berlin/Köln.
Menocal, María Rosa 2003, Die Palme im Westen. Muslime, Juden und Christen im alten Andalusien, Berlin. [Deutsche Ausgabe von The Ornament of the World. How Muslims, Jews and Christians Created a Culture of Tolerance in Medieval Spain, Boston/New York/London 2002.]
Mirsky, Aharon 1977, Mashmaʿuth heCharuz beShirei Ezor (Die Bedeutung des Reimes in den Gürtelliedern), in: Shai leHeyman (A. M. Habermann Jubilee Volume), Studies in Medieval Hebrew Literature, ed. Zvi Malachi, Jerusalem, S. 175–206.
Mirsky, Aharon 1977, haMivneh beShirei haJediduth (Die Struktur in den Freundschaftsliedern), Sinai 81, S. 103–110.
Mirsky, Aharon 1990, haPiyyut, Hitpatchuto be'Eretz Jisrael uvaGolah (Der Piyyut, seine Entwicklung im Lande Israel und in der Diaspora), Jerusalem: Magnes Press.
Mirsky, Aharon ²1991, Piyyute Jose ben Jose, ed. Aharon Mirsky, second edition, enlarged and revised, Jerusalem: Mossad Bialik. [First edition 1977.]
Nicholson, Reynold A. 1993, Literary History of the Arabs, Richmond: Curzon Press Ltd. [Reprint of 1930 edition by Cambridge University Press.]
Norden, Eduard ⁶1971, Die antike Kunstprosa vom VI. Jahrhundert v. Chr. bis in die Zeit der Renaissance, 2 Bände. Reprint der 2. Ausgabe von 1909, Leipzig/Berlin.
Nykl, Alois Richard 1946, Hispano-Arabic Poetry and its Relations with the Old Provençal Troubadours, Baltimore.
Pagis, Dan 1970, Shirat haChol we-Torath haShir le-Moshe Ibn Ezra uVnei Doro (Secular Poetry and Poetic Theory; Moshe Ibn Ezra and his Contemporaries), Jerusalem: Mossad Bialik.
Pagis, Dan 1976, Chiddush uMassoret beShirat haChol haIvrith: Sfarad weItalia (Innovation and Tradition in Secular Poetry: Spain and Italy), Jerusalem: Keter.
Pagis, Dan 1993, haMeshorer keNavi baShirah haIvrith bimej haBejnajim (Der Dichter als Prophet im hebräischen Gedicht des Mittelalters), ed. in Pagis' gesammelten Schriften: haShir Davur al Ofanaw, Mechqarim uMassot baShirah haʿIvrith shel jemei haBejnajim, ed. Ezra Fleischer, Jerusalem: Magnes Press, S. 277–289.
Pardes, Ilana 2000, The Biography of Ancient Israel. National Narratives in the Bible, Berkeley: University of California Press.
Pérès, Henri 1953, La Poésie Andalouse en Arabe Classique au XI siècle, Ses aspects généraux, ses principaux thèmes et sa valeur documentaire, Paris.

Pessin, Sarah 2003, Jewish Neoplatonism: Being above Being and Divine Emanation in Solomon ibn Gabirol and Isaac Israeli, in: Medieval Jewish Philosophy, eds Daniel H. Frank / Oliver Leaman, Cambridge: Cambridge University Press, S. 91–110. (= Cambridge Companions to Philosophy)

Pestalozzi, Karl 1970, Die Entstehung des lyrischen Ich. Studien um das Motiv der Erhebung in der Lyrik, Berlin.

Petuchowski, Jakob J. 1975, Theology and Poetry. Studies in the Medieval Piyyut, London/Boston. [Meine Anmerkung: Petuchowski bespricht Piyyutim von Kallir, Saʿadja Gaʾon und aus dem Ashkenazischen Bereich, keine andalusische Piyyutim.]

Piehler, Paul 1971, The Visionary Landscape. A Study in Medieval Allegory, London.

Rabinovitz, Zvi Meʾir 1985/87, Machzor Piyyute Rabbi Yannai – The Liturgical Poems of Rabbi Yannai according to the Triennial Cycle of the Pentateuch and the Holidays, 2 vols: vol I. 1985, vol. II 1987, ed. by Zvi Meʾir Rabinovitz, Jerusalem: Mossad Bialik.

Raguse, Hartmut 1994, Der Raum des Textes. Elemente einer transdisziplinären theologischen Hermeneutik, Stuttgart/Berlin/Köln: Kohlhammer.

Ratzhabhy, Yehuda 1970, haʾAhavah beShirat R. Shmuʾel haNagid (Die Liebe in der Poesie von R. Shmuʾel Hanagid), Tarbitz 39, S. 146–147.

Ratzhabhy, Yehuda 1992, «Shnei Shirim Sfaradiim meʾOtzar haGeniza», ed. Jehuda Ratzhabhy, Moznajim 66, S. 10–12. [Enthält das Lied «Ahavat Jemei Neʿurim» von Baruch.]

Reif, Stefan C. 1993, Judaism and Hebrew Prayer. New Perspectives on Jewish Liturgical History, Cambridge.

Rosen-Moked, Tova 1985, Le-Ezor Shir (The Hebrew Girdle Poem (muwashshaḥ) in the Middle Ages), Haifa: Haifa University Press.

Rosen, Tova 1988, On Tongues Being Bound and Let Loose (On Women in Medieval Hebrew Literature), Prooftexts 8, S. 67–87.

Rosen, Tova 2000, The Muwashshah, in: The Literature of Al-Andalus edited by María Rosa Menocal / Raymond P. Scheindlin / Michael Sells, Cambridge: Cambridge University Press, S. 165–189.

Rosen, Tova 2001, Tzed hatzeviah (ציד הצבייה). Qeriʾah ḥatranit beshire ahavah ʿivriyim miyme habenayim (Gazelle Hunting: Feminist Critique of Medieval Hebrew Love Poems), Mikan (מכאן): A Journal for the Study of Hebrew Literature 2, S. 95–124.

Rosen, Tova 2003, Unveiling Eve. Reading Gender in Medieval Hebrew Literature, Philadelphia: University of Pennsylvania Press. [Kapitel 2 ist die engl. Version von Rosen 2001.]

Rosen, Tova 2006, Tzed haTzvijah (Hunting Gazelles. Reading Gender in Medieval Hebrew Literature), Hebrew Translation by Oren Moked, Tel Aviv.

Rosenzweig, Franz 1927, Yehuda Halevi; Zwei und neunzig Hymnen und Gedichte, Berlin.

Roth, Norman 1989, The Care and Feeding of Gazelles: Medieval Hebrew Love Poetry, in: Poetics of Love in the Middle Ages. Texts and Contexts, eds Moshe Lazar / Norris J. Lacy, Fairfax: George Mason University Press.

Sáenz-Badillos, Angel 1985, Poetas judíos en Córdoba (siglos X–XII), en: De Abraham a Maimonides III. Los Judíos en Córdoba (SS. X–XII), ed. Del Rosal, Jesús Peláez, Córdoba.

Sáenz-Badillos, Angel 1994, Shire haEzor haLiturgiim shel Jehuda Halevi (The Liturgical Muwashshah of Yehuda Halevi), in: Sefer Israel Levin, Jubilee Volume, Studies in Hebrew Literature, vol. I, eds Re'uven Tsur / Tova Rosen, Tel Aviv: Makhon Katz, S. 185–195.

Schäfer, Peter 2002, Mirror of His Beauty. Feminine Images of God from the Bible to the Early Kabbalah, Princeton: Princeton University Press.

Scheindlin, Raymond P. 1976, Rabbi Moshe Ibn Ezra on the Legitimacy of Poetry, in: Medievalia et Humanistica: Studies in Medieval and Renaissance Culture. New Series: Number 7. Medieval Poets, ed. by Paul Maurice Clogan, Cambridge: Cambridge University Press, S. 101–115.

Scheindlin, Raymond P. 1986, Wine, Women and Death. Medieval Poems on the Good Life, Oxford: Oxford University Press.

Scheindlin, Raymond P. 1986, Prooftexts: Fawns of the Palace and Fawns of the Field, Prooftexts 6, S. 189–203.

Scheindlin, Raymond P. 1990, Asher in the Harem by Solomon Ibn Saqbel, in: Rabbinic Fantasies, Imaginative Narratives from Classical Hebrew Literature, ed. David Stern / Mark J. Mirsky, Yale Judaica Series Volume XXIX, London: Yale University Press, S. 253–268.

Scheindlin, Raymond P. 1991, The Gazelle. Medieval Hebrew Poems on God, Israel, and the Soul, Oxford: Oxford University Press.

Scheindlin, Raymond P. 1996, The Hebrew Qaṣīda in Spain, in: Qaṣīda Poetry in Islamic Asia and Africa, 2 vols, vol. I: Classical Traditions and Modern Meanings, Leiden et al.: Brill, S. 121–135. (= Studies in Arabic Literature, vol. XX)

Scheindlin, Raymond P. 2000, Moses Ibn Ezra, in: The Literature of Al-Andalus, eds María Rosa Menocal / Raymond P. Scheindlin / Michael Sells, Cambridge: Cambridge University Press, S. 252–264.

Scheindlin, Raymond P. 2002, Merchants and Intellectuals, Rabbis and Poets: Judeo-Arabic Culture in the Golden Age of Islam, in: The Cultures of the Jews. A New History, ed. by David Biale, New York: Schocken Books, S. 313–389.

Scheindlin, Raymond P. 2004, Samuel ha-Nagids Gedicht über die Schlacht von Alfuente als Kunstwerk jüdisch-arabischer Kultur, Judaica 3, S. 193–203.

Schimmel, Annemarie 1995, Meine Seele ist eine Frau. Das Weibliche im Islam, München.

Schippers, Arie 1988, Arabic Tradition and Hebrew Innovation. Arabic Themes in Hebrew Andalusian Poetry, Amsterdam.

Schippers, Arie 1994, Spanish Hebrew Poetry and the Arabic Literary Tradition. Themes in Hebrew Andalusian Poetry, Leiden et al.: Brill.

Schirmann, Chayyim 1955/6, haShira haIvrith biSfarad uviProvence, Tel Aviv: Dvir; Jerusalem: Mossad Bialik. [2 Bände mit jeweils 2 Teilen.]

Schirmann, Chayyim 1966, Shirim Chadashim min haGenizah, Jerusalem.

Schirmann, Chayyim 1973, Asarah Shirim Chadashim Lijhuda Halevi, in: Mechqarej Sifrut, mugashim leShimʿon Halkin, ed. Ezra Fleischer, Jerusalem: Magnes Press, S. 225 ff.

Schirmann, Ch. / Fleischer, E. 1996, Toldoth haShira haIvrith baSfarad haMuslemit, ed. Ezra Fleischer, Jerusalem: Magnes Press und Makhon Ben Zvi. [Es handelt sich um den Nachlass von Schirmann, ed. von Fleischer.]

Schlanger, Jacques 1968, La Philosophie de Salomon Ibn Gabirol. Etude d'un Néoplatonisme, Diss Leiden.

Schmelzer, Menachem 1977, Chamisha Zulatoth le Rav Yitzchaq Ibn Ghiyyat, in: Shai leHeyman (A. M. Habermann Jubilee Volume), Studies in Medieval Hebrew Literature, ed. Zvi Malachi, Jerusalem, S. 329 ff.

Schmitz, Thomas A. 2002, Moderne Literaturtheorie und antike Texte. Eine Einführung, WB Darmstadt.

Schneider, Mirjam 2005, Federico García Lorca und der islamische Orient. Die literarische Gestaltung einer kulturellen Fernbeziehung, Würzburg: Königshausen & Neumann. (= Epistemata, Würzburger Wissenschaftliche Schriften, Reihe Literaturwissenschaft, Bd. 538)

Schoeler, Gregor 1973, Die Einteilung der Dichtung bei den Arabern, ZDMG 123, S. 9–55.

Schoeler, Gregor 1974, Arabische Naturdichtung. Die Zahrīyāt, Rabīʿīyāt und Rauḍīyāt von ihren Anfängen bis aṣ-Ṣanaubarī. Eine gattungs-, motiv- und stilgeschichtliche Untersuchung. Beirut. (= Beiruter Texte und Studien, Bd. 15)

Schoeler, Gregor 1993, Muwashshaḥ, in: Encyclopaedia of Islam, Bd. VII, New Edition, Leiden et al., S. 809–812.

Schoeler, Gregor 2002, Zadjal, in: Encyclopaedia of Islam, Bd. XI, New Edition, Leiden et al., S. 373–376.

Scholem, Gershom 1977, Schechina; das passiv-weibliche Moment in der Gottheit, in: Von der mystischen Gestalt der Gottheit, ed. Gershom Scholem, Frankfurt a. M., S. 135 ff.

Scholem, Gershom ⁶1989, Zur Kabbala und ihrer Symbolik, Frankfurt a. M. 1. Auflage 1973.

Schorsch, Ismar 1989, The Myth of Sephardic Supremacy, in: Leo Baeck Year Book 34, S. 47–66.

Segal, David 1972, Heʿarah laMaʾamar «haʾahavah beShirat R. Shmuel haNagid» (Bemerkung zum Artikel von Yehuda Ratzhabhi, Tarbitz 39, 1970, S. 146–147, «Die Liebe in der Poesie von R. Shmuʾel Hanagid»), Tarbitz 41, S. 238–240.

Segal, Judah Benzion 1965, Hebrew, in: Eos. An Enquiry into the Theme of Lover's Meetings and Partings at Dawn in Poetry, ed. Arthur Thomas Hatto, The Hague/London/Paris, S. 203–214.

Sells, Michael 1989, Bewildered Tongue: The Semantics of Mystical Union in Islam, in: Mystical Union and Monotheistic Faith, An Ecumenical Dialogue, ed. by Moshe Idel and Bernard McGinn, New York, S. 87–124.

Sells, Michael 2000, Love, in: The Literature of Al-Andalus, edited by María Rosa Menocal / Raymond P. Scheindlin / Michael Sells, Cambridge: Cambridge University Press, S. 126–158.

Shmidman, Avi 2005, Birkoth mazon mefujjatot leʾerusim min haGenizah (Birkot haMazon für die Verlobung in Piyyutform aus der Genizah), Pirqe Shirah, vol. 4, S. 1–89.

Shmidman, Avi 2006, The Liturgical Function of Poetic Versions of the Grace after Meals, in: Ginze Qedem, Genizah Research Annual 2, eds R. Brody / David Sklare, S. 45–102.

Sparks, H. F. D. 1984, The Apocryphal Old Testament, Oxford: Oxford University Press.

Spiegel, Shalom 1996, Avoth haPiyyut, Meqorot uMechqarim leToldot haPiyyut beʾEretz Jisrael (The Fathers of Piyyut, Text and Studies. Toward a History of the Piyyut in Eretz Yisrael), Selected from his Literary Estate and edited by Menachem Chayyim Schmelzer, New York/Jerusalem: Bet Hamidrash leRabbanim beAmerika.

Sperl, Stephan / Shackle, Christopher (eds) 1996, Qasida Poetry in Islamic Asia and Africa, 2 vols: vol. 1: Classical Traditions and Modern Meanings; vol. 2: Eulogy's Bounty, Meaning's Abundance. An Anthology, Leiden et al.: Brill. (= Studies in Arabic Literature, vol. XX)

Stemberger, Günter ⁸1992, Einleitung in Talmud und Midrasch, 8., neubearbeitete Aufl., München: Verlag Beck.

Stern, David 1981, New Directions in Medieval Hebrew Poetry: *Ezra Fleischer*, Shirat haQodesh haIvrith biyemei habeinayim (Hebrew Liturgical Poetry in the Middle Ages), Jerusalem, ed. Keter 1975 and *Pagis, Dan*, Chiddush uMassoret beShirat haChol haIvrith: Sfarad weItalia, (Innovation and Tradition in Secular Poetry: Spain and Italy) Jerusalem, ed. Keter 1976, Prooftexts 1, S. 104–115. [Rezension]

Stern, David 1991, Parables in Midrash. Narrative and Exegesis in Rabbinic Literature, Cambridge, MA: Harvard University Press.

Stern, David 1992, Imitatio Hominis, Anthropomorphism and the Character(s) of God in Rabbinic Literature, Prooftexts 12, S. 151–174.

Stern, Samuel Miklos 1974, Hispano-Arabic Strophic Poetry, Studies by Samuel Stern, selected and edited by L. P. Harvey, Oxford: Clarendon Press.

Twersky, Isadore 1967, Some Non-Halakhic Aspects of the Mishne Torah, in: Jewish Medieval and Renaissance Studies, ed. by Alexander Altmann, Cambridge: Cambridge University Press, S. 95–118.

Urbach, Ephrajim ⁶1986, Chazal. Pirqe Emunot weDeʻot (The Sages, Their Concepts and Beliefs), Jerusalem: Magnes Press.

Van Bekkum, Wout Jac 1998, Hebrew Poetry From Late Antiquity, Liturgical Poems of Yehuda, Critical Edition with Introduction and Commentary, eds M. Hengel / P. Schäfer / P. Van der Horst / M. Goodman / D. Schwartz / C. Breytenbach, Leiden et al.: Brill. (= Arbeiten zur Geschichte des Antiken Judentums und des Urchristentums, Bd. XLIII)

Wallenstein, Meʼir 1956, Some Unpublished Piyyutim from the Cairo Genizah (Lectures in Medieval and Modern Hebrew at the University of Manchester), Manchester: Manchester University Press.

Walther, Wiebke 2004, Kleine Geschichte der arabischen Literatur. Von der islamischen Zeit bis zur Gegenwart, München: Verlag Beck.

Weinberger, Leon J. 1997, Twilight of a Golden Age. Selected Poems of Abraham Ibn Ezra, Tusaloosa/London: The University of Alabama Press.

Weinberger, Leon J. 1998, Jewish Hymnography, A Literary History, London: The Littman Library of Jewish Civilization.

Weisweiler, Max 1941, Ibn Ḥazm al-Andalusi, Halsband der Taube, Über die Liebe und die Liebenden, aus dem Arabischen übersetzt von Max Weisweiler, Leiden.

Yahalom, Josef 1985, Sfat haShir shel haPiyyut haEretz Jisraeli haQadum (Poetic Language in the Early Piyyut), Jerusalem: Magnes Press.

Yahalom, Josef 1993, Hitgashmut ha'Ahava beShirei 'Ezor 'Ivriim (Love's Labours Won: The Materialization of Love in Hebrew Girdle Poems), Mechqare Jerushalajim besifrut Ivrit 14, S. 155–168 = Circa 1492, Proceedings of the Jerusalem Colloquium: Litterae Judaeorum in Terra Hispanica, ed. by Isaac Benabu, The Hebrew University of Jerusalem/Misgav Jerushalayim. Institute for Research on Sephardi and Oriental Jewish Heritage, Jerusalem 1992.

Yahalom, Josef 1995, haTechinot wehaTefillot hamusharot shel Rabbi Shmu'el Hanagid (The "Supplications" and the "Sung Prayers" of Samuel Ha-Nagid), Mechqare Jerushalayim besifrut Ivrit 15, S. 23–34.

Yahalom, Josef 1999, Piyyut uMetziyut beshelhej haZman he'atiq (Poetry and Society in Jewish Galilee of Late Antiquity), Tel Aviv: Verlag Hakibbutz Hame'uchad.

Yahalom, Josef 2002, Alijato shel R. Jehuda Halevi le'Eretz Jisrael: beMar'ah uve-Chidot, in: Shalem, Mechqarim betoldot Eretz-Jisrael weJishuvah haJehudi, vol. 7, Jerusalem: Verlag Jad Jitzchaq ben Zvi, S. 33–45.

Yahalom, Josef 2003a, Bejn Alegoria leMistika, Pulmus Meshorerim keMivta Shinui 'Arakhim (Zwischen Allegorie und Mystik, Dichterpolemik als Ausdruck von Wechsel der Wertvorstellungen), in: Wezot liJhuda. Mechqarim beToldot Eretz Jisrael weJishuvah, mugashim liJhuda ben Porat, eds Jehoshua Ben Arie / Elchanan Reiner, Jerusalem: Verlag Jad Jitzchaq ben Zvi, S. 280–287.

Yahalom, Josef 2003b, «Le'Or Boqer Jechidati neduda»: Diwan Gabirol uMasoret Shirat haChol bemorashto ("At First Day Light", Ibn Gabirol's Diwan and the Translation of His Secular Poetry), JSIJ 2, S. 1–12.

Yahalom, J. / Benabu, Isaac 1985, LeToldoteha shel haMesirah beShirat haChol haIvrith miSfarad (Zur Geschichte der Überlieferung des hebräischen weltlichen Liedes aus Spanien), Tarbitz 54, S. 245–262.

Yahalom, Josef / Tietze, Andreas 1995, Ottoman Melodies, Hebrew Hymns. A 16th Century Cross-Cultural Adventure, ed. György Hazai, Budapest: Akademiai Kiado. (= Bibliotheca Orientalis Hungaria, vol. XLIII)

Zimmermann, Ruben 2001, Geschlechtermetaphorik und Gottesverhältnis, Traditionsgeschichte und Theologie eines Bildfeldes in Urchristentum und antiker Umwelt, Tübingen: Mohr-Siebeck.

Zulay, Menachem 1996, Eretz Jisrael uFiuteha. Mechqarim beFiutei haGenizah (Das Land Israel und seine Piyyutim. Studien zu den Piyyutim der Genizah), ed. Ephraim Hazan, Jerusalem: Verlag Magnes Press.

Zunz, Leopold 1865, Literaturgeschichte der synagogalen Poesie, Berlin.

Zunz, Leopold ²1920, Synagogale Poesie des Mittelalters, Berlin. [1. Aufl. 1855.]

Nachschlagewerke

Encyclopaedia Judaica, Jerusalem: Keter. [1. Aufl. ab 1971 und 2. Aufl. ab 2006.]
Encyclopedia of Arabic Literature 1998, eds Julie Scott Meisami / Paul Starkey, London/New York.
Encyclopaedia of Islam 1993, New Edition, eds C. E. Bosworth / E. van Donzel / W. P. Heinrichs / Ch. Pellat, Leiden et al.: Brill.
Encyclopaedia of Islam 2000/02, New Edition, eds P. J. Bearman / Th. Bianquis, C. E. Bosworth / E. van Donzel / W. P. Heinrichs, Leiden et al.: Brill.
Encyclopédie de l'Islam 1993, Nouvelle Edition par Th. Bianquis / C. E. Bosworth / E. van Donzel / W. P. Heinrichs, Leiden et al.: Brill.

Wörterbücher

An Arabic-English Lexicon (ohne Jahr), derived from the Best and Most Copious Eastern Sources, ... edited, with a memoir, by Stanley Lane Poole, in Two Books, London/Edinburgh: Williams & Norgate.
Gesenius, Wilhelm 1910, Hebräisches und Aramäisches Handwörterbuch, 15. Auflage, Leipzig.
Eliezer Ben Yehuda 1910–1957, Complete Dictionary of Ancient and Modern Hebrew, 1957 von seiner Witwe und seinem Sohn vollendet, Reprint 1980, Jerusalem: Makor Publishing.
Even-Shoshan, Avraham 2000, Hamilon Hechadash in fünf Bänden von Avraham Even Shoshan, Tel Aviv.
Jastrow, Marcus (ohne Jahr), A Dictionary of the Targumim, the Talmud Babli and Yerushalmi, and the Midrashic Literature. Jerusalem: Verlag Chorev. [1. Aufl. 1886, 2. Aufl. 1903.]

Bibelübersetzungen: wenn keine Quellenangabe, meine eigene Übersetzung, sonst wurden die folgenden Übersetzungen benützt und als Quelle angegeben

Bibel in *gerechter* Sprache ²2006, Gütersloh: Gütersloher Verlagshaus.
Buber-Rosenzweig 1954: Die fünf Bücher der Weisung, verdeutscht von Martin Buber gemeinsam mit Franz Rosenzweig, Köln.
Lutherbibel: Die Bibel oder die ganze Heilige Schrift des Alten und Neuen Testaments. Nach der deutschen Übersetzung D. Martin Luthers. Taschenausgabe Stuttgart nach dem 1912 vom Deutschen Evangelischen Kirchenausschuss genehmigten Text.
Zwinglibibel 1964: Die Heilige Schrift des Alten und des Neuen Testaments, Zürich: Verlag der Zwingli-Bibel. [Reprint von 1942.]